Hans-R. Grundmann
Isabel Synnatschke
Markus Hundt

Süd- und Zentral-
Kalifornien
mit Las Vegas

**und Abstechern zu
den Nationalparks Zion,
Bryce und Grand Canyon**

Hans-R. Grundmann
Isabel Synnatschke
Markus Hundt

Kalifornien
Süd und Zentral
mit Las Vegas

2. Auflage 2016
mit Beiträgen von Ernst-Georg Richter
ist erschienen im

Reise Know-How-Verlag

© Dr. Hans-R. Grundmann GmbH
   Am Hamjebusch 29
   26655 Westerstede

ISBN 978-3-89662-292-1

Gestaltung
Umschlag: Carsten Blind, Asperg, Hans-R. Grundmann
Satz und Layout: Hans-R. Grundmann, Isabel Synnatschke
Karten: map solutions, Karlsruhe

Fotos ➤ Fotonachweis auf Seite 626

Druck
TZ-Verlag & Print GmbH, Roßdorf

Dieses Buch ist in jeder Buchhandlung
in Deutschland, Österreich und der Schweiz erhältlich.
Die Bezugsadressen für den Buchhandel sind

– Prolit Gmbh, 35463 Fernwald
– Buch 2000, CH-8910 Affoltern
– Mohr & Morawa GmbH, A-1230 Wien
– Barsortimenter

Wer im lokalen Buchhandel Reise Know-How-Bücher nicht findet,
kann diesen und andere Titel der Reihe auch im Buchshop des
Verlages im Internet bestellen: **www.reise-know-how.de**

In der Klappe links:
Übersicht über die in diesem
Buch beschriebenen Routen

Titelfoto: Golden Gate Bridge vor Sonnenaufgang

Zur Konzeption dieses Reiseführers, 2. Auflage 2016

Dieses Buch wendet sich in erster Linie an Leser, die Kalifornien und angrenzende touristische Ziele **auf eigene Faust** entdecken und erleben möchten. Es stellt praktische Fragen, wie sie sich bei der Reiseplanung und -vorbereitung und besonders unterwegs in den USA ergeben, konsequent in den Vordergrund.

Neben wichtigen Basisinformationen zur hier behandelten Reiseregion ist viel Raum zunächst **Überlegungen zur individuellen Reiseplanung** gewidmet. Alle in diesem Zusammenhang bedenkenswerten Aspekte werden im Kapitel 1 des Allgemeinen Teils behandelt. Dazu gehören auch Punkte, denen Reiseführer oft kaum Aufmerksamkeit schenken, wie etwa dem Reisen mit Kindern.

Sind Jahreszeit, Zeitraum und Art des Reisens – mit **Wohnmobil/Pkw/SUV, Motel oder Zelt**, eventuell auch mit **Bus** oder **Eisenbahn** oder sogar per **Fahrrad** – bestimmt, findet der Leser dafür in den Kapiteln 2 und 3 des ersten Teils alle wichtigen Informationen zur optimalen Durchführung seiner nun konkreten Reisepläne sowie zahlreiche Tipps und Hinweise zur Vermeidung von unnötigen Ausgaben, Zeitverlust und Ärger. Ein besonders wichtiges Kapitel bezieht sich dabei auf **Kostenvergleichsrechnungen** für unterschiedliche Reiseformen.

Im Reiseteil erwarten den Leser umfangreiche Kapitel für die Cities **San Francisco**, **Los Angeles**, **San Diego**, besonders **Las Vegas** sowie für alle **Nationalparks** in Süd- und Zentralkalifornien und darüber hinaus. Ausgehend von den beiden wichtigsten Ankunftsflughäfen San Francisco und Los Angeles verbindet **ein dichtes Netz von Streckenbeschreibungen** diese wie viele weitere populäre und weniger bekannte Ziele im Reisegebiet einschließlich grenznaher Anlaufpunkte in Nevada. Ab Las Vegas geht es außerdem noch zum *Grand Canyon* und zu den Nationalparks *Zion* und *Bryce Canyon* in Utah.

In der **Umschlagklappe** vorne findet man das komplette **Routennetz**. Es ist so angelegt, dass man sich daraus – abhängig von persönlichen Prioritäten, Jahreszeit und Reisedauer und dank der zahlreichen miteinander verbundenen Teilstrecken – eine individuell optimale Reiseroute zusammenstellen kann. **Für Reisen von 1-3 Wochen Dauer** zu unterschiedlichen Jahreszeiten finden sich auf den Seiten 599-609 außerdem **Vorschläge** speziell für Erstbesucher Kaliforniens.

Erleichtert werden Ziel- und Routenauswahl dadurch, dass Sehenswürdigkeiten, Strecken, Quartiere und Campingplätze nicht nur erläutert bzw. aufgelistet, sondern – wo immer möglich und sinnvoll – mit **Wertungen** versehen sind.

Weitere Details zu **Konzeption und Aufbau der Reisekapitel** ➢ Seiten 160ff.

Wer mehr über Kalifornien, seine Geschichte, Bevölkerung, Staat, Politik und Wirtschaft, Kunst, Kultur und Sport erfahren möchte, als bereits in den Reisekapiteln steht, findet zusätzliche Informationen im Anhang »**Kalifornien Wissen**«.

Diese Auflage wurde komplett überarbeitet, der Reiseteil dabei um 40 Seiten erweitert. Alle Daten und Internetadressen (über 1300) wurden sorgfältig aktualisiert; sie entsprechen dem bei Redaktionsschluss verfügbaren Stand.

Eine gute Reise wünschen Ihnen

Hans-R. Grundmann, Isabel Synnatschke & Markus Hundt

Zum Dollarkurs
Die in diesem Buch getroffenen Aussagen zu vom Dollarkurs abhängigen Reisekosten und Preisen (»teuer«, »preiswert« etc.) basieren auf dem Kursverhältnis €1,00 = $1,10 bzw. $1,00 = €0,91. Bei stärkeren Kursänderungen sind sie entsprechend zu relativieren; ➤ auch Seiten 48+49.

TEIL 1   PLANUNG, VORBEREITUNG UND DURCHFÜHRUNG einer Reise durch Kalifornien

TEIL 1   PLANUNG, VORBEREITUNG UND DURCHFÜHRUNG einer Reise durch Kalifornien

Piktos   Die im Reiseteil benutzten Piktogramme sind weitgehend selbsterklärend. Sie erleichtern bei der Suche nach Quartieren, Campingplätzen, Restaurants usw. den raschen Zugriff auf die jeweilige Information im Text bzw. machen zusätzlich auch optisch auf Hinweise zum Wandern/ Schwimmen und auf Fotopunkte aufmerksam; mehr dazu auf ➢ Seite 164

TEIL 2   REISEROUTEN DURCH KALIFORNIEN

TEIL 2   REISEROUTEN DURCH KALIFORNIEN

2   Start in Los Angeles

2.1   Los Angeles

TEIL 2   REISEROUTEN DURCH KALIFORNIEN

TEIL 2   REISEROUTEN DURCH KALIFORNIEN

Planung, Vorbereitung und Durchführung

einer Reise durch Kalifornien

Steckbrief Kalifornien: Zahlen und Fakten

Größe	Mit einer **Fläche** von ca. 424.000 km^2 ist Kalifornien größer als Deutschland (ca. 357.000 km^2) und damit nach Alaska und Texas der flächenmäßig drittgrößte Staat der USA.
	Das in diesem Buch behandelte **Süd- und Zentralkalifornien** zwischen mexikanischer Grenze und in etwa der Linie San Francisco-Sacramento-Lake Tahoe-Reno deckt eine Fläche von rund 320.000 km^2 ab, die immerhin auch noch größer ist als die ganz Italiens (ca. 301.000 km^2).
Einwohner	Mit insgesamt 38,7 Mio. Einwohnern (1/2015) rangiert der Staat bevölkerungsmäßig in den USA an erster Stelle. Die durchschnittliche **Bevölkerungsdichte** von 95 Personen/km^2 beträgt zwar nicht einmal die Hälfte der deutschen (ca. 231 Personen/km^2 bei 82,6 Mio Einwohnern), ist aber für amerikanische Verhältnisse relativ hoch (Rang 11 unter den 50 Staaten). Dazu ist die Bevölkerung extrem unterschiedlich verteilt.
	Das Gros der Einwohner lebt im Bereich der Pazifikküste zwischen und einschließlich San Francisco und San Diego. Allein die Großräume **San Francisco Bay Area (8,6 Mio)**, **Metropolitan Los Angeles (18 Mio)** und **San Diego (3 Mio)** beherbergen ca. 3/4 der Einwohner des Staates. Weitere rund 6-7 Mio leben im Einzugsbereich mittlerer Großstädte (z. B. Sacramento, Santa Barbara, Monterey, Bakersfield u.a.) und kleinerer Zentralstädte etwa im San Joaquin Valley zwischen Küstengebirge und Sierra Nevada sowie im Bereich Palm Springs.
	Etwa ein Viertel der Fläche Kaliforniens östlich der Sierra Nevada und der Inlandsgebirge östlich von Los Angeles und San Diego ist Wüste ohne nennenswerte Besiedelung. Das gilt auch für das Gros der Mittel- und Hochgebirgszonen (ca. 20% der Fläche).
	Nordkalifornen oberhalb der für dieses Buch oben definierten Trennlinie beherbergt auf über 100.000 km^2 keine 2 Mio. Menschen.
Staat der USA	seit 1850
Hauptstadt	Sacramento (seit 1854, vorher San José und Vallejo)
Verwaltung	Der Staat Kalifornien besteht aus 58 Landkreisen (*Counties*).
Regierung	Das Parlament hat zwei Kammern. Ein Gouverneur, der alle vier Jahre neu gewählt wird, regiert den Staat (nur eine Wiederwahl möglich).
Flagge	Die Staatsflagge (➢ Abbildung Seite 227) zeigt einen Bären auf weißem Hintergrund über dem Schriftzug »*California Republic*« und einen roten Streifen darunter. Ein roter Stern links oben erinnert an die einstige »*Lone Star Flag*« des ersten Aufstandes gegen die mexikanische Herrschaft über Kalifornien, die 1836 fehlschlug
Staatshymne	*I love you California* (Text *F.B. Silverwood*, Musik *A.F. Frankenstein!*)
Staatsblume	*California Poppy (Goldmohn*, ➢ auch Seite 426 und Abbildung Seite 23.
Staatsmotto	*Eureka!* (Griechisch für »*ich hab's gefunden*«, ein Archimedes anekdotisch zugeschriebener Ausruf. Angeblich war er in Kalifornien während des Goldrausches verbreitet, wenn die Mühe der Suche nach goldhaltigen Adern im Fels Erfolg hatte.)

Reiseziel Kalifornien

Déjà-vu Phänomen

Wer könnte nicht aus dem Stand und ohne in einem Reiseführer zu blättern, für Kalifornien Wunschziele und -routen nennen? **San Francisco** und **Los Angeles** sowieso, sicher den *Highway #1* am Pazifik entlang, die **Nationalparks** *Yosemite* und *Death Valley* und – als Abstecher – von vielen auch **Las Vegas**. Und dann wären da noch **San Diego**, vielleicht **Palm Springs** und **Sacramento**, wiewohl jetzt schon länger ohne *Arnold Schwarzenegger*, das *Wine Country* **Napa Valley**, **Monterey** mit **Carmel**, das man allein schon wegen *Clint Eastwood* kennt, und **Santa Barbara**, das sich nach Surfen und *Beach Boys* anhört, und vieles andere mehr.

Weltweit bekanntere touristische Ziele als Kalifornien haben kaum ein Land und kein Staat der USA aufzuweisen, ohne dass dafür eine eigene PR-Abteilung unablässig die Werbetrommel rühren müsste. Kalifornien, seine Cities und Natur sind Ort(e) der Handlung in unzähligen über den Globus verbreiteten Romanen, Filmen und TV-Serien. Von Reisemagazinen voller Hochglanzfotos nicht zu reden. Zum sog. »Traumreiseziel« brachte es Kalifornien wohl auch wegen des Déjà-vu-Effekts. Viele möchten das, was sie aus allen Medien bereits kennen und sie – auch emotional – beeindruckt hat, einmal selbst aus der Nähe sehen und erleben.

Sonderfall unter den Reisezielen der Welt

Insofern unterscheidet sich Kalifornien, vor allem das riesige geographische Dreieck zwischen San Francisco, Los Angeles/San Diego und Las Vegas, von fast allen anderen Fernreisezielen. Nur Florida und die Neuengland-Staaten als Ganzes ähneln in dieser Hinsicht Kalifornien, können aber bei weitem nicht mit einer vergleichbaren Vielfalt ungewöhnlich attraktiver Städte und Landschaften aufwarten, schon gar nicht mit einer Glitzermetropole in der Nachbarschaft und als Zugabe auch noch den *Grand Canyon* und weitere Nationalparks quasi »um die Ecke«.

Kurz: Im Fall Kalifornien weiß der Leser im Voraus weit mehr vom Ziel seiner Reise als sonst. Da muss ein Reiseführer nicht erst lange in einführenden Kapiteln erklären, welche Attraktionen dort warten und was für ein Land, was für Menschen und welche Kulturen. Wichtig ist vielmehr, dass der Leser im Reiseteil an entsprechender Stelle findet, was er sucht und ihn an Kalifornien fasziniert. Es genügt, wenn »reisetechnisch« weniger Bedeutsames, etwa zum Thema »Land und Leute«, in einem – hier abschließenden und »Kalifornien Wissen« genannten – Kapitel nachzuschlagen ist.

Abseits der Hauptpfade

So sehenswert und unverzichtbar die vielbesuchten und spektakulären Ziele auch sein mögen, neben ihnen gibt es eine Fülle weniger bekannter schöner Landstriche, »kleiner« Naturwunder, historischer Stätten und außergewöhnlicher Orte. **Sie machen auch das Reisen zwischen den *Highlights* und abseits der üblichen touristischen Pfade zum Erlebnis.** Die kolossalen klimatischen und topographischen Gegensätze auf manchmal kürzester Distanz tun ein Übriges für unvergessliche Reiseeindrücke.

Vor der Reise   In diesem ersten Kapitel geht es darum, Dinge zu klären und zu
vermitteln, die nicht als von vornherein bekannt vorauszuset-
zen und fürs Reisen von Belang sind, außerdem um den ganzen
Strauß der Aspekte und Informationen, die man kennen und
berücksichtigen sollte, damit die eigene Reise optimal wird.

Zunächst eine kurze Übersicht über Geographie und Klima
Kaliforniens und einige Hinweise zu Flora und Fauna.

1.1   Wichtig zu wissen vor der Reiseplanung

1.1.1   Geographie und Klima Kaliforniens

Die Landschaften Kaliforniens unter touristischen Aspekten

Fläche und Bevölkerung

Wesentliche Daten zur Geographie Kaliforniens stehen bereits im »Steckbrief« auf ➤ Seite 14. Dort sind die Größenverhältnisse und Besiedelungsdichten in Abhängigkeit von den unterschiedlichen Regionen kurz skizziert. Die ungleichgewichtige Besiedelung des Landes war zunächst die Folge geographischer und klimatischer Gegebenheiten, auch historischer Entwicklungen wie der Errichtung von Missionstationen entlang der Pazifikküste nach Inbesitznahme des heutigen Kaliforniens durch die Spanier, ➤ Seite 476. Das kolossale Städtewachstum im 20. Jahrhundert orientierte sich an den bereits vorhandenen Strukturen und wurde schwerpunktmäßig stark von wirtschaftlichen Faktoren beeinflusst wie etwa der Expansion San Diegos als Folge der Stationierung der US-Pazifikflotte im 2. Weltkrieg (nach dem Debakel von Pearl Harbor im Dezember 1941) und des Aufstiegs von Bakersfield am Rande ausgedehnter Ölfelder zur kalifornischen *Oil City*.

Pazifikküste/ Highway #101

Die gesamte nordamerikanische Pazifikküste wird beherrscht von der sog. **Küstenkordillere**, einem Gebirgszug, der sich bis hinunter nach Mexiko zieht. Er ist in Kanada noch schroffes Hochgebirge, flacht aber in den USA südlich der Olympic Mountains bald ab. Die von Oregon durch ganz Nordkalifornien laufenden *Coastal Ranges* reichen ununterbrochen bis San Francisco und verhinderten durch ihr Heranrücken an die Küste in einigen Bereichen jede Besiedelung. Südlich des *Golden Gate,* der Einfahrt in die San Francisco Bay, setzt sich das Gebirge zunächst weniger ausgeprägt fort und erreicht erst südlich von Monterey wieder mittelgebirgsartige Höhen bis 1.600 m. Die **Santa Lucia Mountains** steigen südlich von Carmel direkt aus dem Wasser auf, sind aber nur bis ca. 30 mi breit. Östlich davon läuft der *Freeway* **#101** als die schnelle Alternative zur kurvenreichen Küstenroute durch ebene Agrarlandschaften.

Highway #1

Der Ruf des *Highway* #1 als schönster Straße Kaliforniens resultiert aus den **nur rund 100 mi zwischen Carmel und Cambria**. Nördlich und südlich davon gibt es zwar durchaus auch attraktive Verläufe der #1, aber eben nur abschnittsweise.

Pazifikküste/ Südkalifornien

Ab San Simeon/Cambria zieht sich das Bergland langsam zurück. Die Küste ist ab dort leichter zugänglich und beeindruckt im weiteren Verlauf durch länger werdende, südlich von Santa Barbara kaum noch unterbrochene **Strände** bis hinunter nach San Diego.

Das Gebirge lässt erst ab Morro Bay genügend Platz zur Besiedelung der nun flachen oder nur leicht hügeligen Küstenregion und überragt das Hinterland bald bis 30 mi von der Küste entfernt. Im Bereich Los Angeles gibt es mit den **Santa Monica** und **Santa Ana**

Mountains zwar Ausläufer an die Küste, aber die eigentlichen *Coastal Ranges* schwingen sich dort zu **Höhen über 3.000 m** auf. Sie bescheren den Stadtbewohnern im Winter Schnee und Skipisten in den nahen **San Gabriel** und **San Bernardino Mountains**. Teilweise noch höher geht's hinauf in den **San Jacinto**, **Santa Rosa** und **Vallecito Mountains** westlich und südlich von Palm Springs in Südkalifornien, nur maximal ca. 60-70 Meilen von der Küste entfernt. Dazwischen liegt ein Gebiet sanfter Berglandschaft mit sommerverbrannter Vegetation. Hindurch führen abseits der breiten *Freeways* trotz der Nähe zu den Ballungszentren erstaunlich verkehrsarme *Backroads* auf oft reizvollen Routen (Straßen mit der Kennzeichnung »S« vor der Nummer).

Sierra Nevada

Die berühmte **Sierra Nevada** steigt nur etwa 100 mi nördlich von Los Angeles aus der halbwüstenartigen Hochebene zwischen dem Central Valley und der Mojave Desert (➤ rechts) rasch auf Höhen von über 4000 m. Der **Mount Whitney**, mit 4.421 m höchster Berg der kontinentalen USA, liegt nur ganze 200 mi von LA entfernt. Während die Westseite der Sierra über sog. *Foothills* lang ausläuft, fällt das Gebirge an der Ostseite abrupt ab.

Bis auf wenige Passstraßen ist die Sierra Nevada ein unerschlossenes ca. 60-80 Meilen breites Hochgebirge (*Wilderness Area*). Nördlich des Lake Tahoe geht sie in die **Kaskaden** über, dem bis heute vulkanisch aktiven Teilgebirge der nordamerikanischen Rocky Mountains, das unter wechselnden Namen bis Alaska reicht.

Kalifornische Ebenen

Zwischen den beiden pazifischen Gebirgszügen befindet sich auf den rund 450 mi zwischen Redding/Nordkalifornien und Bakersfield ein Streifen eigentlich kargen bis wüstenartigen Landes unterschiedlicher Breite (50-100 Meilen), das zu den ertragreichsten Obst- und Gemüseanbaugebieten der USA entwickelt wurde. Möglich war dies dank des Schmelzwassers aus der Sierra Nevada, das gleichzeitig für die Fruchtbarkeit der Böden verantwortlich ist. Über Jahrtausende schwemmten die Flüsse Sedimente aus den Bergen über das Tal. Heute ist ihre Kraft durch zahlreiche Staudämme gezähmt, viele ihrer Läufe sind kanalisiert.

Sacramento und Central Valley

Die Dämme bilden zwar an sich attraktive Seen; die sind aber oft schon ab Ende August (2015 bereits im Mai!) halbleer, manche fallen im Jahresverlauf fast trocken. Oberhalb von Sacramento nennt sich diese Tiefebene **Sacramento Valley**, zwischen Sacramento und Bakersfield **Central Valley**. Sie liegt stellenweise nur wenig über der Höhe des Meeresspiegels bis maximal 150 m über NN.

Touristisch ist in diesem Bereich mit einer Handvoll Ausnahmen (Sacramento, *Pinnacles Nat'l Park*) nur wenig »zu holen«.

Das Große Becken/ Great Basin

Zwischen den Kaskaden bzw. der Sierra Nevada und den weiter östlichen Gebirgen der Rocky Mountains in Utah und Idaho erstreckt sich das ca. 500.000 km² große *Great Basin*. Es bedeckt nahezu das gesamte Staatsgebiet von Nevada, den Südosten Oregons, den Südwesten Idahos, einen breiten Streifen in Utah und ganz **Südostkalifornien** jenseits der Sierra und der LA von der

Wüste trennenden Gebirgszüge (➢ oben). Schon mitten im *Great Basin*, aber teilweise kaum 30 mi von der Sierra entfernt liegt das tief in die Umgebung eingeschnittene **Death Valley** mit dem tiefsten Punkt des Landes (85 m unter NN).

Der größte Teil des *Great Basin* in Kalifornien trägt die Bezeichnung **Mojave Desert**. Dank des Wassers aus dem Stausee Lake Mead und der im *Hoover Dam* erzeugten Elektrizität konnte sich sogar mitten in dieser Wüste unweit der kalifornischen Grenze **Las Vegas** zu einer City mit 1,3 Mio. Einwohnern und weiteren 700.000 im Großraum entfalten.

Mojave Desert

In den Teilregionen des *Great Basin* gilt im Prinzip für alle einschließlich der Mojave Desert eine weitgehend identische **Kennzeichnung**: trockene und vegetationsarme Hochflächen, die von isolierten Gebirgen und nur nach Niederschlägen Wasser führenden Flusstälern unterbrochen werden.

Innerhalb der Mojave Desert (voller militärischer Sperrzonen für Waffenerprobung und Wüstenmanöver) gibt es neben dem *Death Valley* und dem *Joshua Tree National Park* auch noch die interessante **Mojave National Reserve**, ein nationalparkähnliches zu Unrecht touristisch wenig beachtetes Gebiet an der Grenze zu Nevada zwischen den *Interstate Freeways* #5 und #15.

Inseln im Pazifik

Kalifornien vorgelagert sind (von hochgelegenen Aussichtspunkten) in Sichtweite die Gruppe der **Channel Islands** vor Santa Barbara/Ventura und **Catalina Island** und **San Clemente** vor Long Beach. Während die fast unbewohnten naturgeschützten *Channel Islands* einen Nationalpark bilden, der nur mit Ausflugsbooten des *Park Service* begrenzt besucht werden kann (ab 20 mi vom Festland entfernt), ist Santa Catalina ein typisches Wochenendziel. Neben Katamaranfähren aus San Pedro, Long und Huntington Beach steuern dann Hunderte von privaten Yachten die Häfen der Insel zum *High Life* an, vor allem des Hauptortes **Avalon** mit Spielkasino (26 mi ab San Pedro). San Clemente weiter draußen ist unbewohnt. Beiden Inselgruppen ist außer Hinweisen zu den Fähren kein weiterer Raum gewidmet, ➢ Seiten 347, 351 und 417.

Farbenprächtige Felslandschaft im Death Valley. Der Artist Drive führt mitten hindurch; ➢ *Seite 302*

Klimainformationen für Reisende

Saison und Klima

Reisen außerhalb der beiden Monate Juli/August sind wegen der Hochsaisonproblematik (➢ Seite 46+115) schon generell empfehlenswerter, durch Südkalifornen und in den Wüstengebieten immer aber klimatisch eine bessere Idee. Das gilt ebenso für die Pazifikküste zwischen San Francisco und Santa Barbara, die sich im Sommer häufiger als etwa im Herbst nebelverhangen zeigt.

Pazifikküste nördlich von Santa Barbara

Prinzipiell herrscht an der Küste Zentralkaliforniens ein jahreszeitlich ausgeglichenes **breitengradgemäß** (San Francisco 37°, San Diego 33°, entspricht in etwa Malaga bzw. Casablanca) mildes Meeresklima, das auch im Winter – außer in den Höhen des Küstengebirges – keinen Frost kennt. Der Unterschied zu Mittelmeer und Atlantik ist das kalte Pazifikwasser, das sich selbst im Hochsommer **nördlich Santa Barbara** auf kaum über 15°C erwärmt. Daraus resultiert bei gleichzeitig hoher Sonneneinstrahlung und Hitzeentwicklung im Landesinneren etwa ab Juni der berüchtigte Seenebel nicht nur über dem *Golden Gate* San Franciscos, sondern entlang der gesamten zentralen Küste. Der sog. *June Gloom* kann wochenlang anhaltendes, trübes Wetter mit nur gelegentlichen Auflockerungen am Nachmittag mit sich bringen. Nur bei gutem Wetter ist es im Sommer angenehm warm. Vergleichsweise bessere Aussichten auf angenehme, sonnige Tage hat man dort im September und Oktober.

Pazifikküste südlich von Santa Barbara

Südlich von Santa Barbara überwiegt das im Sommer sehr, in Frühjahr und Herbst angenehm warme und im Winter milde südkalifornische, dem mediterranen vergleichbare Klima. Auch die **Wassertemperaturen** steigen langsam, erreichen aber erst bei San Diego Sommerwerte über 20°C. Der Seenebel über den Stränden wird seltener, je weiter südlich man kommt.

Sierra Nevada

Dank der *Coastal Ranges* bleibt schlechtes Küstenwetter meist in den Bergen hängen. Zwischen ihnen und den *Sierra Nevada Foothills* herrscht in der **zentralkalifornischen Tiefebene** ein trockenes, ganzjährig sonniges Klima. Die **Sierra Nevada** mit einer

Kalter Küstennebel zieht oft aus heiterem Himmel rasch auf; hier südlich von Carmel an der berühmten Bixby Bridge (Highway #1)

Vielzahl von touristischen Zielen vom Lake Tahoe im Norden über die Nationalparks *Yosemite* und *Sequoia/Kings Canyon* bis zum *Sequoia National Monument* ist mit Ausnahme der Wintersportgebiete in der *High Sierra* und an den östlichen Hängen (June Lake/Mammoth Mountain) ein typisches **Sommer- und Herbstreisegebiet**. Denn die Passstraßen über die Sierra (bis auf #50 zum Lake Tahoe alle über 3000 m) sind bis mindestens Ende Mai verschneit. Die Sierra heißt daher nicht zu Unrecht »**Schneegebirge**«. Mit ihrer kolossalen Höhe fängt sie von Westen anziehende Wolken, die das Küstengebirge überwanden und auch im Tal nicht abregneten, zu 90% auf. Kein Wunder also, dass in »guten« Jahren in der Sierra fast 2 m Niederschlag fallen und nicht einmal 20 cm in den wüstenartigen Hochebenen des *Great Basin* weiter östlich.

In der Höhe ist es noch im Juni recht kühl. Auch bei bestem Wetter tagsüber ist Nachtfrost selbst im Juli/August dort oben keine Seltenheit. Von Ende Mai bis Oktober braucht man (vor allem östlich der Pässe) aber kaum mit Niederschlag zu rechnen.

Östlich der Sierra Nevada In den Gebieten östlich der Sierra Nevada zwischen Reno/Lake Tahoe und dem Death Valley entlang der Straße #395 genießt man fast ganzjährig erfreuliches Reisewetter mit geringer »Aussicht« auf Regen, ➢ oben. Je nach Höhenlage schwanken die Temperaturen, erreichen aber nur im Hochsommer nach Abstieg in die Wüste bei Reno bzw. in die *Mojave Desert* schweißtreibende Werte. Auch höhere Temperaturen lassen sich dort wegen der trockenen Luft besser ertragen als im Küstenbereich Südkaliforniens. Zum Sonderfall »***Death Valley***« ➢ Seite 298.

Südkalifornien Der Großraum Los Angeles bis hinunter nach San Diego ist gekennzeichnet durch ein Küstenklima wie oben beschrieben, oft aber selbst unter der in Mai und Juni recht häufigen Bewölkung schwül. Die bis Santa Barbara küstennah aufragenden Berge liegen in Südkalifornien – wie erläutert – weiter zurück, so dass dort das Küstenklima oft noch bis weit ins Inland reicht. Generell aber herrscht landeinwärts westlich der Berge wärmeres und sonnigeres Wetter als am Pazifik. Niederschläge sind dort eher selten.

Mojave Desert Im riesigen Gebiet der südkalifornischen **Mojave Desert** zwischen der mexikanischen Grenze, *Death Valley* und Las Vegas scheint meistens die Sonne. Bewölkung oder gar Regen sind Ausnahmen. Spätestens ab Mai sind Fahrten durch dieses Gebiet nur mit eingeschalteter Klimaanlage zu ertragen. Ab Oktober sind die Temperaturen nach unseren Begriffen sommerlich. Im Dezember und Januar liegen sie tagsüber auch mal unter 20°C, bleiben aber sommerlich warm in tiefer gelegenen Gebieten, speziell im *Death Valley* und im Bereich der *Salton Sea*. Die Monate Februar bis April sind wieder warm wie der Spätherbst.

In Höhenlagen wird's zwischen Oktober und April in der Wüste nachts kalt mit Frost selbst bei Tagestemperaturen über 20°C.

Mikroklimata Zu dem Mikroklimata einzelner Bereiche, der Nationalparks und großer Cities gibt es in den Reisekapiteln genauere Hinweise.

Wasserknappheit und Hoffnungsträger »*El Niño*«

»*It never rains in Southern California*!« trällerte *Albert Hammonds* in den 1970er-Jahren so schön aus dem Radio, heute ist es bittere Wahrheit. Kalifornien leidet bereits seit etlichen Jahren an den Folgen einer Jahrhundertdürre. Schneearme Winter, vermehrte Waldbrände, ausgetrocknete Flussbetten und Stauseen, Ernteausfälle, brachliegende Ackerflächen gigantischen Ausmaßes, ganze Landwirtschaftszweige in ihrer Existenz bedroht sowie Notstände und Engpässe bei der Trinkwasserversorgung im kalifornischen *Central Valley* machten bis in den Mai 2015 hinein Schlagzeilen. Aber seither gibt es wieder Hoffnung: »*El Niño*« ist zurückgekehrt und mit ihm – wiewohl regional sehr unterschiedlich – ungewöhnlich hohe Niederschlagsmengen sogar in Südkalifornien. Ob die allerdings ausreichen, um zusammen mit den neuerdings geltenden rigiden Wassersparauflagen die Situation auf längere Zeit zu entspannen, bleibt abzuwarten.

Ursprünglich verband man mit »*El Niño*« nichts Gutes. Hergeleitet von »das Christkind« brachte er den Fischern an der peruanischen Küste zur Weihnachtszeit regelmäßig nur eines: leere Netze! Und zwar immer dann, wenn sich der Pazifik vor der südamerikanischen Küste in Äquatornähe überdurchschnittlich um 3°-8°C erwärmte, die Fischschwärme in kältere, nährstoffreichere Gebiete abwanderten und lokal auch ganze Populationen von Seevögeln und Meeressäugetieren verhungerten.

»*El Niño*« tritt in unregelmäßigen Abständen alle 2-7 Jahre – mal stärker, mal schwächer – in Erscheinung. Bei diesem globalen Wetterphänomen, von dessen Auswirkungen fast der gesamte Südpazifik und alle daran angrenzenden Länder betroffen sind, kommt es zu einer großräumigen Luftdruckschwankung, dem Erliegen der Südostpassatwinde und im nur vermeintlich »Stillen« Ozean zur Richtungsumkehr der Meeresströmungen. Unter normalen Bedingungen sind diese westwärts ausgerichtet, nun wenden sie sich aber nach Osten und treiben einige Monate lang warmes Wasser, rekordverdächtige Flutwellen sowie jede Menge Regenwolken in Richtung Süd- und Nordamerika.

Millionenschäden durch verheerende Überschwemmungen sind dann in Kalifornien keine Seltenheit, während zeitgleich die Menschen auf der gegenüberliegenden Seite des Pazifiks von andauernder Dürre geplagt werden. Bis sich das Wettergeschehen wieder normalisiert und in extremen Jahren ins Gegenteil umschlägt. Dann entzieht das Schreckgespenst »*La Niña*« Kalifornien erneut das Wasser und Südostasien versinkt in den Fluten.

Laut Prognosen vom Sommer 2015 sollen die seit Mai vorherrschenden El-Niño-Bedingungen noch bis ins Frühjahr 2016 andauern. Man erwartet sogar sehr ausgeprägte Extremwetterlagen und historisch höchste Niederschlagsmengen. Sollten die Vorschau-Modelle sich tatsächlich realisieren (das tun sie nicht immer), dann würde es nicht nur die für die Kalifornier so bitter nötigen Regenfälle geben, sondern – und das könnte den ein oder anderen Besucher interessieren – auch eine **einmalige Wildblumenblüte** in den kalifornischen Grasländern, besonders aber in der *Anza-Borrego*- und *Mojave Desert* (➢ Seite 25).

Wer sich auf dem Laufenden halten möchte, verfolgt am besten die Vorhersagen unter www.elnino.noaa.gov/forecast.html. Anschauliche und detaillierte Infos zu der Klimaanomalie bietet www.elnino.info in deutscher Sprache.

1.1.2   Zu Flora und Fauna Kaliforniens

Die Artenvielfalt in Kalifornien gilt sowohl in der Pflanzen- als auch Tierwelt als legendär. Unterwegs sind es vor allem die **State** und **National Parks**, die in ihren Besucherzentren mit Publikationen, in Ausstellungen, Videos und Vorträgen über Flora und Fauna des jeweiligen Gebietes informieren.

Hier im Buch geht es nur um Hinweise zu Pflanzen/Bäumen und Tieren, die typisch für Kalifornien und unübersehbar sind oder wegen ihres besonderen Charakters sowieso auf der Liste dessen stehen, was man in Kalifornien unbedingt sehen möchte.

Weitere Einzelheiten finden sich dann im Text des Reiseteils an entsprechender Stelle. Zunächst zur Pflanzenwelt:

Wichtige Besonderheiten der Flora

Redwoods und mehr

An erster Stellen seien hier die höchsten Lebewesen der Erde genannt, die **Coastal Redwoods** (für Lateiner: ***Sequoia sempervirens***). Einzelne Exemplare bringen es auf über 100 m Höhe. Sie benötigen für ihr Wachstum das neblige Küstenklima des nördlichen Kaliforniens. Im Bereich der in diesem Buch behandelten Gebiete findet man besuchenswerte Bestände außer im oft überlaufenen **Muir Woods Nat'l Monument** bei San Francisco vor allem in mehreren *State Parks* nördlich von Santa Cruz, am besten im **Big Basin Redwood**s und **Henry Cowell Park**.

Weiter südlich gibt es fast keine *Redwoods* mehr. In den Küstenmischwäldern wachsen dort wie auch weiter oben im Redwoodbereich Douglastannen, Ahorn-, Eichen- und Lorbeerbaumarten.

Giant Sequoia

Im Vergleich zur **Giant Sequoia** (*Sequoiadendron giganteum*), die nur in der Sierra Nevada vorkommt, wirken alle anderen Bäume gertenschlank, denn ihr Durchmesser am Boden überschreitet bei den über 1.000-jährigen Exemplaren, die 80 m Höhe und mehr erreichen, erstaunliche 11 m. Es existieren noch 75 Haine mit – so heißt es – über 24.000 dieser Mammutbäume. Jede Anfahrt lohnt,

Goldmohn in der Antelope Valley Poppy Reserve, ➤ Seite 427

um sie sich anzusehen. Die besten Baumansammlumgen bieten das **Sequoia Nat'l Monument**, die Nationalparks **Sequoia/Kings Canyon** und **Yosemite** sowie der **Calaveras Big Tree State Park**.

Bristlecone Pine

Eigentlich hätte man hier aber schon aus Gründen der Ehrfurcht die Grannenkiefer (**Bristlecone Pine**) an erster Stelle nennen müssen, denn die ältesten von ihnen haben über 4.000 Jahre auf dem zerzausten Buckel und standen bereits zur Zeit der Pharaonen. Ihr Zuhause haben die knorrigen, bis zu 20 m hohen Bäume in den kalifornischen *White Mountains* ab etwa 3.000 m Höhe. Bis vor Kurzem hatte der dort gut versteckte »*Methuselah*« einen Eintrag im »*Guinness* Buch der Rekorde«, nun lief ihm eine neu datierte Grannenkiefer mit einem stolzen Alter von ca. **5.065 Jahren** diesen Rang ab. Um den genauen Standort dieses ganz besonders alten Baums wird aus Naturschutzgründen vom *National Forest Service* ein großes Geheimnis gemacht.

California Fan Palm

Palmen unterschiedlichster Art stehen in Südkalifornien überall, auch weiter nördlich hier und dort, aber nicht als Teil der endemischen Pflanzenwelt, sondern importiert.

Interessant ist aber die einzige heimische Palme, nämlich die Kalifornische Fächerpalme bzw. *California Fan Palm* (*Washingtonia filifera*), die bis 18 m hoch wird mit einer bis zu 5 m weiten Krone.

Ihr Aussehen kann erstaunlich unterschiedlich ausfallen. Ältere Exemplare wirken wegen der herunterhängenden

Oase bei Palm Springs mit alten California Fan Palms

abgestorbenen von Fasern durchsetzten Blätter besonders exotisch. Wenn die Blätter nicht abgenommen werden, bilden sie im Laufe der Jahre eine dichte weit nach unten reichende braune Manschette um den tonnenartigen Stamm. Jüngere Bäume mit entfernten Altblättern wirken wie eine andere Art. Im Internet findet man jede Menge Fotos zu diesen Unterschieden, in der Realität Kaliforniens gibt es sehenswerte Haine mit alten *Fan Palms* besonders im Bereich **Palm Springs und Umgebung**.

Yuccas/ Joshua Trees

Da sie sich auf dem Weg ins gelobte Land fühlten, benannten einst mormonische »Pioniere« das **größte Yuccagewächs**, auf das sie in der *Mojave Desert* stießen, nach dem Propheten *Josua*. Es schien, als wiese ihnen die Pflanze mit hoch erhobenen Armen den Weg. Damit hatte die *Yucca brevifolia* den Namen **Joshua Tree** weg. Die grüngelben Blüten des »Baums« zeichnen sich durch einen eher unangenehmen Duft aus; die braungrünen Früchte fallen bereits im Frühsommer und sind nicht genießbar.

Joshua Trees, die bis zu 13 m hoch werden können, meist aber viel kleiner bleiben, findet man nur in der *Mojave* in Höhenlagen ab 500 m bis 1800 m. Größere Bestände stehen im *Joshua Tree Nat'l Park* und etwas nördlicher in der *Mojave Nat'l Preserve*.

California Poppy

Im »Steckbrief Kalifornien« (➤ Seite 14) wurde bereits die *California Poppy* (*Eschscholzia Californica*) als offizielle Staatsblume vorgestellt. Der Goldmohn ist mittlerweile auch auf anderen Kontinenten heimisch, stammt aber ursprünglich aus Kalifornien. Ungemeinen Reiz entfaltet er auf endlosen Wildblumenfeldern, wenn ab Mitte Februar zigtausende *Poppys* gelb-orange-gold in der Sonne um die Wette leuchten. Am besten kann man das Naturspektakel in der *Antelope Valley Poppy Reserve* unweit von Los Angeles bewundern sowie rund um *Point Buchon* südlich von Morro Bay und in den **Tehachapi Mountains** bei Gorman. Mitte/Ende April ist der Zauber auch schon wieder vorbei.

Wildflowers

Der Goldmohn ist aber nicht die einzige Wildblume, die im Frühling für einen wahren Farbrausch sorgen kann. In »guten Jahren« (➤ Exkurs »El Niño«, Seite 22) können sich die grauen Wüstenböden im *Anza Borrego State Park* in riesige, bunte Teppiche verwandeln. Eine ähnliche Blütenpracht überzieht dann auch die abgeschiedenen Bereiche der *Imperial Sand Dunes*. In der südlichsten Ecke Kaliforniens ist die Blütezeit allerdings noch kürzer und dauert von Mitte Februar bis Mitte März.

Deutlich zuverlässiger sind **Kakteen** aller Art, sie tragen auch in schlechten (trockenen) Zeiten im April/Mai ihren bunten Blütenschmuck. Hoch in die Luft ragen aus den staubigen Wüstenebenen in Südkalifornien die dürren, von Dornen übersäten Stängel der *Ocotillos*. Diese Pflanzen können aber auch ganz anders aussehen. Unglaublich schnell legen sie sich nach jedem stärkeren Regenguss ein saftig grünes Blätterkleid zu, das sie dann einige Wochen später wieder abwerfen. Im Frühjahr und Sommer erscheinen an ihren Spitzen zudem knallrote, längliche Blüten.

Maskierter Bandit Racoon, ein häufiger Gast auf Campingplätzen sowie bei den Mülleimern in den Parks von San Francisco

Kalifornische Tierwelt

Situation

Aus mitteleuropäischer Sicht ist die Anzahl an wild lebenden Tieren, denen man während eines Aufenthalts in Übersee begegnet, mitunter überwältigend. Dies gilt vor allem für die höher gelegenen, gebirgigen Regionen sowie für Nationalforste. Schon beim ersten Picknick in der Natur macht fast jeder Bekanntschaft mit bettelnden Zieseln (**Ground Squirrel**) und Streifenhörnchen (**Chipmunk**), Verwandte der ebenfalls häufig zu sehenden Eichhörnchen (**Squirrel**). Der auffällig blaue Diademhäher (**Steller's Jay**) und die mit ihrer »Banditenmaske« über den Augen unverkennbaren Waschbären (**Raccoons**) haben es meist ebenso auf die Essensreste und Vorräte der Camper abgesehen.

Berg- und Waldbewohner

Zahlreich in ihrem Vorkommen sind auch nordamerikanische Hirscharten, zu denen die Maultierhirsche (**Mule Deer**) mit ihren etwas überdimensionierten Ohren sowie der Weißwedelhirsch (**White-tailed Deer**) zählen. Sie teilen sich die Nationalforste und -parks mit Füchsen (**Fox**) und Dachsen (**Badger**). Eine Besonderheit sind die Tule-Wapitis (**Tule Elks**), die früher in den Graslädern Zentralkaliforniens weit verbreitet waren, im 19. Jahrhundert fast ausgerottet wurden und jetzt in der *Point Reyes Nat'l Recreation Area* eines ihr letzten Rückzugsgebiete gefunden haben.

Schwarzbären

Die mitunter sogar hellbraunen Schwarzbären (**Black Bear**) leben u.a. auch in Nationalparks wie dem **Yosemite**, allerdings bevorzugt abseits des großen Rummels im Hinterland, so dass man ihnen trotz dort einschlägiger Warnungen nicht häufig begegnet. Neben ihrer ohnehin ausgeprägten Scheu ist ein Grund für die »Abwesenheit« von Bären, dass sie bei Gewöhnung an den Aufenthalt in von Menschen frequentierten Gebieten (z.B. Anziehung durch Essensgerüche) als latente Gefahr angesehen werden. Die Forst- und Parkranger sorgen in solchen Fällen für die Verfrachtung allzu zivilisationsnaher Exemplare in entlegene Regionen. Je weiter man ins Hinterland vordringt, umso größer die Chancen also – oder das Risiko, wie man's nimmt – sie anzutreffen. Einfach so am Straßenrand kommt einem »Meister Petz« nur mit viel Glück vor die Kameralinse.

Pumas

In einsamen Gebirgsregionen der Nationalparks *Yosemite* und *Sequoia/Kings Canyon* oder bei *Big Sur* lebt zudem der Puma (**Mountain Lion**, **Cougar**). Diese selbst für Menschen nicht ganz ungefährliche, große Raubkatze ist zwar scheu und nachtaktiv, aber auch anpassungsfähig. Sie findet sich z.B. in den LA-nahen *San Gabriel* und *San Bernardino Mountains* gut zurecht. Und so kommt es, dass Haustiere am Stadtrand von LA ihr regelmäßig zum Opfer fallen.

Ähnlich verhält es sich mit den ihnen verwandten, aber deutlich kleineren Rotluchsen (**Bobcats**), die bis in die Wüsten hinein in größerer Zahl vorkommen und auch in gebirgsnahen Siedlungen auf der Suche nach Beute gesehen werden.

Wüstenbewohner

Generell wenig offensichtlich ist die Anwesenheit der Fauna in den wüstenartigen Gebieten. Bei allzu großer Hitze zeigen sich viele Tiere nur nachts sowie in den Morgen- oder Abendstunden. Wahre Überlebenskünstler sind z.B. Kojoten (**Coyote**) und Dickhornschafe (**Bighorn Sheep**), die u.a. im *Joshua Tree NP* und *Valley of Fire* leben, oder Reptilien wie die stark bedrohte Wüstenschildkröte (**Desert Tortoise**), die einem am ehesten noch nach Regengüssen in der *Mojave National Preserve* über den Weg läuft.

Begegnungen mit »unliebsamen« Wüstenbewohnern wie dem Skorpion (**Scorpion**), der Schwarzen Witwe (**Black Widow Spider**) oder den berühmt-berüchtigten Klapperschlangen (**Rattlesnake**) sind noch seltener. Besucher werden sie eher in zoologischen Gärten zu Gesicht bekommen als in freier Natur.

Klapperschlangen

Vorsicht ist aber dennoch angebracht bei Streifzügen durch entlegenere Gegenden, zwischen engen Canyonwänden, im Dickicht in der Nähe von Wasserläufen und auf den **kalifornischen Wildblumenwiesen**. Die Autoren des Buches haben »*Rattlers*« bereits mehrfach (aus sicherer Entfernung) gesehen, u.a. in den Palmoasen des *Anza-Borrego Desert SP* wie auch im *Valley of Fire*.

Bisse sind eher selten, denn meist machen sie mit ihrer Rassel auf sich aufmerksam, noch bevor man die gut getarnten Schlangen

Bärenmutter und zwei Junge auf der Suche nach Blaubeeren ganze 10 m von der Straße durch den Sequoia National Park entfernt

überhaupt sieht. Man darf sich aber nicht darauf verlassen, die Rassel der Jungtiere ist oft noch zu schwach. Das starke Blut- und Nervengift der Klapperschlangen ist für erwachsene Menschen zwar nur in den seltensten Fällen tödlich, aber die Vergiftungserscheinungen, Spätfolgen und Schmerzen sind nicht zu unterschätzen – ebenso wie die hohen Kosten für das Gegengift, die sich im vierstelligen $-Bereich bewegen.

Monarchfalter

Hübsche, vorübergehende Gäste sind die orangeschwarzen Monarchfalter (**Monarchs**), die sich zwischen Ende Oktober und März Orte an der kalifornischen Küste als »Winterquartier« aussuchen, u.a. Montereys Stadtteil **Pacific Grove** und **Pismo Beach**. Sie hängen in dichten Trauben (*Clusters*) an den Ästen oder flattern bei Temperaturen über 13°C munter zwischen den Bäumen umher.

Kolibris

Eine wahre Augenweide sind auch die zierlichen Kolibris (**Hummingbirds**), die wie funkelnde Edelsteine von Blüte zu Blüte huschen. Man sieht sie nicht nur an der kalifornischen Küste, in grünen Parks oder überall wo gerade Blumen blühen, sondern ebenso mitten in der Wüste, etwa im *Anza-Borrego Desert State Park*. Nektarspender (*Feeder*) und ihre Lieblingsblumen locken sie in Gärten und auf *Campgrounds*.

Seehunde, -löwen und -elefanten

Auf größere Strand- und Meeresbewohner wie Seehunde, -löwen und -elefanten (**Seals**, **Sea Lions** und **Sea Elephants**) stößt man bei Fahrten entlang der Pazifikküste fast automatisch. Abgesehen von zivilisationsnahen Ruhezonen der Tiere etwa beim *Pier 39* in San Francisco oder rund um Monterey, lassen sie sich am besten in der **Año Nuevo Natural Preserve** nördlich von Santa Cruz und in der **Piedras Blancas State Marine Reserve** unweit San Simeon beobachten. In der **Point Lobos Reserve** bei Carmel und etwas weiter südlich in **Moss Landing** gesellen sich die immer noch gefährdeten Seeotter (**Sea Otter**) in wachsender Zahl zu ihnen.

Wale

Blau- (**Blue Whale**) und Buckelwale (**Humpback Whale**) können den Sommer über bis in den Herbst hinein an der Küste vor San Diego und im Bereich *Big Sur* beobachtet werden. Von Dezember bis April ziehen zudem Grauwale (**Gray Whale**) die Pazifikküste in Richtung Mexiko hinunter und versammeln sich gern in den nährstoffreichen Gewässern bei Newport und Laguna Beach.

Seelöwen an der Monterey Bay

Schild an der Südeinfahrt in den Sequoia Park

1.1.3   Nationalparks, Nationalforste und State Parks

Begriffe

Wie selbstverständlich war in den vorstehenden Abschnitten bereits mehrfach die Rede von **National Parks**. Davon hat natürlich jeder potentielle Amerikafahrer eine Vorstellung. Ebensowenig erscheint der Begriff **National Forest** erklärungsbedürftig, es handelt sich – wie der Begriff es andeutet – um Wälder unter Verwaltung einer nationalen Forstbehörde.

Unübersehbar sind auf Karten wie unterwegs die **State Parks**, oft nichts weiter als öffentliche Strände oder – schön gelegene – Picknick- und Campingplätze, manchmal aber so etwas wie »kleine« Nationalparks. Mit dem Zusatz »**Reserve**« werden sie zu explizit ausgewiesenen Naturschutzgebieten mit begrenztem Zugang.

National Parks und weitere Gebiete unter nationaler Aufsicht

National Park Service
www.nps.gov

Die Schaffung der amerikanischen Nationalparks basiert auf dem Gedanken, außergewöhnliche Landschaften, Naturwunder und bedeutsame historische Stätten vor Zerstörung und kommerzieller Ausbeutung zu bewahren und gleichzeitig den Bürgern des Landes den (kontrollierten) Zugang zu ermöglichen. Bereits seit 1916 setzt der **National Park Service** die Nationalparkidee in vorbildlicher und weltweit nachgeahmter Weise in die Praxis um.

Dem *Park Service* unterstehen aber nicht nur die als solche deklarierten Nationalparks, sondern zusätzlich eine Vielzahl von *National Monuments, National Historic Sites, National Recreation Areas* und *National Lake- and Seashores*.

National Parks

Die Nationalparks umfassen größere Gebiete, in denen die Besucher neben herausragenden natürlichen Sehenswürdigkeiten auch einsames Hinterland finden. Sie sind Besichtigungs- und Ferienziel zugleich. In manchen Parks lassen sich ohne weiteres mehrere Tage, und mit parkbezogenen Aktivitäten sogar Wochen abwechslungsreich gestalten.

Im hier behandelten Süd- und Zentralkalifornien gibt es sechs ausgewiesene **Nationalparks:** *Channel Islands, Death Valley, Kings Canyon, Joshua Tree, Sequoia* und *Yosemite.* Abstecher führen auch noch zu den Parks *Bryce Canyon, Grand Canyon* und *Zion.*

National Monuments/ Historic Sites

In den strenger thematisch (Flora und Fauna, Geologie o.ä) ausgerichteten und meist kleineren *National Monuments* steht die einzelne Attraktion im Vordergrund. Im Bereich dieses Buches sind im Wesentlichen drei Nationalmonumente (*Muir Woods, Pinnacles* und *Sequoia* in der Nähe des gleichnamigen Nationalparks) touristisch relevant. Speziell Kalifornien verfügt außerdem über zahlreiche *National Historic Sites,* in denen historische Bauwerke und geschichtlich bedeutsame Stätten gepflegt werden; vor allem sind das die **Missionsstationen** aus spanischer Zeit.

National Recreation Areas

Der Begriff »Nationale Erholungsgebiete« bezieht sich vornehmlich auf Landschaften, die sich für Aktivitäten und *Outdoor Fun* eignen, wegen ihrer Attraktivität aber ohne die Kontrolle des Staates lange ein Opfer der Spekulation geworden wären, so etwa die *Golden Gate NRA* rund um San Franciscos City.

National Lake- and Seashores

Die **Nationalküsten** an den Ozeanen und Großen Seen dienen ebenfalls Erholung und Freizeit. In ihnen wird der Naturschutz stärker betont. In Kalifornien gibt es in dieser Kategorie nur die *Point Reyes National Seashore* nördlich von San Francisco.

Verkehrs- mäßige Anbindung der Parks

Die meisten Parks und Monumente sind ohne individuelles Fahrzeug nur schlecht zu erreichen, da sie abseits der Busnetze und der Schienen liegen. Zubringerbusse zwischen wichtigeren Parks und den nächsten großen Ort sind bei geringer Frequenz teuer.

Eintritt

Die meisten Einrichtungen des Nationalpark-Systems kosten **Eintritt,** und zwar **bis $30 für eine private (!) Wagenladung** (Pkw/Kleinbus bis 6 Personen, max. 4 Erwachsene). Die Mehrheit der Nationalparks und -monumente erhebt $5-$20. Radfahrer, Wanderer oder Busreisende müssen bis $15 pro Person entrichten.

Interagency Annual Pass

Seit einigen Jahren gibt es den *America the Beautiful Annual Pass,* der nun **für alle Einrichtungen des Nationalparksystems und alle** *Federal Recreational Lands* gilt. Ohne

diesen offiziell auch als »*Interagency Annual Pass*« bezeichneten Plastikausweis **im Scheckkartenformat** sollte niemand unterwegs sein, der mehr als nur ein paar Tage seiner Reise den Naturschönheiten der USA widmen möchte. Der Pass macht sich in kurzer Zeit bezahlt und erspart mit Sicherheit Frustration unterwegs.

Nutzung des Passes

Denn der **National Forest Service,** der die riesigen Nationalforste der USA verwaltet (➢ übernächste Seite), das *Bureau of Land Management,* eine für viele andere Ländereien (speziell Wüstengebiete) verantwortliche Organisation, das *Corps of Engineers,* die Pioniere der US-Armee in Verantwortung vieler Stauseen, und weitere Bundesbehörden erheben auf den von ihnen betreuten Arealen Nutzungsgebühren. Wer also wandern oder einen

Picknickplatz benutzen, sein Schlauchboot zu Wasser lassen oder mit dem Quad (ATV=*All Terrain Vehicle*) durch die Wüste brausen will, wird an entsprechenden Stellen zur Kasse gebeten. An Ausgangspunkten für Wanderungen etc. stehen unübersehbare **Gebührentafeln** mit Hinweisen, wo Parkausweise zu erstehen sind (selten unter $5/Tag bzw. Einmalnutzung und oft genug meilenweit weit weg) samt Strafandrohung für Gebührenpreller.

Erwerb

Der ***Interagency Pass*** **kostet zur Zeit (2015) noch $80** und ist wie früher der *National Parks Pass* ein Jahr lang gültig. Man kann ihn in allen Einrichtungen des Systems kaufen, am besten beim ersten Besuch eines Nationalparks oder in einem Büro der anderen sog. *Agencies,* die man unweigerlich irgendwo passiert. Der Pass kann auch im Internet erworben werden (www.store.usgs.gov/pass).

Weitere Details

Mit dem Pass erhält man einen sog. ***Hangtag***, der am Innenspiegel des Autos befestigt wird, wenn man eine nicht personell besetzte Einrichtung nutzt (vor allem *Picnic Areas* und Parkplätze von Freizeiteinrichtungen und *Trailheads*). Ein Fragenkatalog mit Antworten steht unter www.store.usgs.gov/pass/annual.html.

Information vor Ort

Im Eintritt eingeschlossen ist überall ein Faltblatt mit Karte des Parks/Monuments und Basisinformationen zu Geschichte, Entstehung und spezifischen Einzelheiten. Nie fehlen **Visitor Center**, die fast immer eindrucksvoll durch Schaubilder und Ausstellungen mit den Eigenarten des Parks vertraut machen. In den stärker besuchten Parks gehören Filme/Videos oder Multivisionsshows zum Standardprogramm der Besucherzentren. **Informationsmaterial in deutscher und anderen wichtigen Sprachen** gibt es in den von Ausländern häufig frequentierten Parks.

Im Bryce Canyon National Park

Ranger Wo Campingplätze existieren (in der Mehrheit der Nationalpark-einrichtungen, ➢ Seite 120), werden während der Saison durchweg Abendprogramme (*Campfire Programs*) mit Lichtbildervorträgen oder Filmen angeboten. Zuständig dafür sind die *Parkranger*, sowohl Aufsichtspersonen mit Polizeibefugnis als auch Spezialisten für Natur und Geschichte ihres Einsatzbereichs.

Saison Die Nationalparks in Kalifornien weisen während der jeweiligen **Hauptsaison** (*Death Valley* im Winter) **sehr hohe Besucherzahlen** auf. Auf Übernachtungen in Unterkünften in den Parks *Yosemite* und *Sequoia/Kings Canyon* sollte man ohne Reservierung zwischen Mai und September nicht spekulieren (im *Death Valley* November bis Mai). Sie sind lange im Voraus ausgebucht, ➢ Seite 44f. Beim Campen ist die Situation ähnlich. Details im Reiseteil.

National Forests www.fs.fed.us

Landschaftliche Attraktivität und unberührte Natur findet man nicht nur in Nationalparks, sondern auch in den riesigen **Nationalforsten** Kaliforniens. Das Gros der Gebirgsregionen des Staates steht faktisch unter Verwaltung der Bundesforstbehörde. In der Sierra Nevada setzen sich typische landschaftliche Merkmale der *National Parks* in den umgebenden *National Forests* fort.

Sie sind vor allem in der Hochsaison Geheimtipp für alle, die sich gerne auch abseits der Haupt-Besucherströme halten möchten. Die meisten Routen durch Nationalforste erfreuen fast immer mit schöner Streckenführung (z.B. in der *High Sierra*) und geringer Verkehrsdichte, soweit sie nicht gleichzeitig als Zufahrt zu bekannteren touristischen Zielen wie den Nationalparks dienen.

Auch in Kalifornien verfügen die Nationalforste über zahlreiche hervorragend angelegte **Campingplätze**, ➢ Seite 120f. Außerdem ist mancherorts sogar »*Boondocking*« (kostenloses Campen; ➢ Seite 118f) gestattet.

State Parks www.parks.ca.gov www.ohranger.com/state/california

Ungewöhnliche geologische Formationen, historisch interessante Stätten und sehenswerte und für Freizeitaktivitäten geeignete Landschaften befinden sich nicht nur auf Bundesland, sondern auch auf Grundbesitz der Einzelstaaten. In Kalifornien gibt es auf Staatsland besonders viele *State Parks*. Eine entsprechende Markierung auf der Karte signalisiert generell das Vorhandensein einer gepflegten öffentlichen Anlage mit *Picnic Area*, oft eines **Besucherzentrums** und in vielen Fällen auch mit *Campingplätzen*, ➢ Seite 120.

Oft findet man auch Spielplätze, Joggingpfade, Badestrände und Bootsanleger in den Parks. *State Parks* kosten bis zu **$10 Eintritt** für den sog. *Day Use*, also die »Tagsüber-Nutzung«. Dabei spielt es keine Rolle, ob man nur 30 min bleibt oder den ganzen Tag.

Einige der populären *California State Beaches* legen seit 2015 noch einen drauf und kassieren bis zu $15 *Flat Rate* für's Parken.

Limantour Beach in der Point Reyes National Seashore; wie so viele der schönsten Ziele in Kalifornien ist sie ohne fahrbaren Untersatz nicht zu erreichen.

1.2 Die individuelle Kalifornienreise

1.2.1 Vorüberlegungen

Individuelles Reisen und Pauschalreise

Pauschal-reisen

Von preisgünstigen Gruppenreisen für junge Leute im Kleinbus mit eigenhändigem Zeltaufbau bis zu teuren Weinreisen oder Trips für Motorradfans per Harley Daidson finden sich im Internet und in Katalogen der Veranstalter jede Menge Pauschalarrangements für Reisen durch Kalifornien und darüber hinaus.

Busreisen

Das Gros der Angebote bezieht sich auf **Rundreisen in Bussen aller Größen mit Hotelübernachtung**. Auf den meisten davon werden erstaunliche Strecken bewältigt und eine Vielzahl von Städten, Parks und Sehenswürdigkeiten angelaufen, oft verbunden mit knapp bemessenen Besichtigungszeiten und täglich sieben, acht und mehr reinen Fahrstunden. Wegen der dabei überwiegend üblichen gehobenen Unterkunftskategorie und der Reiseleitung sind Busreisen relativ kostspielig.

Vorab festgelegte Pkw-Rundreisen

Zu den von fast allen USA-Veranstaltern angebotenen Pauschalprogrammen gehören auch **Pkw-Rundreisen** mit vorreservierten Quartieren auf einer festgelegten oder selbst zusammengestellten Route. Sie wirken und sind bei eigener Routenplanung individueller als Busreisen, lassen aber beide für unterwegs aufkommende Änderungswünsche und -notwendigkeiten – etwa bei ungünstigem Wetter auf der an sich geplanten Route – keinen oder nur teuren Spielraum.

Durch die Vorabfestlegung der Tagesetappen wird ein großer Teil der an sich mit dem Mietwagen verbundenen Flexibilität von vornherein aufgegeben, andererseits profitiert man von der vorab gelösten Quartierfrage und verliert keine Zeit mit leidigen Diskussionen über die Tagesetappe und/oder die Unterkunftswahl. Beides ist unterwegs nervig, besonders in stark besuchten Bereichen, wenn bei zu später Ankunft und versäumter Reservierung auch schon mal alles ausgebucht sein kann.

Individuell reisen

Dennoch sollte immer überlegt werden, ob nicht individuelle Reisen ohne allzu viele Vorabfestlegungen ein Unterwegserlebnis ermöglichen, das den persönlichen Erwartungen und ggf. erst während der Reise auftauchenden Anregungen und Ideen letztlich am besten entspricht. Tatsächlich ist ein nicht hoch genug zu bewertender **Vorteil der Individualreise**, dass Reiserouten, Reisezeiten und Zwischenaufenthalte frei bestimmt und jederzeit nach Inspiration, Lust und Laune geändert und den aktuellen klimatischen Gegebenheiten angepasst werden können.

Die dichte touristische Infrastruktur der USA, ganz besonders in Kalifornien, macht diese Art des unabhängigen und flexiblen Reisens obendrein einfacher als in den meisten Ländern Europas.

Präferenz Auto

Für individuelle USA-Reisen gibt es zum »eigenen« Fahrzeug keine echte Alternative. Neben der hohen Flexibilität bei der Reisegestaltung ist vor allem von Bedeutung, dass **die meisten Sehenswürdigkeiten und Naturschönheiten abseits der Städte ohne Auto gar nicht oder nur unter Schwierigkeiten zu erreichen sind**.

Übernachtung

Ohne die durchs Auto gegebene Bewegungsfreiheit ist die **Lösung der täglichen Übernachtungsfrage** obendrein oft mühsam und leicht kostspieliger als erwünscht, gleich, ob man Hotel, Motel, *Bed&Breakfast, Hostel* oder einen Campingplatz sucht.

Camping erwägen

Apropos Camping: Für eine Reise durch Kalifornien und Umfeld, die sich nicht überwiegend auf die Städte konzentriert, sollte das Campen auch in Betracht ziehen, wer damit sonst wenig im Sinn hat, ➢ im Detail ab Seite 118. Am Lagerfeuer in einer sternklaren Nacht in der Sierra Nevada, unter Sequoias oder in einem Küstenpark am Pazifik wird kaum jemand mit dem Hotelzimmer tauschen mögen, gleichgültig ob im Camper oder Zelt.

Motel, aber das Zelt im Kofferraum

Es muss ja auch nicht die totale Entscheidung fürs Campen sein. Wer in Städten, bei ungünstiger Witterung oder im Falle besonders attraktiver Hotels aus gutem Grund das bequeme Zimmer vorzieht, eröffnet sich mit Zelt und Schlafsack im Kofferraum zusätzliche und obendrein kostensparende Möglichkeiten. Die sonst noch nötige Ausrüstung – ein bisschen Geschirr und Besteck ggf. aus Plastik, *Coolbox* und vielleicht einen Campingkocher – hat für Selbstverpflegung und Picknick oft sowieso an Bord, wer mit dem Auto fährt. Sie ist in den USA in den überall an den Ausfallstraßen vorhandenen Discount-Kaufhäusern wie ***K-Mart, Walmart*** oder ***Target*** etc. relativ preiswert zu erstehen.

Selbst bei an sich klarer Präferenz fürs Hotelbett kann die Campingausrüstung im Kofferraum nicht schaden, die mitzunehmen bei heute nur noch 23 kg Freigepäck/Person zwar leicht Kosten verursacht, aber sich –wie gesagt – auch noch vor Ort beschaffen lässt, ➢ Foto rechts und Seite 87. Man hat damit sein Ausweichquartier dabei, falls es mit der Unterkunft mal nicht klappt oder dort, wo man gern länger verweilen würde, ein bequemes Bett weder vorhanden ist noch in die Landschaft passt.

1.2.2 Transport und Übernachtung

Miet-Pkw und Zelt

Kosten-vorteil

Unter dem Aspekt der **Kostenminimierung** ist die Kombination Pkw und Zelt-Camping ab zwei Personen im Auto selbst dann unschlagbar, wenn ab und zu mal ein Motel aufgesucht wird, ➢ Seite 77f und eine Liste der für eine solche Reise nützlichen Utensilien zum Mitnehmen auf ➢ Seite 87.

Nachteile

Die grundsätzlichen **Nachteile** des Zeltens müssen hier nicht erörtert werden; bekanntermaßen handelt es sich in erster Linie um Komfortmängel, speziell bei Regen. In Kalifornien sind außerdem die **Höhenlagen einiger Reiseziele ein ungemütlicher Aspekt**. Mitten im Sommer können in 2.000 m Höhe selbst bei tagsüber angenehmen Temperaturen Nachtfröste eintreten. Und bis Mai/ab September wird es nach Sonnenuntergang über 1.000 m Höhe immer empfindlich kühl.

Camping-utensilien sind in den USA bei Wal- und K-Mart oder Target billig: Schlafsack ab ca. $25; einflammiger Gaskocher ca. $20; Isomatten $20, 12V-Pumpe $15; Kaufhauszelt aus der Heimat ab €39; in den USA ab $50

Campmobil

Vorzüge

Unbilden der Witterung lassen Campmobilfahrer dagegen kalt. Sie sitzen trocken und warm. Der für Campfahrzeuge typische Komfort (Küche, Wohn- und Schlafzimmer in einem, Toilette und ggf. Dusche), der bis zu eigenem Generator, Mikrowelle und Satelliten-TV reicht, bedarf keiner detaillierten Aufzählung.

Die Handhabung von Campmobilen erfordert auf normalen Straßen keine besondere Übung, lediglich eine kurze Eingewöhnungszeit, soweit man sich mit einem Modell begnügt, das nicht wesentlich über 22 Fuß (6,60 m) Länge hat. Für 2-3 Personen bietet diese Größe immer ausreichend Platz, auch für Eltern mit zwei kleineren Kindern. Neben der eingebauten Bequemlichkeit ist ein entscheidender Vorteil des Campers gegenüber anderen Reisealternativen der Entfall des täglichen Kofferpackens und immer wieder neuen Verstauens der Siebensachen, gegenüber dem Zelt auch noch des Auf- und Abbaus.

Campmobil 27 Fuß auf dem Campground des Refugio Beach State Park nur 30 m vom Strand entfernt

Nachteile

Nun besitzen Camper auch Nachteile. Obwohl oben und von den Vermietern die Handhabung der Fahrzeuge als einfach dargestellt wird, sind die erheblichen Ausmaße der großen Modelle (**über 25 Fuß Länge**) mit enormen Hecküberhängen durchaus nicht immer unproblematisch. Abgesehen davon, dass man mit Ausnahme von 17-19 Fuß-*Vans* mit Campmobilen im Stadtverkehr keine Freude hat, wird es bei größeren Modellen auch beim Rangieren auf Campingplätzen, Parken vorm Supermarkt und auf kleineren, oft reizvollen Straßen auch schon mal schweißtreibend eng. Verfahren sollte man sich lieber selten, denn ein geeigneter Wendeplatz kommt meist gerade dann nicht in Sicht, wenn er dringend benötigt wird. Stressfrei fährt sich ein *Full-Size Motorhome* nur geradeaus auf gut ausgebauten Straßen und Autobahnen.

Technik und Wartung

Ein Reisemobil ist auch **nicht in jeder Beziehung bequem**. Damit alles funktioniert, sind bei den Komfortmodellen Schläuche und Kabel zu entrollen, festzumachen und wieder einzupacken. Die Frischwasser- und Abwassertanks wollen kontrolliert, aufgefüllt bzw. abgelassen werden, um sicherzustellen, dass unterwegs oder auf nicht so gut versorgten Plätzen der eingebaute und mitbezahlte Luxus genossen werden kann. Auch die Strom- und Gasversorgung an Bord bedarf gelegentlicher Kontrolle. Und nicht nur die **technische Checkliste**, ebenfalls der **Einkaufszettel** wird besser sauber abgearbeitet. Einmal am Campingplatz voll angeschlossen, darf nichts fehlen. Denn dann noch 'mal wieder los ...?

Kosten

Leider gelten von Mitte Mai bis Mitte Oktober **hohe bis sehr Miettarife**, die vor allem in der Hochsaison leicht zu Urlaubskosten über denen einer Reise mit Pkw und gehobener Hotelübernachtung führen können, ➤ Seite 79.

Abwägen

Abseits von Kostenaspekten ist der Camper optimal für Rundreisen, wenn vor allem Landschaft und Natur Kaliforniens, speziell der Besuch von Nationalparks im Vordergrund stehen. Die Entscheidung für ein Campmobil ist dann letztlich eine Frage der Abwägung: Wieviel Mehrkosten sind mir ggf. die Campervorteile gegenüber anderen Alternativen wert?

Camper oder Pkw/Zelt?

Kosten-
vergleich

Bei der persönlichen **Bewertung des Campers** kommt es – wie gesagt – darauf an, wie man dessen Vor- und Nachteile im Verhältnis zu den hohen Mietkosten gewichtet. Manche Leute reduzieren die Kosten, indem sie ein größeres Fahrzeug durch zwei Parteien teilen. Das macht ökonomisch Sinn, da die Groß-Camper nicht wesentlich teurer als kleinere Modelle sind, führt aber sicher nicht immer nur zu ungetrübter Ferienfreude. Potentielle Campermieter, die vor den Kosten zurückschrecken, sollten zunächst intensiv **Preise vergleichen** und ggf. ein Ausweichen in die Nebensaison erwägen oder über die alternativen Angebote der Firmen *Jucy* und *Escape* nachdenken, ➢ Seite 70.

Mietwagen
und Zelt

Die zweifelsfrei **sparsamste Alternative** (➢ oben) ist ein **Pkw mit Zeltausrüstung,** die man mitbringt oder in den USA komplettiert. Wer es bequemer haben möchte, mietet einen **SUV** mit höherer Sitzposition, der bis zu 3 Personen mit Campinggepäck reichlich Platz bietet (inkl. Vollkasko bei deutschen Veranstaltern ab wenig über €200 pro Woche). Wie oben erwähnt, muss man nicht unbedingt jede Nacht auf dem Zeltplatz verbringen, sondern kann bei Gelegenheit und schlechtem Wetter im Motel übernachten und dennoch preiswert reisen.

Carcamping, der SUV als Nachtquartier

Eine eher für junge Leute in Frage kommende Variante ist das Übernachten im Auto. Voraussetzung dafür sind die Miete eines *Full Size SUV* (denn die meisten *Midsize SUVs* sind zumindest für 2 Personen zu kurz), Schlafsäcke und Isomatten bzw. Luftmatratzen. Nach Umlegen der Rückbank zu einer möglichst ebenen Fläche steht ein enges Nachtquartier zur Verfügung. Preiswerte oder sogar Gratis-Campplätze für diesen Zweck finden sich vor allem in Nationalforsten oder in BLM-Gebieten, ➢ Seite 118f.

Derart spart man die Mitnahme bzw. den Kauf eines Zelts, kann abends bei Kälte vor dem Schlafengehen noch mal kurz einheizen und ist vor »Getier« auch noch sicherer als im Zelt.

Miet-Pkw und Hotel/Motel

Sofern man nicht überwiegend in besonders teuren Quartieren absteigt, kostet eine Pkw-Rundreise selbst bei ausschließlicher Übernachtung im H/Motel nur in den Monaten Juli und August klar weniger als eine Reise im – und das ist wichtig – **frühzeitig gebuchten** Campmobil, ➢ Seite 79f.

Nachteilig und zu bedenken ist aber Folgendes:

Sonder-situation USA

Hierzulande kann man in Dörfern und Städten nach Ankunft Bummeln gehen und schon mal ein für den Abend in Frage kommendes Restaurant oder die Kneipenszene »ausgucken«. In den USA ist das mit Ausnahme der Großstädte und weniger touristischer Brennpunkte selten möglich. Spätestens nach Einbruch der Dunkelheit sind die Zentren vieler Orte (sofern überhaupt vorhanden!) faktisch wie ausgestorben, bisweilen gefährlich. Los ist vielleicht noch ein bisschen in der nächsten *Shopping Mall* (bis maximal 21 Uhr), später nur vereinzelt und ausnahmsweise in bestimmten – verstreut liegenden – Lokalen.

Diese Nachteile schlagen im Herbst und Winter, wenn es früher dunkel wird, noch stärker zu Buche.

Abends im Motel/Hotel

Erreichen lässt sich alles ohnehin nur mit dem Auto. Als Übernachter wird man oft irgendwo in der Nähe seiner Unterkunft landen, z.B. in einem der Kettenrestaurants an den Ausfallstraßen, und sich danach mangels besserer Zerstreuungsmöglichkeiten vorm Fernseher wiederfinden. Die (nicht überall vorhandene) Alternative zu Unter- bis Mittelklasse-Motels sind **teure, höherklassige Hotels**, die *Coffee Shop,* Restaurant und Bar, häufiger auch einen *Indoor-Pool* und ein bisschen Abendunterhaltung unter einem Dach bieten.

Bessere Hotels

Wer überwiegend bessere Hotels ($150 und mehr) bucht, reist in den USA nicht ungünstiger als bei identischem Verhalten in Europa. Bei »richtiger« Routen- und Quartierwahl lassen sich in Kalifornien und in den Spielerhochburgen Nevadas abwechslungsreiche und angenehme Wochen verbringen, vorausgesetzt, dass die Höhe der Kosten keine besondere Rolle spielt.

Kontakte

Kontakte zu anderen Reisenden ergeben sich in Motels und Hotels selten, weil man als Gast ziemlich isoliert ist. Camper, junge Leute und alle anderen, die in **Hostels** oder anderen **alternativen Quartieren** absteigen, ➢ Seite 117f, haben es da etwas leichter.

Typisches Billigmotel. In solchen Häusern kommt man oft noch für $50 und weniger unter

Einstiegsszene 2015 in einem Busterminal. Greyhound-Langstrecken-busse wie der im Bild haben Steckdose und Wifi an jedem Platz

Bus und Eisenbahn

Eignung

Das **öffentliche Verkehrssystem** in den USA ist bei weitem nicht so flächendeckend wie in Europa und auch in Kalifornien außer in den Ballungsgebieten San Francisco Bay Area, LA und San Diego insgesamt dünn. Dort, wo Bus oder Eisenbahn existieren, liegt die Verkehrsfrequenz niedrig.

Greyhound

Die fast monopolistische Fernbuslinie *Greyhound* hat den Verkauf von Netzkarten, für die sie einst bei jungen Reisenden über Dekaden populär wurde, vor ein paar Jahren eingestellt (zu Details und Ticketkauf heute ➢ Seite 80). Wer dennoch an den Bus als Transportmittel denkt, muss Folgendes wissen:

Über-nachtung

Haltestellen gibt es nur in Ortschaften von bestimmter Größe an aufwärts. Das hat den Vorteil schneller Reisezeiten mit wenigen Zwischenstopps, bietet aber dem Passagier kaum eine Möglichkeit zu spontanen Entschlüssen. Bei Langstrecken ist oft keine direkte Fahrt ohne Umsteigen möglich. Dann sind Wartezeiten durchaus schon mal morgens zwischen zwei und sechs Uhr fällig, manchmal in Busbahnhöfen in eher kritischen Ortsbereichen.

Abseits gelegene *National* und *State Parks* (das sind genaugenommen alle) und andere lohnenswerte Ziele mit dem Bus zu erreichen, stößt auf Schwierigkeiten. Wegen des unzureichend ausgebauten, teilweise nicht vorhandenen Nahverkehrs ist **Camping für Busreisende schwer realisierbar**, es sei denn unter Inkaufnahme von langen Fußmärschen und/oder hohen Taxikosten. Frustration bleibt nicht aus, wenn das einzige *Hostel* weit und breit kein Bett mehr frei hat und das einfache Stadthotel in der Nähe des B*us Terminal* $89+*tax* für ein schäbiges Zimmer fordert.

Unterwegs-Kontakte

Wer Kontakt zu Amerikanern sucht, sollte bedenken, dass Reisen im *Greyhound* sich dazu nur bedingt eignet. Im Wesentlichen ist der Bus heute ein Transportmittel für weniger Betuchte und von Randgruppen. Wer es sich in den USA irgend leisten kann, fliegt oder benutzt sein eigenes oder gemietetes Auto.

Auf einer Reise im Bus wird man Seiten Kaliforniens kennenlernen, die dem Auto-Urlauber großenteils verborgen bleiben.

| Green Tortoise | Für junge Leute und manche Junggebliebene bietet die Firma *Green Tortoise* als überlegenswerte Alternative zu Linienbussen Rundfahrten durch Kalifornien und die Südweststaaten mit internationalen Passagieren. Mehr dazu auf der Seite 81. |
| Eisenbahn/ Amtrak | Genausowenig wie mit dem *Greyhound* erreicht man in **Amtrak Passenger Trains** Nationalparks und das Gros sonstiger kalifornischer Sehenswürdigkeiten. Immerhin gibt es von einigen Stationen Buszubringer zu Nationalparks und weiteren Zielen; mehr dazu auf ➢ Seite 81f. |

Radfahren in Kalifornien   Thomas Schröder   www.bikeamerica.de

California – bevölkerungsreichster Staat der USA, Megastädte – und das per Rad? Aber ja! Seit anfangs der 1970er-Jahre ein paar Freaks um *Gary Fisher* und *Tom Breeze* mit ihren alten *Schwinn Clunkers* die Hänge des Mt. Tamalpais droben im Marin County hinunterheizten und damit den Mountainbike Boom kreierten nahm eine weltweite Fahrrad-Welle ihren Lauf. Gerade in Kalifornien sind Fahrräder längst mehr als nur Hobby und Zeitvertreib, nämlich breit akzeptierte Verkehrsmittel. Fortschrittliche Unternehmen wie *Google*, aber auch Kommunen fördern *Bicycle Commuter* (Fahrrad-Pendler). Im Bereich LA und im Silicon Valley sieht man außer den rennsportlich gestylten Sunnyboys längst auch Manager, die mit Top-Maschinen ins Büro biken; und selbst die Polizei jagt in manchen Städten mit dem Bike Gesetzesbrechern hinterher.

Ein gut ausgebautes **Radwegenetz** führt mittlerweile durch ganz Kalifornien, und auch in den Großstädten werden immer mehr **Bike Lanes** und **Bike Paths** eingerichtet. Gute Voraussetzungen also für alle, die sich Kalifornien (auch) per Rad erschließen möchten, sei es auf **Kurztrips** in den Ballungsräumen oder auf einer **Rundtour** mit Gepäck. So ist etwa die *Pacific Coast Bicycle Route* (sie durchmisst ganz Kalifornien und orientiert sich weitgehend am Verlauf des Highway #1) die mit Abstand beliebteste Fernradtour der USA, auch der *Pacific Crest Bicycle Trail* durch das bergige Landesinnere zieht jährlich Tausende von Tourenradlern an. Dazwischen gibt es jede Menge Querverbindungen, und selbst die trockenheißen Gebiete jenseits der Sierra Nevada sind längst kein radlerisches Niemandsland mehr.

Zur genaueren **Info und Vorplanung** gibt es etliche *Guidebooks*, für die Küstentour etwa *Bicycling The Pacific Coast* von *Tom Kirkendall* und *Vicky Spring*, erhältlich auch in Deutschland über die Versandbuchhändler. Noch etliche weitere Radführer findet man z.B. über www.amazon.de (unter »englische Bücher«, dort »Cycling« oder »Biking« und »California« eingeben). Wer öfter in den USA radeln will, sollte sich überlegen, der *Adventure Cycling Association* (www.adventurecycling.org) beizutreten. Diese mit Abstand größte Organisation für Freizeitradler in den Staaten hat ein riesiges Netzwerk von ruhigen Rad(neben)straßen, *MTB-Trails* und weiteren Radrouten auch für Kalifornien kartografiert und mit *GPS-Waypoints* versehen, darunter alle wichtigen Fernwege. Sie bietet in ihrem *Cyclosource Catalogue* Bücher und Karten mit einem ordentlichen Mitglieder-Rabatt an. Eine feine Sache! Die ACA-Seite ist auf jeden Fall immer einen Blick wert und enthält auch für Nicht-Mitglieder wertvolle Infos zum gesamten *U.S. Bike Route* System.

Für die Vorplanung einer individuellen Route ist natürlich auch der sehr detaillierte **California Atlas and Gazetteer** von *DeLorme Mapping* gut geeignet – in ihm sind auch Radfahr-Routen, *Campgrounds*, *Outdoor Recreation Facilities*, schöne Wegstrecken, *Trails*, historische Punkte und vieles mehr aufgeführt; auch digital für GPS (www.delorme.com). **OpenStreetMap** (www.open streetmap.org) deckt Kalifornien ebenfalls ab und wahre Fundgruben für kostenlose *Bike Tracks* sind www.gpsies.com, www.bikely.com, www.mapmyride.com oder http://ridewithgps.com.

Weitere Infos: Wie jeder andere US-Bundesstaat hat auch Kalifornien **State Bicycle Coordinators** des *Department of Transportation*, der Straßenverkehrsbehörde: www.dot.ca.gov/hq/tpp/offices/bike/contacts.html. Dort erhält man Infos über lohnenswerte Strecken, Ziele und weitere für Radfahrer wichtige Dinge (ggf. im Suchfeld »bicycle« eingeben; so findet man auch herunterladbare *Bike Maps*). Wer gerne in Gruppen radelt oder an Events teilnimmt, wird im *Bike Calendar* fündig. Dort sind ständig 300 bis 500 Radausfahrten gesammelt, übersichtlich sortiert nach Datum: www.bikecal.com. Gleichfalls keine schlechte Adresse ist www.tourofcalifornia.org, eine private Linksammlung von der selbstorganisierten Mehrtagestour bis zur Radsport-Veranstaltung.

Eine rührige Alltagsradler-Vereinigung ist die **San Francisco Bicycle Coalition**. Auf ihrer Website www.sfbike.org gibt es u.a. ein Verzeichnis der *Bike Shops*, der Radausfahrten und Radclubs in der *Bay Area*. Etliche gut ausgearbeitete **Bay Area Bike Rides** findet man auch unter http://inl.org/cycling/rides. **The Los Angeles Bike Paths** (www.labikepaths.com) ist ein gutes Radweg-Verzeichnis für L.A. Auch die Seite www.lawheelmen.org ist recht brauchbar und bietet eine Menge Links, u.a. zum *Bicycle Coordinator* der *LA Area*.

Bleibt die Frage: **Welches Rad?** Wer nur wenig Zeit hat und kleinere Tagestouren fährt, ist sicher mit einem Mietrad am besten bedient – wenn man etwa **california bike rentals** in eine der gängigen Suchmaschinen eingibt, erhält man zahlreiche Treffer. Für mehrtägige Touren bringt man besser das eigene Gefährt von zu Hause mit; schon deshalb, weil Räder mit ordentlichem Gepäckträger-System praktisch nicht zu mieten sind. Für detaillierte Infos wie etwa »Wahl des richtigen Flugs mit Radtransport«, »Verpackung« oder »welches Rad für die Tour?« empfehlen wir den Fahrrad Weltführer von Reise Know-How, der auch ein umfangreiches USA-Kapitel enthält. Viele weitere Tourentipps finden sich auch im BikeBuch USA/Canada. **Happy Cycling**!

1.2.3   Amerikareise mit Kindern

Sollte man mit Kindern, womöglich mit ganz kleinen, eine Reise nach bzw. durch Kalifornien unternehmen?

Flugtarife für Kinder

Zunächst zum Flug: wer **Kleinkinder** im Alter von unter 2 Jahren mitnimmt, zahlt ohne Anspruch auf einen Sitzplatz – je nach Airline – 10%-15% des Erwachsenen-Tarifs oder einen geringen Fixbetrag. Empfehlenswert ist der Kleinkindtarif in Anbetracht der Flugdauer zu Zielen im US-Westen kaum, da Eltern mit ihrem Sprössling auf dem Schoß 10-11 Stunden Flug durchhalten müssen. Möchten Eltern vermeiden, erschöpft und entnervt anzukommen, bleibt nichts weiter übrig, als den Tarif 2-11 Jahre mit Sitzplatzanspruch fürs Baby zu bezahlen. **Kinder zwischen 2 und 11 Jahren** kosten je nach Airline 50% bis 75% des vollen Tarifs.

Reisekosten

Abgesehen von den Kosten fürs **Flugticket** und **Eintrittsgelder** für (leider immer teurer werdende) *Amusementparks* etc. erhöhen Kinder die Reisekosten nur proportional, sofern die Familie per Auto unterwegs ist. Denn **Mietfahrzeugtarife** sind unabhängig von der Belegung. Die meisten **Hotelzimmer** verfügen über zwei Doppelbetten, wobei der Übernachtungspreis nur geringfügig mit der Anzahl der Personen im Zimmer steigt, ➢ Seite 109f. Häufig braucht für Kinder (u. U. bis zum Jugendlichenalter) im Zimmer der Eltern überhaupt kein Aufschlag gezahlt zu werden. Auch auf die **Campingkosten** haben zusätzliche Personen nur einen unwesentlichen (bei Privatplätzen) bis gar keinen Einfluss (staatliche Plätze). Das Eintrittsgeld in **Nationalparks** gilt weitgehend unabhängig von der Besetzung immer für die Wagenladung, wenn diese 6 Personen (max 4 Erwachsene) nicht übersteigt.

Unterwegs

Soweit zu den Kosten. Dass die Attraktion Kaliforniens und dort möglicher Aktivitäten auch für Kinder groß ist, bedarf keiner besonderen Erläuterung. Egal, welche Reiseroute, an praktisch jeder Strecke gibt es auch für die Kinder genug zu sehen und zu erleben, dazu sowieso die bei den meisten Kindern beliebten *Fast Food Restaurants*, Supermärkte und *Shopping Malls*.

Gute öffentliche Spielplätze findet man in vielen Orten, hier in Ojai östlich von Santa Barbara

Camping	Sofern gecampt wird, bieten viele amerikanische Campingplätze von Anlage, Einrichtungen und Gelände her für Kinder mehr als ihre europäischen Pendants. Kommerziell geführte Plätze wie auch viele *State Parks* verfügen über *Children's Playgrounds*; viele *Campgrounds* in den *National Forests* und anderswo sind oft schon als solche Abenteuerspielplätze.
Spielplätze	Möglichkeiten zum Austoben sind im Übrigen selten schwer zu finden. Selbst in kleinen Orten gibt es **Stadtparks**, die sich zum Ballspielen und körperliche Aktivitäten eignen. Viele verfügen über einen Kinderspielplatz.
	Sehr praktisch an langen Fahrtagen sind die kompakten **Kinderspielplätze der *Fast Food* Ketten** in erster Linie *Burger King, McDonald's, Carl's Junior*. Kleine Kinder lieben diese Plätze. Bei *McDonald's* & *Co*, ob man die *Fast Food*-Ketten mag oder nicht, lassen sich Zwischenmahlzeiten, «Pinkelpausen» und der Bewegungsdrang der Kinder sinnvoll miteinander verbinden.
Krankheit/ Unfall	Eigentlich gibt es auf Reisen mit Kindern nur eine, lediglich eventuelle Problematik: In den USA ist es schwieriger als bei uns, bei Krankheit oder kleinen Unfällen einen Arzt zu finden, echte Notfälle ausgenommen. Da man in manchen Gebieten Kaliforniens weiter vom nächsten größeren Ort bzw. Hospital entfernt sein kann als bei uns, sollte man bei einem Urlaub mit Kindern einen gut sortierten **Erste-Hilfe-Kasten** dabei haben, ➢ auch Seite 86. Wenn die Kinder an sich gesund sind, birgt eine Kalifornienreise ganz sicher keine unkalkulierbaren Risiken.

1.2.4   Die konkrete Reiseplanung

Dieses Buch hilft bei der Vorbereitung, Planung und Realisierung einer Reise nach Kalifornien und darüberhinaus. Alle überhaupt touristisch sinnvollen Routen und Hunderte von Zielen und reizvollen Anlaufpunkten werden beschrieben und bewertet, alle möglichen Aspekte berücksichtigt. Dennoch kann selbst der dickste Reiseführer nicht alle Interessen und Details abdecken. Aber dafür gibt's ja heute das Internet. Die folgenden geprüften Adressen bieten zusammen eine hohe Informationsdichte, viele Anregungen und sorgen schon am Monitor für Vorfreude auf Kalifornien und Las Vegas. Am Ende gilt: **je besser die Informationen vorab, umso besser die Reise.**

Ohne Karte vor Augen funktioniert keine Reiseplanung, aber unterwegs braucht man vielleicht eine bessere, daher auch dazu ein gesonderter Abschnitt.

Reiseinfos

California Tourism	Kalifornien verfügt über eine ausgesprochen rührige Tourismusbehörde. Ein tiefer gestaffeltes Portal als ***California Tourism*** für alle erdenklichen touristisch relevanten Informationen hat kaum ein anderer Bundesstaat, zudem steht auch eine deutschsprachige Version im Netz: www.visitcalifornia.com/de.

Neben der Runduminformation kann man sich auch Regionalkarten hochladen und bei Bedarf ausdrucken und im fast 200-seitigen *California Vacation Guide* am Bildschirm blättern, einem trotz einer gewissen Werbelastigkeit sehr gut gemachten Kalifornienmagazin mit Unterkunftsverzeichnis.

Wer gern die **gedruckte Version** hätte, erhält sie und weiteres Material auf Anfrage von der Kalifornienvertretung in Deutschland:

Touristik-Dienst Truber, Schwarzwaldstr. 13,
63811 Stockstadt/Main, ℂ 0049-6027-401108, Fax 402819
Email: TouristikdienstTruber@t-online.de

Zusätzliche Internet-portale

Weitere gute Portale mit Kalifornien-Infos **auf Deutsch** sind:
www.usa.de/portal/usade/app/content/resourceId/kalifornien.html
www.kalifornien.citysam.de
www.info-kalifornien.de
www.kalifornien-tour.de
www.travelworldonline.de/kalifornien.html
http://de.discoveramerica.com/usa/states/california.aspx

Unter den englischsprachigen Websites fallen u.a. positiv auf:
www.california.worldweb.com
www.travel.org/cal.html
www.travelcalifornia.com
www.roadsideamerica.com/location/ca

(**Für Kalifornien-Reiseinfos vor Ort** ➤ Seite 144)

Staat Kalifornien

Weit über touristische Aspekte hinausgehende Informationen zu Kalifornien findet man auf der offiziellen Seite des Staates:
www.ca.gov

Las Vegas

Für **Reiseinfos über Las Vegas** ➤ Reiseteil Kapitel 3, ab Seite 514.

Info USA

Eine **komplette Übersicht** über alle Staaten der USA und allen nennenswerten Orten findet man u.a. auf den Portalen:
http://de.discoveramerica.com und www.reiseinfo-usa.de.

An Information vor Ort fehlt es nirgendwo in Kalifornien; hier in geballter Form in Mariposa, einem der Einfallstore zum Yosemite National Park.

Karten, TourBooks und AAA/ADAC

Internet
Für eine erste vorbereitende Planung der Reise genügen die Karten dieses Reiseführers und ggf. der Blick ins Internet. Klar, dass auch dabei *Google Maps* gute Dienste leistet, vor allem für Detailinformationen dank der Zoom- und Satellitenfunktion.

Straßenkarten
Sich zusätzlich für eine Kalifornienreise bereits in Deutschland teures Kartenmaterial zu beschaffen, ist eher unnötig. Denn US-Staaten verteilen **Straßenkarten kostenlos** oder gegen wenige Dollars. Mitglieder europäischer Automobilclubs erhalten in den Büros des **amerikanischen Automobilclubs AAA** (»*Triple A*«) sehr ordentliche Straßenkarten und weitere Unterlagen gratis.

Distanzen
In den meisten Straßenkarten findet man **Entfernungstabellen** und Grafiken mit Meilen- und Fahrtzeitangaben zwischen wichtigen Städten. Weder die in derartigen Übersichten noch im Internet angegebenen Meilen oder Zeiten sollte man für die eigene Planung 1:1 übernehmen. Denn darin sind immer die kürzeste Verbindung und eine selten realisierbare Durchschnittsgeschwindigkeit ohne Fahrpausen zugrundegelegt.

Distanz-kalkulation
Zur Berechnung der auf einer bestimmten Route zurückzulegenden Entfernung entspricht ein **Zuschlag von 20%** auf die aus Kartenangaben ermittelte Gesamtdistanz meist ungefähr der wahrscheinlichen wirklichen Fahrstrecke. Die Mehrmeilen für Umwege, Stadtverkehr, Abstecher zu Sehenswürdigkeiten, Anfahrten zu Campingplätzen, gelegentliches Verfahren usw. werden in vielen Fällen sogar über 20% liegen.

Navis
Die Hinweise in den vorstehenden Absätzen gelten auch unterwegs bezüglich der »Mitteilungen« durch Navigationsgeräte. Sie sind nützlich, aber nicht unabdingbar und schon gar nicht ausreichend als alleinige Führer auf amerikanischen Straßen. Das von den Autoren 2015 genutzte Gerät empfahl immer mal wieder erstaunliche Umwege wie unsinnige Abkürzungen.

Fazit
Die **Straßenkarte von *California Tourism*** sollte man sich gleich nach Ankunft besorgen. Besser sind die AAA-Karten, aber auch Karten, die man an Tankstellen und im Handel und bis zu $10 bezahlt. Mit **Karten von *Rand McNally*** (auch in sehr praktischer einschweißter Form erhältlich) kann man nichts verkehrt machen. Wer es ganz genau wissen möchte, kauft einen Straßenatlas nur für Kalifornien. Für Touristen eignet sich besonders der ***Benchmark Cailfornia Road & Recreation Atlas***; die Ausgabe 2015 mit 144 Seiten kostet $25 (www.benchmarkmaps.com).

AAA
Büros des AAA gibt es in allen größeren Orten, in den Cities mehrere davon. Ihre Adressen kennt jeder Polizist und Taxifahrer; sie lassen sich auch erfragen unter der **gebührenfreien Nummer 1-800-222-4357** (AAA-HELP) bzw. im Voraus im Internet finden; am einfachsten geht das mit **google-Suche**: z.B. eingeben »aaa san francisco«, dann erhält man sogleich die in Frage kommenden Adressen mitsamt Lageplan und Anfahrt.

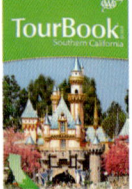

Gegen Vorlage des heimischen Mitgliedsausweises (der im Fall ADAC in der unteren rechten Ecke die AAA-Farben zeigt) erhält man dort alle gewünschten Unterlagen, u.a. auch sog. *TourBooks* für alle US-Bundesstaaten, hilfreiche Reiseführer mit Betonung kommerzieller Attraktionen (Öffnungszeiten, Eintrittspreise und *Discounts* für AAA-Mitglieder). Sie enthalten außerdem ein umfangreiches *up-to-date* Motel-/Hotelverzeichnis sowie eine Liste ausgewählter Restaurants – allesamt mit kurzer Beschreibung und aktuellen Tarifen.

Größere Filialen unterhalten neben dem Mitgliederbüro auch noch einen richtigen *Bookshop*, in dem Reiseführer und Produkte rund ums Reisen preiswerter als üblich zu haben sind.

AAA Card/
Discounts   Darüber hinaus sichert die Vorlage der Mitgliedskarte in ganz Nordamerika Gleichbehandlung des Touristen mit amerikanischen AAA-Mitgliedern, was *Discounts* und Sondertarifen in Motels, Parks etc. betrifft. Details dazu unter www.calif.aaa.com.

ADAC   Beim ADAC gibt es ebenfalls Gratismaterial für Kalifornienreisen im Postversand sowie einen **Routenplaner** unter www.adac.de.

Reisezeiten der Amerikaner

Hochsaison
in Kalifornien   Die Ferienmonate der Amerikaner sind insofern ein wesentlicher Gesichtspunkt der eigenen Reiseplanung, als dann die Nationalparks, populäre Urlaubsorte an der Pazifikküste und typische Brennpunkte des Tourismus wie *Disneyland* und *Universal Studios* in Los Angeles oder *Fisherman's Wharf* in San Francisco oft knallvoll sind. Hohes Verkehrsaufkommen, Parkplatzprobleme, ausgebuchte Unterkünfte bei heraufgesetzten Tarifen und schon am Vormittag besetzte Campingplätze bestimmen dann die Situation in vielen Bereichen, vor allem auch in den Nationalparks.

Auswirkung
der Saison   In den USA gelten generell rund drei Monate von *Memorial Day* (letzter Montag im Mai) **bis** *Labor Day* (erster Montag im September) als **Hauptsaison**. Sie entspricht den Universitätsferien zwischen zwei akademischen Jahren. Auch die Sommerferien der Schulen fallen mit regional unterschiedlicher Länge in diese Periode. Der **intern-amerikanische Ferienboom** beginnt aber erst richtig Ende Juni, nimmt in der zweiten Augusthälfte schon spürbar ab und endet mit dem *Labor Day* schlagartig.

Strandcamping im Sommer dicht an dicht
an Kaliforniens Emma Wood State Beach

Wochenenden   An Wochenenden ist indessen ab *Memorial Day*- bis *Labor Day-Weekend* immer und überall mit viel Betrieb zu rechnen. Denn wegen der knappen Urlaubstage der meisten Amerikaner (selten über 2-3 Wochen pro Jahr) spielt das Wochenende eine weit größere Rolle als bei uns. Im zentralen und vor allem im südlichen Kalifornien werden die Wochenenden auch im April/Mai und nach dem *Labor Day* bis Ende Oktober bei gutem Wetter noch stark für Ausflüge und Kurzurlaube wahrgenommen.

Sonstige   Darüberhinaus gibt es **geographisch-klimatisch bedingte Saison-**
Saisonspitzen   **spitzen** wie die Wintermonate in den Sierra Nevada Skigebieten (besonders am Mammoth Mountain und Lake Tahoe) und zugleich in den dann immer noch warmen Wüstentälern um Palm Springs herum und im Death Valley. Einiges los kann im Februar/März auch in der sonst verschlafenen *Anza Borrego Desert* zur Wildblumenblütezeit sein oder im *Antelope Valley*, wenn blühender Goldmohn, die offizielle Staatsblume Kaliforniens, riesige Flächen bedeckt, ➢ Seite 427.

Lokale Ereignisse können auch schon mal ein Wochenende oder länger für ausgebuchte Zimmer weit und breit sorgen, ➢ Liste populärer Veranstaltungen auf den Seiten 153f.

─────────── **Zu guter Letzt**

Empfehlung   Man hat meist mehr von der Reise und vermeidet obendrein die Hochsaisontarife bei Flügen, Unterkünften und ggf. Campermiete, wenn es gelingt, sie außerhalb von absoluten Spitzenzeiten zu legen, also vor Mitte Juni und nach *Labor Day* (nach dem 1. Montag im September). Andererseits ist festzuhalten, dass von der Saison weniger spürt, wer Top-Attraktionen möglichst an Werktagen ansteuert und sich ansonsten abseits bestimmter touristischer Hauptpfade hält (siehe Streckenbeschreibungen).

Dimensionen   Außerdem gilt, dass man sich nicht zuviel vornehmen sollte. Selbst der – bei Blick auf eine USA-Gesamtkarte – eher klein wirkende geographische Bereich, der in diesem Buch behandelt wird, hat immerhin eine Fläche von ca. 320.000 km². Nur ein Teil dessen, was in Kalifornien sehenswert und attraktiv erscheint, kann im Rahmen einer einzigen mehrwöchigen Reise erfasst werden.

Fahrleistung   Bei einer Reise im Pkw oder mit dem Camper sind 200 mi (bzw. 320 km) pro Tag das absolute Maximum dessen, was man sich – Aufenthaltstage nicht mitgerechnet – im Schnitt zumuten sollte. Das sind bei einem 3-Wochen Urlaub mit 13 Unterwegstagen (+ 7 Tage in Cities und Nationalparks) schon um 4.000 km.

Länge   Ein Punkt, der bei Reiseplänen später im Jahr leicht vergessen wird,
der Tage   ist die Länge der Tage. Bedingt durch die Lage Kaliforniens (Zentralkalifornien auf Breitengraden des südlichen Mittelmeers, Südkalifornen wie Nordafrika) **geht die Sonne früher als bei uns unter**. D.h., die Dämmerung setzt im September bereits gegen 18 Uhr ein. Letztlich bleibt weniger Zeit für gute Fotos, Besichtigungen und Unternehmungen als im späten Frühjahr und im Sommer.

Dollarkurs und Reisekosten

Für den Wechselkurs Euro zu Dollar wird im Folgenden von **$1,10/€** ausgegangen, der Wert eines Dollars daher für 2015/16 mit €0,91 angenommen. Die Aussagen in diesem Kasten wurden auf dieser Basis getroffen. Sie sind bei sich änderndem Wechselkurs entsprechend zu relativieren.

Bei »**$1 = €0,91**« sind die USA für uns kein ganz billiges Reiseland. Touristisch bedeutsame Preise haben überdies kräftig zugelegt. Für Campmobilmiete, H/Motelunterkunft, Campingplätze, Eintritt für Museen, Vergnügungs- und Naturparks, in Supermärkten und Restaurants zahlen also heute auch die Amerikaner selbst deutlich mehr als noch vor wenigen Jahren.

Seit den Anschlägen vom 11. September 2001 stiegen neben den **Flugtarifen** auch die Sicherheitsgebühren immer weiter an. Je nach Ziel, Airline, Saison und Zwischenstopps zahlt man heute ab ca. €900 für ein Transatlantikticket retour in der *Economy Class* an die Westküste, im Sommer kaum unter €1.300.

Nicht ganz außer Acht zu lassen sind die **Benzinkosten** für eine **Rundreise im Auto oder Wohnmobil**. Bleifreies Normalbenzin ist in den USA zwar erheblich günstiger als hierzulande, dennoch kommen bei ein paar tausend Urlaubsmeilen und »spritfressenden« Fahrzeugen schnell beachtliche Ausgaben zusammen. Aktuelle Preise für Großstädte findet man im Web z.B. unter www.san frangasprices.com, wobei sich der Ortsname austauschen lässt, z.B. durch »vegas«, »los angeles«, »sandiego« etc.; auch für »california« und »nevada«. Die Gallone *Regular* kostete im Spätherbst 2015 je nach Region $2,40-$4,30; Mittelwert unter $3,00/Gallone bzw. $0,79/Liter oder ca. **€0,72/Liter**).

Bei Vorausbuchung von Europa und mindestens einwöchiger Miete sind **Leihwagen** (*Rental Cars*) noch immer erstaunlich günstig. Wer indessen vor Ort bucht, macht wegen extra zu zahlender Versicherungenmeist kein so gutes Geschäft. Ab **ca. €180/Woche** gibt es ein kleines Auto, für **€230** bereits die Typklasse *Full Size*. Wer höher sitzen möchte oder mehr Platz fürs Gepäck braucht, wählt ein *Sport Utility Vehicle (SUV)* ebenfalls **für Wochentarife ab ca. €230** (*Midsize*). Cabrios und Minivans sind ab ca. €330/Woche zu finden. Die Leistungspakete der heimischen Veranstalter schließen üblicherweise unlimitierte Meilen ein sowie Vollkasko ohne Selbstbeteiligung, eine meist auf mind. $1 Mio. aufgestockte Haftpflichtdeckungssumme und alle Steuern.

Die **Campermiete** ist ein teurer Spaß. Nur wer hier geschickt vergleicht und die Raten in der Vor- und Nachsaison in Betracht zieht, kann den Kosten halbwegs Paroli bieten. Außer bei gehobenen Ansprüchen an die Unterbringung sind Reisen im Pkw/Motel meist deutlich billiger, ➢ Seite 77f.

Die **Hotel-/Moteltarife** unterliegen in Kalifornien und erst recht in Las Vegas kolossalen saisonalen wie wochentagabhängigen Schwankungen. Man zahlt zwar in der Hauptsaison (Mitte Juni bis Anfang September) in der Mittelklasse schon leicht $100-$150/Nacht und Zimmer (in der Nähe von Nationalparks und an beliebten Touristenrouten in der Hauptsaison und an Wochenenden manchmal erheblich mehr), aber außerhalb der Kernzeiten und erst recht in der Nebensaison Oktober bis Mai kommt man für $80-$100 akzeptabel, manchmal sogar richtig gut unter, mehr dazu ➢ Seite 107ff. Mit *Discount Coupons* (➢ Seite 108) wird es oft noch etwas günstiger.

Hostels sind nicht nur für junge Leute eine Option. Im Mehrbettzimmer bezahlt man $18-$45/Person und Bett, was sich eher in Großstädten lohnt. Auf dem Land ist der Abstand zum einfachen Motel geringer.

Wenn es einmal eng wird bei der Quartiersuche, sind **Schlafsack und Zelt** nützlich. Ein Campingplatz mit einer freien Ecke ist meist schnell gefunden. Angesichts des Gepäcklimits von 23 kg/Person bei USA-Flügen und des kostenpflichtigen Zusatzkoffers (➢ Seite 59) sollte man sich gut überlegen, was man mitnimmt oder erst drüben kauft (einfache kleine Zelte gibt es ab $50).

Die Tarife auf **kalifornischen Campingplätzen** sind höher als anderswo, egal ob fürs Zelt oder Campmobil. Zelter können mit einiger Mühe im Schnitt mit $20-$30 hinkommen, Wohnmobilisten aber leicht $40-$60 ausgeben.

Die **Kosten unterwegs** sind auch für knappe Budgets tragbar. Als Automieter mit Hotelbuchung kann man auf Selbstverpflegung und *Fast Food* setzen. Außerdem geht nichts übers Picknick in Amerika. Tische stehen unverfehlbar in Stadtparks, an Aussichtspunkten, an oft wunderschönen Stellen in *National/State Parks* und besitzen meist auch einen Grillrost für Holzkohle.

Im normalen **Supermarkt** der landesweit verbreiteten Ketten wie *Safeway* oder *Von's* kostet das Gros der Produkte ohne Kundenkarte heute indessen mehr als in Deutschland. Mit einer solchen auch für Ausländer problemlos erhältlichen Gratiskarte wird das Preisniveau erträglich. Dazu gehören leider nicht Wurst und Käse sowie Obst und Gemüse (außer zu Erntezeiten). Generell günstiger (aber dennoch teurer als bei uns) ist der Einkauf in den Supermarktabteilungen der Kaufhäuser **K-Mart** oder **Walmart** (überall vorhanden und am meisten frequentiert), in denen es keine Preisdifferenzierung nach Karteninhabern und anderen Kunden gibt. Günstiger als in Deutschland sind Großpackungen speziell bei Getränken. Beim 30-Dosen-Karton kostet ein Bier nur noch die Hälfte des *Sixpack*-Preises. Auch Steaks in Grillparty-Mengen sind günstiger.

Ziemlich teuer wurden in letzter Zeit **Alkoholika**, angefangen bei den »besseren« Biersorten wie *Samuel Adams* über die lokalen Biere von *Microbreweries*, aus Canada, Mexico oder Europa und Wein aus Kalifornien wie weltweit importiert bis hin zum *Hard Liquor* (Wodka, Bacardi und Whiskey).

Alles in allem gilt: Die laufenden **Ausgaben vor Ort** sind bei einer individuellen Reise noch immer niedriger als in einigen Ländern Westeuropas. Essengehen mit Bier- oder Weinkonsum in »richtigen« **Restaurants** mit Alkohollizenz ist aber – dank *Sales Tax* und obligatorischen 15%-20% Trinkgeld – gemessen am Gebotenen bestenfalls nicht viel teurer als in vergleichbaren Lokalen bei uns, aber billiger als in der Schweiz, Frankreich oder England. **Fast Food** bei *McDonald's*, *Burger King* & Co. sowie die Gerichte in sog. (häufig alkoholfreien) *Family Restaurants* kosten im Allgemeinen in etwa ähnlich wie bei uns.

Einen kleinen **Ausgleich** für die hohen **Flugkosten** und oft happigen **Eintrittspreise** bieten immer noch **Einkäufe** in den *Outlet Malls*. Viele Importprodukte sind in den USA preiswerter als bei uns. Das gilt u.a. für Markenartikel in den Bereichen »Textil« (ein Paar *Levis Jeans* für $50 bzw. €45), Schuhe, Sportartikel und gelegentlich auch für Elektronik. Wer hier »zuschlagen« möchte, sollte in den Koffern Platz und »Luft« unter dem Gewichtslimit lassen – und an den Zoll zu Hause denken. Die **Freigrenze** beträgt derzeit **€430**, ➢ Seite 157.

Reisevorbereitung und -organisation

2.1 Einreisevoraussetzung in die USA

Einreise in die USA ohne Visum

Voraussetzung einer Einreise in die USA ohne Visum für Westeuropäer ist, dass der Aufenthalt in den USA

• besuchsweise erfolgt,

• nicht länger als **maximal 90 Tage** dauert und

• ein **Ticket mit Rückflugdatum** innerhalb der Frist vorliegt.

ESTA/Pass

Seit 2009 besteht die amerikanische Behörde »**Homeland Security**« zusätzlich auf einem Vorabcheck auch aller bis zu 90 Tagen in die USA Einreisenden, ➢ Kasten ESTA. Ist der mit positivem Ergebnis erfolgt, braucht man für die Reise nur noch den maschinenlesbaren weinroten **Pass** (Gültigkeit mindestens für die Dauer der Reise, besser aber 90 Tage und mehr) **und** – vorsichtshalber – auch noch den **o.k.-Ausdruck von ESTA** einzustecken.

Biometrische Daten im Pass

Alle seit Oktober 2005 ausgestellten Pässe (auch für Kinder) müssen **zusätzlich biometrische Daten enthalten**. Früher ausgestellte Pässe gelten noch bis Ablauf ohne Biometrie.

Landweg/ Rückflug

Die visafreie Einreise gilt auch für die **Einreise auf dem Landweg** von Mexiko und Kanada aus, kostet aber beim Grenzübertritt eine Gebühr in Höhe von $7. Auch dabei muss das Rückflugticket zur Hand sein, das dem *Immigration Officer* die Absicht des Einreisers belegt, nicht nur die USA, sondern **Nordamerika und Mexico** (!) innerhalb der vorgegebenen 90 Tage wieder zu verlassen.

Kontroll- Prozedur

Die Pass- und ESTA-Kontrolle erfolgt am *Immigration*-Schalter im Ankunftsflughafen. Dabei werden der Pass eingelesen und biometrische Daten erfasst (Passeinlesung, Fingerabdrücke und Foto heute überwiegend vorab durch den Einreiser selbst an entsprechenden Automaten).

ESTA - Einreisegenehmigung in die USA

Anfang 2009 wurde das Einreiseverfahren ergänzt durch **ESTA**, ein elektronisches System der Registrierung und Genehmigung. Ohne vorherige Anmeldung bei ESTA ist keine Einreise in die USA mehr möglich. Damit das rechtzeitig vor Abreise klappt, muss die Registrierung mindestens 72 Stunden vorher erfolgen. Die Genehmigung gilt für zwei Jahre und ggf. mehrere Einreisen. Auch kurzfristige Reiseentscheidungen sind damit möglich, sofern man sich bei ESTA schon mal hat registrieren lassen. Unter der Internetadresse http://germany.usembassy.gov/visa/vwp/esta finden sich alle Einzelheiten und ein Link zum Antragsvordruck unter https://esta.cbp.dhs.gov auch in deutscher Sprache. **Die Registrierung unter ESTA kostet US$14,00**, zahlbar per Kreditkarte.

Von der ersten grünen Antragsseite (zunächst nur den Block links beachten) geht's in der deutschsprachigen Version ganz unten einfach »weiter«. Ein Klick darauf und auf jeweils »ja« auf Folgeseiten führt zum eigentlichen Formular. Mit Versand des Formulars erhält der/die Antragsteller/in einen Zugangscode, unter der er/sie nach spätestens 72 Stunden (oft umgehend) nachschauen kann, ob er/sie autorisiert wurde, in die USA einzureisen. Dafür ist wieder https://esta.cbp.dhs.gov aufzurufen. Man gelangt auf die identische Seite wie im Fall des Antrags, muss nun aber im grünen Formular unten den zugeteilten Code und noch einmal Geburtsdatum und Passnummer eintragen. Unter »Aktualisieren« erfährt man dann, ob alles geklappt hat. Wenn ja, steckt man mit allen abgelieferten Daten im Computer der sog. *US-Homeland Security* als zugelassener Einreiser. Das kann so auch die Fluggesellschaft beim Einchecken aufrufen und ablesen, natürlich ebenso und vor allem die Einreiseauomaten und die Immigrationsbeamten bei Ankunft in den USA.

Hinweis: Auf der Botschaftsseite wird explizit gewarnt vor unautorisierten Seiten, die den Eindruck erwecken, offizielle Seiten der US-Regierung zu sein, aber erst nach Kartenzahlung von z.B. $59 für eine überflüssige Informationsschrift den Antrag weiterleiten. Selbst der Hinweis auf nicht autorisierte ESTA-Portale fehlt dort nicht, dient sogar ganz raffiniert der Vertrauensbildung.

2

Die Passeinlesung gibt den Beamten Auskunft über vorherige Einreisen. Oft erkundigen sich die *Immigration Officer* auch nach Reiseabsichten des Touristen, seiner Berufstätigkeit, finanziellen Ausstattung u.a.m. Sehen sie keine Probleme, stempeln sie dem Ankömmling das Einreisedatum in den Pass und schreiben den spätest zulässigen Ausreisetermin dazu.

Wartezeiten Die Kontrolle am *Airport* dauert nicht länger als bereits vor 9/11, als man bei Andrang auch schon mal 60 min warten musste; dank der Einreiseautomaten geht es heute meist schneller. Die Prozedur wirkt bei Andrang zwar vielenorts etwas chaotisch, ist aber im Ablauf dank der Hilfskräfte eine problemlose Angelegenheit.

Visum-erfordernis Bei Reiseplänen, die 90 Tage übersteigen und dann penibel erläutert werden müssen, benötigt man ein Visum. **Auch für USA-Reisen unter 90 Tagen Dauer benötigen ein Visum bei uns lebende Bürger aller Staaten, die nicht von der Visapflicht ausgenommen wurden** (Ausnahmen weltweit: EU, Australien & Neuseeland).

Antrag auf Erteilung Das Visum wird gegen **Gebühr** (**€144**) von den US-Generalkonsulaten in **Berlin, München** oder **Frankfurt** erteilt. Welches Konsulat zuständig ist, ergibt sich aus dem Wohnort des Antragstellers.

Alle weiteren Informationen zum Visaantrag und das Antragsformular DS-160 zum Ausfüllen (Ausdruck) gibt's unter der Internetadresse http://german.germany.usembassy.gov/visa/niv/antrag.

Der ausgefüllte Antrag DS-160 samt farbigem Passfoto (digital 50 x 50 mm) plus Zahlungsnachweis der Antragsgebühr (➢ vorstehende Website) kann nur elektronisch versandt werden.

Alle Antragsteller über 13 und unter 80 Jahren müssen zum persönlichen **Interview** in eines der Generalkonsulate bzw. in die US-Botschaft (A und CH). Den Interviewtermin bestimmt man im Internet im Rahmen der Möglichkeiten selbst (»*Schedule my Appointment*«). Dazu bringt der Antragsteller den Ausdruck des Antrags, das Fotooriginal, Reisepass und weitere Unterlagen mit.

2.2   Versicherungen

Kranken-
versicherung

Eine USA-Reise ohne auch in Nordamerika geltenden Kranken-
versicherungsschutz anzutreten, wäre leichtsinnig. Denn ärzt-
liche Behandlung und Krankenhausaufenthalte sind in den USA
extrem teuer. Nur einige private Krankenversicherer bieten ihren
Versicherten weltweiten Vollschutz. Wer nicht mit der Erstattung
von in Übersee angefallenen Behandlungskosten rechnen kann –
das sind u.a. alle gesetzlich Versicherten – ist dringend der Abschluss einer eigenen **Auslandskrankenversicherung** anzuraten.

Im Jahresbeitrag für »Edelversionen« von Kreditkarten ist ein
Versicherungsschutz für Auslandsreisen oft bereits enthalten.

Versicherter
Zeitraum

Ein **wichtiger Punkt** bei Auslands-Krankenversicherungsverträ-
gen ist der **maximal versicherte Zeitraum** bei ununterbrochener
Abwesenheit; überwiegend beschränkt sich der Schutz auf 6-8
Wochen. Bei längeren Reisen muss ein gesonderter Vertrag über
die gesamte Reisezeit abgeschlossen werden.

Kosten

Preisgünstig sind Verträge bis zu 2 Monaten Gültigkeit. Für kurze
Fristen ist auch die Auswahl groß. Das Spektrum der Angebote
beginnt bei nur €12 für Reisen bis zu 8 Wochen (Alte Leipziger-
Hallesche; www.al-h.de; ab 60 Jahre teurer). Günstige Tarife bietet u.a. auch die HUK-Coburg (www.huk24.de).

Behandlung
und Zahlung

Im Krankheitsfall wird in den USA häufig **vor** der Behandlung ein
Nachweis der Zahlungsfähigkeit verlangt. Eine **Kreditkarte** ist
dabei hilfreich bzw. fast unabdingbar. Ohne ausreichende Mittel
und/oder Kreditkarte muss man sich bei teuren Behandlungen
ggf. per Fax oder Telefon an seine Auslandskrankenversicherung
wenden und um Vorschuss bzw. Kostenübernahme bitten. Die
Kopie des Vertrags und die Rufnummer der Versicherung sollte
man daher vorsorglich mitführen.

Erstattung

Wer Arzt- und Rezeptkosten vorstreckt, muss für die spätere Erstattung in der Heimat **detaillierte Aufstellungen** mit Datum,
Namen des behandelnden Arztes, Behandlungsbericht anfertigen.

Behandlungskosten, die aufgrund **chronischer Leiden** oder wegen
Erkrankungen vor Reisebeginn anfallen, sind durch Reiseversich-
erungen nicht gedeckt. Zweifelsfälle sollten vor der Reise mit der
Krankenversicherung erörtert werden.

Weitere
Reisever-
sicherungen

Inwieweit man über die Krankenversicherung hinaus weiteren
Versicherungsschutz benötigt, hängt von den bereits in der Heimat bestehenden Versicherungen und dem individuellen Risiko-
empfinden ab. Vor dem Abschluss spezieller **Reiseunfall-** oder
-haftpflichtversicherungen sollte man schon vorhandene Versiche-
rungsverträge prüfen, ob sie außerhalb Europas Deckung bieten.

Gepäck-
versicherung

Über den Nutzen der **Reisegepäckversicherung** sind die Meinun-
gen geteilt. Bei sorgfältiger Lektüre des »Kleingedruckten« erkennt
man, dass die Fälle des Haftungsausschlusses ziemlich zahlreich
sind. Etwa gilt das **Zelten** versicherungstechnisch als ein besonders riskantes Unternehmen.

**Reise-
Rücktritts-
kosten-
Versicherung**

Eine Reise-Rücktrittskosten-Versicherung ist in Pauschalreise-preisen bisweilen schon enthalten. Sie kann, sollte das nicht der Fall sein, aber auch separat abgeschlossen werden. Die Prämien sind erträglich (Elvia, Europäische u.a.). Man sollte darauf im Fall langfristiger Vorbuchung besser nicht verzichten. Der ADAC hat für seine Mitglieder eine derartige Versicherung für alle im Jahr anfallende Reisen gegen eine Jahrespauschale.

*Das Betreiben
»gefährlicher«
Sportarten
wie »River
Rafting« ist
versicherungs-
technisch oft
problematisch*

2.3   Die Finanzen

2.3.1   Kreditkarten

**Situation
in den USA**

Wer noch keine Kreditkarte besitzt, sollte sich anlässlich der Reise nach Amerika eine zuzulegen. Im täglichen Zahlungsver-kehr der USA spielt sie eine weitaus stärkere Rolle als bei uns, ob-wohl sie die Barzahlung durchaus nicht so weitgehend verdrängt hat, wie gelegentlich berichtet wird. **Ohne Plastikgeld** setzt man sich in Amerika leicht dem Verdacht aus, nicht kreditwürdig zu sein. Es gibt viele Gelegenheiten, bei denen Barzahlung mit Stirn-runzeln quittiert, wenn nicht gar abgelehnt wird. Ohne die An-gabe einer Kreditkartennummer, deren Gültigkeit und Deckung sofort online überprüft wird, ist z.B. eine verbindliche Reservie-rung von Hotelzimmern (für Ankunft nach 18 Uhr), Fähren, Ver-anstaltungstickets etc. nicht möglich.

Generell gilt: **Kreditkarten sind für eine USA-Reise außerordent-lich hilfreich, in vielen Situationen unabdingbar**. Ihr Vorhanden-sein sichert darüberhinaus die Zahlungsfähigkeit im – wenn auch hoffentlich nicht eintretenden – Notfall.

Vorteile

In ganz Nordamerika und Mexico kann mit den international be-kannten Kreditkarten das Gros der laufenden Ausgaben ohne Geld-wechsel und/oder Vorwegbeschaffung von Reiseschecks bestritten werden. Eine übliche Frage in Läden und Tankstellen ist denn auch *Cash or charge?*, »Bargeld oder Kreditkarte?«

Kosten

Der heute für viele »normale« Kreditkarten ohne Vergoldung und Sonderleistungen geforderte **Jahresbeitrag** ist so niedrig, dass er sich – unabhängig vom Einsatz unterwegs – schon durch die damit eingekaufte Sicherheit rentiert, selbst wenn man die Karte den Rest des Jahres kaum benötigt. Darüberhinaus bieten selbst »einfache« Karten oft geldwerte Zusatzleistungen (vor allem Ver-sicherungen, ≻ vorstehenden Abschnitt), welche allein die Kos-ten wieder aufwiegen können.

Doch zunächst zu einigen wichtigen Details:

Unterschiede	In den USA grundsätzlich verwertbar sind die weltweit verbreiteten Kreditkarten **American Express, Diners Club, Mastercard** und **VISA**. Es gibt jedoch Unterschiede bei der Einsatzfähigkeit.
VISA und Master-/ Eurocard	Unter dem Aspekt der Einsatzfähigkeit (und der Höhe der Jahresgebühr) geht nichts über die weltweit verbreiteten **Mastercard** und **VISA Card**. *Mastercard*- und *VISA*-Emblem sind in den USA gleichermaßen allgegenwärtig. Mit beiden Karten lässt sich fast bargeldlos reisen, legt man es darauf an. Jahresgebühren und Konditionen hängen von der Vertragsgesellschaft ab. Im Falle von *VISA* oder *Mastercard* ist daher **Karte nicht gleich Karte**. Zur Frage, welche Karte man sich zulegen sollte, sind die **Kreditkartenvergleiche** der Stiftung Warentest und bekannter Wirtschafts-Magazine aufschlussreich (Capital, Impulse, Focus u.a.). Die individuell ideale Karte ermittelt man unter www.cardscout.de.
Diners/ American Express	Die *Diners Club Card* wird in Nordamerika erheblich seltener akzeptiert als die anderen Karten. Die *AE-Card* erfreut sich breiterer Akzeptanz, aber nicht vergleichbar MC und VISA. Mit AE-Karte kommt man am besten durch bei überdurchschnittlichen Ansprüchen und vor allem Ausgaben in höherpreisigen Hotels, »besseren« Restaurants, bei Autovermietern und Airlines.
Wechselkurs	Ggf. ein Vorteil der Zahlung per Karte kann die erst **nachträgliche Belastung** sein, die sich bei Ausgaben in den USA oft sogar noch verzögert, und die Zugrundelegung eines Wechselkurses (meist Devisenbriefkurs plus 1%-1,5%), der manchmal unter dem Abrechnungskurs der Banken für Reisechecks und immer deutlich unter dem Verkaufskurs für Bardollars liegt.
Bargeld gegen Kreditkarte	Mit allen Kreditkarten lässt sich zu unterschiedlichen Konditionen auch Bargeld beschaffen. Mit **Euro-** und **VISA-Card** kann der Inhaber bei allen angeschlossenen Banken – die man noch bis ins letzte Dorf findet – Bargeld erhalten, vorausgesetzt, er weist sich durch seinen Reisepass aus. Ist die Geheimzahl bekannt, kann man sich auch bei den zahlreichen **Bargeldautomaten** bedienen.
	Das *Cashing* kostet indessen hohe Gebühren (3%-4% der Summe), sofern kein Guthaben bei der Kartenorganisation gehalten wird, ➢ auch unter »Bargeld per EC-Geldkarte«. **Barentnahmen** werden im Gegensatz zu allgemeinen Ausgaben **umgehend** dem heimischen Konto belastet. Die häufige Entnahme kleiner Beträge ist nicht ratsam, da überwiegend (unabhängig von der Summe) eine Minimum- oder fixe Basisgebühr anfällt.
Limitierungen	Die Bargeldbeschaffung per Karte unterliegt unterschiedlichen **Restriktionen** in Bezug auf Höchstbetrag und Frequenz der möglichen Abhebungen. Wer unterwegs stark auf Kreditkartenzahlung und Bargeldbeschaffung setzen möchte, sollte sich über die für seine Karten zulässigen Maximalbelastungen zwischen zwei Abrechnungsterminen vorab informieren, um Überraschungen zu vermeiden. **Edelausführungen** der *Credit Cards* bieten höhere finanzielle Spielräume und damit mehr Sicherheit unterwegs.

Prepaid Kreditkarten

Für alle, die keine Kreditkarte haben oder keine erhalten (etwa Jugendliche), sind *Prepaid-* **Kreditkarten** eine Option. Sie müssen vor der Nutzung mit einem Guthaben aufgeladen werden. Die Jahresgebühren variieren mit dem Anbieter und den jeweiligen Zusatzleistungen. Inhaber der ADAC Clubmobil Karte genießen sogar 1% Tankrabatt weltweit. Übersicht der gängigsten *Prepaid Cards* unter www.cardscout.de/prepaid-kreditkarte-ohne-schufa.

Aber Achtung: Die Karten eignen sich nur für den unmittelbaren Zahlungsverkehr. Verbindliche Buchungen im Internet, etwa von Hotels und Flügen, sind mit ihnen nicht möglich.

Kreditkartenverlust/-problem

Bei Verlust einer Kreditkarte ist die Haftung in allen Fällen auf €50 beschränkt, gleichgültig, welcher Schaden zwischen Verlust und Benachrichtigung der Organisation eintritt. Nach der Verlustmeldung entfällt jede Haftung. Telefonnummern können in den USA gebührenfrei angerufen werden, sollte die Kreditkarte verlorengehen oder sonst irgendein Problem auftauchen:

American Express	✆ **1-800-528-4800**
Mastercard	✆ **1-800-627-8372**
VISA	✆ **1-800-847-2911**

Für alle in Deutschland ausgestellten Karten gibt es die zentrale Telefonnummer ✆ 116116; bei Anruf dort aus den USA 011-0049 vorwählen.

2.3.2   Bargeld und Reisechecks

Cash erforderlich

Barzahlung ist in den USA durchaus nicht *out-of-date*. Wegen der Provisionsabzüge durch die *Credit Card Companies* gibt es sogar hier und dort Barzahlungsrabatte. **Mit Kreditkarten oft nichts anfangen** kann man in *Fast Food Places* und auf staatlichen **Campingplätzen**; bisweilen wollen auch **Billigtankstellen** *Cash* sehen. Auch als Tourist sollte man dem Rechnung tragen.

Reisechecks

Da es aber kaum ratsam erscheint, größere Barbeträge mit sich herumzutragen, waren **auf US$ lautende Reisechecks** ($20 und $50; größere Stücke nicht sinnvoll) über Dekaden eine gute Alternative als überall einzusetzende Zahlungsmittel. Mittlerweile können sie **bestenfalls** noch als **eiserne Reserve** punkten. Denn *Travelers Cheques* (amerikanische Schreibweise) werden nur noch in den wenigsten Geschäften wie Bargeld akzeptiert (z.B. in *Walmarts*). Und viele Banken verweigern die Barauszahlung von *Traveler Cheques*. Wenn's dennoch klappt, ist das mit Reisepassvorlage und -prüfung relativ kompliziert. Zudem fallen immer Gebühren an.

Verlustfall

Immerhin: Falls Reisechecks verloren gehen, bekommt man für sie im Gegensatz zum Bargeld Ersatz, sofern die Seriennummern der Schecks vorliegen, möglichst zu belegen durch die selbst unterschriebenen Kopie der Empfangsbestätigung. Die muss man also dabei haben und separat aufbewahren. Zusätzlich sollten die Nummern der Schecks an einem sicheren Ort hinterlegt sein, falls ggf. auch die Empfangsbestätigung abhanden kommt.

Banknoten	**US-Dollar-Noten** – die Scheine lauten auf 1, 2, 5, 10, 20, 50 und 100 Dollar – **unterscheiden sich nicht in der Größe** und wiesen früher immer **dieselbe Farbe** auf: Zahlseite grauschwarz, Rückseite grün (daher auch der Begriff *Greenback* für den Dollar). Beim Herausgeben ist deshalb mehr Aufmerksamkeit als hierzulande geboten. Seit ein paar Jahren gibt es Banknoten, denen auf der »grauen« Seite ein rosa Farbton unterlegt wurde.

Der **Dollar** wird umgangssprachlich oft *Buck* genannt. Speziell gilt dies bei Fragen nach dem Preis auf Märkten etc. Die Antwort lautet dann z.B. *»five bucks«.*

Münzen	Münzen gibt es zu 1, 5, 10, 25 und 50 Cents. Die 50-Cents-Münze ist im täglichen Zahlungsverkehr allerdings äußerst selten. Die ebenfalls existierende silberne $1-Münze taucht im Zahlungsverkehr ebenfalls kaum auf. Auch eine **goldfarbene 1$-Münze** ist theoretisch im Umlauf. Aber man sieht sie fast nie; dabei werden angeblich jährlich 300 Mio. Exemplare nachgeprägt.

Folgende Bezeichnungen haben sich eingebürgert:

Penny 1 Cent *Nickel* 5 Cents *Dime* 10 Cents *Quarter* 25 Cents

Wichtigste Münze ist nach wie vor der *Quarter*, man benötigt ihn für Automaten jeder Art und gelegentlich auch noch zum Telefonieren an Münzgeräten.

Bargeld per EC-Geldkarte	Schon seit Jahren kann man ziemlich **flächendeckend** auch aus **amerikanischen Bargeldautomaten** (**ATM** = *Automatic Teller Machines*; »*Teller*« ist das amerikanische Wort für Bankschalter) mit der **EC-Geldkarte** Dollars ziehen, sofern diese das **Maestro-Logo** zeigt und man die Geheimzahl parat hat. Die Kosten sind niedriger als bei Bargeldbeschaffung per Kreditkarte.
ATM	Ein kleines Problem der ATM ist das immer wieder etwas andere Menü der Benutzerführung in englischer Sprache. Unklarheiten, ob nun »*yes*« oder »*no*« zu pressen ist, tauchen da schon mal auf. Häufig wird abgefragt: »*Debit*« or »*Credit*«? Grundsätzlich heißt dann die Antwort »*Credit*« auch bei der Geldkarte und damit der Abhebung vom eigenen Konto.
Probleme	Auch wer alles richtig macht, erhält nicht an jedem ATM Bargeld. Insbesondere die Automaten kleinerer lokaler Banken verweigern schon mal die Auszahlung gegen ausländische Karten. Es macht daher Sinn, Dollars nicht erst dann besorgen zu wollen, wenn der Bestand schon gegen Null geht, sondern wenn man eine der Filialen national operierender Institute passiert, die sich auch in Kleinstädten finden, z.B. *Bank of America* oder *Wells Fargo*.

Ein weiteres Problem sind ggf. neue Karten mit einem sog. **EMV-Chip**, die zwar im europäischen Ausland funktionieren, aber nicht weltweit, sofern sie nicht zusätzlich einen Magnetstreifen besitzen, der aber frei geschaltet worden sein muss. Anscheinend ist das nicht immer der Fall. Inhaber neuerer Karten mit Magnetstreifen sollten sich daher bei der Ausgabeinstitution vergewissern, ob und dass die Karte auch in den USA funktioniert.

Tipp

Besorgen Sie sich Bargeld aus dem Automaten – speziell beim ersten Versuch in den USA – lieber während der Öffnungszeit der Bank. Wenn etwas schiefgeht, lässt sich das dann klären. Bloß nicht den ersten Versuch am Samstag-Nachmittag machen!

Nötige Bardollars

Einen gewisser **Barbestand** für die ersten Ausgaben in den USA (ggf. bereits im Flugzeug, fliegt man mit einer US-Airline) sollte man auf jeden Fall dabei haben. Und zwar am besten **in relativ kleinen Scheinen bis maximal $50**. Mit größeren Banknoten gibt es leicht Probleme bei der Annahme. Ein **Vorrat an $1-Noten** darf nicht fehlen. Denn die braucht man ggf. für Gepäckkarren am Airport, für Trinkgelder und für weitere kleine Ausgaben vom Moment des Betretens amerikanischen Bodens an.

Wells Fargo Bankfiliale in Borrego Springs mitten im Anza Borrego Wüstenpark in Südkalifornien. Rechts hinter dem Schild sieht man den Geldautomaten

2.3.3 Geldbeschaffung im Notfall

Geld ist weg!

Was tun, wenn Reiseschecks, Dollars und Kreditkarten abhanden gekommen sind und ein Ersatz nicht zu beschaffen ist?

Mit Anruf in der Heimat gibt's nur noch eine sinnvolle Möglichkeit für einen raschen Geldtransfer.

Reisebank/ Western Union

Den bieten von Deutschland aus **Reisebank** und **Post** in Kooperation mit *Western Union*, einer Unternehmung, die in fast allen Städten Nordamerikas ab mittlerer Größe ein Büro unterhält.

Filialen der Reisebank befinden sich in Bahnhöfen deutscher Großstädte, in Flughäfen und an Grenzübergängen. Nach Einzahlung bei der Reisebank oder Post kann die Summe nach wenigen Minuten in einem *Western Union Office* weltweit in Empfang genommen werden; die Gebühren sind indessen sehr hoch.

Auskunft in Deutschland unter
✆ 01805/225822 bzw. unter www.reisebank.de

Western Union in den USA:
✆ 1-800-Call-Cash; www.westernunion.com

Zur Auslandsvertretung

Wenn alle Stricke reißen, bleibt nur der Gang zum nächsten **Konsulat** (Adresse bei der Botschaft, ➢ Seite 142). Die Konsulate helfen nicht mit Bargeld, aber bezahlen ggf. Hotelkosten und Flugticket in die Heimat. Das Außenamt fordert vorgestreckte Auslagen dort sofort wieder zurück.

2.4   Der Flug nach Kalifornien oder Las Vegas

Situation

USA-Flüge kann man im Prinzip in jedem **Reisebüro** buchen. Direktbuchungen im **Internet** sind ebenfalls ohne weiteres möglich, aber oft mühsam und selten preiswerter zu arrangieren als durch eine auf USA-Flüge spezialisierte Agentur.

Übersicht

Im Folgenden geht es um Flüge nach San Francisco, Los Angeles, San Diego und Las Vegas ab Deutschland und Nachbarländern.

Condor

Condor ist die einzige verbliebene Nicht-Liniengesellschaft, mit der man zu den genannten Cities im Westen der USA fliegen kann. **Non-stop-Flüge** gibt es mit *Condor* allerdings nur nach **Las Vegas**. Andere Ziele, aber auch Las Vegas an Tagen ohne *Condor*-non-stop-Flug werden in Kooperation mit **Alaska Airlines** via Seattle oder Anchorage/Alaska bedient. Eine »stille« Problematik aller Sonderflieger liegt bei der Rückreise. Vor Reiseantritt kann man den Flug gegen Zahlung der entsprechenden Gebühren ggf. noch umbuchen, sofern Platz ist. Einmal am Ziel, lässt sich am Rückflug oft nur schlecht rütteln, weil Flugfrequenzen und Buchungssituation kurzfristige Verschiebungen erschweren.

Air Berlin

Air Berlin hat sich mit dem Eintritt in den *Airline*-Verbund **One World** vom einstigen Ferienflieger im Prinzip zu einer Linienfluggesellschaft gewandelt. Ab Düsseldorf und Berlin wird eine Reihe von Zielen in Nordamerika mit eigenen Maschinen non-stop bedient, darunter auch – saisonabhängig/nicht täglich – Los Angeles. San Francisco und Las Vegas *non-stop* wurden gestrichen. Dorthin, zu weiteren Zielen und auch an Tagen ohne non-stop-Flüge nach Los Angeles übernimmt **American Airlines** den Weitertransport ab anderen *Air Berlin*-Destinationen in den USA.

Komfort klassen Air Berlin & Condor

Beide Unternehmen bieten eine **Business** (*Air Berlin*) bzw. **Comfort Class** (*Condor*) zu – gemessen an den etablierten Linienfluggesellschaften – relativ moderaten, wenn auch absolut hohen Tarifen. Die bequemeren Sitze und der bessere Service kosten bei ihnen flugterminabhängig ab €1.000 bis über €1.500 *one-way*. Kostenmäßig noch im Rahmen hält sich dagegen **Premium Economy** von **Condor** mit 15 cm mehr Sitzabstand und besserem Service für einen Aufpreis von €150-€300 je Strecke.

Linienflüge

Viele etablierte Linienfluggesellschaften bieten das ganze Jahr über und täglich ab Deutschland oder den großen Airports der Nachbarländer Non-Stop-Flüge nach San Francisco und Los Angeles. Nur *British Airways* fliegt (ab London) auch non-stop nach Las Vegas und San Diego. Mit dieser Ausnahme und den Flügen von *Condor* erfordern die Ziele Las Vegas und San Diego immer ein Umsteigen in den USA oder in Canada. Auf dem langen Weg in den US-Westen gibt es daher die Möglichkeit zu Flugunterbrechungen, sog. Stopovers in vielen Cities.

Zubringer in Deutschland

Während Flüge mit den in der **Star Alliance** kooperierenden Gesellschaften **Lufthansa** und **United Airlines/US Air** fast immer den Zubringerflug nach Frankfurt, ggf. auch München/Stuttgart/

Berlin einschließen, gilt dies in der Regel nicht für andere Flüge ab Deutschland. Bei ihnen ist für Zubringerflüge zum Startairport ein Zuschlag in unterschiedlicher Höhe fällig, manchmal jedoch ein Bundesbahnticket dorthin im Preis enthalten.

Flüge übers Ausland Die günstigsten Flugangebote beziehen sich auf Flüge mit den Fluglinien einiger Nachbarländer, u.a. **Alitalia**, **KLM**, **Air France** und **British Airways** bzw. deren Partner in den verschiedenen *Airline*-Allianzen. **Zubringerflüge** nach Amsterdam, Paris, Rom oder London sind immer im Ticketpreis eingeschlossen. Von dort geht es dann non-stop in die USA. Ob man zunächst von Dresden nach Frankfurt oder Amsterdam, London oder Paris fliegt oder von München nach Rom, ist zeitlich kein sehr großer Unterschied und bei hohen Tarifdifferenzen ggf. erwägenswert.

Gepäckfreigrenzen und -kontrolle bei USA-Flügen

Mittlerweile sind die unterschiedlichen Hand-, Frei- und Übergepäckregelungen der *Airlines* derart komplex, dass man schon einen möglichst zweisprachigen Kurs in internationalen *Baggage Regulations* benötigt, um sie zu verstehen. Hier daher nur das Wichtigste, im Detail helfen die jeweiligen **Internetportale**.

Für alle Transatlantikflüge in der **Economy Class** gilt: **1 Gepäckstück** nicht über 23 kg und 158 cm (Länge+Breite+Tiefe) wird frei befördert. **Übergepäck** (über 23 kg bis 32 kg und/oder über 158 cm) und/oder **zusätzliche Gepäckstücke werden teuer**. Bei **Air Berlin** fallen dafür €70/€150 je Flugstrecke an, bei **Condor** €65/€75 zusätzlich je Strecke, bei der **Lufthansa** und anderen Liniengesellschaften ab Europa für Übergepäck über 23 kg bis 32 kg pauschal €100 und über 158 cm €200, für ein zweites Gepäckstück bis 23 kg/158 cm €75. Wer nicht aufpasst, zahlt für Extragepäck und Gewicht- oder Maßüberschreitungen daher rasch erheblich drauf. Es sei denn, man bucht *World Traveller Plus* (nur *BA*), *Comfort* (*Condor*), *Business* oder *First Class*. Dann gelten höhere Freigrenzen.

Handgepäck darf die Größe 55x40x20 cm (z.B. *Air Berlin, Condor*), 55x40x23 cm (*Lufthansa*) oder 56x35/45x23 cm (andere) nicht überschreiten, **Gewichtslimit 6-23 kg** (*BA!*) je nach Gesellschaft, in der Regel **plus Laptop** oder **Handtasche**.

Im Handgepäck darf sich kein **Behälter mit Flüssigkeiten, wachs- und gelartigen Stoffen** über 100 ml befinden (offiziell 90 ml, aber bis 100 ml werden akzeptiert). Alle Behälter mit diesen Inhalten müssen in einer verschlossenen transparenten Plastiktüte stecken, deren Volumen max. einem Liter entspricht.

Gepäckstücke werden im Transatlantikverkehr in großen Stichproben geöffnet und durchsucht. Verschlossenes Gepäck »knackt« man einfach. Also entweder alles von vornherein unverschlossen lassen oder – besser – **Travel Safe Locks** verwenden, Zahlenschlösser in unterschiedlichsten Ausführungen und gesicherte Gepäckgurte, die von den amerikanischen Checkinstanz TSA mit einem Spezialwerkzeug geöffnet werden können. Erhältlich sind sie in Ausrüstungs-, Sport- und Gepäckshops ab ca. €10/Stück (USA ab ca. $8). Es gibt mittlerweile immer mehr Koffer und Reisetaschen mit eingebauten **TSA Locks**.

Mehr Information über die *TSA*-Schlossvarianten findet man im Internet z.B. beim Hersteller **Eagle Creek**: www.eaglecreek.com/accessories/security_id.

Auf dem Weg nach San Francisco in der Economy Class des Super-jumbo Airbus A 380 der Lufthansa

BA World Traveler Plus Class

Ein Aspekt, für den mancher den Flug über London Heathrow erwägen dürfte, ist die **World Traveller Plus Class** von **British Airways**. Diese Klasse bietet gegenüber der normalen *Traveller Class* (*Economy*) in einer separaten Kabine höheren Sitzkomfort (15 cm mehr Abstand zwischen den Reihen, breitere Polster), bessere Entertainment-Komponenten und Bordverpflegung sowie zwei freie Gepäckstücke und Handgepäck bis 23 kg (!). Das kostet ca. €100 bis €360 zusätzlich pro Strecke je nach Abflugtag und -zeit.

Economy Plus KLM u.a.

Auch **KLM/Delta** und **United** bieten 15 cm mehr Sitzabstand in der *Economy-Plus*-Kabine, aber keine höheren Gepäckfreigrenzen etc. **American Airlines** nennt das *Main Cabin Extra*.

LH Premium

Lufthansa hat 2014 eine **Premium Economy Class** eingeführt mit Vorzügen ähnlich *BA Traveller Plus* und *Condor Comfort*, aber – so weit ersichtlich – mit deutlich höheren Tarifen als *Economy*.

Kindertarife

Für Kinder zwischen **2 und 11 Jahren** wird von ab Deutschland fliegenden Gesellschaften überwiegend 70%-80% des Vollzahlertarifs berechnet. **Kinder unter 2 Jahren** kosten ohne Sitzplatzanspruch zwischen €25 und 10%-15% des vollen Ticketpreises.

Flugticket, Gebühren und Zuschläge

Zu den reinen Ticketkosten kommen **bis über €300 Flughafen- und Sicherheitsgebühren und Kerosinzuschläge** (one-way!). Auch **Flüge am Wochenende** sind oft mit Zuschlägen belegt. Üblicherweise werden heute von allen Anbietern von vornherein die **Gesamtkosten** eines Flugtickets genannt, reine Ticketkosten und die Extrakosten aber unterscheidbar ausgewiesen. Dabei erstaunen die oft erheblichen Gebührenunterschiede zwischen den *Airlines* bei identischen Flugzielen zur gleichen Zeit.

Tarif-vergleich/ Konditionen

Beim Tarifvergleich ist es nicht ganz unwichtig, die »Nebenbedingungen« zu beachten. Das beginnt bei den **Umbuchungs- und Stornokosten** bei Datenänderung und eventuellem Rücktritt. Auch errechnen sich versteckte Kostenunterschiede für alle, die nicht in der Nähe der Großflughäfen wohnen, aus den Anreisekonditionen und ggf. Abflugzeiten (Übernachtung notwendig?) sowie den Parkgebühren. Die Tarife etwa der **Lufthansa**, die sich auf jeden deutschen *Airport* beziehen, sind für manchen Kunden letztlich preiswerter und auch bequemer als ein nominal günstigeres Konkurrenzangebot, das nur ab Frankfurt oder München gilt.

Flugdauer

Zur Beurteilung der **Verbindungsqualität** sollte man in die zeitlichen Details schauen. **Non-Stop-Flüge ab Mitteleuropa nach Kalifornien** bzw. Las Vegas dauern ca. 11-12 Stunden, zurück etwas kürzer. Mit Zubringerflug von 60-90 min und ausreichender Umsteigezeit von 90-120 min sind daher Verbindungen mit **14-15 Stunden Gesamtdauer optimal**, Verbindungen bis zu 18 Stunden noch erträglich. Alles, was über 20 Stunden hinaus geht, sollte meiden, wer nicht fix und fertig ankommen möchte.

Bei günstigem Ticketpreis und damit verbundenem Umsteigen mit Wartezeit in den USA, ist zu überlegen, ob man die Unterbrechung nicht für ein/zwei Extratage in einer US-City nutzt. Danach ist der Weiterflug nicht mehr so anstrengend.

Flugbuchung im Internet?

Zahlreiche **Internetportale** bieten heute eine scheinbar komplette Information zu Flügen weltweit und mehr und das passende Buchungstool gleich mit, z.B.

www.airline-direct.de	www.ebookers.de	www.flug.de
www.flugticket.de	www.mcflight.de	www.expedia.de
www.travel-overland.de	www.ticketman.de	www.opodo.de

Die Portale www.billiger-reisen.de oder www.swoodoo.com vergleichen die Angebote dieser und weiterer Agenturen und listen sie nach Tarifen geordnet. Man sollte meinen, es sei damit ein Leichtes, für den eigenen Flugwunsch das passende und zugleich preisgünstigste Angebot herauszufiltern. Tatsächlich aber ist ein Großteil der vorgeschlagenen Verbindungen nach Los Angeles oder San Francisco ab einem heimatnahen Flughafen oft völlig außerhalb jeder Diskussion mit Flug- plus Wartezeiten auf Airports in Europa und in den USA von weit über 20 bis 35 Stunden und mehrfachem Umsteigen, teilweise Übernachten. Für richtig gute Ergebnisse werden Suche und Buchung in Eigeninitiative im Internet leicht zum zeitaufwendigen Unterfangen. Wobei die Mühe nicht immer mit Erfolg belohnt wird.

In den meisten Fällen lässt sich die Flugbuchung bequemer und sicherer durch eine auf die USA spezialisierte Reiseagentur erledigen, ohne dass dies teurer kommt; oft ist das Gegenteil der Fall. Wer kein passendes Reisebüro kennt oder um die Ecke hat, nimmt zunächst mal im Internet Kontakt auf, z.B. mit www.flywest.de, www.usareisen.com oder www.trans-amerika-reisen.de.

Schweizer sind z.B. bei www.globetrotter.ch gut aufgehoben.

Die Details klärt man dann im direkten Kontakt telefonisch.

Und es ist auch keine schlechte Idee – so lehrt die Erfahrung – bei den passenden Airlines die gewünschten Flugdaten direkt einzugeben, ➢ Liste Seite 62. Da kommen gelegentlich günstigere Verbindungen zum Vorschein als in den Tarif- und Angebotsrechnern im Internet ausgewiesen werden. Und zwar, ohne dass sich dadurch die Ticketkosten nennenswert höher stellen.

Gute aktuelle Informationsquellen für die Flugbuchung mit vielen Hinweisen und Links sind die Portale www.reise-preise.de und www.fliegen-sparen.de.

Information   Die Telefonnummern der wichtigsten **Airlines im USA-Luftver-kehr** in Deutschland finden sich in folgender Liste, ebenso deren **Internetadressen**, über die man ggf. auch **Sondertarife** findet:

Airline	Telefon	Internetadresse
Air Berlin	01805/737800	www.airberlin.com
Air France	01805/830830	www.airfrance.com
American	01803/242324	www.aa.com
Austrian Air	01803/000520	www.austrian.com
British	01805/266522	www.britishairways.com
Condor	01805/7677570	www.condor.de
Delta	01803/337880	de.delta.com
KLM	01805/214201	www.klm.com
Lufthansa	01803/8384267	www.lufthansa.com
SWISS	01803/000337	www.swiss.com
SAS	01803/234023	www.scandinavian.net
United	01803/212610	www.united.com
USAir	01803/000609	www.usairways.com
Virgin Atlantic	0044/870 2909090	www.virgin-atlantic.com

Rückfragen bei Flügen   Für Fragen im Zusammenhang mit der eigenen Buchung oder zur Rückversicherung von Abflugzeiten (auch im Internet oder über Handy-Apps) nutzt man die gebührenfreien Telefonnummern der Fluggesellschaften. Die wichtigsten **toll-free numbers** sind:

Air Berlin	1-866-266-5588
Air France	1-800-237-2747
American	1-800-433-7300
Austrian Air	1-800-843-8002
British	1-800-247-9297
Condor	1-800-524-6975
Continental	1-800-525-0280
Delta	1-800-241-4141
KLM	1-800-618-0104
Lufthansa	1-800-645-3880
SWISS	1-877-359-7947
United	1-800-864-8331
USAir	1-800-428-4322
Virgin Atlantic	1-800-862-8621

Toll-free numbers sind von jedem US-Telefon aus zu erfragen: ✆ **1-800-555-1212** oder im Internet unter http://inter800.com

KLM fliegt in Code Sharing mit Delta Airlines ab Amsterdam in die USA

2.5   Vorbuchung des Transportmittels

Die Eignung der verschiedenen Transportmittel für Reisen durch Kalifornien und umgebende Staaten wurde eingangs bereits erörtert, ➤ Seite 35ff. Hier geht es um Details der Alternativen, die noch vor der Reise gebucht werden können und/oder sollten.

2.5.1   Die Pkw-Miete

Voraussetzungen, Buchung, Kosten, Konditionen

Mindestalter

Voraussetzung jeder Wagenmiete ist in ganz Nordamerika neben – natürlich – dem Führerschein*) fast ausnahmslos, daß der/die Fahrer das **21. Lebensjahr** vollendet hat/haben. Für jeden **Fahrer unter 25 Jahren** wird in aller Regel ein **Zuschlag** von mindestens $30/Tag bis $60/Tag (plus Steuern) berechnet. Die Gebühr hängt ab vom Vermieter und vom Anmietort.

Sondertarif »Under 25«

Immerhin aber gibt es von der Firma *Alamo* bei Vorausbuchung ein Sonderpaket »*Under 25*« für 21- bis 24-jährige Mieter. Unter 25-jährige Mieter zahlen dabei – bei Entfall des Tageszuschlags – so um die €150/Woche mehr als Mieter ab 25 Jahren fürs Standardpaket und €200/Woche mehr fürs Premiumpaket, ➤ Seite 65). **Wichtig**: Diesen Tarif gibt's nicht bei Vor-Ort-Buchung.

Miete ab 19

Für 18- bis 20-jährige Mieter hat die Fa. *Adventure Travel* (www.usareisen.com) Angebote ab Los Angeles und San Francisco.

Verleih-firmen und Buchung

Bei hiesigen Reiseveranstaltern, Automobilclubs, zahlreichen Internetagenturen und Mietwagenvermittlern wie *Holiday Autos*, *Sunny Cars* (zu buchen in Reisebüros oder im Internet unter www.holidayautos.de bzw. www.sunnycars.de), *Mietwagenmarkt* und *billiger-mietwagen* (nur im Internet: www.mietwagenmarkt.de bzw. www.billiger-mietwagen.de) wie auch direkt bei den Verleihfirmen kann man für Kalifornien die ganze Palette gängiger Fahrzeuge buchen. Überwiegend wird dabei mit international bekannten Verleihfirmen wie *Avis, Hertz, Alamo/National* etc., aber auch mit weniger bekannten *Rental Car Companies* wie *Enterprise, Dollar, Thrifty* zusammen gearbeitet.

In Deutschland unterhalten folgende US-Vermieter eigene Büros:

Alamo/	www.alamo.de
National	www.national.de
Avis	www.avis.de
Budget	www.budget.de

---

*) In ganz Nordamerika genügt der nationale Führerschein. Es macht aber Sinn, zusätzlich einen **Internationalen Führerschein** dabei zu haben. Denn Regierungsabkommen und die Vorstellungen eines Sheriffs auf dem Land sind zweierlei. Bei Kontrollen und Unfall leuchtet dem die *International Driver's License* eher ein als ein deutschsprachiges Dokument. Da Form und Größe der neueren Führerscheine im Scheckkartenformat dem amerikanischen Pendant entsprechen und selbsterklärend sind, gibt es damit aber kaum noch Probleme.

Dollar	www.dollar.de
Enterprise	www.enterprise.de
Hertz	www.hertz.de
Thrifty	www.thrifty.de

Pkw-Kategorien

Pkw und Vans können ausschließlich nach **Größenklassen** von *Economy/Subcompact* (Ford Fiesta-Klasse) über *Compact* (wie Ford Focus) bis *Fullsize/Premium* (wie Ford *Lincoln*) und nach **Gattungskriterien** wie **Convertible** (Cabriolet), **SUV** oder **Minivan** gebucht werden. **Bestimmte Fahrzeugmarken und -typen lassen sich nicht reservieren.** Einige Vermieter führen überwiegend die Autos bestimmter Hersteller (z.B. Avis: *General Motors*, Hertz: *Ford*), aber in allen Flotten finden sich auch koreanische und japanische Marken, selten indessen deutsche. **Dieselfahrzeuge** gehören ebenfalls nicht zu den Flotten der Großvermieter.

Ausstattung

Amerikanische Autos sind häufig etwas komfortabler als europäische Wagen vergleichbarer Größe. Mietwagen besitzen immer ein **Automatikgetriebe**, **Air Condition** und **Radio mit CD-Player**, neuerdings teilweise auch Satellitenradio. Ihr **Verbrauch** ist höher als bei ähnlichen Typen in Europa, hält sich aber heute wegen moderner Motoren und der Tempobeschränkungen (➤ Seite 101) auch bei größeren Fahrzeugen in noch erträglichen Grenzen.

Größe

Bei der Wahl der Größe sollte man sich nicht zu sehr vom Preis leiten lassen; die Unterschiede sind bei den Pkw von Größenklasse zu Größenklasse oft kaum der Rede wert (€20-€50/Woche).

Ein etwas geräumigerer Wagen bietet den Vorteil, dass der Kofferraum nicht so knapp ist. Bei 2 Personen ist ein **SUV** ideal. Ab drei Personen sollte man – speziell auf längeren Reisen – an einen **Minivan** denken (ab ca. €330/Woche).

Tarife und Kostenvergleich

Bei vielen Anbietern sind **kleine Pkw** in Kalifornien 2015 **ab ca. €180 pro Woche** zu mieten (Juli/August plus $30-$50), *Midsize* **SUV** (wie *Ford Escape*) kosten **ab €230/Woche**, *Cabrios* (z.B. *Ford Mustang*) **ab €330/Woche**. Ein Vergleich der Angebote von Reise-

Midsize Miet-Pkw im Anza Borrego Desert State Park (Südkalifornien)

Tipp

Ideal für Zelturlauber sind die SUVs (*Sport Utility Vehicle*: Bezeichnung für Großraumjeeps mit/ohne 4WD). Sie bieten viel Platz, hohe Sitzposition und ideale Be- und Entladung hinten. In den größeren Modellen (*Full Size SUV*) kann man zur Not auch (unbequem) schlafen, ➢ Foto Seite 37.

Bei *Alamo* gibt es die kleine Version, sog. *Midsize SUVs*, handliche gute Fahrzeuge mit relativ geringem Benzindurst ab ca. €230 pro Woche, also nicht teurer als *Midsize-/Fullsize*-Pkw. Bei *Alamo/National* darf man sich an einigen großen Stationen manchmal das Wunschfahrzeug aus dem Bestand aussuchen (sog. *Choice Line*). Mitunter interessiert sich dann niemand dafür, ob der »*Midsize*«-Bucher sich einen *Full Size SUV* (etwa den *Jeep Cherokee*) greift, der an sich teurer gewesen wäre.

Der auch bei uns wohlbekannte Toyota RAV4 gilt in den USA als Midsize SUV

veranstaltern, von Vermittlungsportalen und der *Rental Car Companies* zeigt für Standard-Pkw-Modelle vielfach keine substanziellen Unterschiede bei den Tarifen, eher für Cabrios und Minivans. Aber es gibt erstaunliche »Ausreißer« nach oben, so dass ein Preisvergleich lohnt. Dabei sollte allerdings auf die Nebenbedingungen und Tarifinhalte im Einzelnen geachtet werden, damit nicht eine scheinbar preiswerte Miete letztlich teuer kommt.

Tarifinhalt · Bei **Vorausbuchung** sind unabhängig vom Vermieter vor Ort auch im günstigsten Tarif üblicherweise bereits die **Basiskosten**, Umsatz- und Lokalsteuern, **Haftpflicht-** und **Vollkaskoversicherung** enthalten. Außerdem **unlimitierte Meilen**. In Katalogen und Internetportalen sind die Details recht übersichtlich gelistet.

Leistungspakete · Fast alle Tarife sind seit Jahren in sog. **Leistungspakete** unterteilt, deren Bezeichnungen vom Anbieter abhängen, aber durchweg fast identische Inhalte kennzeichnen: »A« und»B«, »Spar Plus« und «Inklusiv Plus«, »Silber« und »Platin« o. ä. Das jeweils bessere, oft nicht wesentlich teurere Paket beinhaltet neben den genannten Punkten Zusatzversicherungen, Gebührenentfall für zusätzliche Fahrer und einen vollen Tank »gratis«. Bei kurzer Mietdauer (eine Woche) lohnen sich oft die Mehrkosten des teureren Pakets schon allein durch die bezahlte Tankfüllung. Bei längerer Miete ist es eher interessant bei Eintragung mehrerer Fahrer.

Bevor man den Vermieter endgültig wählt und »A« oder »B« bucht, sollte man sich über die Tarifinhalte im Klaren sein, um keine Überraschungen zu erleben. Es ist nützlich, Folgendes zu wissen:

Vollkasko

Die **Vollkaskoversicherung** ohne Selbstbeteiligung ist als Tarif-bestandteil Standard; sie gilt aber im Allgemeinen nur bei Nutzung öffentlicher befestigter Straßen. Bei Übernahme des Wagens in den USA unterschreibt man entsprechende Klauseln. Wer mit dem SUV durch eine reizvolle, aber unbefestigte Wüsten- oder Gebirgsnebenstrecke prescht, darf dabei entstandene Schäden selbst tragen. Auch wer das Fahrverbot im Sommer durchs Death Valley missachtet, hat bei Schäden ausgerechnet dort schlechte Karten. Zumindest unklar ist die Angelegenheit, wenn Schäden auf – ja meist »privaten« – Parkplätzen, etwa von Supermärkten oder Hotels, oder Campplätzen anfallen. Also Vorsicht unterwegs!

Tankregelung

Fast alle günstigen Tarife basieren auf dem vor Ort extra zu bezahlenden vollen Tank – oft zu übertriebenen Kosten. Rückgabe dann leer. Ab er wer riskiert schon die Tankuhrnadel am Anschlag mit der Gefahr, 3 mi vorm Abflugairport liegenzubleiben? Meist schenkt man so dem Vermieter teuer bezahlten Sprits. Gelegentlich wird der Restinhalt auch notiert und ein Schätzwert dafür gutgeschrieben. Fahrzeuge, die ohne Berechnung mit vollem Tank übernommen und voll zurückgegeben werden müssen, sind die Ausnahme. In der Regel ist dann der Tarif auch höher.

Kostenlose Einweg-mieten

Alle Tarife gelten zunächst unter der Voraussetzung, dass das Fahrzeug an den Ausgangsort zurückgebracht wird. Einwegmieten sind grundsätzlich kostenpflichtig. Aber im Bereich Kalifornien/Las Vegas ist die Mehrzahl der *One-way-Rentals* zwischen den großen Flughäfen San Francisco, Los Angeles und Las Vegas **kostenlos**, teilweise auch generell innerhalb von Kalifornien. Die **Ausnahmen** variieren mit dem Vermieter. So kann etwa San Francisco-Las Vegas kostenfrei sein, aber umgekehrt nicht. Oder eine Abgabe außerhalb der beiden Großflughäfen, z.B. in San Diego, wird berechnet. Kurz: wer im Bereich Kalifornien/Las Vegas *One-Way-Pläne* hat, kann mit der »richtigen« Firma Extrakosten dafür vermeiden, muss aber ein bisschen aufpassen.

Kostenpflichtig oder gratis: *One-way* **muss immer ausdrücklich gebucht und vom Vermieter rückbestätigt werden.**

Zusatzkosten

Neben in Kalifornien/Nevada nur eventuellen Sonderkosten für eine Einwegmiete können weitere Kosten anfallen, die vor Ort in Dollar beglichen werden müssen. So z.B. **Aufschläge** für junge/zusätzliche Fahrer, für gerne angebotene, aber meist unnötige **Zusatzversicherungen** oder die Miete eines **Navigeräts**.

Steuern

Wie gesagt sind die staatliche Umsatzsteuer und ggf. anfallende lokale *Airport Taxes* bei vor der Reise bereits in der Heimat gebuchten Fahrzeugen üblicherweise im Tarif enthalten. Bei **Zusatzkosten**, die vor Ort entrichtet werden, kommen **immer** *Taxes* hinzu: In Kalifornien beträgt die *Sales Tax* **7,25% plus lokale Steuern in Höhe von 2,5%** plus weitere firmen- und ortsabhängige Zuschläge. In Nevada gelten Umsatzsteuern in Höhe von 6,85% plus lokale 1,25% plus ggf. sonstige Zuschläge.

Die Deckungssumme der Haftpflichtversicherung

Übliche Deckung

Die Frage der Haftpflichtdeckung ist bei Mietwagen in den USA ein wichtiger Punkt. Es gibt in den USA tatsächlich Miettarife, die nur eine – wiewohl gesetzeskonforme – Minimaldeckung beinhalten. Sie kann bei lächerlichen pauschal $50.000 liegen.

Aufstockung der Deckung

Derartig geringe Deckungssummen resultieren aus der in den USA personenbezogenen Haftpflichtversicherung: Amerikanische Automieter bringen ihre persönliche (meist bessere) Versicherung mit. Sie gilt unabhängig vom Fahrzeug. Der ausländische Tourist hat keine solche Versicherung, kann sich aber eine Aufstockung beim Vermieter kaufen. Sie heißt *Liability Insurance Supplement* oder *Additional Liability Insurance* (LIS/ ALI) und kostet ab ca. $10/ Tag (plus *tax*) für eine Erhöhung auf $1 Mio.

Die Reiseveranstalter bei uns und die Vermieter kennen die aus Unterversicherung bzw. Zusatzkosten für ALI/LIS resultierende Problematik und bieten ihren europäischen Kunden eine im Tarif bereits enthaltene **Zusatzversicherung über mindestens $1 Mio**, teilweise €1,7-€2 Mio. Automieter sind bei wechselnden deutschen Veranstaltern/Vermittlern (z.B. *Sunny Cars*) sogar bis €7,5 **Mio** zusatzversichert. Das kostet pro Woche etwas mehr als beim jeweils preiswertesten Anbieter, vermindert aber Risiken.

Aufstockung der Haftpflichtdeckung und ggf. Vollkasko via Kreditkarte

Inhaber einiger **Goldkarten** genießen teilweise eine **Kfz-Reise-Haftpflicht-Versicherung** (= Aufstockung, z.B. ADAC Goldcard).

Bei der **Netbank** gibt es sogar eine **Platinkarte**, die sowohl Haftpflichtaufstockung als auch Mietwagen-Vollkasko beinhaltet. Mit der **Lufthansa Goldkarte** ist zwar keine Haftpflichtaufstockung, aber eine Vollkaskoversicherung für Mietwagen verbunden, was das Anmieten von Fahrzeugen vor Ort verbilligt.

Voraussetzung solcher Deckungen per Kreditkarte ist natürlich immer die Zahlung der Mietkosten mit Karte. Wer die Karte einsetzen möchte und Wert auf die Zusatzhaftpflicht legt, sollte »seine« **Kreditkarten-Bedingungen** daraufhin überprüfen.

Fazit

Vorbuchen oder Eigeninitiative vor Ort?

Vergleicht man die Möglichkeiten der Automiete vor Ort mit Angeboten bei uns, ist man mit Vorausbuchung im Allgemeinen besser beraten, soweit die Mietzeit ab einer Woche beträgt. Zwar gibt es drüben durchaus Sondertarife und Discounter, aber dazu muss man sich auskennen und ggf. Zeit investieren. Nicht übersehen werden darf dabei, dass niedrige Basistarife oft mit hohen Versicherungsprämien einhergehen, die bestenfalls Inhaber bestimmter Kreditkarten negieren können, ➤ oben. Die Sicherheit, dass zum Zeitpunkt der Ankunft der Wagen vollgetankt und versichert bereitsteht und keine stressige Suche nach dem günstigsten Tarif anliegt, ist so oder so ein Vorteil.

Zu **Suche und Miete von Fahrzeugen vor Ort in Kalifornien oder Las Vegas** finden sich die Details auf den ➤ Seiten 94f.

2.5.2   Die Miete eines Campmobils

Grundsätzliches

Altersgrenze/
Führerschein

Campmobile, welcher Größe auch immer, dürfen prinzipiell mit **Pkw-Führerschein** von Fahrern **ab 21 Jahren** bewegt werden. Niemand kümmert sich dort darum, ob der Mieter einen Führerschein der deutschen alten Klasse 3 bis 7,5 t oder nur einen neuen Führerschein Klasse B bis 3,5 t besitzt, ein Gewicht, das große Campmobile locker übertreffen.

Camper fahren,
ein Problem?

Tatsächlich ist das Fahren im Campmobil – zumindest auf breit ausgebauten Straßen – selbst in großen Fahrzeugen einfacher, als es zunächst den Anschein haben mag. Man gewöhnt sich bald an die Größe, die meist etwas schwammige **Straßenlage** und **leichtgängige Lenkung**. Bei starkem Verkehr und auf engeren Spuren im Stadtverkehr und im Umfeld der *Big Cities* kann das Fahren im Campmobil dennoch stressig sein.

Im Gegensatz zum Pkw gibt es im Allgemeinen keinen Aufschlag für Fahrer zwischen 21 und 25 Jahren.

Zu den Fahrzeugtypen

RVs

In den USA gelten Camper vom kleinsten Modell bis zum Riesen-Motorhome als ***Recreational Vehicles*** – Kürzel ***RV*** (sprich: »Arwí«). *RVs* verfügen über 8-12-Zylinder-Motoren, automatisches Getriebe, eine vom Motor abhängige und zusätzliche 110-V-Klimaanlage. Damit verbunden ist ein ausgeprägter Benzindurst, der die Urlaubskasse oft ganz schön strapaziert. Mietcamper mit **Dieselmotoren** werden zur Zeit **in den USA nicht** angeboten.

Kategorien

In Kalifornien/Las Vegas sind folgende Campertypen zu mieten:

- ***Van Camper***
- ***Motorhome Class C***
- ***Compact RV*** (*Cruise America*)
- ***Motorhome Class A***

Man kann sich alle Fahrzeuge gut im Internet ansehen und dabei auch die kleinen firmenbezogenen Unterschiede entdecken:

*20-Fuß-Van Camper **Dodge Travato**, ein modifiziertes Fiat Ducato Wohnmobil, bei Best Time RV ab Saison 2016,*
➢ Seite 70

www.apollorv.com
www.besttimerv.com
(unter Regie des Eigners der früheren Fa. *Moturis*)
www.cruiseamerica.com
www.elmonterv.com
www.roadbearrv.com

Zu den verschiedenen Typen hier einige Anmerkungen:

Van Camper

Euro Tourer/ Dodge Travato (Fiat Ducato)

Neuwertige *Van Camper* zur Vermietung gibt es im US-Westen nur bei den Firmen **Apollo** und ab 2016 bei **Best Time RV**, beide mit Stationen in Los Angeles, San Francisco und Las Vegas. Der **Euro Tourer** von Apollo (17 Fuß) und der **Travato** (20 Fuß) sind für zwei Personen ausgelegt. Dank Hochdach haben sie Stehhöhe innen und Ablagen oben, aber keine Betten unter dem Dach. Beim *Travato* braucht man den Tisch-/Sitzbereich nicht umzubauen, da Platz für ein – wiewohl schmales – Doppelbett hinten vorhanden ist. Die Ausstattung ist komfortabel: Klimaanlagen, Heizung, Kochzeile, Kühlschrank, (enge) Dusche mit Heißwasser, Toilette. Ideale Fahrzeuge für Mieter, die sowohl in den großen Cities wie auf engen *Backroads* unterwegs sein wollen. Leider sind die Tarife für diese kompakten Vans je nach Saison kaum bis gar nicht billiger als große *Motorhomes*, saisonabhängig sogar teurer. Immerhin aber kommen sie mit weniger Sprit aus.

Ältere Vans

Nicht mehr ganz junge *Van Camper* mit einfacher Ausstattung vermietet die Firma **Adventures on Wheels**, www.wheels9.com, in Deutschland zu buchen über den Spezialisten für alternative Mietfahrzeuge, **Adventure Travel**, www.usareisen.com.

Escape Vans

Erst seit kurzem auf dem Markt sind die peppig bemalten umgebauten **Minivans** der Firma **Escape** mit Stationen in Las Vegas, LA und San Francisco. Es handelt sich um ältere Vans von Ford oder GM, die als Gebrauchtwagen gekauft werden. Die Umrüstung zum Einfachcamper mit **Flowerpower-Look** erfolgt jeweils bei Anschaffung neu durch *Escape*. Die hintere Sitzbank wird nachts zum Doppelbett. Man kann auch ein Dachzelt oder ein normales separates Zelt dazumieten. Weitere Details finden sich unter www.escapecampervans.com und www.usareisen.com.

Jucy Champ

Eine Variante, die mittlerweile von diversen USA-Veranstaltern angeboten wird, sind die kompakten *Campmobile* von **Jucy**, knallgrüne **Chrysler Minivans mit »Dachbett«**. Ähnlich ausgebaut wie die *Escape Vans* handelt es sich hier aber um neuere Fahrzeuge »aus einem Guss«. Als Clou haben sie einen aufklappbaren »Kasten« mit einem 1,20 m breiten Bett auf dem Dach, *Penthouse* genannt. Damit ist das Fahrzeug für sogar 3-4 Personen geeignet. Zwei Personen haben viel Platz auf einem Raum von nur ca. 5 m Länge. Alle Details unter www.jucyrentals.com, ebenso bei www.trans-amerika-reisen.de oder www.usareisen.com.

*Minicampmobil von Jucy mit aufklappbarem Dachzelt
im Mai auf der Höhe des Yosemite Park im Schnee*

Compact RV und Motorhome Class C

Kenn-
zeichnung

Die **technische Basis** eines *Compact RV* (19 Fuß) und von *Class
C-Motorhomes* (23-28/38 Fuß) ist ein *Light Truck* amerikanischer
Hersteller (*Ford, GM* oder *Chrysler* ohne Aufbauten und nach hinten offenem Fahrerhaus) mit Stahlträgern unterschiedlicher Länge
und – bis auf den *Compact RV* – Zwillingsreifen, auf den die verschiedenen, meist 2,60 m breiten »Campingkästen« montiert werden. Sie zeichnen sich heute bei allen Modellen durch einen weit
über die Fahrerkabine hinausragenden **Dachüberhang** aus. In ihm
verbirgt sich ein breites Bett. Das ist nicht nur zum Schlafen ganz
gemütlich, sondern auch als Stauraum tagsüber praktisch (die
kleine Kletterpartie nach oben bereitet halbwegs gelenkigen Mietern keine Schwierigkeiten).

Nachteilig ist die durch die Bauweise **eingeschränkte Sicht nach
oben** (im Stadtverkehr wegen gelegentlich höherhängender Ampeln und im Gebirge wegen des Ausblicks).

Einrichtung

Ab 23-Fuß-Fahrzeugen gilt: Gasherd, Mikrowelle, Spüle und Kühlschrank haben Haushaltsgröße. Schränke und Schubladen ebenso.
Dusche und Toilette sind groß genug, um sich nicht »verbiegen«
zu müssen. Sie wachsen mit der Länge des Fahrzeugs, das von
vorne bis hinten immer gute Stehhöhe hat. Ein Doppelbett füllt
das Achterschiff zusätzlich zur immer auch zum Bett umzubau-
enden Sitzecke. Bequeme Sessel ergänzen die Inneneinrichtung.
Erkauft wird dieser Komfort mit einem hohem Gewicht, das der
Straßenlage nicht gut tut, und langen Überständen des Aufbaus
über die hintere Achse, die bei RVs ab 25 Fuß abenteuerlich wirken; ➢ Videos der Vermieter im Internet.

Anschlüsse

Das *Motorhome* ist nur dann so richtig komfortabel, wenn es auf dem Campingplatz voll angeschlossen werden kann (*full hook-up*): Wassserschlauch, armdickes flexibles Abwasserrohr und ein fest mit dem RV verbundenes Gummikabel 110 V liegen bereit, eventuell auch noch die Antennenleitung für den TV-Kabelanschluss, wenn es nicht sowieso eine Satellitenschüssel gibt. Und sollte mal in der Wildnis kein Strom da sein, wird der **Generator** angeschmissen, was aber extra kostet. Mit den Wasser- und Abwassertanks kommt man zur Not 2-3 Tage auch ohne Anschluss hin.

Slide-out

Bereits für die C-Klasse ab 23 Fuß gibt es ***Slide-out***-Versionen, die den Sitzbereich auf komfortable »Wohnzimmergröße« (ca. 3x3 m) ausdehnen, wenn der Campingplatz erreicht ist. Aber das *Slide out* ist schwer und kostet noch mehr Benzin als das Gefährt sowieso schon braucht. Für Mieter, die viel fahren, ist daher *Slide-out* kein besonderer Vorteil, nur für den Vermieter, da sich in den USA gebrauchte Camper mit *Slide-out* besser verkaufen lassen.

Compact RV 19 Fuß

Der **19-Fuß-RV von *Cruise America*** vereinigt die Vorzüge der *Vans* mit denen der Wohnmobile. In ihm sind die Einbauten nicht ganz so wuchtig wie im Standard-

Motorhome und auch das hintere Bett entfällt. Dafür gibt's einen Sessel extra. Das Fahrzeug wurde offenbar eigens für europäische Mieter konzipiert und ist zeitweise (saisonabhängig) teurer zu mieten als ein Großcamper 25 Fuß.

Motorhome Class A

Ab 30 Fuß Länge wird aus dem typischen *Motorhome* ein **Riesen-Campingbus**, den man *Class A* nennt, ➢ Foto Seite 77. Die Überhänge verschwinden zugunsten eines integrierten Cockpits über die volle Breite von ca. 2,50 m mit viel besserer Rundumsicht als in den »kleinen« Modellen. An die Stelle eines Alkovenbetts tritt ein Doppelbett, das nachts über den Vordersitzen abgesenkt werden kann. Das Schlafzimmer hinten ist vom Wohnbereich separiert, die Nasszelle wird darin zum echten Badezimmer.

Welchen Camper?

Größenwahl Motorhome

Bei der Entscheidung für die individuell richtige Größe darf man seine eigentlichen Urlaubsabsichten nicht aus dem Auge verlieren. Je größer das *Motorhome,* umso weniger eignet es sich für Abstecher auf engen Straßen zu mitunter besonders reizvollen Zielen oder Campingplätzen und in verkehrshektischen Bereichen.

Wer mit einem kleinen *Van* nicht auskommt, sollte deshalb die
Miete des neuen *Travato* oder eines 19-Fuß *Compact RV* erwägen. Es sei denn, ruhiges Reisen mit längeren Verweilperioden und/
oder ein höherer Komfort- und Platzbedarf (mehr als 2 Personen)
stehen im Vordergrund.

**Benzin-
kosten**

Ein weiteres Kriterium für die Entscheidung könnten auch die
Benzinkosten sein. Der **Preis für Benzin** schwankt stark. Zur Zeit
(Sommer 2015) kostet die Gallone Normalbenzin in Kalifornien
im Mittel etwa **\$3,40**, also \$0,90/Liter bzw. um **€0,82** pro Liter
(€1,00 = \$1,10). Bei Campmobilen sollte man – außer bei den
Vans und Compact RVs (da um 16 Liter/100 km) – nicht unter 22
Liter/100 km rechnen bzw. mehr bei großen Fahrzeugen ab 25 Fuß.
Die Spritkosten stellen sich damit bei 22 l/100 km auch schon auf
€18. Eine 3-Wochen-Reise über 4.000 km durch Kalifornien und
Nevada kommt dann allein fürs Benzin auf €720.

**Welche
Firma?**

Man könnte auch fragen, welcher Vermieter **das beste Preis-/Leistungsverhältnis** und guten Service bietet:

Jedoch ist ein objektiv haltbares Urteil dazu kaum möglich, ein
wesentlicher Aspekt aber, dass die Fahrzeuge in einem Zustand
sein sollten, der technischen Ärger während der Reise möglichst
vermeidet. In der Vergangenheit kamen den Autoren speziell zu
den Firmen **El Monte** und **Roadbear** negative Berichte nie bis sehr
selten zu Ohren, eher das Gegenteil. Die Firma **Best Time RV** ist
unter dieser Bezeichnung erst seit 2015 auf dem Markt, nachdem
Moturis von der Firma *Campingworld* übernommen worden war,
die das Mietgeschäft Ende 2014 plötzlich aufgab. Da die Camperprofis von *Moturis* hinter *Best Time RV* stehen, sollte der »Nachfolger« den früheren Moturis-Qualitätsstandard erreichen können.

Auch zu den oben genannten Van-Vermietern gab es kein negatives Feedback. *Adventure on Wheels* ist bereits seit langem aktiv.
Jucy und *Apollo* expandierten beide vor wenigen Jahren von Australien/Neuseeland aus auf den US-Markt und halten dort offenbar gut mit. *Escape* ist eine rein amerikanische Firma.

Kosten und Konditionen

Tagestarife

Camper sind in Kalifornien/Nevada außer in der Nebensaison
(etwa Mitte Oktober bis Mitte April) ein **ziemlich teures Vergnügen**. Zu den Basis-Tagestarifen kommen Übergabegebühren/Endreinigungskosten, Pauschalen für die Ausstattung des Wagens
mit Campingutensilien und Bettwäsche, Zusatzversicherungen,
Zuschläge für Wochenend-/Vormittagübernahme u.a.m.

**Meilen und
Meilenpakete**

Die **Standardtarife** beziehen sich auf 0 mi, 60 mi oder 100 mi pro
Tag. Mehrmeilen kosten bis \$0,40 pro Meile plus *tax*. Statt einer
Meilenabrechnung können zusätzliche Pauschalmeilen/Tag (+40,
+100 etc.) oder 500-mi-Pakete gekauft werden.

Auch **unbegrenzte Meilen** sind zum Pauschaltarif oder als Tageszuschlag auf den Grundtarif erhältlich. Die Details wechseln von
Firma zu Firma und in schöner Regelmäßigkeit von Jahr zu Jahr.

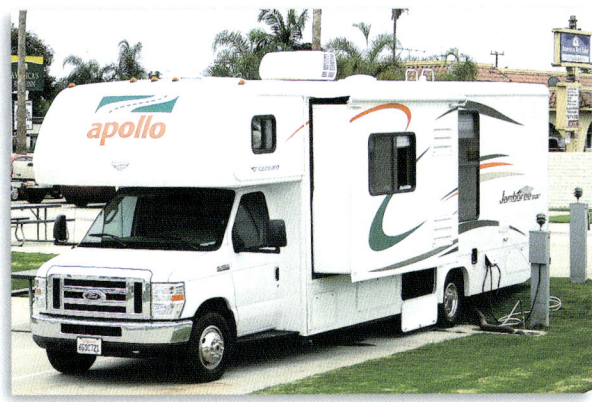

*Groß-Wohn-
mobil von
Apollo auf
einem
Campingplatz
mit Voll-
anschluss
und aus-
gefahrenem
Slide-out,
➢ Text Seite 73*

2

Meilenpakete und Pauschalen für unbegrenzte Meilen sind indessen vor Ort nicht verfügbar. Sie müssen hier vorgebucht werden. Das bedingt eine Vorausplanung der Route inkl. guter Meilenschätzung, damit man sich nicht für die falsche, sprich zu teure Variante entscheidet. Denn für nicht verbrauchte, aber gebuchte Meilenpakete gibt es keinen Ersatz, ebensowenig für unlimitierte Meilenkosten, wenn sich am Ende herausstellt, dass man mit der Abrechnung der Meilen besser gefahren wäre.

**Internet-/
Frühbuchung**

Frühbucher erhalten bei allen Vermietern unterschiedliche, z.T. sehr hohe Rabatte über sog. Flextarife, zusätzlich oft auch bei Internetbuchung, was zusammen die Kosten spürbar senken kann, ➢ Kostenbeispiele auf den Seiten 77ff.

Specials

Alle Vermieter offerieren in Abhängigkeit von der Buchungslage und von im Voraus bekannten Ungleichgewichten bei der Buchungssituation für verschiedene Standort sog. *Specials*. Teilweise sind sie schon bei unseren Veranstaltern zu finden, teilweise aber auch nur auf den Internetportalen der Vermieter. Es macht für zeitlich und geographisch flexible Mieter Sinn, danach zu suchen.

**Preis-
vergleich**

Es ist heute nicht mehr nötig, zum Preisvergleich mühsam Tarife und Nebenkosten zu addieren, denn Reiseveranstalter nehmen dem potenziellen Kunden die Mühe der Endpreisermittlung ab. Auf einer Reihe von Internetportalen führt die Eingabe der Daten und Anklicken aller gewünschten »Extras« (Zusatzversicherung, Meilenpakete etc) rasch zum Ergebnis.

Konditionen

Einige Details der Bedingungen bedürfen aber einer Erläuterung:

One-way

• **Unterschiedliche Ankunfts- und Abflug-Airports** erlauben unter Umständen attraktivere Reiserouten als die Rückkehr zum Ausgangspunkt. Das ist zwischen den hier vor allem interessanten Stationen Las Vegas, LA und San Francisco durchweg möglich, teilweise sogar kostenfrei, aber überwiegend mit Einweg-Zuschlägen belegt.

**Death Valley
National Park**

- Für die Durchquerung des **Death Valley** gelten saisonale Beschränkungen (z.B. »nicht von Juni bis Oktober«). Die Nichtbe-
achtung bedeutet: alle Fahrzeugrisiken während der Durchquerung liegen beim Mieter. Wenn's gut geht, o.k., sonst war's ein
teurer Spaß. Dennoch riskieren das nicht wenige.

**Haftpflicht-
Deckungs–
summen**

- Die **Haftpflichtdeckungssumme** ist auch bei den Campern ein
wichtiger Punkt. Campmobile sind in den USA wie Miet-Pkw
oft nur mit der gesetzlich minimalen Summe abgesichert, ➢
Seite 68. Daher ist auch für Camper, die über hiesige Veranstalter gebucht werden, durchweg eine Aufstockung der Haft-
pflicht auf eine Deckungssumme von $1 Mio. bis zu €2 Mio.
im Tarif enthalten. Wenn keine Zusatzdeckung existiert, kann
der Mieter ggf. durch Zahlung mit der »richtigen« Kreditkarte
für eine bessere Absicherung sorgen, ➢ Seite 68.

CDW

- Die **Abkürzung CDW** steht für *Collision Damage Waiver*
(manchmal auch **LDW**, L für *Loss*) und suggeriert Freistellung
von Kosten im Schadenfall. Faktisch ist sie immer in den Cam-
pertarifen enthalten, beinhaltet aber hohe Eigenbeteiligung bei
Schäden am Fahrzeug (unabhängig davon, wer der schuldige
Verursacher sein mag, zahlt der Mieter zunächst immer). Bei
bestimmten Schäden (z.B. bei vom Dach abrasierter Klimaanlage und bei Unterbodenschaden) und Schäden, die auf nicht
öffentlichen Straßen eintreten (z. B. Zufahrt zum Campingplatz), haftet der Mieter selbst mit CDW ggf. unbegrenzt.

VIP

- Die **Zusatzversicherung** mit der seltsamen Bezeichnung **VIP**
(*Vacation Interruption Policy*) ergänzt CDW/LDW. Sie kostet
vor Ort bis zu $20/Tag (plus Steuern), ist aber heute ebenfalls
in vielen bei uns angebotenen Tarifen enthalten (worauf man
achten sollte!). Sie reduziert von CDW nicht abgedeckte Schäden und in anderen Fällen die Selbstbeteiligung. Letztere kann
durch eine Sonderversicherung (€4/Tag) über den Veranstalter
(nicht vor Ort) weiter reduziert bis ganz eliminiert werden. Im
Fall grober Fahrlässigkeit, wie immer das definiert sein mag,
haftet der Mieter meist auch mit VIP.

**Klein-
gedrucktes**

- Die Detailregelungen bezüglich der Versicherungen etc. stehen
»kleingedruckt« in den Unterlagen, die der Mieter bei Übernahme des Fahrzeugs meist ungelesen unterschreibt. Wer es
vorab genau wissen will, sich vor allem für die in dieser Hinsicht beachtlichen Unterschiede zwischen den Vermietern interessiert, findet die jeweiligen AGBs im Internet.

Kaution

- Die **Höhe der Kaution** bei Übernahme des Campers ist unterschiedlich ($500-$1.000). Sie fällt immer an, kann normalerweise aber nicht bar geleistet werden. Üblich ist die Blanko-
unterschrift auf einem Kreditkartenformular. Oder aber die
Summe wird auf einem Formular eingetragen bzw. ausgedruckt
und vom Mieter unterschrieben. Ggf. bucht man sie tatsächlich ab unter Verrechnung bei Rückgabe bzw. Erstattung, wenn
keine $-Kosten anfielen.

Solche Busse – hier auf einem Wüstenplatz im Death Valley Nat'l Park – nennen sich Class A-Motorhomes. Auch sie sind bei den großen Wohnmobilvermietern verfügbar.

Ein Kostenvergleich:

2.5.3   ## Camper versus Pkw/Zelt und Pkw/Motel (3 Wochen)

Nach einem Durchrechnen der Kosten, besonders für die Hochsaison, wird mancher vielleicht noch einmal seine Priorität für einen Camper in Frage stellen und die Alternativen Miet-Pkw mit Zelt und/oder Motel/Hotel bedenken. Hier eine Gegenüberstellung der Kosten für konkrete Fälle auf aktueller Basis 2015:

Campmobil oder Pkw/SUV mit Zelt

Annahmen und Details

Ausgangspunkt der folgenden Vergleichsrechnung sei ein 3-Wochen-Urlaub von **2 Personen im <u>Juni</u> ab/bis Los Angeles**. Dabei fallen **18 Tage Campermiete** an bzw. **3 Wochen SUV-Miete**.

Hier sei ein aus dem Internet (www.trans-amerika-reisen.de) entnommener **Frühbucher** *Special*-Inklusivpreis (*Camping Kit, Preparation Fee*, VIP und Haftpflichtaufstockung auf €2 Mio) für einen ***Cruise America C19* Camper** von **€2.681** inkl. aller Meilen zugrundegelegt (in der Saison **Juli/August** kostet dieses wie andere *Motorhomes* ohne Frühbuchung noch ca. €1.000 mehr!). Der kleine Camper brauche 16 l/100 km bei einem Literpreis von ca. €0,72/l (entspricht ca. $3,00 pro Gallone zu 3,8 l – Herbst 2015).

Ein ***Midsize SUV*** (*Ford Escape*) kostet inkl. Vollkasko, lokalen Steuern und Haftpflichtaufstockung auf €2 Mio (ohne »Gratistankfüllung« und Zusatzfahrer) z.B. bei ***Alamo*** über Trans Amerika Reisen für die hier anliegenden 18/19 Tage bis zu 21 Tagen **€752**. Angenommener Verbrauch: 12 l auf 100 km.

Beide Wagen fahren insgesamt 3.000 mi (4.800 km):

Berechnung	**Camperkosten**	
	18 Tage Miete etc. (➤ Text)	€2.681
	Benzinkosten ca.	€ 553
	Höhere Campinggebühren als Zelt ca.	€ 324
	(angenommene +$20 bzw. €18/Nacht)	
	Gesamtkosten Camper	**€3.558**

	Pkw/SUV-Kosten	
	3 Wochen Miete	€ 752
	Benzinkosten ca.	€ 415
	Gesamtkosten Pkw	**€1.167**

Differenz
Die Differenz beträgt zunächst stattliche **€2.391**. Selbst bei Miete eines *Jucy Champ* würde sich noch eine Differenz von bis zu €1.500 ergeben (je nach Campingkosten). Zeltcamper müssten aber wohl entweder für Übergepäck retour mindestens €100 investieren oder Ausrüstung in den USA dazukaufen, ➤ Seite 35. Das vermindert weiter die Differenz. An Regen- und Stadttagen kämen möglicherweise noch Unterkunftskosten hinzu. Es ist in diesem Fall ein Rechenexempel und eine Frage der persönlichen Bewertung der Alternativen, was den Vorzug erhält.

Hochsaison
Wer in der Hochsaison unterwegs sein möchte oder muss, zahlt für den 19-Fuß-Camper und ebenfalls als Frühbucher plus €578, ohne Frühbuchung sogar bis weit über €1.000 mehr, während sich die SUV-Miete »nur« um ca. €200 erhöht. Die Höhe der Campingkosten ist überwiegend saisonunabhängig.

Zeltcamping im Joshua Tree Park

_____ **Campmobil oder Pkw/SUV mit Motel/Hotel**

Details   Aufschlussreich ist auch der Vergleich zwischen Camper und Pkw/Motel. Dabei sind die oben nur als Differenz berücksichtigten **Übernachtungskosten** explizit mitzurechnen.

Nimmt man nun (im Juni, noch Nebensaison!) **Motelkosten** in Höhe von **$100 pro Nacht** inkl. Steuern an (➤ Seite 109f), für ein Campmobil moderate **$40 Campgebühren täglich** und – für beide Fälle – je eine erste und letzte Nacht im Stadthotel für je $180, dann ergibt sich bei einem **Wechselkurs** von **$1,00=€0,91**:

Berechnung   **Camperkosten plus Übernachtung**

Reine Fahrzeugkosten (➤ links: €2.681+€553)	€3.234
Campingkosten 18 Nächte zu €36 ($40) ca.	€ 648
Hotelkosten 2 Nächte à $180/€164	€ 328
Gesamtkosten Camper	**€4.210**

Pkw/SUV-Kosten plus H/Motelübernachtung

Fahrzeugkosten (➤ links unten)	€1.167
Übernachtungen (€328+18x €91)	€1.966
Gesamtkosten Pkw	**€3.133**

Differenz   Zwar liegen unter diesen Annahmen die Kosten für die Campervariante noch um **€1.077** über der Motelreise, aber die Übernachtungskosten sind relativ variabel. Sie können zwar – je nach Anspruch und unterwegs angetroffenen Gegebenheiten – durchaus niedriger, aber auch leicht höher ausfallen. Einer Ersparnis stehen höhere Kosten für Mahlzeiten gegenüber, da bei der Kombination Pkw/SUV+Motel die Selbstverpflegung schwieriger ist.

Hochsaison   Etwas anders sieht es aus in der Hochsaison, wenn Campmobile besonders teuer sind. Im berechneten Fall mit Frühbuchung kommen für den Camper €578 hinzu, beim SUV-Mieter €200 und höhere Übernachtungskosten, hier angenommen +$25 pro Tag = €414. Die Differenz steigt dann nochmals um ca. €160 bei sonst gleichen Gegebenheiten. Wem keine Camperfrühbuchung gelingt, hat es sogar mit einer weit höheren Differenz zu tun. Und für Leute, die im Schnitt günstiger als für $125/Nacht unterkommen, steigt sie rechnerisch rasch auf über €2.000. Man müsste in Cafeterias und Restaurants schon täglich kräftig zulangen, um in 20 Tagen eine solche **Differenz** aufzufuttern.

_____ **Fazit**

Camper genüber Pkw mit Zelt oder Billigquartier   Die **Reisekasse** schont gegenüber einer Campermiete erheblich, wer in der Hochsaison Pkw oder SUV mietet und in **Zelt** und/oder im *Hostel*, gelegentlich im **Billigmotel** ($50-$70) übernachtet. Das gilt in geringerem Maße auch noch im Juni und im September. Davor und danach kommt ein (kleineres) Campfahrzeug, erst recht der *Jucy Champ* mit überschaubarem Benzindurst, den Kosten der Mietwagenfahrer mit Zelt/Billigunterkunft schon näher.

Fazit **Camper gegen** **Pkw/SUV** **+Motel**	Wer gegenüber der Motelübernachtung klare Prioritäten pro *RV* hat, wird **bis Juni und ab September** inklusive der Ersparnisse aus Selbstverpflegung mit einem (kleinen) Campmobil die geringen Mehrkosten verschmerzen oder sogar Kostenvorteile realisieren können. Viel teurer wird's nur im Juli/August, ➤ oben.
Kostenteilung **Campmobil**	Ökonomisch ist ein dann größeres *Motorhome* sogar in der Hauptsaison kaum schlagbar, wenn Frühbucherrabatte genutzt werden und sich zwei Parteien mit vier oder mehr Personen, die sonst zwei Motelzimmer buchen würden, die Fahrzeugkosten teilen.

2.5.4   Öffentliche Verkehrsmittel

Bereits eingangs wurde die Eignung von Bus oder Eisenbahn für eine Reise in/durch Kalifornien mit Skepsis beurteilt, ➤ Seite 39. Andererseits kommt es auf die persönlichen Präferenzen an.

Greyhound

Greyhound- **Tickets heute**	Da es *Greyhound Discovery Pässe* nicht mehr gibt, muss man sich für Busreisen die gewünschten Einzeltickets im Internet zusammenkaufen, für die es je nach Vorbuchungszeitraum, Wochentag, Abfahrtszeit, Auslastung etc. variable Tarife gibt, ganz so wie bei einigen *Airlines*. Immerhin ist damit der Sitzplatz gesichert. Wer viel Mühe in Routenplanung und Herausfinden jeweils besonders vorteilhafter Verbindungen und Zeiten steckt, kann zwar mit dem *Greyhound* immer noch preiswert unterwegs sein, muss dafür aber aus diesem Grund hohen Aufwand treiben. Außerdem erhält man keine *Discounts* auf zusätzliche Tickets für Regionalbusse zu Zielen, die mit *Greyhound* direkt nicht zu erreichen sind wie vor allem viele *National* und *State Parks*.
Information **und Netz in** **Kalifornien**	Aktuelle **Informationen** und eine Karte mit dem **Streckennetz** zum *Download* und mehr gibt's im Netz: www.greyhound.com. Der untere linke Quadrant der heruntergeladenen Karte lässt nach Vergrößerung die in Zentral-/Südkalifornien bedienten Routen erkennen und auch, wie gesagt, dass sie allesamt weit abseits der meisten Naturparks verlaufen.
Indirekte **Zusatzkosten**	Daher und außerdem ökonomisch macht der *Greyhound* für eine Kalifornienreise keinen besonderen Sinn. Autofahrer können sich zudem preiswerter selbst versorgen und **Zeltplätze** oder **billigere Quartiere** finden, die weitab der Busstationen liegen; Buspassagiere sind auf **Cafeterias** und ***Fast-Food*** angewiesen und müssen nicht selten mit überteuerten und/oder schäbigen **Unterkünften im Umfeld der *Terminals*** vorlieb nehmen. Im Schnitt lassen sich mit Auto die Übernachtungskosten der Busbenutzer deutlich unterbieten oder bei besserem Standard locker egalisieren.
Beurteilung	Das berücksichtigt kostet der *Greyhound* selbst für Einzelreisende rasch mehr als eine Fahrt im Mietwagen, zumal auch noch Ticketkosten für Zubringerbusse hier und dort hinzukommen. Nur junge Leute unter 25 Jahren reisen ggf. günstiger, ➤ Seite 63. Ab zwei Personen sind der *Greyhound* und andere Linienbusse als Transportalternative ökonomisch indiskutabel.

Kalifornienreisen per Bus sind daher eher etwas für junge Leute, die (noch) kein Auto mieten können und für alle, die eindeutige Präferenzen für öffentliche Verkehrsmittel haben.

Green Tortoise Adventure Travel

Green Tortoise

Wer unterwegs stärker den **Kontakt zu anderen** – Amerikanern wie Touristen aus aller Herren Länder – sucht, ist mit den Bussen von **Green Tortoise** (sprich: Tortis) besser, sicher aber origineller bedient als mit *Greyhound*; www.greentortoise.com.

Im hinteren Teil der Busse sind statt der Sitze Schaumgummimatratzen (während längerer Fahrten entfällt damit das Übernachtungsproblem) und im vorderen Bereich Tische installiert. Musizierende Passagiere sind erwünscht. Halt macht der Busfahrer dort, wo die Mehrheit es wünscht. Einkauf und Essenszubereitung erfolgen gemeinschaftlich.

Die »**Grüne Schildkröte**« residiert in San Francisco und verkehrt regelmäßig auf verschiedenen Routen durch Kalifornen. Außerdem gibt es Trips durch die Nationalparks des Westens und zu Mexikos Baja California.

AMTRAK

Railpässe

Die Dachorganisation amerikanischer Eisenbahngesellschaften **AMTRAK** bietet für Eisenbahnfans sog. *Rail Passes*. Sie gelten in den riesigen USA für das gesamte 25.000 Meilen-AMTRAK-Netz, ➤ Abbildung im Internet unter www.crd.de/amtrak. Dort kann man die Pässe auch erwerben. Im Verhältnis zu den Kosten für Einzeltickets ergeben sich mit dem Pass ggf. rasch Ersparnisse.

Netz in Kalifornien

AMTRAK bedient in Kalifornien nur zwei Nord-Süd-Strecken und das bestenfalls nur je einmal täglich in jede Richtung:

- ab San Diego über Los Angeles bis Pismo Beach zunächst an der Küste entlang und dann hinter dem Küstengebirge weiter nach San Francisco sowie von Bakersfield nach San Francisco und von dort via Sacramento bis Seatttle.
- außerdem drei Stränge ab LA und San Francisco nach Osten; Las Vegas liegt an keiner dieser Routen, wohl aber Reno.

Auf die Fahrpläne von Amtrak abgestimmte **Buszubringer** verkehren zu den Nationalparks *Yosemite, Sequoia* und *Grand Canyon* sowie zu stark besuchten touristischen Zielen wie Palm Springs, Monterey/Carmel und Santa Cruz. Dafür fallen **Extrakosten** an.

Kosten

Der Preis für einen *Rail Pass* für das gesamte Netz (Pässe für Teilbereiche unterteilt nach Haupt- und Nebensaison gab es früher, jetzt aber nicht mehr) beträgt ganzjährig:

$459 für 15 Tage (aber begrenzt auf nur 8 Fahrten/Teilstrecken)

$689 für 30 Tage (begrenzt auf 12 Teilstrecken)

$899 für 45 Tage (begrenzt auf 18 Teilstrecken).

Zusätzlich wird in Kalifornien noch ein **California Rail Pass** für **$159** angeboten, den man während eines Zeitraums von 21 Tagen nur an 7 Tagen nutzen darf. Alle Infos dazu unter www.amtrak.com.

Reservierung Ähnlich wie für Flugreisen besteht für die meisten Züge Reservierungspflicht. Für spontane Entschlüsse bleibt da wenig Raum. Einfach zum Bahnhof gehen, rasch ein Ticket kaufen und in den Zug springen, funktioniert meist nicht oder nur mit viel Glück.

Bombastisches Foyer des Grand Californian Hotel, das zum Disneyland-komplex in Anaheim gehört. Wer dort übernachten möchte, sollte im Voraus reservieren

2.6   Vorbuchung von Unterkünften

Mietwagen und reservierte Unterkunft Im Rahmen der Erörterung von Vor- und Nachteilen verschiedener Reisealternativen (➤ Seite 33f) war bereits von Rundreisen die Rede, die sich auf die Kombination **Mietwagen und vorausgebuchte Hotels** beziehen. Kritisch beurteilt wurde die damit unumgängliche Vorabfestlegung der Tagesetappen, die einen Teil der mit dem Auto an sich verbundenen Flexibilität zunichte machen kann. Indirekt suggerieren derartige Angebote obendrein, es gäbe unterwegs leicht Schwierigkeiten, ohne Reservierung angemessen unterzukommen.

Kapazitäten Grundsätzlich ist aber gerade das in Kalifornien nicht sehr häufig der Fall. Im Umfeld vieler Städte und Touristenattraktionen gibt es – saisonabhängig – oft **Überkapazitäten** mit erfreulichen Auswirkungen auf die Effektivpreise, wenn weniger los ist.

Tarifsituation **Für die großen City- und Airporthotels findet man relativ günstige Übernachtungstarife heimischer Reiseveranstalter** auch bei Einzelbuchung (d.h. unabhängig von als Paket zu buchenden Mietwagen-/Hotel-Reisen), die bei Eigeninitiative vor Ort oder selbst im Internet teilweise schwer zu realisieren sind.

Außerhalb der Cities ist die Chance groß, bei spontaner Buchung ohne Qualitätsabstriche preiswerter zu übernachten als bei Vorbuchung. Zudem gibt es viele günstige, durchaus nicht schlechte Alternativen, die in keinem Katalog bzw. Internetportal stehen.

Wann vorbuchen?	**Grundsätzlich ist die Buchung von Unterkünften nur in folgenden Fällen bereits vor Reisebeginn ausdrücklich zu erwägen:**

1. **Für die erste(n) Nacht/Nächte** in der Ankunftscity (Mieter von Campmobilen **müssen** ohnehin mindestens eine Übernachtung zwischen Transatlantikflug und Übernahme legen).
2. für **beliebte Hotels** wie z.B. die **Queen Mary** in Long Beach/Los Angeles und eine Reihe von **National Park Lodge**s, in denen man nur bei langfristiger Voranmeldung unterkommt.
3. bei speziellen **Großveranstaltungen** und ganz allgemein Sportgroßereignissen oder Messen und Tagungen, deren Daten man als Tourist im Vorwege aber meist nicht kennt.

Mit saisonalen Einschränkungen gilt das auch noch

4. für **Wochenendübernachtungen** in der Umgebung von Touristenattraktionen und Nationalparks
5. für die **letzte Nacht** vor dem Abflug in Airportnähe.

City Hotels	**Zu 1**: In **San Francisco** im Sommer generell und in **Las Vegas** freitags und samstags ist diese Reservierung unabdingbar, möchte man nicht Gefahr laufen, nur noch in einem »Loch« und/oder zu Höchstpreisen unterzukommen. Um nach langem Flug Stress zu vermeiden, spricht auch anderswo viel dafür, die ersten Nächte schon mal geregelt zu haben, besonders wenn die Vorbuchungstarife erträglich erscheinen, wie z.B. im Bereich des *LA Airport*.
Populäre Hotels	**Zu 2**: Populäre und persönlich stark favorisierte Häuser kann man gar nicht früh genug buchen. Neben der **Queen Mary** in Long Beach kämen z.B. das **Hotel del Coronado** in San Diego oder in den Nationalparks das **Awahnee Hotel** im *Yosemite oder* die **Grand Canyon Lodge** am Nordrand der Schlucht in Frage. Auch das **Mission Inn** in Riverside, ➢ Seite 445, oder das **Madonna Inn** in San Luis Obispo, ➢ Seite 340, wären hier zu nennen,
Veranstaltungen/ Feiertage	**Zu 3**: Eine Liste großer **Veranstaltungen** und ihrer Termine findet sich ab ➢ **Seite 153**. Außerdem gilt: Montags-Feiertage und die daraus resultierenden langen Wochenenden markieren häufig auch **Veranstaltungsdaten**. In erster Linie sind das der **Memorial Day** und das **Labor Day Weekend** (letztes Wochenende im Mai bzw. erstes Wochenende im September) und auch das Wochenende um den **Nationalfeiertag des 4. Juli** herum, wenn der auf einen Freitag, Samstag oder Montag fällt. **Dann ist halb Amerika auf Achse**, und man tut gut daran, das bei der Planung zu berücksichtigen.
Wochenenden	**Zu 4**: Für die »normalen« Wochenenden (Freitag-/Samstag- ggf. noch Sonntagnacht) gilt, dass viele Airport- und City-Hotels halbleer stehen und deshalb mit reduzierten Tarifen werben. Dort braucht man sich also wenig Sorgen zu machen, es sei denn, die City oder ein Ort an sich ist eine **Touristenattraktion** (z.B. Carmel oder ganzjährig San Francisco und San Diego).
National- und State Parks	In Kalifornien wird es vor allem in den **Nationalparks** *Yosemite* und *Sequioa* in der Saison und an Wochenenden in den parkeigenen Unterkünften und **auch im Umfeld meist rammelvoll**.

2

Das gilt ebenso mit stärkerer saisonaler Schwankung für den *Death Valley NP* (Saison ist dort aber erst ab Ende Okt. bis Mai), den *Joshua Tree NP* und begrenzt auf bestimmte Zeiten (siehe Reiseteil) auch für Borrego Springs beim *Anza Borrego Desert State Park*. Die im Kapitel »Abstecher ab Las Vegas« beschriebenen Nationalparks *Grand Canyon*, *Bryce* und *Zion* gehören ebenfalls zur Gruppe der meistens stark besuchten bis überlaufenen Ziele.

Dennoch genügt in den meisten Fällen die Reservierung ein paar Tage bis zu einer Woche vorher; USA-Telefonnummern und Internetadressen der wichtigsten Motelketten ➤ Seite 112. Wenn jedoch nach Ankunft in San Francisco am Mittwoch schon am Freitag/Samstag der *Yosemite* und/oder *Sequoia Park* auf dem Programm steht, sollte man besser längerfristig vorgesorgt haben.

Vor Abflug

Zu 5: Es beruhigt die Nerven, wenn die **letzte Nacht in Amerika** gebucht ist. Selten aber starten Flüge nach Europa von Flughäfen des US-Westens am Vormittag. Deshalb braucht man sich kein Hotel in unmittelbarer Airportnähe zu suchen. Sollte der Rückflugtermin auf Samstag oder Sonntag fallen, übernachtet man indessen gerade dort oft preiswert, ➤ z.B. in LA, Seite 367.

H/Motel Reservierung

Zur Kenntnis der Verteilung (Standorte) und offizieller Vor-Ort-Tarife kann man sich zu Hause schon mal auf den Internetportalen der US-Hotel- und Motelketten umsehen, ➤ Liste auf Seite 112. Die meisten Unterkünfte können auch über Hotelbuchungsportale reserviert werden, wobei das für die USA nicht immer zu den günstigsten Tarifen führt. Die meisten Hotels bucht man zu identischen und ggf. niedrigeren Tarifen direkt auf den **hoteleigenen Seiten**. Wenn man neben An- und Abreisedaten weitere **terminfixierte Tage** hat, lohnen sich die dort oft angebotenen nicht stornierbaren Tarife (*non-refundable rates*). Die ganze Reise so vorzubuchen empfiehlt sich indessen nicht, denn dann kann man weder Schlechtwetterfronten spontan ausweichen noch Sonderangebote vor Ort nutzen, die sich bei mangelnder Auslastung nicht selten kurzfristig ergeben (nicht in der Hochsaison bzw. an Wochenenden).

Alle weiteren Informationen zu Preisen, Buchung und Reservierung von Hotels und Motels <u>während</u> der Reise liefert Kapitel 3.5 im Unterwegs-Teil (ab ➤ Seite 107ff).

Wunderbar an der Bucht von Morro Bay (Nähe Hwy #1) gelegenes kettenunabhängiges Hotel, nur einer von vielen Unterkunftstipps in diesem Buch

Jede Art von Outdoor Ausrüstung von einfach bis hochwertig hat die Kette REI. Allein im geographisch durch dieses Buch abgedeckten Bereich gibt es 30 Flilialen; www.rei.com

2.7   Was muss mit, was nicht?

Situation

In den Reisekoffer gehört alles, was man auch für eine ähnliche Reise in Europa mitnehmen würde – klimabezogen und aktivitätsabhängig. Die USA bieten den Vorteil, dass sich das meiste, was vergessen wurde, preiswert nachbeschaffen lässt, speziell Bekleidung, Sportartikel, Wander- und Campingausrüstung (dafür sind bei Rückkehr Zollbestimmungen zu beachten, ➤ Seite 157).

Reisefotos

• **Speicherchips** für Digitalkameras sind im Preis ähnlich wie bei uns oder sogar etwas teurer. Man findet sie u.a. in den Fotoabteilungen der Kaufhäuser wie *K-Mart, Walmart* oder *Target* und in den häufig anzutreffenden Läden der Elektronik-Kette ***Best Buy***, www.bestbuy.com.

• Ein **Laptop** ist naturgemäß außer für Emailcheck und -versand und Internet unterwegs (zu *Hotspots* und *Wifi* ➤ Seite 156) auch bestens geeignet zum zeitnahen Speichern, Sortieren und Bearbeiten der digitalen Reisefotos. Nebenbei eignet er sich ggf. fürs Abspielen von DVDs und von Inhalten, mit denen man die Festplatte schon vorsorglich gefüttert hat.

Steckdosen-Adapter

• Föhn und Rasierapparat lassen sich nur benutzen, wenn sie auf **110/125 V** umschaltbar sind und ein **Adapter** für die amerikanischen Steckdosen zur Hand ist. Den findet man bei uns problemlos in *Travel Shops* oder Kaufhäusern, nicht so in den USA. Elektronische Geräte erkennen meist automatisch die Spannung und stellen sich auf 110V ein; aber den Steckdosenadapter braucht man ebenso. Wer ein **Ladegerät fürs Auto** (12 V) dabei hat: der bei uns übliche Stecker passt auch in den USA.

Bekleidung

• Man packt am besten weniger als die »eigentlich« benötigte Bekleidung ein. Denn in den USA sind Textilien einschließlich Kindersachen trotz des hohen Dollarkurses immer noch preiswert (bis auf qualitativ Hochwertiges), ganz besonders markenlose Ware in Kaufhäusern. Markenklamotten gibt's unter den bei uns gewohnten Preisen in ***Outlet Malls***, ➤ Foto Seite 87. Dort zahlt man z.B. für ***Levi's Jeans*** ab ca. $40 (plus *tax*).

Medika-mente	• Seine Reiseapotheke kann man in Amerika in *Drugstores* und Supermärkten mit rezeptfreien Medikamenten zu ähnlichen Preisen wie bei uns in Selbstbedienung komplettieren. Wer indessen rezeptpflichtige Medikamente braucht, sollte dafür besser nicht auf amerikanische Ärzte angewiesen sein, sondern einen für die Reisezeit ausreichenden Vorrat dabei haben. Außer in Notfällen ist es für durchreisende Touristen mühsam, kurzfristig einen Termin zu bekommen, ohne den es für eine neue Rezeptausstellung nicht geht, ➢ Seite 141.

Drogerie-Artikel

• Seit eh und je erstaunlich **teuer sind Artikel wie Seife, Zahnpasta, Haarshampoo, Sprays, Nivea-Creme, Sonnenschutzmittel** u.ä., sofern man von – eher seltenen – Eigenmarken der Kaufhäuser und Supermarktketten absieht. Man tut gut daran, seinen Reisebedarf aus der Heimat mitzubringen.

Brille

• Brillenträgern sei empfohlen, neben einer Reservebrille den **Brillenpass** mitzunehmen. Damit kann man bei Brillenverlust oder -beschädigung ohne den Umweg über einen Augenarzt (obligatorisch in den USA) direkt einen Optiker aufsuchen. In großen Optikerläden gibt es angestellte Augenärzte.

Insekten-schutz

• Gegen Mücken und andere Quälgeister helfen Essenzen aus Europa nicht so gut. Mit amerikanischen Mitteln hält man sich sämtliche Biester besser vom Leib. Dafür sind die noch hautschädlicher als bei uns. Insektenspray und -lotions und Antimückenspiralen gibt's auch noch im kleinsten Laden. Das nie billige Zeug ist am preiswertesten in ***Discount Drugstores***, am teuersten in Brennpunkten des Tourismus.

Hinweise für Fahrzeugmieter

• Unsere gängigen **Auto-Verbandskästen** sind für unterwegs eine gute Idee. In amerikanischen Mietfahrzeugen befinden sich keine oder nur dürftig ausgestattete Verbandskästen. In *Drugstores* und Kaufhäusern erhältliche *First Aid Boxes* für $10-$20 enthalten zu wenig im Ernstfall brauchbares Material.

• **Taschenlampe** oder Kabellampe für die Autosteckdose

• **Automobilklub-Mitgliedskarte** für Straßendienst und Gratismaterial von den amerikanischen Klubs. Mit ihrem Aufdruck der AAA-Farben ist sie auch gut für *Discounts*, ➢ Seite 46.

• Wer ein gängiges tragbares **Navigerät** hat, kann es mit einem Chip für USA/Canada aufrüsten bzw. die entsprechende Datei aus dem Intenet herunterladen und auf eine leere Speicherkarte übertragen. Das ist bei längeren Reisen oft billiger als ein Navi vor Ort mitzumieten. Und der Chip lässt sich auch noch bei der nächsten Amerikatour verwenden. In Frage kommt ebenfalls ein Kauf vor Ort; man fügt dann zu Hause die Europakarte ein.

• **Autokindersitze** sollte man mitnehmen, statt sie teuer dazuzumieten, zumal – soweit gesehen – die amerikanischen Mietsitze meist nicht die Qualität neuerer Modelle bei uns haben. Bei Kleinkindern ist der Sitz praktisch im Flugsessel. Er fällt nicht unter die Gewichtsbeschränkung fürs Gepäck.

Zu bedenken für Camp-urlauber

Wer auf Campingreise geht, könnte außer ohnehin selbstverständlichen Utensilien vielleicht noch einpacken, was im Folgenden genannt ist, sofern das kostenfreie Gepäckgewicht dies zulässt. In Abhängigkeit von den Kosten für ein zusätzliches Gepäckstück bzw. Übergepäck ist die Entscheidung, noch dies oder jenes mitzunehmen, auch ein Rechenexempel. Wenn auf dem Hinflug das zweite Gepäckstück unter 23 kg wiegt und Platz ist, können die »freien« Kilos für Einkäufe in den USA genutzt werden.

- Eigene **Bestecke** (und ggf. ein bisschen persönliches Geschirr + Gläser). Denn was von den Camper-Verleihern im teuer extra berechneten *Convenience* oder *Camping Kit* in dieser Hinsicht geboten wird, erreicht kaum untere Kantinenqualität.

- Liebgewordenen **Kleinkram** für die Küche nach individuellem Gusto, z.B. Salz-/Pfefferfässchen, Knoblauchpresse, Schnapsgläser, Salatbesteck etc. Man verliert Geld und Zeit beim Zusammenkaufen von Sachen, die einerseits unterwegs fehlen, aber nach wenigen Wochen obsolet sind und nur noch weggeworfen werden können, da sich die Mitnahme selten lohnt.

- **Eigenen Schlafsack und Bettwäsche**. Die im Camper vorhandenen Decken (üblicherweise im *Kit* enthalten) können ebenfalls häufig nicht befriedigen. Da mit Ausnahme von *Best Time RV* (als Schweizer Nachfolgegründung von *Moturis*) die Camper-Vermieter nur Laken (jeweils 2 pro Schläfer) liefern, sind außerdem eigene Bettbezüge für viele sicher eine gute Idee.

- Das **Zelt** aus der Heimat, wenn »richtig« gecampt werden soll. Die preisgünstigeren US-Kaufhausqualitäten taugen oft nicht ganz viel und sind z.T. unpraktisch in der Handhabung, andererseits reichen einige Modelle (durchaus unter $50 zu haben) für eine Gutwetter-Urlaubsreise aus, und man spart Gewicht.

- Wer *Laptop*, digitale Kamera und oder andere Dinge dabei hat, die per **Akku** versorgt werden, könnte sich vor der Reise einen **Spannungsumwandler** beschaffen (ab ca. €30 bei uns), der aus 12 V aus der Autosteckdose 110 V oder 230 V macht und während der Fahrt die Geräte wieder auflädt. Ohnedem müsste man für jedes Gerät ein eigenes Autoanschlusskabel haben.

Textilien, Sportartikel und vieles mehr findet man preiswert in Outlet Malls; im Bild unten die Premium Outlets in Carlsbad (an der Pazifikküste nördlich von San Diego)

Unterwegs in Kalifornien

3.1 Glückliche Ankunft

Zeit- umstellung

Auf der Reise nach Kalifornien oder nach Las Vegas »gewinnt« man neun Stunden (oder acht für kurze Perioden, wenn die Umstellungsdaten von Sommer- und Winterzeit oder umgekehrt in den USA von denen in Europa abweichen) mit der Folge, gemäß Ortszeit nur 2-3 Stunden nach dem Start eines *Non-stop*-Fluges auf US-Boden zu stehen. Es empfiehlt sich, aufkommender Müdigkeit möglichst nicht zu rasch nachzugeben, sonst sitzt man mitten in der Nacht (= 9-13 Uhr MEZ) hellwach im Bett.

Gelingt das, ist die Zeitumstellung schnell geschafft. Nach dem Rückflug und »Verlust« der entsprechenden Stundenzahl ist das schwieriger und dauert ein paar Tage bis zu einer Woche.

Formulare/ Sicherheits- check

Vorm Einlass in die USA stehen zunächst die Einreisekontrolle (**Immigration**) und der Zoll (**Customs**), seit dem 11. Sept. 2001 besonders misstrauische Instanzen. Für beide gibt es bereits beim Einchecken, spätestens im Flugzeug Formulare, die sorgfältig auszufüllen sind. ESTA-Einreiser (➤ Seite 50) dürfen sich mit der Zollerklärung begnügen. Visa-Inhaber müssen aber immer noch den sog. *Departure Record* ausfüllen. Folgendes ist zu beachten:

Immigration

• Die Zeilen für »**Adresse in den USA**« dürfen keineswegs leer bleiben, obwohl die meisten Touristen keine feste Anschrift in den USA haben, da sie ja irgendwo unterwegs sind. Ersatzweise tut es dann die der ersten gebuchten Unterkunft, sofern keine Anschrift von Freunden oder Bekannten zur Hand ist.

Zoll- vorschriften

• Bei **Mitbringseln** gibt es zwar eine **offizielle Wertbegrenzung von \$100**, und mehr als eine Flasche hochprozentiger Alkoholika wird nicht toleriert, aber das scharfe Auge des Gesetzes schaut vor allem auf die **schriftliche Zollerklärung**: Dort darf um nichts in der Welt ein »Yes« angekreuzt sein bei der Frage »Ich habe Früchte, Gemüse, Fleischwaren u. a. m. dabei und war kürzlich auf einem Bauernhof«.

Ankunft

Grundsätzlich erfolgen Einreise/Passkontrolle und Zollfreigabe dort, wo man erstmals amerikanischen Boden betritt. Zwischenlandung oder Flugzeugwechsel vor dem endgültigen Ziel haben immer die Erledigung aller Formalitäten zur Folge. Immerhin läuft die Ankunft am eigentlichen Ziel danach stressfrei.

Biometrie und Passkontrolle

Die erste Passkontrolle übernehmen heute auf großen US-Airports »Einreisecomputer«, die der Ankömmling – unterstützt durch Hilfspersonal – im Self-Service bedient. Auch **Gesichtsfoto** und **Fingerabdrücke** erstellt der Reisende quasi selbst (➤ Seite 50). Das dauert zusammen kaum länger als 60 sec und vermindert die Zeit am Immigrationsschalter. Ist alles o.k., druckt der Automat eine Art »Passierschein« zur Vorlage beim Beamten. Der blickt dann kurz auf Person, Pass und Ausdruck und fragt nach Zweck und Dauer der Reise: Ersteres ist *Travel* oder *Visiting Friends/*

Relatives (bloß keine komplizierten weiteren Erklärungen!). Abschließend stempelt er das Einreisedatum in den Pass und notiert das späteste Ausreisedatum dazu.

Besuchern, die mit einem Visum – also nicht über ESTA-Genehmigung – einreisen, heftet oder legt der *Immigration Officer* noch den *Departure Record* in den Pass.

Zoll

Der Zoll macht beim grünen Schildchen (**nothing to declare**) nur **Stichproben** und nimmt das ausgefüllte Zollformular entgegen.

Gepäck-wagen

Die durchweg reichlich vorhandenen Gepäckwagen (**baggage cart**) sind bei der Ankunft in der Regel gratis. Dafür kosten sie umso mehr im Abflugterminal. Erst nach Einschieben mehrerer Dollarscheine (bis zu $5) oder der Kreditkarte gibt die dort meist in eine Schiene eingebaute Sperre einen Wagen frei.

Umsteigen/ Weiterflug

Bei Fortsetzung der Reise über einen **inneramerikanischen Anschlussflug** übergibt man im Anschluss an den Zoll sein bereits mit dem *Airport Code* der Enddestination versehenes Gepäck dem Personal der jeweiligen Airline. In vielen Fällen muss das Gebäude gewechselt werden. Daher verkehren zwischen den *Terminals* in kurzen Intervallen **Airline Connection**-Busse oder – in Flughäfen wie San Francisco und Las Vegas – **Schnellbahnen**.

Hotel-/ Mietwagen Pick-up Service

Hat man eine **Hotelbuchung** in Airportnähe, genügt ein Anruf, um den **Abholservice** (*Pick-up*) zu aktivieren (bei großen Häusern pendelt der Bus laufend in kurzen Abständen). Dafür muss man wissen, vor welchem *Terminal* man wartet (z.B. *International Arrivals, United Airlines* etc.). Üblicherweise existieren an den Fahrspuren markierte Bereiche für die verschiedenen Busdienste.

Hotel- und Mietwagenzubringer stoppen durchweg im selben Abschnitt. Den **Shuttlebus** zu außerhalb des Flughafengeländes liegenden **Mietwagen-Parkplätzen** braucht man nicht zu alarmieren. Die Kleinbusse von *Avis, Hertz, Budget* etc. verkehren laufend und stoppen sowieso oder auf Handzeichen. In **San Francisco** geht's per Bahn zu den **Rental Car**-Schaltern im eigenen Parkhaus.

Zu weiter entfernten **City-Hotels** ist der Transport per Flughafen-Bus oder Taxi in der Regel selbst zu organisieren.

Die Busse der Autovermieter pendeln auf vielen Airports in kurzen Abständen zwischen Station und Terminals.

Hotelbuchung bei Ankunft

Ohne Buchung sind die in allen Ankunftshallen vorhandenen **Hotel-/Motel-Werbetafeln** hilfreich. Über kostenfreie Telefone erreicht man die angeschlossenen Häuser direkt. Nach Reservierung und Angabe des *Terminals* fährt bald der Hotel-Kleinbus vor. Bei derartigen Anrufen sollte man sich aber gut auf Englisch verständlich machen können; Fremdsprachenkenntnisse des Gegenübers am Telefon sind eher selten. Und keinesfalls gibt's bei Anruf und Buchung erst ab Ankunftsflughafen Sondertarife.

Typische Info-Wand mit Werbung plus Direkttelefon zu H/Motels, Limou- und Taxiservice, u.a.m

3.2   Übernahme des vorgebuchten Mietfahrzeugs

Vorausgebuchte **Pkw/SUV/Minivans** können gleich bei Ankunft am Flughafen übernommen werden. Die **Camper-Verleiher** holen ihre Kunden in der Regel im (vorgeschriebenen!) Hotel ab; bei größerem Buchungsaufkommen deutschsprachiger Touristen verfügen sie oft über Personal mit Deutschkenntnissen. Bei den Pkw-Verleihern darf man damit nicht rechnen.

Pkw/SUV/Minivan

Übernahme- prozedur

Die Übernahme eines Pkw geht rasch über die Bühne: *Voucher* des Veranstalters, Pass, nationalen (!) Führerschein vorlegen, ggf. noch Beschlussfassung über Zusatzversicherungen (**Achtung: gerne werden Kunden unnötige Versicherungen aufgeschwatzt**, auch wenn der Vertrag bereits Vollkasko und Haftpflichtaufstockung etc. enthält, ➤ Seite 66), Unterschrift und Hinterlassung der Kaution (Kreditkartenerfordernis), Schlüssel steckt schon, fertig.

Zu beachten

Vorm Losfahren empfiehlt es sich, Reserverad und Werkzeug für den eventuellen Radwechsel zu checken. Bei manchen Modellen (speziell SUVs) ist die Befestigung des Reserverads nicht offensichtlich. Auch wenn Eigenart der Zündschloss- oder Anlassersperre (ggf. Bremspedal treten, sonst rührt sich nichts) etc. nicht einleuchtet, muss man ausdrücklich fragen. Das Personal erklärt ohnedem im Normalfall bei der Übernahme nichts.

Choice Line	An großen internationalen Flughäfen sind die reservierten Autos sehr häufig nicht bestimmten Kunden zugewiesen. Die dürfen dann in einer *Choice Line* aus dem Fahrzeugbestand der gebuchten Klasse selbst wählen. Die formale Zuordnung in den Papieren erfolgt in diesen Fällen bei der Ausfahrtkontrolle.
Tankfüllung	Wer sein Auto nicht in der Kategorie B/Super Inklusiv/Platin gebucht hat (➤ Seite 65) und damit die erste Tankfüllung »gratis« erhält, dem wird diese – hochpreisig – in Rechnung gestellt. Der Kunde spart dadurch zwar die Fahrt zur Tankstelle vor Rückgabe, kann aber den Tank natürlich nie komplett leerfahren. Befindet sich noch ein nennenswerter Rest im Tank, wird meist nach Benzinuhrablesung grob zu Gunsten der Firma geschätzt und ein entsprechender Betrag gutgeschrieben.
Rückgabe	Die Rückgabe ist **unkompliziert** und **rasch erledigt**. Das Personal hat im Fall großer Stationen kleine Handcomputer, auf denen die Ankunft registriert wird – und das war's dann auch schon. An einem Schalter auf Abfertigung warten etc. muss der Kunde nicht mehr. Man braucht also keinen besonderen Zeitbedarf für Rückgabeformalitäten einzukalkulieren. In maximal 30 min inklusive kurzer Wartezeit auf den Bus bzw. Schnellbahn in San Francisco von der Rückgabestation zum Flughafenterminal und ein paar Minuten Fahrt ist alles erledigt. Das heißt, noch nicht ganz:
Trinkgeld	Der Fahrer des *Airport Shuttle* muss noch seinen »*Tip*« haben: Für jedes Gepäckstück neben dem Handgepäck zumindest $1. Das gilt auch schon auf dem Transport (so der anfällt, nicht in San Francisco) vom *Airport* zum Vermieter zu Beginn der Mietzeit.

Campmobile

Formalitäten	**Beim Camper sieht alles anders aus**. Zunächst identisch ist das Formale, wenn man zur vorgesehenen Übergabezeit zur Stelle ist. Die Kaution bzw. Blanko-Kreditkartenunterschrift deckt hier nicht nur Risiken ab, sondern bezieht sich auf die **Extrakosten** wie Zusatzversicherungen, Zusatzmeilen, eventuell noch nicht bezahlte Gebühren für *Convenience Kits*, Kindersitze, Generator, Steuern und ggf. Schäden; Abrechnung nach Rückgabe.
Inspektion	Nach Klärung der Formalitäten erfolgt die **Inspektion des Fahrzeugs** verbunden mit einer **Einweisung**. Schließlich muss der Kunde wissen, was es mit Umbauliegen, Nebenaggregaten, Wasser- und Schmutzwassertanks, Gasherd, Kühlschrank, Dachklima etc. auf sich hat. Bei Andrang sind die unter Zeitdruck gegebenen Erläuterungen nicht immer optimal. Aber die Bedienungsanleitungen wurden in den letzten Jahren von den größeren Verleihern stark verbessert und liegen meist auch auf Deutsch vor.
Erster Tag	War es früher bei den Camperverleihern üblich, den Vormittag weitgehend für die Rückgabe einlaufender Wagen zu reservieren und die Neukunden erst ab 11-13 Uhr »anzukarren«, ist heute der garantiert vormittägliche *Check-out* bei allen großen Vermietern möglich (als Sonderregelung, meist verbunden mit Zusatzkosten).

3

Ratsam ist, sich nach der Einweisung noch einmal gründlich mit der Technik des Fahrzeugs vertraut zu machen und die wichtigen Funktionen zu checken, bevor man den Hof verlässt. Wenn sich erst später herausstellt, dass der Kühlschrank nicht richtig funktioniert, der Wasserschlauch fehlt oder die Bremsen schief ziehen, ist das nicht nur ärgerlich, sondern ein Zurückfahren in Anbetracht des damit verbundenen – möglicherweise erheblichen – Zeitverlustes oft problematisch.

Checkliste

Zu Beginn und mehr oder weniger vor jeder Abfahrt muss allerhand verstaut, verzurrt und festgemacht sein, auch außen 'rum darf nichts mehr hängen oder ungewollt offenstehen. Besonders ohne vorherige Camper-Erfahrung ist eine Checkliste hilfreich, die man vor Aufbruch abspult.

Wartung

Ebensowenig wie bei der Pkw-Miete sind Wartungsfragen bei den Campmobilen normalerweise ein Thema. Nur bei sehr langen

Mietzeiten können Ölwechselintervalle schon mal überschritten werden. In dem Fall erhält der Mieter bei der Übernahme dazu Anweisungen. Bei großer Hitze (und daher höherem Verbrauch des Kühlaggregats) und Kälte (hoher Verbrauch für die Heizung) müssen Mieter unterwegs gelegentlich **Gas auffüllen** lassen. Das ist auf vielen Campingplätzen und an Tankstellen möglich und kein Problem.

Ladepistole und Gasanschluss unter dem Campmobil

Reparaturen

Reparaturen dürfen – wenn sie minimale Kosten übersteigen – **erst nach Rücksprache mit der Verleihfirma** ausgeführt werden. Dazu gehört auch der Ersatz unterwegs verschlissener Reifen. Die größeren Vermieter haben Verträge mit landesweit operierenden Reifenfirmen wie *Goodyear*, *General Tire* oder *Firestone*, die auch Routinereparaturen ausführen. Deren Ableger sind auch in kleinen Ortschaften zu finden. Der Mieter kann sie ggf. von sich aus anlaufen. Das hat den Vorteil, dass die Kommunikation mit dem Vermieter von der Werkstatt übernommen wird.

Pannen

Spätestens bei der ersten Panne wird man feststellen, dass kein bis wenig **Bordwerkzeug** vorhanden ist. Es gibt Vermieter, die sogar Wagenheber und Radschlüssel entfernen. Hintergrund dafür ist, dass der Vermieter über die dann notwendige Hilfe durch den AAA-Pannendienst oder eine lokale Werkstatt objektiv erfährt, wo und wie die Panne erfolgte. Der Mieter darf sie also ggf. selber bezahlen, sollte er z.B. ausgeschlossene Gebiete (speziell *Death Valley* im Sommer) oder unbefestigte Straßes befahren haben.

Dumpstation: Unten auf der Betonfläche sitzt der Verschluss des Auffangtanks fürs Abwasser, darüber ein flexibler Arm mit Brauchwasser für die Säuberung. Über den blauen Mast links fließt Trinkwasser

Das hört sich dramatisch an, bleibt aber die Ausnahme. Ernster Ärger mit den überwiegend ziemlich neuen und bei jeder Miete wieder neu durchgecheckten Fahrzeugen (das versichert man zumindest) der großen Vermieter tritt eher selten auf.

Rückgabe des Campers

Vor der Abreise steht die Rückgabe des Wagens, bei den meisten Vermietern am Vormittag. Möchte man zusätzliche **Endreinigungskosten vermeiden**, muss der Camper besenrein und mit entleerten Abwassertanks zurückgegeben werden, oft auch mit gefülltem Frischwassertank und – falls man ihn voll übernommen hat – Benzintank. Die Vermieter akzeptieren im Allgemeinen äußerlich »normal« verschmutzte Fahrzeuge. Ist nichts beschädigt, sind die **Formalitäten** (Inspektion des Wagens, Abrechnung von Mehrmeilen, Steuern etc.) rasch erledigt.

Flughafen-Transfer

Der Vermieter sorgt für den Transport zum Hotel bzw. zum Airport. Bei Planung von **Rückgabe und Abflug am selben Tag** sollte auf reichlich Zeit geachtet werden: besser nicht unter 4 Stunden zwischen Ankunft in der Station und Abflug bei einer angenommenen **Transferzeit** von etwa 1 Stunde. Denn gelegentlich entstehen Wartezeiten, etwa auf andere Kunden, die im selben Fahrzeug transportiert werden müssen. Auch Verkehrsstaus in den kalifornischen Cities und Las Vegas sind immer drin.

3.3   Regelung des Transports vor Ort

Eigen-initiative

Steht am Ankunftsort kein vorgebuchtes Fahrzeug bereit und steckt auch kein *Amtrak*-Netzpass in der Tasche, muss Eigeninitiative dafür sorgen, dass es in den USA weitergeht.

Fahrzeugmiete

Voraus-setzungen

Ein Auto zu mieten, ist im Prinzip eine unkomplizierte Angelegenheit. Der Kunde muss dieselben Voraussetzungen erfüllen, wie auf ➢ Seite 63 erläutert. Darauf hingewiesen sei noch einmal, dass unter einem Alter von 21 Jahren fast und ohne Kreditkarte gar nichts läuft. Nur in den *Big Cities* gibt es hier und dort lokale Unternehmen, die sich den Service für Kunden **ab 18/19 Jahren** mit Höchsttarifen honorieren lassen. Damit verbunden ist oft die Auflage, das Stadtgebiet bzw. einen engen Radius um die Stadt herum nicht zu verlassen, so dass größere Reisen nicht möglich sind. Die Haftpflichtversicherung für junge Leute ist dabei zwar immer teuer, dennoch nach unseren Maßstäben unzureichend.

Pkw/SUV/Minivan

Typen

Über die in den USA als Leihwagen zur Verfügung stehenden Wagentypen und -kategorien kann man sich in Reisekatalogen und im Internet leicht informieren. Hilfreich ist dabei u.a. das Portal www.usareisen.de/mietwagen. Die Unterschiede zwischen den verschiedenen *Car Rentals* bezüglich der Autotypen und Kostenkategorien sind im Allgemeinen nicht wesentlich.

Tarife am Airport

Jeder amerikanische *Airport* verfügt über Vertretungen der bekannten wie lokaler *Rental Car*-Firmen. Fahrzeuge sind fast immer vorhanden, **die kleineren, preisgünstigen Fahrzeuge** indessen **oft ausgebucht**. Dagegen hilft nur zeitige Reservierung; ➢ Telefon und Websites rechts. Generell liegen die Flughafenpreise um ein paar Dollars/Tag über den sonst ortsüblichen Miettarifen.

Billig-vermieter

Für eine **kostengünstigere Wagenmiete** sollte man daher besser einen Bogen um die Schalter im Airport machen und im Internet nach lokalen Lösungen geschaut haben. Denn fast immer besitzen einige Billigvermieter (ohne Flughafenschalter) eine Station im Umfeld. Häufig stehen dort aber niedrigen Basistarifen hohe Versicherungskosten gegenüber.

Wer sein **Tablet** oder den **Laptop** dabei hat, findet die besten Angebote im Netz. Eine gute Adresse in den USA mit übersichtlicher Darstellung der Angebote vor Ort ist www.orbitz.com.

Tarif-unterschiede

Die **Konditionen für gleichartige Fahrzeuge** fallen bisweilen erstaunlich unterschiedlich aus. Der Vorteil der großen Vermieter besteht im Wesentlichen darin, dass die Wagen neuer und gepflegter sind als bei kleinen Firmen, und bei Problemen unterwegs die nächste Station nicht so weit entfernt ist.

Generell gilt, dass in den USA die Tarife bei Buchung vor Ort höher liegen als bei Vorabbuchung bei hiesigen Vermittlern.

Voraus-reservierung

Ist man bereits in den USA unterwegs, erspart eine »Anschluss-reservierung« per Telefon bzw. Internet Kosten. Denn das sichert die gewünschte Wagenklasse und überwiegend auch einen besseren Tarif als direkt am Schalter vor Ort.

Die *toll-free* **Telefonnummern** und **Internetadressen** der wichtigsten Vermieter lauten wie folgt:

Firma	Toll-free ☎	Internet-Adresse
Alamo	1-888-233-8749	www.alamo.com
Avis	1-800-230-4898	www.avis.com
Budget	1-800-218-7992	www.budget.com
Dollar*	1-800-800-4000	www.dollar.com
Enterprise*	1-800-261-7331	www.enterprise.com
Hertz	1-800-654-3131	www.hertz.com
National	1-877-222-9058	www.nationalcar.com
Payless	1-800-PAY LESS	www.paylesscar.com
Thrifty*	1-800-THRIFTY	www.thrifty.com

*) *Thrifty* und *Enterprise* unterbieten die Tarife der Marktführer oft deutlich. Sie sind großflächig fast überall vertreten, verfügen aber seltener über Airportschalter.

Gebraucht-wagenmiete

Günstiger als die preiswertesten Neuwagen-Vermieter sind ältere Wagen von ***Rent-A-Wreck*** mit etlichen Stationen in Kalifornien und einer in Reno/Nevada, ➤ www.rentawreck.com.

Rent-a-Wreck

Die Mietarife für die in Wahrheit mitnichten an »Wracks« erinnernden Autos liegen unter den offiziellen Normaltarifen der Konkurrenz, aber nicht unbedingt unter deren billiger Vermieter wie *Thrifty*. Ein festgelegter Aktionsradius um den Sitz der Firma darf oft nicht überschritten werden. Solche Wagen eignen sich also eher für den reinen City-Aufenthalt. Sie sind ggf. für **Fahrer unter 25 Jahren** vorteilhaft, da hier manchmal kein Zuschlag berechnet wird.

3

Campmobile

Saison-situation

Eine kurzfristige Campermiete während der Hochsaison ist generell schwierig. Das gilt auch für die Buchung vor Ort. In Kalifornien ist der Zeitraum **Ende Juni bis Anfang September** kritisch. **Vor *Memorial Day*** Ende Mai und **nach dem *Labor Day*** im September sind die Aussichten, auch kurzfristig einen Camper der gewünschten Kategorie aufzutreiben, schon besser. Von Mitte Oktober bis April freuen sich alle lokalen Verleiher, aber auch die international tätigen Firmen über jeden Kunden. Dennoch sind keine Dumpingtarife zu erwarten.

Kosten

Wer also in der **Vor- und Nachsaison** in einer der Großstädte die Mühe auf sich nimmt, »seinen« Camper direkt zu buchen, wird ein Fahrzeug finden. Die Wahrscheinlichkeit aber, damit günstiger zu fahren als bei Buchung in der Heimat, ist selbst bei einem Wechselkurs von $1,40 für den Euro nicht hoch, bei allen Kursen darunter gleich null.

Die **Voraussetzungen** für eine Campermiete sind weitgehend identisch mit denen der Pkw-Miete, siehe oben.

Camper mieten, wo?

Adressen/Telefonnummern von Verleihfirmen findet man in den Gelben Seiten unter ***Automotive/RV-Rental*** oder ***Recreational Vehicles***, außerdem in Kleinanzeigen (*Classified Ads*) in jeder Tageszeitung. Da es bei *RVs* mit dem Anruf nicht getan ist, sondern auch die Begutachtung der angebotenen Fahrzeuge erfolgen muss, benötigt man bis zur endgültigen Klärung einen Leihwagen. Die Ergebnisse im **Internet** (*Google*) unter ***RV Rental USA*** u.ä. führen zu den bekannten Vermietern (*Apollo*, *Cruise America*, *Roadbear*, *El Monte* etc) und anderen, die nicht international anbieten, mit oft sogar ungünstigeren Konditionen.

Die Campmobile von Cruise America sind rundherum mit wunderbaren Landschaftsfotos (hier Yosemite Park) verziert. Das sieht attraktiv aus. Aber ob jeder Cruise-Kunde begeistert davon ist, mit einer bunten Reklameschachtel herumzufahren?

Versicherung

Bei Buchung vor Ort wird die **Vollkaskoversicherung** mit hohen Tagessätzen extra berechnet. Da die Basishaftpflichtversicherung der Fahrzeuge immer zu gering ist, muss entweder eine **Haftpflichtaufstockung** durch Zuzahlung vereinbart werden, oder man zahlt mit einer Kreditkarte (➤ Seite 68), die bei Fahrzeugmieten im Ausland eine Haftpflichtaufstockung automatisch beinhaltet. Sofern überhaupt eine Haftpflichtversicherung für das Mietfahrzeug besteht. Für uns kaum zu glauben, in den USA aber gängig, da dort die Person versichert wird, nicht das Auto. Das muss also geklärt sein. Denn ohne Basisversicherung gibt's keine Aufstockung!

Erst drüben mieten?

Die Frage »**Lohnt es sich, erst drüben zu mieten?**« muss seit Jahren klar mit »**nein**« beantwortet werden. Erst bei einem Kurs ab etwa $1,40 könnte sich das vielleicht wieder rechnen. Aber Suche und Auswahl können stressig und nicht der ideale Einstieg in die Amerikareise sein.

Ein wenig ermunternder Gedanke ist zudem, dass bei Problemen wie Mängeln des Fahrzeugs, die man erst unterwegs entdeckt, und eventuellen Schäden eine daraus folgende Auseinandersetzung im fremden Land geführt werden müsste.

Auto Drive-Away

Autotransport

Eine typisch amerikanische Möglichkeit, gelegentlich billig und trotzdem relativ selbständig zu reisen, ist das sogenannte *Auto Drive-Away*. Es handelt sich um den Fahrzeugtransport im Auftrag von Unternehmen und Privatleuten, die z.B. ihren Wohnsitz an einen anderen Ort verlegen und nicht die Zeit oder das Personal haben, alle vorhandenen Wagen selbst zu überführen. Für diesen Job sucht man Fahrer, die ohnehin zum entsprechenden Ziel wollen und daher nicht bezahlt werden müssen.

Die Mehrheit der Autotransporte fällt bei großen Entfernungen an, aber auch schon mal auf mittleren Strecken wie von San Francisco nach San Diego oder Las Vegas.

Touristen als Fahrer

Touristen können ebenfalls Fahrzeug-Überführungen übernehmen; eine Arbeitserlaubnis benötigen sie dafür nicht. Voraussetzung ist ein Alter von **mindestens 21 Jahren** und der Führerschein. Als Nicht-Amerikaner sollte man vorsichtshalber auch die internationale Version dabei haben.

Kosten

Bei »Anstellung« gehen je nach Fahrtziel und Firma nur die Kosten fürs Benzin voll oder teilweise zu Lasten des Fahrers, und das nicht einmal in allen Fällen.

Bedingungen

Die Wagen sind gegen Schäden durch **selbstverschuldete Unfälle** weitgehend versichert; die Kaution deckt eine eventuelle Selbstbeteiligung. Man erwartet, dass der Fahrer **400 mi bis 500 mi pro Tag** schafft. Weitere Einzelheiten unter www.autodriveaway.com

Adressen

In Kalifornien hat die *Auto Drive-Away Company* drei Niederlassungen: San Diego, Long Beach und San José. Ein weiteres Büro residiert in Las Vegas; ✆ **1-800-346-2277** oder im Internet oben.

Öffentlicher Transport zu Lande

Greyhound/
AMTRAK

Auf den ➢ Seiten 39f stehen bereits die wichtigsten Informationen zum Schienenverbund AMTRAK und zu den Überlandbussen von *Greyhound*. Weitere Details zur Nutzung der beiden Verkehrsmittel und außerdem auch zum Ticketkauf vor Ort unter www.greyhound.com und www.amtrak.com.

AMTRAK-Lok im Bahnhof von Bakersfield. Auf der San Joaquin Route durch das Central Valley geht es von dort mehrmals täglich nach Sacramento und San Francisco

Regional-
und Lokal-
transport

Obwohl die USA, was öffentliche Verkehrsmittel betrifft, insgesamt keinen guten Ruf besitzen, trifft die Pauschalierung durchaus nicht auf alle Regionen und Städte zu. Im Bereich der **San Francisco Bay**, **in den Großräumen Los Angeles** und **San Diego** und in einigen mittelgroßen Städten wie **Sacramento**, **Monterey/ Carmel**, **Santa Barbara** und **Palm Springs** mit Umgebung, aber auch in **Reno** und **Las Vegas** sind Orts- und Kurzstreckennetze relativ gut ausgebaut, die Tickets sogar recht preiswert.

Airport-
transport

Die *International Airports* von San Francisco und Los Angeles sind beide an die U- bzw S-Bahn angeschlossen (*BART* bzw. *Metro Rail LA*). Auch lokale Buslinien verkehren stoppen dort wie auch in Las Vegas und San Diego. Deren Nutzung zum normalen City-Tarif ist mit Gepäck zwar ziemlich unbequem, aber es vermeidet die Buchung teurer Express-Busse oder Taxifahrten.

Abseits
der Städte

In und zwischen mittelgroßen und kleinen Städten und auf dem Land außerhalb der Ballungsgebiete sieht es bei den öffentlichen Verkehrsmitteln eher flau aus.

Flugbuchung vor Ort

Flug-
frequenz

Bis zu 90% des öffentlichen Personenverkehrs zwischen amerikanischen Cities werden per Flugzeug abgewickelt. Auch noch zu kleinsten Städten existieren Linienflüge. Auf viel frequentierten Strecken gibt es stündliche oder häufigere Abflüge, so zwischen Los Angeles, San Francisco, San Diego und natürlich Las Vegas.

Die Zeiten, in denen das Fliegen in den USA unkomplizierter als bei uns war, sind dank 9/11 leider vorbei. Wer mit Gepäck nicht spätestens 90 min vor Abflug am Abfertigungsschalter steht, hat keine Garantie mehr, mitgenommen zu werden, und das Gepäck kommt dann sowieso erst mit der nächsten Maschine. Wohlverstanden »am Schalter«. Einzukalkulieren ist auch noch die Wartezeit am Ende einer möglicherweise langen Schlange bis dorthin.

Kosten

Inneramerikanische Flüge können recht teuer sein, kauft man die Tickets drüben kurzfristig und erwischt keinen Spezialtarif oder eine *Discount Airline*. Speziell Flüge zu entlegenen Orten, die nur von einer Gesellschaft bedient werden, gehen ins Geld.

Tarife

Jede Fluglinie hat ihr eigenes Tarifsystem. Wenn mehrere *Airlines* eine Strecke bedienen, gibt es unterschiedlichste Tarife in Abhängigkeit von Buchungs- und Flugdatum und der Abflugzeit. Günstig sind als **Night Coach** geltende Flüge abends nach 21 Uhr.

Buchung

Der konventionelle Weg zum Ticket ist das nächste Flugreisebüro. Wer seine Automobilklubkarte dabei hat, kann sich auch an die **Reisebüros des AAA** wenden, ➢ Seite 46, die es in allen Groß- und Mittelstädten gibt.

Reservierung

Wenn die *Airline* für einen geplanten Flug vorab klar ist, bucht man am besten direkt, entweder im **Internet** oder unter der jeweiligen gebührenfreien 800-Telefonnummer.

Für Inlandsflüge supergünstige Tarife hat die »Discount Airline« JetBlue. Hier ein Airbus A320 nach dem Start vor der Hochhauskulisse von Las Vegas

- **Alaska**:   ☎ 1-800-252-7522   www.alaskaair.com
- **American**:   ☎ 1-800-433-7300   www.americanair.com
- **Delta**:   ☎ 1-800-221-1212   www.delta.com
- **Jet Blue**:   ☎ 1-800-538-2583   www.jetblue.com
- **Southwest**:   ☎ 1-800-I-FLY-SWA   www.southwest.com
- **United**:   ☎ 1-800-864-8331   www.united.com
- **US-Airways**:   ☎ 1-800-428-4322   www.usairways.com

Um sich zunächst eine Übersicht zu verschaffen, ruft man ein amerikanisches Buchungsportal auf und vergleicht die Tarife; z.B. unter www.orbitz.com, und bucht ggf. gleich dort

3

Alle Schulbusse in den USA gehören der jeweiligen Schulbehörde und sind ausnahmslos knallgelb. Sie werden nur für den Schülertransport eingesetzt.

3.4   Auf Amerikas Straßen

Verkehrssituation

Autofahren ist in Nordamerika insgesamt einfacher und im Allgemeinen weniger stressig als etwa in Deutschland oder in der Schweiz. Außerhalb der Ballungsgebiete sind geringe Verkehrsdichte, weitgehend beachtete Tempolimits, Getriebeautomatik der meisten Fahrzeuge und größere Gelassenheit der Amerikaner am Steuer einige Gründe dafür. Dennoch sind **Unfallhäufigkeit** und **Verkehrstote** bezogen auf die Zahl der Einwohner im landesweiten Schnitt viel höher als bei uns. Also Vorsicht!

Es wird rechts gefahren, und die wenigen für uns neuen Verkehrszeichen erklären sich weitgehend von selbst. Ein Umdenken des europäischen Autofahrers ist also nicht notwendig.

Wohl aber gibt es eine Reihe von Verhaltensregeln und gewisse Andersartigkeiten, die zu kennen wichtig ist und in bestimmten Situationen sogar unabdingbar sein kann:

3.4.1   Abweichende Verkehrsregeln

Zunächst die kurze Liste der von unseren Normen abweichenden Verkehrsregeln, deren Kenntnis erforderlich ist:

Vorfahrt

• **Stoppzeichen** für alle Fahrtrichtungen an Kreuzungen bedeuten »wer zuerst kommt, fährt zuerst«. Das Anhaltegebot gilt auch bei offensichtlich leeren Querstraßen und wird strikt befolgt (und gelegentlich von der Polizei aus unauffälliger Position kontrolliert). Die Regel ist genauer als »rechts vor links« und in vielen Wohngebieten Standard. Dabei überqueren mehrere sich der Kreuzung nähernde Wagen diese nach kurzem Halt in **Reihenfolge der Ankunft**. Das gilt auch bei aufgestautem Verkehr (Ankunft **am weißen Balken** auf der Fahrbahn zählt); die Überquerung läuft dann meist ringsum einer nach dem anderen. Unklarheiten löst man durch Zuvorkommenheit.

Ampeln
- Zeigt eine Ampel **rot,** darf unter Beachtung der Vorfahrt des Querverkehrs rechts abgebogen werden, es sei denn, eine Schrifttafel untersagt dies ausdrücklich (***No Turn on Red***). Im Fall einer gesonderten Abbiegerspur **muss** sogar bei Rot abgebogen werden, solange dies der Querverkehr zulässt. Die **Lichterfolge** an der Ampel ist **Grün-Gelb-Rot-Grün**; die Rot/Gelb-Phase vor dem Grün entfällt also.

Schulbus
- Die gelben Schulbusse dürfen weder überholt noch vom **Gegenverkehr** (!) passiert werden, wenn sie anhalten und Kinder ein-/aussteigen lassen. Warnblinkleuchten an allen Ecken der Busse und ausgeklappte Schilder markieren die Stopp-Phase. Das Verbot besitzt die Schärfe der Stoppvorschrift an roten Ampeln. Ein Nichtbeachten gilt als schweres Verkehrsdelikt.

Überholen
- Auf mehrspurigen Straßen wird in Amerika legal rechts überholt. Theoretisch ist dies zwar nur erlaubt, wenn dafür nicht die Spur gewechselt wird, aber in der Praxis sind **Überholmanöver auf der rechten Seite** üblich. Daran muss man sich gewöhnen und den rechten Fahrbahnen auf *Freeways* hohe Aufmerksamkeit schenken. Eines der obersten Gebote auf mehrspurigen Straßen ist nicht zuletzt deshalb das **sture Spurhalten**. Auf voll besetzten Straßen kann daher ein Spurwechsel schwieriger sein als bei uns.

Carpool Lanes/ Fast Lanes
- Als Maßnahme zur Verkehrsreduzierung während des Berufsverkehrs (*Rush Hours)* wurden auf City-Autobahnen oft sog. ***Carpool*** oder ***Fast Lanes*** eingerichtet. Diese Fahrspuren ganz links dürfen zu definierten Zeiten nur von Bussen, Taxen und von Fahrzeugen benutzt werden, in denen mindestens 2 Passagiere sitzen. Mit Glück fährt man auf ihnen an manchem Stau vorbei. Indessen ist das Ausfahren nicht einfach, wenn man sich durch 4-6 dicht besetzte Normalspuren kämpfen muss. Außerdem dürfen Nutzer der *Carpool Lane* nicht an jedem *Exit* 'raus, was auch das Navi nicht weiß.

Linie/ Doppellinie
- Durchgezogene **Fahrbahn-Trennmarkierungen** dürfen zum Überholen oder Abbiegen überfahren werden. Die Funktion der in Europa einfachen Linie übernimmt in den USA eine auf keinen Fall zu überfahrende Doppellinie.

Tempolimits
- In Kalifornien und Nevada gelten auf *Freeways* **und auf autobahnähnlichen Straßen** *Speedlimits* **von 65-75 mph. Auf allen anderen Straßen gilt 55 mph, innerörtlich 30 mph,** wenn nicht ausdrücklich anderes erlaubt bzw. vorgeschrieben ist.

  Eine Unterscheidung zwischen Lkw und Pkw gibt es bei *Speed Limits* nur vereinzelt mit der oft unangenehmen Folge, dass ***Trucks*** schneller als der sonstige Verkehr fahren.

Kontrolle
  Die **Überwachung** erfolgt durch in Polizeiwagen installierte **Radargeräte**. Wer am geschickt postierten Sheriff zu schnell vorbeibrettert, hat bald einen Polizeiwagen im Rückspiegel und wird sogleich zur Kasse gebeten.

3

Parken und Parkverstöße	Die **Parkvorschriften** in den USA sind streng und tunlichst zu beachten. Die Polizei ist ständig unterwegs, verteilt **Tickets** oder lässt abschleppen (Gebühr in *Cities* leicht $100 und mehr). Auch wer auf Parkplätzen ohne Parkuhr die Zeit überschreitet, ist vor einem *Ticket* nicht sicher. Kontrolleure verbinden per Kreidestrich den untersten Punkt des Autoreifens mit dem Straßenasphalt. Ist bei der nächsten Kontrolle nach Ablauf der maximalen Parkzeit der Strich zwischen Reifen und Straße noch durchgängig, wurde der Wagen nicht bewegt. Also gibt's ein *Ticket*.
Hydranten	**Hydranten** – die Dinger stehen überall – dürfen nicht zugeparkt werden: ca. 5 m nach rechts und links müssen freibleiben.
Kantsteinmarkierungen	**Rote Kantsteinmarkierungen** signalisieren ein strenges Halteverbot. **Gelbe Markierungen** mit Zeitangaben stehen für Ladezonen, **weiße** ebenso fürs Kurzzeitparken zum *Drop-off* von Passagieren. **Blau** kennzeichnet »Parken nur für Behinderte« und **grün** mit Zeitangabe eine entsprechend begrenzte Parkerlaubnis.

Polizeikontakt und Alkohol am Steuer

Um einen Autofahrer zu stoppen, überholt die amerikanische Polizei nicht etwa, sondern bleibt hinter ihm und betätigt kurz Sirene und rote Rundumleuchte, das unmissverständliche Zeichen zum »Rechtsranfahren«.

Nach dem Anhalten wartet man im Wagen, *alles andere könnte falsch gedeutet werden. Es ist auch nicht ratsam, unbedachte Bewegungen zu machen, etwa in der Absicht, die Papiere aus dem Handschuhfach zu holen. Am besten bleiben die Hände auf dem Lenkrad.*

Ein solches Verhalten ist üblich, um der Polizei – die in Amerika mit überraschendem Schusswaffengebrauch rechnen muss – eine defensive Position zu signalisieren. Polizisten verhalten sich in Kontrollsituationen sachlich-korrekt und – nach dem ersten »Abtasten« und kooperativer Haltung des Gestoppten – auch bei Übertretungen im Allgemeinen nicht unfreundlich.

*Die Eröffnung eines ernsthaften Disputs mit einem **Sheriff** ist in Anbetracht seiner (für uns) erstaunlichen Machtbefugnis nicht ratsam. Die respektvollen Anreden lauten **Officer** oder **Sir**. In Nationalparks besitzen die **Ranger** einen ähnlichen Status wie außerhalb der Polizei.*

Alkohol am Steuer *wird in Amerika noch weniger toleriert als bei uns. Es gilt zwar die **0,8-Promille-Grenze**, solange nichts passiert. Aber die geringste Auffälligkeit genügt für jede Menge Ärger auch bei weniger Alkohol im Blut. Angetrunkene oder sogar trinkende Beifahrer neben einem stocknüchternen Fahrer zählen bereits zum Tatbestand »Alkohol im Verkehr«. Es darf sich keine geöffnete Flasche mit einem alkoholischen Getränk im Innenraum des Fahrzeugs befinden – theoretisch nicht einmal die bereits entkorkte, aber nicht geleerte Weinflasche vom Vorabend im Kühlschrank des Campers. Weitere Details sind staats- und landkreisabhängig. Daher besser nur mit 0‰ fahren.*

*Gegenüber **Drogen** am Steuer gilt **Zero Tolerance**.*

Wer in beider Beziehung auffällt, wird registriert und nach Bestrafung und Heimreise in Zukunft nicht wieder ins Land gelassen – ESTA weiß alles.

**Zahlung
von Tickets**

Wer ein *Ticket* erhält, darf entweder im beigelegten Umschlag **Dollars bar** verschicken oder bei einer Bank per *Money Order* das Bußgeld einzahlen. Bei Versäumnis hat der Autovermieter die Angelegenheit bald auf dem Tisch. Da er die Kreditkartennummer seines sündigen Kunden kennt, zahlt er üblicherweise (muss er in den meisten Staaten) und belastet dessen Karte. Und zwar plus einer hübschen Bearbeitungsgebühr ($50-$75), deren genaue Höhe sich im Kleingedruckten der Mietverträge findet. Man sollte sich also nicht wundern, wenn Monate nach der Reise ggf. noch einmal eine Belastung auf dem Kreditkartenkonto erfolgt.

Eine weitere amerikanische Besonderheit sind »Pilot Cars«, die einem »Geleitzug« von Autos durch Baustellen vorausfahren. Oft ist es aber ab der roten Ampel noch ein ganzes Stück bis dahin (hier im Sequoia National Park)

3.4.2   Straßensystem und Orientierung

**Highways/
Freeways**

Eine durchgehende Autostraße, welcher Qualität auch immer, ist grundsätzlich ein *Highway*. Ein begrifflicher Unterschied zum englischen Wort *Road* existiert prinzipiell nicht. Lediglich einen *Interstate Highway* würde man kaum als *Road* bezeichnen. Für *Interstate*-Autobahnen und alle sonstigen autobahnartig ausgebauten Straßen ist auch der Begriff *Freeway* üblich (*Free* im Sinne von freie Fahrt/keine Kreuzungen).

**Interstate
Autobahnen**

Wie der Name sagt, sind die *Interstates* die Verbindungsstraßen zwischen den Staaten und faktisch auch innerhalb der Staaten die verkehrstechnischen Lebensadern. Auf Reisen durch Kalifornien und nach Las Vegas sollte man sie nur abschnittsweise befahren; vor allem zur raschen Überwindung größerer Distanzen und als City-Zubringer. Für die touristische Routenplanung sollten die *Interstate Freeways* trotz auch existierender landschaftlich reizvoller Teilabschnitte eher gemieden werden, soweit Alternativen bestehen. Denn man fährt auf den Autobahnen leicht an manchem vorbei, was eine Amerikareise abrundet. Ihr Zustand hat sich in Kalifornien als Folge katastrophaler Kürzungen des Staatshaushalts in den letzten Jahren obendrein ziemlich verschlechtert.

Picnic Areas

An den *Interstates,* aber auch an anderen Straßen gibt es zahlreiche **Rastplätze** (*Picnic/Rest Areas*). Die meisten sind ähnlich wie Campingplätze **mit Picknicktischen und Grillrosten** ausgestattet, saubere Toiletten sowieso.

Nebenstraßen

Das Netz asphaltierter Straßen ist generell in guter Verfassung. Man darf davon ausgehen, dass sich auch kleinste, in den Karten als befestigt ausgewiesene Nebenstrecken ohne Vorbehalte befahren lassen. Aber auch ihr Zustand verschlechtert sich zur Zeit.

Gravel und Dirt Roads

Für uns ungewohnt sind **Schotterstraßen** (*Gravel Roads* oder *Unpaved Roads*). Schotter ist bevorzugter Belag für wenig benutzte Nebenstrecken. In Zentral- und Südkalifornien gibt es nur ein paar auch touristisch interessante *Gravel Roads*, sieht man von Zufahrten zu Campingplätzen in *National Forests* und *State Parks* sowie Nebenrouten in der *Mojave Desert* ab.

Bei anhaltender Trockenheit sind sie staubig, bei Nässe rutschig und nach längerem Regen voller »Sumpflöcher«. Bei gutem Wetter lassen sich Schotterstraßen meist problemlos befahren. Indessen ist das Befahren derartiger Straßen mit den meisten Mietfahrzeugen laut »Kleingedrucktem« in den Verträgen ausdrücklich untersagt. Übertriebene Sorge ist aber zumindest bei kurzen Fahrten kaum angebracht. Auch *Motorhomes* »überstehen« *Gravel* gut, mag der Wagen auch noch so scheppern. Bei zurückhaltender Fahrweise sind kaum Reifenpannen kaum zu befürchten. Fahren auf Schotter lässt sich schon deshalb nicht ganz vermeiden, weil bei Straßenbauarbeiten die Umleitung (selbst auf *Interstate-Freeways*) gelegentlich über *Gravel* und Matsch läuft.

Der niedrigsten Stufe in der Straßenqualität entspricht die **Dirt Road**, auch **Unimproved Road** genannt. Die »Dreckstraße« ist ein besserer Feldweg, der sich aber bei Trockenheit häufig angenehmer befahren lässt als manche *Gravel Road*, bei Regen jedoch schnell verschlammt.

Orientierung

Trotz der aus deutscher Sicht niedrigen Tempolimits kann der Verkehr auf dichtbesetzten *Freeways* ganz schön hektisch sein. Mit defensiver Fahrweise und klarer Zielvorstellung behält man die Übersicht. Wer keinen kartenkundigen Beifahrer hat, wird im *Freeway*-Gewirr von LA, San Diego und der San Francisco Bay ein **Navi** zu schätzen wissen.

Innerhalb der Städte – also abseits der hindurchführenden Autobahnen – ist die Orientierung erheblich einfacher als bei uns, denn die meisten Städte sind überwiegend schachbrettartig angelegt, die Straßen durchnummeriert.

Stadtpläne

Zu Straßenkarten wurde im Zusammenhang mit der Reiseplanung bereits einiges angemerkt, ➢ Seite 45. Für eine Grobübersicht reichen die Karten dieses Buches und die Stadtpläne auf der Rückseite von Kalifornienkarten, z.B. des offiziellen Tourismusbüros. Genauere Stadtpläne gibt es in *Department Stores* und in Tankstellen für wenige Dollar. Mitglieder von Automobilklubs erhalten beim **AAA** auch Stadtpläne kostenfrei.

3.4.3   Tanken, Wartung, Pannenhilfe

Benzin

Die **Benzinpreise** in den USA schwanken mit dem Rohölpreis und nach Region stark, so in Kalifornien und Nevada im **Spätherbst**

*Spritpreise
Kalifornien
Sommer
2015*

2015 bei Normalbenzin zwischen **$2,40 und $4,30/Gallone** (3,8 Liter), im Mittel aber unter $3,00. **Aktuelle Benzinpreise** erfährt man im Internet unter www.**san-diego**gasprices.com, wobei die hier fett geschriebene Ortsangabe ausgetauscht werden kann durch »vegas«, »sanfran«, »nevada« etc.

Self Service

Wegen der enormen Preisunterschiede zwischen Selbstbedienung und *Full-Service* ist – wie bei uns – *Self-serve* die Regel.

Wer selbst tankt, muss zunächst einen **Hebel an der Tanksäule** ziehen, drücken oder umlegen, sonst fließt kein Sprit.

**Tankstellen/
Gas Stations**

Die Mehrheit der Preisannoncen bezieht sich heute auf *Cash or Credit Card – Same Price*. Die günstigsten Benzinpreise bieten **Mini-Marts** mit einigen Tanksäulen vor der Tür. Dafür gibt's dort seltener Wassereimer und Abstreifer für die Scheibenwäsche, Druckluft für die Reifen sowieso nicht.

Discount-Tankstellen mit und ohne Markt überraschen gelegentlich damit, dass sie keine Kreditkarten akzeptieren. Darum sollte der erste Blick des potentiellen Kartenzahlers bei Einfahrt in die *Gas Station* den *Master Card*/VISA-Symbolen gelten.

**Tanken mit
Kreditkarte**

Es überwiegen aber **Kreditkarten-Tanksäulen**, die den Gang zur Kasse (fast) überflüssig machen. Nach Einschieben der Karte und kurzer Prüfungspause wird der Benzinfluss freigegeben und am Ende ein Beleg gedruckt. Wenn alles gut geht. Denn oft genug (vor allem in Ballungsgebieten) fragt der Computer nach der Postleit-

zahl (*Zip Code*) der Rechnungsadresse; bisweilen ist er zufrieden mit dem korrekten deutschen, seltener mit einem beliebigen amerikanischen *Code*. Nach Ablehnung der Karte fordert er: »*See Cashier*«! Dann hilft nur Cash oder Kreditkartenvorlage an der Kasse drinnen, ➤ umseitig mehr dazu.

Die Zahlen an diesem Tankautomaten unten stehen für die amerikanischen Oktanwerte (87 = normal). Diesel gilt als umweltfreundlich und ist daher grün markiert.

Cash oder Kreditkarte am Tresen

In solchen Fällen und an *Self-serve* Stationen ohne Kreditkarten-Tanksäulen kann nur nach Vorauszahlung getankt werden. Der Kunde legt dort eine Dollarnote auf den Tisch und erhält die Freigabe der Zapfsäule. Ist der Betrag verbraucht, stoppt das Gerät automatisch. Überschießende Vorauszahlung wird abgerechnet. Alternativ zahlt man einen passenden Betrag per Karte. War der zu hoch, wird die Differenz ebenfall bar erstattet. Auf keinen Fall die Karte am Tresen als Sicherheit lassen (auch wenn das Amerikaner tun), um nach dem Tankvorgang exakt abzurechnen.

Reifendruck

Einen Druckluftservice, wie bei uns selbstverständlich, vermisst man an den meisten Tankstellen. Wo vorhanden, findet man einen sperrigen Schlauch, dessen Ventil unter Druckbelastung eine Skala freigibt, oder man muss selbst mit eigenen, billig zu erwerbenden Prüfern im Kugelschreiberformat nachchecken. **Mini Marts** haben auch schon mal einen schwachbrüstigen Münzkompressor, der gegen *Quarters* ein paar Minuten anspringt.

Wartung/ Ölwechsel

Nur bei sehr langfristig ausgeliehenen Fahrzeugen stellt sich die Wartungsfrage. Bei Wagen von *Avis, Hertz* etc. überlässt man das nicht den Mietern, sondern macht mehrere Verträge hintereinander, bei deren Ablauf die Stationen der Firmen anzufahren sind und das Fahrzeug gewechselt wird. Die eigenständige Wartung (insbesondere der **Ölwechsel**) wird ggf. bei Langzeitmiete eines Campmobils verlangt. Ist die entsprechende Meilenzahl erreicht, läuft man eine der allerorten vorhandenen **Service-Stationen** mit Bezeichnungen wie **Jiffy Lube, Quick Lube** an (*to lube* = ölen/abschmieren). Neben Öl- und Filterwechsel werden dort auch sonstige wichtige Checkpunkte abgeprüft und erledigt (z.B. Bremsflüssigkeit, Getriebeöl auffüllen).

Unfall/ Panne

Alle Auto- und Campervermieter geben ihren Kunden eine Telefonnummer mit auf den Weg, die bei Panne oder Unfall angerufen werden muss. Bei den großen, landesweit operierenden Firmen ist das Telefon Tag und Nacht besetzt.

AAA Straßendienst

Ebenfalls helfen kann der **TripleA** (AAA=A*merican Automobil Association*), der einen **Emergency Road Service** unterhält. Einsatzwagen patrouillieren wie bei uns auf Autobahnen und vielbefahrenen Strecken. Im Fall einer Panne wählt man gebührenfrei ✆ **(800) 336-4357** (4357=*HELP*) und erfährt dort die lokale **Emergency Number**. Mitglieder europäischer Automobilklubs, die ihre Mitgliedskarte (*Membership Card*) vorweisen, sind AAA-Mitgliedern weitgehend gleichgestellt.

Notruf

Vor einigen Jahren wurde in Zusammenarbeit von AAA und ADAC ein kostenfreier zentraler **Notruf in deutscher Sprache** für Urlauber in ganz Nordamerika eingerichtet:

✆ **1-888-222-1373**

Die Notrufzentrale ist im Sommerhalbjahr rund um die Uhr, in den Wintermonaten November bis April 8-18 Uhr *Eastern Time* besetzt (in Kalifornien also 10/11-20/21 Uhr).

3.5   Hotels, Motels und andere Unterkünfte

3.5.1   Hotels und Motels

Alles Wissenswerte

Situation

Touristen wird die Suche nach einer geeigneten Unterkunft in den USA leicht gemacht. Hotels und Motels konzentrieren sich **unübersehbar** an den Ausfallstraßen von Städten und Ortschaften, an typischen Ferienrouten und in der Nähe der Flughäfen. Vor allem *Motels* und *Motor Inns* zeigen fast immer mit

Vacancy/No Vacancy

Welcome/Sorry

oder ganz einfach

Yes/No

in Leuchtschrift unmissverständlich an, ob sich die Frage nach einem freien Zimmer lohnt.

Suche

Während man in Europa im Sommer besser schon zur Mittagszeit mit der Quartiersuche beginnt, genügt es in Amerika in der Regel, **ab spätem Nach-**

mittag Ausschau zu halten (Ausnahmen sind besonders populäre Regionen/Orte, Veranstaltungstage und typische Wochenendziele). Wer sichergehen möchte, ruft einige Tage vorher bis vormittags des Übernachtungstages das Haus seiner Wahl an bzw. reserviert im Internet online, ➢ im Detail weiter unten.

Abgrenzung der Begriffe

Die Begriffe **Hotel**, **Motel** und **Motor Inn** werden in den USA ohne klare Abgrenzung verwendet. Für die Qualitätseinstufung spielen sie eine nachrangige Rolle:

Motel

• Im **Motel** kann der Wagen meist nahe am Zimmer oder Apartment abgestellt werden; Be- und Entladung des Autos sind auf kurzem Wege möglich. Ein Motel verfügt über ebenerdige und oft auch doppelstöckige (von außen zugängliche) Zimmertrakte und eine Rezeption, **nicht aber über eine eigene Gastronomie**. Der Service beschränkt sich auf Cola- und Snacktütenautomaten sowie Eiswürfelmaschinen.

Cabins   Auf dem Lande besteht manches Motel aus einer Ansammlung sogenannter **Cabins**, zimmergroßen Holzhäuschen, gelegentlich in Blockhausbauweise. *Cabins* können aber auch komplett ausgestattete Ferienhäuser sein.

Motor Inn   • **Motor Inns** unterscheiden sich oft durch nichts außer ihrer Bezeichnung vom Motel. In besseren *Inns* erfolgt der Zutritt zu den Zimmern wie im Hotel über die Rezeption oder für Nicht-Gäste verschlossene Eingänge und Korridore, also nicht über außenliegende Türen. Das ist zwar unpraktisch, kommt aber dem Sicherheitsbedürfnis vieler Gäste entgegen. Nur *Inns* gehobener Klassen verfügen über Restaurant und Bar.

Hotel   • Eine allgemein zutreffende Kennzeichnung wie für *Inns* und Motels lässt sich für **Hotels** kaum formulieren. Zwischen »Absteigen« in Randbezirken der Stadtzentren und Luxusherbergen aus Glas und Beton liegen Welten. **Gemeinsames Merkmal**

Discount Coupons für Hotels und Motels

In den Touristeninformationen, aber auch in den Rezeptionen mancher H/Motels und Restaurants wie **Denny's** einschließlich *Fast Food Places* wie *Burger King* liegen zur freien Bedienung sogenannte **Coupon Guides** voller Rabattgutscheine (*Coupons*) für Unterkünfte. Sie beziehen sich überwiegend auf Häuser der Ketten an *Interstate Freeways*, in Städten und rund um touristische Attraktionen. Man kann diese Tarife auch im **Internet** aufrufen und bei Nutzungsinteresse die Gutscheine unter www.hotelcoupons.com ausdrucken.

Ein Anspruch auf Einlösung der *Coupons* besteht indessen nicht; es kommt auf die jeweilige Auslastung und auf das Kontingent an »Billigzimmern« an. Bei Ankunft nicht zu spät am Tage hat man erfahrungsgemäß gute Chancen, zu den Vorzugstarifen der *Discount Coupons* unterzukommen.

Wer einen Sonderpreis nutzen möchte, sollte beim *Check-in* zuerst nach dem Tagestarif fragen (»*What's your best rate today?*«) und bei vorhandener Automobilclub-Mitgliedschaft ggf. auch noch nach der »*Triple A rate*« (*AAA* bringt oft 10% Rabatt!). Gelegentlich liegen diese Preise auch schon mal unter dem *Coupon*-Angebot. Ist das nicht der Fall, bringt man den Gutschein ins Spiel.

Nebenbei: Die *Coupon*-Hefte sind mit ihren Übersichtskarten sehr gut geeignet zur Orientierung und Identifizierung der Lage von Motelballungen.

Rechts: So sieht ein Couponheft aus (in etwa DinA4-Format), das gratis verteilt wird. Links ein $42,50-Angebot des Super-8-Motel in Las Vegas. Zur Einlösung wird der Coupon mit der Schere aus dem Heft getrennt.

fast aller Hotels ist die zum Haus gehörende **Gastronomie** und die Erhältlichkeit von **Alkoholika** (**nie** in Motels, selten in *Motor Inns*). Bei innerstädtischen Hotels fehlt oft Parkraum. Gehören bewachte Parkplätze/-garagen zum Haus, werden dafür meistens hohe Gebühren berechnet. Beim sog. *valet parking* durch Hotelpersonal, fällt zusätzlich Trinkgeld an.

Lodge

- Vor allem in landschaftlich reizvollen Gebieten und National-parks nennen sich Hotels gerne *Lodges* und signalisieren da-mit, dass **Aktivitäten** wie Reiten, Fischen, Kanufahren, *White-water Rafting* etc. geboten werden oder dort möglich sind.

»Schlüssel«

Die Mehrheit der M/Hotels ab unterer Mittelklasse hat keine Türschlüssel mehr, sondern auf **Türöffner im Kreditkartenformat** umgestellt, die mit den Buchungsdaten programmiert werden und am Abreisetag ab 11/12 Uhr nicht mehr funktionieren.

Zur Art der Zimmer

Üblich sind in der Mehrheit der Unterkünfte heute *smoking* und *non-smoking rooms*. Für viele bedeutsam ist auch die Alternative *first* oder *second floor* (= 1. Stock). In Motels mit Außenkorrido-ren ist das Erdgeschoss mit Auto vor der Tür »gepäckgünstig«, dafür ist das Obergeschoss ruhiger, erfordert aber manchmal er-hebliche Gepäckschlepperei über entfernte Treppen. *Connecting Rooms* (Verbindungstür) sind nur für Familien/Freunde sinnvoll da mit ihnen Sicherheitsabstriche und Lärmbelästigung drohen.

Komfort und Ausstattung

Die **Innenausstattung** amerikanischer Hotel- und Motelzimmer zeichnet sich durch eine **weitgehende Uniformität** aus: Je nach Größe des Raums ein Bett*) oder auch zwei davon, gegenüber ein Schränkchen mit Fernseheraufsatz (heute in der Regel Flachbild), ggf. eine Schreibplatte, in der Ecke Sessel/Stühle plus Tischchen. Oft auch **Kühlschrank** und **Mikrowelle**. Man schläft zwischen zwei Laken unter einer Decke, deren Zustand (nicht nur) in billi-gen Unterkünften schon mal zu wünschen übrig lässt.

Ein **separates Bad** gehört noch zum preiswertesten Raum, ebenso die **Klimaanlage**, die aber nur in besseren Hotels leise ist. Oft be-finden sich Waschbecken mit Platte für den *Coffeemaker* in einer abgetrennten offenen Ecke des Raums. Nur Dusche/Badewanne und Toilette sind dann per Tür separiert.

Preis

Unterschiede im Preis drücken sich weniger in generell vorhan-denem Mobiliar und Zimmergröße als in Qualität/Gediegenheit der Ausstattung und Grad der Abnutzung aus. Neuere Häuser der **oberen Mittelklasse** bieten für **$120-$180** (2 Personen) einen Kom-fort, der denen in weit teureren Hotels häufig kaum nachsteht.

Die Mehrheit der Unterkünfte in der meist noch akzeptablen **un-teren Mittelklasse** liegt in Kalifornien ohne Sonderfaktoren wie Nähe zu Nationalparks (extreme Preise in Oakhurst und Mariposa beim *Yosemite*, ähnlich in Carmel) im **Tarifbereich $80-$130**.

---

*) *Double*: 1,35x1,90 m, *Queensize*: 1,50x2 m, *Kingsize*: 1,95x2 m; Einzelbetten kleiner als *Double* gibt es nicht.

»Deluxe« Continental Breakfast Buffet in einem Quality Inn-Motel: Waffeleisen (Selbst-bedienung, Fruchtsaft, Toast/Bagels, Äpfel/Orangen, Cerealien; Pappteller und -becher

Saisonale Tarife

Die Zimmerpreise unterliegen erheblichen regionalen und saiso-nalen **Schwankungen**. Aber sieht man ab von Brennpunkten des Tourismus und der jeweiligen Hauptsaison werden fürs DZ – vor allem an Wochentagen und auf dem Land – meist moderate Tarife verlangt, gelegentlich sogar unter $70. An *Highways* und Orts-durchfahrten wirbt man dann explizit mit niedrigen Tarifen.

Einzel/ Doppel

Gerne wird in der Werbung der günstigste Tarif herausgestellt, nämlich für Einzelbelegung. Dann steht ein kleines **sgl** für *single occupancy* hinter der Zahl. Tatsächlich gibt es in Nordamerika so gut wie nirgends »echte« Einzelzimmer, mindestens steht ein Bett der Größe *Double* im Raum, der auch für *double occupancy* genutzt wird. Der Preis liegt dann nur wenig über dem fürs Ein-zel oder ist sogar identisch. In ***Twin Bedrooms*** (mit zwei *Double*, *Queen- oder Kingsize*-Betten) können bis zu 4 Personen über-nachten, ohne dass dafür immer ein Aufgeld verlangt wird. **Kin-der** sind – oft bis zum Alter von 16/18 Jahren – im Zimmer mit ihren Eltern normalerweise »frei«.

Steuern

Alle Preisangaben sind netto; hinzu kommt immer die *Sales Tax*, die im Hotelgewerbe häufig höher liegt als sonst (bis zu 16%).

Kaffee und »Frühstück«

Ein Frühstück, wie wir es aus Mitteleuropa kennen, ist selten im Zimmerpreis enthalten. Das gängige ***Free Continental Breakfast***, mit dem viele H/Motels – oft vollmundig – werben, ist meist dürf-tig. Brötchen oder Müsli, Wurst- und Käseaufschnitt (außer ggf. *Philadelphia* zu getoasteten *Bagels*) sucht man vergebens, fri-sches Obst ebenso. Nicht selten gibt's gerade mal einen klebrig-süßen *Donut* oder *Muffins*, dazu selten schmeckenden Kaffee aus der Pumpkanne, oder eine Scheibe Toast mit Chemie-Marmelade und eine Auswahl an *Kelloggs Cereals* mit *Low Fat Milk*.

Manche Häuser werben gar mit ***Free Deluxe Hot Breakfast***. Mit »Luxus« hat das, was da in den oft ungemütlichen Frühstücksräu-men auf den Pappteller kommt, aber selten zu tun. »*Hot*«bezieht sich dabei meist nur auf ein Waffeleisen zur Selbstbedienung, dazu Zuckersirup mit Ahorngeschmack. Besser sieht's aus in einigen Häusern der gehobeneren Mittelklasseketten wie *Best Western* oder *Holiday Inn Express*, wo man den Gast schon mal mit aus Eipulver hergestelltem Rührei oder Omeletts, Würstchen und *Bacon* erfreut. Auch Joghurt, Äpfel, Bananen oder Orangen fehlen dann nicht. Pappe, Styropor und Plastikbesteck sind fast überall Standard, Porzellan und Metallbestecke die absolute Ausnahme.

Die Alternative sind *Fast Food Places* mit preisgünstigen Frühstücksangeboten oder die Filialen von Restaurantketten wie **Denny's** mit **American Breakfast** für den größeren Appetit.

Pay TV   **Gratisfilme** am laufenden Band (fast) ohne werbliche Unterbrechung gibt es auf den Kanälen des **Cable-TV (HBO)**, das manche Motels abonniert haben. Bessere Häuser bieten als Hausprogramm eine Auswahl neuester Produktionen und abends Softpornos. Nach Einschalten oder nach ein paar Freiminuten wird in solchen Fällen eine **hohe Gebühr** fällig.

WLAN/WIFI   Ab unterer Mittelklasse, speziell, was die Ketten betrifft, finden **Laptop- und Tabletnutzer** in der Mehrheit der H/Motels kostenfreien kabellosen Zugang zum Internet (*free Wifi*). Nur selten sind noch Gebühren fällig; wenn, dann eher in der Hotel-Oberklasse.

Zimmersuche/   Man kann in den USA komplikationslos ohne Hotelverzeichnis
Hotelver-   und Empfehlungen in Reiseführern auskommen, indem man sich
zeichnisse   ganz einfach auf die Werbung entlang von Autobahnen, an Ausfallstraßen oder in Flughäfen verlässt. Die hohe Zahl der **Hotel- und Motelketten** in allen Kategorien, deren Häuser weitgehend identisch sind, erleichtert die Unterkunftswahl. Aber darüberhinaus gibt es auch viele **unabhängige Motels und Hotels**, mehrheitlich im Billigsektor oder in der Luxuskategorie.

TourBooks   Wer nicht ganz auf sein Glück vertrauen möchte und Wert auf ein gutes Preis-/Leistungsverhältnis bei der Übernachtung legt, besorgt sich **TourBooks** des **AAA**, die ziemlich umfassende **Unterkunftsverzeichnisse** mit aktuellen Preisen und Daten für Häuser ab der unteren Mittelklasse enthalten (mit **reduzierten Tarifen für Klubmitglieder**, ➢ Seite 45). Auch die in vielen **Welcome** oder **Visitor Centers** gratis ausliegenden regionalen **Accommodation/Hotel Guides** (Unterkunfts-/Hotelführer) sind hilfreich.

Mal was anderes als die uniformen Kettenmotels –
The Saguaro in Palm Springs: www.jdvhotels.com/hotels/
california/riverside-hotels/the-saguaro-palm-springs

Die wichtigsten Hotel-/Motelketten
soweit sie auch in Kalifornien/Nevada vertreten sind

Kettenbezeichnung	toll-free ©	www.

Obere Preisklasse ($150-$400)

Doubletree/Hilton*1)	1-800 560-7753	doubletree.hilton.com
Hyatt (alle *Brands*)*2)	1-888-591-1234	hyatt.com
Marriot*3)	1-888-236-2427	marriott.com/
(darunter Fairfield Inn, das zur Mittelklasse gehört)		
Radisson	1-800-967-9033	radisson.com
Starwood Hotels*4)	1-888-625-4988	starwoodhotels.com
(darunter Sheraton Four Points, das zur Mittelklasse gehört)		

Mittlere Preisklasse ($80-$160)

Best Western	1-800-780-7234	bestwestern.com
Budget Inn	1-800-570-7613	budgetinn.com
Choice Hotels*5)	1-877-424-6423	choicehotels.com
Country Inn & Suites	1-800-830-5222	countryinns.com
Howard Johnson	1-800-221-5801	hojo.com
Holiday Inn*6)	1-800-181-6068	ihg.com
La Quinta	1-800-SLEEPLQ	lq.com
Ramada Inn	1-800-854-9517	ramada.com
Red Lion	1-800-733-5466	redlion.com
Shilo Inn	1-800-222-2244	shiloinns.com
Vagabond Inn	1-800-522-1555	vagabondinn.com
Wyndham*7)	1-800-407-9832	www.wyndhamhotelgroup.com

Untere Preisklasse ($50-$90)

Budget Host	1-800-BUDHOST	budgethost.com
Motel 6	1-800-466-8356	motel6.com
Red Roof	1-800-733-7663	redroof.com

Wer ein bestimmtes Hotel einer Kette telefonisch reservieren möchte, kann auch über die im Reiseteil angegebenen individuellen 800er-Nummern (nicht alle Häuser haben eine) direkt das gewünschte Quartier anrufen.

---

*) weist darauf hin, dass unter der identischen zentralen Telefonnummer und Website die Häuser weiterer Ketten zu buchen sind, die auch ein eigenes Portal haben können, z.B. www.rodewayinn.com im Konzern www.choicehotels.com:

*1) Doubletree/Hilton, Hilton Garden, **Mittelklasse**: Embassy Suites & Hampton Inn

*2) Hyatt und alle Ableger wie Hyatt Regency u.a.m.

*3) Renaissance/Marriott & Marriott Courtyard, Residence & Fairfield Inn u.a.m.

*4) Starwood Hotels mit Meridien, Westin, Sheraton, Four-Points, St. Regis u.a.m.

*5) Choice Hotels mit Comfort Inn, Comfort Suites, Quality Inn, Sleep Inn, Clarion, Friendship Inn, Econolodge, Rodeway Inn u.a.m.

*6) Holiday Inn & Express, Intercontinental, Crown Plaza (Oberklasse) u.a.m.

*7) Wyndham Hotels (großenteils Oberklasse), Days Inn, Howard Johnson, Ramada Inn, Super 8, TraveLodge, Knights Inn, Baymont Inn & Suites

Senioren	**Für Senioren** gibt es oft Nachlässe, wobei man auch schon mal ab 55 Jahren so definiert wird. In den meisten Hotels beginnt der discountberechtigende Seniorenstatus aber mit 63, ➢ Seite 149.

Finden und Reservieren von Unterkünften

800/888/ 877/866 = toll-free	Dank der in den USA allgemein verbreiteten gebührenfreien **800-Nummern** (auch 888/877/866) fallen bei Reservierungsanrufen von öffentlichen oder Hoteltelefonen nicht einmal Telefonkosten an. Über 800-Nummern verfügen nicht nur Ketten, sondern auch die Mehrheit unabhängiger Häuser. Unter den links gelisteten *toll-free numbers* erreicht man die Reservierungszentralen der Ketten und Hotelgruppen.
Internet	Wer ein **Tablet** oder den **Laptop** dabei oder unterwegs anderweitig Zugang zu einem Computer hat (Internetcafé/öffentliche Bibliotheken), kann unterwegs auch kurzfristig noch Zimmer für die nächste und bis ca. 16 Uhr noch für dieselbe Nacht reservieren. Internetbuchung haben den Vorteil detaillierter Information über die in Frage kommenden Häuser samt Fotos. Totale »Fehlgriffe« lassen sich damit ganz gut vermeiden.
Buchungs- portale	Wer sich zunächst einmal mit der gesamten H/Motelauswahl in den jeweiligen Tageszielen vertraut machen möchte, besucht am besten zunächst Buchungsportale wie: www.all-hotels.com, www.hotels.com, www.orbitz.com
Buchung per Navi oder Smartphone	Es geht natürlich auch ganz ohne Laptop per Navi, mit dem man Unterkünfte finden und reservieren kann. Smartphonenutzer können **Apps für alle Unterkünfte** Kaliforniens kaufen (im *iTunes App Store* und auch im *Android Market*). Apps für einzelne oder miteinander verbundene Ketten lassen sich kostenfrei herunterladen. Infos z.B. unter www.allstays.com
Kategorien	Die Ketten in der Übersicht links sind nach **obere, mittlere und untere Preisklasse** aufgeteilt, wobei die Grenzen insbesondere zwischen Unter- und Mittelklasse fließend verlaufen. Ein Haus der unteren Kategorie der Mittelklasse muss nicht notwendig immer über dem Standard eines einfachen unabhängigen Motels liegen. Verglichen am identischen Ort wird es aber immer teurer sein als die in der letzten Gruppe zu findenden Quartiere.
Tarife	Die angegebenen Tarifintervalle in Klammern geben nur einen Anhaltspunkt. Sie können unter- aber auch überschritten werden.
Verbreitung der Ketten	Die Verteilung und Dichte von Hotels und Motels der Ketten ist sehr unterschiedlich. Die **Ober- und Luxusklasse** konzentriert sich eher auf die **Großstädte**. Auf viele Namen der Mittelklasse (*Super 8, Econolodge, Ramada, Travelodge, Fairfield, Days Inn, Best Western, Holiday Inn/HI-Express, Comfort/ Quality Inns*) stößt man allerorten. Auch einige der preiswerteren Kettenmotels sind relativ stark, aber mit regionalen Schwerpunkten vertreten.
Neue 800 ✆ ?	Sollte eine Motelkette unter der aufgeführten Nummer nicht mehr erreichbar sein, ruft man – ebenfalls gebührenfrei – die *Tollfree Information* an: **1-800-555-1212**.

Abgrenzung der Kategorien Während die Unterkünfte der Mittel- und Oberklasse in den meisten Fällen einen Standard bieten, der den Erwartungen und dem Preis (im jeweiligen lokalen bzw. saisonalen Rahmen) gerecht wird, sind **in der *Budget*klasse die Unterschiede groß**. Das gilt insbesondere für die Vielzahl der kleinen preiswerten *Motels*, die keiner Kette angehören. Bei ihnen erkennt man erst vor Ort, ob man sich für $49 eine heruntergekommene Absteige einhandelt oder ein Sonderangebot in einem gerade halbleeren Motelkleinod.

Vorteile der Ketten Wichtig zu wissen ist, dass ein Teil der Kettenmotels in der unteren Preisklasse den Komfort der Mittelklasse oft erreicht oder nur mit kleinen Abstrichen darunter bleibt. Andererseits bieten u.a. die Mittelklasse-Ketten **Best Western, Fairfield, Holiday Inn Express, Ramada Limited, La Quinta, Vagabond** u.a. außerhalb der jeweiligen Saison und/oder in reiseschwachen Gebieten für Preise um dann $70-$100 einen angenehmeren Aufenthalt als manches Billigmotel für nicht viel weniger Geld.

Da die Qualität der Häuser auch innerhalb einer Kette mehr oder weniger schwankt und auch die Lage eine Rolle spielt, wird der Leser mit der gewählten **Einordnung** nicht immer übereinstimmen, aber sie liefert einen Anhaltspunkt.

Ein- und Auschecken

Übliche Prozedur Bei Ankunft unterschreibt der Gast einen *Credit Card Slip*, der den Zimmerpreis plus Steuern ausweist, und erhält den Schlüssel bzw. den nur für die gebuchten Nächte aktivierten Türöffner des zugewiesenen Raums. Eine Barzahlung ist möglich, aber unüblich. Eine Abrechnung am folgenden Morgen/Ende des Aufenthaltes ist nur nötig, wenn Zusatzleistungen in Anspruch genommen werden können und wurden, etwa Gebühren für Filmprogramm, Zimmer- oder Restaurantservice. Im Durchschnittsmotel ist mit Einchecken und Zahlung meist alles erledigt.

Zimmerwahl Man kann die Zuteilung des Zimmers durchaus beeinflussen, wobei **Non-Smoking-Rooms** heute fast durchgängig die Regel sind. Es wird niemandem verwehrt, zunächst den zugedachten Raum in Augenschein zu nehmen. Man sollte nicht zögern, nach einer Alternative zu fragen, wenn

- die **Schnellstraße** vor dem Fenster verläuft
- der **Fahrstuhl** sich nebenan befindet (manche Fahrstühle verursachen bei jeder Bewegung ein mittleres Zimmerbeben)
- **Eiswürfelmaschine** und/oder der **Cola-Automat** in der Nähe stehen; das ständige Klappern kann erheblich stören
- im Airport-Hotel das Zimmer die **Runways** überblickt

Verbundene Räume Wer mit einem Zimmer auskommt, ist besser bedient mit einem **Non-Connecting Room**: Erstens aus Sicherheitsgründen, weil es für einen Profi kein Problem ist, derartige Türen ohne größeren Lärm zu öffnen. Und zweitens, um nicht das Fernsehprogramm und den Ehestreit der Zimmernachbarn ertragen zu müssen.

Check-out   Wer spät nachts ankommt und erst am Nachmittag das Zimmer räumen möchte, kann nach einem ***Late Check-out*** fragen, was meist akzeptiert wird und bei vorheriger Klärung nichts oder nur wenige Extradollars kostet. Ohnedem muss man Zimmer **zwischen 11 am und *Noon*** räumen, bei unangekündigtem Überziehen der Zeit im Extremfall den vollen Tarif zusätzlich bezahlen.

Trinkgeld   Ein kleines Problem ist für europäische Touristen die Frage der »richtigen« **Trinkgeldbemessung** in Hotels und Gastronomie.

Da Angestellte in Hotels und Restaurants in Amerika viel stärker vom Trinkgeld abhängig sind als ihre deutschen Kollegen, wird bei allen Dienstleistungen im Hotel ein ***tip*** erwartet. Der ***Bellhop*** (Hotelpage) erhält fürs Koffertragen $1 pro Gepäckstück, die ***Doorman*** (Türsteher) $2 fürs Taxiholen und die ***Room Maid*** $2-$3 täglich, die man im Zimmer hinterlässt. Es ist keine schlechte Idee, bei mehreren Tagen Aufenthalt das Zimmermädchen bereits nach dem 1. Tag mit einem *Tip* zu erfreuen.

Hochsaison – immer alles voll?

Im Einzugsbereich der Ballungsgebiete Los Angeles, San Diego und San Francisco Bay (bis ca. 200 mi bzw. 3 Autostunden im Umkreis) sind alle populären Ziele an **Sommerwochenenden** stark gebucht. Die bekanntesten wie **Monterey/Carmel**, die Umgebung des ***Yosemite Park*** oder des **Lake Tahoe in Ferienzeiten** auch an Wochentagen. Wer dort nicht bis 16 Uhr sein Zimmer sichert (im Fall *Yosemite* und Umgebung möglichst mehrere Monate im Voraus), hat schlechte Karten. Ansonsten sind mittel- oder langfristig komplett ausgebucht meist nur bekannt gute und zugleich preiswürdige Häuser und sog. Resort-Hotels mit allen Schikanen für *Holiday Fun*.

3

Wer die **Wochenendproblematik** beachtet und freitags/samstags die Touristenmagnete meidet, findet selbst im Sommer meist ohne größere Probleme ein Nachtquartier, sofern

• eine gewisse örtliche Flexibilität vorhanden ist

• die Suche nicht erst nach 18 Uhr beginnt

• keine zu engen Präferenzen bezüglich Preis und/oder Qualität existieren

Weiß man definitiv im Voraus schon, wo übernachtet werden soll, kann eine telefonische oder Internet-/App-Reservierung nicht schaden. Trotz der dort ansprechenden Fotos sieht man aber natürlich immer erst vor Ort, ob die getroffene Wahl glücklich war. Denn mitunter entsprechen *Tripadvisor*-Beurteilungen oder die ins Netz gestellten Bilder nicht so recht den wirklichen Verhältnissen. Die gammligen Ecken im Badezimmer bleiben naturgemäß ohne Foto.

Freitags- und Samstagsbuchungen bereits ein paar Tage vorher sind nicht nur in der Hochsaison eine gute Idee. Denn man weiß ja nie, ob nicht lokale Ereignisse selbst im Mai oder Oktober schon mal für ausgebuchte Zimmer sorgen.

Zur **Sondersituation in Las Vegas** ➢ Seite 524ff.

3.5.2   Sonstige Unterkünfte

Bed & Breakfast

Situation

Bed and Breakfast in Privathäusern und **B&B Inns** ist in Kalifornien recht verbreitet. In ländlichen Regionen wird man **B&B-Schilder** häufiger entdecken als in größeren Städten, wo indessen bei weitem nicht alle Gastgeber ihr Angebot öffentlich machen. Daher sollte einen *Bed & Breakfast Guide* kaufen, wer sich vorstellen kann – anstelle anonymer Motels und Hotels – öfter mal Zimmer mit Frühstück zu buchen. In größeren *Bookstores* findet man B&B-Führer meist in regionaler Gliederung. Der Übergang zum *Country Inn*, faktisch einem Hotel, ist dabei fließend. Hier und dort sind auch **Listen mit allen** *Bed & Breakfast Places* einer Stadt/Gegend in den Büros der *Tourist Information* erhältlich, etwa für Kalifornien die Gratisbroschüre *Bed and Breakfast Inns* mit vielen höherkarätigen Angeboten.

Internet

Im Internet finden sich zahlreiche Websites von B&B-Betreibern und Vermittlungsportale wie z.B. www.bedandbreakfast.com oder, speziell für Kalifornien, www.cabbi.com. **Google** liefert unter **b&b** (so oder ausgeschrieben) plus Region jede Menge Adressen.

App

Von der *California Association of Bed and Breakfast Inns* (CABBI) gibt es im *iTunes App Store* und auch für *Android* eine freie App für alle angeschlossenen B&Bs in Kalifornien.

Kosten

Wichtige Anmerkung: **B&B ist nicht die billige Alternative zum Hotel**; das Preisniveau liegt im Rahmen der Mittelklasse, aber oft auch höher, so ab $130/DZ und Nacht und auch schon mal in edlen Quartieren $300 und mehr. Attraktiv ist im B&B sicher für viele der dort oft leichtere Kontakt mit Amerikanern.

Nostalgisches »Julian Bed & Breakfast Inn« im gleichnamigen Village am Kreuzungspunkt der Straßen #78 und #79 im Hinterland Südkaliforniens nordöstlich von San Diego, ⮞ Seite 475; www.julianhotel.com

Privatzimmer

In den letzen Jahren konnten sich auch Privatzimmer-Vermittler im Internet wie www.airbnb.com, www.9flats.com oder www.wimdu.de erfolgreich etablieren.

Neben »Schnäppchen« für Sparfüchse findet sich dort auch viel Originelles wie der Wohnwagen in Big Sur, die Kabine auf der Segelyacht oder gleich ein ganzes Hausboot. Der Kontakt zu Amerikanern ist dabei ebenfalls häufig inklusive.

International Hostels

Jugend-herbergen/ Hostelling International (HI-Hostels)

Das Jugendherbergswesen ist in den USA im Vergleich zu Europa zwar unterentwickelt, aber einige Herbergen befinden sich in günstiger Lage im Brennpunkt der Cities oder in einem besonders attraktiven Umfeld. Die Kosten in Häusern der **American Youth Hostel Federation** (**HI-Hostels**) sind speziell für Einzelreisende konkurrenzlos billig.

Bei zwei Personen ist aber manches *Hostel* schon teurer als die untere Motelkategorie. Immer mehr Herbergen bieten auch EZ/DZ an, teilweise sogar mit eigenem Bad zu Kosten der preiswerten Motelkategorie.

Reservierung

Zu den *HI-Hostels* in den USA findet man alle Informationen unter www.hiusa.org. Dort kann auch zentral reserviert werden.

Hostels in den Cities und in der Nähe attraktiver Ziele (Nationalparks/Küstenorte) sind Wochen **im Voraus zu reservieren**.

Alternative Hostels

Eine **Alternative zu Jugendherbergen** im konventionellen Sinn bieten zahlreiche unabhängige Unterkünfte, ebenfalls (*International*) **Hostels**, aber unter freier Trägerschaft. Sie verfügen über Mehrbettzimmer (ca. $20 bis über $50 pro Bett) und meist auch EZ/DZ ab ca. $50. Bei ihnen geht es im Allgemeinen etwas lockerer zu als in den *Hostels* der Herbergsorganisation.

Im Internet sind die unabhängigen *Hostels* fast ausnahmslos unter folgenden Reservierungsportalen im Detail gelistet:

www.hostels.com

www.hostelsclub.com

www.hostelworld.com

Apps

Smartphone-Nutzer finden Apps für die *HI-Hostels* wie auch alle anderen im *iTunes App Store* oder im **Android Market**.

Studenten-wohnheim

Eine Übernachtungsalternative sind in den Sommermonaten (Ende Mai Mai bis einschließlich August) die dann teilweise leerstehenden Studentenwohnheime, die **University Residences** oder **College Dormitories**. Fast jede größere Stadt verfügt über mindestens ein *College*.

Das **Department of Housing** der jeweiligen Institution ist zuständig für die Vermietung, wobei die Bedingungen (z.B. keine Einzelübernachtungen) und Preise stark variieren.

3.6   Camping in Kalifornien und Nevada

3.6.1   Die Situation

Ausstattung der Plätze

Die USA bieten Campern alles, was das Herz begehrt, sei es nun Komfortcamping im Wohnmobil oder eher ein Campieren unter einfachsten Bedingungen weitab jeder Zivilisation. Die meisten Campingplätze sind großzügig angelegt, und die **Stellplätze** fürs Campmobil oder Zelt beschränken sich nicht auf wenige Quadratmeter, sondern umfassen ein eigenes **kleines Areal mit Picknicktisch und Grillrost**, oft auch mit Feuerstelle – letzteres aber , in erster Linie auf staatlichen Plätzen, ➤ weiter unten.

Campingführer/Apps

Die mittlerweile verfügbaren *Camping Apps* sind den gedruckten Listungen in allen Belangen überlegen. Im *iTunes App Store* und *Android Market* gibt's solche **Apps** für alle US-Staaten. Neben dem Blick auf »*All Campgrounds*« kann man selektiv auch Plätze nur für Zeltcamper, nur für RVs, nur in Nationalparks oder Nationalforsten etc. aufrufen. Hinter den Kurzinformationen der Appliste steht damit auf dem Monitor jeweils das ganze Paket mit alle Detailinformationen einschließlich Anfahrtkarten zur Verfügung, ➤ www.allstays.com.

Verbreitet und in vielen Miet-RVs vorhanden ist der *Good Sam RV Travel Guide* (für ganz Nordamerika $30; im Internet bei amazon u.a. billiger), ein stark auf kommerziell betriebene Plätze ausgerichteter Führer. Sein Aufbau macht die Benutzung mühsam; viele Plätze – so des *Corps of Engineers*, des *National Forest Service* und des *BLM* bleiben in dem telefonbuchdicken Band unerwähnt.

Die Campervermieter versorgen ihre Kunden außerdem meist auch noch mit dem *KOA-Atlas* (➤ Seite 122) und Broschüren privater Campingplatz-Betreiber .

Billig oder sogar gratis campen

Noch vor wenigen Jahren gab es Führer wie den »*Guide to free Camping*«. Doch freie und spottbillige, zugleich gut erreichbare Plätze sind seltener geworden. Wer besonders preiswertes Camping sucht, findet eine Liste unter www.freecampgrounds.com oder http://freecampsites.net. Es gibt auch eine **App** für's sogenannte *Boondocking*, also für Parkplätze, *Truckstops* etc., auf denen man ohne Campgebühren über Nacht stehen darf.

Kosten

Auf allen **staatlichen Plätzen** gilt eine **pauschale Einheitsgebühr** (*fee*) **pro Stellplatz** unabhängig von der Personenzahl (Obergrenze 4-9 Personen und oft 2 Fahrzeuge). Die Gebühren werden überwiegend im *Self-Registering* Verfahren erhoben. D.h., die Camper stecken Bargeld nach Eintragung ihrer Daten in einen bereitliegenden Umschlag und werfen diesen in eine gesicherte *Deposit Box*. Es gibt aber auch Automaten für Kreditkartenzahlung.

Auf **privaten Plätzen** überwiegt eine Basisgebühr für 2 Personen plus Aufschlag für jeden zusätzlichen Gast.

Strom, Wasser, Abfluss/ hook-up, TV & Internet

Die meisten kommerziellen *Campgrounds* und viele *State Parks* (➤ Seite 120) verfügen über sog. **hook-ups**, d.h., Steckdosen, Wasserhahn und Abwasserloch an den Stellplätzen. Häufig sind auch **Sites**, die nur **Electricity & Water** bieten. Sind alle drei Anschlüsse vorhanden, spricht man von einem **full hook-up**. Oft gibt's auch die **TV-Buchse** für die zentrale Satellitenschüssel oder das Kabelnetz. In rascher Verbreitung begriffen ist der **Internetzugang** (*Wifi*) mit oder (meistens) ohne gesonderte Gebühr. Komfortplätze mit solchen Vorzügen kosten naturgemäß mehr.

Notwendigkeit der hook-ups

Mit vorausschauender Disposition kommen RV-Fahrer auch ohne *Hook-up* aus. Denn auf manchen Rastplätzen und vielen *Campgrounds* ohne *Hook-up* sowie in dem Plätzen in *National-* und *State Parks* befinden sich sog. **dump** oder **sewage stations**, wo – meist gegen Gebühr – Schmutzwasser abgelassen und Trinkwasser aufgefüllt werden kann. Auch **Tankstellen, Truck Stops** und lokale Besucherbüros (*Visitor Information* oder *Chamber of Commerce*) bieten bisweilen eine **dump station** als Service.

Strom benötigt man im Camper an sich nur zum Betreiben der Dachklimaanlage bei großer Hitze oder für die Mikrowelle, Fernseher und Haartrockner, und fürs Aufladen von Akkus, obwohl das auch in der 12-V-Steckdose geht, ➤ Seite 87 unten. Fürs Licht genügt die Kapazität der in Campmobilen vorhandenen zweiten Batterie (sie wird automatisch neben der Motorbatterie mit aufgeladen), sofern man keine längeren Standzeiten einlegt. RV-Mieter haben im Übrigen in Fahrzeugen ab 23 Fuß immer einen Generator mit an Bord, der im Notfall für »Saft« sorgen kann.

3

Einfacher National Park Campground im Kings Canyon Nat'l Park ohne hook-up, nur ein Wasserhahn und neuerdings WC in der Nähe ($-Dusche ca. 1 km entfernt), dafür Feuerstelle mit Grillrost, Picknicktisch und vor allem viel Platz; Kostenpunkt $18.

3.6.2   Alles über Campingplätze

Staatliche Plätze – Public Campgrounds

National Parks

Die Campingplätze in Nationalparks und -monumenten Kaliforniens liegen überwiegend in reizvoller Umgebung und zeichnen sich durch eine großzügige Aufteilung aus. Einige sind wegen des Massenandrangs in der Hochsaison von erheblichen Ausmaßen. Die Mehrheit verfügt neben den üblichen Ausstattungsmerkmalen (➤ oben) nur über einfache sanitäre Einrichtungen.

Die Campgebühren in den Parks in Kalifornien liegen bei ca. **$15-$35/Nacht**, im *Death Valley* gibt es einige Gratisplätze. Manchmal gratis sind **Walk-in-Campgrounds** abseits der Straßen. Für ihre Benutzung benötigt man ein **Camping-Permit**, das in Besucherzentren und *Ranger Stations* der Parks ausgestellt wird.

National Forest

In den riesigen Bergwäldern Kaliforniens hat der *National Forest Service* zahlreiche Campingplätze der – sanitär gesehen – Einfachkategorie angelegt. Unter ihnen befinden sich **traumhafte Anlagen** inmitten sonst unberührter Natur. Ein paar Extrameilen auf Forststraßen (*Forest Road*) lohnen sich fast immer, wenn man ein hübsches, ruhiges Plätzchen für die Nacht sucht. Auch in der Hochsaison sind abgelegenere **NF-Campgrounds** nur ausnahmsweise voll belegt. Und wenn, dann dürfen Reisende meist legal und gebührenfrei Quartier abseits im Wald zu nehmen (mindestens 400 m vom offiziellen *Campground* entfernt). Das ist erlaubtes sog. **Boondocking** bzw. **Dispersed Camping**.

Lage und Gebühren der NF-Plätze

NF-Plätze sind nur sehr sporadisch in den konventionellen Campingführern verzeichnet, dafür aber lückenlos in den **Camping Apps** und zum Teil unter www.freecampgrounds.com. Genaue Karten gibt's in den regionalen Büros des *Forest Service*. Die Übernachtungskosten betragen zwischen **$0 und $25**. Die Höhe richtet sich weniger nach der Ausstattung, die über fließend Kaltwasser und Plumpsklos/Chemietoiletten fast nie hinausgeht, als nach ihrer verkehrstechnischen Lage. Am teuersten sind leicht erreichbare Plätze im Umfeld von Nationalparks. Mit zunehmender Entfernung zur nächsten Asphaltstraße fallen die Gebühren.

National Forest Campgrounds unterliegen durchweg der **Selbstregistrierung**. Dafür müssen Dollarscheine zur Hand sein.

State Park Campgrounds

Alle Bundesstaaten der USA unterhalten **State Parks**, Kalifornien besonders zahlreich. Zu vielen *State Parks* gehören Campingplätze; oft stand das Campingmotiv bei deren Errichtung sogar im Vordergrund. Manche verfügen über hohen sanitären Komfort mit Wasser- und Stromanschluss an allen Stellplätzen (in **Kalifornien** sogar vielfach mit **Wifi**), andere sind eher den *National Forest Campgrounds* vergleichbar. So oder so, Lage und Anlage der *State Park* Areale sorgen mit wenigen Ausnahmen für **erfreulichste Campingbedingungen**. Die **Nutzungskosten** wurden in Kalifornien vor einigen Jahren leider verdoppelt und liegen heute bei $25-$50/Nacht, in Einzelfällen sogar $60.

Lage	*State Parks* sind fast ausnahmslos in Campingführern verzeichnet und **auf den meisten Karten** deutlich markiert.
BLM	Das ***Bureau of Land Management*** (des Innenministeriums) unterhält **sanitär einfache *Campgrounds*** auf Ländereien, die nicht in die Zuständigkeit des *National Forest Service* fallen. Sie liegen in Kalifornien vielfach in Wüstengebieten abseits großer Straßen mit bisweilen sehr rauen Zufahrten. Die Gebühren für Plätze des *Land Management* sind niedrig; Details unter www.blm.gov.
Corps of Engineers	Die **Pioniere der US-Armee (CoE)** sind in Friedenszeiten mit zivilen Projekten befasst, speziell mit Staudammbau und Stauseewartung, davon viele in Kalifornien. Die vom CoE angelegten Plätze gehören meist zur preiswerten Einfachkategorie; Details z.B. unter www.rv-camping.org/COECampgrounds.html.
Cities & Counties	Auch **Städte** und **Landkreise** unterhalten Campingplätze sehr unterschiedlicher Qualität und Ausstattung. Die **Kosten** variieren entsprechend. Ein populäres Beispiel ist der teure, aber relativ citynahe Campingplatz an der ***Dockweiler Beach*** in Los Angeles unterhalb des *International Airport*, ➢ Seite 370.

Kommerziell betriebene Plätze

Ausstattung/ Kosten	Über die kommerziell betriebenen Campinglätze lassen sich **allgemeingültige Aussagen** nur sehr grob machen. Alle bezüglich Komfort und Lage denkbaren Kategorien sind vorhanden. Es überwiegen Anlagen mit ***Hook-up-Angebot*** (➢ oben) und knappem Zuschnitt der Stellplätze. Die **Preisgestaltung** orientiert sich an Ausstattung und Nähe zu touristischen Reiserouten und -zielen. Die **preisliche Untergrenze** für einfache/abgelegene Privatplätze liegt in Kalifornien bei etwa **$20-$30**. Im Umfeld von Attraktionen (Nationalparks, Badeorte) und im Einzugsbereich der *Big Cities* wird es teurer. Campmobilisten finden dort ab **$45/Nacht** (und teilweise weit mehr) ein ebenes Plätzchen, meist saubere Sanitäreinrichtungen, Pool, Shop, natürlich auch TV-Anschluss und *Wifi*, aber eben auch die Nachbarn auf Tuchfühlung.

Toller Komfortplatz mit Weitblick über den Pazifik in Malibu und entsprechend teuer, aber vielen ist es das wert, ➢ Seite 371

Lage

Nur wenige kommerziell geführte *Campgrounds* können es in punkto landschaftliche Einbettung und Attraktivität der Anlage mit der staatlichen Konkurrenz aufnehmen. Zwecks guter Auslastung liegen sie eher in **günstiger Position**, d.h., häufig in der Nähe vielbefahrener Straßen und *Interstate Freeways*.

Qualität privat geführter Plätze

Wer sich bei der Auswahl des Platzes von Werbebroschüren und Campingführern mit entsprechenden Anzeigen leiten lässt, wird bisweilen staunen über die Diskrepanz zwischen Werbung und Realität. Der **Zustand der Sanitäranlagen** kann trotz hoher Tarife manchmal ein wunder Punkt sein.

Camping-Ketten

Die Mehrheit der *Campground*-Betreiber ist unabhängig. Aber es gibt auch Campingplatz-Ketten. *Good Sam Campgrounds* garantieren nur die Einhaltung gewisser Standards. Aber die rund **400 Kampgrounds of America**, www.koa.com, gehören zu einer straff geführten Kette, bieten überall eine fast identische Qualität vor allem im Sanitärbereich und haben alle ein **1-800-Reservierungstelefon**. Außerdem sind sie zentral über www.reserveamerica.com zu reservieren wie auch die staatlichen Plätze.

Eine KOA-Spezialität sind kleine Blockhäuser, **Cabins** (auf 90% aller KOA-Anlagen) und **Cottage**s, für bis zu 4 Personen für $60-$90/Nacht. Der Schlafsack ist selbst mitzubringen.

Im Allgemeinen empfehlenswert sind die unabhängigen *Campgrounds*, die vom **Good Sam Club** eine Art Gütesiegel erhalten. Die Qualität der sanitären Einrichtungen und sonstige Merkmale sind bei *Good Sam*-Plätzen stärkeren Schwankungen unterworfen als bei KOA; www.goodsamclub.com.

Reservierung

Außerhalb der Monate Juli bis August besteht keine generelle Notwendigkeit zur Reservierung außer an bestimmten Wochenenden (*Memorial* und *Labor Day*) und für bestimmte stark frequentierte Ziele. Selbst im Hochsommer findet oft noch gut Platz, wer nicht zu spät am Tage ankommt (Ausnahmen im Reiseteil).

Private Plätze

Alle kommerziell betriebenen *Campgrounds* lassen sich telefonisch, mehr und mehr auch per Internet reservieren. Die Telefonnummern finden sich in Campingführern und – im Fall besonders empfehlenswerter Plätze – im Reiseteil dieses Buches. Wie bei Hotels werden Reservierungen nur dann für eine Ankunft nach 18 Uhr garantiert, wenn der Anrufer eine **Kreditkartennummer** nennt. Auch bei Nichterscheinen wird diese dann belastet.

Staatliche Plätze

Für die staatlichen Plätze galt früher einmal überwiegend die Regel *first-come-first-served*. Das hat sich in Kalifornen geändert, in Nevada gilt das noch.

Die kalifornischen **State Park Campgrounds** können über eine **zentrale Telefonnummer** und übers **Internet** reserviert werden:

✆ 1-800-444-PARK (7275); www.reserveamerica.com

**National-
parks**

Der **National Park Service** vergibt **einen Teil** (nie alle) seiner *Campground*-Plätze in den populärsten Parks ebenfalls über ein zentrales Reservierungssystem. In Kalifornien betrifft das alle Nationalparks: **Channel Islands**, **Death Valley**, **Joshua Tree**, **Pinnacles**, **Sequoia** & **Kings Canyon** und **Yosemite**. Das gilt auch für Campingplätze in den – in diesem Buch als Abstecher behandelten – Nationalparks **Bryce Canyon**, **Grand Canyon** und **Zion**.

Wer sichergehen möchte, in diesen im Sommer stark frequentierten Parks unterzukommen, kann **ab dem jeweils 5. eines Monats bis zu 5 Monate im Voraus reservieren**; nur im Fall des **Yosemite Nat'l Park** ab dem jeweils 15. jeden Monats alle Tage des fünf Monate in der Zukunft liegenden Monats (Buchungsbeginn immer um 7 Uhr Pacific Time = 16 Uhr MEZ):

Zentrale Reservierung: www.recreation.gov, ✆ **1-888-444-6777**

Alle verfügbaren **Yosemite Sites** eines Monats werden jeweils innerhalb des ersten möglichen Buchungstages voll vergeben, heißt es.

Wunderbarer Zeltplatz im Lodgepole Campground des Sequoia National Park: Picknicktisch, Feuerstelle mit Grill und bärensicherer Kasten für Essbares über dem – hier noch – Wildbach Kaweah River

**Nat'l Forest
Service,
BLM und CoE**

Gleichzeitig sind unter www.recreation.gov auch die **Campingeinrichtungen** des **National Forest Service**, des **Bureau of Land Management** und des **US-Army Corps of Engineers**, also alle unter nationaler Verwaltung stehenden Plätze zu reservieren, soweit sie nicht der Reihenfolge der Ankunft vorbehalten blieben (bei diesen Organisationen ist das noch die Mehrheit).

Ein großer Teil dieser Plätze unter nationaler Verwaltung mit Ausnahme der *National Park Campgrounds* sind alternativ auch unter www.reserveamerica.com zu reservieren.

Beurteilung

Eine **Internetreservierung** ist einfacher zu bewerkstelligen als **Anrufe** bei der Zentrale und verursacht keine Telefonkosten. Überwiegend ist eine **Reservierungsgebühr** fällig ($5-$10 pro Buchung unabhängig von der Zahl der Nächte). Obendrein bieten die (identisch aufgebauten) **Portale** eine Menge genauer Informationen. Alle Parks sind kurz beschrieben samt einer Liste der Einrichtungen, einer Anfahrtskarte und Detailkarte der Plätze oft zusätzlich mit der Möglichkeit, auf den Platz und die Region zu zoomen. In vielen Fällen kann man sogar einen spezifischen Stellplatz (am Wasser, im Schatten, in Sanitäranlagennähe etc.) bestimmen und gezielt reservieren.

Für eine Teilnahme an den Reservierungssystemen muss man sich unter der unauffälligen Schaltfläche »*sign in*« zwar registrieren, eine Kreditkartennummer aber erst bei konkreter Buchung angeben. Die Belastung der Campingkosten plus Gebühren erfolgt unmittelbar danach. Den am Campingplatz vorzulegenden **Voucher** darf man sich dann **selbst ausdrucken**.

Eine **Stornierung** zieht ebenfalls Gebühren nach sich; Reservierungen machen daher nur bei sicheren Daten Sinn.

Empfehlung

Vorteile und Nachteile der verschiedenen Plätze

Die meisten staatlichen Plätze sind – unabhängig von Kostenüberlegungen – privaten Anlagen vorzuziehen, sofern der Vollanschluss nicht im Vordergrund der Bedürfnisse steht. Das Campen auf ihnen ist mehrheitlich erfreulicher. Wie bereits erläutert, finden Campmobilfahrer genügend Möglichkeiten, die Ver- und Entsorgung ihres Fahrzeugs auch ohne *hook-up* am Stellplatz zu erledigen. Der Nachteil nicht vorhandener Duschen auf sonst herrlichen Plätzen ist zu verschmerzen. Denn Wohnmobilmieter haben ohnehin eine Dusche an Bord. Gegen Gebühr können andere unterwegs die Duschen von Privatplätzen oder *Truck Stops* nutzen oder – so in einigen Nationalparks (*Yosemite, Sequoia/Kings Canyon* & *Bryce Canyon*) – öffentliche Duschanlagen aufsuchen.

Optimal sind *State Parks*. Gut angelegt in schöner Landschaft verfügen sie über zumindest akzeptable, bisweilen bessere Sanitäranlagen als mancher Privatplatz. Leider sind sie in **Kalifornien** ziemlich teuer geworden, ➢ die Einzelempfehlungen im Reiseteil. In Nevada und anderen Staaten gelten deutlich moderatere Tarife.

Campen ohne Campingplatz

National Forest

Wer auf Forststraßen in die Einsamkeit der *National Forests* vordringt, benötigt nicht unbedingt die Gewissheit, am Ende auf einen Campingplatz zu stoßen, um übernachten zu dürfen. **In den Nationalforsten ist Campen auch abseits offizieller Plätze erlaubt,** soweit man mindestens eine Viertelmeile (ca. 400 m) Abstand zum nächsten offiziellen *Campground* hält, ➢ Seite 120.

Cities

In den Cities und manchen Großstädten gibt es keine, extrem teure und/oder nur weit vor den Toren der Stadt gelegene *Campgrounds*. Von der möglichen Idee, **in städtischen Parks** oder auf deren Parkplätzen stadtnah gratis zu übernachten, muss dringend abgeraten werden, denn die Gefährdung durch **Kriminalität** ist erheblich. Parks werden eben deshalb regelmäßig von der Polizei kontrolliert. Da **Übernachten in Fahrzeugen auf innerstädtischen**

öffentlichen Plätzen und Straßen in Kalifornien – wie anderswo in den USA auch – **untersagt** ist, wird der Übeltäter günstigenfalls verscheucht, aber bei Pech mit einer Geldstrafe belegt.

Rest Areas Auf den **Rest Areas** an **Freeways** in Kalifornien darf man zwar nicht übernachten, aber acht Stunden parken und ausruhen. Über Nacht stehen kann man auch bei **Truck Stops** wie **Flying J** am Rande von *Interstate Freeways*. Dort ist es meist laut, aber im Zweifel sicherer als auf irgendeinem Rastplatz in der Wallachei.

Wal Marts Auf den Parkplätzen der Kaufhaus **Wal Mart** (über 2.500 Filialen in den USA) war es jahrelang gestattet, mit Campfahrzeugen über Nacht zu bleiben. Diese Möglichkeit wurde stark zurückgefahren. In **Kalifornien** verblieben keine Märkte, die das erlauben.

Preiswert einkaufen mit Kundenkarte

Mit Kundenkarten können auch Touristen den relativ hohen regulären Supermarktpreisen Paroli bieten und ebenso wie Einheimische die oft erheblich reduzierten »Sonderpreise« nutzen. Sie gelten vielfach für über 50% des Sortiments und zwar für »gute« Kunden, die als solche über Kunden-/Clubkarten definiert sind.

Die erhält jeder, der will. Man geht einfach vor dem Einkauf bei *Safeway* & *Vons* (die Karten dieser beiden werden wechselseitig anerkannt), *Smith's* und vielen anderen *Food Marts* zum *Service Desk* und lässt sich dort mit einer beliebigen Adresse samt *Zip Code* rasch und problemlos registrieren.

3.7 Essen und Trinken

3.7.1 Selbstverpflegung

Lebensmittel

Super-märkte Die Selbstversorgung auf Reisen ist in den USA eine leichte Übung. Supermärkte (**Food Marts**) von regelmäßig erheblichen Ausmaßen findet man bis hinunter ins kleinste Nest. Die meisten sind Filialen nationaler oder regionaler Ketten wie **Safeway, Albertsons, Vons** u.v.a.m. Wer auf Qualität und Bio wert legt, kauft für hohe Preise bei **Whole Foods** und sucht die Märkte unter www.wholefoodsmarket.com/stores/all/index.php. **Trader Joe's** (eine Alditochter) ist ebenfalls auf Bio und *Gourmet Food* spezialisiert: www.traderjoes.com.

In größeren Ortschaften sind **Food Marts** häufig integriert in **Shopping Center/Plazas**, die alle Ausfallstraßen zieren. Sie haben fast ausnahmslos **bis 21 Uhr**, bisweilen **Tag und Nacht** geöffnet.

Wal Mart Supercenter umfassen immer auch einen Discount Supermarkt, dessen Preisniveau deutlich unter dem der reinen Food Mart-Ketten liegt (gilt ähnlich auch für den Big K-Mart).

Mini-Märkte

Außer in Supermärkten gibt es Lebensmittel, aber kaum Obst, Gemüse und Frischprodukte, in oft rund um die Uhr betriebenen **Mini-Marts** (*Circle K Stores, K-Food, am/pm, 7 to 11 Store*s u.a.). Sie sind meist mit Tankstellen kombiniert und fungieren außerdem mit *Cold Drinks, Coffee, Ice Cream, Popcorn, Hot Dogs* und weiteren Snacks als **Versorgungsstationen für Autofahrer**.

Ländliche Läden

Weitab des modernen *American Way of Life* stößt man immer noch auf den ländlichen **General Store**, einen klassischen Gemischtwarenladen, der von der Milch bis zum Angelhaken alles führt, was die Kunden im Einzugsbereich nachfragen. Zu dieser Kategorie gehören auch die (teuren) Läden in Nationalparks, die der Touristenversorgung dienen.

Nettopreise/ lbs-kg

Die Nettopreisauszeichnung bezogen auf die englische Maßeinheit *lb* (=*pound*; ein Pfund entspricht etwa 450 Gramm) lässt Preise niedriger erscheinen, als sie in Wirklichkeit sind. Der Endpreis für ein Kilo beträgt das 2,2-fache des *lb*-Preises (keine *sales tax* für die meisten Lebensmittel in Kalifornien und Nevada).

Folgende Hinweise erleichtern den Einkauf

Brot

Akzeptable **Brotsorten**, die unserem Grau- oder Mehrkornbrot nahekommen, sind generell teuer. Das pappige Einfachbrot, ob weiß, braun oder »schwarz« ist dagegen billig.

Fleisch/ Steak

Fleisch kauft man nur im Supermarkt. Schlachterläden gibt es nicht. Die vielfältigen Bezeichnungen für Rindfleisch sind uns wenig geläufig. Für den abendlichen Grill eignen sich vor allem **Rib Eye**, **Sirloin**, **New York** und **Porterhouse Steaks**. **Tenderloin** (**Filetsteak**) ist noch besser, aber teuer wie auch *Rib Eye* und das **T-Bone Steak**. Man hüte sich vor Stücken mit Bezeichnungen wie *Brisket, Chuck-* und *Roundsteak*, auch wenn sie gut aussehen; sie sind oft zäh wie Leder und nur nach Behandlung mit **Meat Tenderizer** (chemischem Weichmacher) zu genießen.

Fisch	Gleich neben dem Fleisch befinden sich in allen Supermärkten die Fischvitrinen. In großen Supermärkten gibt es in Kalifornien eine große Vielfalt an Frischfisch. Im Bereich der Pazifikküste ist das Angebot enorm und eher fangfrisch als im Hinterland.
Wurst	Wurstwaren, überwiegend vakuumverpackt mit oft ans Deutsche angelehnten Bezeichnungen, sind teuer und schmecken ungewohnt. Die Liste der Zusätze ist dabei noch länger als bei uns.
Milch, Yoghurt und Käse	**Milch** gibt es von **Non Fat** (ohne Fett) über 1%-2% **Low Fat** bis zu 3,5%iger **Homo Milk** (Vollmilch). Sie ist immer mit Vitamin A+D angereichert. **Yoghurt** ist nur als Low Fat oder Non-Fat bekannt und voller Zusatzstoffe. Halbwegs schmackhaft ist Greek Yoghurt mit Preisen ab $1/Becher. Der amerikanische **Cheddar Cheese** in vier Abstufungen von *mild* bis *extra sharp* schmeckt gut. In **Deli**s und Delikatesstheken in Supermärkten findet man (teure) importierte und ausgefallene einheimische Käsesorten.
Obst und Gemüse	Das Angebot an Obst und Gemüse variiert mit der Region und Saison. Normalerweise ist die Auswahl reichhaltig, dafür aber oft auch reichlich bis extrem teuer – $4+ für 1kg Äpfel sind keine Seltenheit. Preiswerteres **Produce** gibt's zur Erntezeit an Straßenverkaufsständen in den Obstanbaugebieten.
Tiefkühl-kost	Besonders gut gefüllt sind Tiefkühltruhen und -schränke. Wer im Wohnmobil über einen Backherd oder Mikrowelle verfügt, findet akzeptable tiefgefrorene **Fertigmahlzeiten**.
Kuchen	Kuchen und Kekse (**Cake** bzw. **Cookies**) erfreuen sich erheblicher Beliebtheit, aber für Mitteleuropäer findet sich im Supermarkt nicht viel Genießbares. O.k. sind meist **Donuts**, sofern sie frisch aus der (Supermarkt-) **Bakery** kommen.
Kaffee/Tee	Der grob gemahlene und anders geröstete amerikanische Kaffee stößt bei den meisten Kaffeefreunden auf wenig Gegenliebe. Es gibt sogar **Kaffeebeutel** fürs schnelle Aufbrühen. Die **Teeauswahl** ist – außer in wenigen Fachgeschäften – dürftig und besteht vor allem aus den Teebeuteln einiger großer Hersteller.
	Wer seine Kaffee- oder spezielle Teesorte auch im Urlaub nicht missen möchte, bringt seinen Bedarf von zu Hause mit und spart.

Leitungswasser ist selten Trinkwasser

Das **Leitungswasser** in den USA fällt geschmacklich oft eher in die Kategorie »Schwimmbadqualität« und eignet sich nicht einmal für den Kaffee- oder Teegenuss. Amerikaner kaufen deshalb **Purified Water** im Supermarkt in 1- bis 2-Gallonen-Behältern oder füllen dort eine Spezialkaraffe auf. Wirklich schmecken tut aber auch das nicht.

Wer zu Hause gerne reines Wasser trinkt, könnte auch zu **Spring Water** greifen. Am besten sind die Sorten *Crystal Geyser*, *Arrowhead* und *Mount Olympus*.

Alkoholfreie Getränke	Bei nicht-alkoholischen Getränken muss man aus der Vielfalt farbenprächtiger Sprudel- und Brausearten sehen, was schmeckt. *Sprite, Fanta, Coca-* und *Pepsi Cola* sind süßer als bei uns.

Der natürliche Fruchtgehalt von preiswerten Säften ist oft extrem niedrig. 100%ige **Fruchtsäfte** sind relativ teuer, es sei denn, man kauft sie gallonenweise oder als tiefgefrorenes Konzentrat.

Mit **Kohlensäure versetztes Mineralwasser** wird in den USA eher selten getrunken. *Soda Water* in 1-2-*Quarts*-Plastikflaschen gibt es in Supermärkten. In kleineren Läden findet man äußerstenfalls unverhältnismäßig teure Flaschen von *Canada Dry* oder *Perrier.*

Alkoholika

Erhältlichkeit	Alkoholische Getränke jeder Art werden in Kalifornien und Nevada in **Supermärkten** und *Liquor Stores* verkauft. Sie sind durchweg deutlich teurer als in Deutschland.

Überall untersagt ist die Abgabe von Alkohol an **Personen unter 21 Jahren**. Auf die Einhaltung dieser Vorschriften wird im Allgemeinen und im Gegensatz zu Deutschland streng geachtet.

Konsumgesetze	Besitz und Konsum von Alkoholika unterliegen konsequenterweise den gleichen Beschränkungen. **Alkoholika dürfen nur auf privaten Grundstücken** (dazu gehören laut Rechtsprechung auch der Stellplatz auf dem *Campground* und das *Open-air* Lokal an der Straße) **und in Räumen** konsumiert werden. Öffentlicher Alkoholgenuss ist nicht nur *Prohibited by Law*, sondern unterliegt obendrein sozialer Ächtung. Oft stehen auch **Verbotsschilder** an Orten, wo die Obrigkeit zu Recht den Konsum geistiger Getränke befürchtet: *No Alcoholic Beverages on Beach*, **in the Park** etc. Also nichts mit Picknick im Park/am Strand mit Wein und Bier (nur bei einigen Veranstaltungen mit offizieller Genehmigung).
Bier	US-Biere sind relativ leichte Sorten (***Lager***), an denen viele deutsche Biertrinker keinen sonderlichen Gefallen finden. Sie sind aber gute Durstlöscher. ***Light Beer***-Varianten haben weniger Kalorien, aber nicht weniger Alkohol. Die kanadischen und mexikanischen Marken (z.B. **Molson**, **Labatts** bzw. **Dos Equis**, **Tecate**) weisen mehr Würze auf als das Gros der US-Biere. Unter den teureren US-Marken (ab $1,20/Flasche bzw. $7 und mehr pro *Sixpack*) findet man durchaus auch gute Biere (z.B. **Samuel Adams**, $8-$10/ *Sixpack*). Bei den Importbieren besitzen **Heineken** und **Beck's** nennenswerte Marktanteile, schmecken aber nicht wie in Europa. Preisgünstiger ist u.a. das in den USA gebraute **Löwenbräu**. Es kostet – wie ein *Sixpack* des Marktführers **Budweiser** – selten unter $7. Andere Marken findet man auch schon mal für $5-$6. Substanziell billiger wird Bier bei Kauf von Kartons mit 12-36 Dosen.
Pfand	Bier gibt es in den **USA** nur in **Einwegflaschen** oder **Dosen**, die mit einer Abgabe belegt sind (10 Cents). Kinder und Obdachlose sammeln sie gerne. In vielen *State* und *National Parks* findet man gesonderte Abfall-Container für Alu-Dosen.

Micro Breweries

In vielen Orten wurde die alte Tradition kleiner Brauereien wiederbelebt. Diese **Micro Breweries** – oft mit eigenen Kneipen und Restaurants verbunden – erzeugen mehrheitlich qualitativ gute, teilweise auch recht ungewöhnlich schmeckende Biere.

Wein

Speziell **kalifornische Weine** können es bekanntlich mit europäischen Produkten ohne weiteres aufnehmen, aber nur soweit es sich um die besseren, relativ teuren Sorten ab ca. $10 handelt, ➢ Kasten Seite 229. **Portwein und Sherries** von Gallo sind preiswert und akzeptabel. **Deutschen Weißwein** gibt es etwa ab **$8-$10** für eher unauffällige Qualitäten. Man findet auch gute Importweine aus Europa, jedoch zu exorbitanten Preisen. Erschwinglicher sind Weine aus Osteuropa, Chile, Südafrika und Australien.

So sieht McDonald's in Palm Desert in Südkalifornien aus, stilistisch der dort vorherrschenden Wüstenarchitektur angepasst

3

3.7.2 Von Fast Food bis zu Feinschmecker-Restaurants

Was zu essen gibt's in den USA an jeder Ecke, erst recht in Kalifornien; die Palette reicht vom *Hot Dog Truck* über jede Menge *Fast Food Places* bis zum Feinschmecker-Restaurant.

Fast Food Places

Übersicht

Zwar regt sich selbst in Amerika schon seit Jahren Widerstand gegen **Junk Food** (Abfallnahrung), doch das Angebot von *McDonald's & Co* gehört für die Mehrheit der Amerikaner nach wie vor zu den Selbstverständlichkeiten der Ernährung. Von der Kleinstadt aufwärts besetzen die Filialen der *Fast Food*-Ketten die Hauptverkehrsstraßen. Wo sich **McDonald's** niedergelassen hat, sind **Carls Jr.** und der **Burger King** mit ihren Hamburger-Varianten nicht weit; und **Wendy's** oder **Jack-in-the-Box** warten an der nächsten Ecke auf Kunden. Für Hähnchenteile von **Kentucky Fried Chicken**, die *Sandwiches* von **Subway** und die *Burger* sowie *Frozen Yogurt* der **Dairy Queen** muss man dann auch nicht mehr lange fahren. Um die Gunst der eiligen Kunden konkurrieren zudem jede Menge lokale Snackbars, Cafeterias und *Coffee Shop*s.

Kein Alkohol Allen gemeinsam ist ein moderates, wenngleich nicht mehr – wie früher einmal – extrem niedriges Preisniveau und der weitgehend identische Geschmack der gängigen Gerichte. Fast ausnahmslos erfolgt **kein Alkoholausschank**.

Frühstück Unabhängig von ihrer Spezialisierung für den Rest des Tages gibt es in vielen *Fast Food Restaurants* morgens 6-10 Uhr oder bis 11 Uhr **Breakfast**.

Zu den mittlerweile auch bei uns schon lange bekannten Ketten bedarf es keiner Erläuterung, ein paar Anmerkungen genügen:

Hamburger Lokale
• Nach **McDonald's** und dem **Burger King** ist in Kalifornien **Carls Jr.** die auffälligste Hamburger-Kette; die die Marktführer qualitativ in Schach hält. **Jack-in-the-Box** und **Wendy's** folgen.

Erhebliche Konkurrenz liefert man sich mit **Spielplätzen**, die es in den sommerheißen Gebieten sogar als *Indoor*-Spielpalast mit Klimatisierung gibt. Kinder lieben die manchmal enormen Anlagen mit Röhren, Kletternetzen und Rutschen.

Kentucky Fried Chicken
• In den rot-weiß gestreiften Filialen von *Kentucky Fried Chicken (KFC)* geht's in erster Linie um überbackene Hähnchenteile. **Chicken Meals** sind bei KFC nicht billig, erfreuen sich aber bei Amerikanern überraschender Beliebtheit.

Dairy Queen
• Auch die **Dairy Queen** Filialen sind in Kalifornien oft zu finden. Ursprünglich spezialisiert auf **Milch-Mixgetränke**, Eis und Joghurt, bietet *Dairy Queen* heute die übliche Palette der **Hamburger**-Varianten. *Dairy Queen* präsentiert sich uneinheitlich. Es gibt sowohl die etwas schmuddelige Dorf-Cafeteria wie den modern gestylten City-Plastikschuppen. Immer schmeckt das **Eis**, besonders **Banana Split** und *Frozen Yogurt* aller Geschmacksvarianten unter der Bezeichnung **Blizzard**.

Taco Places
• **Tacos, Burritos** und **Tostadas** haben sich nicht nur im mexikanisch geprägten Südkalifornien durchgesetzt. Ob nun in der Filiale einer der großen Ketten, wie **Taco Bell, Taco John's, Jack-in-the-Box** (Hamburger und Tacos) oder beim »Dorfmexikaner«, kaum irgendwo sonst lässt sich für so wenig Geld der Magen füllen. Und meist schmeckt es sogar.

Sonderpreise Alle Ketten werben nahezu kontinuierlich mit Sonderpreisen für bestimmte Gerichte oder **Kombinationen von Items**, z.B.: **Large Coke & Cheeseburger & French Fries** (Pommes Frites) für $3,99 oder *McDonald's* **Big Mac** für $1,99! Wer auf derartige Angebote achtet und es darauf anlegt, kann mitunter billiger, wiewohl nicht besser essen als bei Selbstverpflegung.

Drive-in Der eilige Gast verlässt sein Auto nicht, sondern fährt am **Drive-in-Counter** vor. Oft geht es dort bei Andrang schneller als drinnen am Tresen. Aber das kennt man auch bei uns. Stark im Kommen sind nostalgische **Drive-ins** à la **1950er-Jahre**, wo dem Kunden von – oft neckisch gekleideten – jungen Damen (*Car-Hops*) ein Tablett mit der Bestellung in die Autotür gehängt wird. Die silbern glänzenden Filialen von **Sonic** sieht man immer öfter.

Kaffee und Coffee Shops

Der amerikanische *Cup of Coffee* spaltet die Besucher aus Europa in zwei Lager. Die einen empfinden den Kaffee als braune Plörre, die anderen trinken ihn wie die Amerikaner gleich literweise, zumal ein *Refill* – ein-, zwei- oder mehrmals nachgeschenkt – in Restaurants häufig kostenlos ist. Sofern der Kaffee dort nicht schon stundenlang auf der

Warmhalteplatte wartet und dabei langsam »verbrannte«, ist er meist trinkbar, zumindest mit *Coffee Whitener* und/oder Zucker.

Wie Pilze aus dem Boden schossen seit den 1990er-Jahren vorher nicht existente *Coffee Shops*. Vor allem auf die Filialen der Kette *Starbucks* stößt man heute allerorten. Neben aromatisierten Kaffeesorten wird dort *Espresso, Cappuccino* oder *Caffe Latte* zum *Croissant, Donut* oder *Muffin* serviert. Doch selbst der teuerste Edelkaffee kommt meist nur im Papp- oder Plastikbecher.

Family Restaurants

Obwohl der Begriff des *Family Restaurant* durchaus auch auf die *Fast Food Places* ausgedehnt wird, bezieht er sich doch eher auf ein **Zwischending** zwischen *Fast Food* und *Full Service Restaurants* mit Alkohollizenz, wie sie weiter unten beschrieben sind. Ein Familienrestaurant ist gekennzeichnet durch ein moderates Preisniveau, das sich auch **Familien mit Kindern** leisten können. Kennzeichnend ist eine **große Auswahl »amerikanischer«** *Items* als große Tellerportionen, eine gehobene Plastikeinrichtung und die weitgehende **Abwesenheit von Alkoholika**.

Denny's

Das *Family Restaurant* **an sich ist** *Denny's*. Auf *Denny's*-Filialen stößt man allerorten. Ihre Zahl (1700) wird nur von wenigen *Fast Food*-Ketten übertroffen. Viele *Denny's* bleiben Tag und Nacht geöffnet und servieren reichhaltige *Menus* vom Frühstück bis zum Nachtisch jederzeit. Bei *Denny's* gibt es eine Theke für den besonders eiligen Gast und die in den USA so beliebten Tischabteile (wie in alten Eisenbahn-Speisewagen). Dort wird normal bedient wie im »richtigen« Restaurant, meist aber schneller. Empfehlenswert ist *Denny's* unterwegs, wenn es zu überschaubaren Kosten schnell gehen soll und der Hunger groß ist.

Stuckey's und andere

Im US-Westen ist *Stuckey's* die **#2** nach *Denny's:* dasselbe Grundmuster, aber »deftiger« und häufig mit *Truckstops* verbunden. Ähnliche, wenn auch nicht so oft vertretene Restaurants dieser Art sind *Shoney's, J.B's, Boston Market, Steak'n Shake*.

Sizzler	Für ein **preiswertes** Steak und eine *Salad Bar* geht wenig über das *Sizzler Steakhouse* (164 Filialen in Kalifornien). Oft gilt: *Kids eat free with adults*. Aber selbst wenn nicht, auf jeden Fall gibt's **Kinderteller** und **Kinderauswahl** am Dessertbuffet. Mit der Salat-, Nachtisch- und Sonstwastheke praktiziert *Sizzler* eine Mischung aus *Self-Service* und Bedienung. ***Steaks, Seafood***, heiße Beilagen und Getränke werden gebracht und kosten einen *Tip*.
Pizza Hut	Unerwähnt bleiben darf an dieser Stelle auch die **Pizza Hut** nicht. In ihren Lokalen gibt's *Pizza und Pasta* in großer Vielfalt (gelegentlich sogar Bier und Wein!). An der Qualität gibt es nicht viel auszusetzen, aber man muss sich erst an die ungewohnten **Pizza-Größenkategorien** und das ausgeklügelte Zuzahl-System für die **Toppings** herantasten. Die *Pizza Hut* bietet zur Mittagszeit günstige **Lunch-Specials** und meist auch preiswerte Kinderteller.

»Richtige« Restaurants

Überblick	Kalifornien rühmt sich gern und zu Recht seiner zahlreichen Restaurants jedweder Provenienz. Neben typisch amerikanischem *Cooking* ist die innovative und experimentelle **West-Coast** bzw. **Pacific Cuisine** ebenso vertreten wie mexikanische, karibische, asiatische und europäische Küche. **Seafood** versteht sich dank Kaliforniens über 1300 km Ozeanküste ohnehin von selbst.
	Eine derart differenzierte Gastronomie findet sich indessen eher in Cities und Großstädten. Mit punktuellen Ausnahmen beschränkt sich das Angebot in Kleinstädten und auf dem Lande oft auf Hamburger- (auch im *full-service* Restaurant) und Steakgerichte, ggf. erweitert um Pizza, Spaghetti und *Mexican Food*.
Mexican Food	In **mexikanischen Restaurants** überwiegen die in Tortillas eingerollten, mit Zwiebeln gewürzten und mit Käse überbackenen Fleisch- und Hackfleischvariationen. Wer auf eine höhere Fleischqualität Wert legt, sollte sich beim Mexikaner an **Fajitas** halten, marinierte und gegrillte Steakstreifen. **Enchiladas** und **Burritos** können auch mit Huhn oder – für Vegetarier – nur mit Käse und/oder Bohnen gefüllt sein. Manchmal gibt es auch modische Abwandlungen wie *Spinach-Enchiladas* oder **Shrimp Burritos**. Als Beilagen dienen immer schwarze Bohnen (*Refried Beans*) und rötlich gewürzter Reis (*Spanish Rice*), oft auch gemischter Salat und Avocadodip (*Guacamole*).
Italian und Asian Food	Relativ häufig stößt man auf **italienische Restaurants** mit hausgemachter Pizza und Pasta. Auch **asiatische Restaurants** sind verbreitet. Neben den chinesischen und thailändischen Lokalen findet man in Kalifornien viele japanische **Sushi Bars**.
Seafood	Auch in Restaurants, die nicht ausdrücklich auf Fisch und Meeresfrüchte spezialisiert sind, gibt es Fisch- und *Seafood*-Gerichte, in erster Linie Krabben (*Shrimps*), Thunfisch (*Tuna*), Lachs (*Salmon*) und Schwertfisch (*Swordfish*). Fisch wird gegrillt (*grilled, broiled*) oder frittiert (*deep fried*) serviert.

Mahlzeiten

Das traditionelle **American Breakfast** ist reichhaltig und schwer. Es besteht aus Eiern, Speck oder Würstchen, *Hash Browns* (gerösteter Kartoffelpamps), je nach Geschmack kombiniert mit Pfannkuchen, Waffeln oder auch schlicht Toast mit süßem *Jam* aus dem Portionscontainer. Die Eier gibt es meist als Rührei (*scrambled eggs*), als Spiegelei (*sunny side up*) oder in Form eines Omeletts. Diese Art Frühstück serviert man in Hotelrestaurants, in *Family Restaurants* wie *Denny's*, und in unabhängigen Cafeterias allerorten, in »abgespeckter« Form auch bei *McDonalds* und Co.

Wem dies zu viel ist, dem bietet das **Continental Breakfast** eine leichtere Alternative. Hier gibt es zum Kaffee einfach nur Gebäck, etwa *Donuts, Croissants, Muffins* oder *Bagels* mit *Philadelphia Cheese*. Manche Motels werben mit – einem meist sehr schlichten – *free Continental Breakfast*. Wer Wert auf »richtigen« Kaffee möglichst aus einem Porzellan-, zumindest Keramikbecher legt, geht in einen besseren *Coffee Shop* oder eine *Coffee Bar*, wo immer auch ein Sandwich oder eine kleine Auswahl an Gebäck wartet.

Im Vergleich zum üppigen Frühstück fällt das **Lunch** üblicherweise bescheidener aus. Sandwich oder Salat sind typische Mittagsspeisen. Viele Lokale offerieren mittags leichte Kombinationen wie **Soup & Salad** und berechnen mittags niedrigere Preise als abends für identische Gerichte.

Im Allgemeinen wird das **Abendessen** in den USA **früher** serviert als in Europa. Man sieht amerikanische Urlauber oft schon um 18 Uhr beim *Dinner*. Wer außerhalb großer Städte unterwegs ist, denkt besser relativ zeitig ans Abendessen, da oft schon ab 21 Uhr kein warmes Essen mehr zu bekommen ist.

Das **Dinner** ist die tägliche **Hauptmahlzeit** mit 2-3 Gängen. Man beginnt mit *Appetizers* oder *Starters* (Vorspeisen), widmet sich dann dem *Main Course* oder *Entree* (Hauptgericht) und schließt mit *Dessert* (Nachspeise) und Kaffee.

Getränke stehen unter der Rubrik *(Alcoholic) Beverages*. Das **Glas of Wine** (*red or white*, oft ohne weitere Spezifikation), sofern man sich darauf einlässt, ist Glücksache. Im Weinstaat Kalifornien führen indessen mehr Restaurants als anderswo eine **Wine List** und fragen nicht nur »rot oder weiß«?

Nach dem Hauptgericht fragt man den Gast, ob er noch **Sweets** oder **Dessert** wünscht. Zur Vermeidung übersüßer Farbüberraschungen sollte man Nachtisch – mit Ausnahme von Eis und Früchten, womit sich wenig falsch machen lässt – nur nach Inaugenscheinnahme, nie nur nach Karte bestellen.

Kaffee im Anschluss an eine Mahlzeit wird in den meisten Fällen beliebig nachgeschenkt, aber nur einmal berechnet.

Vegetarisch	Dank des in Kalifornien verbreiteten Gesundheitsbewusstseins ist es dort weniger als in anderen US-Landesteilen ein Problem, Restaurants mit vegetarischen Gerichten zu finden. Dazu gibt es eine wachsende Zahl rein vegetarischer Lokale.
Standorte	Mit Ausnahme von Fußgängerzonen in touristisch geprägten Orten, spektakulären Positionen über der Küste, Altstadtbereichen und bestimmten Großstadtvierteln ist ein geeignetes Restaurant nicht einfach beim – in Amerika sowieso selten angezeigten – Ortsbummel zu entdecken. ***Full Service-Restaurants*** (also mit Alkohollizenz) findet man ebenso wie die *Fast Food*-Konkurrenz oft an den Hauptverkehrsstraßen zwischen Einkaufszentren und Tankstellen.
Preisniveau	Gemessen an dem, was hinsichtlich Ausstattung, Ambiente und Küchenqualität im Allgemeinen geboten wird, sind kalifornische Restaurants selbst bei einem günstigeren Dollarkurs als zur Zeit (2015) **oft kein** – im Sinne des Wortes – **preiswertes Vergnügen**. Gutes Essen bei ebensolchem Service in angenehmer Umgebung ist immer ziemlich teuer. Dabei gelten mittags und abends durchweg unterschiedliche Karten. Ein ***Lunch***-Gericht kostet weniger als die identische Speisefolge zum ***Dinner***.

Folgendes ist wichtig zu wissen:

Platzierung	• In den USA werden Restaurantbesucher «platziert«. Auch wenn freie Tische vorhanden sind, wartet der geduldige Gast, bis sich ein ***Waiter/Host*** oder eine ***Waitress/Hostess*** seiner und der dazugehörenden ***Party*** annimmt und einen Tisch zuweist. Ist kein Tisch frei oder noch nicht voll abgeräumt, werden die **Namen** der ankommenden Gäste **notiert** und der Reihe nach aufgerufen. »*Muller, party of three!*« soll heißen, für den Gast

Müller und insgesamt 3 Personen ist nun alles bereit. Bis dahin können sich Müllers die Zeit mit einem *Drink* an der Bar vertreiben, so vorhanden.

Die Karte	• Die Speisekarte heißt ***Menu***, sprich: »Mänjuh«. Vorspeisen sind ***Appetizers*** oder ***Starters***, Hauptgerichte ***Entrees***. Die Beilagen zum *Entree* heißen ***Side Dishes/Orders***.
Salattheke	• Vor allem ***Steak Restaurants*** verfügen über eine ***Salad Bar***, an der unbegrenzt nachgefasst werden darf. Häufig sogar ohne ein Hauptgericht zu bestellen, obwohl das nicht immer ausdrücklich auf der Karte steht. Das kostet nur ein paar Dollar und ersetzt leicht eine ganze Mahlzeit.
Alkohol-konsum	• Alkoholika werden nur in Verbindung mit einer Mahlzeit gereicht (an über 21-jährige Gäste!). Ausgedehnteres Verweilen und der Wunsch nach alkoholischem Nachschub, wenn die Mahlzeit eigentlich beendet ist, ruft Befremden hervor. Wer noch ein paar Gläser mehr konsumieren möchte, geht dazu an die Bar oder in die *Cocktail Lounge* desselben Hauses oder in ein anderes Lokal.

Ende der Veranstaltung

- Kurz: Ein Restaurantbesuch ist in den USA keine abendfüllende Angelegenheit. Selbst nach einem üppigen Menü mit Vor-, Haupt- und Nachspeise hat es die Bedienung gelegentlich störend eilig, dem Gast nach dem letzten Bissen zu signalisieren, dass das Vergnügen nun beendet sei. Nach einem knappen »*Anything else?*« wird rasch die Rechnung präsentiert.

Rechnung/ Trinkgeld

- Der ***Cheque*** weist neben den Nettopreisen des *Menu* zusätzlich die Umsatzsteuer aus (in der Gastronomie 8,75% in Kalifornien, in Nevada bis 8,1%). Da der ***Service*** nie im Preis enthalten ist, wird ein für europäische Verhältnisse **üppiges Trinkgeld** erwartet. Üblich sind **15%**, bei guter, freundlicher Bedienung auch deutlich mehr nicht ungewöhnlich. Ein ***Tip*** von **$10** bei einer **Rechnung von zum Beispiel $60** gilt in Restaurants der mittleren bis gehobenen Kategorie nicht nur als normal, sondern wird so ungefähr erwartet. Zu den Preisen der Karte muss man also rund 25% addieren, um ungefähr auf die **Effektivkosten des Restaurantbesuchs** zu kommen. Vereinfacht kann man zur Zeit die Kartenpreise auch mit Euro gleichsetzen, hat dann schon mal den Endpreis inkl. *Tax* . Hinzu kommt das Trinkgeld.

  In **Touristenrestaurants** mit hohem Ausländeranteil unter den Gästen ist es gelegentlich üblich, die 15% Trinkgeld gleich mit auf die Rechnung zu setzen; also aufpassen, sonst zahlt man am Ende den ***Tip*** **doppelt**.

  Eine gute Übersicht zum **Thema »*Tipping*«** liefert auf Englisch das Portal www.money.cnn.com/pf/features/lists/tipping.

Zahlung

- Gezahlt wird bisweilen an einer Kasse am Ausgang. In diesem Fall hinterlässt man seinen ***Tip*** besser bar am Tisch. Bei Rechnungsbegleichung per Kreditkarte kann man das Trinkgeld auch auf dem Beleg vermerken.

»Denny's«, das Family Restaurant an sich, angesiedelt zwischen Fast Food und »richtigem« Restaurant. Große Portionen amerikanischer »Items« und relativ preiswert, ➤ Seite 131 (hier in Palm Springs)

Restaurant in Pismo Beach mit Bar und Happy Hour

3.7.3   Bars und Saloons

Kneipen

Über die Auswahl an **Watering Holes** für durstige Kehlen kann man in Kalifornien und Nevada nicht klagen. Die Atmosphäre in ihnen entspricht weitgehend dem Bild, das uns Fernsehserien und Filme liefern. Hotels besitzen üblicherweise eine **Bar** oder **Cocktail Lounge**. In kleinen Orten findet man noch originale **Saloons** im Westernstil: Klapptür, lange Bar, einige Tische und Stühle, vielleicht eine kleine Band mit *Country-Music*. In den Cities existieren viele **originell ausgestattete Kneipen**, vor allem in restaurierten »alten« Vierteln und in aufgepeppten künstlichen Restaurant- und Kneipenzentren. Eine **uramerikanische Besonderheit** sind **Sports Bars**, Kneipen, in denen zahlreiche Monitore die verschiedensten Sportsendungen gleichzeitig übertragen.

Happy Hour

Was fehlt, ist »unsere« **Gastwirtschaft**, Restaurant und Kneipe in einem. Dafür wird in manchen *Bars* und *Lounges* abends oder zur **Happy Hour** (meist 17-19 Uhr) ein kleines *Buffet* aufgebaut, an dem sich die Gäste bedienen dürfen. Solche **Snacks** ersetzen zur Not ein Abendessen. Gezahlt wird nur für den Getränkekonsum.

Getränke-auswahl

In den Kneipen trinkt man überwiegend **Bier**. Hochprozentiges wird in reinem Zustand – außer *Whiskey* und *Rye* (kanadischer Whiskey) mit viel Eis *on the rocks* – so gut wie nicht konsumiert, sondern nur zum Mixen benutzt. Beim Bier stehen üblicherweise mehrere Sorten Flaschenbier und Zapfbier (**draft beer**) zur Auswahl. Das eiskalte Nass fließt fast ohne Schaumbildung ins meist dickwandige Glas. Beliebt sind **pitcher**, Karaffen, aus denen sich eine fröhliche Runde das Bier selbst ins Glas einschenkt.

Ein **Glas of Wine** gibt's in vielen Lokalen nur unterteilt nach *red*, *white* oder *rosé* ohne weitere Differenzierung.

Preise

Alkoholische Getränke sind ein recht teurer Spaß. Ein Bier (0,3 l) unter $5 (+*tax*+*tip*) gibt es in Kalifornien kaum noch, selbst wenn es im Plastikbecher kommt. Wein beginnt bei $8 netto pro Glas.

3.8   Sportliche Aktivitäten

Hier geht es um Aktivitäten, denen man unterwegs bei Lust und Laune ohne große Vorbereitung oder Vorbuchung bei Gelegenheit nachgehen kann:

Surfen

Der Sport, der das Freizeitgefühl einer ganzen Generation (dank der *Beach Boys*) und das Image von *Southern California* mitgeprägt hat, muss hier an erster Stelle stehen:

Gesurft wird von San Diego bis südlich von San Francisco. Anfänger freunden sich am besten an den **La Jolla Shores** mit dem Surfbrett an. In Richtung Los Angeles ziehen **Oceanside**, **Laguna** und **Huntington Beach** die Wellenreiter an, im Stadtgebiet von LA alle Strände von **Torrence** und **Redondo Beach** bis **Malibu**. Nördlich von LA gehören die Strände von **Oxnard**, **Ventura** und **Rincon** (bei Carpinteria) zu den beliebtesten Revieren.

Je weiter man nach Norden kommt, desto kälter wird das Wasser. Dessen ungeachtet surft man überall, wo es geht, von Santa Barbara bis hinauf nach **Monterey** und **Santa Cruz** vorm ***Lighthouse Point***, ➢ Seite 320. An stärker frequentierten Stränden im Umfeld der Städte findet man Surfboardverleiher. Alles Wichtige zum Surfen in Kalifornien unter

www.surfing-waves.com/travel/california.htm
www.caoutdoors.com/Surfing-California.htm

Baden/ Schwimmen

Kalifornien verfügt zwar über viele natürliche Gewässer, aber dort, wo sie besonders attraktiv sind (z.B. in der Sierra Nevada) erreichen die Wassertemperaturen der Seen und Flüsse selten ein badefreundliches Niveau (wunderbare Ausnahmen sind u.a. der **Merced River** im *Yosemite National Park*, ➢ Seite 272, und der **Kern River** im *Sequoia Nat'l Forest*, ➢ Seite 433). Anders sieht es aus bei den zahlreichen Stauseen. Viele von ihnen haben Badestrände und sind im Sommer warm. Aber nur, wenn der Wasserstand nicht weit abgesunken ist, eignen sie sich zum Schwimmen, zumal mit niedrigem Wasserstand auch die Wasserqualität sinkt.

3

*Surfer vorm Strand
von Morro Bay*

Wassertemperaturen

Nur im südlichsten Kalifornien bis etwa Santa Barbara erlauben die Wassertemperaturen ein (kurzes) Bad ohne Neoprenanzug im Pazifik. Auch im Hochsommer erreichen sie bestenfalls in San Diego schon mal knapp über 20°C, in Santa Barbara werden selbst 18°C selten gemessen. Weiter nördlich sind die Wassertemperaturen endgültig nur etwas für Hartgesottene.

Poolprobleme

Öffentliche Pools gibt es viel seltener als bei uns, und dann sind die Becken selten über 25 m lang. Maschendrahtgitter umzäunen das Gelände, da die Betreiber für Unfälle rigoros haften. Viele kommerziell betriebenen Campingplätze und natürlich Motels und Hotels haben zwar Pools, oft jedoch in einer Größe, die sich zwar zur Abkühlung, aber kaum zum Schwimmen eignet. Das Ambiente ist dabei selten einladend. Zwar gibt es wunderbare Poolanlagen in Hotels, jedoch eher im oberen Preissegment.

FKK

Selbst an den Stränden des in vielem etwas freizügigeren Kalifornien ist **Nacktbaden** nicht verbreitet. Ausnahmen von dieser Regel sind z.B. die *Gray Whale Cove Beach* südlich von San Francisco, der Strand *Pirate's Cove* südlich von San Luis Obispo und die *Black Beach* nördlich von La Jolla (San Diego).

Big Sur Beach, schöner, sauberer Strand, aber zum Baden lädt das Wasser dort selbst im Hochsommer nur Abgehärtete ein

Tauchen

Ob in den kühleren Fluten von Malibu bis Monterey und rund um die Channel Islands oder vor Südkalifornien einschließlich Santa Catalina Island – die Unterwasserwelt vor der Pazifikküste hat auch Tauchern allerhand zu bieten. Eine sehr gute Gesamtübersicht mit Links zu Kursen, Touren und Ausrüstungsvermietern etc. pp. liefert das Internetportal http://diver.net.

Angeln

Angeln ist in den USA eine Art Volkssport, sei es an den zahlreichen Binnengewässern oder an bzw. auf dem Pazifik auf Charterbooten zum Hochseefischen. Es bedarf keiner Kurse oder Prüfungen, um bei der Jagd auf den Fisch mitzumachen, sondern lediglich einer *Annual Sport Fishing License*, die sich jeder Bürger des Staates beim *California Department of Fish and Game* relativ billig kaufen kann; Ausländer dürfen zwar mitfischen, aber zahlen ein Mehrfaches der Gebühren für den Angelschein. Außer lokalen Vertretungen dieser Behörde fungieren auch Ausrüstungsläden und Outdoor-Abteilungen in Kaufhäusern als Agentur. Alle Details dazu unter www.wildlife.ca.gov.

Bike Rental am Strand von Venice (Los Angeles)

Biking

Spaßradler nutzen in LA, Santa Barbara, Monterey, La Jolla und anderswo die *Bike Routes* entlang an der Küste. *Mountain Biker* finden jede Menge Pfade in *State* und *National Parks.* **Straßenfahrern** wurde bereits ein Extrakasten gewidmet, ➢ Seite 40f.

Das **Mountainbike** wurde sogar in Kalifornien geboren, nämlich nördlich von San Francisco im **Marin County** jenseits des *Golden Gate.* Dort gibt's auch jede Menge *Trails* für MTBs. Im Raum **Los Angeles** ist im Sommer u.a. die Skiregion um den Big Bear Lake in den San Bernardino Mountains ein beliebtes MTB-Ziel.

In den Großstädten und z.B. im *Yosemite National Park* finden sich *Bike Rentals*; alle Vermieteradressen in Kalifornien unter http://bicycle-rental.regionaldirectory.us/california.htm

3

Golf

Auf einer Fahrt durch Kalifornien passiert man unzählige Golfplätze, davon sind viele öffentlich. Sie bieten jedermann ohne irgendeine Clubmitgliedschaft die Gelegenheit, den Schläger in die Hand zu nehmen. Die meisten Clubs pflegen keinen Exklusivitätsanspruch und stehen Gastspielern bei moderaten Gebühren offen. Also warum nicht mal ein paar Abschläge versuchen? Umfassende Infos und Links unter www.golfcalifornia.com.

Joggen

In manchen städtischen **Parks** übertrifft die Zahl der Jogger regelmäßig die anderer Besucher. Der Frauenanteil ist deutlich höher als bei uns. Wer mitrennen möchte, findet für jede Großstadt Infos zu den örtlichen Joggingpfaden. Auch in Nationalparks und auf Campingplätzen samt Umfeld gibt es geeignete Strecken. Eine Übersicht mit Routenkarte guter Strecken liefert für viele Städte und Bereiche in Kalifornien das Internetportal www.runmap.net/regional/United+States/State+of+California.

Mancher Jogger in den USA hat sich dem sportlichen *Walking*, bei uns eine asketische Spezialdisziplin, zugewandt, nachdem Laufenthusiasten Gelenk- und Sehnenschäden beklagten. Das hierzulande populärere *Nordic Walking* sieht man kaum.

Reiten   In Kalifornien gibt es zahlreiche Gelegenheiten zum **Reiten**, besonders in und um Nationalparks und in typischen Touristenregionen. Möglichkeiten für kurze Ausritte, Tagestouren und mehr listet für ganz Kalifornien das Portal
www.horserentals.com/california.html

Tennis   Tennisspieler sollten überlegen, für die Kalifornienreise den Schläger einzupacken. Allerorten findet man in öffentlichen Parkanlagen der Allgemeinheit zugängliche **gebührenfreie Plätze**. Stark frequentiert werden sie eigentlich nur in Feriengebieten und ab 17 Uhr bis Dunkelheit. Früher am Tag gibt es selten Wartezeiten.

Wandern   Die Möglichkeiten zum ausgiebigen Beinevertreten in *National Parks*, *State Parks* und *National Forests*, aber auch an den teilweise endlosen Stränden des Pazifiks sind so gut wie unbegrenzt. Es gibt kurze, touristische Rundwege über nicht mal eine Meile Länge, Endlosrouten in der Sierra Nevada wie den **John Muir Trail** oder den **Pacific Crest National Scenic Trail**, der sich von Süden nach Norden durch den ganzen Staat schlängelt, und alles dazwischen. Im Reiseteil finden sich zahlreiche Hinweise für Kurz- bis Ganztagswanderungen. Prima Wanderportale sind:
www.everytrail.com/best/hiking-california
www.hikespeak.com/southern-california

Wintersport   Kaum zu glauben, aber von Los Angeles aus sind es bis zu den nächsten Wintersportmöglichkeiten in den **San Gabriel Mountains** und den **San Bernardino Mountains**, die die Metropole von der südkalifornischen *Mojave Desert* trennen, nur ein paar Autostunden Fahrt. Rund um den **Lake Tahoe** und in der **Sierra Nevada** zwischen dem See und dem *Yosemite National Park* wie auch an deren Osthängen (**June** und **Mammoth Mountain**) dauert die Skisaison von Anfang November bis in den Mai hinein. Wer zwischen November und Frühjahr unterwegs ist, hat in Kalifornien also auch die Möglichkeit, sich mal die Bretter unterzuschnallen. Eine komplette Übersicht liefert www.californiaskiresorts.com.

Mammoth Mountain Ende Oktober kurz vor Beginn der Skisaison

3.9 Alles Weitere von A – Z

Apotheken

Reine Apotheken (*Pharmacies*), wiewohl hier und dort vorhanden, findet man relativ selten. Meistens ist bestimmten *Drugstores* und großen Supermärkten eine *Pharmacy* zugeordnet, wo es nicht verschreibungspflichtige Medikamente in Selbstbedienung gibt. Rezeptpflichtige Medikamente werden an einer Sondertheke für *Prescriptions* ausgegeben.

Ärzte und Zahnärzte

Für den Eventualfall einer auf Reisen notwendigen Behandlung sollte unbedingt vorgesorgt sein. Es gibt Fälle, in denen die Behandlung auch im Notfall verzögert oder sogar abgelehnt wird, wenn unklar ist, wie und ob sie bezahlt werden kann, ➢ Seite 52.

Trotz einer insgesamt hohen Dichte bei der ärztlichen und zahnärztlichen Versorgung, ist es in den USA für Touristen bisweilen nicht einfach, einen Arzt (*Physician*) oder Zahnarzt (*Dentist*) zu finden bzw. einen Termin zu erhalten. Im Prinzip benötigt man lokale »Fürsprache«, etwa des Hotel- oder Campingplatzpersonals. Relativ zwecklos ist der Versuch, ohne Anmeldung in einer beliebigen Praxis (*Doctor's Office*) vorzusprechen. Eine Ausnahme bilden *Walk-in* oder *Urgent Care Clinics*, auf »Laufkundschaft« eingestellte Gemeinschaftspraxen, die man in Städten ab mittlerer Größe findet. Mit **akuten Beschwerden** und **Verletzungen** kann man sich auch direkt zum *Emergency Room* (Notaufnahme) des nächstgelegenen Hospitals begeben.

Bei Problemen hilft ggf. die Touristenorganisation *Traveler's Aid* weiter (➢ im lokalen/regionalen Telefonbuch, alle Adressen auch unter www.travelersaid.org). In *National* und *State Parks* sind die *Ranger* Ansprechpartner und meist sehr hilfsbereit.

Notfälle

Die im ganzen Land gültige Telefonnummer für Notfälle aller Art (*Emergencies*) ist 911, ➢ auch Seite 147.

Banken

Eine Bankfiliale findet sich noch im kleinsten Ort. Die meisten akzeptieren die gängigen **Reiseschecks** und zahlen (mit oder ohne Gebühren) den Nennwert aus. Meist muss der Pass vorgelegt werden. Das gilt ausnahmslos auch für die Auszahlung von Dollars gegen Kreditkarte *(Cashing)*. Die Mehrheit der Banken honoriert **Mastercard** und **VISA**, berechnet aber auch dafür Gebühren.

Banken sind von Montag bis Freitag (manchmal auch samstags) ab 9 Uhr bis mindestens 14 Uhr, spätestens bis 16 Uhr geöffnet.

Geldautomaten (ATMs)

Geldautomaten (*ATM*: *Automated Teller Machine*) stehen für Abhebungen mit Kreditkarte oder per **Kontokarte** (mit dem *Maestro Logo*, ➢ Seite 56) rund um die Uhr zur Verfügung. Verbreitet sind *Drive-in ATMs*, an denen man das Auto nicht verlässt.

Botschaften und Konsulate

Die diplomatischen Vertretungen des eigenen Landes in den USA sind für Touristen normalerweise nur von Interesse, wenn **Not am Mann** ist, in erster Linie bei Verlust der Finanzen und der Papiere. Soweit »lediglich« Reiseschecks und Kreditkarten abhanden gekommen sind, helfen die ausgebenden Organisationen und Eigeninitiative, ➤ Seiten 55+57.

Ist der **Pass weg**, lässt sich für Deutsche der Gang zu den Konsulaten nicht vermeiden. Sie und nicht etwa die deutsche **Botschaft in Washington** (4645 Reservoir Road NW, ✆ (202) 298-4000; www.germany.info) sind die zuständigen Anlaufstellen:

Deutsche Generalkonsulate in Kalifornien
(Auf der Botschaftswebsite Menüpunkt *Consulates General*)

Los Angeles   für Südkalifornien, Arizona, Nevada, Utah und Colorado: 6222 Wilshire Blvd, Suite 500, ✆ (323) 930-2703

San Francisco   für Nordkalifornien, Oregon, Washington, Montana, Idaho, Wyoming: 1960 Jackson Street, ✆ (415) 775-1061

Botschaften von Österreich und der Schweiz

Schweiz   *Embassy of Switzerland*, 2900 Cathedral Ave NW, **Washington DC** 20008; ✆ (202) 745-7900, www.eda.admin.ch/washington

Österreich: *Austrian Embassy*, 3524 International Court NW, **Washington DC** 20008; ✆ (202) 895-6700; www.austria.org

Hilfreich sind im Verlustfall **Fotokopien** der abhanden gekommenen Unterlagen, noch besser auf dem **Laptop** oder Server eines Providers hinterlegte *Scans*. Mit der Hilfeleistung verbundene Aufwendungen holt sich der Staat in der Heimat zurück.

Datum

In Amerika ist die Datenschreibweise Monat/Tag/Jahr. Der **25. September 2015** schreibt sich demzufolge **09/25/15**.

Elektrischer Strom

Die USA verfügen über ein Wechselstromnetz mit 110-125 Volt Spannung und einer Frequenz von 60 Hertz. Apparaten, die sich auf 110/125 V umschalten lassen, schadet der Frequenzwechsel von 50 auf 60 Hertz nicht; Rasierapparate laufen etwas rascher. Viele elektronische Geräte passen sich automatisch an (*Laptops*).

Feiertage

An Feiertagen bleiben Banken, Postämter und öffentliche Verwaltungen geschlossen. **Private Unternehmen brauchen kein Feiertagsgebot zu beachten**. Rechts die landesweiten Feiertage.

Feiertagsbezeichnung	Datum	Bemerkungen
New Years Day	1. Januar	Neujahrstag wie bei uns
Martin Luther King Day	3. Montag im Januar	Gedenktag an den ermordeten Prediger wider den Rassenhass
President's Day	3. Montag im Februar	an sich Washingtons Geburtstag, heute Feiertag zu Ehren aller ehemaligen Präsidenten
Good Friday	Freitag vor Ostern	Karfreitag, nur bedingt ein Feiertag
Memorial Day	Letzter Montag im Mai	Tag zur Ehrung aller Gefallenen. Das Wochenende läutet den Sommer ein
Independence Day	4. Juli	Unabhängigkeitstag, wichtigster Feiertag der USA, Umzüge und Paraden, Feuerwerk
Labor Day	1. Montag im September	Tag der Arbeit, wie bei uns der 1. Mai. Ende der Feriensaison.
Columbus Day	2. Montag im Oktober	Gedenktag an die Entdeckung Amerikas
Veteran's Day	11. November	Ehrentag für die Veteranen der US-Armee
Thanksgiving (»*Turkey Day*«)	4. Donnerstag im November	Erntedankfest, großer Familientag
Christmas Day	25. Dezember	Nur **ein** Weihnachtstag

Fernsehen

Private Stationen

Das amerikanische Fernsehen mit zahlreichen Kanälen wird von einer Handvoll großer, auf privatwirtschaftlicher Basis operierender Gesellschaften dominiert. Gegen die in kurzen Abständen von Werbung unterbrochenen überwiegend seichten Programme wirkt das Angebot unserer öffentlich-rechtlichen Sender extrem intellektuell, und auch unsere Kommerzsender schneiden im Vergleich dazu nicht schlecht ab. Die »locker« gemachten amerikanischen Nachrichten vermitteln ihre Informationen meist oberflächlich und in krasser Momentaufnahme. Außerdem sind sie viel stärker auf **National News** beschränkt als bei uns gewohnt.

Nachrichten

International berichtenswert ist nur, was die Politik und Interessen der USA direkt tangiert oder Sensationswert besitzt. Die Welt außerhalb der USA ist für den durchschnittlichen US-Fernsehkonsumenten daher *terra incognita*.

Talk-Show

Die täglichen *Talkshows* sind vielfach witzig und unterhaltsam, plätschern aber ohne Tiefgang oft noch flauer dahin als bei uns. Insgesamt besitzen **anspruchsvollere Sendungen Seltenheitswert**.

Kabel

Für alle, die der ewigen Werbebotschaften überdrüssig sind, kommt **werbefreies Kabelfernsehen gebührenpflichtig** ins Haus. Filme am laufenden Band von jugendfrei bis Softporno ohne Unterbrechungen durch Werbespots gibt es auf speziellen ***Movie Channels***. Viele Hotels und Motels werben damit.

Information vor Ort

Welcome/ Visitor Center

Eine wichtige Institution der touristischen Besucherinformation sind die ***California Welcome Centers***. Sie werden in Kooperation mit *California Tourism* (➤ Seite 43f) in allen großen und mittleren Städten betrieben und haben ein gemeinsames Webpotal: www.visitcalifornia.com/attraction/california-welcome-centers

Lokale Info Center

Aber auch in – oft sehr kleinen – Orten ohne *Welcome Center*, in *National Parks* und größeren *State Parks* gibt es **Visitor** oder **Tourist Information Center**. Sie nennen sich gelegentlich auch *Convention & Visitors Bureau (CVB)* oder fallen in die Zuständigkeit der örtlichen Handelskammer (*Chamber of Commerce*). Zur Selbstbedienung liegt dort immer eine Fülle von Material der lokalen/regionalen Tourismusindustrie bereit.

Internet ➤ unter W-LAN/Wifi auf Seite 156

Nicht zu übersehender Hinweis auf die Besucherinformation des Ortes im örtlichen Stadtpark in Bishop östlich der Sierra Nevada an der Strecke zwischen den Nationalparks Yosemite und Death Valley

Klimaanlagen

Die weite Verbreitung von Klimaanlagen ist in Anbetracht der in manchen Regionen enormen sommerlichen Hitzegrade einerseits eine Wohltat. Andererseits besteht in den USA – trotz wachsenden Energiesparbewusstseins – immer noch die Tendenz zur Übertreibung. Eisiger Wind empfängt bisweilen die Besucher von Restaurants, Banken und *Shopping Malls*, während an kalten Tagen überheizt wird. **Hotelzimmer** besitzen fast ausnahmslos *Air Conditioning*. In den preiswerteren Kategorien handelt es sich aber regelmäßig um unter Fenstern angebrachte Apparate, die lautstark ihr Werk verrichten. Bei nächtlicher Schwüle hat man dort oft nur die Wahl zwischen schweißtreibender Hitze oder dem Lärm der Anlage.

Mietfahrzeuge verfügen ausnahmslos ebenfalls über gut funktionierende Klimaanlagen. Oft fährt man mit ein bisschen Fahrtwind angenehmer. Ganz besonders mit Kindern im Auto ist Zurückhaltung beim Umgang mit dem amerikanischen *Air Conditioning* angezeigt. Ein allzu extremer Wechsel zwischen Backofenhitze draußen und vergleichsweise niedrigen Temperaturen im Wagen bekommt manchen nicht gut.

Kriminalität

Wie allgemein bekannt, ist die Kriminalitätsbelastung, speziell die Menge der Gewaltverbrechen in den USA beachtlich. Das gilt generell auch für Kalifornien und Nevada. Indessen ist die Mehrheit davon mit Situationen und Orten verbunden, in die ein Tourist normalerweise gar nicht erst kommt bzw. bei umsichtigem Verhalten vermeiden kann. Wer etwa sein Auto in Problemviertel – die erkennt man selbst ohne besondere USA-Erfahrung schon rein von den Gegebenheiten her ganz gut – steuert, dort auch noch parkt oder zu Fuß auf Entdeckungstour geht, nimmt eine vielfach höhere persönliche Gefährdung in Kauf als z.B. bei einem Bummel durch San Franciscos Chinatown. Im Grunde genügt gesunder Menschenverstand, um das eigene Risiko weit unter die insgesamt selbst in den USA niedrige statistische Gefährdungsrate zu senken.

Touristische Anziehungspunkte in Großstädten von den *Universal Studios* über *Amusementparks* und die *Golden Gate Bridge* bis hin zum *Casino Strip* in Las Vegas sind nicht bekannt für Mord und Totschlag. Die seit 9/11 in Bereichen mit hohem Verkehrs- und Besucheraufkommen verstärkte Überwachung sorgt zusätzlich für Sicherheit. Dennoch sollte man Geld, Kamera und Papiere immer fest im Griff haben.

Reisen durch Kalifornien und Nevada sind für viele Touristen auch oder sogar überwiegend verbunden mit Fahrten durch dünnbesiedelte Gebiete, den Besuch von Nationalparks und Übernachtungen in Kleinstädten und Dörfern oder auf Campingplätzen, alles von Gewaltkriminalität kaum belastete Orte.

Literatur

Ob als **Einstimmung** auf die Reise oder als **Urlaubslektüre**, die folgenden Titel sind eine kleine Auswahl an Romanen, die sich auf Kalifornien und Las Vegas beziehen.

Ein Klassiker aus dem 19. Jahrhundert ist *Richard Henry Danas* **Two Years Before the Mast** (»Zwei Jahre vorm Mast«), in dem er u. a. die Zeit des mexikanischen Kaliforniens beschreibt.

100 Jahre später verfasste **John Steinbeck** sein berühmtes Werk **Cannery Row** (»Die Straße der Ölsardinen«) und **The Grapes of Wrath** (»Die Früchte des Zorns«). Ebenfalls in der erste Hälfte des 20. Jahrhunderts entstanden die berühmten Westküstenkrimis von **Dashiell Hammett** (*The Maltese Falcon* und *The Thin Man*) und **Raymond Chandler** (*The Big Sleep, Farewell My Lovely*).

Was eine Glitzermetropole unter der Einwirkung von Halluzinogenen bewirken kann, beschreibt **Hunter S. Thompson** in *Fear and Loathing in Las Vegas* (»Angst und Schrecken in Las Vegas«).

Über kalifornisches Leben aus der Sicht von *Chinese-American Women* ließen sich **Amy Tan** (»Töchter des Himmels«) und **Maxine Hong Kingston** (»Die Schwertkämpferin«) aus.

Die Erben der Krimitradition heißen u.a. **James Ellroy** (»LA Confidential«), **Walter Mosley** (»Teufel in Blau«) und **Sue Grafton** (»Ruhelos«, »In aller Stille«, »Abgrundtief«).

Das regenbogenbunte San Francisco ist der Star in **Armistead Maupins** *Tales of the City* (»Stadtgeschichten«).

Maße & Gewichte

Obwohl auf dem Papier die Einführung metrischer Maß- und Gewichtseinheiten seit Jahren gesetzlich beschlossene Sache ist, findet man bis heute nur in Broschüren und auf Wegweisern der Nationalparks so exotische Angaben wie Kilometer, Liter und in Celsius gemessene Temperaturen.

Ansonsten gelten *Miles, Gallons, Pounds* usw.:

1 inch			2,54 cm
1 foot	12	inches	30,48 cm
1 yard	3	feet	91,44 cm
1 mile	1760	yards	1,60 km
1 acre	4840	square yards	0,40 ha
1 square mile	640	acres	2,59 km^2
1 fluid ounce			ca. 30 ml
1 pint	16	fluid ounces	0,47 l
1 quart	2	pints	0,95 l
1 gallon	4	quarts	3,80 l
1 barrel (Öl)	42	gallons	159 l
1 ounce			ca. 28 g
1 pound (lb)	16	ounces	ca. 454 g
1 ton	2000	pounds	ca. 907 kg

Notfälle – Notfall ✆ für Deutsche 1-888-222-1373

• **Krankheit/Unfall**

Anruf

In dringenden Notfällen, gleich ob man in erster Linie einen Arzt, den Unfallwagen oder die Polizei benötigt, ruft man die **Nummer 911** an. Sollte die *Emergency Number* nicht funktionieren, wählt man die »**Amtsleitung**« **0**. Der *Operator* verbindet dann weiter.

Vor jedem Notfall-Anruf sollte man sich über den eigenen **Standort** vergewissern und für Rückrufe die Nummer des Apparates, von dem aus man telefoniert, parat haben. In den USA besitzen auch Münzfernsprecher eine Nummer und können angerufen werden.

• **Pass-/Geldverlust**

Pass

Bei Verlust des Passes helfen (nur) deutschen Staatsbürgern die **Generalkonsulate** in Los Angeles und San Francisco, anderen ihre Botschaften in Washington, ➢ Seite 142, aber auch die Notfallzentralen der Kreditkartenunternehmen.

Reiseschecks

Falls Reiseschecks verlorengehen oder gestohlen werden, ruft man die ausgebende Institution (*Toll Free Number*) an und erhält dann vom Aufenthaltsort abhängige Direktiven für die Ausstellung von Ersatzschecks. Voraussetzung für den Ersatz ist das Vorhandensein des Kaufnachweises und eine »Buchführung« über ausgegebene Schecks.

Hilfe

Sind alle Unterlagen und auch die Kreditkarten abhanden gekommen, hilft ggf. auch *Western Union* (Büros in vielen Städten der USA) in Kooperation mit der **Reisebank** (Filialen in den Bahnhöfen deutscher Großstädte und an Grenzübergängen). Wer sich **aus der Heimat Geld schicken lassen** möchte/muss, kann wenige Minuten nach Einzahlung bei der Reisebank/Post in einem *Western Union Office* seiner Wahl über den Betrag verfügen. Details unter ✆ 01805/225822, www.reisebank.de. *Western Union*: ✆ 1-800-325-6000; www.westernunion.com.

Polizei

Äußeres und Verhalten der amerikanischen Polizei entsprechen dem aus **Fernsehserien** bekannten Bild. Tatsächlich steckt häufig der Colt im Halfter, und auf dem Lande und in der Kleinstadt steht auf dem Wagen der Obrigkeit unübersehbar *Sheriff*.

Der amerikanische Arm des Gesetzes ist mit erheblichen Vollmachten ausgestattet und greift in der Ausübung seiner Pflichten im Bedarfsfall härter durch als sein europäischer Kollege; in Anbetracht des im Zweifel bewaffneten Gesetzesbrechers ist das verständlich. Mit amerikanischen Polizisten ist bei Fehlverhalten also nicht gut Kirschen essen, der Kontakt im Allgemeinen aber eher entspannt und freundlich. Zur Situation bei **Verkehrskontrollen** und **Übertretungen** ➢ Seite 102.

Post

Laufzeiten/
Gebühren

Die amerikanische Post funktioniert zuverlässig, ist aber nicht immer sehr schnell. Brief- und Postkartengebühren:

Postkarten nach Übersee: $1,15; **Briefe** nach Übersee $1,15

Post nach Übersee geht (mit der Ausnahme von Paketen) automatisch per Luftpost, wenn *Air Mail Stamps* benutzt werden. Briefe nach Europa laufen **bis zu 1 Woche**. Postämter befinden sich auch noch im kleinsten Nest und sind dank der zu den Schalterstunden (Zeiten ungefähr wie bei uns) immer aufgezogenen **Nationalflagge** selten schwer zu finden.

Briefmarken gibt es auch in **Automaten** in Supermärkten und Einkaufszentren; dort allerdings meist mit einem Aufschlag.

Postlagernd

Wer in den USA Post empfangen möchte, kann das postlagernd (*General Delivery*) tun, vorausgesetzt, es herrscht Klarheit über das Postamt. Jedes von ihnen ist durch eine Postleitzahl (*Zip-Code*) eindeutig identifiziert. Alle US-Zip Codes findet man unter https://tools.usps.com/go/ZipLookupAction!input.action.

Radio

Radiostationen sind meist **Lokalsender** mit geringen Reichweiten. In dünn besiedelten Regionen ist das Radio daher 10 Autominuten außerhalb größerer Ortschaften ziemlich tot (es sei denn, man hat ein Satellitenradio im Wagen, zu erkennen durch die Taste **XM**). Zumindest gilt das für **FM** (=UKW). Auf **AM** (Mittelwelle) findet man zur Not immer noch einen *Country* & *Western*-Sender und/oder Stationen mit religiösen Botschaften und Musikprogrammen erbaulichen Liedguts.

Politik

Faszinierend sind landesweite politische Sendungen, die von extrem konservativen bis rechtsradikalen Organisationen gesponsert werden. In die mit aktuellen Tagesereignissen verknüpften

In den USA gibt's auch in kleinen Orten noch große Postämter. Die Gemeinde Joshua Tree hat gerade mal um 7000 Einwohner weiträumig verteilt am Rande der Mojave Desert. Jedes Postamt zeigt deutlich den Zip-Code (PLZ) des Bezirks.

Tiraden können sich Hörer telefonisch einklinken und mitdiskutieren. Wer sprachlich fit genug ist, um den Ausfällen (nicht nur) des Stars seiner Zunft, **Rush Limbaugh** (sprich: Limbo), folgen zu können, mag kaum glauben, dass so etwas straffrei möglich ist. Die Gegenseite mit liberaleren Positionen (etwa auf *Obama*-Linie, aber selbst nach europäischen Maßstäben »links«) kann da in keiner Weise mithalten.

Trost & Rat Kulturell aufschlussreich sind auch **Trost- & Ratsendungen**, in denen Hörer für ihre Privat- und Berufsprobleme oft – aus unserer Sicht – äußerst ungewöhnliche Ratschläge/Lösungen erhalten.

Rauchen

Kalifornien Das Rauchen in öffentlichen Räumen, Büros, Restaurants, Bars, Museen und Konzerthallen ist **in Kalifornien generell untersagt**, da das Gesetz Rauchen in allen geschlossenen Räumen verbietet, in denen Menschen arbeiten. Dazu gehören z.B. auch Taxen und Fahrzeuge des öffentlichen Nahverkehrs. **Ausnahmen** gibt es bei Unternehmen mit bis zu fünf Mitarbeitern, wenn alle der Raucherlaubnis zustimmen. Daher findet man auch **Bars**, in denen geraucht werden darf.

In vielen Orten/Landkreisen (*Counties*) gelten **zusätzliche Restriktionen**. Fast nirgendwo darf man in öffentlichen Parks und auf Bürgersteigen rauchen, ebenfalls nicht in unmittelbarer Nähe von öffentlichen Gebäuden. Raucher müssen mindesten 20 Fuß (= 6 m) Abstand halten. **Motels und Hotels** haben einen relativ großen Verfahrensspielraum. Sie dürfen theoretisch bis zu 65% oder 50% (größenabhängig) ihrer Kapazität als Raucherzimmer ausweisen, und in 25% oder 50% der Lobby das Rauchen gestatten. In der Praxis liegt die Anzahl der Raucherzimmer oft weit niedriger als erlaubt; manche, vor allem kleinere Quartiere, sind komplette **Non-smoking Areas**.

Nevada In **Nevada** gelten, was die Öffentlichkeit angeht, die weitgehend gleichen Regeln wie in Kalifornien. Ein Sonderfall sind dort **Bars**, **Kasinos** und **sonstige Etablissements**, zu denen nur Personen über 21 Jahren Zutritt haben: dort ist das Rauchen erlaubt. In **Restaurants** schon deshalb nicht, weil sich dort auch jüngere Gäste aufhalten. Aber es können Bereiche ohne Zutritt für Jugendliche unter 21 Jahren abgetrennt werden, in denen geraucht werden darf.

Senioren

Der Begriff des **Senior** für alle älteren Mitbürger ist eine amerikanische Erfindung, die sich auch bei uns durchgesetzt hat. Wichtig ist, dass es in Amerika für vieles **Seniorenrabatt** gibt: auf die Eintrittspreise in Museen, beim Camping, in *Family Restaurants* und auch in Hotels. In den **USA** gilt oft schon als Senior, wer **60 Jahre** alt ist, bisweilen genügen sogar 55 Jahre für diesen schönen Status. Spätestens ab 60 macht es daher Sinn, bei Dienstleistungen und Eintrittsgeld nach dem **Senior Discount** zu fragen.

Telefon

System

Nordamerika inklusive Mexiko verfügt über ein einheitliches Telefonsystem. Jeder Bundesstaat besitzt eine dreistellige Vorwahl, den **Area Code**, einige dicht besiedelte Staaten wie Kalifornien gleich mehrere davon. Dieser ersten Vorwahl folgt eine **zweite, ebenfalls dreistellige Ziffer**, die sich auf das Dorf, einen Landkreis oder Stadtteil bezieht. Die **Apparatnummer ist vierstellig. Bei Gesprächen über den regionalen Area Code hinaus muss die »1« vorweggewählt werden**. Bereits Anrufe beim Nachbarn, der eine abweichende zweite Vorwahl besitzt, sind »Ferngespräche«. Statt des Ortsgesprächstaktes gilt dann der Minutentakt.

Bei den **gebührenfreien 1-800/888/877/866-Nummern** gehen die Kosten ganz zu Lasten des Angerufenen. Diese Rufnummern sind auch vom Ausland aus zu erreichen mit der Vorwahl 001 anstatt der »1«. Aber dann gelten die normalen Gesprächstarife.

Das Gegenteil der 800-Nummern sind 900-Nummern, für die im Minutentakt eine Honorierung für den Angerufenen fällig wird.

International

Über die Vorwahl 01, gelegentlich auch 011, öffnet man den Zugang zum internationalen Netz. Mit

49 für Deutschland

41 für die Schweiz

43 für Österreich

und die um die Null reduzierte Ortsvorwahl sind Verbindungen in die Heimat (von Privattelefonen aus) leicht hergestellt.

Münztelefone

In den – in Zeiten der Handys (*Cell Phones*) – dramatisch weniger werdenden Münzfernsprechern (**Pay-Phones**) ist eine direkte Durchwahl, national wie international, nicht möglich, es sei denn via Telefon- oder Kreditkarte. **Ferngespräche** einschließlich solcher im Nahbereich lassen sich bei **Münzeinwurf nur mit Hilfe eines Operator**, häufig einer Computerstimme führen, die standardisierte Anweisungen gibt.

Telefonieren mit Münzeinwurf

Wer keine Telefonkarte zur Hand hat, muss für Ferngespräche in *Pay Phones* **jede Menge Kleingeld** bereithalten. Barzahlung in Telefonzellen kostet deutlich mehr als Telefonate von privaten Anschlüssen aus bzw. per *Phone Card*, zumal immer mindestens 3 min (!) zu bezahlen sind. Für Anrufe nach Europa benötigt man **rollenweise Quarters**, denn die Cash-Telefonate nach Übersee kosten ab $5 für die ersten 3 min. Mit dem *Operator* gibt es selbst bei guten Englischkenntnissen schon mal Missverständnisse.

Phone oder Calling Cards

Sogenannte **Phone** oder **Calling Cards** gibt es praktisch überall, in Kaufhäusern, Tankstellen, Hotels, *Mini Marts* etc. Die **Minutenpreise** bei den verschiedenen Karten sind dabei verblüffend unterschiedlich, d.h., hier sollte man vergleichen! Sie funktionieren wie folgt: Im Hotel oder am öffentlichen Telefon die 800er-Nummer für die jeweils gewünschte Sprachansage wählen (selten deutsch),

dann nach An-
weisung die Co-
denummer der
Karte eintippen, die
Nummer wählen
und fertig. Noch
verfügbare Restmi-
nuten werden je-
weils angesagt. Es
gibt allerdings auch
einen Haken: **Beim
Einsatz am** *Pay*

Phone werden bei einigen Karten **fixe Zusatzgebühren** pro Ge-
spräch fällig. Ein paar vergebliche Versuche zu Anrufbeantwor-
tern, und zack ist die Karte leer.

Telefonieren mit Kreditkarte

Auch möglich ist ein Anruf bei der Telefongesellschaft **AT&T**: ☏
1-800-CALL ATT, dann die Ziffer »1« für Kreditkartengespräche
eingeben, dann die übliche Wahl – für Deutschland z.B. 011 49 –
Vorwahl ohne Null und Apparatnummer, dann Kartennummer
und Verfallsdatum eintippen. Dort, wo Karten eingeschoben werden können, also z.B. in *Airports* oder *Shopping Malls*, lässt sich
direkt ohne die lästige Zahlentipperei per Kreditkarte telefonieren. Die **Gebühren** für einen *Credit Card Call* sind indessen
mehrfach **höher als bei Nutzung einer vor Ort gekauften preisgünstigen** *Phone* bzw. *Calling Card*.

Im Hotel

Aufschläge für Telefonate aus Hotels/Motels sind zwar allgemein
niedriger als in Europa, dennoch oft happig genug. Bisweilen werben aber auch Motels mit Netto-Telefongebühren. **Ferngespräche**
lassen sich im Übrigen **vom Hotelzimmer aus** bequemer führen
als von einem *Pay Phone* in Wind und Wetter. Das gilt auch für
Anrufe zum **Nulltarif** bei einer **800-Nummer**, etwa zur Reservierung eines Mietwagens oder Hotelzimmers für die nächsten
Nächte oder in die Heimat per *Calling Card*.

Für **gebührenfreie** und **Kartengespräche** vom Zimmertelefon aus
berechnen Hotels und Motels manchmal nichts, meist aber einen
Fixbetrag von $0,50-$1 pro Anruf.

Mit Handy in den bzw. aus den USA telefonieren

Handy-Besitzer ohne Tri- bzw. Quad Band können in Nordamerika nicht angerufen werden bzw. telefonieren. Das betrifft nur
noch relativ wenige alte Handys. Wer aber einfach sein neueres
Tri- oder Quad-Handy mitnimmt und drauflos telefoniert, wird
am Ende mit einer exorbitanten Rechnung erfreut.

Cellion Card

Handy-Komfort zu moderaten Gebühren (wenn auch nicht so
günstig wie manche amerikanische *Telephone Card*) verspricht
dagegen die *Cellion Sim Card*, die man für die Dauer der Reise ins
eigene (nicht SIM-Lock gesperrte!) Smartphone einsetzt. Faktisch
hat man damit eine nordamerikanische Nummer, mit der man
innerhalb der USA und nach Europa telefonieren kann. Das System ist leicht zu handhaben. Alle Details unter www.cellion.de.

No-contract phones

Eine andere Möglichkeit sind **Billig-Handys** (sog. *pay-as-you-go* oder *no-contract phones*, die man ab ca. $30 z.B. beim *Walmart*, *K-Mart* oder *Best Buy* findet. Mit dem Kauf verbunden sind meist die ersten 200-300 min. Für Auslandsgespräche muss man es freischalten lassen, und die Freiminuten reduzieren sich dann natürlich. Zusätzliche Minuten können ab $20 nachgekauft werden.

Skype

Wer sein *Notebook* dabei hat oder die entsprechende *App* im *Smartphone*, kann unterwegs das *free Wifi* nutzen und mit *Skype* kostenlos (video-)telefonieren. Auch wenn der Gesprächspartner über keinen *Skype-Account* verfügt, sind die Gebühren für Anrufe ins europäische Festnetz nicht hoch. Hierfür benötigt man allerdings ein *Skype*-Guthaben.

Nähere Informationen und die *App* unter: www.skype.com.

Temperaturen

In den USA werden Temperaturen in °Fahrenheit (**F**) gemessen. Die Formel für die Umrechnung von Celsius (**C**) in Fahrenheit und umgekehrt lautet:

$°F = 32° + 1,8 \ x°C$ bzw. $°C = (°F – 32°) : 1,8$

Näherungsformel: $°F = 30° + 2 \ x°C$ bzw. $°C = (°F – 30°) : 2$

Celsius	-15°	-10°	-5°	0°	5°	10°	15°	20°	25°	30°	35°	40°
Fahrenheit	5°	14°	23°	32°	41°	50°	59°	68°	77°	86°	95°	104°

Trinkgeld

In der heutigen amerikanischen Dienstleistungsgesellschaft ist das Trinkgeld (*Tip*) fester Bestandteil des Entlohnungssystems nicht nur in der Gastronomie oder im Taxigewerbe. Ein *Tip* wird nicht nur im besseren Hotel von den diversen dienstbaren Geistern erwartet, sondern auch im Supermarkt (!), sofern der höfliche junge Mann hinter der Kasse den Einkauf in Tüten verpackt <u>und</u> beim Transport zum Wagen behilflich ist (nur fürs Einpacken als solchem ist kein *Tip* üblich), oder bei einer Stadtrundfahrt.

So 100%ig klare Regeln für die Höhe des *Tip* wie im Restaurant oder Hotel, ➢ Seiten 135 und 115, gibt es ansonsten nicht, außer dass Münzgeld nicht mehr ausreicht. Eine **Dollarnote** oder besser noch **zwei Dollar** müssen es selbst bei kleinsten Handreichungen schon sein, möchte man indignierte Reaktionen vermeiden.

Eine komplette Übersicht zum **Thema »***Tipping***«** liefert auf Englisch das Portal www.money.cnn.com/pf/features/lists/tipping.

Veranstaltungen

Festivals, *Fiestas* und *Fairs* sind zahlreich in Kalifornien. Sie reichen von Jahrmärkten mit Karussells und Achterbahnen über Rodeos und Autorennen bis zu hochkarätigen Musik- und Filmfestivals. Im Internetportal www.visitcalifornia.com/events kann man seine Aufenthaltsdaten eingeben und **erhält eine komplette Liste** aller *Events* in Kalifornien in dieser Zeitspanne, die sich zusätzlich auf geographische Bereiche/Städte und persönliche Interessen einengen lässt.

Hier einige der populärsten Veranstaltungen nach Monaten:

Januar   *Tournament of Roses*: Berühmte, blumenübersäte Neujahrsparade in Pasadena, www.tournamentofroses.com

Februar   *Chinese New Year*: In den Chinatowns von San Francisco und Los Angeles wird das Neue Jahr mit bunten Figuren und Knallfröschen begrüßt; z.B. www.chineseparade.com

Las Vegas International Marathon: Gut 26 Meilen oder mehr als 42 km zu Fuß durch die Stadt der Spieler, www.adventure-marathon.com/Las-Vegas-Marathon.aspx

März   *San Jose Jazz Festival*: Hochklassiger Jazz im Südosten der Bay Area, www.sanjosejazz.org

Carmel Kite Festival: Drachen steigen lassen am Pazifik, und das schon seit über 70 Jahren

Santa Barbara Whale Festival: Ende März sind die Meeressäuger die Stars, www.santabarbara.com/events/whale_festival/

Old Sacramento Easter Bonnet Promenade: Zu Ostern macht man sich in Sacramento im Stil der letzten Jahrhundertwende schick und flaniert zum *Waterfront Park*

April   *Pasadena Cherry Blossom Festival*: Kirschblüten läuten den Frühling ein, www.visitpasadena.com/events/cherry-blossom-festival/

Sebastopol Apple Blossom Festival: Im Sonoma Valley feiert man die Apfelblüte, www.sebastopolappleblossom.org

Ventura Music Festival: Jede Menge Konzerte an zehn Tagen von Ende April bis Anfang Mai, www.venturamusicfestival.org

Big Sur International Marathon: Einer der schönsten Marathonläufe der Welt führt an der atemberaubenden Küste entlang, www.bsim.org

Sacramento Valley Scottish Highland Games & Gathering: *Kilts* und *Tartans* an der Westküste findet man im späten April in Woodland westl. von Sacramento, http://sacramentoscotgames.org

Mai   *Cinco de Mayo Fiesta*: Mexikaner und *Mexican Americans* feiern landesweit in Städten und Stadtteilen mit einer nennenswerten Bevölkerung mexikanischen Ursprungs; u.a. auch in San Francisco: www.sfcincodemayo.com

Las Vegas Helldorado: Ein höllisches Rodeo mit viel Spaß vor allem für Westernfans, www.elkshelldorado.com

Calaveras County Fair & Jumping Frog Jubilee: In der dritten Maiwoche springen die Frösche in Frogtown bei Angels Camp wie schon in *Mark Twains* berühmter Geschichte um die Wette, www.frogtown.org und www.gocalaveras.com

Examiner Bay to Breakers Foot Race: 12 km Laufwettbewerb durch San Francisco, http://zapposbaytobreakers.com

Juni ***North Beach Festival***: San Franciscos *Little Italy* feiert mit Kunst, Kunsthandwerk und Spezialitäten, http://sresproductions.com/north_beach_festival.html

Juli ***Laguna Beach Art-A-Fair Festival***: Das erste von drei Sommerfestivals des Ortes rund um die Kunst von Juli bis Anfang September, www.art-a-fair.com

Sawdust Art Festival: Auch hier täglich in Laguna Beach zwei Monate mit Künstlern und Festen, www.sawdustartfestival.org

Festival of Arts & Pageant of the Masters: Das dritte Festival von Laguna Beach, sechs Wochen mit Stücken, Führungen, Paraden, www.foapom.com

Pacific Grove Feast of Lanterns: Laternen, Feuerwerk und mehr in Montereys westlichem Stadtteil in der letzten Juliwoche, www.feast-of-lanterns.org

Central Coast Shakespeare Festival: Der Barde aus Stratford besucht den Pazifik; Stücke von ihm und anderen Dramatikern, http://centralcoastshakespeare.org

Lake Tahoe Shakespeare Festival: Noch einmal Shakespeare, diesmal in Sand Harbor am Lake Tahoe und in Reno von Mitte Juli bis Ende August, www.laketahoeshakespeare.com

California State Fair: Drei Wochen lang bis in den August hinein Ausstellungen, Konzerte und Unterhaltung im Zeichen des *Golden State* in Sacramento – und das schon seit 1854! www.castatefair.org und www.calexpo.com

August ***Sutter Creek Ragtime Festival***: Am zweiten Augustwochenende wandelt man im *Gold Country* auf den Spuren amerikanischer Musikpioniere, www.suttercreekragtime.com

Santa Cruz Cabrillo Music Festival: Klassik für Groß und Klein in der ersten Augusthälfte unter der Leitung der Dirigentin *Marin Alsop*, www.cabrillomusic.org

Lake Tahoe Music Festival: Mitte August fünf Tage lang klassische Musik vor der schönen Kulisse des Lake Tahoe, www.tahoemusic.org

September ***San Francisco Fringe Festival***: Nicht so bekannt wie das gleichnamige Theaterfestival in Edinburgh, aber ebenfalls mit jeder Menge Bühnenleben, www.sffringe.org

Autumn Food & Wine Festival: Abstecher für Gourmets nach Northstar am Lake Tahoe Ufer, Mitte Sept., www.gotahoenorth.com/event/lake-tahoe-autumn-food-and-wine-festival/

Draft Horse Classic & Harvest Fair: In Grass Valley, im Nevada County nördlich von Sacramento, gibt's Mitte September mehrere Tage Westernfeeling, und Zugpferde zeigen, was sie können, http://nevadacountyfair.com

Lobster Festival: In LAs Stadtteil San Pedro im Ports o'Call Village, das dabei von Piraten besetzt wird, Klamauk und Hummer satt gibt's dort Ende September, http://lobsterfest.com

Monterey Jazz Festival: Am dritten Wochenende im September das älteste Jazz Festival der Welt Freitag bis Sonntag non-stop Jazz, www.montereyjazzfestival.org

Oktober   ***Big Sur Jade Festival***: Schöne Steine zum Bestaunen und Kaufen, dazu viel Musik, www.bigsurjadefest.com

Monterey Bay Oktoberfest: 2-tägiges Oktoberfest am Monatsbeginn; www.oktoberfestmontereybay.com

Halloween: am 31. Oktober mit allerhand Aufstand und Events schon Wochen im Voraus

November   ***Día de los Muertos***: Der mexikanische Totengedenktag läuft zwischen Ende Oktober oder Anfang November mit Umzügen, Vorstellungen und Musik durchaus nicht nur traurig ab, z.B. www.dayofthedeadsf.org oder www.ladayofthedead.com

San Diego Bay Wine & Food Festival: 150 Winzer und viele Restaurants verwöhnen Mitte November die Besucher, www.sandiegowineclassic.com

Dezember   ***LA Zoo Festival of Lights***: im Zoo werden schon Ende Nov. die Weihnachtslichter angemacht, http://www.lazoolights.org

Newport Beach Boat Parade & Ring of Lights: Riesenevent und kaum zu toppender Weihnachtskitsch, aber gerade deshalb wieder sehenswert, www.christmasparadeboats.com

The Nutcracker: Jeden Dezember präsentiert das San Francisco Ballet drei Wochen lang fast täglich, teilweise auch nachmittags, Tschaikowskis Familienklassiker, www.sfballet.org/tickets/production/overview/nutcracker

New Year's Eve in Las Vegas: In Vegas findet zu Silvester immer ein Riesenprogramm statt, www.vegas.com/newyears

3

Halloween Day ist der 31.Oktober, aber die Vorbereitungen laufen den ganzen Monat und sind allerorten unübersehbar wie hier bei Disneyland in Anaheim.

Wäsche unterwegs

Bei Campern und auch bei vielen Motelübernachtern gehört unvermeidlich gelegentliches Wäschewaschen, wenn die Reisezeit zwei Wochen überschreitet. Münzwaschautomaten gibt es auf den meisten kommerziellen Campingplätzen. In Dörfern und Städten sind **Coin Laundries** oder **Laundromats** an den Ausfallstraßen kaum zu übersehen. In den dort installierten Maschinen bewegt sich aber statt der – wie bei uns üblich – Trommel eine Art Propeller hin und her und quirlt die Wäsche durcheinander. Die Einstellung »*hot*« heißt nicht etwa Kochwäsche, sondern entspricht der Temperatur des zulaufenden Heißwassers (keine Nachheizung in der Maschine). Nach etwa 20-30 min ist der Vorgang beendet und das Ergebnis entsprechend. Bei höheren Ansprüchen an den Grad der Sauberkeit fügen Amerikaner ihren Waschmitteln (**Detergent**) die bei uns als »Extra« lange vergessene Bleiche zu (**Bleach**).

W(ireless)-LAN bzw. Wifi

Internet-zugang

Der Zugang zum Internet ist in den USA, speziell in den dichter besiedelten Gebieten, flächendeckend möglich. Die meisten Motels und eine große Zahl kommerzieller Campingplätze, sogar **California State Park**s werben mit *free Wifi* (*wireless fidelity*=WLAN). Kostenlosen Zugang gewähren ebenfalls Cafés und Restaurants, darunter alle **Starbucks Cafés**, **McDonalds**, **Burger King** etc. Nur und ausgerechnet in Hotels der höchsten Kategorie kostet der Zugang oft noch extra.

Listen für **freies *Wifi*** findet man

für **Kalifornien** unter
www.wififreespot.com/ca.php

und für **Nevada** unter
www.wififreespot.com/nev.php

Zeit

In den USA steht »**am**« (*ante meridiem*, vormittags) oder »**pm**« (*post meridiem*, nachmittags) hinter einer Zeitangabe:

9 Uhr	9 am
21 Uhr	**9 pm**

Besonders zu beachten ist:

12.00 Uhr	**12:00 pm**	oder *noon*
12.20 Uhr	**12:20 pm**	
24.00 Uhr	12:00 am	oder ***midnight***
0.20 Uhr	12:20 am	

In **Fahrplänen** werden »am-Zeiten« häufig in Normalschrift, »**pm-Zeiten**« in **Fettschrift** gekennzeichnet.

Zeitungen und Zeitschriften

Zeitungen/Nachrichten

Die einzige landesweit verbreitete Zeitung ist **USA Today**. Sie besitzt ein akzeptables Niveau und liegt nicht nur in Kaffeehäusern wie *Starbucks* aus, sondern oft auch kostenlos in der Hotellobby. Der offizielle Verkaufspreis beträt $2.

Die wenigen »besseren« Zeitungen Kaliforniens mit mehr internationalen Nachrichten (**Los Angeles Times, San Francisco Chronicle**) werden außerhalb der *Cities* kaum angeboten. **Lokale Zeitungen** gibt's auch, aber sie beschränken sich fast nur auf Neuigkeiten der Region. Online findet man eine gute Übersicht unter www.onlinenewspapers.com/Top50/Top50-CurrentUS.htm.

Zeitschriften

Bei den **Zeitschriften** existiert ein breites Sortiment für alle denkbaren Spezialbereiche und massig Blätter der seichten Unterhaltung. Darüber hinaus gehen nur die bekannten **Newsweek**, **Time** und einige Wirtschaftsmagazine. Insgesamt ist das Zeitungs- wie Zeitschriftenangebot mit europäischer Vielfalt und vor allem dem bei uns gewohnten Niveau nicht vergleichbar.

Deutsche Presse

Internationale Publikationen werden nur von ausgewählten **News Shops** der großen *Cities* geführt. Für viel Geld ergattert man dort schon mal »Spiegel«, »Stern« oder **Die Welt**«, oft aber nicht aktuell (besser ins Internet schauen!). An den Kiosken der Flughäfen sind neben amerikanischen bestenfalls noch britische und spanischsprachige Printmedien aus Lateinamerika erhältlich.

Zeitzonen

In Kalifornien und Las Vegas gilt *Pacific Time*. Sie liegt gegenüber der MEZ um 9 Stunden zurück; z.B. entspricht 15 Uhr in Mitteleuropa 6 Uhr morgens in Los Angeles.

Da die Amerikaner ebenfalls im Herbst und Frühjahr ihre Uhren um eine Stunde umstellen, aber nicht am selben Wochenende wie wir, kommt es während 1-2 Wochen zwei Mal im Jahr zu einer Zeitverschiebung von nur 8 Stunden.

Zoll bei Rückkehr aus den USA

Zum Zoll bei der **Einreise in die USA** ➢ Seite 88. Wer aus Nordamerika **nach Deutschland** zurückkehrt, braucht bis zu folgenden Werten **weder Zoll noch Umsatzsteuer** zu zahlen (➢ www.zoll.de):

Mitbringsel im Wert **bis zu €430 pro Person** (unter 15 Jahre nur **€175**); Belege aufbewahren, sonst schätzt der Zoll. Zusätzlich

200 Zigaretten oder **50 Zigarillos** oder **50 Zigarren** oder **250 g Rauchtabak** (auch ein rechnerisch anteiliger Mix aus allen)

1 l Spirituosen (2 l bei unter 22% Alkohol) und **4 l Wein** und **16 l Bier** (Einfuhr nur von Personen ab einem Alter von 17 Jahren)

Bei Warenwerten bis €700/Person zahlt man 13,5% **Pauschalabgabe**. Darüber kommen die vollen Sätze Zoll (überwiegend gering) zum Tragen, die mit der Warenart etwas variieren, immer aber sind 19% Einfuhrumsatzsteuern auf den Warenwert plus Zoll fällig.

Reiserouten durch Kalifornien

*Yosemite National Park:
Blick vom Glacier Point auf den
Half Dome und das Yosemite Valley*

Routenplanung und Aufbau des Reiseteils

Zum Reisegebiet

Kalifornien ist mit einer Fläche von knapp 430.000 km² deutlich größer als Deutschland mit 357.000 km². Das in diesem Reiseführer behandelte Gebiet bezieht sich auf den touristisch ergiebigsten Teil Kaliforniens in etwa südlich der Linie San Francisco–Sacramento–Lake Tahoe–Reno bis hinunter zur mexikanischen Grenze und außerdem auf Teilbereiche von Nevada rund um Las Vegas sowie auf die Umgebung von Reno und Nevadas Hauptstadt Carson City. Das sind zusammen über 320.000 km², immerhin noch rund 70.000 km² mehr als die Fläche der alten Bundesrepublik vor der Wiedervereinigung.

Distanzen und Etappen

Viele USA-Urlauber nehmen sich selbst bei nur 2-3 Wochen Aufenthalt Touren über mehrere tausend Kilometer durch eine ganze Reihe von Staaten vor. Besonders beliebt sind dafür die Südweststaaten inkl. Kalifornien. Nachteil solcher Trips sind die oft sehr langen Tagesetappen und die Beschränkung auf die bekanntesten Sehenswürdigkeiten. Nun ist gerade in den USA mit zahlreichen landschaftlich reizvollen Routen auch der »Weg ein Ziel«, aber die Zeit für kleine wie große Entdeckungen unterwegs meistens viel zu kurz bemessen.

Geographie und Reisezeit

Diese Problematik vermeidet, wer den geographischen Rahmen seiner Reise nach Amerika enger fasst und sich z.B. auf Kalifornien und Nevada »beschränkt«. Tatsächlich ist der Raum Süd- und Zentralkalifornien mit angrenzenden Gebieten Nevadas allein schon groß genug, um eine monatelange Reise zu füllen. Erst die würde ausreichen, um die Vielfalt der Landschaften, die großen Cities der Westküste wie auch Las Vegas und die zahlreichen weiteren Highlights im äußersten Südwesten intensiv kennenzulernen und nicht nur »abzuhaken«. Wer die üblichen 2-3 Wochen hat, muss die Route sorgfältig planen und zusammenstellen, um zumindest die persönlich wichtigsten Anlaufpunkte zu schaffem und dort genügend Zeit einplanen. Das ist selbst für eine Reise »nur« durch Kalifornien mit Abstechern etwa nach Las Vegas oder sogar bis zum Grand Canyon gar nicht so einfach.

Zur Routenplanung

Tatsächlich gibt es sogar in diesem überschaubareren Rahmen erstaunlich **viele Möglichkeiten für eine Zusammenstellung einer Reiseroute**. Je nach Jahreszeit, geplanter Reisedauer und persönlichen Präferenzen können Reisende mit identischen Zwischenzielen – auch abhängig vom Ausgangspunkt – auf unterschiedlichsten Strecken unterwegs sein. Ein typisches Beispiel dafür wäre die Kombination der Cities von Los Angeles, San Francisco und Las Vegas mit den Nationalparks *Yosemite, Death Valley* und *Joshua Tree*. Diese populären Eckpunkte lassen sich leicht über touristische »Trampelpfade« verbinden, aber durchaus auch über weniger befahrene, manchmal reizvollere Alternativen.

Haupt- und Nebenrouten	Das rasche Vorankommen und die Dominanz bekannter Routen steht bei vielen USA-Reisenden stark im Vordergrund. Das erklärt, weshalb manche Straßen trotz ihres grandiosen Verlaufs nicht besonders beachtet werden. Eine Rolle spielt dabei oft auch die fehlende Information. Nur mit dem Straßenatlas oder gar nur mit dem Navigerät vor Augen kann man vielleicht die verkehrstechnisch beste Route bestimmen, selten jedoch die schönste oder touristisch ergiebigste. Die üblichen Kennzeichnungen in den Karten für schöne Streckenführung helfen dabei auch nur bedingt, da sie – wie es scheint – oft mit der »Gießkanne« verteilt werden und Nebenstraßen kaum berücksichtigen.
Empfehlung	Es kann daher gar nicht genug empfohlen werden, der **Routenplanung hohe Aufmerksamkeit** zu **schenken**. Denn nicht nur die angesteuerten »großen« Sehenswürdigkeiten bestimmen Intensität und Erlebniswert einer Kalifornienreise, sondern gerade dort die oft überraschenden »kleinen Attraktionen« am Weg dorthin.
Aspekte	Bei der **Routenplanung** geht es um drei Aspekte:

- **die Auswahl der Reiseziele im einzelnen**
- **die Verbindung zwischen ihnen**
- **die zur Verfügung stehende Zeit**

Strecken- auswahl in Reise- führern	In den meisten Reiseführern wird nur der erste Punkt ausführlich berücksichtigt. Je nach Schwerpunktsetzung findet der Leser eine mehr oder minder umfassende Beschreibung der Sehenswürdigkeiten einer Stadt oder Region in kompletter oder ausgewählter Form. Die Verbindung von A nach B nach C etc. ist ein eher untergeordneter Punkt. Angaben dazu gehen selten über rein technische Daten (Straßennummern, Meilen) hinaus. Am ehesten geschieht dies noch dort, wo die Behandlung der Reiseziele nach Maßgabe einer bzw. mehrerer Vorschlagsrouten erfolgt. Aber auch dann sind mögliche Alternativen mit ihren Vor- und Nachteilen selten Gegenstand der Erörterung.

Die Frage der Zeit ist sehr subjektiv. Enggefasste Vorgaben, die von der Mehrheit der Leser nachvollziehbar wären, sind in vielen Fällen unmöglich:

Sind zwei, drei oder mindestens vier Tage für San Francisco ausreichend? Kann man den Highway #1 von San Francisco nach LA in zwei Tagen »schaffen« oder wären eher vier Tage zu veranschlagen mit allem Drum und Dran? Hier ist die individuelle Präferenz ausschlaggebend. Eine gute Vorinformation hilft bei der Zeitbemessung für Strecken und Zwischenziele.

Dieses Buch	**Aufbau wie Art und Weise der Behandlung von Reisezielen und -routen in diesem Buch trägt diesen Anmerkungen und den besonderen Gegebenheiten des individuellen Reisens durch Kalifornien Rechnung.** Dazu gehört der Umstand, dass es nicht nur eine Handvoll attraktiver Routen, sondern eine Vielzahl von Strecken gibt, die man zur **persönlich optimalen Reiseroute** vielfältig kombinieren kann und das auch ganz bewusst machen sollte.

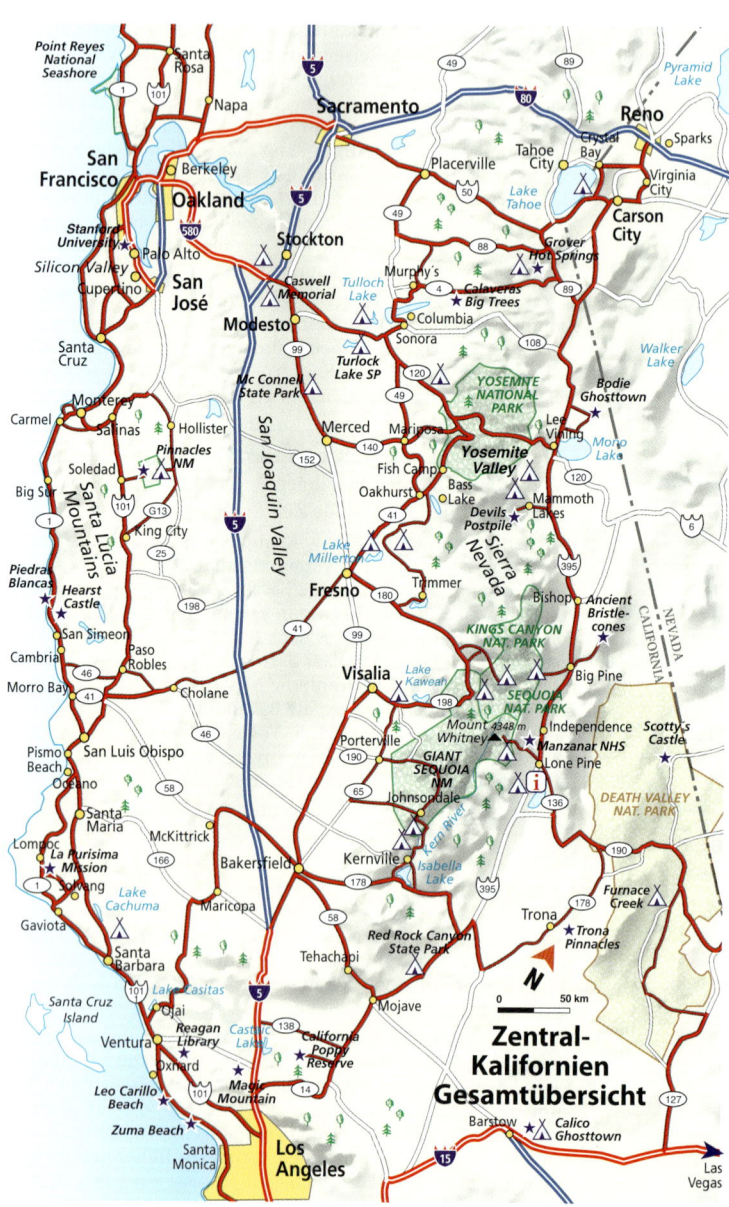

Zentral-
Kalifornien
Gesamtübersicht

**Südkalifornien
Gesamtübersicht**

Routennetz	In den Karten links und oben (➤ zudem **Karte Seite 464** für die *Mojave Desert* und **Las Vegas**) vermitteln die rot markierten Straßen ein Bild von der Dichte der hier intensiv behandelten und zumindest kurz erläuterten Strecken. Die **Routenkarte** in der vorderen Umschlagklappe liefert dazu eine vereinfachte Gesamtübersicht.

Startrouten und Rundstrecken	Die Erfassung aller besuchenswerten Sehenswürdigkeiten erfolgt über **Startrouten** ab den beiden internationalen **Ankunftsflughäfen San Francisco** und **Los Angeles**, die entweder zu einer Rundstrecke oder – für den Fall unterschiedlicher Ankunfts-/Abflugairports – hintereinander geschaltet werden können. Wer in **Las Vegas** startet, findet Routen nach San Francisco, Los Angeles und San Diego, muss aber teilweise gegen die beschriebene Richtung lesen.

Auf spezifische **Routenvorschläge** wurde hier verzichtet, weil die bewusste Fixierung der Leser dieses Buches auf Kalifornien zeigt, dass bereits Ziel- und Routenvorstellungen vorab existieren.

Cities	Den Cities **Los Angeles, San Francisco, San Diego und Las Vegas** sind umfangreiche Kapitel gewidmet. Die Beschreibung von Städten mittlerer Größe (Sacramento, Santa Barbara, Palm Springs, Reno u.a.) wurde in die jeweiligen Routenkapitel integriert.

In allen Stadtkapiteln kommen die »technischen« Fragen der Ortsbesichtigung von der Orientierung bis zu Unterkunfts- und Restaurianthinweisen besonders ausführlich zur Sprache.

National Parks und Monuments	Auch für die großen kalifornischen Nationalparks **Yosemite**, **Death Valley, Sequoia/Kings Canyon** und **Joshua Tree** gibt es separate Kapitel, ebenso für die Abstecher zu den Nationalparks **Grand Canyon** (Arizona), **Zion** und **Bryce Canyon** (Utah). Nationalmonumente und *State Parks* finden sich in den Routenkapiteln.

Bedeutung der Piktogramme

**Pikto-
gramme**

**Camping
& Wandern**

Ebenfalls auf persönlicher Erfahrung und Beurteilung beruht das Gros der **Camping- und Wanderempfehlungen**:

• Die **drei Campingsymbole** weisen auf Campmöglichkeiten hin, welche die Autoren positiv bewerten. Ihre Bedeutung ist klar. Die meisten der durch ein Piktogramm hervorgehobenen Plätze eignen sich sowohl für Campmobile als auch für Zelte.

• Die positive Einschätzung bezieht sich überwiegend auf **landschaftliche Einbettung** und **Großzügigkeit der Anlage,** berücksichtigt aber auch die **Übernachtungskosten**. Die Piktogramme besagen daher, dass der entsprechende Platz die Gebühren unbedingt wert ist oder – bei niedrigen Kosten bzw. Nulltarif – zumindest als akzeptabel eingestuft werden kann. Häufig trifft beides zu: Nicht wenige der schönsten Plätze kosten unter/bis $25 pro Nacht und Fahrzeug.

Davon abweichende Einschränkungen – etwa in Städten – ergeben sich aus dem begleitenden Text. **Nicht** oder nur von nachgeordneter Bedeutung für eine Empfehlung waren die Qualität von sanitären Anlagen und kommerzieller Einrichtungen wie Shops oder Gemeinschaftsräumen mit Spielgeräten.

• Das Wanderpiktogramm findet sich in erster Linie bei empfehlenswerten **Tageswanderungen** von kurzer bis mehrstündiger Dauer. Für weitergehende Empfehlungen ➢ Seite 32f.

Unterkunft

Übernachtungsempfehlungen beziehen sich auf außergewöhnliche Unterkünfte, solche mit gutem Preis-Leistungsverhältnis und auf preiswerte Einfachquartiere.

Ein Piktogramm findet sich in einigen Fällen auch dort, wo die Unterkunftssituation nur allgemein beschrieben wird, z.B. durch den Hinweis auf eine Ausfallstraße mit Motelballung. Auf den Seiten 107ff wurde bereits erläutert, was von amerikanischen *Hotels*, *Motels*, *Motor Inns* und *Bed & Breakfast Places* zu halten ist und worauf bei der Reservierung bzw. Buchung zu achten ist.

**Fast Food/
Restaurants
und Kneipen**

Die weiteren Piktogramme sind leicht zu deuten:

Die oberen kennzeichnen die Aussicht auf eine **Kaffeepause**, einen **Drink** oder eine **Kneipe**. Darunter geht's um einen guten Snack oder *Fast Food* bzw. um ein empfehlenswertes **Restaurant**. Da die Versorgung auf Reisen in den USA das geringste Problem darstellt, wenn man einmal die grundsätzlichen Gegebenheiten kennt (➢ ab Seite 129), bilden konkrete Hinweise in diesem Buch nur für größere Städte einen Schwerpunkt. Die Piktogramme unterstreichen sonst (entlang der Routen/in kleinen Orten) einzelne gute Erfahrungen.

Die Schwimmerpiktos beziehen sich auf **Badegelegenheiten** in Seen und Flüssen, selten im Ozean, und – mit Leiter – auf öffentliche Pools und allgemein zugänglich ausgebaute *Hot Springs*.

Die Kamera weist – was sonst? – auf besondere Motive und Standpunkte für lohnenswerte Reisefotos hin.

Start in
San Francisco

Start in San Francisco

1.1. San Francisco

1.1.1   Allgemeine Informationen

Geographie und Klima

Geo- und Topographie

San Francisco liegt am Nordende einer Landzunge, die im Westen vom Pazifik und im Norden und Osten von der San Francisco Bay begrenzt wird. Im engeren fast quadratischen Stadtgebiet (ca. 120 km²) an der Spitze der Halbinsel leben heute über 850.000 Einwohner, rund um die gesamte Bucht herum in der sogenannten *Bay Area* (San Francisco, Berkeley und Oakland, San José, Palo Alto u.a.) über 5 Mio. Menschen.

Die hügelige Topographie der Region tat der dichten Besiedelung keinen Abbruch. Gerade einige Parkareale und die *Twin Peaks* blieben von der Bebauung verschont, wobei die Stadtplaner weitgehend die Eigenheiten des Terrains ignorierten und für die Straßenführung **Schachbrettmuster** zugrunde legten. Nur wo das beim besten Willen nicht durchzuhalten war, wich man davon ab. Zahlreiche schnurgerade **Straßen** mit bis zu 30% Steigung bzw. Gefälle verlaufen daher **achterbahnähnlich**. Sie stellen recht hohe Ansprüche an den Durchhaltewillen bei Stadterkundungen per pedes, aber die Anstrengung wird an höhergelegenen Punkten immer wieder mit wunderbaren Blicken und Perspektiven belohnt, etwa in der Hyde, der Filbert und natürlich der berühmten Lombard Street, ➢ Seite 201, es sei denn, der berüchtigte Nebel liegt mal wieder über der Stadt.

Mehr dazu z.B. unter http://de.wikipedia.org/wiki/San_Francisco

Klima

Auf der Halbinsel und rund um die Bucht herrscht **kein einheitliches Klima**, vielmehr ergeben sich aus der exponierten Lage San Franciscos und der wechselnden Topographie lokale Mikroklimata. So ist es an der *East Bay*, in den Städten östlich der Bucht, meist wärmer und sonniger als auf der Halbinsel, wo sich oft dichter **Seenebel** an der *Golden Gate Bridge* fängt und auf einer Linie bis hinüber zu den *Twin Peaks* hängen bleibt. In *Downtown* kann es dann durchaus sonnig sein, während die westlichen Viertel bis zum Meer im feuchtkalten Dunst liegen.

Die Temperaturen werden davon stark beeinflusst. Sie steigen selbst im Hochsommer selten über 20°C. Erheblich kühlere Witterung bildet keine Ausnahme. Dieses Phänomen ist nicht etwa eine typische Wintererscheinung, sondern eher **im Sommer** anzutreffen. Juni, Juli und August sind daher weniger günstige Reisemonate für die Stadt, sondern eher Mai, September und Oktober. Sie sind relativ **sonnenreich** und damit im Schnitt wärmer und trockener. Der spärliche Regen konzentriert sich auf die Wintermonate, deren mittlere Temperaturen nur um 8°C vom Sommerdurchschnitt abweichen.

Geschichte

**Geschichte/
Gründung**

Die ersten Siedler im Bereich des heutigen San Francisco waren die **Ohlone**-und **Miwok**-Indianer, die bis zur Ankunft der spanischen Eroberer und Missionare im 18. Jahrhundert ungestört an der Bucht leben konnten. Im Zuge ihrer Missionsgründungen entlang der kalifornische Küsten (➤ Kasten Seite 476) errichteten Franziskanermönche um den aus Mallorca stammenden Pater **Junípero Serra** im amerikanischen Unabhängigkeitsjahr 1776 eine Missionsstation, die **Mission Dolores** (➤ Foto unten und Seite 211), um die Indianer der Region zu christianisieren. Wie in so vielen Gebieten der neuen Welt fruchteten die frommen Pläne wenig. Vielmehr starben die Ureinwohner, da sie den eingeschleppten Krankheiten der Alten Welt nichts entgegenzusetzen hatten.

1846-1900

Nach einem mexikanischen Zwischenspiel und der vorübergehenden Bezeichnung **Yerba Buena** (»gutes Kraut«) fiel die Siedlung rund um die Mission 1846 im mexikanisch-amerikanischen Krieg ohne Kampfhandlungen an die USA. Sie erhielt ein Jahr später zu Ehren des Schutzheiligen ihrer Gründer ihren heutigen Namen. Während des kalifornischen Goldrausches (1848-1851 im Gebiet der Sierra Nevada zwischen *Yosemite National Park* und *Lake Tahoe*) ging es mit San Francisco steil bergauf. Bereits 1870 zählte die Stadt 150.000 Einwohner. Sie schwamm danach auf der Welle der amerikanischen Gründerjahre. Arbeiter und Abenteurer aus aller Welt strömten in die Stadt, und Eisenbahnbarone ließen sich Villen auf dem **Nob Hill** bauen. San Francisco wurde auch Heimat Tausender Chinesen, eines Deutschen namens **Levi Strauss**, der mit seinen

Die Mission Dolores ist die Keimzelle San Franciscos und zugleich das älteste erhaltene Bauwerk der Stadt; rechts von ihr steht die Mission Dolores Basilica von 1918

widerstandsfähigen Beinkleidern für Furore sorgen sollte, und eines Schotten namens **Andrew Hallidie**, dessen Erfindung **Cable Car** heute noch über die Hügel bimmelt.

Das 20. Jahrhundert

Das mittlerweile auf über 300.000 Einwohner angewachsene San Francisco erlebte am **18. April 1906** ein desaströses **Erdbeben** mit einer Stärke zwischen geschätzten 7,9 und 8,3 auf der erst noch zu erfindenden Richter-Skala. Die nachfolgenden Brände legten die Stadt in Schutt und Asche. San Francisco erholte sich davon in nur wenigen Jahren und feierte 1915 mit der *Panama Pacific Exposition* zur Eröffnung des Panamakanals zugleich seine mittlerweile vollendete Wiederauferstehung.

Die Zeit zwischen den Weltkriegen stand ganz im Zeichen der Brücken: In den 1930er-Jahren wurden die **Golden Gate Bridge** (➤ Kasten Seite 205) und die **Bay Bridge** errichtet, ➤ Seite 230.

Bis Ende des 2. Weltkriegs beherrschte Kriegswirtschaft die Bucht, die vorübergehend zum wichtigsten Industrie- und Werftstandort (in Oakland jenseits der Bay) der Pazifikküste geworden war.

In der Nachkriegszeit bewies sich wieder die immer schon vorhandene Attraktivität San Franciscos für »Andersdenkende«: So machte in den 1950er-Jahren die **Beat Generation** die Stadt zu ihrem Hauptquartier. Ab der zweiten Hälfte der 1960er bevölkerten **Hippies** aus Nah und Fern das Viertel Haight Ashbury und vertäuten bei Sausalito jenseits des *Golden Gate* eine riesige Armada von abenteuerlich zusammengebastelten Hausbooten.

Gay Community

In den 1970er-Jahren erwarb sich San Francisco den Beinamen »Welthauptstadt der Schwulen«. Die in der Hippiezeit ausgelöste sexuelle Liberalisierung sorgte für eine **Gay Community**, die heute auf 20% der wahlberechtigten Bürger der Stadt geschätzt wird. Als politischer und wirtschaftlicher Faktor – die Einkommen der schwulen Bevölkerung liegen deutlich über dem Durchschnitt – ist die Homosexuellenbewegung nicht mehr wegzudenken. Als ihre »Hochburg« gilt ein Bereich unterhalb der *Twin Peaks* und *Buena Vista Park* mit Zentrum in der Castro Street zw. 17. und 19. Straße.

Erdbeben 1989

1989 erschütterte ein weiteres Starkbeben die Region: Beim *Loma Prieta Earthquake* (Stärke 7,1) gab es zwar einige spektakuläre Schäden wie den Einsturz von doppelstöckigen Autobahnsegmenten, darunter ein Teilstück der *Bay Bridge,* aber die Zerstörungen hielten sich insgesamt in Grenzen, nur wenige Menschen starben – ein Erfolg der mittlerweile relativ bebensicheren Konstruktion der meisten Häuser und öffentlichen Bauwerke. Dennoch wurden danach die Bauverordnungen weiter verschärft, und viele ältere Gebäude und Großkomplexe wie die Brücken erhielten zusätzliche Erdbebensicherungen. Denn das nächste Beben kommt bestimmt. Man erwartet, dass der **The Big One** bis 2030 irgendwo am San-Andreas-Graben stattfindet, ➤ Seite 312.

Wirtschaft

Die sich schon vor dem 2. Weltkrieg abzeichnende Position San Franciscos als wichtigstes **Finanzzentrum Kaliforniens** verstärkte sich nach wechselhaften 1960er- und 1970er-Jahren in den letzten

Dekaden des 20. Jahrhunderts. Der über mehr als zwanzig Jahre ununterbrochene Aufstieg der Stadt – wirtschaftlich wie bevölkerungsmäßig – wurde ab 2001/2002 nur vorübergehend vom Platzen der sog. *Dotcom*-Blase für einige Jahre unterbrochen. Viele Internet **Start-ups**, die vor allem im Bereich *South of Market* residierten (➤ Seite 190), mussten damals aufgeben. Aber der folgende Web 2.0-Hype sorgte bald für einen neuen Aufschwung.

IT & High-Tech Der südliche Teil der *San Francisco Bay* rund um die Vororte San Mateo und San José (➤ Seite 311) ist einer der bedeutendsten IT- und High-Tech-Standorte weltweit. Im sog. **Silicon Valley** ist praktisch jedes Unternehmen, das in der Computertechnik und Halbleiterbranche Rang und Namen hat, vertreten – von *Apple*, *Google*, *ebay*, *Hewlett Packard*, *Adobe*, *Facebook* bis hin zum Online-Versandgiganten *Amazon*. Viele wurden dort gegründet oder haben auch heute noch ihr Hauptquartier in diesem »*Cybervalley*«, und das Geschäft boomt jetzt wieder wie einst in den 1990er-Jahren.

Rund um die renommierte Stanford University gründeten die Absolventen ihre eigenen Firmen – ein »Industrial Park«, der zu einem der bedeutendsten IT- und High-Tech-Standorte weltweit heranwuchs

Orientierung

Zentrum Die Orientierung **im zentralen San Francisco**, wo sich ein Großteil der Sehenswürdigkeiten befindet, ist wegen des Stadtaufbaus **relativ einfach**. Gleich, aus welcher Richtung Besucher die Innenstadt erreichen (einschließlich der ersten Anfahrt vom *International Airport* an der San Francisco Bay bei San Bruno), fast unweigerlich geraten sie auf oder über die **Van Ness Ave**, ein mitten durch die City führendes Teilstück der Nord-Süd Küstenstraße #101. Diese sechsspurige Allee und die auf Pylonen geführte Interstate #80 (Verlängerung der *Oakland Bay Bridge*) trennen den in der nordöstlichen Ecke der Halbinsel gelegenen Kern vom weitläufigen «Rest» San Franciscos. Innerhalb dieses Gebietes befinden sich auf nicht einmal 10 km² Fläche u.a. **Downtown San Francisco** mit dem Union Square und den für amerikanische Großstädte typischen Hochhäusern des **Financial District**.

Zentrale Neighborhoods

Außerdem liegen dort so bekannte *Neighborhoods* wie das quirlige **Chinatown**, **North Beach** mit seinem italienischen Flair und die schönen, steilen Hügelviertel **Nob Hill**, **Russian** und **Telegraph Hill**, nicht zuletzt auch der erst in den letzten Dekaden zu Bedeutung gelangte Bereich **South of Market**/**SoMa**. Dazwischen fließen Arterien wie die **Market Street** und die **Columbus Avenue**, dazu unzählige kleine Lebensadern, deren Namen und Straßenecken an Szenen aus dem »*Malteserfalken*« oder aus »*Vertigo*« erinnern: Turk Street, Macondray Lane oder der krumme Abschnitt der Lombard Street östlich der Hyde Street. Das Nordufer der Bay zwischen Hyde Street und Pier 39 dominiert der komplett touristifizierte Besuchermagnet **Fisherman's Wharf**.

Bereiche westlich von Downtown

Auf der Market Street gelangt man in Richtung Südwesten in den **Mission District** mit der Wiege der Stadt (➤ oben) und seinem nach wie vor lateinamerikanischen Grundrhythmus sowie ins schwul-lesbische Mekka **Castro**. Nur wenig weiter nordwestlich liegen die frühere Hippie-Hochburg **Haight Ashbury** und der ausgedehnte **Golden Gate Park**.

An die **Fisherman's Wharf** schließen sich westlich erst der **Fort Mason Park**, dann der **Marina District** mit seinen Yachthäfen und pittoresk bunten Holzfassaden und das frühere Militärgelände (heute *National Recreation Area*) **Presidio of San Francisco** mit dem Freizeitgelände **Crissy Field** am Ufer der Bay an. Am Ende des *Crissy Field* erreicht man das **Fort Point** unterhalb der **Golden Gate Bridge**, die an ihrem Südende die nun zunächst zusammen verlaufenden Straßen #101 und #1 aufnimmt.

Südlich der Brücke geht es durch die Wohnviertel **Seacliff** und **Richmond** bis ans Nordwestende der Halbinsel mit den **Lincoln** und **Sutro Heights Parks** hoch über dem Pazifik.

Aussichtspunkte

Wer sich vor **Beginn einer Stadterkundung** erst einmal einen Überblick verschaffen möchte, könnte zunächst einen der hochgelegenen Aussichtspunkte anlaufen. Dank seiner Topographie bietet San Francisco mehrere schöne Möglichkeiten:

- Der **Coit Tower** auf dem Telegraph Hill ist der optimale Aussichtspunkt für einen Blick auf *Downtown* und die Bucht.

- Komfortabler, aber teurer, geht's in der Dachgeschossbar *Top of the Mark* des **Mark Hopkins Hotel** zu (*Interconti*, 1 Nob Hill).

- Vom Uferweg des **Crissy Field** ist der Blick auf die *Golden Gate Bridge* bei klarem Wetter und auch dann eindrucksvoll, wenn Nebel durch die Brücke hindurch in die Bucht zieht.

- Beim **Fort Point** blickt man von ganz nah unten auf die konstruktiven Details der Brücke; am jenseitigen Ufer wartet eine groß ausgebaute Terrasse mit Blick über die Bay auf die *San Francisco Skyline* (➤ genauer auf Seite 204f).

- Sehr beliebt als Aussichtspunkt ist auch der **Alamo Square**, ein begrünter Platz zwischen Innenstadt und *Golden Gate Park* (ab Van Ness Ave auf der Hayes Street 8 Blöcke westlich, sofern man aus *Downtown* kommt). Den Vordergrund bilden dort hübsch bemalte viktorianische Häuser (die **Painted Ladies**, ➢ Foto Seite 212), dahinter sieht man die *Skyline* der City.

• Die **Twin Peaks** sind am besten mit Auto zu erreichen. Mit den Buslinien F (ab Market Street) und 37 (in diese umsteigen in Castro) geht es auch per Bus. Von der Endstation sind es dann nur noch ein paar Stufen nach oben. Bei klarem Wetter hat man einen sagenhaften Blick über ganz San Francisco und mehr.

• Letzteres gilt ähnlich auch für den kleinen **Grand View Park**, der kaum von Touristen besucht wird. Er liegt südlich des *Golden Gate Park* an der Noriega Street/14th Ave (Buslinie 66).

49-Mile-Drive   Die interessantesten Besuchspunkte lassen sich durch einen Rundkurs gut miteinander verbinden, den **49-Mile Scenic Drive**, ➢ Übersichtskarte und Beschreibung auf Seite 197.

Information und Transport

Internetinfo   Zur aktuellen Vorabinfo in Ergänzung dieses Buches eignet sich in erster Linie die offizielle Tourismuswebseite, wo man u.a. auch die neueste Ausgabe des stadteigenen Info-Magazins durchblättern kann www.sanfrancisco.travel/article/visitors-guide.

Gute Portale in deutscher Sprache sind www.sanfrancisco4you.com und www.sfjourney.com.

Anlaufstellen   Wer noch zusätzliche Unterlagen und Infos benötigt, findet die erste Anlaufstelle gleich im **Ankunftsbereich des *Int'l Airport***. Die zentrale **Visitor Information** residiert im Pavillon an der *Hallidie Plaza* mitten in der Innenstadt (900 Market St; tiefer gelegter Vorplatz der U-Bahn Station Powell/Market Street).

Sehr gut ist das kostenlose »**Where San Francisco**« im Magazinformat, ein monatlich aktualisiertes Heft mit Karten und up-to-date Informationen zu allem Sehenswerten, Restaurant- und

Blick von den Twin Peaks über San Francisco

Kneipenempfehlungen für alle Stadtteile und Veranstaltungskalender. Weitere Infohefte wie **San Francisco Chaperon** (auch auf deutsch erhältlich; www.chaperon.com) und **Bay City Guide** (www.baycityguide.com) sind ebenfalls informativ, haben Stadtpläne und dazu *Discount Coupons* für Geschäfte und Restaurants. In der Besucherinformation *Hallidie Plaza* kann man auch **Transport-** und *City Pass* kaufen, ➢ Seite 174.

Erkundung am besten per pedes

San Francisco besitzt eine in den USA nur von wenigen Cities geteilte Sonderstellung: Das Zentrum einschließlich *Fisherman's Wharf* etc. lässt sich **besser zu Fuß und mit öffentlichen Verkehrsmitteln** erkunden als per Auto. Einerseits liegt das an der Überschaubarkeit der Innenstadt, andererseits an der Verkehrsdichte und Parkplatzmangel, was Stress bereitet und ein Fahrzeug leicht zum Klotz am Bein werden lässt. Außerdem gibt es für längere Distanzen Busse und vor allem die **Cable Car**, deren Benutzung ohnehin zum touristischen Pflichtpensum gehört.

Parken

Wer per Auto aus der Umgebung anfährt, sollte in Anbetracht der in vielen Straßen kolossalen Steigungen bzw. Gefälle (bis 30%) bei gleichzeitigem *Stop-and-go* und der dort katastrophalen Parksituation in das vom Wasser, Van Ness Ave und Market Street begrenzte Dreieck **am besten gar nicht erst hineinfahren**, erst recht nicht mit einem Wohnmobil (ggf. Abstellen im Bereich der *Wharf*, am *Exploratorium* – ➢ Seite 202 – oder auf einem bewachten Parkplatz *South of Market*). Mit Pkw kommt man immerhin in Parkhäusern unter, wird aber ganz schön zur Kasse gebeten.

Parken am Hang

Beim Parken an einer der vielen abschüssigen Straßen ist man verpflichtet, zusätzlich zum Anziehen der **Handbremse** die **Vorderräder** so zum Kantstein hin **einzuschlagen**, dass ein Wegrollen (*Runaway*) des Wagens unmöglich wird. Wer das vergisst, kriegt ein *Ticket*, und zwar blitzschnell wie bei Parkzeitverstößen.

Öffentlicher Transport/ BART	Vom Touristenbüro in der Hallidie Plaza gelangt man auf eine Ebene mit der U-/S-Bahn Station Powell/Market für die Züge von **BART** (*B*ay *A*rea *R*apid *T*ransit) in Richtung Oakland, Berkeley, Airport und den Süden der SF-Halbinsel.
Streetcars	**Nostalgische Straßenbahnen** (*F-Market* & *Wharves Street Car Line*, *Ticket* $2) verkehren von der **Fisherman's Wharf** entlang der Bay (*The Embarcadero*) bis zum **Ferry Building** und dann via Stewart Street auf die **Market Street** und auf dieser hinunter bis zu den Stadtteilen Castro/Mission. Ein Verlängerung über das *Ferry Building* hinaus (**Embarcadero Street Car Line**) ist im Bau und sollte bereits 2011 eröffnet werden. Möglicherweise nimmt sie bis Ende 2012 ihren Dienst auf.
MTA/MUNI	Außer der *Streetcar* wird das System des öffentlichen Nahverkehrs von **MTA** (*M*unicipal *T*ransportation *A*gency) unterhalten. Wer mehr als nur eine kurze Fahrt mit der **Cable Car** im Auge hat, sollte sich die **San Francisco Street & Transit Map** besorgen, die alle Systeme detailliert beschreibt, und bei der *Visitor Information* gleich einen **Tagespass** für **MUNI** (*Municipal Railway*) kaufen ($**15**; auch 3- und 7-Tage-Pässe: $**23** bzw. $**29**) . Die Pässe schließen die Benutzung aller Busrouten von **MUNI**, der **Street Cars** und der **Cable Car** (➤ Kasten Seite 192) mit ein.
	Die einfache Fahrt in den Bussen von MTA/MUNI kostet $**2,25**, eine Einzelfahrt in den *Cable Cars* heute sogar $**6**; vor 7 Uhr und nach 21 Uhr nur $3
	Aber **Achtung**: Wer sich zu weit außerhalb einquartiert und dort mangels Alternative in die Busse von **samTrans** (z.B. ab dem Airportbereich) steigt, kann die Pässe von MTA/Muni offiziell nicht nutzen und zahlt extra.
Info für alle Systeme	**Internet-Info zu den Transportsystemen**: www.bart.org, www.streetcar.org, www.sfmta.com
Sightseeing per Bus	Das Angebot unterschiedlichster Bustouren für Touristen ist speziell in San Francisco enorm, seien es konventionelle Stadtrundfahrten auf kleinem oder großem Radius ohne und mit Abstechern nach Sausalito, Tiburon und zu den Redwoodbeständen der *Muir Woods* oder inkl. *Alcatraz*-Trip. Eine Übersicht mit aktuellen Tarifen findet man z.B. unter www.graylineofsanfrancisco.com oder www.buysanfranciscotours.com.

Auch in San Francisco keine schlechte Idee sind Stadtrundfahrten mit – im Oberdeck *open-air* – **Doppeldecker-Bussen**, die auf einer vorgegebenen Route in kurzen Intervallen alle wesentlichen Sehenswürdigkeiten abfahren und beliebige Fahrtunterbrechungen zulassen, ***hop-on-hop-off*** also. Bei ***Big Bus Tours*** gibt es 24- und 48-Stunden Tickets für eine recht weite Runde inkl. *Golden Gate*-Aussichtspunkt und *Golden Gate Park*, wobei die 2-Tage-Tickets kaum mehr kosten als 24-Stunden ($40,50 bzw. $49,50); alle Details unter www.bigbustours.com, Schaltfläche unten links »San Francisco«. Bei ***City-Sightseeing*** gibt's den *Downtown Loop* ab $31; Erweiterungen extra, ➢ unter www.city-sightseeing.us.

Ride the Ducks

Eine Rundfahrt ab der ***Fisherman's Wharf*** (Taylor/Ecke Jefferson Stret) durch den östlichen relativ flachen Bereich von *Downtown* machen die **Amphibienfahrzeuge** (alte Landungsboote der Marine) der Firma ***Ride the Ducks***. Südlich des *South Beach Park* geht's dann ins Wasser der San Francisco Bay für einen kleinen Bootstrip unweit der *Bay Bridge*. Wer will, darf dort auch mal ans Steuer. ✆ 1-877-887-8225, http://sanfrancisco.ridetheducks.com; Der 90-min-Trip kostet $37, Kinder bis 12 Jahre $25, bis 3 $5. Anzahl der Abfahrten und Zeiten variieren.

»Ride the Ducks«: Sightseeing erst 'mal durch den Stadtverkehr, bevor am Schluss die Runde durchs Wasser folgt

Bootstouren   Näheres zu Boostouren ➢ Seite 198 unter ***Fisherman's Wharf***

City Pass   Erwägenswert für einen längeren San Francisco Besuch ist der ***City Pass*** **für $94**, Kinder 5-12 Jahre $69. Er beinhaltet **7 Tage unbegrenzten Transport** mit der *Cable Car* und dem *MTA/MUNI System*, dazu *Bay Cruises*, Eintritt in die *California Academy of Science*, ins *Aquarium of the Bay* **oder** *Monterey Bay Aquarium* sowie ins *Exploratorium* **oder** *Fine Arts Museum* (*de Young*). Details unter: http://de.citypass.com/san-francisco.

Unterkunft

In San Francisco, dem **teuersten Hotelpflaster unter den großen Städten an der Westküste**, ballen sich Hotels aller Preisklassen in **Innenstadtnähe** westlich und nördlich des Union Square und entlang der Straße #101 (**Lombard und Van Ness Street**). Hotels zu Spitzenpreisen findet man insbesondere an und nahe der *Fisherman's Wharf* sowie an der **Market Street**.

Große Bettenkapazitäten existieren rings um den Flughafen vor allem am **Airport Boulevard**, gut **20 mi südlich von *Downtown***, und südlich des *Airport*-Bereichs bis hinunter nach **San Mateo**.

Bei der **V*isitor Information***, ➤ Seite 171, liegen Unterkunftsverzeichnisse mit aktuellen Telefonnummern und Preisen aus. Auch das Internet ist voll von SFO-Hotelangeboten.

Über die offizielle SFO-Tourismusseite www.sanfrancisco.travel geht es auf die Hotelliste von booking.com, ein Portal, das mal tolle Schnäppchen für »Vielbucher« anzeigt, aber in anderen Fällen auch deutlich teurer als bei Direktreservierung oder über deutsche Reiseveranstalter sein kann. **Vergleichen lohnt sich!**

Preisniveau

Die Angaben beziehen sich auf Sommer- und Herbstsaison. Im Winter und Frühjahr wird es billiger

Während die **billigeren Hotels** in *Downtown* nahezu ausschließlich in Straßen stehen, die man spätestens nach Einbruch der Dunkelheit besser meiden oder zumindest nicht mehr allein betreten sollte, sind Van Ness, Lombard und Nebenstraßen relativ unproblematisch. Außerdem liegen sie **verkehrsgünstig** und verfügen über viel Gastronomie im Umfeld. Parkplätze sind in der Regel vorhanden. Akzeptable Unterkünfte der unteren Mittelklasse fordern dort oft schon **weit über $100 fürs DZ**. Hinzu kommen dann noch **14% Steuern**! Nur bei Leerstand offerieren manche Häuser geringere Raten und annoncieren sie ggf. per Leuchtschrift.

Die **besseren Hotels** in der City und im Bereich *Fisherman's Wharf*, Mittelklasse vom Typ *Best Western*, *Holiday Inn* bis zur Oberklasse wie *Marriott* oder *Hyatt*, kosten **jenseits der $250** und sind auch auf Hotelbuchungsplattformen im Web selten preiswerter zu haben als bei Direktbuchung. Vergleichsweise günstige Tarife fanden sich im Frühsommer 2015 unter www.usareisen.de.

Vorbuchung

Trotz der über 200 H/Motels und 33.000 Zimmer kommt es während der Sommermonate immer wieder zu Engpässen. Für **Freitag- oder Samstagabend** sollte grundsätzlich **reservieren**, wer in der Stadt und nicht irgendwo weit außerhalb logieren möchte. An Wochenenden mit hoher Nachfrage ist rund um das Zentrum auch noch die »allerletzte« Absteige hochpreisig ausgebucht. Zugleich herrscht mitunter im Flughafenbereich in guten Hotels – trotz ähnlicher Tarife oder sogar niedrigerer **Weekend-Specials** – Leere.

Wer seine Reise in San Francisco startet und/oder abschließt, wird – gleichgültig, ob Wochenende oder wochentags – ohnehin oft die ersten und/oder letzten Nächte vorbuchen wollen. Zur Vermeidung des Kostenschocks zu Beginn der Reise wäre eine Alternative die Privatquartierbuchung unter www.airbnb.com.

City-Hotels/ Transort Airport-City

Bei **Ankunft des Transatlantikfluges** bis zum frühen Nachmittag ist ein **City-Hotel** den Häusern im Flughafenbereich vorzuziehen, selbst wenn es hohe **Taxikosten** oder den Umstand einer **Zug-/ Busfahrt** mit sich bringt (zu Fuß oder per *AirTrain* zur U-/S-Bahn-Station BART, ca. 30 min Fahrt nach Downtown $8,65; www.bart. gov/guide/airport/inbound_sfo). *Vans* vom Airport zur Unterkunft in *Downtown* kosten **ab $17**, u.a. www.gosfovan.com.

Erste Nacht in Airport-nähe oder in der City?

Im Zentrum kann man schon mal San Francisco beschnuppern und hat es dabei leichter mit der **Zeitumstellung**. Die **Hotels in Flughafennähe** liegen durchweg isoliert und bieten kaum mehr als sich selbst. Zu Fuß gelangt man von dort fast nirgendwohin.

Auch für die **letzte Nacht** ist man in der City gut aufgehoben, sofern der Flug nicht früh am Morgen geht.

Gründe für Airport-unterkunft

Wer erst **am späten Nachmittag** aus Europa eintrifft (die »innere Uhr« steht dann auf 2 Uhr morgens), möchte sich vielleicht nicht mehr dem Stress unterziehen, auch noch in die City zu fahren, schon gar nicht werktags zur *Rush Hour*. Die Hotels in der *Airport-Area* holen ihre Gäste kostenfrei (plus *Tip* für den Fahrer: $1 pro Gepäckstück) per *Shuttle Bus* ab.

Hotels Airportbereich

Relativ preiswert kommt man dort in den recht einfachen Häusern der Ketten **Super 8** oder **Travelodge** unter (ab ca. $140). Ein in diesem Rahmen noch akzeptables Preis-Leistungsverhältnis bieten **Holiday Inn Express**, **La Quinta** oder **Best Western** mit Sommertarifen um $200-$250 (alle am Wochenende billiger).

Empfehlenswert sind außerdem das

• **Millwood »Boutique« Inn**, sehr schönes Motel ca. 2 mi südlich des Flughafens, ab $215, *Weekend* ab $165; ✆ 1-800-516-6738, www.millwoodinn.com

• **Vagabond Inn Airport Bayfront**, viele Zimmer mit Terrasse/Balkon direkt an der Bay; ab ca. $150, Weekend ab $126; ✆ 1-800-522-1555, www.vagabondinn.com/california/vagabond-inn-san-francisco-airport-bayfront.aspx

Blick auf Downtown San Francisco mit Transamerica Pyramide und Coit Tower (im Hintergrund)

Eine Gesamtübersicht für die Unterkünfte in Flughafenumgebung liefert der *Airport Hotel Guide*: www.airporthotelguide.com/san-francisco.

Pacifica

Einen guten **Kompromiss** zwischen Entfernung (Flughafen 10 mi/ 15 min bzw. City rund 16 mi/25 min), Niveau und Preisgestaltung bietet in Pacifica direkt am Ozeanstrand das:

- *Best Western Lighthouse*, Mittelklasse mit sehr großen, bestens eingerichteten Zimmern und Parkdeck unter dem Komplex; im Sommer/Herbst ab €130, sonst ab €90 inkl. Steuern über www.usareisen.de (bei Direktbuchung an vielen Tagen teurer).

Hotels in der City

Wie schon erwähnt muss man ab Mittelklasse für Quartiere im zentralen San Francisco ziemlich tief in die Tasche greifen, um gut unterzukommen. Wobei auch Zimmer weit über $100 nicht unbedingt überdurchschnittliche Qualitäten aufweisen.

Mittelklasse im erweiterten City-Bereich

Gute Quartiere der Mittelklasse im weiteren Umfeld sind

- *Red Victorian B&B*, 1665 Haight Street in Haight Ashbury mit sehr individuell eingerichteten Zimmern; eher etwas für *Flower Power Fans*. Wegen Renovierung erst wieder ab Oktober 2015 geöffnet; ✆ (415) 864-1978, www.redvic.com

- *Nob Hill Motor Inn*, 1630 Pacific Ave, im Sommer ab ca. $240; ✆ 1-800-343-6900, www.nobhillmotorinn.com

- *Beck's Motor Lodge*, 2222 Market Street im Bereich Castro Mission unterhalb der *Twin Peaks*, Zimmer ab ca. $170; ✆ (415) 621-8212, www.becksmotorlodge.com

Mittelklasse im Bereich Hwy #101

In der als weitgehend unproblematisch eingestuften Lombard Street (zugleich Hwy #101) hat im Vergleich mit wesentlich simpleren Häusern der näheren und weiteren Nachbarschaft ein noch relativ gutes Preis-/Leistungs-Verhältnis das

- **Coventry Motor Inn**, 1901 Lombard Street, ab ca. $150; ☏ (415) 567-1200, www.coventrymotorinn.com

Mittelklasse in der City

Im zentralen Bereich kommt man regulär so ab ca. $200 unter:

- **King George**, 334 Mason St, www.kinggeorge.com
- **Hotel California**, 580 Geary St, www.hotelcaliforniasf.com
- **Chancellor Hotel**, 433 Powell St, www.chancellorhotel.com

Die Grenzen zwischen der oberen Mittel- und der Oberklasse sind fließend, preislich wie auch qualitativ.

Oberklasse in der City

Die besseren Häuser der gehobenen Klasse verlangen oft genug sogar Tarife jenseits der **$300 pro Nacht**. Gelegentlich findet man günstigere Zimmer bei Festbuchung (*non refundable rate*). In zentraler Lage gut sind

- **Renaissance Parc Fifty Five**, 55 Cyril Magnin Street, ☏ 1-800-595-0507, www.parc55hotel.com
- **Marriott Marquis**, 780 Mission Street, www.marriott.com
- **Vertigo Hotel**, 940 Sutter Street (eine Leserempfehlung); ☏ 1-888-444-4605, www. haiyi-hotels.com/hotelvertigosf.

Wer sich direkt am Union Square echte Nostalgie gönnen möchte, bucht – nach Preisvergleichen im Internet (plus *tax*!) für viele Termine am besten über hiesige Veranstalter – die palastartigen Hotels

- **Westin St. Francis**, www.westinstfrancis.com, oder
- **Sir Francis Drake**, www.sirfrancisdrake.com

Kunstmarkt auf dem Union Square mit Westin Saint Francis Hotel im Hintergrund. Das Hotel ist von außen ein graubrauner Klotz, aber die inneren Qualitäten haben es in sich.

Alt und neu; die St. Patrick Church umgeben von Hochhäusern; links der Skyscraper des Marriott Marquis Hotels

Luxustipp

Im höherklassigen Segment sind die Zimmer des **Hyatt Regency** in den oberen Stockwerken eine tolle Sache, kosten aber im Sommer immer weit über $300, an vielen Terminen ab $450. Dieses Spitzenhotel mit Riesenatrium und Drehrestaurant/Bar ganz oben liegt etwas abseitig an der Endstation der *California Street Cable Car*, aber dafür gleich neben der *Embarcadero Shopping Mall* mit vielen Restaurants. Zum *Ferry Building* (Fähren zu Zielen jenseits der Bay und *Marketplace* mit *Shops* und *Eateries*) sind es nur wenige Schritte über die Herman Plaza und Embarcadero Street. ✆ 1-888-591-1234 bzw. http://sanfranciscoregency.hyatt.com.

Hostels in der City

San Francisco verfügt auch über eine ganze Reihe von *Hostels*:

- **Fisherman's Wharf Hostel (HI)**, ✆ (415) 771-7277, beste Lage im *Fort Mason Park* unweit der Wharf; 160 Betten, schon älter, aber beliebt, Betten ab $30, DZ ab $75; www.sfhostels.org
- **Downtown Hostel (HI)**, ✆ (415) 788-5604, 312 Mason Street/ Union Square; Betten ab $30; DZ ab $89; www.sfhostels.org
- **Pacific Tradewinds**, ✆ (415) 433-7970, 680 Sacramento Street, *Wifi*, $26,50/Bett, www.san-francisco-hostel.com
- **Orange Village Hostel**, ✆ (415) 409-4000, 411 O'Farrell St, zentral, *Wifi*, ab ca. $40, DZ ab $90; www.orangevillagehostel.com
- **Green Tortoise Hostel**, 494 Broadway, ✆ 1-800-8678647; alternativ, Bett ab ca. $35; DZ $90; http://hostel.greentortoise.com
- **Amsterdam Hotel & Hostel**, ✆ (304) 268-8981, 749 Taylor Street, ab $18, DZ ab $56, zentrale Lage; www.amsterdamhostel.org
- **USA Hostels San Francisco**, 711 Post Street, ✆ 1-877- 483-2950, ab $30 im 4 Bett-Raum, DZ ab $85; www.usa hostels.com

Und nördlich der Bay:

- **International Hostel (HI)** in den **Marin Headlands**, hoch über dem Pazifik jenseits des *Golden Gate*; ➢ Seite 214; ab $28/Bett, DZ ab $82; ✆ (415) 331-2777, www.nor calhostels.org/marin

Sausalito

Wer lieber im ruhigen und edlen Vorort Sausalito (➢ Seite 214f) jenseits der Bay nächtigen möchte (H/Motels sind hier noch etwas kostspieliger als südlich der *Golden Gate Bridge*), findet sehr schöne Zimmer in beiden folgenden Hotels:

- *Gables Inn*, eine kleines, feines Haus in der 62 Princess Street, ✆ 1-800-966-1554, www.gablesinnsausalito.com, ab $225
- *Hotel Sausalito*, kaum minder edles Haus in der 16 El Portal Street, ✆ 1-888-442-0700, www.hotelsausalito.com, ab $195.

Preiswerter und auch noch relativ citynah schläft man in den Nachbarorten **Mill Valley** (*Travelodge* ab ca. $100) oder **Corte Madera**.

Camping

Die privaten Campingplätze in akzeptabler Nähe zur City sind in San Francisco kostspielig:

- Der beste ist der *Candlestick RV Park & Campground*, 650 Gilman Ave am Candlestick Stadion im Südosten (halbe Distanz zum *Airport* auf #101, Abfahrt 429 C; *free Wifi*; *Shuttlebus* in die City (*Chinatown*); ✆ 1-800-888-2267; ab $84/Tag, ein teurer Spaß; www.sanfranciscorvpark.com.

- Etwa so weit wie der Flughafen von *Downtown* entfernt liegen der *Treasure Island RV Park* (1700 El Camino Real; I-208 *Exit* #46; relativ gute Anbindung an öffentliche Verkehrsmittel; ✆ (650) 994-3266; www.treasureislandrvpark.com) sowie das *San Francisco RV Resort* unmittelbar am Ozean in Pacifica (700 Palmetto Ave; Hwy #1 *Exit* 506; *free Wifi*; ✆ 1-877-570-2267; www.san franciscorvresort.com); beide ab ca. $65 und nur für *Motorhomes*.

Wer speziell im Zelt preisgünstiger übernachten oder in schönerer Umgebung als auf einem asphaltierten Platz die Nacht verbringen möchte, findet nördlich der Bay mehrere Möglichkeiten:

- *China Camp State Park* an der San Pablo Bay ca. 25 Meilen; $35; www.parks.ca.gov/?page_id=466.

Wer exklusiv auf Angel Island in der Bay of San Francisco campt, muss mit der Fähre von Tiburon oder von San Francisco aus übersetzen.

- *Mount Tamalpais SP* in der Nähe *Muir Woods Nat'l Monument* **an sich nur für Zelte** ($25). **RVs** dürfen über Nacht auf dem Parkplatz stehen (18-9 Uhr »*Enroute Camping*«: ebenfalls $25); www.parks.ca.gov/?page_id=471.
- *Samuel Taylor State Park* abseits der Straße #1 unweit der *Point Reyes National Sea Shore*. Ein schöner Platz für Zelte und Campmobile, aber bereits ziemlich cityfern; $35; www.parks. ca.gov/?page_id=469.

- *Marin Headlands* in der *Golden Gate National Recreation Area* westlich oberhalb der *Golden Gate Bridge*: Die *Campgrounds* *Kirby Cove* und *Bicentennial* haben gerade mal eine Handvoll Plätze für Zelte. Ersterer befindet sich unweit der Brücke mit tollem Blick bei gutem Wetter und nervtötenden Nebelhörnern bei schlechtem; steile Schotterzufahrt $25/Nacht. Reservierung im Voraus erforderlich unter www.recreation.gov.
  Der *Bicentennial* liegt am Ende der Conzelman Road (▷ Seite 214) unweit der Straße und ist kostenfrei, Reservierung nur unter ✆ (415) 331-1540. Die maximale Verweildauer auf beiden Plätzen beträgt 3 Tage.
- *Angel Island State Park*, Miniplätze für Zelte (»*environmental camping*«) auf der Insel bei Tiburon. Reservierung nötig. ✆ 1-800-444-7275; www.parks.ca.gov/?page_id=468; $30. Fährboot ab Tiburon $15; ab San Francisco $18, jeweils retour.

Jenseits von Oakland befinden sich – indessen weit abseits der Autobahnen – die folgenden beiden sehr schönen Parks:

- Für Pkw-Fahrer/Zelt und *Van Camper* hat der **Mount Diablo State Park** bei Danville (Anfahrt über I-680, von dort ca. 12 mi Serpentinen; **leider nicht mehr für RVs über 20 Fuß**) zwei prima Plätze an der Summit Road (am besten ist *Juniper*) über den Wolken oder bei klarer Sicht Weitblick über Oakland und bis nach San Francisco. Kein *hook-up*, aber Duschen; $30; Reservierung ▷ Seite 122 und www.parks.ca.gov/?page_id=517.
- Stadtnäher liegt der **Anthony Chabot Regional Park** südöstlich von San Leandro. Dessen Campingplatz im Eukalyptus Bergwald ist nur »rückwärtig« über die kurvige **Redwood Road** zu erreichen, entweder von Castro Valley (I-580) oder ab der #13 nördlich von San Leandro; $25, mit *hook-up* $35; Reservierung (sehr empfehlenswert bei *hook-up*-Bedarf): ✆ 1-888-327-2757; www.ebparks.org/parks/anthony_chabot.

Speziell für die letzte Nacht vor der Rückgabe eines Wohnmobils bietet der *Anthony Chabot Park* eine landschaftliche schöne stationsnahe Lösung für Kunden der *RV Rental Companies*, die auf der Ostseite der Bay (Oakland, San Leandro, Hayward) residieren.

Was die sanitären Anlagen angeht, eignet sich dafür noch besser

- der *Trailer Haven RV Park* in **San Leandro**. Dort gibt's neben *full hook-up* auch die Möglichkeit zur Wagenreinigung; **2399 East 14th Street, ✆ (510) 357-3235** (keine eigene Website).

Restaurants und Lounges

Situation

San Francisco quillt über von Restaurants jedweder Provenienz, Das liegt nicht zuletzt an der geografischen Lage der lokalen Töpfe und Pfannen: Neben kulinarischen Einflüssen aus Europa, Amerika und Asien ist dort die pazifische Küche angesagt, eine Mischform, die besonders in hochpreisigen Gourmetrestaurants zelebriert wird. Aber auch für weniger Geld gibt es durchaus Essbares auf den Teller.

USA Grill

Amerikanische Klassiker zuerst:

- Der **Tadich Grill** in der 240 California Street, ℃ 1-415-391-1849, rühmt sich, das älteste Restaurant der Stadt zu sein. Besonders der Fisch ist gut, aber nicht billig. Wie's dort aussieht, zeigt die Website www.tadichgrill.com.

- **John's Grill** in der 63 Ellis Street, ℃ (415) 986-0069, ist ganz ähnlich mit nostalgischem San-Francisco-Flair. Unverändert, seit Krimiautor *Dashiell Hammett* seinen legendären Privatdetektiv **Sam Spade** in den 1920er- und 1930er-Jahren dort einkehren ließ; www.johnsgrill.com.

Fisch und mehr

Seafood liegt in der Bay Area dermaßen nahe, dass man es in fast jedem Restaurant in irgendeiner Form bekommen kann. Im *Wharf*-Bereich ist wegen der Aussicht über Bucht und *Golden Gate* am frühen Abend vor Sonnenuntergang das **Neptune's Palace** am **Pier 39** eine gute, aber recht preisintensive Option oder das einfachere **Bubba Gump** gleich nebenan. Sehr beliebt ist dort auch das **Hard Rock Café**; www.pier39.com.

Am **Ghirardelli Square** (900 North Point St, www.ghirardellisq.com, ➤ Seite 200) dominieren ebenfalls Meeresbewohner das Menü der Restaurants: empfehlenswert ist u.a. das **McCormick's & Kuleto's**; www.mccormickandschmicks.com.

Eine tolle (und teure) Angelegenheit ist das **Forbes Island Restaurant** (französische Küche) auf einem als Insel getarnten fest verankerten Riesenwohnboot mit Palmen und Leuchtturm 300 m vom

Die Seelöwen (»Sea Lions«) auf ihren Pontons am Pier 39 sind beliebte »Sea Lebrities«; dahinter erkennt man Forbes Island mit Leuchtturm und Edelrestaurant, zu dem die Gäste per Boot übersetzen.

Ufer entfernt gleich hinter den Seelöwenplattformen (➤ Seite 199). Ein Boot verkehrt zwischen dem Anleger neben dem *Pier 39* und der »Insel«. Im Speisesaal sitzen die Gäste so tief, dass sie durch Bullaugen in die Unterwasserwelt blicken. Von dem *Sea Lions Room* schaut man aus kurzer Distanz auf die Pontons voller Seelöwen; ✆ (415) 951-4900, www.forbesisland.com.

Leucht-reklamen über den Restaurants in der Chinatown

Chinatown

In jedem zweiten Gebäude dieses kleinen Kontinents scheint man Touristen und Einheimische zu bekochen, doch das nicht immer in gleichbleibend hoher Qualität. Die seit eh und je empfehlenswerten Restaurants liegen nicht direkt im Trubel rund um die Grant Street, sondern eher am Rande des Viertels, so etwa das

- Stammhaus von **Henry's Hunan**, 924 Sansome Street, ✆ (415) 956-7727; www.henryshunanrestaurant.com, oder
- **Brandy Ho's** an der 217 Columbus Ave, ✆ (415) 788-7527) mit glutamatfreier Küche; www.brandyhos.com.

North Beach

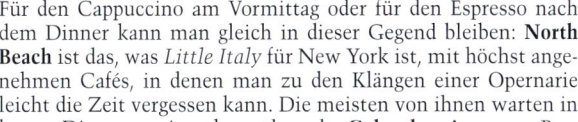

Für den Cappuccino am Vormittag oder für den Espresso nach dem Dinner kann man gleich in dieser Gegend bleiben: **North Beach** ist das, was *Little Italy* für New York ist, mit höchst angenehmen Cafés, in denen man zu den Klängen einer Opernarie leicht die Zeit vergessen kann. Die meisten von ihnen warten in kurzer Distanz zueinander entlang der **Columbus Avenue**, z.B.:

- **Caffe Greco**, 423 Columbus Ave, www.caffegreco.com
- **Caffe Puccini**, 411 Columbus Ave, http://caffepuccini.org
- **Tosca Cafe**, 242 Columbus Ave, http://toscacafesf.com
- **Vesuvio Cafe**, 255 Columbus Ave, www.vesuvio.com

In einigen von ihnen haben sich schon die Anhänger der *Beat Generation* getroffen, außerdem im **Caffe Trieste**, 601 Vallejo Street, dem vielleicht originellsten von allen mit *Live Music* und *Rock Shop*; den mal ansehen unter www.caffetrieste.com.

Columbus Avenue

Wer auch gleich zum Essen an der Columbus Ave, dem »*Corso Cristóforo Colombo*«, bleiben möchte, findet dort auch appetitanregende Speisekarten. Im Häuserblock des grünbeturmten *Sentinel Building* unweit der *Transamerica Pyramid* liegen nicht nur die *Zoetrope*-Filmstudios des Regisseurs *Francis Ford Coppola*, sondern an der Ecke Kearny auch das

- *Café Zoetrope*, 916 Kearny Street, ☎ (415) 291-1700, mit italienischer Küche, www.cafecoppola.com/cafezoetrope.

Definitiv vor Vampiren sicher ist man in

- *The Stinking Rose*, 325 Columbus Ave, ☎ (415) 781-7673; dort verarbeitet man von der Vor- bis zur Nachspeise jede Menge Knoblauch; www.thestinkingrose.com.

Financial District

Vielfältige Snacks zu zivilen Preisen gibt es in den Lokalen des **Embarcadero Center** zur Mittagszeit. Dort befindet sich auch das japanische Restaurant **Sushi Kinta** mit – was sonst? – *Sushi*-Spezialitäten; www.embarcaderoshop.com/pages/sushikinta.html.

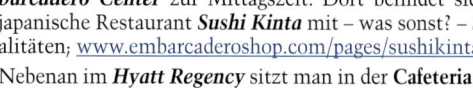

Nebenan im *Hyatt Regency* sitzt man in der **Cafeteria in der Halle** ausgezeichnet, zahlt aber dafür ein paar Dollar extra für den *Capuccino*. Im obersten Stock logiert die **Equinox Lounge** mit Rundumblick über die Bay; http://sanfranciscoregency.hyatt.com.

Snacks

Für den kleinen Hunger muss man nicht zwangsläufig einen *Fast Food Place* suchen. Zwischen Telegraph Hill und Bucht hat der

- *Fog City Diner* verfeinerte amerikanische *Items*; 1300 Battery Street/Embarcadero, ☎ (415) 982-2000; www.fogcitydiner.com

Eine auf **1950er-Jahre getrimmte *Diner*-Kette** ist

- *Lori's Diner* mit vier zentralen Filialen:149 Powell Street, ☎ (415) 677-9999; dazu 500 Sutter, 336 Mason Streets und im *Ghirardelli Square* an der *Wharf*. Außerdem auch in den Terminals #1 und #3 im Airport; http://lorisdiner.com

Max's

Ein genereller Tipp bezieht sich auf

- *Max's Restaurants* rund um die Bay of San Francisco; www.maxsworld.com. In der City warten *Max's Opera Café*, 601 Van Ness Ave (mit singenden Kellnern) und *Max's Market*, 555 California Street, gute Küche bei moderaten Preisen.

Taquerias

Große kalorienreiche Portionen gibt's in den überwiegend recht schlichten, aber preiswerten *Taquerias* im *Mission District*, z.B.:

- *Taqueria Cancún*, 2288 Mission St; www.taqueriacancunsf.com
- *Taqueria El Farolito*, 2777 und 4817 Mission Street; www.elfarolitoinc.com
- *Taqueria San Jose*, 2830 Mission Street; http://taqueriasanjose.com

Der Drink am Abend

Wer sich im *Starlight Room* im obersten Stockwerk des Hotels *Sir Francis Drake* (450 Powell Street/Union Square) einen teuren Drink gönnt, kriegt die gute Aussicht gratis dazu; ☎ (415) 395-8595, www.starlightroomsf.com.

**Weitere Emp-
fehlungen**

Zum Abschluss eines langen Besichtigungstages eignet sich – vor allem wegen seiner diversen Biersorten – die populäre ***Thirsty Bear Brewing Company*** unweit des MoMa in South of Market, 661 Howard Street, ✆ (415) 974-0905; www.thirstybear.com.

Ganz grandios liegt das ***Sutro's Seafood Restaurant*** im ***Cliff House*** über der Pazifikküste, ➤ Seite 207; 1090 Point Lobos; ✆ (415) 386-3330, http://bistro.best.vwh.net/sutro.

Auch nicht ganz billig sind die **Restaurants** und **Kneipen** in den San Francisco gegenüberliegenden Vororten **Sausalito** (unverfehlbar vor allem an der Hauptstraße Bridgeway; Übersicht unter www.sausalito.org/visitor/dining) und **Tiburon** (Main Street am Yachthafen und Anleger der Fähren nach Angel Island und San Francisco; www.tiburonshop.com/restaurants.html).

1

*Selbst in der
Chinatown
darf ein
McDonald's
nicht fehlen*

Chinesischer Drachen in einem Kaufhaus der Chinatown

Shopping

Mitbringsel

Die Auswahl an Modischem, Hübschem und Ungewöhnlichem ist in San Francisco beträchtlich – es gibt nach einer Reise dorthin einfach nicht die Ausrede, kein passendes Mitbringsel gefunden zu haben. Wer ohne feste Vorstellung nach Originellem sucht, sollte den

- *Cost Plus World Market* nahe der *Fisherman's Wharf* aufsuchen, 2552 Taylor Street. Dieser riesige Shop hat Artikel aus aller Herren Länder; http://worldmarketcorp.com.

Kaufhäuser/ Shopping Center

Regelrechte *Malls* oder *Shopping Center* sind in der Stadt selbst nicht so häufig. Das

- *San Francisco Center* (865 Market) mit dem Kaufhaus *Nordstrom's* liegt noch am zentralsten.

Überschaubare attraktive *Malls* sind der

- *Ghirardelli Square* bei der *Fisherman's Wharf*, ➤ Seite 200.

Eigenständige Kaufhäuser wie

- *Saks 5th Avenue*, *Macy's* und *Neiman Marcus* stehen am Union Square, ➤ Seite 191.

Die beste citynahe *Shopping Mall* ist das

- *Stonestown Galleria Center* mit den Kaufhäusern *Macy's* und *Nordstrom* sowie einem *Apple Store* an der Straße #1 (in der City ist das die 19th Ave), gute 2 mi südlich des *Golden Gate Park*; www.stonestowngalleria.com.

Outlet Malls

Die größte *Outlet Mall* Nordkaliforniens befindet sich bei San José in Milpitas ca. 50 Meilen von Downtown San Francisco entfernt (447 Great Mall Drive; *Exit* #8A von der I-880 South; www.simon.com/mall/great-mall). *Premium Outlets* gibt's noch weiter im Süden an der #101 in Gilroy (*Exit* #357; ca. 80 mi) sowie in Napa nördlich von SFO (50 mi). Für beide: www.premiumoutlets.com.

Bücher   San Francisco ist ein Dorado für Leser englischsprachiger Bücher. Nachdem **Barnes & Noble** die Konkurrenzkette *Border's Books* übernommen hat, gibt es im Bereich *Downtown* San Francisco nur noch eine einzige interessante Großbuchhandlung, die zahlreiche Themenbereiche abdeckt:

- **City Lights Booksellers** in der 261 Columbus Ave, Ecke Broadway; www.citylights.com.

Nicht ganz so groß, aber auch ein guter Buchladen ist

- **Alexander Book Co.** in der 50 2nd Street zwischen Market und Mission; www.alexanderbook.com.

Der größte Laden für gebrauchte Bücher ist

- **Green Apple**, 506 Clement Street; www.greenapplebooks.com

Eine **Liste aller Buchläden** findet man samt Schwerpunkthinweis unter www.sfstation.com/book-stores/business-directory.

Musik   Musik- und Filmfreunde jagen rund um die Bucht alten Platten, CDs, Videos und DVDs nach, die man woanders nur schwer auftreiben kann. Geheimtipps für nostalgische und seltene Aufnahmen in bestem Vinyl sind

- **Grooves** in der 1797 Market

und der angestaubte

- **Jack's Record Cellar** in Haight Ashbury an der 254 Scott/Ecke Page Street, Mi-Sa 12-19 Uhr.

Die größte Auswahl an Neu- und Gebrauchtware hat

- **Amoeba Music** an der 1855 Haight Street nahe beim *Golden Gate Park*; www.amoeba.com

Mode   **Jeans** und artverwandte *Streetwear* sind in den USA bekanntlich viel billiger als in Europa sowohl in Kaufhäusern und *Shopping Centers*. Man kann in San Francisco z.B. direkt zum Shop von

- *Levi Strauss* gehen, 1155 Battery Street unweit Embarcadero; www.levistrauss.com

Elegantes gibt's in Boutiquen wie

- *MAC*, 387 Grove Street; www.modernappealingclothing.com

Auch für **Second Hand** und **Retro** ist San Francisco gut:

- *Buffalo Exchange*, 1555 Haight St; www.buffaloexchange.com
- *Wasteland*, 1660 Haight Street; www.shopwasteland.com

Schuhe   Generell für ihre Schuhläden bekannt ist die Stockton Street

- *Arthur Beren Shoes*, 222 Stockton und 88 Kearney Street, steht für teure Luxusschuhe; www.berenshoes.com
- *Cole Haan*, 324 Stockton Street am Union Square, hat ebenfalls keine ganz niedrigen Preise; www.colehaan.com

Der ultimative Laden für jede Art Sport-/Laufschuh ist:

- *Fleet Feet*, 2076 Chestnut St, www.fleetfeetsanfrancisco.com

Und wenn es nur schnell ein preisgünstiges Paar sein soll:

- *Payless ShoeSource*, 45 Kearny Street.

Foto   Wer Preise für Kameras – in den USA und bei uns – vergleichen möchte, sollte bei **Discount Camera** 'reinschauen, 33 Kearny Street. Enorme Auswahl wartet: www.discountcamera.com.

Entertainment

Musik   San Francisco ist eine rock- und pophistorisch bedeutende Stadt. Dort treten bekannte Größen der Szene auf, etwa im

- *Fillmore Auditorium*,1805 Geary Blvd/Ecke Fillmore Street, ✆ (415) 346-6000); www.thefillmore.com
- *The Warfield*, 982 Market St, http://thewarfieldtheatre.com
- *Great American Music Hall*, 859 O'Farrell Street, ✆ (415) 885-0750); www.slimspresents.com

Wer gerne Blues hört, findet exzellente Konzerte im

- *Biscuits & Blues Club*, 401 Mason Street, ✆ (415) 292-2583; www.biscuitsandblues.com

und im vom seligen *John Lee Hooker* gegründeten

- *Boom Boom Room*, 1601 Fillmore Street, ✆ (415) 673-8000; www.boomboomroom.com

South of Market   *SoMa* zieht Clubgänger und Nachteulen an, populär sind u.a.

- *DNA Lounge*, 375 11th Street, www.dnalounge.com
- *Ten15 Folsom*, 1015 Folsom Street, www.1015.com

Columbus Avenue   Jazz, Swing und noch eklektischere Sounds hört man in

- *Bimbo's 365 Club*; 1025 Columbus Ave, ✆ (415) 474-0365; www.bimbos365club.com

- **Rasselas**, 1534 Fillmore Street; www.rasselasjazzclub.com
- **Elbo Room**, 647 Valencia Street; www.elbo.com

Kino

Zusätzlich zum legendären

- **Castro Theater**, 429 Castro Street; www.castrotheatre.com

hatten Cineasten lange eine beachtliche Auswahl an Programm-
kinos; einige schlossen ihre Tore; noch spielen u.a.:

- **Roxie**, 3117 16th Street im *Mission District*, ist das älteste
  Kino der Stadt voller Sonderprogramme; www.roxie.com
- **Clay**, 2261 Fillmore Street, www.landmarktheatres.com
- **Embarcadero Center**, ebendort #1; www wie *Clay*
- **Opera Plaza**, 601 Van Ness Ave, www wie *Clay*

Wenn es eher ein *Blockbuster*-Kino sein soll; in den folgenden
beiden ist die Auswahl an Filmen groß:

- **Sundance Kabuki Cinemas** (ohne Werbevorspann)
  1181 Post Street; www.sundancecinemas.com
- **Metreon** im gleichnamigen *Restaurant* und *Shopping Center*
  an der 135 Fourth St; www.amctheatres.com/movie-theatres

Theater

Mit einer Theaterszene und -kultur wie der von New York kann
San Francisco nicht ganz mithalten, aber allerhand Leben auf der
Bühne gibt es trotzdem:

- Das **American Conservatory
  Theater** inszeniert seine Stücke in
  der 415 Geary Street, © (415) 834-
  3200; www.act-sf.org
- Im **Fort Mason Center** (*Building
  D*) ist das **Magic Theater** aktiv
  und bringt nicht selten
  Kontroverses auf die Bühne;
  © (415) 441-8822;
  http://magictheatre.org
- Und was *Agatha Christies
  »Mousetrap«* für das Krimitheater
  in London war, ist »**Beach
  Blanket Babylon**« für San
  Francisco: im **Club Fugazi** (678
  Green Street, © (415) 421-4222,
  http://beachblanketbabylon.com)
  wird schon seit einer ganzen
  Generation diese amüsante *San
  Francisco Comedy* mit jeder
  Menge ausgefallener Kostüme und
  Dekorationen zelebriert.

City Hall mit »Theaterportal«

Zuerst zum Golden Gate

Als Sehenswürdigkeit Nummer Eins San Franciscos gilt zu Recht die *Golden Gate Bridge*. Wer nur wenig Zeit hat, sollte sich – gleich zu welcher Jahreszeit – als erstes auf den Weg zur Brücke machen, wenn die Wetterverhältnisse zunächst gut sind. Wenn nicht, muss man die Chance zur Besichtigung bei nächster Gelegenheit, d.h., bei klarer Sicht, sofort nutzen. Denn oft legt sich schnell wieder Nebel über das »Goldene Tor« und bleibt gleich mehrere Tage hängen. Weitere Details ➢ Seite 205.

1.1.2   Stadtbesichtigung Downtown

Downtown

Generell ist die **Ecke Market/Powell Street** (*Tourist Information*) ein hervorragender **Ausgangspunkt** zum Kennenlernen der Stadt. Die diagonal durch die City laufende breite **Market Street** trennte früher *Downtown* von südlichen, heruntergekommenen Straßenzügen, *South of Market* genannt.

South of Market/SoMa

Parken

In den 1990er-Jahren begann die Sanierung des Bereichs *South of Market*. Architektonische Schmuckstücke der Hochhaus-Postmoderne verdrängten dort die Slums, auf die heute nichts mehr hinweist. Außer an zahlreichen immer besetzten **Kurzzeitparkuhren** bestehen Parkmöglichkeiten hier wie nördlich der Market Street faktisch **nur in Parkhäusern**, jedoch nur für Pkw, SUV und Minivans. Mit **RVs**, gleich welcher Größe, sollte man sich nicht einmal in den immerhin ebenen Bereich SoMa wagen.

SFMOMA

Das *Museum of Modern Art* an der 151 3rd Street in *South of Market* birgt eine einzigartige Sammlung von Werken des 20. Jahrhunderts, die nur vom New Yorker MOMA übertroffen wird. Bis 2015 war es allerdings wegen umfangreicher Renovierungsarbeiten lange geschlossen; geplante Wiedereröffnung erst 2016; Eintritt war bislang $15, Kinder unter 12 frei; www.sfmoma.org.

Cable Car-Wendepunkt am Ende der Powell Street mit Schlange stehenden potentiellen Passagieren rundherum

Zentrales San Francisco

Tiburon und Angel Island · Alcatraz · Vallejo/Sausalito

N 0 330 m

Hotel-/Motel-Straßen

Pier 45 · Pier 41 · Pier 39

Fort Mason Piers · Maritime National Historical Park · Crissy Fields · International Hostel · Maritime Museum · Hyde Street Pier · Jefferson St · Fishermans Wharf · Aquarium · Golden Gate Bridge · Fort Mason Park · Cannery · Bay Street · Ghiradelli Square · Cost Plus Market · Lombard Street · Laguna Street · Gough Street · Polk Street · CABLE CAR · Leavenworth Street · Columbus · Washington Square · Coit Tower/Telegraph Hill · The Embarcadero · Piers 27-31 Kreuzfahrer Terminal · Broadway Street · Stockton Street · Avenue · Battery Street · Jackson Street · 101 · Washington Street · Cable Car Barn · Transamerica Pyramide · Ferry Building · Justin Herman Plaza · Market Place · California Street · Hyde Street · Taylor Street · Mason Street · Powell Street · CHINA TOWN · Grant Ave. · Kearny Street · Montgommery Street · Embarcadero Center · Front Street · Drumm Street · Hyatt Hotel · Transit Terminal · Cupid's Span · Japan Center · Post St · Van Ness Ave · Union Square · Museum of Modern Art · Cartoon Art Museum · Mission Street · Howard St. · 480 · Geary Street · St. Mary's Cathedral · Franklin Street · Geary Street · Visitor Information · Yerba Buena Gardens · Folsom St. · 80 · Turk Street · Golden Gate Avenue · United Nations Plaza · McAllister St · Market · Convention Center · SoMa (South of Market) · 4th St · 2nd Street · Civic Center · Golden Gate Park, Twin Peaks

Cartoon Art Museum	Für *Comic Fans* unverzichtbar ist das originelle und witzige *Cartoon Art Museum* in der 655 Mission Street, ✆ (415) 227-8666, Di-So 11-17 Uhr; $8, Kinder 6-12 Jahre $4; www.cartoonart.org.
Hinweis	Ohne spezifisches Interesse an diesen beiden Anlaufpunkten ist *South of Market* kein prioritäres Ziel für SF-Kurzbesuche unter einer Woche.
Cable Car Wendepunkt/ Station **Union Square**	An der Einmündung der Powell in die Market Street befindet sich eine der **Wende- bzw. Endstationen der *Cable Car***, die ihre – meist in langen Schlangen geduldig wartenden – Passagiere zur *Fisherman's Wharf* befördert. Auf der **Powell Street**, wo sich ein *Shop* an den anderen reiht, erreicht man nach ca. 300 m den **Union Square**, eine palmenbestandene, oft bunt belebte Plaza und Mittelpunkt der San Francisco Geschäftswelt mit Filialen der größten Kaufhausketten in unmittelbarer Nähe (*Nordstrom, Fifth Avenue, Macy's, Neiman Marcus*) und diversen Hotels.

Die Cable Car, ein Unikum www.sfcablecar.com

San Franciscos weltweit einmalige *Cable Car* ist nicht nur ein nostalgisches Transportmittel mit Ursprüngen im 19. Jahrhundert (1873), sondern zugleich eine Art technischer Leckerbissen aus der Frühzeit der Industrialisierung. Die Wagen besitzen keinen eigenen Antrieb, sondern klinken sich mit Hilfe eines vom »Fahrer«, des sog. *Gripman*, betätigten Mechanismus, der Spannklaue, in mittig unter den Schienen laufende Stahlseile ein und aus. Eine zentrale Antriebsmaschinerie sorgt für den endlosen Umlauf von insgesamt vier Kabeln in gleichmäßiger Geschwindigkeit von ca. 15 km/h. Wer sich für die technischen Einzelheiten interessiert, findet z.B. unter http://de.wikipedia.org/wiki/San_Francisco_Cable_Cars weitergehende Informationen auf Deutsch.

Vor Ort geht nichts über eine Besichtigung der Maschinenhauses der Kabelbahn (*Cable Car Barn*) an der Ecke Mason/Washington Street. Dort gibt es eine Besuchergalerie und das *Cable Car Museum* im Stockwerk darüber, in dem Historie und Technik der Bahn eindrucksvoll präsentiert werden: kein Eintritt, aber Spende, täglich 10-17/18 Uhr, www.cablecarmuseum.org.

Zwar ist die Bahn bereits über 130 Jahre alt, wurde aber seither technisch mehrfach modernisiert, in ihren Verläufen geändert und heutigen Sicherheitsstandards angepasst. Wer sie nutzen möchte, kann – statt an den Endstationen (vor allem an der *Wharf* Hyde/Beach oder Taylor/Bay Streets sowie in *Downtown* an der Powell/Market Street), wo sich immer lange Schlangen bilden – leichter an den zahlreichen weniger exponierten Haltepunkten in der Powell, Hyde oder Mason Street zusteigen. Weil sie *Downtown* mit der *Wharf* verbinden, sind die Linien **Powell-Mason** (#59) und **Powell-Hyde** (#60) besonders stark frequentiert. In den Wagen der quer dazu verlaufenden *California Street Line* (#61) ist es generell einfacher, einen Platz zu ergattern, ➤ **Karte Seite 191**.

Eine **Einzelfahrt mit der *Cable Car*** kostet mittlerweile **$7**. Wer einen Tagespass für das öffentliche Transportsystem kauft (➤ Seite 173), darf damit auch die Kabelbahnen beliebig nutzen.

Cable Car Power House

Chinatown

Nur wenige Blocks weiter nördlich liegt die berühmte *Chinatown* San Franciscos, etwa zwischen Bush Street und Broadway sowie Stockton und Kearney Streets, www.sanfranciscochinatown.com.

Am besten steuert man die *Chinatown* über die Grant Street an, auf der man sein Ziel durch ein buntes chinesisches Tor, das *Dragon Gate* betritt. Zwar ist die *Chinatown* mehr auf das Touristengeschäft eingestellt, als vielen gefallen dürfte, und immer fürchterlich zugeparkt und verstopft, aber dennoch sehens-

So können Banken auch aussehen.

wert. Dort wird nicht nur chinesisches Amerika gespielt, sondern real gelebt. Einen Bummel vorbei an den farbenprächtigen Auslagen der 'zig Shops mit einem sagenhaften Angebotssammelsurium und an zahllosen Restaurants voller exotischer Wohlgerüche muss man unbedingt machen, und dabei auch einmal einen Blick auf die Fassaden oberhalb der Geschäftsebene werfen.

Glückskekse

Ein Pflichtstopp für manchen Besucher ist die Geburtsstätte der Glücksplätzchen, die man aus jedem chinesischen Restaurant kennt: In der **Golden Gate Fortune Cookie Factory** (56 Ross Alley/ Jackson Street) sieht man, wie die Glücksbotschaften ins Gebäck kommen, und kann die Kekse natürlich auch kaufen.

Shoppen ist in der *Chinatown* auf jeden Fall drei Mal so spannend wie an der *Fisherman's Wharf*. Was die chinesische Küche bzw. empfehlenswerte Restaurants betrifft, ➢ Seite 183.

China Kultur

Wer dem Kulturphänomen China in Amerika weiter auf den Grund gehen möchte, sollte Nebenstraßen wie **Waverly Place** mit dem **Tien Hou Temple** (#125) besuchen und im **Chinese Culture Center** vorbeischauen (750 Kearny Street, www.c-c-c.org), wo es Ausstellungen, geführte *Chinatown Walks* und allerhand Informationsmaterial gibt; Di-Sa 10-16/18 Uhr, kein Eintritt, $5-Spende.

Café de la Presse

Wer nach einem Bummel durch die *Chinatown* Entspannung in einer ganz anderen Welt sucht, findet im *Café de la Presse*, 352 Grant Ave schräg gegenüber des *Dragon Gate*, auch **deutsche Zeitungen und Magazine**, mit Glück sogar neuesten Datums; http://cafedelapresse.com.

Financial District

Unweit östlich der Chinatown beginnt die **Wall Street of the West** (offiziell: *Financial District*), das Finanz- und Bankenviertel mit einer verdichteten »Wolkenkratzer«-Bebauung im Dreieck zwischen Washington, Kearney und Market Streets. Am nördlichen Rand dieses Bereichs steht unübersehbar das schon 1972 errichtete pyramidenartige **Transamerica Building** (Endpunkt der diagonal City und *Fisherman's Wharf* verbindenden Columbus Ave, Ecke Washington/Montgomery Street) durch seine – 1989 bewiesene – erdbebensichere Eleganz.

Transamerica Pyramid

Die TA-Pyramide überragt mit 260 m Höhe alle anderen, darunter zahlreiche Hochhäuser neueren Datums. Stach das Bauwerk noch vor einer Dekade als auffälliges Wahrzeichen einsam aus seiner Umgebung heraus, wird es heute von massigen Nachbarn allseitig bedrängt. Im Erdgeschoss ersetzt heute ein **virtuelles Observation Deck** die einst mögliche Auffahrt; www.transamerica pyramidcenter.com. Recht angenehm sitzt man im kleinen **Restaurant am Minipark** des *TA-Building*.

Embarcadero

Zwei Blocks weiter östlich stößt man auf das **Embarcadero Center**, einen enormen **Büro-Laden-Restaurant-Komplex** am Ostrand der City mit

Columbus Tower und dahinter die Transamerica Pyramid

versetzten Ebenen, Terrassen, Grünanlagen, Wasserspielen und viel **Kunst am Bau**; www.embarcaderocenter.com.

Fähren und Marketplace

Das *Center* erstreckt sich bis zur **Justin Herman Plaza** gegenüber dem *Ferry Building* (von dort regelmäßige Fährverbindung nach Sausalito und Larkspur im Norden der Bucht und außerdem ein **Marketplace** mit *Eateries* und *Food Shops*; www.ferrybuilding marketplace.com). Insbesondere zur werktäglichen Mittagspausenzeit, wenn sich Gänge und Miniparks des *Embarcadero Center* und auch das *Ferry Building* füllen, lohnt sich der Besuch. Bei gutem Wetter finden dann auf der Herman Plaza vorm (einst) als avantgardistisch geltenden **Villancourt Brunnen** häufig Konzerte und allerhand Vorführungen statt.

Rincon Park/ San Francisco Oakland Bay Bridge

Ein kurzer Abstecher (400 m) vom *Ferry Building* am Ufer der Bay entlang in Richtung Südwesten (Fußgängerpromenade) führt zum kleinen **Rincon Park** fast schon unterhalb der gewaltigen doppelstöckigen **San Francisco-Oakland Bridge** (8.300 m). In mancher Hinsicht ist diese Brücke technisch noch spektakulärer, aber fürs

Auge des Betrachters weniger attraktiver als die zur selben Zeit errichtete und nur sechs Monate später eröffnete **Golden Gate Bridge**, ➢ Seite 205. Sie besteht aus mehreren unterschiedlich konstruierten Brückenelementen mit langen Auffahrten auf beiden Seiten und wird mitten in der Bucht auf Yerba Buena Island durch einen Tunnel unterbrochen. Beide Decks haben je fünf Fahrspuren; die unteren laufen Richtung Oakland, die oberen von Oakland nach San Francisco. Mehr Details zur Brücke ➢ Seite 230.

Cupid's Span

In der Anlage des *Rincon Park* installierte man im neuen Jahrtausend die überdimensionale Pfeil-und-Bogen-Skulptur »**Cupid's Span**«, ein Kunstwerk von *Claes Oldenburg* und *Coosje van Bruggen*. Sie macht sich besonders gut im Vordergrund von Brückenfotos oder Fotos der San Francisco-Hochhauszeile an und hinter der Straße Embarcadero; www.oldenburgvanbruggen.com/largescale projects/cupidsspan.htm.

Hyatt Hotel

In der äußeren Ecke der Herman Plaza an der Market Street beeindruckt das in dieser Umgebung äußerlich nicht besonders auffällige **Hyatt Regency Hotel** durch sein »Innenleben«, ein achtzehn Stockwerk hohes Atrium. In der Cafeteria sitzt man ausgesprochen angenehm (bei gehobenen Preisen).

Parken/ Transport

Tipp zur Cable Car

Im **Embarcadero Park Deck** kann man für Einkauf oder Restaurantbesuch im *Center* preiswerter parken als anderswo. Da die **Cable Car** (*Washington Street Line*) am *Embarcadero Center* endet/ beginnt, gelangt man von dort ggf. auch ohne lange Fußmärsche rasch in die zentrale City. Im Gegensatz zur *Powell Street Line* gibt es **dort selten Warteschlangen**.

Telegraph Hill: Auffahrt

Gute 20 min (rund 1,5 km) läuft man vom *Embarcadero Center* bis zum **Coit Tower** auf dem 100 m hohen **Telegraph Hill**. Per Auto erreicht man diese Sehenswürdigkeit am besten über die Grant Ave/Lombard Street und an dessen Ostende den Telegraph Hill Blvd hinauf, sieht sich aber am Ziel meist erheblichen Parkproblemen gegenüber.

Kunstwerk Cupid's Span im Rincon Park

Coit Tower

Beim *Coit Tower* (68 m) handelt es sich um ein bereits 1934 dank einer wohlhabenden Spenderin mit Namen *Lily Hitchcock Coit*, erbautes **Memorial** für die örtliche Feuerwehr, dessen Inneres durch Wandmalereien (*Murals*) mit – teilweise sozialkritischen – Szenen aus dem Arbeitsleben der 1930er-Jahre geschmückt ist. Der Turm dient heute ausschließlich dem *Sightseeing* (geöffnet täglich 10-18 Uhr, im Winter kürzer; Eintritt frei, aber Fahrstuhl für »Auswärtige« $8, Kinder 5-11 Jahre $2, 12-17 $5). Die günstige Position des Turms sorgt für einen hervorragenden Blick über die Bay bis hinüber zur *Golden Gate*

Christopher Columbus Statue und Coit Tower

Bridge und die *Transamerica Pyramid*. Leider warten nicht selten lange Schlangen vor den Fahrstühlen; www.coittowertours.com.

Der Blick vom *Coit Tower* bzw. *Telegraph Hill* erlaubt nebenbei eine gute Vororientierung (bis zur *Golden Gate Bridge*) für alle, die den **Scenic Drive** abfahren wollen, ➤ unten. Der **Telegraph Hill** ist dafür ein guter **Ausgangspunkt**.

Zu Fuß vom Telegraph Hill zum Levi's Plaza Park

Der **Abstieg** vom Hügel nach Südosten führt über steile, ein bisschen verwunschene Treppen, die **Filbert** Street zum hübschen **Park Levi's Plaza** und The Embarcadero, eventuell auch die Montgomery Street nach Norden, dann die **Greenwich Steps**. Auf der Sansome oder Battery Street ist es von dort nicht mehr weit zur Uferstraße The Embarcadero und zur *Fisherman's Wharf*.

North Beach

North Beach ist das italienische Viertel von San Francisco in etwa südwestlich des *Telegraph Hill* (Kearny Street) bis zur Powell Street. Im Gegensatz zur südlich des Broadway angrenzenden *Chinatown* hat North Beach die Atmosphäre einer echten, hektikfreien *Neighborhood*. Magistrale des Viertels ist die **Columbus Avenue** mit einer Vielzahl von Cafés und Restaurants. Eine Institution von North Beach ist der Buchladen **City Lights Booksellers** des *Beat-Generation*-Poeten *Lawrence Ferlinghetti* (261 Columbus Avenue, täglich 10-24 Uhr, www.citylights.com, ➤ auch Seite 187), bis heute nicht wegzudenken aus der literarischen Szene San Franciscos.

Zum Lesen setzt sich bei gutem Wetter mancher in den nahen **Washington Square Park** (Columbus/Ecke Union und Filbert Street), der von der **Saints Peter & Paul Church** überragt wird.

1.1.3   Entlang des Scenic Drive durch San Francisco

49-Mile-Drive Die im Folgenden gewählte Reihenfolge der Beschreibung der weiteren San Fancisco Sehenswürdigkeiten entspricht ab *Fisherman's Wharf* dem **Verlauf des *49-Mile Scenic Drive*, ➤ Karte unten. Man kann ihn bei nur kurzen Zwischenstopps an den wichtigsten Anlaufpunkten innerhalb eines Tages bewältigen. Bei etwas gründlicherer Besichtigung der Zwischenziele benötigt man aber leicht zwei volle Tage. Bei der *Tourist Information* liegt eine **SFO-Visitors Map** auf, die den *Scenic Drive* genauer abbildet, auch im bereits empfohlenen Heft **»Where«** ist er eingezeichnet (➤ Seite 171). Der Streckenverlauf hat sich jedoch im Lauf der Jahre mehrfach geändert und die ehemals narrensichere Ausschilderung (Seemöwenschild) existiert leider nicht mehr an allen wichtigen Kreuzungen.

Scenic Drive zum Download Auf der Website www.sanfrancisco4you.com/sehenswuerdigkeiten-san-francisco/willys-49-mile-scenic-drive.html findet man nicht nur den 49-Mile-Drive, sondern zusätzlich Erweiterungen auf 66 Meilen und einen Link zum Download für Tom-Tom Navis.

Fisherman's Wharf

»Touristen falle«

Erstes Ziel oder auch ein ebenfalls geeigneter Startpunkt ist der Bereich *Fisherman's Wharf* (800 m Fußgängerdistanz vom *Coit Tower*), eine komplett kommerzialisierte **Touristenfalle**.

Die Bezeichnung *Fisherman's Wharf* bezieht sich auf ein relativ kleines Gebiet rund um den ehemaligen Fischereihafen San Franciscos an der Jefferson Street. Die Fischerboote und Werften sind lange verschwunden; an ihrer Stelle liegen Privatyachten und Charterboote fürs Hochseeangeln an den Stegen. Eine »**weiße Flotte**« – www.blueandgoldfleet.com – wartet mit *Baytrips*, Touren hinüber zur Zuchthausinsel *Alcatraz* und Linienverkehr nach Tiburon und Angel Island auf Passagiere. An Land beherrschen unzählige *Souvenir Shops*, Boutiquen, Bars, *Fast* und *Sea Food Restaurants*, dahinter Hotels und Parkplätze/-häuser das Bild.

Bootstrips

Ob eine der **Bayrundfahrten** mit oder ohne Unterdurchfahrt der *Golden Gate Bridge* interessant erscheint, hängt sicher von der subjektiven Bewertung solcher Bootstouren ab. Wer sie machen möchte, findet im Fischereihafen die preiswerteren Angebote. Auf jeden Fall empfehlenswert ist die *Alcatraz-Tour*:

Alcatraz

Die **Boote** hinüber zu dieser berüchtigten, heute **unter Nationalparkverwaltung** (www.nps.gov/alca) stehenden Zuchthausinsel fahren **ab Pier 33** im 30-min-Takt 8.45-15.15 Uhr; letzte Rückfahrt 18.30 Uhr; $30, Kinder 5-11 Jahre $18, Familie $90. Geführte Touren »*Night Tours*« am Spätnachmittag Do-Mo $37, Kinder 5-11 $22. **Die Trips sind im Sommer oft lange im Voraus ausgebucht**. Reservierung unter ☎ (415) 981-7625 oder im Web: www.alcatrazcruises.com/website/buy-tickets.aspx.

Die einleitende Kennzeichnung der *Fisherman's Wharf* gilt im Prinzip auch für den *Pier 39* am Ostende der *Wharf*. Dort gibt es auf den oberen Arkaden ein *California Welcome Center* mit jeder

Piraten auf dem Pier 39, aber mit solchen Gesellen hatte man es in San Francisco nie zu tun

Menge Infomaterial und Broschüren zum Touristenziel Kalifornien; www.pier39.com. Als **Publikumsmagnet** gelten u.a.

Pier 39

• das **Hard Rock Café** gleich eingangs des Piers
• das **Musicaltheater 39** mit wechselndem Programm
• das **Aquarium of the Bay**, wo man in transparenten Röhren die Unterwasserwelt aus der Taucherperspektive erlebt; im Sommer 9-20 Uhr; $20, Kinder $12; www.aquariumofthebay.org
• das Simulationstheater **7D Experience**: virtuelle Achterbahn-Fahrten und andere 3D-Abenteuer, an denen man mit Laserpistolen auch aktiv teilnehmen kann; $12; www.7dexperience.com.

An der Westseite des *Pier 39* befindet sich eine Art **Seelöwenreservat** auf Schwimmpontons, wo die Essensreste der Restaurants ganze Hundertschaften dankbarer Abnehmer finden.

Open-air Darbietungen vielerlei Art (Artisten, Zauberer u.a.) sorgen bei gutem Wetter für Zuschauerbelustigung.

Wenn **Speis und Trank** im *Wharf*-Bereich, dann sind auf diesem Pier die besten Optionen **Neptune's Grill** und das **Bubba Gump** am äußersten Ende. Besonders am frühen Abend kurz vor Sonnenuntergang sitzt man dort, unmittelbar über dem Wasser, goldrichtig. Ebenfalls bereits empfohlen wurde **Forbes Island** für Leute mit Zeit und größerer Brieftasche (➤ Seite 182).

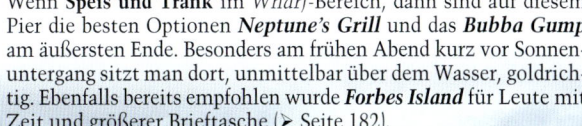

Ferry mit Insel und Zuchthaus Alcatraz

Shopping

Mitbringsel und Originelles aus aller Welt gibt es vielfältiger und preiswerter als in den *Shops* in der Beach Street und auf dem Pier 39 im **Cost Plus World Market** nahe der *Wharf* in der 2552 Taylor/Ecke North Point Street; http://worldmarketcorp.com.

Ghirardelli

Unterhaltung durch Pantomimen, Musikgruppen und Puppentheater zum Nulltarif findet man in der Touristensaison und an Wochenenden außer auf *Pier 39* am **Ghirardelli Square**, wo rund um eine Schokoladenfabrik ein lebendiges Laden- und Restaurantzentrum entstand; www.ghirardellisq.com.

Optimale Besuchszeit

Den *Wharf-Bereich* sollte man vorzugsweise ab Nachmittag und in den frühen Abendstunden erkunden, wenn auf Straßen und Plätzen mehr »los« ist als am Morgen.

San Francisco National Historical Park

Dem *Ghirardelli Square* gegenüber befindet sich das wie ein Dampfer gestaltete **Aquatic Park Bathhouse**, ein früheres Badehaus, in dem derzeit lediglich einige Schiffsmodelle, Gemälde und Dioramen untergebracht sind. Sehenswerter sind im **San Francisco National Historical Park** die nostalgischen Originale draußen am **Hyde Street Pier**, der zusammen mit dem halbrunden **Municipal Pier** ein ruhiges Wasserbecken bildet. Grünflächen und ein schmaler **Badestrand** säumen das hier meist ruhige Ufer.

Am Kai des Piers liegen der **Dreimaster Balclutha** von 1895, die alte **Fähre Eureka**, der Raddampfer **Eppleton Hall** und weitere Schiffe. Mehr Infos zum *Historical Park* im Web unter www.nps.gov/safr oder im Besucherzentrum (Ecke Hyde/Jefferson Street). Zutritt $5; frei mit *Interagency Pass*, ➤ Seite 30, und für Kinder bis 16 Jahren mit Vollzahlern bzw. Passinhabern.

Der 120 Jahre alte Segler »Balclutha« ist Teil des San Francisco Historical Park.

The Crookedest Road of the World
www.sftodo.com/lomabardcrookedstreet.html

Fünf Blocks südlich der *Fisherman's Wharf* kreuzt die Hyde Street die Lombard Street, dessen steilster Abschnitt östlich der Hyde Street von der Touristenwerbung gerne als **Crookedest Road of the World** bezeichnet wird. In engen Serpentinen, die nur von Personenwagen und kleineren *Vans* nachvollzogen werden können, geht es – vorbei an Blumenbeeten und gepflegten Anwesen – ca. 200 m steil hinunter zur Leavenworth Street. Dank der Popularität dieser Abfahrt müssen interessierte Autofahrer dort oft Wartezeiten in Kauf nehmen, bevor sie sich im Schritttempo bergab quälen dürfen. Wem auch ein Foto – ohne den eigenen Mietwagen auf dem Parcours – genügt: Von oben, also von der Hyde Street, hat man einen besonders guten Weitblick die ganze Lombard Street entlang bis hinüber zum *Telegraph Hill*. Dabei kommt jedoch der Charakter der *crooked road* nicht recht ins Bild. Wer den festhalten möchte, muss von der Leavenworth Street von unten nach oben fotografieren.

Nebenbei: die **Steigung** der Lombard Street ist hier mit 16% für San Francisco-Verhältnisse mitnichten ungewöhnlich. Da gibt es ganz andere Fälle: nur zwei Blocks weiter südlich bringt es z.B. die Filbert Street auf über 30% und auf fast 30% kommt die Jones Street zwischen Filbert und Union Street.

Nicht zum Park gehört das vielleicht sehenswerteste Schiff an der *Wharf*, das **Pazifik-U-Boot USS Pampanito**. Es liegt ein wenig weiter östlich vertäut am **Pier 45**; im Sommer 9-20 Uhr, sonst bis 18 Uhr, $15, Kinder $9; www.maritime.org/pamphome.htm.

Für Schiffsfans: Das letzte Exemplar eines Weltkrieg-II-Versorgers der *Liberty-Klasse,* die **Jeremiah O'Brien**, ist ebenfalls am **Pier 45** zu besichtigen, 9-16 Uhr; Eintritt $12, Kinder 6-14 Jahre $6.

Parken

Parken im Bereich der *Fisherman's Wharf* ist ein relativ teures Vergnügen. Speziell für Campmobile wird kassiert. Relativ gute Chancen auf Gratisparkplatz oder preiswerte Parkuhr (max. 2 Std.) hat man im toten Ende (Richtung *Municipal Pier*) der Van Ness Ave zwischen *Fort Mason Park* und *Ghirardelli Square*.

Beim *Cost Plus World Market* (➤ links) kann sogar zwei Stunden gebührenfrei parken, wer für mindestens $10 einkauft. Gute Übersicht mit Preisen unter http://en.parkopedia.com.

Sinn macht es ggf., das Auto von vornherein in größerem Abstand stehen zu lassen und den Rest des Weges zu Fuß, per *Cable Car* oder Bus zurückzulegen. In Frage kommt u.a. der Parkplatz des *Exploratoriums* (nächste Seite). Von dort fährt Bus #30 zur *Wharf*.

Die »Golden Gate-Ziele«

Marina Boulevard/ Fort Mason Center

Von der *Fisherman's Wharf* führt der **Scenic Drive** durch schöne Wohnviertel voller verschnörkelter viktorianischer Holzhäuser zunächst in Richtung *Golden Gate Bridge*. Zwischen Marina Blvd und Van Ness Avenue liegt das mit dem *Maritime National Historical Park* über einen Fußweg verbundene Gelände des *Fort Mason*. Im zweiten Weltkrieg diente dieser Bereich als Einschiffungsstation der Kampftruppen für den Pazifik. Dort befindet sich heute – in beneidenswerter erhöhter Lage – eine der beiden **HI-Hostels** (Jugendherbergen) San Franciscos. Die Gebäude an den Piers wurden als **Fort Mason Center** zu einem Kunst- und Kulturzentrum umfunktioniert mit Galerien, Werkstätten, experimentellen Bühnen, kleinen Museen und Restaurants.

Golden Gate Promenade

Der Weg ab dem *Hyde Street Pier* (➤ Seite 200) zum *Fort Mason Center* ist zugleich der **erste Abschnitt der Golden Gate Promenade**, einem Spazier-, Jogging- und Bike-Weg (➤ unten unter dem Stichwort *Crissy Field*).

Palace of Fine Arts

Auf der Bayseite des Marina Boulevard dümpeln im *East* und *West Harbor* – getrennt durch den Park Marina Green – Hunderte von Yachten. Weiter dem *Scenic Drive* folgend erreicht man über die Baker Street den bombastischen **Palace of Fine Arts**. Es handelt sich dabei um ein auf die Weltausstellung von 1915 zurückgehendes Gebäude, das einem griechisch-byzantinischen Tempel ähnelt (www.palaceoffinearts.org).

Exploratorium

Der Bau hinter dem Palast beherbergt das **Exploratorium**, ein Wissenschaftsmuseum der experimentellen Art im Stil der sog. *Science Center*. Eintritt $29, 13-17 Jahre $24, 4-12 Jahre $19; im Juli/August täglich 10-17 Uhr, Do auch 18-22 Uhr; sonst Di-So und kürzer, www.exploratorium.edu.

Crissy Field

Erst vor wenigen Jahren wurde das **Crissy Field**, ein ausgedehntes Ufergelände zwischen San Francisco Bay und Doyle Drive (der ab Ende des Marina Boulevard wieder autobahnmäßig ausgebauten Straße #101), in die *Golden Gaten Recreation Area* einbezogen, ➤

Ein Bike & Walk Trail läuft von der Wharf über das Crissy Field an der Bucht entlang bis zum Fort Point unterhalb der Golden Gate Bridge. Im Vordergrund das Infocenter der Golden Gate NRA mit Café

Golden Gate National Recreation Area www.nps.gov/goga

Eine Art Nationalpark mitten in und am Rande einer Großstadt, auch das ist eine erstaunliche Besonderheit San Franciscos. Die Schaffung und schrittweise Erweiterung der *Golden Gate National Recreation Area* begann erst in den 1970er-Jahren zunächst mit dem Kauf der **Zuchthausinsel Alcatraz** und dem Gelände des **Fort Mason** unweit der *Fisherman's Wharf* durch den *National Park Service*. Jenseits der Bucht erwarb man die **Marin Headlands**, über 200 km² weitgehend unerschlossene Hügel- und Waldlandschaft voller mittlerweile obsoleter Militäranlagen an der Steilküste nördlich des *Golden Gate*. Später wurde auch das Areal des **Muir Woods Nat'l Monument** (➤ Seite 216) ins *NRA*-Gelände integriert .

In den 1990er-Jahren kam das **Presidio of San Francisco** dazu, eine ausgedehnte Parkanlage, die dem *National Park Service* vom Militär übereignet wurde. Zum *Presidio* gehören die bis ans Ufer der Bucht reichenden **Crissy Fields**, das **Fort Point** unter der *Golden Gate Bridge* und die Uferbereiche am Pazifik bis zur *Baker* und *China Beach*. Auch das von Bebauung nahezu freie Gelände **Land's End** mitsamt vorgelagerten Robbeninseln in der Nordwestecke der Stadt wurde einschließlich des berühmten **Cliff House** vom *Park Service* übernommen. Mit der sich anschließenden **Ocean Beach** und dem Bereich **Fort Funston** hoch über dem Pazifik und weiteren Teilgebieten bis Pacifica erstreckt sich die *Golden Gate NRA* heute als breiter Grün- oder Strandstreifen von den *Crissy Fields* aus rund um die Stadt herum nach Süden. Einschließlich der *Marin Headlands* umfasst sie eine Fläche von rund 300 km².

Der Zugang zu den meisten Bereichen und Einrichtungen ist frei, lediglich der Besuch des *Muir Woods NM* kostet Eintritt (frei für NP-Passinhaber, ➤ Seite 30). Beim Besuch der Zuchthausinsel *Alcatraz* ist der Zutritt in den Ticketpreisen der Boote enthalten, ➤ Seite 198.

Anmerkung: Der an die Ocean Beach unmittelbar angrenzende **Golden Gate Park** gehört trotz Namensgleichheit nicht zur *Nat'l Recreation Area*, sondern zum Verantwortungsbereich der City of San Francisco.

Kasten. Dort läuft die **Golden Gate Promenade**, nachdem sie das *Fort Mason Center* und die Yachthäfen passiert hat, gute 3 km am Wasser entlang bis zum *Fort Point* unter dem Südende der *Golden Gate Bridge*. Wer sich diesen Weg vornimmt, behält die Brücke (oder den Nebel) jederzeit fest im Blick. Dafür und für weiterführende Touren per Bike findet man **Leihfahrräder** bei *Blazing Saddles* auf dem *Pier 41* oder an der 465 Jefferson Street (www.blazing saddles.com) sowie im *Marina District*, z.B. *New Holiday Adventure*, 1937 Lombard Street (#101).

Fast am Ende des *Crissy Field* steht ein kleines **InfoCenter** mit Café, die **Warming Hut**. Ideal für die Pause zwischendurch oder auch zum Ansteuern per Auto (Parkplätze vorhanden). Vom Marina Blvd geht es dazu geradeaus weiter auf die Mason Street (nicht links ab in Richtung #101) und dann Hamilton Street. Von der Mason Street erreicht man über die Long Ave und den Marine Drive auch das **Fort Point**, ➤ folgende Seite.

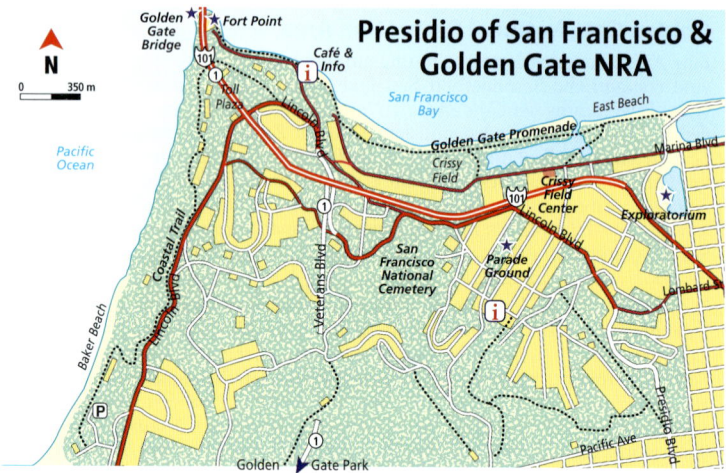

El Presidio

Der *Scenic Drive* (Lombard Street West geradeaus, wenn die #101 nach Norden abknickt und in die Richardson Ave übergeht) führt dagegen kurvenreich durch das parkartige Gelände *El Presidio*, das schon von den Spaniern als Militärstützpunkt genutzt wurde und später der 6. US-Armee als Hauptquartier diente. Man gelangt von der Lombard Street automatisch auf den Presidio Blvd und dann geradeaus weiter auf den **Lincoln Blvd**. Auf ihm passiert man am Südende des einstigen Paradenplatzes (*Parade Ground*) das *Presidio Visitor Center*.

Fort Point

Den Abstecher Long Ave vom Lincoln Blvd (nach Unterfahren der #101) zur alten Befestigungsanlage **Fort Point** unterhalb der Auffahrt zur *Golden Gate Bridge* kann man leicht übersehen, ➢ oben. Der Blick aus der ungewöhnlichen Perspektive am Fuße der gewaltigen Brückenkonstruktion beeindruckt ebenso wie das Innere (nur Do-Di 10-17 Uhr) der heute innerhalb der *Golden Gate*

Einst exponiertes Fort Point, seit 1937 unter dem Bogen der Golden Gate Bridge

NRA als **National Historic Site** ausgewiesenen Befestigung, die niemals Kampfhandlungen sah; www.nps.gov/fopo/.

Hinweis

Wer dem *Scenic Drive* in Richtung Süden folgen will, bleibt weiter auf dem Lincoln Blvd und unterquert die #101, ➢ Seite 207.

Golden Gate Bridge

Neben **sechs Autospuren** verfügt die *Golden Gate Bridge* über Fuß- und Radweg. Die mautfreie **Brückenüberquerung** mit dem **Bike** (Verleih ➢ Seite 203 bzw. 208) oder **zu Fuß** (nur bei Tageslicht erlaubt!) sei allen ans Herz gelegt, die eine Extrastunde dafür erübrigen können. Vor der Zulassung als Passant/Biker steht ein *Security Check*; www.goldengatebridge.org/visitors.

Brücken- maut/Toll

Kraftfahrzeuge zahlen für die **Brückenüberquerung $7,25**, wobei die Maut nur bei Nord-Süd-Fahrt erhoben wird, und zwar seit 2013 ausschließlich elektronisch. Mietwagen in Kalifornien verfügen heute über ein entsprechendes *Toll Program*, das sich auf Mautstraßen/- brücken automatisch aktiviert. Der Vermieter rechnet bei Rückgabe des Autos die angefallenen Gebühren mit dem Mieter ab. Wer keine derartige Elektronik im Auto hat (z.B. bei *out-of-state cars*) muss selbst für die Zahlung sorgen. Auf jeden Fall wird sein Nummernschild erfasst. Alle Details dazu unter www.goldengate.org/tolls.

Die Golden Gate Bridge www.goldengate.org

Die Einfahrt durch das »Goldene Tor« in die Bucht von San Francisco legte früh den Gedanken an eine Brücke nahe. Aber erst das 20. Jahrhundert sorgte für die technischen Voraussetzungen zur Überbrückung einer Meerenge von über zwei Kilometern Breite bei Wassertiefen von 30 m und mehr. Bis dahin gab es einen regen Fährverkehr zwischen San Francisco und dem Nordufer der Bucht. Wegen der plötzlich von See her einbrechenden Nebelwände kam es dabei häufig zu Havarien. Wer den »Seewolf« von *Jack London* gelesen hat, erinnert sich vielleicht, dass diese abenteuerliche Geschichte mit dem Untergang einer der *Golden Gate*-Fähren ihren Anfang nahm. Erst in den 1920er-Jahren begann man mit der konkreten Planung der Brücke und 1933 mit dem Bau.

Die *Golden Gate Bridge* wurde im Mai 1937 eingeweiht. Sie war damals die längste Hängebrücke der Welt und wartete mit weiteren Rekorden bezüglich der Höhe der die Kabelstränge tragenden Pylonen und der Unterwasserkonstruktionen auf. Die Gesamtlänge der Brücke beträgt 2737 m bei einer Spannweite zwischen den 227 m hohen Pfeilern von 1280 m. Die eine 27 m breite Fahrbahn (sechsspurig plus Fuß- und Radweg 67 m über der Hochwasserlinie) tragenden Kabel haben einen Durchmesser vom 92 cm. Die markante rote Farbe der Brücke geht auf das seinerzeit eingesetzte Rostschutzmittel Bleimennige zurück, die Erbauern und den *San Franciscans* derart gut gefiel, dass man für die späteren Erneuerungsanstriche dabei blieb.

Bei sonnigem Wetter am Spätnachmittag erkennt man besonders von Aussichtspunkten in den *Marin Headlands* (➢ Seite 214), wenn die Brücke in gleißendem Rot und das Land in warmem Gelbbraun erstrahlen, den Ursprung der Bezeichnung *Golden Gate*. Aber auch an Tagen durchsetzten Wetters, wenn die orangeroten Pylonen plötzlich den Nebel zerreißen und wieder verschwinden, ist der Blick auf die Brücke atemberaubend. Mehr Details auf Deutsch unter http://de.wikipedia.org/wiki/Golden_Gate_Bridge.

Golden Gate Bridge/ Marin Headlands

Der bei guter Sicht immer äußerst betriebsame *Viewpoint* (mit *Fast Food Service* und Toiletten) auf der Nordseite des Goldenen Tors (ausgeschilderte Abfahrt nach der Überquerung) bietet bereits einen großartigen Blick auf die City von San Francisco, aber fürs »**Spitzenfoto**« gibt es noch bessere Positionen entlang der Zufahrt zu den *Marin Headlands*: Gleich hinter der Aussichtsterrasse verlässt man dazu die Autobahn (Alexander Ave nach Sausalito), unterquert sie aber sofort wieder nach links. Die linke Spur führt zurück auf die Brücke, **rechts** geht es auf der **Conzelman Road** steil den Hang hinauf. Von mehreren Halteplätzen entlang der Strecke fällt der Blick bei gutem Wetter durch und über das rote Wunderwerk auf die *Skyline* der City; ➢ Buchcover. Ein perfekter Platz um den Tag ausklingen zu lassen!

Weitere Details zu den *Headlands* ➢ Seite 214.

Abstecher zur Nordseite der Bay

Auf dieser Seite der Bay liegen mit **Sausalito**, **Tiburon** und der **Angel Island** hübsche Ziele für einen etwas ausgedehnteren San Francisco-Besuch. Bei ausreichender Zeit sind auch die *Redwood*-Bestände des **Muir Woods National Monument**, **Mount Tamalpais**, **Stinson Beach**, das »Aussteigerdorf« **Bolinas** und die **Point Reyes National Seashore** einen Abstecher wert, ➢ Seiten 218f.

Coastal Trail

In San Francisco geht es weiter auf dem *Scenic Drive*: man folge zunächst dem Lincoln Blvd, später dem Camino del Mar durch beste Wohnlagen oberhalb der Pazifikküste bis zum *Palace of the Legion of Honor*. Parallel zur Straße verläuft ein Fußweg, der **Coastal Trail**, zunächst parallel zum Boulevard, dann bis zum *Cliff House* im Bereich *Land's End* hoch über dem Meer durch freies Gelände und weiter an Stränden und dem Great Highway entlang bis zu den Absprungdünen für Drachenflieger beim *Fort Funston*.

Marshall's & Baker Beach

Der Lincoln Boulevard passiert zunächst den Zugang zu zwei beliebten Stränden, die über einen steilen Pfad zugängliche **Marshall's Beach** direkt zu Füßen der *Golden Gate Bridge* und gleich darauf die langgestreckte **Baker Beach**. Der auch im Hochsommer hier nur durchschnittlich 14°C kalte Pazifik lockt vor allem Sonnenhungrige und Fotografen an – ohne Nebel toller Blick auf die *Golden Gate Bridge* im Nachmittagslicht! Am Nordende der **Baker**

Blick auf die Golden Gate Bridge von der Baker Beach aus bei heraufziehendem Nebel

Vorhof des Palace of the Legion of Honor

Beach tummeln sich oft jede Menge Nudisten. Parkmöglichkeiten für die *Marshall's Beach* findet man an der Ecke Lincoln Blvd/ Storey Avenue oder beim Langdon Court. Zum Besuch der *Baker Beach* fahrt man zum eigens dafür vorgesehenen Parkplatz etwas weiter südlich am Lincoln Blvd.

Kunstmuseum

Im **Lincoln Park**, durch den sich die Route nach links wendet, liegt der ***California Palace of the Legion of Honor***. Der Palast ist dem gleichnamigen Pariser Vorbild nachempfunden und wurde 1924 zu Ehren der im 1. Weltkrieg gefallenen Kalifornier errichtet. Er beherbergt heute ein sehenswertes Kunstmuseum, das überwiegend europäische Werke ab dem Spätmittelalter zeigt, darunter Werke von *Rubens, Rembrandt und Picasso*. Stark vertreten sind Impressionisten wie *Manet* und *Renoir*; beachtlich ist die große Zahl der *Rodin*-Skulpturen; schon im Vorhof erwartet *Rodins* »Denker« die Besucher. Di-So, 9.30-17.15 Uhr, Ticket $10; es gilt am selben Tag auch fürs *de Young Museum*, ➢ Seite 209; www.famsf.org. Salate und gesunde Bio-Kost gibt's im **Restaurant** des Museums.

Weitblick

Vom Portal des eindrucksvollen Bauwerks überblickt man die Parklandschaft und sieht – dieses Mal pittoresk von oben – die Einfahrt in die San Francisco Bay mit der *Golden Gate Bridge.*

Am hinteren Ende des Parkplatzes befindet sich ein kleines, aber sehr berührendes **Holocaust-Mahnmal**.

Cliff House

Nach dem Monument der Ehrenlegion erreicht man über den Geary Blvd/Point Lobos Ave das hoch über dem Strand der Ocean Beach und Pazifik gelegene **Cliff House** mit dem **Sutro's Seafood Restaurant** und **Bistro** (beide nicht billig, aber unbedingt empfehlenswert bezüglich, Ambiente, Aussicht, Service und Qualität, besser reservieren: ✆ (415) 386-3330, www.cliffhouse.com).

Seal Rocks

Der Küste vorgelagert sind dort die ***Seal Rocks***. Von einer Aussichtsplattform kann man die Seehundfelsen, die vor allem in den Monaten September bis Juni belebt sind, gut beobachten. *Ranger* der *National Recreation Area* informieren dort über Tier- und Pflanzenwelt dieses Küstenstrichs.

Zoo

Weiter führt der Rundkurs hinunter auf den *Great Highway*, der schnurgerade am breiten Strand der *Ocean Beach* entlangläuft und das Westende des *Golden Gate Park* passiert. Am Südende des Strandes befindet sich der Hagenbeck nachempfundene **San Francisco Zoo** mit einem erstklassigen Primatengehege (Gorillas und Orang-Utans), Koalas und Pinguinen. Auch ein Kinder-Strei-chelzoo ist vorhanden; 10-17 Uhr, Eintritt $20; Kinder 4-14 Jahre $14; www.sfzoo.org.

Drachen-flieger

Südlichster Anlaufpunkt des *Scenic Drive* ist das zur *Golden Gate Recreation Area* gehörende Gelände des einstigen **Fort Funston** mit Steilhängen über dem Ozeanstrand, die **Drachenfliegern** als Absprung- und Übungsgelände dienen. Vor und über einer Beob-achtungsplattform demonstrieren *Hangglider*-Piloten dem stau-nenden Publikum gelegentlich aus nächster Nähe, was sich mit den bunten Fluggeräten so alles machen lässt.

Betrieb herrscht beim *Fort Funston* eher am späten Nachmittag und an Wochenenden, so das Wetter mitspielt. Denn über diesem Teil der Stadt hängt – wie bereits bemerkt – oft Nebel, selbst wenn jenseits der Hügel von *Haight Ashbury* und *Diamond Heights* die Sonne scheint.

Conservatory of Flowers im Nordosten des Golden Gate Park

Der Golden Gate Park

Kenn-zeichnung

Der rund 5 km lange, aber nur 800 m breite *Golden Gate Park* gilt als eine der ganz besonderen Sehenswürdigkeiten San Franciscos; www.golden-gate-park.com. Tatsächlich besitzt der Park durchaus hübsche Ecken, aber das hindurchführende, stark befahrene Stra-ßennetz stört erheblich. Nur wenn **sonn- und feiertags** der Verkehr weitgehend unterbunden wird, zeigt der Park Flair. Eine ähnlich »farbige« Mischung seiner Besucher und ihrer Aktivitäten findet sich dann allenfalls noch in New Yorks *Central Park*.

Bikes mieten

Besonders an solchen Tagen lohnt sich der Besuch, idealerweise mit **Mietfahrrad**, z. B. *Golden Gate Tours & Bike Rentals* an der

1816 Haight St im Osten des Parks ([www.goldengateparkbikeren](www.goldengateparkbikerental.com,) tal.com,) oder *Golden Gate Park Bike & Skate* an der 3038 Fulton Street (www.goldengateparkbikeandskate.com).

Anlaufpunkte: Büffel

Windmühle

Tulpengarten

Im **Westteil** befindet sich sogar ein **Büffelgehege** (*Bison Paddock*), aber für donnerndes Herumgaloppieren haben die zottigen Viecher zu wenig Platz. Die beiden **Windmühlen** in der Nordwestecke begeistern zwar Amerikaner, wirken aber auf europäische Besucher wenig sensationell. Die nördliche **Dutch Windmill** ist ein Geschenk der niederländischen Königin Wilhelmina, da darf ein Tulpengarten eben dieses Namens natürlich nicht fehlen.

Restaurant mit Brauerei

Von dort sind es keine 200 m zum **Beach Chalet** (1000 Great Hwy, ✆ (415) 386-8439, www.beachchalet.com), einem beliebten, wiewohl nicht ganz billigen Restaurant (*Seafood*, Steaks) mit Strandaussicht, wo zudem mehrere Bierarten gebraut werden und sogar Düsseldorfer Altbier zu haben ist.

Gewächshaus

Anziehungspunkt im Osten ist das **Conservatory of Flowers** (Di-So 9-16.30 Uhr, Eintritt $8; www.conservatoryofflowers.org), ein nostalgisches Gewächshaus am Kennedy Drive.

Die alten Museen am **Music Concourse** unweit westlich des *Conservatory* machten enormen **Neukonstruktionen** Platz:

de Young Museum

Nach langer Bauzeit wurde das **de Young Museum of Fine Arts** erst 2007 eingeweiht. Schon architektonisch ist das riesige Kunstmuseum außen wie innen sehenswert. In erster Linie beeindrucken die Ausstellungen zur – im Wesentlichen amerikanischen – Kunst des 20. Jahrhunderts, aber auch die Abteilungen zur *Native Art* der Amerikas und anderer Erdteile überzeugen. Geöffnet Di-So, 9.30-17.15 Uhr, Eintritt $10; Senioren $7; Jugendliche 13-17 $6. Ticket gilt am selben Tag auch fürs Kunstmuseum im *Palace of the Legion of Honor*; ➢ Seite 207; http://famsf.org/deyoung.

Nach dem Kunstgenuss wartet eine große **Cafeteria** – an Gutwettertagen die Terrasse am angrenzenden **Skulpturenpark**.

Offene Cafeteria des de Young Museums, überdacht durch die ausladende rostbraune Struktur des avantgardistischen Baus

Aquarium und Science Museum

Der Neubau der *California Academy of Sciences* (vis-a-vis dem *Young Museum*) mit *Steinhart Aquarium, Rain Forest* und *Planetarium* benötigte rekordverdächtige sieben Jahre bis zur Fertigstellung. Rein architektonisch ist das scheinbar nur einstöckige Gebäude überaus gelungen. Die Präsentation seines Zentralthemas »Umweltschutz« fällt dagegen etwas ab; selbst der an sich gut gemachte »Regenwald« enttäuscht wegen der räumlichen Enge. Das Aquarium im Untergeschoss gehört eher nicht zur amerikanischen Spitzenklasse. Besser sind u.a. die Aquarien in Monterey und Long Beach, ➤ Seiten 326 bzw. 416.

Geöffnet Mo-Sa 9.30-17 Uhr, So ab 11 Uhr. Eintritt $35, 12-17 Jahre $30, Kinder 4-12 Jahre $25; www.calaca demy.org. Der Eintritt liegt zwar im üblichen Rahmen, ist aber für das Gebotene reichlich hoch.

Teehaus

Im hübschen *Japanese Tea Garden* mit einem echten japanischen Teehaus (täglich 9-18 Uhr, Winter 16.45; $8, 11-17 Jahre $3, 5-11 $2) kann man nach den touristischen Anstrengungen des Tages gut pausieren, ➤ www.japaneseteagardensf.com.

Boot mieten

Am **Stow Lake**, nur wenig westlich davon, warten Mietboote. Mit ihnen lässt sich der *Strawberry Hill* (mit künstlichem Wasserfall) umrunden. Dort befindet sich auch eine Bikevermietung, ➤ oben.

Konzerte

Von April bis Oktober spielt die *Golden Gate Park Band* seit dem Jahr 1882 jeden Sonntag um 13 Uhr ein Potpourri aus populärer Klassik, Märschen, Broadway, Swing und mehr im sog. *Bandshell* des *Spreckel's Temple* am *Music Concourse* zwischen *de Young Museum* und der *Academy of Science*. Manches Bandmitglied sieht dabei so aus, als sei es von Anfang an mit von der Partie gewesen. Ein Erlebnis, das sich Sonntagsbesucher nicht entgehen lassen sollten.

Vom Golden Gate Park zurück in die City

Haight Ashbury

Unmittelbar **östlich des *Golden Gate Park*** unterhalb der schmalen Parkverlängerung **Panhandle** liegt der in Hippiezeiten (ab Mitte der 1960er-Jahre) als Hochburg der Bewegung berühmt gewordene, zugleich aber verschriene Stadtteil **Haight Ashbury**. Junge Menschen kamen mit Blumen im Haar von überall hierher, ganz wie es *Scott McKenzie* in seinem Song »*If you're going to San Francisco*« besungen hat. In den 1970er-Jahren wurde der

Traum von der Leichtigkeit des Lebens nach und nach zum Dro-
genalptraum, aber inzwischen ist alles wieder »normaler« und
damit letztlich auch amerikanisch kommerzieller geworden. Viel
blieb also nicht von der *Flower Power*, doch Reste der alten Blüte
findet man noch im Bereich Haight/Ashbury Street in einer Reihe
witziger Läden für psychedelische Souvenirs, Cafés mit Kaffee-
spezialitäten und gesunden Säften sowie Restaurants mit vegeta-
rischer Kost. Auf den riesig großen Plattenladen bzw. CD-Shop
Amoeba Music (www.amoeba.com) in der 1855 Haight Street
wurde eingangs das San Francisco-Kapitels schon hingewiesen.

Nur drei Blocks vom *Golden Gate Park* entfernt steht in der 1665
Haight Street das oben empfohlene **Hotel *Red Victorian***, ➢ Seite
177, mit einem ***Peace Café***.

*Die aus
dem Fenster
hängenden
Damenbeine
sind in
Haight
Ashbury
ein beliebtes
Fotomotiv
(1452 Haight
Street).*

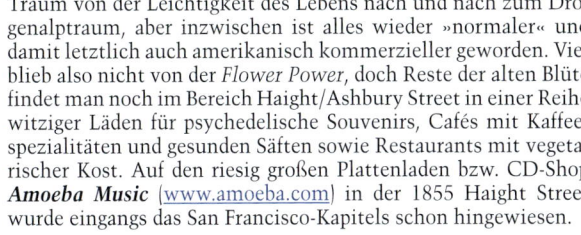

Twin Peaks

Der ***Scenic Drive*** führt vom *Golden Gate Park* auf etwas verschlungenen Wegen (Twin Peaks Blvd) zu den 300 m hohen **Twin
Peaks**, eine gute Meile südlich des Parks bzw. von Haight Ashbury. Die Aussicht von dieser höchsten Erhebung San Franciscos
ist großartig. Auch wer nicht direkt den *Scenic Drive* abfährt,
sollte den von der City relativ kurzen Abstecher dorthin unbedingt machen. Nicht empfehlenswert ist die Auffahrt indessen ab
einbrechender Dunkelheit, auch wenn dann vielleicht ein Foto
»San Francisco bei Nacht« lockt.

Mission

Auf der Fahrt von dort zurück in Richtung City (am besten zunächst über die Market Street) liegt die Wiege San Franciscos fast
am Wege, die **Mission Dolores** (auch *Mission San Francisco de
Asis* an der Ecke 16th/Dolores Street), ein eher schlichter Bau aus
dem Jahre 1776, ➢ Foto Seite 167 und Kasten Seite 476.

Das mexikanisch angehauchte, aber insgesamt nicht sonderlich
malerische **Viertel *Castro/Mission*** ist bis auf seine historische
Bedeutung und zahlreiche Wandbilder eher weniger spannend.

Zumindest gilt das für alle Besucher, die sich nicht zur *Gay Community* zählen.

Murals

Im *Mission District* stößt man u.a. in der 19th Street zwischen Valencia und Guerrero Street, in der South Van Ness Ave/Ecke 22nd und in der 24th Street/Ecke Florida auch auf **sehenswerte Wandgemälde**. Wer sich näher dafür interessiert, schaut bei *Precita Eyes Mural Arts* vorbei (2981 24th Street) und bucht ggf. eine geführte Tour zu den Originalen. Eindrucksvolle Fotos der Wandbilder finden sich auf dem Portal www.precitaeyes.org.

Schwulen-hochburg

Entlang der **Castro Street** schlägt das Herz des schwulen und lesbischen San Francisco. Die Ecke Market/Castro Street wurde nach dem ersten offen homosexuellen Lokalpolitiker San Franciscos, der 1978 zusammen mit Bürgermeister *Moscone* in der City Hall erschossen worden war, in *Harvey Milk Plaza* umbenannt.

Sehens- und erlebenswert ist das *Castro Theater* in der 429 Castro Street, www.castrotheatre.com), ein Kino mit Orgel, in dem regelmäßig Filmklassiker und Avantgarde in Originalsprache (oft auch Deutsch) auf die Leinwand kommen.

Abkürzung Scenic Drive/ Abschluss

Die Weiterführung des offiziellen *Scenic Drive* über die Dolores Street nach Süden und zurück über die I-280 nach *Downtown* leuchtet nicht ein. Von der *Mission Dolores* bzw. aus dem Bereich Castro nimmt man am besten die Dolores bzw. van Ness Ave nach Norden und schließt den Kreis der Rundfahrt über die Market Street in *Downtown* ab.

Anlaufpunkte westlich Downtown

In Frage kommen aber auch noch weitere Anlaufpunkte westlich von *Downtown*, so ab Haight Ashbury bzw. direkt ab *Golden Gate Park* der **Alamo Square** mit seinen *Painted Ladies*, **Japantown** und **St. Mary's Cathedral**:

Die Painted Ladies am Alamo Square

Painted Ladies

Egal, auf welcher Straße man zwischen *Golden Gate Park* und *Downtown* unterwegs ist, zum hochgelegenen **Alamo Square Park** und den bunt angemalten »Damen« geht's am besten auf der Steiner Street nach Norden. Die Häuser sind nicht zu verfehlen.

Japantown

Zwei Blocks westlich des Alamo Square verläuft die breite Webster Street. Gut eine halbe Meile nördlich erreicht man auf ihr **Japantown** (zwischen Geary Blvd und Post bis Fillmore bzw. Laguna Street). Der Bereich besteht im Wesentlichen aus einem **Shopping Center** mit einigen reizvollen architektonischen Akzenten, darunter die auffällige **Peace Pagoda**. Rund um die Friedenspagode finden an Sommerwochenenden folkloristische Veranstaltungen statt; www.sfjapantown.org.

St. Mary's und Holy Virgin Cathedral

Von der nur bedingt sehenswerten *Japantown* sind es bis zum modernen Marmorbau der **St. Mary's Cathedral** auf dem Geary Blvd je nach Ausgangspunkt nur zwei bis vier Blocks nach Osten. Diese Kathedrale kann Mo-Sa 9-12 Uhr und So nach Ende der 11 Uhr-Messe besichtigt werden (Spende); www.stmarycathedralsf.org. Wer sich für Kirchenarchitektur interessiert, wird auch die **Holy Virgin Cathedral**, eine russisch-orthodoxe Basilica, eindrucksvoll finden, ebenfalls am Geary Blvd, aber weiter westlich (#6210). Leider ist das beachtliche Innere des Baus nur bei Teilnahme am Gottesdienst zugänglich; Zeiten unter http://sfsobor.com.

Civic Center

Auf der Market Street passiert man unmittelbar östlich der Van Ness Ave das **Civic Center**. Dort gruppieren sich die **City Hall** mit Säulenportal und einer dem Petersdom nachempfundenen Kuppel sowie Verwaltungsgebäude und Kulturtempel um eine zentrale, parkartige Plaza. Neben dem Rathaus verdienen außerdem das **War Memorial Opera House** und die Architektur der **Symphony Hall** Interesse – beide liegen unverfehlbar an der Van Ness Ave (#101).

Holy Virgin Cathedral

Asian Art Museum

Die *Civic Center Plaza* östlich der *City Hall* trennt das Gebäude des **Asian Art Museum** in der 200 Larkin Street. Es verfügt über eine außergewöhnlich große Sammlung asiatischer Kunstgegenstände, von denen immer nur ein Teil in der Ausstellung zu sehen ist. Geöffnet Di-So 10-17 Uhr, Do bis 21 Uhr im Sommer; Eintritt $12, Jugendliche 13-17 Jahre $10, www.asianart.org.

1.1.4   Ziele nördlich der Golden Gate Bridge

Marin Headlands, Sausalito und Tiburon

Aussichts-route

Von den Aussichtspunkten jenseits der *Golden Gate Bridge* in den **Marin Headlands** war bereits die Rede (Abfahrt Alexander Ave von der #101 am Nordende der Brücke, dann – von San Francisco kommend – links unter der Autobahn hindurch und rechts halten; bei Anfahrt von Norden erst links und dann rechts halten). Folgt man der so erreichten **Conzelman Road** den Hang hinauf vorbei an den ersten *Viewpoints* weiter nach Westen, passiert man alte Batteriestellungen (Einbahnstraße) und gelangt schließlich zum **Bird Island Overlook** hoch über dem Pazifik. Ganz in der Nähe befindet sich der *Campground Bicentennial* (nur für max. 3 Zelte, ➤ Seite 181).

Zurück geht es – vorbei am **Visitor Center**– auf der Field und dann Bunker Road. Die Stichstraße Mitchell Road führt ungefähr ab Besucherzentrum am Nordufer der **Rodeo Lagoon** entlang bis zum Parkplatz hinter **Fort Cronkhite** oberhalb der **Rodeo Beach**. Hinunter ans Meer gelangt man auf kurzen **Beach Trails**.

Bis zum 2. Weltkrieg standen auf den Höhen der *Marin Headlands* Küstenbatterien und im Kalten Krieg Nike-Flugabwehrraketen. Die Abschussrampe SF 88 kann sogar noch besichtigt werden: www.nps.gov/goga/nike-missile-site.htm.

Hostel

Unweit des *Visitor Center* steht das **Marin Headlands International Hostel**, ein preiswerter Ausgangspunkt im Grünen für San Francisco-Besuche, ✆ (415) 331-2777, Bett ab $28, DZ ab $82.

Sausalito

Hinter einem langen Tunnel stößt man bei Rückkehr von diesem Abstecher wieder auf die Alexander Ave. Sie führt in Richtung Nordosten nach Sausalito hinein, einem Vorort für Besserverdienende, der mit der größten **Yachthafenkonzentration** der Bay gesegnet ist. Die Durchgangsstraße Bridgeway, an der sich eine an

**Marin Headlands
Golden Gate NRA**

Dicht an dicht liegen in Sausalito »normale« Hausboote neben kreativen Eigenkons-truktionen der Besitzer

Yachtsport- und *Aprés Sail*-Bedürfnissen orientierte Infrastruktur drängt, verläuft gleich hinter den Marinas.

Eine Sausalito-Besonderheit ist die am Nordende des Ortes verankerte **Armada von Hausbooten**. Ordnungsgemäß vertäut an endlosen Stegen dümpeln dort neben vielen simplen Schwimmhäusern eigens fürs Wasser konzipierte Luxusvillen und auf Flöße oder alte Schuten gesetzte Fantasiekonstruktionen.

Genial ist das, was zum Teil am *Main*, *Liberty* und *Isaaquah Dock* an der Gate 5 Road liegt. Der wacklige, alternative *Gate 5 Cooperative Pier* mittendrin trägt nicht ohne Grund die Aufschrift »*Enter at your own risk*«. An Wochenenden werden 3-stündige Rundgänge angeboten (www.sausalitowoodenboattour.com, $50/Person!).

Essen und Trinken

Die Hafenluft macht Appetit; für mehr als als *Fast Food* sind gut

• ***Saylors Restaurant & Bar***, 2009 Bridgeway, ✆ (415) 332-1512; www.saylorsrestaurantandbar.com und

• ***Scoma's Restaurant***, 588 Bridgeway auf einem eigenen Pier über der Bucht, ✆ (415) 332-9551, www.scomassausalito.com, *Seafood* und Steaks, italienisch orientierte Küche; hochpreisig.

Bay Model

Für technisch Interessierte ist das ***Bay Model*** des *U.S. Army Corps of Engineers* ein Leckerbissen, 2100 Bridgeway Blvd, Zufahrt ausgeschildert. Die Bucht von San Francisco mit allen Nebenarmen und Zuflüssen wurde in einer riesigen Halle maßstabsgerecht nachgebildet, um den Effekt von Ebbe und Flut zu simulieren. Ein 24-Stunden-Rhythmus wird dort in 14 min mit 500.000 Litern Wasser nachvollzogen. *Visitor Center* im Sommer Di-Fr 9-16 Uhr, Sa+So 10-17 Uhr, sonst Di-Sa 9-16 Uhr. Kein Eintritt.

Ob und wann im Modell Wasser fließt, erfährt man unter ✆ (415) 332-3871 oder im Internet: www.spn.usace.army.mil/Missions/Recreation/BayModelVisitorCenter.aspx.

Blick auf einen Teilbereich des San Francisco Bay Model

Tiburon

Den noch einige Meilen weiter nördlich gelegenen **Nobelvorort Tiburon** erreicht man über die #101 und den gleichnamigen Boulevard (zugleich Straße #131, Abfahrt #447). Noch ca. 5 mi sind es bis zum kleinen Zentrum mit Fußgängerzonen an der Bucht Belvedere Cove. Am Yachthafen warten hübsche **Restaurantterrassen**. Dort legt auch die Fähre nach San Francisco und zur gegenüberliegenden *Angel Island* ab, in Gänze einem *State Park*, in dem man mit Weitblick auf San Francisco wandern, joggen und *biken* (*Bike Rental* vor Ort) und sogar campen kann, ➤ Seite 181.

Die **Angel Island-Fähre** kostet $15 retour inkl. Eintritt in den *State Park* (Kinder 6-12 $11, 3-5 $4), nach San Francisco $18 (*Wharf, Pier 41* oder *Ferry Building*). Sie ersetzt glatt eine Bayrundfahrt. **Indessen**: Bei knapper Zeit sollte man einen Abstecher bis Tiburon nicht unbedingt ins Auge fassen, da reicht auch Sausalito.

Über Muir Woods und Point Reyes bis Bodega Bay

Muir Woods

Die Küstenstraße #1 nach Norden, der *Shoreline Highway*, separiert sich oberhalb von Sausalito bei Marin City wieder vom *Freeway* #101. Auf ihm verlässt man die Autobahn und biegt nach ein paar Meilen auf den *Panoramic Highway* ab und folgt der Ausschilderung zum **Muir Woods National Monument**. Dort gibt es einen kleinen **Redwood-Bestand**, dessen Besuch zum festen Programm aller größeren Stadtrundfahrten gehört. Wer keine Gelegenheit hat, die weit eindrucksvolleren *Redwood*-Haine in Nordkalifornien oder weiter südlich kennenzulernen (➤ z.B. Exkurs Seite 318), sollte unbedingt erwägen, *Muir Woods* einen Besuch abzustatten (Eintritt $7 pro Person).

Muir Woods per Bus

Man kann *Muir Woods* zwischen *Memorial* und *Labor Day* an Wochenenden und Feiertagen sogar mit öffentlichen Verkehrsmitteln erreichen: Die Buslinien #70 und #80 fahren generell im 30-min-Wechsel bis **Marin City**. Dort steigt man (nur an besagten Tagen) um in den **Muir Woods Shuttle** ($5 retour; erster Bus ab Marin City 9.30 Uhr, letzter Bus zurück 19.00 Uhr); Infos unter www.marintransit.org/routes/66.html.

Mount Tamalpais

Vom Nationalmonument geht es (zurück auf dem *Panoramic Highway*) weiter nordwestlich zum **Mount Tamalpais State Park**

Redwoods und Sequoias Ernst-Georg Richter

Nur (noch) in Kalifornien gibt es die Baumgiganten, die vor Millionen von Jahren weltweit zu finden waren. Vor Ankunft der weißen Siedler existierten entlang der zentral- und nordkalifornischen Küste riesige *Redwood* Wälder und in der Sierra Nevada große Areale voller *Sequoias*. Nach einem beispiellosen Raubbau ab Mitte des 19. Jahrhunderts verblieben fast nur noch die heute geschützten kleinen Restbestände beider Mammutbaumarten in *National* und *State Parks*. Bei aller Ähnlichkeit in Farbe und Oberfläche der dicken nur schwer entzündbaren und insektenresistenten Rinde sowie der Eigenschaft »immergrün« unterscheiden sie sich doch erheblich.

Die noch nicht uralten **Redwoods** ähneln in ihrer Struktur und im Nadelbild Douglasfichten (*Douglas Fir*), die im nebelfeuchten Klima der nordamerikanischen Pazifikküste ebenfalls erstaunliche Höhen bis zu 80 m erreichen. Dasselbe Klima lässt *Redwoods* bis zu 110 m hoch werden, wenn sie ein Alter von tausend und mehr Jahren haben. Die höchsten Exemplare findet man heute im Bereich der **Avenue of the Giants**, ca. 230 mi nördlich von San Francisco, und im **Redwood National Park** noch einmal 100 mi weiter auf der #101. Sie haben am Fuß einen Durchmesser von bis zu 7 m und ein tiefreichendes Wurzelwerk. Oft stehen sie dicht nebeneinander und bilden dann schattige *Redwood*-Haine. Der Bestand in **Muir Woods** hat nur ein mittleres Alter; der höchste Baum misst dort 78 m.

Den **Sequoias** bekommt das trockene Klima an den (überwiegend) Westhängen der Sierra Nevada in Höhen von 1.500 m bis 2.000 m besser. Sie entwickeln nach der »Jugendphase« von ein paar hundert Jahren, in denen sie sich von den *Redwoods* noch nicht so sehr unterscheiden, einen extrem dicken immer höher werdenden astfreien Stamm, der erst weiter oben bis zur Spitze vergleichsweise kurze wie verstümmelt wirkende Äste austreibt (aber bis zu 2 m dick am Ansatz). Das Grün vor allem der älteren Bäume wirkt dürftig und ist weit weniger dicht als das der *Redwoods*.

Drei Sequoias, in ihrer »Jugend« von Redwoods kaum zu unterscheiden

Dennoch sind *Sequoias* die eindrucksvollere Baumart: Die Durchmesser von bis zu zwölf Metern am Boden (*General Sherman Tree* im *Sequoia National Park*, ➤ Seite 434, außerdem 437 und 441) lassen sie daher bombastischer erscheinen als ihre Küstencousins. Mit maximalen Höhen bis zu 84 m sind aber selbst die mächtigsten Exemplare kürzer als die älteren *Redwoods*.

Entwurzelte Sequoia als Kletterspielplatz

Aus touristischer Sicht macht auch der größere Abstand untereinander die *Sequoias* attraktiver. Er resultiert aus dem enormen Radius, den das flache kaum über einen Meter tiefe Wurzelwerk beansprucht. Daher lassen sich die besten Exemplare prima fotografisch festhalten, mit oder ohne Partner oder Familie als Vergleichsmaßstab. Gute Fotos von *Redwoods* zu schießen, welche die ebenfalls ziemlich eindrucksvolle Realität wiedergeben, ist dagegen schwierig.

und von dort ggf. weiter auf der Pan Toll Road und dem Ridgecrest Blvd bis zum Ostgipfel des *Mount Tamalpais* (ca. 800 m). Eine grandiose **Aussicht** hat man von der Höhe selbst oder sogar gerade dann, wenn der typische Nebel über der *Golden Gate Bridge* und *San Francisco Bay* liegt. Weiße Wolkenberge unterhalb des Beobachters und die ferne Stadt in der Sonne sorgen oft für ein phänomenales Panorama.

Nach Stinson Beach

Campen ist auf dem kleinen Platz am *Panoramic Highway* nur mit Zelt möglich ($25). Auf dem Parkplatz sind aber **Campmobile** über Nacht zugelassen, ➤ Seite 181.

Mit oder ohne Stopp an den *Redwoods* oder Fahrt auf den *Mount Tamalpais* ist bei Weiterfahrt in Richtung Stinson Beach der **Panoramic Highway** die beste Route für eine Hinfahrt. Zurück nimmt man dann die in diesem Sektor und dieser Fahrtrichtung spektakuläre #1 (Shoreline Highway).Von den Serpentinen hoch über dem Pazifik fällt der Blick auf die **Skyline** von San Francisco.

Bolinas

Stinson Beach mit allen Einrichtungen fürs Badeleben gilt als **der Strand** von San Francisco. An Schönwetter-Wochenenden baden dort Tausende in der Sonne und Abgehärtete sogar im Wasser. Beliebt ist *Stinson Beach* in der Homosexuellenszene.

Wenige Meilen weiter nördlich am südlichen Rand der *Point Reyes National Seashore* liegt **Bolinas**, ein bis heute als solches noch erkennbares Dorf der **Alternativkultur** aus der Zeit der *Flower Power*-Bewegung (ca. 1 mi von der #1, jeder Hinweis an der Zufahrt Oleme-Bolinas Road ab dem nördlichen Ende der Lagune hinter Stinson Beach fehlt). Das hübsche Dorf zwischen Wald,

Hügeln und Meer wird nach wie vor von Leuten bewohnt, die ein Leben etwas **außerhalb des** *American Way of Life* bevorzugen. Westlich des Ortes befindet sich im *Agate Beach County Park* der **beste Strand** weit und breit.

Point Reyes National Seashore

Von **Olema**, auf dem Shoreline Highway #1 gut 15 mi nördlich von Stinson Beach, sind es noch 2 mi zum *Bear Valley Visitor Center* mit einem Informationsprogramm zu Flora und Fauna des Parks und zur **Erdbebenproblematik** der Region, verursacht durch die Nähe des St. Andreas Grabens, ➢ Seite 312.

Die *National Seashore* ist ein weiteres beliebtes Naherholungsgebiet für den Großraum San Francisco und schützt interessante einsame Steilküstenabschnitte, die sich den Besuchern größtenteils nur auf längeren Wanderungen erschließen. Wer nur wenig Zeit hat, für den ist *Point Reyes* nicht der richtige Platz! Allein für die (eher eintönige) Fahrt vom Besucherzentrum zum *Lighthouse* (nur Do-Mo 10-16.30 Uhr geöffnet) am Ende des Sir Francis Drake Blvd braucht man schon eine gute 3/4 Stunde *one-way*.

Insgesamt bietet die *Point Reyes Sea Shore* ihren Besuchern ein Wanderwegenetz von fast 250 km. Eine empfehlenswerte Route startet am Parkplatz der **Limantour Beach**. Von dort sind es 3 km in südöstliche Richtung bis zur **Sculptured Beach**, die mit einigen Felsbögen und stark erodiertem Gestein aufwartet, aber nur bei Niedrigwasser begehbar ist (alternativer Zugang u.a. über einen *Trail*, der beim *Hostel* beginnt, ➢ unten). Infos und Karten im Besucherzentrum oder im Internet unter www.nps.gov/pore.

Im Naturschutzgebiet gibt es nur **Walk-in-Campgrounds**. Einen schön gelegenen Platz für Zelte und Campmobile hat der **Samuel Taylor State Park**, einige Meilen landeinwärts von Olema auf dem Sir Francis Drake Blvd ($35; ✆ (415) 488-9897), ebenso der **Olema Ranch Campground** an der #1 (Zelte ab $44, RVs ab $53; ✆ 1-800-655-2267; www.olemacampground.net).

Point Reyes Lighthouse in exponierter Lage am Ende des Sir Francis Drake Blvd

Ein *Hostel* befindet sich an der Limantour Road (℡ (415) 663-8811, Betten ab $27), zusätzliche Unterkünfte gibt's in **Olema**, darunter einige *B&Bs* und die *Point Reyes Seashore Lodge* mit hübscher Gartenanlage hinter dem Haus (ab ca. $175 inkl. Frühstück; ℡ 1-800-404-5634; www.pointreyesseashore.com).

Bodega Bay wurde einst berühmt durch den Hitchcock-Horrorfilm »Die Vögel«

Weiter bis Bodega Bay

Rund 30 mi sind es auf der hier zunächst malerisch an der Tomales Bay entlang laufenden Straße #1von Olema nach Bodega Bay. Der Ort liegt am *Bodega Harbor*, einer Bucht, die durch eine lange Sandnehrung vor den Wellen des Pazifik geschützt wird und nur über eine schmale Ausfahrt verfügt.

Bodega Bay wurde einst durch den Hitchcock-Film »Die Vögel« bekannt (www.filminamerica.com/Movies/TheBirds), ist aber sonst eher durch Fischerei- und Yachthäfen wie einige tolle Strände gekennzeichnet. Die um die Bucht führende Westshore Road endet an der *Sonoma Coast State Beach* mit einem pittoresken Sandstrand am Pazifik; der Abzweig zum *Marine Laboratory* führt ebenfalls zu einer schönen Strandbucht.

Unterkunft

Von den **Campingplätzen** ist der im *Doran City Park* auf der sandigen Nehrung unschlagbar ($35; www.sonoma-county.org/parks/pk_doran.htm). Schöne Quartiere rund um die Bucht findet man unter www.bodegabay.com.

Von Bodega Bay zur #101

Von Bodega Bay lässt sich via Jenner (Straße #1) und die streckenweise sehr schön am Fluss entlang geführte Straße #116 durch die Region **Russian River Valley** eine Verbindung zur Autobahn #101 zurück nach San Francisco oder auch in die Weingebiete Sonoma und Napa Valley herstellen, ➢ Exkurs, speziell Seite 228.

Exkurs: ### In die Weinanbaugebiete nördlich von San Francisco

Vorbemerkung

Wer nach gelesenen, gehörten oder im Fernsehen gesehenen Neugier weckenden Berichten über die **Region Napa Valley** mit dem Gedanken spielt, einen Besuch in diesem wichtigsten Weinanbaugebiet Kaliforniens nördlich der Bucht von San Francisco in seine Reise einzubauen, sollte Folgendes wissen:

Weder das Napa Valley, das häufig als Synonym für die gesamte Region benutzt wird, noch die umliegenden Gebiete bieten – ungeachtet einiger punktueller Highlights – landschaftlich Herausragendes. Speziell bei begrenzter Zeit in Kalifornien dürfte mancher Besucher aus Europa leicht enttäuscht werden, es sei denn, eigene Weinkennerschaft und -begeisterung lassen diesen Aspekt in den Hintergrund treten. Aber auch bei starkem Interesse am kalifornischen Wein muss bedacht werden, dass

• es in Kalifornien keine romantischen Weindörfer mit ebensolchen Lokalen und Nostalgiekellern gibt, in denen man nach dem Genuss lokaler Spezialitäten noch bei einem Schoppen Wein den Abend gemütlich ausklingen lassen kann.

• die meisten *Vineyards* moderne Produktionsbetriebe sind mit schlichten Probierstuben (bestenfalls im europäischen Stilverschnitt) und begrenzten Öffnungszeiten (10-17/18 Uhr) fürs rationell abgewickelte *Winetasting* zu $-Pauschalen.

• in den Orten oder zwischen Ortschaften und Weingütern bzw. zwischen einem Restaurant und Quartier kaum die Möglichkeit besteht, mal einen Bummel zu Fuß zu machen oder nach Alkoholgenuss einfach das Auto stehen zu lassen, weil die gebuchte Unterkunft nicht weit ist (am ehesten noch im attraktiven Städtchen Calistoga).

Bei knapper Reisezeit wäre immer zu überlegen, ob nicht andere Ziele höhere Priorität verdienen.

Weinanbaugebiete bei San Francisco

Lage und Anfahrt

Region

Das Weingebiet liegt je nach Ziel und Anfahrtroute nur eine gute ein bis zwei Autostunden nordöstlich von San Francisco. Aber eigentlich sollten Weinliebhaber gar nicht mit dem Auto dorthin fahren. Hat man aber einen Freiwilligen, der Zurückhaltung bei den Weinproben gelobt und den Fahrdienst übernimmt, steht einem Ausflug mit eingebauter Verkostung nichts im Wege. Oder man plant die Übernachtung gleich mit ein.

Anfahrt mit dem Auto

Je nach dem, was im Rahmen oder nach der Besichtigung San Franciscos näher liegt, kann man sowohl über die *Golden Gate* oder die *Bay Bridge* anfahren. **Von der #101 North** geht es über die Ausfahrt 460A auf die Straße #37 und nach Überquerung des Petaluma River auf der #121 weiter in die beiden Zielgebiete. Durchs **Sonoma Valley** führt dann die Straße #12 North, durchs **Napa Valley** die Straße #29 North. Wer die *Bay Bridge* wählt, fährt am besten auf der I-80 bis zur Ausfahrt 33 und nimmt dann die #37 nach Westen vorbei am *Amusement Park Discovery Kingdom* & *Marine World* in Vallejo, ➤ Seite 237. Die Straße #29 führt wie beschrieben nach und durch **Napa**, die Straße #121, dann #12 rund 20 mi weiter westlich nach und durch **Sonoma**.

Alternative Anfahrten via #101

Wer sich bei einer Fahrt in das Gebiet nicht auf die südlichen San Francisco nächsten Bereiche beschränken möchte, sollte erwägen, eventuell im Norden anzufangen, d.h., auf der Autobahn **#101 bis Santa Rosa oder sogar bis Geyserville** zu fahren und von durchs Sonoma bzw. Napa Valley nach Süden. Auf der #101 erreicht man auch am schnellsten die Regionen **Russian River Valley** und etwas nördlicher **Dry Creek Valley**. Das Tal des Russian River zieht dank des klaren Flusswassers und -stränden vor allem an Wochenenden und in den Schulferien Familien mit Kindern an, die dort campen, baden und Wassersport betreiben: River Road oder Westside Road und ab Guerneville Straße #116. Die Infrastruktur entspricht dem und ist weniger »edel« als in den bekannteren Anbaugebieten, aber auch preiswerter.

Verbindung Pazifikküste und Sonoma Valley

Wer die *Point Reyes Nat'l Seashore*, mehr noch **Bodega Bay** besucht (➢ vorstehendes Kapitel), könnte erwägen, über Jenner (am Straßendreieck #1/#116) durchs Russian River Valley zu fahren und auf der #12 von Norden nach Sonoma, also ein eher raues Naturerlebnis mit einem Abstecher in die Weinkultur Kaliforniens zu verbinden (aber Achtung, die Straßen #1 und #116 sind kurvenreich und zeitraubend).

Öffentlicher Transport

Napa ist von San Francisco aus mit öffentlichen Verkehrsmitteln zu erreichen. Die schnellste Variante (60-80 min) ist der **Expressbus ab Airport**, der mehrfach täglich direkt dorthin fährt ($29; www.evanstransportation.com/rates_scheduled_airporter.php. Von der City dauert die Anreise mindestens zwei Stunden: **über Vallejo** per **Bus** (Linie #200 ab *Ferry Building* am Embarcadero) oder **Fähre** (ebenfalls ab *Ferry Building* oder *Pier 41*); Ticket jeweils $13,50 *one-way*; http://sanfranciscobayferry.com. Vom Fährterminal in Vallejo geht es dann weiter nach Napa mit den

Typisches Aussehen der Weinfelder im Bereich Napa Valley

VINE-Bussen (*Route* #11 oder #29; www.ridethevine.com/vine), und ggf. anschließend noch nach Sonoma mit der #25 (Tickets dafür $1,60-$3,25). Diese Linien verbinden nur die Ortschaften und haben kaum Stopps in der Nähe von Weingütern.

Die **Alexander**, **Dry Creek** oder **Russian River Valleys** per öffentlicher Verkehrsmittel zu erreichen, ist mühsam und ohne große Probleme nur bis Santa Rosa/Healdsburg/Geyserville möglich.

Wine Train

Sollten Sie unterwegs auf der Straße #29 die parallelen Schienen bemerken oder sogar dem *Napa Valley Wine Train* begegnen: dieser Zug ist eine reine Ausflugsbahn mit Restaurantcharakter, die sich 25 mi hin und zurück zur *Lunch-* und *Dinnertour* durchs Tal bewegt. Stopps sind nicht vorgesehen, man bleibt im Zug und genießt die – nicht sonderlich aufregende – Aussicht, das Gourmet-Menu und natürlich Weine aus dem Napa Valley. Für mindestens $124 pro Person – je nach Tour – ist man dabei, weitere Details unter www.winetrain.com.

Napa und Alexander Valley

Klima

In der sanften Hügellandschaft von Napa und Sonoma weht ein anderer Wind als auf der Halbinsel jenseits der Bucht: Im Sommer wird es dort ziemlich heiß und trocken, und es wimmelt besonders an den Wochenenden von Besuchern. Frühling und Herbst, dabei die Wochentage, sind bessere Besuchszeiten.

Weinanbau

An der Straße 29 liegen nicht nur die bekannten Hauptorte des Weinanbaus **Napa** und **St. Helena** und schließlich weiter nördlich **Calistoga**, sondern eine ganze Reihe von kleineren Orten, die sich alle auf kalifornischen Weinetiketten wiederfinden. Der Weinanbau setzt sich nördlich von Calistoga fort (nun im **Alexander Valley**, durch das die Straße #128 und die Autobahn #101 führen). Westlich der #101 liegt das **Dry Creek Valley** mit weiteren Weingütern entlang der Dry Creek und West Dry Creek Roads unterhalb des hoch gelegenen Stausees Lake Sonoma.

Weingüter

Die ersten ausgedehnten Weinfelder und einige Weingüter passiert man schon in der Ebene südlich von Napa. Nördlich von Napa geht es dann aber richtig los, u. a. mit einem der *Big Player* des kalifornischen Weinbaus, der *Robert Mondavi Winery* (7801 St. Helena Hwy= Straße #29, Touren und Weinproben tägl. 10-17 Uhr, ☏ 1-888-766-6328, www.robertmondavi.com). Das Stammhaus dieser Firma im spanischen Kolonialstil ist meist stark besucht. Neben Führungen und Weinverkostungen gibt es dort regelmäßig auch Konzerte und andere kulturelle Veranstaltungen.

Silverado Trail

Weniger bekannt und besucht, aber bezüglich ihrer Weinqualität nicht minder gut sind die Winzerbetriebe an der vielleicht attraktivsten Straße im Napa Valley, dem zwischen Napa und Calistoga parallel zur #29 verlaufenden *Silverado Trail* (www. silveradotrail.com) mit über 40 Weingütern; dort begann einst das kalifornische »Weinwunder«, ➤ Seite 229.

Weinkeller mit Eichenfässern für Rotwein bei Mondavi

Rutherford	Zu den ältesten Weingütern gehört das angesehene ***Beaulieu Vineyard*** bei Rutherford (1960 St. Helena Hwy = Straße #29, Probierstube tägl. 10-17 Uhr, ✆ 1-800-264-6918, www.bvwines.com).
Restaurants	Es gibt viele gute und dann nicht billige **Restaurants**, so das

- ***The Grill*** im ***Silverado Resort*** (1600 Atlas Peak Road, Napa, ✆ (707) 257-0200, www.silveradoresort.com).

Erschwinglicher sind

- ***Boon Fly Cafe***, 4048 Sonoma Hwy (#12/#121) westlich von Napa im *Carneros Inn*, populär für Frühstück und *Lunch*; ✆ 1-888-400-9000, www.thecarnerosinn.com)
- ***Café Society***, 1000 Main Street, Napa, mit Pariser Touch und Bistroküche; ✆ (707) 256-3232, www.cafesocietystore.com

Unterkunft   Wer über Nacht bleiben möchte, findet im Napa Vallley neben den Häusern der Motelketten auch gute unabhängige **Quartiere** vor allem ab oberer Mittelklasse. Zu ihnen gehören die ***B&Bs***

- ***La Belle Epoque***, 1386 Calistoga Ave, Napa, ✆ (707) 257-2161, www.labelleepoque.com, tolles Nostalgiehaus ab ca. $280
- ***The Napa Inn***, 1137 Warren Street, Napa, ✆ 1-800- 435-1144, www.napainn.com; auch ganz hübsch, ab ca. $240.

St. Helena   St. Helena strahlt Wohlstand aus, ist grün, sauber und aufgeräumt. In der Stadt steht mit dem Domizil des ältesten Weinguts des Napa Valley, ***Beringer Vineyards***, ein richtiges »Weinschloss« (2000 Main Street, täglich 10-17 Uhr). Bereits 1876 begannen dort die deutschen Einwanderer *Jakob* und *Friedrich Beringer* mit dem Weinanbau nach dem Vorbild ihrer rheinischen Heimat.

Camping	Einen prima *Campground* hat der **State Park Bothe-Napa Valley** (www.parks.ca [.gov/?page_id=477](http://www.parks.ca/?page_id=477)) mit Plätzen am Richey Creek (Straße #29/#128 zwischen St. Helena und Calistoga).
Calistoga	**Calistoga** ist schick und aufgepeppt wie kein anderes Städtchen weit und breit: www.visitcalistoga.com. Es besitzt eine Reihe heißer Quellen und Schlammbäder (**Hot Springs & Spas**; www.calistogaspa.com) und als Sehenswürdigkeit den **Old Faithful Geyser** (unverfehlbar ausgeschildert), der alle 30-40 min eine Heißwasserfontäne bis 20 m Höhe ausbläst. Das dürfen aber nur Ticketkäufer sehen: $14 (!), Kinder 4-11 Jahre $8.

Old Faithful Geyser in der Nähe von Calistoga

Restaurants	• **Bosko's Trattoria**, 1364 Lincoln Avenue, ✆ (707) 942-9088, www.boskos.com; Pizza und italienische Küche • **Pacifico Restaurante**, 1237 Lincoln Ave, ✆ (707) 942-4400, mexikanische Küche; www.pacificomexicanrestaurant.com
Quartiere mit Spa	Hotels mit Spa und (teuren) Massageangeboten sind das • **EuroSpa & Inn**, 1202 Pine Street, Calistoga, ✆ (707) 942-6829, www.eurospa.com, ab ca. $160, oder das • **Indian Springs**, 1712 Lincoln Avenue, ✆ (707) 942-4913, www.indianspringscalistoga.com, ab ca. $260. Mehr und detailliertere Infos zu allen Orten des Napa Valley finden sich im Internet unter www.napavalley.com.
Alexander Valley	**Geyserville** ist der Versorgungszentrum des **Alexander Valley**, das nördlich an den Bereich Napa Valley grenzt. Die meisten der hier weniger nah beieinander liegenden Weingüter findet man unweit der Straße #128 zwischen Calistoga und Geyserville. Infos dazu unter www.alexandervalley.org

Sonoma und Russian River Valley

Zur Region	Die Anfahrt ins weiter westliche **Sonoma Valley** zwischen dem Städtchen gleichen Namens und Santa Rosa wurde ebenfalls bereits beschrieben. Es ist im Allgemeinen nicht so stark besucht wie das Napa Valley, obwohl das Tal und seine Orte mehr fürs

Auge bieten. Das gilt erst recht für das **Russian River Valley** zwischen Santa Rosa/Healdsburg und Guerneville/Sebastopol.

Sonoma

Im Städtchen **Sonoma** existierte 1846 für einen kurzen Monat das Kuriosum der *Bear Flag Republic*: Aufgebrachte Kalifornier hatten gegen mexikanische Willkür aufbegehrt und die Flagge mit dem Grizzly gehisst, die dann später zur offiziellen kalifornischen Staatsfahne wurde.

Im Jahr 1857 pflanzte der ungarische Graf *Agoston Haraszthy* nicht weit von Sonoma die ersten Reben in dieser Region auf dem Gelände der heutigen *Buena Vista Historical Winery* (18000 Old Winery Road nordöstlich des Ortes, täglich von 10 bis 17 Uhr, ✆ 1-800-926-1266, www.buenavistawinery.com).

Jack London

Der Schriftsteller *Jack London* verbrachte seinen Lebensabend im Sonoma Valley. Sein Grundstück und ehemaliges Haus bilden samt seiner Grabstelle (1916) nun den *Jack London Historic State Park* (2400 London Ranch Road westlich von Glen Ellen, geöffnet 10-19 Uhr, **Museum** 10-17 Uhr, Eintritt/Parkgebühr $8,00).

Die Peanuts

Wem im Sonoma Valley außer Weingenuss und hübscher Landschaft auch noch der Sinn nach den Comic-Helden *Charlie Brown* und *Snoopy* steht, könnte in **Santa Rosa** das *Charles M. Schulz Museum* besuchen. Dort hat man dem Vater der *Peanuts* ein Denkmal gesetzt (2301 Hardies Lane, Mo-Fr 11-17 Uhr, Sa+So ab 10 Uhr, http://schulzmuseum.org, Eintritt $10, Kinder $5).

Weingüter Sonoma

Die aus Italien eingewanderte Winzerfamilie *Sebastiani*, einer der bekanntesten Namen unter den kalifornischen Weinproduzenten, keltert auch schon seit über hundert Jahren in Sonoma (389 4th Street bei der Sonoma Plaza, täglich 11-17 Uhr, ✆ (707) 933-3230; www.sebastiani.com).

Die *Ravenswood Winery* (18701 Gehricke Road in Sonoma nördlich von *Sebastiani* via 4th und Brazil Street, tägl. 10-16.30 Uhr, ✆ (707) 933-2349; www.ravenswoodwinery.com), ist *Zinfandel*-Spezialist. Dort darf man sich unter dem schönen Motto »No wimpy wines!« einen eigenen Mix aus mehreren Sorten zusammengießen und als eigene Kreation mit nach Hause nehmen. Inkl. *Wine Seminar* kostet das $65; Anmeldung: ✆ (707) 933-2349.

Kenwood

Das **Weingut** *Kenwood* liegt 9 mi südöstlich von Santa Rosa in besonders schöner Umgebung bei Kenwood an der Straße #12 (9592 Sonoma Hwy/Ecke Warm Springs Road, täglich 10-16.30 Uhr, ✆ (707) 282-4228; www.kenwoodvineyards.com).

Essen und Trinken

Kalifornische Küche bieten in bzw. bei **Glen Ellen** das

- *Wolf House Restaurant* mit Terrasse am Creek als Teil der *Jack London Lodge*, ➤ unten, 13740 Arnold Drive, ✆ (707) 938-8510
- *Glen Ellen Inn Restaurant* auf höherem Niveau ebenfalls als Teil eines Hotels, 3670 Arnold Drive, ✆ (707) 996-6409

In Sonoma steht das

- *LaSalette Restaurant* an der 452 First Street East; gemütliches Ambiente und portugiesische Küche zu moderaten Preisen; ✆ (707) 938-1927; www.lasalette-restaurant.com.

Und wer das Thema Wein nicht mehr hören kann, geht dort ins

- *Murphy's Irish Pub* auf ein *Guiness* und *Irish Folk Music* (Di und Do-So), 464 First Street East, www.sonomapub.com.

Übernachtung

In **Sonoma** nicht kettengebunden sind

- *El Dorado Hotel*, ein stilvoll eingerichtetes kleines Haus im Zentrum mit **Restaurant** *The Kitchen* (mit Terrasse ohne Plastik!) und *Corner Café* & *Bar*, 405 First Street W, ✆ (707) 996-3030, http://eldoradosonoma.com, ab ca. $225
- *El Pueblo Inn*, gut angelegte saubere Motel-Anlage mit schönem Poolgarten an der #12 (896 West Napa Street), ✆ 1-800-900-8844, www.elpuebloinn.com, ab $199
- *Sonoma Hotel*, kleines Nostalgiehotel in der 110 West Spain Street, ✆ 1-800-468-6016, www.sonomahotel.com, ab $160

In **Glen Ellen** gehören die Restaurants oben zu den Hotels

- *Jack London Lodge*, Motel mit viel Grün, 13740 Arnold Drive, ✆ (707) 938-8510; www.jacklondonlodge.com, ab ca. $125
- *Glen Ellen Inn*, gemütliche *Cottages* (teilweise mit Kamin und/oder Badewanne im Schlafraum, hübsche Parkanlage, Adresse oben, ✆ (707) 996-1174, www.glenelleninn.com

Mehr und detailliertere Infos unter www.sonomavalley.com.

Camping

Zwischen Sonoma und Napa Valley liegt der durch Straßen kaum erschlossene *Sugarloaf Ridge State Park* mit einer in dieser Umgebung unerwartet einsamer Wildnis und weitreichender Aussicht. Wer einen schön gelegenen ruhigen Campingplatz sucht, muss über das Sonoma Valley anfahren (Straße #12) und nördlich von Kenwood die kurvenreiche Adobe Canyon Road bergauf nehmen; www.parks.ca.gov/?page_id=481.

Russian River und Dry Creek Valley

Nördlich von Santa Rosa und westlich der #101 schließt das **Russian River Valley** an das Sonoma Valley an. Die – bezogen auf den Weinbau – wichtigste Straße des Bereichs, die nach Norden in die Anbauregion **Dry Creek Valley** hinein weiterführt, ist die **Westside Road** mit *Wineries* beidseitig ihres Verlaufs von Guerneville bis zum Lake Sonoma. Zentralort beider Regionen ist **Healdsburg** an der #101 mit einer grünen Plaza wie in Mexico.

Infos dazu unter www.rrvw.org und www.drycreekvalley.org

Weinreben voller Cabernet Sauvignon-Trauben

Kalifornischer Wein   Ernst-Georg Richter

Es ist inzwischen eine Generation her, dass Wein aus Kalifornien weltweit bekannt wurde: Bei einer Blindverkostung im Mai 1976 schlug ein **Cabernet-Sauvignon** der **Stag's Leap Wine Cellars** (Napa Valley) französische Rotweine mit großen Namen wie *Chateau Mouton-Rothschild, Chateau Haut-Brion* und *Chateau Montrose* aus dem Feld. Die Neue Welt war damit schlagartig auf der Weinlandkarte nicht länger »*terra incognita*«.

Zu den am meisten angebauten Rotweinen gehören immer noch der **Cabernet Sauvignon** und der **Merlot**, die bei manchen Winzern eine schmackhafte, bordeauxartige Verbindung in der Flasche eingehen. Ein kalifornischer Favorit ist **Zinfandel**, der häufig Brombeernoten aufweist; seine Freunde haben den Ausspruch »*Life is Hell without Zinfandel*« geprägt. Es wird auch **White Zinfandel** gekeltert, ein eher lieblicher Rosé. Auch der kalifornische **Syrah** war in den letzten Jahren im Kommen, und sogar der uritalienische **Sangiovese** macht sich an der Westküste immer besser. Wie Kinofans seit der oscarprämierten Tragikomödie »**Sideways**« wissen, ist **Pinot Noir** nicht so leicht zu kultivieren und schon deswegen etwas Besonderes.

Bei den Weißweinen sind eindeutig der **Chardonnay** und der **Sauvignon Blanc** führend. Auch klassisch-zentraleuropäische Rebsorten wie der **Riesling** (hier gerne **Johannisberg Riesling** genannt) und **Gewürztraminer** (in Kalifornien ohne Umlaut geschrieben) erlangen nach und nach größeren Bekanntheitsgrad. Weitere Weiße, die sich in Kalifornien bewährt haben, sind **Chenin Blanc** und ein **Pinot Noir**, der dort auch als Weißwein gekeltert wird.

Empfehlungen lassen sich nur schwer aussprechen – die Geschmäcker sind bekanntlich verschieden. Wer sich für bessere und individuellere Weine, als man sie im Supermarkt findet, interessiert, bucht am besten einige Weinproben. Über die erwähnten Winzer hinaus geben die Internetportale von Napa und Sonoma Valley, ➤ im vorstehenden Text.

Und wenn die Zeit für einen Abstecher in die Weintäler nicht reicht, empfiehlt sich u.a. ein Besuch in einer Filiale der **Getränkekette** **Beverages & More** (www. bevmo.com) mit über 100 Niederlassungen in Kalifornien und einer sehr guten Auswahl speziell kalifornischer Weine.

1.1.5   San Franciscos Nachbarstädte
Oakland und Berkeley

Über die Bay Bridge nach Osten

Die Bay Bridge

Von *Downtown* San Francisco nach Oakland geht es über die doppelstöckige *Bay Bridge*. Mit fünf Spuren in jede Richtung nimmt sie erheblich mehr Verkehr auf als die *Golden Gate Bridge* und ist bei bis zu 300.000 Fahrzeugen pro Tag oft verstopft. Genaugenommen handelt es sich hier nicht um eine einzige Brücke, sondern um hintereinander geschaltete zwei Hängebrücken zwischen San Francisco und Yerba Buena Island auf etwa »halben« Weg (3,2 km) über die Bay und östlich der Insel um 19 sogenannte Fachwerkbrücken in dichter Folge (3,1 km). Das Teilstück über Land auf *Yerba Buena Island* führt durch einen 165 m langen Tunnel.

Neue Bay Bridge mit Bike Path

Die Bauweise als solche geriet in die Diskussion, als sich während des Erdbebens von 1989 Teilstücke aus der oberen Fahrbahn lösten, wodurch zahlreiche Autos ins Leere stürzten und andere samt Insassen unter den Trümmern begraben wurden. Eine erdbebensichere Verstärkung der westlichen Hängebrücken wurde schon 2004 fertig, während die östliche Fachwerkbrücke ganz durch eine gewaltige Hängekonstruktion über den Schiffskanal und ein langes Pylonenstück über flacheres Wasser mit nebeneinanderliegenden Fahrspuren ersetzt und erst 2013 dem Verkehr übergeben wurde. Zugleich hat man neben den Fahrspuren einen *Bike Path* eingerichtet, auf dem man Yerba Buena Island per Fahrrad oder zu Fuß erreicht. Alle Infos unter http://baybridgeinfo.org.

Yerba Buena

Eine Unterbrechung der Fahrt über die Bucht auf **Yerba Buena Island** wird mit schönen Blicken auf *Downtown* San Francisco belohnt, ➢ Foto unten. Über die Ausfahrt *Treasure Island* gelangt

Blick von Treasure Island auf die Bay Bridge und Downtown San Francisco

man rasch auf die »Schatzinsel«, steht dann aber vor dem Problem, dass sich der einzige legale Besucherparkplatz fernab der *Bay Bridge* im Nordwesten von Treasure Island bei der Marina befindet. Alternative: mit dem *MUNI*-Bus #108 anfahren.

Maut/Toll Die **Toll Plazas** stehen hier auf der Oakland-Seite. Wer aus San Francisco kommt, zahlt daher zunächst nichts. Kassiert wird auf der Gegenseite. Tarife sind zeit- und tagesabhängig: an Wochenenden $5, Mo-Fr 5-10 Uhr sowie 15-19 Uhr $6, sonst $4.

BART Wer Oakland und/oder Berkeley während eines Aufenthalts in San Francisco einen Besuch abstatten möchte, also wieder in die Stadt zurückkehren muss, sollte mit der Bahn fahren (**BART**, ➤ Seite 173). Eine Anfahrt mit dem Auto macht nur Sinn bei danach weiterführenden Plänen jenseits der Bay.

Hinweis Bei knapper Zeit muss man Oakland trotz des schick am Wasser hergerichteten *Jack London Square* nicht unbedingt besucht haben. Für Berkeley sieht es anders aus. Speziell bei Interesse am Unicampus vermittelt schon ein Kurzbesuch zusätzlich wichtige Reiseeindrücke vom (studentischen) Leben in den USA, mehr noch ein ganzer Tag mit Abend vor Ort.

Oakland

Kennzeichnung/ Geschichte Oaklands Gründungsjahr 1852 bezieht sich nur auf die (zunächst) »weiß-amerikanische« Geschichte der Region. Lange vorher siedelten rund um den heutigen Lake Merritt in Oaklands Zentrum indianische Stämme. Und Anfang des 19. Jahrhunderts erhielten erste spanische Siedler Teile des heutigen Stadtgebietes von der spanischen Krone als Lehen. Heute hat Oakland rund 420.000 Einwohner und ist weit vor San Francisco wichtigste Hafenstadt der Bay Area mit dem nach Umschlagszahlen größten Hafen der Pazifikküste. Oakland hat als Gegenpart zum westlichen Nachbarn das Image des hässlichen Entleins, aber die Stadt ist nicht so übel, wie sie oft gemacht wird. Immerhin endete hier und nicht etwa in San Francisco die berühmte Eisenbahnverbindung, die den ganzen amerikanischen Kontinent kurz nach dem Bürgerkrieg erstmals von Ost nach West überspannte. Wie wohlhabend Oakland zum Ende des 19. Jahrhunderts gewesen sein muss, kann man heute noch an den viktorianischen Villen des **Preservation Park** (Martin Luther King Jr. Way zwischen 12th und 14th Street) westlich des Zentrums erkennen.

»Schwarzes« Oakland Seit 1945 hängen viele Vorurteile gegen Oakland damit zusammen, dass die Stadt heute einen sonst im US-Westen nirgendwo auch nur annähernd erreichten über 50%igen, schwarzen Bevölkerungsanteil hat. Er resultiert aus einer Zuwanderungswelle aus den Südstaaten während des Weltkriegs, als die Rüstungsindustrie Arbeitskräfte benötigte und sie prompt wieder entließ, als der Krieg vorbei war. Das schürte bei den *African Americans* jahrzehntelang Unzufriedenheit, die sich u.a. in militanten Aktionen in den 1960er- und 1970er-Jahren Luft machte.

Kriminalität

Heute ist in Oakland weitgehend amerikanische Normalität eingekehrt. Nach wie vor hat Oakland mit Arbeitslosigkeit und Armut, auch einer hohen Gewaltkriminalität zu kämpfen, was in den von Afro-Amerikanern dominierten Stadtteilen sicht- und spürbar ist. Aber **tagsüber** muss man weder in **Downtown** noch abends am **Jack London Square** mehr Vorsicht als in anderen Großstädten vergleichbarer Größe walten lassen. Nach Einbruch der Dunkelheit sollte man Oaklands Straßen zu Fuß meiden.

Information

Die offizielle **Touristeninformation** befindet sich im Bereich des **Jack London Square** an der 481 Water Street; geöffnet Di-So 9.30-16 Uhr; ✆ (510) 839-9000; www.visitoakland.org.

Airport

Oaklands Flughafen bietet nebenbei eine **Alternative** zum *San Francisco International Airport*, wenn es um inneramerikanische Verbindungen geht. BART-Züge fahren zur Station **Airport/Coliseum** mit Anschluss an einen Flughafen-Pendelbus.

Downtown

Downtown Oakland hat für Touristen nicht so ganz viel zu bieten, aber immerhin:

Art Deco Palast

Das **Paramount Theatre** am 2025 Broadway/21st Street ist ein wunderschöner **Art-Deco Entertainment Palace** aus den frühen 1930er-Jahren. Bis heute gibt es dort Filmklassiker, Konzerte von Rock, Soul und Jazz, Symphonien und Ballett. Jeden ersten und dritten Samstag im Monat um 10 Uhr Führungen ($5); ✆ (510) 465-6400, www.paramounttheatre.com/tour.html.

Oakland Museum of California

Wer sich für kalifornische (nicht nur lokale Oakland-) Geschichte interessiert, wird den Besuch im beachtlichen **Oakland Museum of CA** lohnenswert finden (1000 Oak Street, Mi-So 11-17 Uhr, wobei Fr bis 21 Uhr, Eintritt $15, Kinder $6, am ersten Sonntag im Monat Eintritt frei, www.museumca.org).

Merritt Lake

Von dort sind es nur noch ein paar hundert Meter zum **Merrit Lake**, einem einst tidenabhängigen Salzwassersee, der von den Auswirkungen der Gezeiten abgeschottet wurde. Rund 300 m vom *Oakland Museum* entfernt steht das populäre **Restaurant Lake Chalet Seafood Bar & Grill** unmittelbar am Seeufer (gehobenes Preisniveau; www.thelakechalet.com). Ein Uferweg (ca. 5 km) für Jogger und Biker umrundet den See. An seiner nördlichen Einbuchtung (Grand/Bellevue Ave) erstreckt sich der **Lakeside Park**, eine große Anlage mit *Children's Fairyland*, Badestrand, Bootsverleih u.a.m.

Jack London Square

Da der Schriftsteller *Jack London* (»Der Seewolf«, »Ruf der Wildnis« u.a.) Kindheit, Jugend und einen Teil der späteren Jahre seines nur 40-jährigen Lebens in Oakland verbrachte, wird dieser Umstand kräftig vermarktet. **Jack London Square & Village** im Hafenbereich mit den Hauptachsen Embarcadero und Water Street zwischen Webster und Clay Street bis zum Kai bietet *Shops*, Restaurants und an Wochenenden im Sommer *Open-air* Programm. Mehrere Yachtmarinas schließen das Aushängeschild der Stadt wasserseitig ab; www.jacklondonsquare.com.

Kachel-»Mural« von Kinderhand am Jack London Square

Nostalgie

Eine rekonstruierte Blockhütte, **Jack London's Cabin**, in der der Namensgeber des Komplexes vorübergehend in Alaska gelebt haben soll, steht etwas versteckt in der Ostecke, gleich dahinter das einzig wirklich Originelle am *Square*, der urige **First and Last Chance Saloon** (www.heinolds.com) an der 48 Webster Street, Ecke Water Street. Dort habe seinerzeit auch der Meister seinen Whisky gekippt, heißt es; ➢ auch Seite 227.

USS Potomac
An Oaklands große Schiffbauvergangenheit erinnert die 50 m lange »Büroyacht« *USS Potomac*, die Präsident *Franklin Delano Roosevelt* als »schwimmendes Weißes Haus« nutzte. Der eindrucksvolle Nostalgiedampfer liegt am Ende der Clay Street und kann nicht nur besichtigt werden, sondern sticht auch für kurze Bay-Rundtouren in See (*Dockside Tour*s, Mi+Fr+So 11-15 Uhr; $10, Kinder bis 12 frei). Weitere Infos unter www.usspotomac.org.

Farmers Market
Eine Neueröffnung gleich hinter *Jack London's Cabin* und *Saloon* ist der mehrstöckige modern angelegte großflächige *Farmers Market*, der indessen nur sonntags 9-14 Uhr seine Stände für *Produce* und Kunstgewerbe original aus Kalifornien öffnet.

Jazz und Sushi

Wer in Oakland Hunger verspürt, ist außer im Restaurant am Merritt Lake am besten am *Jack London Square* aufgehoben. *Fast Food* und »richtige« Restaurants gibt es dort reichlich. Reizvoll ist die Kombination **Jazz** und mehr (tägliches Programm) und japanische Küche in *Yoshi's Restaurant* am 510 Embarcadero West, täglich ab 17.30 Uhr, ✆ (510) 238-9200; www.yoshis.com.

Im Oktober nach Universitätsjahrbeginn am Sonntag für eine Großfiesta gesperrte, sonst meist vom Verkehr verstopfte Shattuck Avenue

Berkeley

Berkeley
Nördlich von Oakland liegt **Berkeley**, Sitz einer der bekanntesten Staatsuniversitäten der USA. Anfahrt am besten über die I-80, *Exit* University Avenue, oder noch besser mit den Zügen des BART-Systems bis **Downtown Berkeley**, denn Parkplätze sind in Berkeley absolute Mangelware. Dort ist man mitten im quirligen Zentrum (neben der University Ave vor allem die Shattuck Ave) des von den Bedürfnissen der Studenten geprägten *Business* und der Gastronomie (vielfältige ethnische *Eateries*) westlich und südlich des Universitätsgeländes.

Zahlreiche kulturelle Veranstaltungen auf dem Campus wie im Umfeld und eine gute **Kneipenszene** bilden für manchen sicher gute Motive für einen Abstecher nach Berkeley. In den Sommerferien (Juni bis Ende August) ist weniger los, dafür treibt man dann leichter eine **preiswerte Unterkunft** auf, u. a. in den *University Residences* (ggf. im *Visitor Center* danach fragen).

Information

Touristeninformation: 2030 Addison Street (südliche Parallele zur University Ave, einen halben Block westlich Shattuck Ave), ✆ 1-800-847-4823, www.visitberkeley.com.

Berkeley Campus

Die staatliche **University of California** mit über 35.000 Studenten besitzt einen Campus, über den europäische Besucher nur staunen können. Wer sich dafür interessiert, sollte zunächst das **Visitor Center** in der **Sproul Hall** an der gleichnamigen Plaza ansteuern (Verlängerung der Telegraph Ave vom Bancroft Way aus). Mit **Campus-Lageplan** in der Hand fällt ein gezielter **Rundgang** nicht schwer. Die Karte samt Info zu einzelnen Anlaufpunkten kann man sich auch aufs *Smartphone*, auf *iPod* oder *Tablet* laden. Apropos: auf dem Campus und der nahen Umgebung gibt es eine ganze Reihe von gebührenfreien **Wifi Hot Spots**; http://visitors.berkeley.edu.

Campus-touren

Es gibt auch geführte Besichtigungen (90 min, kostenlos, Anmeldung erforderlich): Während der Vorlesungsmonate (Sept.-Mai) Mo-Fr um 10 Uhr ab Besucherzentrum. Die Touren in den Ferien und Sa starten um 10 Uhr ab *Sather Tower*; So 13 Uhr ebenfalls ab *Sather Tower*. Reservierung im Internet unter http://campustours.berkeley.edu/free_reservation.html.

Campanile

Ob mit oder ohne Tour: nicht auslassen sollte man den Blick vom 94 m hohen **Sather Tower** (*Campanile*) über Universitätsgelände, Berkeley und die San Francisco Bay (Auffahrt Mo-Fr 10-15.45 Uhr; Sa bis 16.45 Uhr, So 10-13.30 und 15-16.45 Uhr, $3).

Museen

Von den Museen der Universität ist das **Art Museum** am sehenswertesten; bis 2016 ist es aber geschlossen wegen der Verlegung nach *Downtown*; www.bampfa.berkeley.edu. Auch ein Theater für

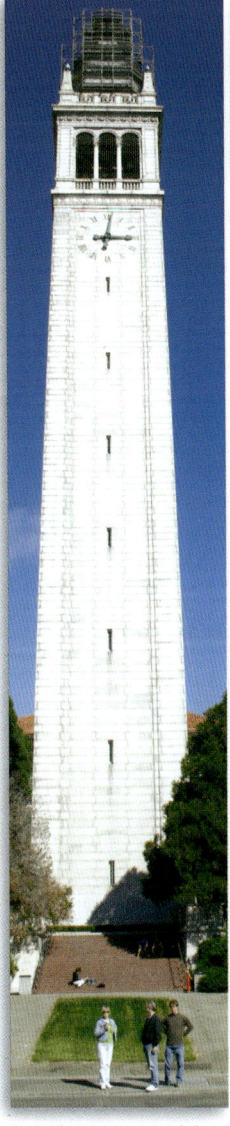

Sather Tower auf dem Berkeley Campus

Filmkunst, das **Pacific Film Archive** (PFA) mit einem niveaumäßig beachtlichen Filmangebot, gehört zum Komplex.

Botanischer Park

Nicht nur für Gartenfreunde lohnt sich der Besuch des **UC Botanical Garden** im *Strawberry Canyon*; Anfahrt über University Ave, an deren Ende links Oxford Street, dann rechts Hearst Ave und immer weiter bergauf bis Centennial Drive. Mo-Fr verkehrt vom Campus auch ein **Shuttlebus** dorthin. Dieser botanische Park mit einer Vielzahl von unterschiedliche Klimazonen, geografische Gebiete und Pflanzenfamilien abbildenden Gärten ist mit seinen 12.000 Pflanzenarten eine der herausragenden Sehenswürdigkeiten im Bereich Berkeley/Oakland. Wer ein paar Stunden erübrigen kann, wird den Besuch nicht bereuen. Täglich 9-17 Uhr, Eintritt $10, Kinder $2-$5; www.botanicalgarden.berkeley.edu.

Science Hall

In den Hügeln über dem Campus liegt außerdem das Wissenschaftsmuseum **Lawrence Hall of Science** (Centennial Drive sogar noch »über« dem Botanischen Garten, *Shuttle Service* ab *BART Station* Mo-Fr) täglich 10-17 Uhr; Eintritt $12, Kinder und Jugendliche 3-18 Jahre $10; www.lawrencehallofscience.org.

Telegraph Avenue

Südlich des Campus reihen sich an der **Telegraph Avenue** Läden für alles aneinander, was das Studentenherz begehrt: Bücher, T-Shirts und CDs sowie günstige Restaurants, Cafés und Bistros.

Amoeba Music hat auch hier (➤ Seite 187) eine riesige Filiale (#2455), und einen Block weiter macht **Rasputin Records** mächtig Konkurrenz (#2401). Bücherwürmer wird man aus dem Antiquariat **Moe's** (#2476) nur mit Mühe weg bekommen.

Microbrewery

Wie bereits bemerkt, fehlt es nicht an Restaurants im Umfeld der Universität. Explizite Erwähnung verdient dort eine der ältesten Kneipenbrauereien Kaliforniens, die **Triple Rock Brewery** mit 11 verschiedenen Biersorten (1920 Shattuck Ave nördlich der University Ave, ℰ (510) 843-2739; http://triplerock.com).

Fast Food-Bude mit studentischer Klientel an der University Ave

1.2   Über die Sierra Nevada nach Reno

Zur Route

Diese Route bezieht sich zunächst auf den kurzen Trip zum Lake Tahoe mit einer eventuellen Erweiterung bis zum Nevada-Spielerparadies Nr. 2, Reno. Sie ist aber auch als Start für weiterführende Reisepläne in Richtung *Yosemite* und *Death Valley National Parks* und Las Vegas geeignet. Nach den Zwischenzielen Lake Tahoe und/oder Reno kann man sich auf verschiedenen Wegen leicht nach Süden wenden und ab dem *Yosemite Nat'l Park* den Anschluss an die im folgenden Kapitel beschriebene Route 1.3 suchen, ➢ Seite 266. Die Route 1.2 ist ganz oder teilweise auch eine Alternative für alle, die den *Yosemite Park* zunächst auslassen oder ihn erst später auf der Rückreise besuchen wollen.

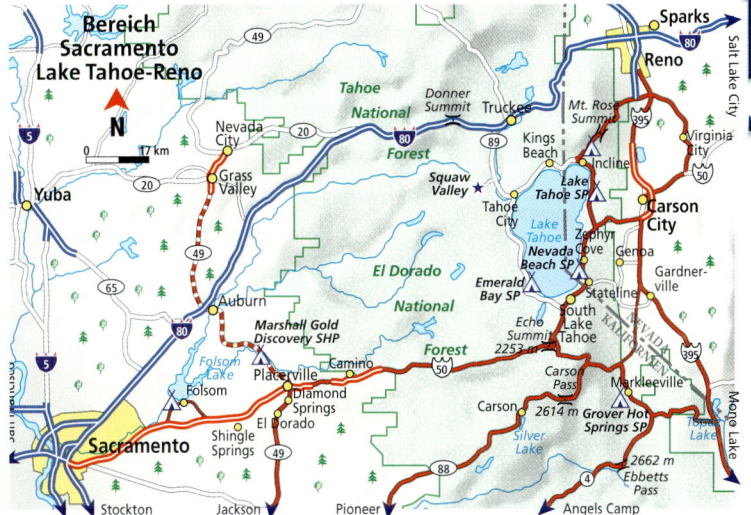

1.2.1   Von Oakland/Berkeley zum Lake Tahoe

Nach Sacramento

Anfahrt

Von der Ostseite der Bay (Oakland/Berkeley) sind es auf der im Wesentlichen langweiligen Strecke (zur I-80 gibt's da keine Alternative) durch eine flache Landschaft nur ca. 80 Meilen bis zur kalifornischen **Hauptstadt** Sacramento.

Vallejo: Amusement Park

Nach ca. 20 mi passiert man die Stadt Vallejo. Dort hat sich der Vergnügungs- und Aquapark **Six Flags Discovery Kingdom** etabliert (im Sommer 9.30-18/19 Uhr, Eintritt $65, online ab $45; Anfahrt über *Exit* 33, dann noch ca. 5 mi auf der Straße #37), eine Art Zoo mit Seelöwen-, Killerwal- und Delphinvorführungen ergänzt durch Wasserskizirkus und *Rollercoaster*. Lohnend eher mit Kindern ($45 bis 1,20 m Größe); ➢ www.sixflags.com. Vom *Pier 41* und *Ferry Building*, verkehrt eine Fähre dorthin; ca. 1 Stunde.

Sacramento

Im Gegensatz zu manch anderem US-Staat, wo die Regierung ebenfalls nicht in den wirtschaftlich bestimmenden Metropolen residiert, ist Kaliforniens **Capital City** kein farbloses Städtchen am Rande des Geschehens. Von ihren historischen Anfängen unter dem Schweizer **Johann August Sutter**, der 1838 am Sacramento und American River sein **Neu-Helvetien** gegründet hatte, entwickelte sie sich zu einer respektablen **Großstadt mit etwa 485.000 Einwohnern** (Großraum ca. 2,4 Mio) und einem ungewöhnlich attraktiven Stadtbild. Die **Orientierung** ist im schachbrettartig angelegten Zentrum mit breiten, palmengesäumten Einbahnstraßen **einfach**, gleich aus welcher Richtung man in die von Autobahnen förmlich eingekreiste Innenstadt hineinfährt.

Old Town

Ein sinnvoller erster Anlaufpunkt ist die Altstadt (dort auch *Visitor Information* in der 2nd Street; www.visitsacramento.com). Aus Richtung San Francisco quert man auf der I-80 zunächst den Sacramento River und erreicht dann auf der I-5 (Norden) über *Exit 519B* **Old Town Sacramento** (www.oldsacramento.com).

Typische Fassaden mit überdachtem Boardwalk in der Old Town Sacramento (hier die 2nd Street, in der sich auch die Visitor Information befindet)

Die teils restaurierte, teils nach historischen Plänen rekonstruierte *Old Town* ist ein **State Historic Park** und bietet das aus Filmen bekannte typische Bild einer (größeren) alten **Western Town**. Nur die vor *Saloons* und *Boardwalks* geparkten Autos, reichlich **Eateries** von *Fast Food* bis *Fine Dining* zwischen sagenhaft sortierten *Souvenir Shops* passen nicht so ganz zum nostalgischen Gesamtbild. Insgesamt aber gibt es nirgendwo sonst eine derart stimmige und gleich über mehrere Blocks gehende »originale« Westernstadt dieser Art. Der dazugehörige Bahnhof und das **Railroad Museum** (Eintritt: $10, Kinder 6-17 Jahre $5; täglich 10-17 Uhr, im Sommer Do

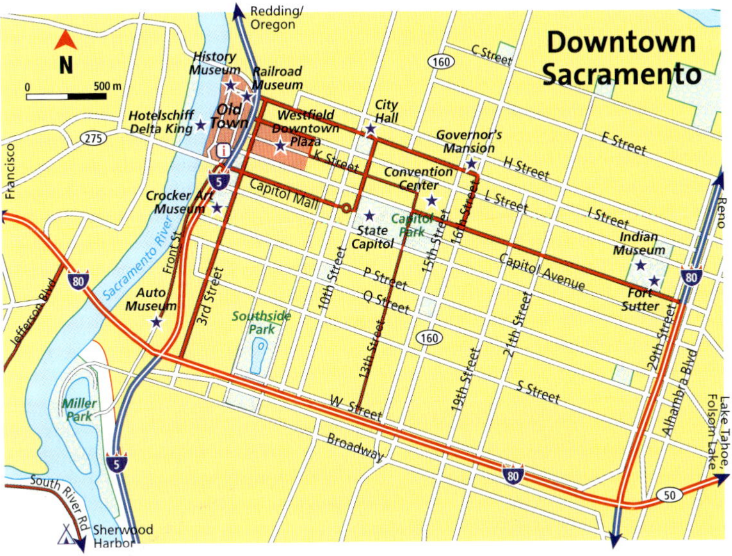

Downtown Sacramento

[Map of Downtown Sacramento showing streets, landmarks and the Sacramento River. Labels include: Redding/Oregon, N, 0 – 500 m, History Museum, Railroad Museum, Old Town, Hotelschiff Delta King, Westfield Downtown Plaza, City Hall, Governor's Mansion, Convention Center, Crocker A/t Museum, Capitol Mall, State Capitol, Capitol Park, Auto Museum, Southside Park, Capitol Avenue, Indian Museum, Fort Sutter, P Street, Q Street, W Street, Broadway, S Street, Miller Park, Sherwood Harbor, Sacramento River, Francisco, Reno, Lake Tahoe/Folsom Lake, Alhambra Blvd, South River Rd, various numbered streets (3rd, 10th, 15th, 16th, 19th, 21th, 29th Street, etc.), highways 275, 5, 80, 50, 160, C Street, E Street, H Street, I Street, K Street, L Street]

bis 20 Uhr; www.csrmf.org) mit Dampfloks und alten Waggons auf den Gleisen sind obendrein sehenswert.

Touren Klar, dass von dort auch eine Rundfahrt durch den hier gezähmten »Wilden Westen« startet (3 km für $10, Kinder $5). Alternativ schifft man sich auf Raddampfern zur *River Cruise* ein.

Das riesige *Delta King Riverboat* dient als nostalgisches Hotel; DZ ab ca. $150; ✆ 1-800-825-5464; www.deltaking.com.

Fazit *Old Sacramento* ist kein Museumsdorf mit begrenzter Besichtigungszeit, sondern ein Stadtteil, wo Kneipen, Restaurants und das *Eagle Theatre* auch am Abend geöffnet bleiben und von den Einheimischen gerne besucht werden.

Hotel-Riverboat Delta King auf dem Sacramento River

Kunstmuseum   Von den Parkplätzen südlich der *Old Town* sind es nur ein paar Schritte zum **Crocker Art Museum** an der Ecke 3rd/O Street, das in einer alten Villa mit fantastischer Innenarchitektur untergebracht ist (Di-So 10-17; Do bis 21 Uhr; $10). Das Hauptgewicht der Ausstellungen liegt auf – überwiegend beachtlichen – kalifornischen Kunstwerken des 19. Jahrhunderts. Auch europäische Meister sind gut vertreten; www.crockerartmuseum.org.

Capitol Park   Ziemlich beeindruckend ist das **State Capitol Building**. Auf dem prächtigen Boulevard **Capitol Mall** fährt man direkt auf den Sitz der kalifornischen Staatsregierung zu, die u.a. über zwei Legislaturperioden (bis 2011) von *Arnold Schwarzenegger* geführt wurde. Der Komplex liegt in einem großen, schön angelegten Park mit subtropischer Vegetation zwischen L und N Street und reicht bis zur 15th Street. Man kann auch sein Innenleben besichtigen; Führungen stündlich 9-16 Uhr, ✆ (916) 324-0333. Ein eigenes *Information Center* kümmert sich um die Besucher.

Eindrucks-
volles
California
State Capitol,
dem Capitol-
gebäude in
Washington
nachemp-
funden

Downtown   Gleich nördlich des *Capitol Park* befindet sich das Geschäftszentrum der Stadt mit einigen gut erhaltenen bzw. restaurierten Bauwerken aus dem 19. Jahrhundert, darunter der Gouverneurspalast **Governor's Mansion** an der H Street/Ecke 16th Street. Der Bau ist heute ein **State Historic Park**; geöffnet 10-17 Uhr, Eintritt $2,50, bis 17 Jahre $1,25; www.parks.ca.gov/?page_id=498. Ein bombastisches **Convention Center** erstreckt sich zwischen 13th und 15th Street entlang der J Street.

Die J Street entspricht ab der *Old Town* der direkten und besten Strecke in und durch *Downtown* Sacramento. Auf ihr passiert man zunächst die Baustelle des **Golden One Center** mit neuer Basketballhalle für die *Sacramento Kings*; Eröffnung 2016. Zwischen 9th und 10th Street stehen jenseits des **Plaza Park** an der I Street das alte »Rathaus« und dahinter die neue **Sacramento City Hall**.

Östlich von Downtown	Östlich der 16th Street (*Lincoln Highway*) beginnen die besseren citynahen Wohnlagen mit altem Baumbestand und einer aufgelockerten Infrastruktur aus Shops, Kneipen und Restaurants mit Open-air Terrassen. Entlang der J Street und Parallelstraßen bis mindestens zum *Capital City Freeway* erkennt man schnell die mögliche Lebensqualität in Sacramento.
Fort Sutter	In diesem Bereich steht (an der Ecke L/27th Street) auch die pittoreske weiß getünchte Adobefestung **Fort Sutter**, ein **State Historic Park** (geöffnet täglich 10-17 Uhr, Eintritt $5, Kinder bis 17 Jahre $3; www.parks.ca.gov/?page_id= 485). Er umfasst neben dem nach altem Vorbild wieder aufgebauten Fort des einstigen Sacramento-Gründers *Sutter* (➤ Seite 242) ein kleines, mäßig interessantes **Indianermuseum** nebenan.
Unterkunft	Wer in Sacramento übernachten möchte, findet eine Ballung von Häusern der unteren Mittelklasse an der **West Capitol Ave** westlich des Sacramento River im Kreuzungsbereich mit Straße #84. (parallel zur I-80). Eine ganze Reihe Motels und Hotels von einfach bis gehoben steht im Bereich der **I-5 Nord/#99**, *Exit* Richards Blvd rechts, dann nach links Bercut Drive, oder von der Abfahrt links unter dem *Freeway* hindurch zur Jibboom Street.
Restaurants/ Kneipen	In Sacramentos **Old Town** ist die Auswahl an *Eateries* und Kneipen unübertroffen. Und origineller als **Fanny Ann's Saloon** geht's nicht mehr (1023 2nd Street; www.fannyannssaloon.com).
Camping	**Motorhome-Fahrer** können in Sacramento im • **CalExpo RV Park** unterkommen: 1600 Exposition Blvd, *Exit* 9A von der I-80 *Business* nordöstlich Downtown, reiner Asphaltplatz mit *Hook-up*; ✆ 1-877-225-3976, www.calexpo.com; $40 Südlich der City am westlichen Flussufer liegt der schlichte • **RV Park** der **Sherwood Harbor Marina**, 3505 South River Rd, I-80 *Exit* Jefferson Blvd, ✆ (916) 371-3471, einige gute Grasplätze unter Bäumen; $30; www.sherwoodharbor.com. Der **Folsom Lake State Park**, ca. 20 mi östlich von Sacramento, hat drei Campareale, aber nur der wasserferne Platz
	• **Beal's Point** nördlich des Staudamms ist leicht zu erreichen: Anfahrt auf *Freeway* #50, *Exit* Folsom Blvd, dann 6 mi geradeaus auf die Folsom Auburn Road, von ihr Beals Point Road nach rechts; www.parks.ca.gov/?page_id=500 ($33-$58).
Folsom	Der Folsom Lake hat seinen Namen vom kleinen Ort Folsom, der 2,5 mi unterhalb des **Folsom Dam** am Ufer des American River bzw. Ostende des **Lake Natoma** liegt, einem weiteren Stausee des Flusses. Bis zur Mündung in den Sacramento River ist der Fluss ein beliebtes Freizeit- und Badegewässer. Beidseitig wird er von Parkanlagen samt **American River Bike Trail** begleitet.
	In Folsoms »historischer« Hauptstraße, der Sutter Road, pflegt man sorgfältig die alten wie nachgebauten Fassaden von Anno Dazumal, die heute vor allem Souvenirshops und *Eateries* beherbergen. Den Ort muss man nicht besucht haben.

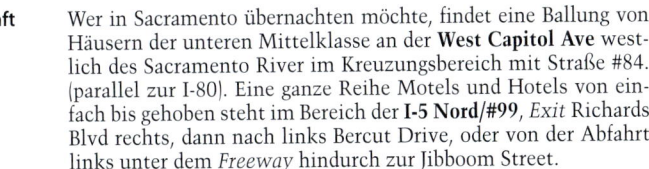

Der California Gold Rush · Ernst-Georg Richter

Am Montag, den **24. Januar 1848**, fand ein *James Marshall* am Südarm des American River Goldstaub, als er mit einigen Männern im Auftrag des reichen Schweizer Einwanderers *Johann August Sutter* dort eine Wassermühle errichten solllte. Der Fund ließ sich natürlich nicht geheim halten, und so strömten bald die ersten Prospektoren in der Hoffnung auf schnellen Reichtum hinauf in die Sierra Nevada.

Aber erst als die Zeitung *The Californian* darüber berichtet und *Sutters* ehemaliger Partner erste *Goldnuggets* in San Francisco herumgezeigt hatte (um dann mit zuvor aufgekauften Ausrüstungen und Vorräten ein Bombengeschäft zu machen), ergoss sich ein Strom von Goldsuchern zunächst an den American River und seine Zuflüsse und – nach Verbreitung der Nachricht bis an die Ostküste, nach Australien und Europa – in voller Wucht ab **1849** an jeden Bach in den westlichen Ausläufern der Sierra Nevada zwischen dem heutigen Oroville (nördlich von Sacramento) und Coarsegold (südlich des *Yosemite Park*). Allein in jenem Jahr sollen 40.000-50.000 Goldsucher in die gerade erst im amerikanisch-mexikanischen Krieg den USA zugefallene Provinz *Alta California* (➤ »Geschichte«, Seite 600) geströmt sein.

So kam es zur Wortschöpfung *Fortyniners* für die Glücksritter des kalifornischen Goldrausches, wiewohl sich auch **1850** der *Gold Rush* weiter fortsetzte, als weitere 90.000 *Argonauts* (wie man die Goldsucher in Anlehnung an die griechische Sagenmythologie auch nannte), in die Sierra Nevada gezogen sein sollen. Nicht zuletzt wegen dieses kolossalen Bevölkerungszuwachses wurde Kalifornien schon im September 1850 der 31. Staat der Union. Als aber 1851 in Australien und anderswo Gold gefunden wurde, kehrte sich der Zug der Prospektoren wieder um. Nichtsdestoweniger waren damit Goldsuche und Erzabbau in Goldminen nicht vorbei. Erst als sich der Goldgehalt der Sedimente an Fluss- und Bachufern durch die extensive Suche stark vermindert hatte, keine neuen Goldadern mehr gefunden wurden und nennenswerte Erträge nur noch mit hohem Aufwand zu realisieren waren, galt der Goldrausch 1854 als vorüber. Tatsächlich aber wird bis heute in der Sierra Nevada nach Gold gesucht, sei es »kleinunternehmerisch« oder als Freizeitbeschäftigung, denn aus versteckten Goldadern tief im Fels spült das Wasser immer noch winzige Mengen Gold an die Oberfläche. Beim Goldpreis von immer noch über $1.000 für die Feinunze (31 g) lohnt sich das manchmal sogar.

Von den weit über 100.000, die damals gekommen sein sollen, wurden trotz der – nach heutiger Bewertung – Milliardenerträge nur wenige reich. Die meisten rackerten sich an den eiskalten Wasserläufen oder in den Minen ab und fanden selten mehr Gold, als sie bei exorbitanten Versorgungs- und Materialkosten zum Überleben brauchten. Selbst *Marshall* und *Sutter* brachte das frühe Gold langfristig kein Glück; beide starben verarmt in den 1880er-Jahren.

Die größten Gewinner des Goldrausches waren Händler. Der Grundstock der Vermögen amerikanischer Legenden wie **Levi Strauss** (Arbeitskleidung, heute Jeans), **Macy** (Versorgung mit allem, heute Kaufhäuser) oder **Studebaker** (Kutschen, später Autos) wurde in den Jahren des *California Gold Rush* gelegt.

Wer etwas tiefer in die Goldrauschhistorie eindringen möchte, findet im Internet zahlreiche Abhandlungen, am besten in englischer Sprache, so z.B.

https://en.wikipedia.org/wiki/California_Gold_Rush

www.historicwy49.com/goldrush.html

www.museumca.org/goldrush

Weiter zum Lake Tahoe

I-80 oder Straße #50
Für eine Fahrt von Sacramento zum Lake Tahoe gibt es zwei mögliche Routen. Über die I-80 im Richtung Reno geht es in der Höhe ab Truckee ans Nordufer im Zweifel schneller als über die #50, den **El Dorado Freeway** nach South Lake Tahoe. Die attraktivere Südseite des Sees und die Nähe der Spielkasinos Nevadas an der Grenze zu Kalifornien sorgten jedoch dafür, dass die #50 zur Wochenend- und Ferienrennstrecke wurde. Sie läuft bis weit in die Berge hinein als kreuzungsfreie Autobahn und danach fast durchgehend 4-spurig über die Sierra Nevada bis South Lake Tahoe.

Outlet Mall
Am Wege bei Folsom passiert man die **Folsom Premium Outlets** mit 80 *Shops* fürs garantierte Schnäppchen (*Exit* 23 von der #50).

Placerville
Erster nennenswerter Ort am Wege ist 40 mi östlich von Sacramento das Goldrauschstädtchen **Placerville**, das es 1848-1850 zu Berühmtheit brachte (➢ Seite 243). Für die – weniger bekannten – Ortschaften weiter oben muss man die weitgehend durch Waldlandschaft führende Autobahn schon verlassen, um von ihnen überhaupt etwas mitzubekommen.

Die Abfahrt hinein und durch Placerville (10.000 Einwohner) sollte man nicht auslassen. Entlang der auf nostalgisch gemachten nicht zu verfehlenden Main Street finden sich ein paar gute Fotomotive, darunter diverse Restaurant- und Shopfassaden.

Hangtown Fry

Eine Spezialität des Ortes ist das **Hangtown Fry**, eine Kombination aus Eiern mit Speck und Austern, hinter der eine Goldrauschanekdote steckt. »*Hangtown*« war zeitweilig der inoffizielle Name des Ortes, nachdem dort ein paar Gauner ohne Gerichtsverfahren von der Menge aufgeknüpft worden waren. Das *Hangtown Fry* kann man auch in einigen Restaurants bestellen. Es steht aber nicht immer auf der Karte.

Rail Trail

Zwischen Sacramento und Placerville und weiter bis Camino liegen immer noch die Schienen einer seit Jahrzehnten stillgelegten Eisenbahn. Parallel zum Verlauf der Trasse hat man ab **Shingle Springs** (halber Weg von Folsom nach Placerville) einen sog. *Rail Trail* für Biker, Jogger und Spaziergänger angelegt. Zur Zeit sind 28 mi als *El Dorado Trail* markiert; http://eldoradotrail.com.

Marshall Gold State Park

Von Placerville könnte man gut einen Abstecher zum *Marshall Gold Discovery State Historic Park* ins Auge fassen (10 mi nördlich auf der Straße #49) oder auch bereits ab *Exit* 37 von der #50 auf der Ponderosa Rd nach Rescue und weiter auf der Lotus Rd.

Der Park (Eintritt $8 pro Fahrzeug), dessen Gelände das historische Dorf **Coloma** samt Flussufer umfasst, ist den ersten Goldfunden am American River gewidmet, die 1849 zum Kalifornischen Goldrausch führten. Im *Visitor Center/Museum* erfährt man alles zum Thema. Von dort sind die interessanten Punkte im Dorf entlang der Main Street und am Fluss (der Gold-Fundort und eine Rekonstruktion von *Sutter's Mill*, ➤ unter Sacramento, Seite 241) leicht zu Fuß zu erreichen. Auf der Monument Road (#153) südlich des Ortes geht es zur **Statue** des berühmten *James Marshall*.

Soviel »Placer Gold« bleibt nur fürs Foto in der Waschpfanne zurück; ein paar winzige, kaum in vollen Gramm zu messende Goldplättchen sind schon ein Erfolg

Goldwaschen

Mit der Waschpfanne in der Hand und gebeugtem Rücken darf man bei Coloma am Ufer des American River auch ohne eigenen *Claim* sein Glück versuchen. Am Nordufer des Flusses ist ein Streifen fürs **Recreational Gold Panning** der Besucher des *State Park* reserviert. Immerhin lässt sich selbst im mühsamen Handbetrieb mit Glück tatsächlich ein bescheidener Stundenlohn realisieren, steuerfrei und ganz legal.

Route von Oakland zum Lake Tahoe

Wer auf den Besuch von Sacramento verzichtet, spart bei Start in Oakland/Berkeley auf den *Freeways* **#24/I-680/#4** über Concord/Antioch nach Stockton und von dort auf der **Straße #88** oder der **Kombination #26/#88** bis South Lake Tahoe ein paar Meilen. Und gleichzeitig ist das die – gegenüber der #50 – schönere Strecke. Dazu

ist sie im Gebirge weniger verkehrsbelastet und verläuft kurvenreich über den *Carson Pass* (2.614 m) und – auf einem kurzen Stück
auf der **Straße #89** – über den *Luther Pass* (2.360 m).

Jackson

Diese Route führt durch **Jackson**, eine alte *Gold Rush Town* ohne
besondere Sehenswürdigkeiten (bis auf das historische **National
Hotel** mit **Stanley's Steakhouse**; http://nationalhoteljackson.com),
Sie passiert mit **Sutter Creek** (ab Jackson ca. 3 mi) den vielleicht
attraktivsten Goldrauschort des *49er's Highway* (➤ Seite 242) mit
B&Bs, guten Restaurants und beneidenswerten Wohnlagen.

Gleich nördlich von Jackson ist die *Kennedy Gold Mine* (nur ober-
irdisch) zu besichtigen; www.kennedygoldmine.com ($10/$6).

Lake Tahoe

Der in 1.900 m Höhe liegende Lake Tahoe besticht durch die glasklar türkis-
farbene Wassertransparenz im Uferbereich und das dunkle Azurblau des Tie-
fenwassers. Er bedeckt eine Fläche von 520 km² und ist stellenweise **500 m
tief**. Ringsum überragen die Berge der Sierra Nevada den See um bis zu 1200 m.
Von der überwiegend hoch gelegenen Rundstraße (72 mi) bietet insbesondere
das Ostufer herrliche Ausblicke auf ein grandioses Panorama.

Rund zwei Drittel des Sees gehören zu Kalifornien, ein Drittel zu Nevada. Die
Ufer des *Lake Tahoe* sind – soweit nicht als *State Parks* oder öffentliche Orts-
strände dem Tourismus erschlossen – in Privatbesitz oder wegen steil abfal-
lender Hänge kaum oder gar nicht zugänglich.

Die besten **Strände** (alle Eintritt bzw. Parkgebühr für den *day-use*) fin-
det man in der Südwestecke rund um die kalifornische **Emerald Bay**
(*State Park* bis 2016 geschlossen) und ca. 4 mi südlich des **Incline
Village** in der *Nevada State Recreation Area* **Sand Harbor Beach**.

Auf dem (zum Baden meist zu kalten) See wird **Wassersport** groß geschrieben.
Bei **Tahoe City** am Nordwestufer erfreut sich *Inner Tubing* im Autoreifen
oder Schlauchboot auf dem Truckee River großer Beliebtheit; Reifen- und Bootsverleih im Ort, Transport zum Startpunkt in der Miete enthalten. Wer nicht
selbst aktiv surft, segelt oder Wasserski läuft, genießt den See auf Ausflugsbooten. Sogar ein sog. *Sternwheeler*, wie man ihn früher auf flachen Flussge-
wässern wie dem Mississippi einsetzte, ist dabei (ab South Lake Tahoe).

Westlich und nördlich des Lake Tahoe liegen bekannte **Skigebiete**. Populär ist
Squaw Valley, Austragungsort der olympischen Winterspiele von 1960.

*Ausflugsboot auf
dem Lake Tahoe*

Glasklarer Lake Tahoe; im Hintergrund die schneebedeckten Berge der Sierra Nevada

South Lake Tahoe/ California

Der Ort **South Lake Tahoe** auf der kalifornischen Seite empfängt die Besucher mit einer kompletten touristischen Infrastruktur. **Zahllose Hotels** und **Motels** säumen die #50 über Meilen und dominieren in geballter Form den zentralen Bereich in Grenznähe. Das gilt auch für die Filialen der bekannten *Fast Food*-Ketten wie für zahlreiche unabhängige Restaurants.

Mehr Information unter
www.tahoesouth.com, www.southlaketahoe.com

Stateline/ Nevada

Das wichtigste Ziel vor allem von Wochenendausflüglern liegt jedoch jenseits der Staatsgrenze. Gleich hinter der *Stateline* warten **Spielkasinos** und Hochzeitskapellen für die Eheschließung im Schnellverfahren. Neben Las Vegas, Laughlin am unteren Colorado River und Reno ist der Lake Tahoe Bereich – mit Schwerpunkten in Stateline und Crystal Bay/Incline Village – **Nevadas vierte Glücksspiel-Hochburg**, ➤ www.visitrenotahoe.com.

Unterkunft

Im **Hochsommer** und an **Wochenenden** ist der Lake Tahoe auch von anderen als Glücksspieltouristen stark besucht und teuer. An Brennpunkten des Tourismus wie South Lake Tahoe, Kings Beach oder Incline Village findet trotzdem fast immer noch ein Motelzimmer, wer nicht erst am späten Nachmittag zu suchen beginnt. Während der Woche stehen außerhalb der Saison große Kapazitäten leer. Die Übernachtung ist dann sogar in guten Häusern preiswert, oft auch ein *Discount Coupon* einsetzbar, ➤ Seite 108.

Im **Nevada-Bereich** kommt hinzu, dass die **Kasinohotels** ihre Tarife **von Sonntag- bis Donnerstag** niedrig halten, um Spielkundschaft ins Haus zu ziehen. Zum Wochenende dorthin zu fahren, empfiehlt sich weniger.

Ein weit besseres Preis-/Leistungsverhältnis als viele einfache Motels in South Lake Tahoe bieten unter der genannten Wochenendeinschränkung u.a.:

- **Harvey's Resort & Casino**, Stateline Ave/Straße #50, Groß-komplex verbunden mit *Harrah's* nahe der Staatsgrenze, mehrere Restaurants (auch mit weiter Aussicht) und Bars, ℰ 1-866-503-5494, www.harveystahoe.com, ab $79

- **Lakeside Inn & Casino** an der Straße #50 etwas weiter nördlich, rustikale Mittelklasse, motelartig, auch Bars und *Eateries*, ℰ 1-800-624-7980; www.lakesideinn.com, ab $79

Camping

Die Campmöglichkeiten auf der Ostseite des Sees sind begrenzt; nur **Nevada Beach** (1,5 mi oberhalb Stateline) und der Privatplatz *Zephyr Cove* (4 mi nördlich Stateline) bieten **Camping am See**.

Am West- und Nordufer existiert dagegen eine Reihe guter *Camp-grounds*, vor allem in den **State Parks**; erste Wahl wäre der Platz im **Emerald Bay SP**, der aber noch bis 2016 geschlossen ist.

Exkurs: **Vom Lake Tahoe direkt oder durchs Goldrauschgebiet zum Yosemite National Park**

Direkte Route

Wer ab Lake Tahoe keinen Besuch von Reno plant, sondern die Reise von dort gleich in Richtung Süden zum **Osteingang des** *Yosemite Park* und ggf. weiter nach Las Vegas fortsetzen will, hat zur Straße #395 an der Ostseite der Sierra Nevada entlang keine Alternative. Über die #207 oder ggf. auch #50 steigt man dann aus der Höhe direkt hinunter zur #395 oder wählt den klei-nen Umweg über die Straßen #88 und #89 (Markleeville/*Grover Hot Springs*), wie im Folgenden beschrieben.

Durchs Gold Rush Country

Eine abwechslungsreiche, wiewohl zeitraubende Route führt zum **Nordwesteingang des** *Yosemite Park* (Straße #120). Sie wäre in erster Linie von Reisenden zu erwägen, die eine Fahrt durch das kalifornische Goldrauschgebiet mit historischen Re-likten, Tropfsteinhöhlen und *Backroads* reizt, und dafür (ab Sa-cramento) mindestens einen Tag Extrazeit investieren mögen.

Straße #88

Die Straße #88 über den *Carson Pass* (2.614 m) wäre hier zwar die naheliegende Route nach Westen zur Straße #49. Ab **Pio-neer** führt zudem die **Railroad Flat Road** in Verbindung mit der **Sheep Ranch Road** abkürzend nach **Murphys** unweit der #4, eine **Backroad** durch streckenweise sehr hübsche Landschaft, auf der man aber wegen der Kurverei und Verlangsamung bei Gegenverkehr ewig unterwegs ist.

Straße #4

Die **empfehlenswertere Strecke** entspricht hier zunächst der #89 über Markleeville/*Grover Hot Springs* und dann auf der ebenfalls gut ausgebauten **Straße #4** über den *Ebbetts Pass* (2.662 m) nach Westen. Man gelangt auf ihr etwas rascher ins interessante Gebiet um die Orte Murphys, Angels Camp und Columbia. Aber Achtung: die #4 wird früher im Jahr komplett gesperrt bzw. später wieder für den Verkehr geöffnet als die #88 (Sperrung möglich ab Oktober bis Ende Mai). Information zum Straßenzustand ➢ Seite 284.

**Calaveras
Big Trees**

Ca. 25 mi vor Erreichen des *49ers Highway* in Angels Camp passiert man den grandiosen ***Calaveras Big Trees State Park*** (www.parks.ca.gov/?page_id=_551) voller mächtiger ***Sequoias*** im ***Big Trees Grove***, der durchaus mit dem *Mariposa Grove* des *Yosemite* mithalten kann ➤ Seite 277. Ein Ablaufen des **Loop Trail** (etwa 45 min) durch diesen Bestand ist die Fahrtunterbrechung selbst dann wert, wenn man im weiteren Reiseverlauf auch die Mammutbäume in den Nationalparks *Yosemite* und/oder *Sequoia* noch bewundern wird.

Der ***Campground*** des Parks liegt schattig mit vielen Stellplätzen direkt unter *Sequoias*; Reservierung ➤ Seite 122.

*Murphys
Hotel und
Saloon im
gleich-
namigen
Städtchen*

Murphys

Höhlen

Einen Zwischenstopp könnte man für **Murphys** einplanen, ein hübsches touristisch stark belebtes Städtchen etwas abseits der Straße #4; www.visitmurphys.com und www.gocalaveras.com.

Die Besucherinfrastruktur konzentriert sich auf einen Teilbereich der Main Street west-/östlich des historischen **Murphys Hotel** (einige altmodische Zimmer) mit einem ***Saloon*** von 1856: ✆ 1-800-532-7684; www.murphyshotel.com (moderner Motelanbau).

Für die Ortsgröße (2.200 Einw.) ungewöhnlich ist die hohe Zahl ansprechender **Restaurants** mit schattigen Terrassen. Dank der hohen Sonneneinstrahlung gewann der Weinanbau in dieser Gegend in den letzten Jahren erheblich an Bedeutung. Und so gibt es eine ganze Reihe von ***Wine Tasting Rooms*** der lokalen Winzer an der Main Street und gleich »um die Ecke« in den Nebenstraßen, manche in Verbindung mit Souvenirshops und Galerien.

Viele kleine durch Stiege und viel Auf und Ab miteinander verbundene Räume haben die attraktiven ***Mercer Caverns*** an der Sheep Ranch Road, ca. 1 mi nördlich von Murphys (9-17 Uhr im Sommer, sonst nur Sa+So 11-16 Uhr. Der Eintritt ist nicht niedrig, aber diese Tropfsteinhöhle ist mit vielen ungewöhnlichen

	Formationen und Kristallen schon etwas Besonderes: Die geführten Touren kosten $15,50, Kinder 3-12 Jahre $9; Infos unter ✆ (209) 728-2378; www.mercercaverns.com.
Moaning Cavern	Von **Murphys** sind es nur wenige Meilen bis Vallecito. Ca. 2 mi südlich (Parrots Ferry Road/#E18 ab der #4) befindet sich der Eingang zum größten Tropfsteinhöhlenkomplex Kaliforniens, die *Moaning Cavern* (täglich 9-18 Uhr im Sommer, sonst 10-16 Uhr. 45 min-Tour $16, Kinder bis 12 Jahre $8,50; Abenteuertouren mit Kletterseil $72-$130; ✆ 1-866-762-2837; www.caverntours.com/MoCavRt.htm). Auch eine teure *Zipline* wartet.

Der 49er's Highway

Von Oakhurst über Mariposa südlich bzw. südwestlich des *Yosemite National Park* schlängelt sich die mit Bedacht derart nummerierte **Straße #49** durch die Ausläufer der Sierra Nevada bis zur Straße #89 (Sattley) etwa 45 mi nördlich des Lake Tahoe. Sie verbindet einen Großteil der einst während des *California Gold Rush* berühmten und berüchtigten Städte wie **Sonora, Angels Camp, Jackson, Sutter Creek, Placerville**, **Nevada City** u.a. Der Bezug dieser Strecke zu den **49ers**, den Goldsuchern des Jahres 1849 (➤ Kasten Seite 242), wird extrem ausgeschlachtet. Wer die lokalen und regionalen Werbebroschüren liest, aber auch »objektive« Reiseliteratur, muss den Eindruck gewinnen, es handle sich bei der #49 um eine Art touristische Superroute. Das ist in Wirklichkeit nicht ganz der Fall. Trotz vieler hübscher Teilstücke ist ihr Verlauf im Sierra Nevada-Maßstab landschaftlich durchaus nicht sensationell und obendrein auf vielen Abschnitten ab Frühsommer bis Herbst tagsüber stark befahren, so dass sie einschließlich Ortsdurchfahrten relativ viel Fahrzeit in Anspruch nimmt.

In den Orten am Wege gibt es eine Reihe kleiner historischer Museen, Tropfsteinhöhlen, Goldminen und manches (nicht immer) sehenswerte Relikt aus der Goldrauschzeit; am informativsten sind der *Columbia State Historic Park* (➤ Seite 251) und der *Marshall Gold Discovery State Park* (➤ Seite 244).

Die oben genannten Städtchen verfügen alle über mehr oder minder pittoreske alte Straßenzüge, aber die sind mit ihren Lokalen, Kneipen und jeder Menge Souvenir-, T-Shirt- und Antiquitätenläden oft genug überkommerzialisiert.

Oldtimer vor einem Antikshop im Goldrauschstädtchen Placerville

Mark Twain und das Calaveras Jumping Frog Jubilee

Samuel Langhorne Clemens wurde 1835 in Hannibal/Missouri geboren, einem Städtchen am Westufer des Mississippi. Schon früh absolvierte er eine Ausbildung als Schriftsetzer und schrieb ein erstes Buch und Berichte von Reisen in die Großstädte des US-Ostens fürs *Hannibal Journal*. Ab 1855 lebte er in St. Louis und brachte es zum Lotsen auf dem großen Strom.

Als mit dem Bürgerkrieg 1861 der zivile Schiffsverkehr auf dem Mississippi abbrach, zog er als verspäteter Prospektor nach Westen und landete zunächst als Bergarbeiter in einer Goldmine in **Virginia City**, ➢ Seite 253, heuerte aber bald bei der Zeitung *Territorial Enterprise* an. Unter dem Pseudonym **Mark Twain** schrieb er Stories mit Lokalkolorit aus den *Saloons* und Goldgräbercamps Kaliforniens und Nevadas.

Erstmals über die Grenzen dieser Staaten hinaus bekannt wurde er 1865 mit seiner Geschichte von **Jim Smiley and the jumping Frog** (»Der berühmte Springfrosch von Calaveras«) in der Wochenschrift *The Californian*. Twain hatte diese Anekdote in **Angels Camp** gehört, einem während des Goldrausches entstandenen Städtchen im Landkreis Calaveras. Es geht darin um den wettversessenen *Jim Smiley*, der einen Frosch abrichtet, weiter als jeder andere zu springen, und anderen animiert, dagegen zu wetten. Als ein Fremder darauf besteht, jeder beliebige Frosch könne so weit springen wie *Smileys*, kommt es zu einer Wette mit hohem Einsatz. *Smiley* darf sogar selbst den »Gegner« bestimmen. Während er daraufhin einen passenden Frosch aus dem Sumpf holt, verbleibt das Springwunder in der Obhut des Wettkumpans, der es derweil mit Schrotkugeln abfüllt. Natürlich springt der »untrainierte« Frosch bei seiner

Freilassung sogleich davon, und *Smileys* Zucht verharrt am Boden. Erst als der Gewinner auf und davon ist, kommt *Smiley* auf den Trick.

Von dieser kleinen Episode aus dem Jahr 1865 zehrt die Region noch heute. **Jedes dritte Wochenende im Mai findet in Angels Camp** am **49ers Highway**, keine 10 mi südlich von Murphys, das *Calaveras Jumping Frog Jubilee* statt. Die besten »Athleten« schaffen immerhin Weiten von über sechs Metern.

Neben solchen Geschichten und bis heute gelesener Weltliteratur hinterließ Mark Twain der Nachwelt einen erstaunlich zeitlosen **Zitatenschatz**, nachzulesen auf Deutsch z.B. im Internet unter www.zitate-welt.de/zitate/ autor. php?autor= Mark+Twain&id=1116.

Ernst-Georg Richter

Wandbild in Angels Camp

Columbia State Historic Park

Auch ohne Absicht, die *Moaning Cavern* zu besuchen, macht es Sinn, ab Vallecito der *Straße* E18 zu folgen, um den **Columbia State Historic Park** ohne den Umweg über Angels Camp und die #49 anzusteuern. Columbia war in den Jahren 1850-1870 eine der wichtigsten Goldminenstädte Kaliforniens. Ihr damaliger Zustand wurde wiederhergestellt und als relativ authentisch wirkendes **Living Museum** der Öffentlichkeit zugänglich gemacht. Die einzelnen Gebäude und das Museum sind im Sommer 10-17 Uhr geöffnet, der Komplex aber nie ganz geschlossen, da auch *Shops*, Cafés und *Saloons* integriert wurden; www.parks.ca.gov/?page_id=552. Im **Fallon House Theater** gibt's im Sommer täglich Vorstellungen humoriger Melodramen.

Die **Nostalgiehotels** **City** und **Fallon** beherbergen in ihren Wildwest-Gemäuern nach wie vor Gäste, wiewohl zu modernen Tarifen und mit *Wifi*, Reservierung unter ✆ 1-800-444-7275. Weitere Einzelheiten zu Unterkünften/*Campgrounds* in Columbia unter www.visitcolumbiacalifornia.com/lodging.

Ganze Schulklassen samt Lehrern üben sich hier im Columbia State Park in der hohen Kunst des Goldwaschens

Zum Yosemite Park

Von Columbia geht es dann auf der #49 über Sonora und Jamestown zur Straße #120, der – ab San Francisco – Hauptroute in den **Yosemite National Park**; Anschluss ➤ Seite 266.

In beiden Orten gibt es wie überall die Hauptstrasse mit allerhand Shops, Kneipen und *Eateries* hinter alten Fassaden, aber im Grunde nichts Besonderes zu sehen. Indessen eignen sich sowohl **Sonora** als auch **Jamestown** mit ihren **Hotels** und **Motels** gut zur letzten Übernachtung vor der Fahrt in den Nationalpark. Im Gegensatz zu Groveland und Mariposa (➤ Seiten 266 und 268) sind dort die Unterkunftstarife meist erschwinglich, außerhalb der Hauptsaison sogar moderat. **Tipp**: **Best Western Plus**, ca. 3 mi östlich des Ortes: www.bwsonoraoaks.com.

1.2.2   Vom Lake Tahoe nach Carson City und Reno

Nach Reno

Der **direkte und kürzeste Weg** vom Lake Tahoe nach Reno, die Straße #431, führt von **Incline Village** am Nordende des Sees über den ***Mount Rose Pass*** (2.700 m) und dann hinunter in die Halbwüste Nevadas auf 1350 m Höhe. Unweit des Passes passiert man die Zufahrt zum schön gelegenen ***Campground Mount Rose*** im *Toyabe National Forest, $17* (Reservierung möglich, ➢ Seite 122)

Die **interessantere Route** nach Reno ist allerdings die Straße #50 in Verbindung mit der #341 über Carson und Virginia City. Den Umweg über die alte Silberstadt sollte man möglichst einplanen.

Carson und Virginia City

Carson City/ Railroad Trip

Die Hauptstadt Nevadas (55.000 Einwohner) ist trotz historischer Gebäude kein »touristisches Muss«, außer man möchte von dort mit der ***Virginia & Truckee Railroad*** nach Virginia City weiterfahren. Der 3-stündige Rundtrip mit der nostalgischen Bahn star-

tet beim *Eastgate Depot* am Flint Drive, 6 mi östlich von *Downtown* an der #50; nur Fr-So von Ende Mai bis Mitte Okt.; Kosten: $52, Kinder bis 12 Jahre $32; ☎ (775) 291-0208; www.virginiatruckee.com.

Wer durch Carson City fährt, könnte zudem einen Stopp beim ***Nevada State Railroad Museum*** ins Auge fassen mit schöner alter Wildwest-Lok im Freigelände, die zu wechselnden Zeiten über einen Rundkurs dampft ($7, Kinder frei). Das Museum liegt zusammen mit dem ***Visitor Center*** an der 2180 South Carson Street (#395 *Business*) im Süden der Stadt; www.visitcarsoncity.com.

Das ***Nevada State Museum***, an der Hauptstraße Carson Street (= #395 *Bus*) etwas nördlich des (hier ausnahmsweise nicht prächtigen) *State Capitol*, thematisiert in erster Linie die Geschichte Nevadas und den Gold- und Silberbergbau – ansehenswert; geöffnet Mi-Sa 8.30-16.30 Uhr; $8, bis 17 Jahre frei.

Museumslok in Carson City

Schräg gegenüber im ***Carson Nugget Casino*** liegen hinter Panzerglasscheiben in Nevada gefundene große **Original-Goldnuggets**.

Unterkunft

Carson City eignet sich mit seinen moderaten Unterkunftstarifen gut für Zwischenübernachtungen. Zahlreiche **Motels und Hotels** finden sich **entlang der gesamten #395 *Business*** durch die Stadt. Speziell etwas nördlich des Zentralbereichs gibt es oft besonders preiswerte Angebote in der unteren Mittelklasse.

Gold Hill

Nach Virginia City geht es zunächst auf der #50 einige Meilen nach Osten und dann auf der #341 hinauf in die Berge. Nach kurzer Strecke teilt sich die Straße: hier unbedingt den westlichen Ast

Nostalgisches Gold Hill Hotel bei Virginia City/Nevada an der Endstation einer alten Minenbahn. Dazu gute Küche, uriger Saloon; und es spukt sogar ein Hausgeist.

Virginia City

Mark Twain

Gold- und Silbermine

über **Gold Hill** fahren (steil, aber auch für die meisten RVs kein Problem). Der Ort besteht im Wesentlichen aus der Station der *Virginia & Truckee Railroad* nach Virginia City und dem nostalgischen **Gold Hill Hotel** mit einem absolut urigen **Saloon** (1540 Main Street; ab $45; ☏ (775) 847-0111; www.goldhillhotel.net).

Virginia City war in den 70er-Jahren des 19. Jahrhunderts mit ca. 30.000 Einwohnern die größte Stadt zwischen Chicago und San Francisco. Die **Comstock Lode**, eine der ertragreichsten je gefundenen Gold- und Silberadern, hatte für das Entstehen dieser *Boomtown* gesorgt. Die Fassaden der im Gegensatz etwa zu Bodie (➤ Seite 286) nie ganz vergessenen Stadt entsprechen in der Hauptstraße weitgehend dem damaligen Aussehen. Für alle, die sich das schon mal aus der Ferne anschauen möchten, wurden zwei **Webcams** installiert. Der Link zu ihnen und überhaupt alle Infos über Virginia City findet sich unter www.visitvirginiacitynv.com.

Absolut authentisch wirkt das Innenleben einiger **Saloons**, ganz so, wie man es aus Wildwest-Filmen kennt. Originell sortiert sind auch einige der Läden. Kaum sonstwo findet man ausgefallenere Souvenirs und Mitbringsel, sogar für komplette **Cowboy-Outfits** ist man hier richtig. Gut ausgestattet mit Kostümen, Kulissen und Wildwest-Zubehör sind ebenfalls die **Old Tyme Foto Shops**. Wer gern ein Nostalgiefoto von sich im Outfit der Wildwest-Jahre und in passender Rolle hätte (*Sheriff, Outlaw, Can-Can Girl* u.v.a.m.), sollte das in Virginia City realisieren: So vielseitig gibt's das selten!

Über die großen Jahre von Virginia City, in denen **Mark Twain** (➤ Seite 250) für den *Territorial Enterprise* schrieb, die erste Zeitung Nevadas, informieren mehrere kleine Museen und historische Gebäude entlang der Straße #341 durch den Ort.

Den Kehrseiten der guten, alten Zeit kann man hautnah bei einer Führung durch die engen Stollen der **Chollar** Gold- und Silbermine unter dem Ort in der F Street auf die Spur kommen. Die **Underground Tour** (Mai-Okt.) kostet $10, Kinder 5-12 Jahre $2.

Moderne Cowboys vor dem »Bucket of Blood Saloon« im Historic District von Virginia City

Unterkunft

Leider nimmt der **Tourismus** an manchen Tagen etwas überhand, und auch auf die **Spielautomaten** mag man nicht verzichten. Da aber Virginia City inkl. einiger ganz »witziger« *B&Bs* auf eine maximale Übernachtungskapazität von nur rund 300 Betten kommt,

die obendrein selten alle belegt sind, wird es ab spätem Nachmittag wieder ruhig. Abends ist kaum noch etwas los. Dann sind Einheimische und die wenigen Gäste in den Kneipen unter sich. Wem dieser Aspekt gefällt, sollte versuchen, im historischen *Silver Queen Hotel* unterzukommen; im Haus fehlt auch ein *Saloon* nicht (℃ 1-775-847-0440, $50-$125). Eine Liste aller Quartiere mit Details steht unter www.visitvirginiacitynv/com/lodging.aspx.

Der *Virginia City RV-Park* befindet sich unterhalb der Hauptstraße (F Street) beim öffentlichen *Pool* und Spielplatz (gegenüber). Zwar ist der Komplex etwas eng, hat aber einige schöne Stellplätze mit Weitblick; Reservierung unter ℃ (775) 847-0999 oder www.vcrvparknv.com (auch Zeltcamper).

Nostalgische Kneipe und Automatenhalle in diesem früheren Hotel in Virginia City

Nach Reno Die bis Reno laufende **Straße #341** verwöhnt den Reisenden im Abstieg von der Höhe mit Aussichtspunkten für den weiten Blick über das Reno-Carson Valley und hinüber auf die Höhen der Sierra Nevada.

Reno

Geographie, Information, Unterkunft und Shopping

Lage Las Vegas' kleine Schwester **Reno**, die *Biggest Little City in the World*, ist eine respektable Großstadt, die es zusammen mit dem Nachbarn **Sparks** auf knapp 320.000 Einwohner bringt und sich mittlerweile über rund 130 km² Wüste erstreckt. Die Stadt liegt 15 mi östlich der kalifornischen Grenze und 30 mi nördlich der Hauptstadt Carson City am Rande der Wüste von Nevada auf einer Höhe von 1.250 m. Zum Lake Tahoe sind es nur 40 mi. Aus dem See entspringt der **Truckee River**, ohne dessen Wasser Reno nicht lebensfähig wäre.

Klima Wegen der bis zu 3.000 m hohen Berge im Westen bilden Bewölkung und Niederschläge in Reno eher die Ausnahme. Sonnenschein überwiegt, wobei die Temperaturen dank der Höhenlage selbst im Hochsommer selten über 30°C steigen. Aber auch größere Hitze bleibt bei der normalerweise geringen Luftfeuchte erträglich, zumal es abends schnell abkühlt. **Mai, Juni und September sind die besten Besuchszeiten.**

Kenn-
zeichnung Reno stand nach seiner Gründung 1868 lange im Schatten der *Boomtown* Virginia City (➢ oben), bevor es sich nach der Jahrhundertwende eigenständig entwickelte. Aber erst mit der Zulassung des Glücksspiels in Nevada in den 1930er-Jahren begann der Aufstieg von Reno/Lake Tahoe zur zweitgrößten Kasinoballung des Staates. Im Gegensatz zu Las Vegas sind Glücksspiel und das da-

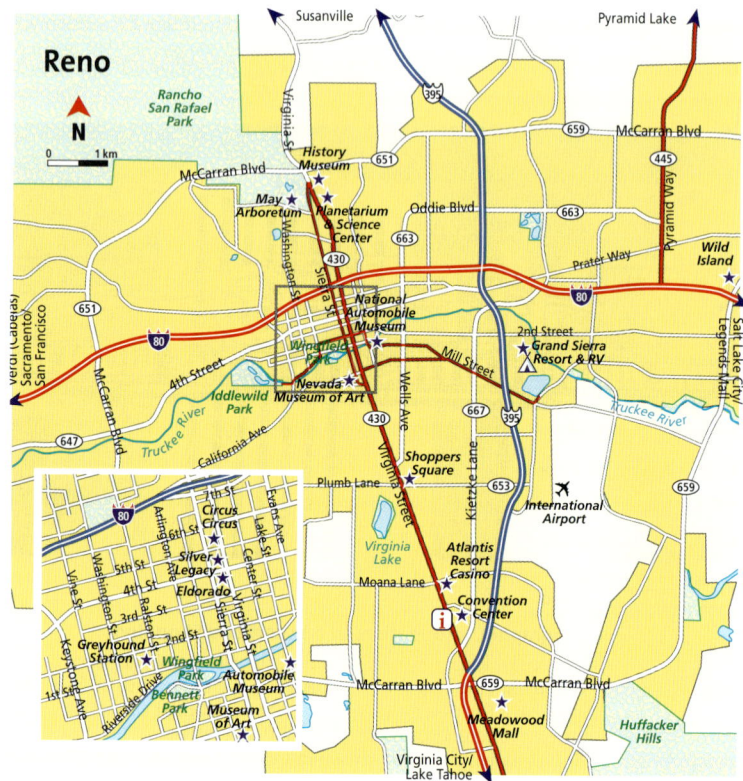

mit zusammenhängende *Business* nicht die dominierenden Faktoren der lokalen Wirtschaft, auch wenn dies im grell-bunten *Downtown* und entlang der Hauptzufahrtstraße Virginia Street mit ihrer touristischen Infrastruktur auf den ersten Blick so aussieht. Außerdem geriet Reno schon in den 1990er-Jahren gegenüber Las Vegas arg ins Hintertreffen, denn mit den Superlativen dort konnte man nicht mithalten. Die Finanzkrise von 2008 und der Folgejahre tat ein Übriges und hinterließ in Reno stärkere Spuren als in Las Vegas, was sich u.a. in immer noch niedrigen Übernachtungstarifen manifestiert, ➢ rechts.

Information   Das ***Reno-Sparks Convention & Visitors Center*** residiert in der 135 North Sierra Street und hat Info- sowie Werbematerial in Hülle und Fülle; geöffnet täglich 10-18 Uhr; ✆ 1-888-255-1223, www.visitrenotahoe.com. Kommerzielle Adresse: www.reno.com.

Unterkunft   In der Spielerstadt Reno ist es generell nicht schwierig, eine passende Unterkunft zu finden. Zahlreiche **Motels aller Kategorien**

– geballt entlang der **South Virginia Street** – konkurrieren mit relativ und absolut günstigen Preisen um Gäste. Man braucht die Straße nur einmal 'rauf und 'runter zu fahren. Eine ganze Reihe **Billigmotels** gibt's nördlich der Kasinoballung.

Discounttarife und -coupons finden sich speziell für Reno zahlreich in den *Coupon Guides* (➤ Seite 108). Die Kasinohotels werben So-Do mit günstigen Sondertarifen. Wochenenden sind teurer. Die beste Übersicht mit aktuellen Tarifen und Link zu allen Häusern findet man über die Google-Eingabe »hotels reno nevada«, dann Doppelklick auf die Karte.

Folgende Kasinohotels bieten bei fehlender Auslastung oft besonders niedrige Tarife für große, gut ausgestattete Räume (+ *tax* 12%):

- *Circus Circus*, ✆ 1-800-648-5010, 500 N Sierra St, traditionell eines der preiswertesten Hotels bei einem relativ niedrigeren Standard der Zimmer und Gäste, ab \$45; www.circusreno.com
- *Silver Legacy*, ✆ 1-800-687-8733, 407 N. Virginia Street, Hotelhochhaus mit 1700 Zimmern hinter einer an einen Atommeiler erinnernden Kuppel, ab \$50; www.silverlegacyreno.com
- *Harrah's*, ✆ 1-800-427-7247, 219 North Center Street, ab ca. \$45; www.harrahs.com
- *Grand Sierra Resort* (früher *Hilton*), ✆ 1-800-501-2651, 2500 E 2nd Street östlich des *Freeway* #395, mit 2000 Zimmern das größte Kasino, ab \$60; www.grandsierraresort.com
- *Peppermill*, ✆ 1-866-821-9996, 2707 South Virginia Street, der 1600-Zimmer-Komplex steht unübersehbar 2,5 mi südlich von *Downtown*; gute DZ ab ca. \$70, www.peppermillreno.com
- *Atlantis Casino Resort Spa*, ✆ 1-800-723-6500, 3800 S Virginia St, großer Kasinopalast beim Kongresszentrum noch einmal eine halbe Meile südlicher unweit der I-580; eines der besseren Häuser in Reno, DZ ab ca. \$80; www.atlantiscasino.com

Die angegebenen Tarife beziehen sich immer auf den »normalen« Standardraum, für *Luxury Rooms* und Suiten sind sie leicht um das Doppelte bis Vielfache höher.

Camping

Kommerzielle **Campingplätze** der Komfortklasse gibt es gleich ein ganzes Dutzend. Ein **Gratis-Busservice** zur Innenstadt gehört bei den cityferneren Plätzen zum Gäste-Service.

• Der größte von allen mit jedem Komfort und Golf-Übungsplatz und -teich befindet sich auf dem Gelände des *Grand Sierra Resort*: East 2nd und Mill Street/*Freeway* #395, ✆ 1-800-501-2651, RVs ab $30 mit *hook-up* (keine Zelte); Reservierungen unter: www.grandsierraresort.com/hotel-rooms-and-suites/rv-park.

• Ein guter Campingplatz abseits der Straße im lichten Wald am Fuße der Sierra Nevada ist der *Davis Creek County Park* (mit Duschen/*hook-up*; *first-come, first-served*; $20), ca. 18 mi südlich von Reno (#395).

• Einige Meilen weiter befindet sich der *Washoe Lake SP*, ✆ (775) 687-4319; http://parks.nv.gov/parks/washoe-lake-state-park/. In den Nevada *Visitor Bureaus* liegt eine Broschüre zu den **Campsites & RV Parks** auf, die alle Plätze mit Details beschreiben.

• In Sparks, nur wenig abseits der I-80, liegt der relativ Reno-nahe *Sparks Marina RV Park* am Lincoln Way zwischen dem künstlichen See *Sparks Marina* und der im Folgenden beschriebenen *Outlet Mall*. Komfortabler Riesenplatz vor allem für Groß-RVs; ab ca. $40; ✆ (775) 851-8888; www.sparksmarinarvpark.com.

Shopping

Reno ist mit *Shopping Centers* gut bestückt. Am größten ist die *Meadowood Mall* im Stadtsüden an der I-580/#395 S/McCarran Blvd, beliebt *Shoppers Square* an der S Virginia/East Plum Lane.

In **Sparks** östlich von Reno an der I-80 befindet sich am Sparks Blvd eine *Outlet Mall* (I-80 *Exit* 20); www.outletsatsparks.com. Neben den auch sonst in *Outlets* vertretenen Läden und Marken ragt dort die Filiale des *Scheels All Sports Store* heraus, der angeblich weltweit größte Shop für Sportbekleidung und -ausrüstung mit 26.000 m² Verkaufs- und Nebenflächen; www.scheels.com.

Eine kilometerlange Jogging und Bike Route läuft am Nordufer des Truckee River entlang mitten durch die Stadt

Ein weiteres **Shopping Highlight** darf nicht unerwähnt bleiben, obwohl es ca. 10 mi von Reno entfernt an der I-80 bei Verdi (8650 Boomtown Road) nahe der Grenze zu Kalifornien liegt. Die riesige Filiale der Kette **Cabela's** für Outdoor-Bedarf hat nebenbei auch noch Aquarien und ein Tierweltmuseum; www.cabelas.com.

Spielkasinos und mehr

Casino Row

Auch wer mit dem Glücksspiel wenig im Sinn und es eher auf Ziele in der Umgebung abgesehen hat, sollte auf einen Kurzbesuch der Spielhöllen nicht verzichten. Am intensivsten wird man in der **Casino Row** bedient, einem ca. 400 m langen Teilstück der **Virginia Street**, aber auch in der parallelen **Sierra Street** und einigen Nebenstraßen. Dort befinden sich – bis auf die unter »Hotels« schon gelisteten **Großkomplexe** *Grand Sierra*, *Peppermill* und *Atlantis* – alle größeren Kasinos der Stadt. Mögen die glitzernden Lichtreklamen draußen auch Unterschiede suggerieren, von innen wirken die riesigen Säle mit ihren *Slot Machines*, *Roulette-* und *Black Jack*-Tischen alle ziemlich gleich.

Ansehenswerte Kasinos in Reno sind:

- das **Grand Sierra**, 2500 East 2nd Street an der I-580 wegen der enormen Dimensionen, ➢ oben. *Shuttle Bus* nach *Downtown*.

- das **Silver Legacy**, 407 North Virginia Street, das aufwendigste der Reno-Kasinos. Im *Silver Legacy* gibt es eine Goldminenanlage und **Shows** unter dem Kuppeldach; www.silverlegacyreno.com.

- das **Circus Circus**, North Virginia/5th Street. **Artistische Vorführungen** unter einer Zirkuskuppel im 2. Stock sind das Markenzeichen dieses Kasinos. Die **All-you-can-eat-Bufetts** dort gelten als besonders preiswert; www.circusreno.com.

- das **Eldorado Casino**, North Virginia/4th Street, ein Bau aus den 1970er Jahren, ist beliebt dank einer eigenen Brauerei **The Brew Brothers** und wegen des **Seafood Buffet** immer Fr+Sa ab 16 Uhr; www.eldoradoreno.com.

Heiraten

Kurzentschlossen heiraten kann man nicht nur in Las Vegas. Auch in Reno gibt's die kitschig-originellen **Hochzeitskapellen** für die Nevada-Schnellehe (➢ Seite 523). Eine Reihe von ihnen steht unübersehbar an der South Virginia Street.

National Automobile Museum

Das Automuseum an der Ecke Mill/Lake Street beherbergt eine phänomenale **Ausstellung historischer Fahrzeuge**. Die Vehikel aus aller Welt unter (zu) starker Betonung amerikanischer Modelle, die überwiegend so aussehen, als hätten sie soeben die Fabrik verlassen, wurden epochenweise geordnet und teilweise in ein der Zeit entsprechendes Ambiente gestellt. Auch für die Edel-Karossen der Hollywood-Stars wurde hier Platz geschaffen, darunter ein *Cadillac* von *Elvis Presley* sowie ein *Mercury Coupe* von *James Dean*. Zeitbedarf mit Multimedia-Show 2-3 Stunden. Eintritt $10, Kinder 6-18 Jahre $4; Mo-Sa 9.30-17.30 Uhr sowie So 10-16 Uhr; www.automuseum.org. Ein absolutes »Muss« für Auto-Fans!

City Parks

In Reno fällt die relativ hohe Zahl kleiner und großer Parks auf. Attraktiv gestaltet und mit einer **Bike & Jogging Route** ausgestattet ist auch der **Uferbereich** des Truckee River zwischen dem **Wingfield Park** im Zentrum und dem **Idlewild Park** im Stadtwesten.

Der futuristische Oldtimer »Phantom Corsair«, ein Unikat aus dem Jahr 1938, steht heute im Nat'l Automobile Museum in Reno.

Abseits der City

Im **Rancho San Rafael Park** (Nordende Sierra Street) wartet das **Wilbur D. May Museum** mit Arboretum und botanischem Garten auf Besucher; www.washoecounty.us/parks/maycenterhome/.

Bei Hitze liegt der Planschpark **Wild Island** näher, der aber – weil etwas eng – oft arg voll wird. Er liegt östlich von **Sparks** an der I-80; Juni-August 11-19 Uhr, Mai+Sept. nur Sa+So 11-17 Uhr; Eintritt $29, Kinder bis 1,20 m $23; ab 15 Uhr $21; www.wildisland.com.

Balloon Race

Anfang September findet im oben erwähnten *Rancho San Rafael Regional Park* der 3-tägige **Great Reno Balloon Race**, eine Ballonshow mit Massenaufstiegen bunter Heißluftballons in allen Farben und Formen statt. Der Eintritt ist kostenlos. Programmdetails gibt's unter www.renoballoon.com.

Ballonaufstieg beim Reno Balloon Race

Reno Air Race

Eine Woche später heben beim **Reno Air Race** jede Menge Flugzeuge ab: von Doppeldeckern des 1. Weltkriegs über *World War II*-Typen mit martialischer Bemalung bis zu modernen, darunter viele militärische Maschinen; www.airrace.org. Die Show findet 11 mi nördlich der Stadt auf dem **Stead Airfield** unweit der #395 (Stead Blvd) statt. Shuttle-Bus-Service ab Reno.

Burning Man Festival

Nur 150 Meilen von Reno entfernt, steigt alljährlich im Spätsommer eine der wohl verrücktesten Open-Air-Dauerpartys der USA. Dort, wo sonst das ganze Jahr nur der Wind über die karge, einsame Salzebene fegt, versammeln sich vom letzten Montag im August bis zum ersten Montag im September Abertausende von durchgeknallten Freaks, die entweder nur »sich selbst« ausstellen oder ihre skurrilen, teils interaktiven Kunstinstallationen und beweglichen **Art Cars**. Wie eine Fata Morgana erheben sich dann Holz-Ufos, Paläste aus 1001 Nacht, ägyptische Pyramiden, Wikinger-Schiffe und andere eigenwillige Fantasie-Konstrukte aus der sich bis zum Horizont laufenden *Black Rock Desert Playa*, ➤ umseitig.

Was einst in den 1980er Jahren als kleines Hippiefest an der *Baker Beach* in San Francisco begann, hat sich zu einem Mega-Spektakel entwickelt, das trotz seines abgeschiedenen Austragungsorts, Null-Infrastruktur (zu kaufen sind nur Kaffee und Eiswürfel, es gibt keine Duschen) und Zutrittspreisen im höheren dreistelligen Bereich immer restlos ausverkauft ist. In dem von einem 11 km langen Zaun umgebenen Festareal tummelten sich 2014 über 65.000 Besucher.

Höhepunkt der – in jeder Hinsicht – freizügigen (»*nudity is common, clothing is optional*«) Feierlichkeiten ist das Inbrandsetzen einer überdimensionalen Holzfigur (*Burning Man*) am Samstagabend. Impressionen vom Festival sowie weiterführende Infos gibt es online unter www.burningman.org.

Pyramid Lake

Als **Abstecher von Reno** kommt eine Fahrt zum ungewöhnlichen Pyramid Lake (480 km²) in der gleichnamigen Reservation der *Paiute*-Indianer in Frage. Der von Höhenzügen aus Sandstein eingerahmte See in der Wüste gilt als der Rest eines einst 20.000 km² umfassenden prähistorischen Gewässers.

Schwimmen (bis Oktober warmes Wasser) und auch campen darf man überall am Seeufer. Man benötigt dafür nur ein **Paiute Tribe Permit** ($6 *day-use*, $9 Camping), erhältlich in der *Ranger Station* in Sutcliffe am Westufer sowie am Südende des Sees in Nixon oder im Web unter: http://plpt.nsn.us/rangers/htmls/permits.html.

In den letzten Jahren ist der Wasserstand des *Pyramid Lake* stark gefallen und die Wasserlinie ziemlich weit entfernt von den meisten Zugängen. In Sutcliffe existiert gleich hinter dem Strand bzw. Bootsanleger der **Marina RV-Park** ($25; Gebühr wird in der *Ranger Station* bezahlt; ✆ (775) 476-1155).

Abstecher in die Black Rock Desert

Black Rock Desert

Keine 60 km Luftlinie vom »Pyramidensee« entfernt liegt das 200-Seelen-Dorf **Gerlach** an der Straße #447. Es ist Ausgangspunkt für Ausflüge in eine der unwirtlichsten Ecken Nevadas. Die **Black Rock Desert-High Rock Canyon Emigrant Trails National Conservation Area** besteht vor allem aus Alkaliflächen, die immer wieder für Autotests und Geschwindigkeitsrekorde herangezogen werden. 1997 hat ein Brite dort mit seinem schubkraftgetriebenen »Raketenfahrzeug« erstmals zu Land mit einem lauten Knall die Schallmauer durchbrochen. Eine *Playa* gigantischen Ausmaßes, die sich von Gerlach gut 150 km in Richtung Norden erstreckt, ist auch der Austragungsort des alljährlich Ende August/Anfang September stattfindenden **Burning Man Festival**, ➢ Exkurs umseitig.

Im *Hualapai Valley*, in der Nähe von Gerlach, befindet sich zudem eine ganz erstaunliche geothermale Erscheinung. Der **Fly Geyser** entstand, als ein Farmer in den 1960er Jahren auf seinem Gelände Bohrungen durchführte und dabei auf eine große unterirdische Kammer stieß. Heute präsentiert er sich als ein aus mehreren orangeroten Kegeln dauerplätschernder Geysir umgeben von gelbgrünen Sinterablagerungen – eine Farbenpracht, die selbst bei den berühmten Geysiren im Yellowstone Nationalpark ihresgleichen sucht. Derzeit ist sein Anblick Besuchern leider verwehrt. Bis vor wenigen Jahren wurden regelmäßig Touren angeboten und es ist zu hoffen, dass die Landeigentümer in absehbarer Zukunft erneut den Zutritt auf ihre Gelände gestatten. Aktuelle Infos dazu gibt es bei den **Friends of Black Rock Desert**: http://blackrockdesert.org/fly-geyser/.

Fly Geyser bei Gerlach

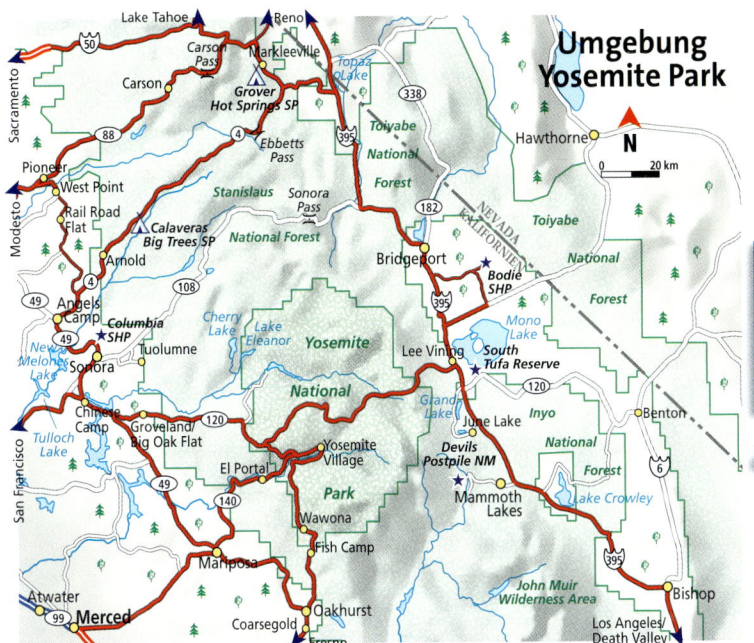

1.2.3   **Von Reno zum Mono Lake/Yosemite Park auf der #395**

Zwei Routen nach Süden

Nach einem Abstecher bis Reno auf den beschriebenen Routen gibt es zur Fortsetzung der Reise in Richtung Süden nur zwei sinnvolle Möglichkeiten:

durch das Goldrauschgebiet

• Rückkehr zum Lake Tahoe auf der Straße #431 oder über Carson City auf der #50 und dann über die Straße #88 (**Achtung**: Wintersperre bzw. Schneekettenerfordernis ggf. schon Mitte Oktober bis Ende Mai) aus der Höhe der Sierra Nevada wieder hinunter ins Goldrauschgebiet und weiter entlang des *49ers Highway* (➤ Seite 249) zur **Nordwesteinfahrt** *Big Oak Flat* des *Yosemite National Park* auf der Straße #120.

Straße #395 nach Süden

• Verbleib über Carson City hinaus auf der #395 nach Süden. Sie verläuft auf voller Länge östlich der Sierra Nevada und erreicht beim Topaz Lake ca. 60 mi südlich von Reno wieder kalifornisches Territorium und nach weiteren 70 mi **Lee Vining** am Mono Lake, das östliche Einfallstor zum *Yosemite*. Die Strecke ist bei direkter Fahrt ohne Abstecher in 3-4 Stunden zu schaffen. Die Osteinfahrt zum Nationalpark via *Tioga Pass* (3.032 m) liegt 1.000 m höher als Lee Vining. Die breit ausgebaute #120 führt von dort in steilem Verlauf nach oben (ca. 10 mi). Weitere Details dazu ➤ Seite 280ff.

Verlauf der Route

Hier geht es nur um die zweite Möglichkeit, da die Route zurück nach Westen bereits beschrieben wurde. Die Fahrt auf der #395 bietet bis zum **Topaz Lake** an der Grenze Nevada/Kalifornien keine landschaftlichen Highlights, läuft aber südlich des Grenzortes **Topaz** (dort die letzten bzw. ersten Hotels mit Spielkasino und ein *County Campground* am See, Zelte $15, *hook-ups* $35, ✆ 1-775-266-3343) zunächst pittoresk durchs Tal des West Walker River. Nach Überquerung des **Devils Gate Pass** taucht die Straße in die Senke des *Mono Lake Basin* ein. Ca. 7 mi südlich von Bridgeport zweigt von ihr die Zufahrtstraße #270 zur sehenswerten **Ghost Town Bodie** ab, einem *California State Park*, ➢ Seite 286.

Genoa

Ein paar Meilen südlich von Carson City passiert man die Straße #206 nach **Genoa** (ca. 4 mi), einem 200-Einwohner-Nest mit kleinem historischen Museum (*Genoa Courthouse*) und einer nostalgischen **Bar**, www.genoabarandsaloon.com. Zum Baden, Wellness/Spa und Bleiben lädt dort **David Walley's Hot Springs** ein (DZ ab $129, ✆ (775) 782-8155; www.davidwalleys-resort.com.

Die älteste Kneipe Nevadas steht in Genoa und sieht auch so aus.

Straßen #88 & #89

Eine bedenkenswerte **Umgehung des Abschnitts der #395 Minden/Gardnerville bis zum Topaz Lake**, wäre, südlich von Genoa erst der #88 zu folgen und dann der Straße #89 über Markleeville, die ein paar Meilen südlich des Topaz Lake wieder auf die #395 trifft.

Grover Hot Springs

Vom etwas »alternativen« **Markleeville** (www.alpinecounty.com) sind es nur wenige Meilen auf einer Stichstraße zu den **Grover Hot Springs**, einem *State Park* mit einem attraktiv zwischen Felsen angelegten **Campingplatz** ($35, im Sommer unbedingt reservieren; www.parks.ca.gov/?page_id=508).

Der von *Memorial* bis *Labor Day* trotz der nüchternen Anlage immer gut besuchte **Freiluft-Heißwasserpool** kostet $7 Eintritt; im Sommer täglich 8-19/20 Uhr; Pool-Infos: ✆ (530) 694-2249.

Camping

Kommt man im *State Park* nicht unter, gibt es um Markleeville Ausweichmöglichkeiten. Neben dem kleinen **NF-Campground Markleeville Creek** südöstlich des Ortes an der #89 ist vor allem der **BLM-Platz Indian Creek** (mit Duschen) am gleichnamigen Reservoir nördlich von Markleeville empfehlenswert: nach kurzer Fahrt auf der #89 folge man der Airport Road.

Im **Carson River Resort** gibt's Komfortcamping für RVs ($30-$35), Zeltplätze ($20) sowie ein paar rustikale *Cabins* ab $100; ideal für Angler; ✆ (530) 694-2229, www.carsonriverresort.com.

Markleeville

Abgesehen von den heißen Quellen bietet der Ort den Charme des abgelegenen Dorfs in einer weitgehend ökologisch intakten lieblichen Gebirgslandschaft am Carson River. Trotz der weniger als 200 Einwohner gibt es neben dem *General Store* noch zwei ganz originelle Bars & Restaurants (**Wolf Creek** und **Cutthroat Saloon**) sowie zwei H/Motels (beide ab $95):

- **Creekside**, ✆ (530) 694-2507, www.markleevilleusa.com
- **Marklee Toll Station**, ✆ (530) 694-2507, www.tollstation.com

»Geheimtipp«

Einige B&Bs verbergen sich in der Umgebung, außerdem *Cabins* und Ferienhäuser, darunter das wunderbar konzipierte urgemütliche **Quail Hollow** am Fluss mitten in der Natur für Leute mit größerer Brieftasche, die mal ein bisschen länger ausspannen wollen. Tarife auf Anfrage: ✆ (530) 694-1155, www.quailhollow.net.

Zum Mono Lake

Von Markleeville gelangt man auf schöner Strecke über den **Monitor Pass** (2.535 m) in einer guten halben Stunde etwas südlich des Topaz Lake zurück auf die Straße #395. Der weitere Verlauf bis zum Mono Lake wurde eingangs dieses Abschnitts bereits kurz beschrieben, ➢ Seite 263 unten.

Straße #4

Wer den Besuch des **Yosemite Park** von der Westseite her bevorzugt, sollte von Markleeville aus die Sierra Nevada auf der ebenfalls bereits erwähnten Straße #4 queren, ➢ Karte Seite 263.

Die Straße #120 führt mitten durch den Yosemite Park über die Höhe des Tioga Passes (3.000 m) ab/bis Lee Vining am Mono Lake. Hier am Tenaya Lake im Nationalpark verläuft sie eingezwängt zwischen Felswänden und Seeufer.

1.3 Von San Francisco über die Nationalparks Yosemite und Death Valley nach Las Vegas

1.3.1 Anfahrt zum Yosemite National Park   Karte ➢ Seite 263

Zeitplanung

Viele Reisende zieht es ab San Francisco zunächst zum *Yosemite National Park*. Von dort lässt sich die Fahrt entlang der Ostseite der Sierra Nevada gut zum *Death Valley* und nach **Las Vegas** fortsetzen. Diese Route bietet neben den populären *Highlights* eine ganze Reihe teilweise kaum bekannter und wenig frequentierter »kleinerer« Attraktionen. Es wäre schade, wenn bei zu knapper Planung für Zwischenstopps und kurze Abstecher zu wenig Zeit bliebe. **Auf keinen Fall optimal wäre etwa, an einem Tag bis zum *Yosemite* durchzufahren und für die Strecke *Yosemite*–Las Vegas nur 2 Tage vorzusehen, wie es leider viele Rundfahrer machen.**

Start in San Francisco

Zum *Yosemite National Park* (ca. 170-200 mi ab San Francisco je nach Startpunkt und Route) geht es über die *San Francisco Bay Bridge* und ab Oakland am besten auf der **Interstate #580** (die I-880 ist oft extrem stark befahren). Die ebenfalls mögliche Kombination *Freeway* #24/I-680 (dann erst bei Dublin auf die I-580), kommt bei einigen Umwegmeilen dann in Frage, wenn kurz hinter/vor San Francisco gecampt werden soll: der **Mount Diablo State Park** verfügt über einen spektakulär gelegenen *Campground (Juniper,* ➢ Seite 181), der den Abstecher bei ausreichend Zeit durchaus auch ohne Camping lohnt (Weitblick über die Bay).

Zum Nordwesteingang auf der Straße #120

Beste Route

Die **Straße #120, kürzeste und schönste *Yosemite*-Zufahrt**, erreicht man rund 70 mi östlich von San Francisco. Sieht man ab von der Überquerung der mit fast **5.000 Windgeneratoren** bepflasterten Hügelkette östlich Castro Valley (noch auf der I-580), ist der Straßenverlauf aber vor dem steilen Aufstieg in die Höhe der Sierra Nevada (östlich von Chinese Camp) eher langweilig. Erwähnenswert sind nur die vielen Straßenverkaufsstände für **Fresh Farm Produce** (Obst und Gemüse) zu Erntezeiten.

Big Oak Flat Road

Über den Nordwesteingang – dort eine sog. **Information Station**, an der man auch den Eintritt bezahlt bzw. einen Jahrespass kaufen kann, ➢ Seite 30 – fährt man in den Park ein. Die **Big Oak Flat Road** von dort zum *Yosemite Valley* ist ab dem Straßendreieck *Crane Flat* **eine der spektakulärsten Straßen des Parks**.

Groveland

Einzig nennenswerter und letzter Ort in der Nähe des *Yosemite Park* auf dieser Route ist das 700-Einwohner-Dorf **Groveland**. Es bietet Touristen trotz *Goldrush*-Vergangenheit und ein bisschen *Wildwest-Look* entlang eines kurzen Stücks an der Hauptstraße kaum mehr als die Chance zur Vorratsaufstockung und/oder Gastronomiebesuch zu noch relativ normalen Preisen (gegenüber *Yosemite*). Bei Bedarf auch zur Übernachtung, sei es im Hotel oder auf einem *Campground* (➢ »Camping« auf Seite 269).

Nostalgie pur und hohe Tarife strahlt schon dieses golden beschriftete Hotelschild aus. Oben links im Bild erkennt man etwas verdeckt eine Leuchtschrift, die signalisiert, ob die Nachfrage nach freien Zimmern lohnt (Vacancy/No Vacancy)

Äußerst pittoresk ist der unübersehbar mit Sierra Nevada Landschaft bemalte **Iron Door Saloon & Grill** samt **General Store**.

In direkter Nachbarschaft dazu bzw. ein paar Häuser weiter an der Main Street stehen u.a. das

• **Groveland Hotel Inn** mit altmodischen, aber gemütlichen Zimmern (im Sommer ab ca. \$180 inkl. Frühstück und *Wifi*, ✆ 1-800-273-3314, www.groveland.com/lodging.htm) und Restaurant. In den Sommermonaten gibt's dort abends *Live Entertainment*, oft auch im erwähnten *Iron Door Saloon*.

• **Hotel Charlotte**, auch altmodisch und mit Restaurant im Haus, aber deutlich einfacher; ebenfalls ab \$180 inkl. Frühstück und *Wifi*, ✆ (209) 962-6455, www.hotelcharlotte.com.

Als **Standquartier** für einen längeren Parkbesuch eignet sich Groveland weniger wegen der noch großen Entfernung zum *Yosemite Valley* auf kurvenreicher Strecke (ca. 55 mi). Die tägliche Anfahrt ist ab Mariposa kürzer (ca. 42 mi) und wegen der geringen Steigung im Flusstal des Merced River von dort aus schneller zu bewältigen, ➢ nächste Seite.

Cabins im Nat'l Forest

Diese Aussage gilt weniger für die **Evergreen Lodge** mit einer wunderbaren Anlage mitten im Wald ca. 20 mi östlich von Groveland schon deutlich näher dran. Die *Cabins* und *Cottages* sind im Sommer nicht billig (ab ca. \$185), im »Komfortzelt« zahlt man auch noch \$90-\$125. Restaurant & Bar sind ebenso vorhanden wie ein *General Store*; ✆ (209) 379-2606, www.evergreenlodge.com.

Preiswert

Die preiswerteste Lösung für Nicht-Camper sind ca. 2 mi östlich von Groveland die **Yurten** und **Cabins** der Anlage *Yosemite Pines*, ➢ unter »Camping« Seite 270.

Zur Westeinfahrt auf der Straße #140

Schnellste Route

Trotz gut 20 Mehrmeilen erreicht man das *Yosemite Valley* **am schnellsten** auf der **Autobahn #99** über Modesto/Merced und dann auf der breit ausgebauten **#140 über Mariposa**, das westliche Haupteinfallstor zum Nationalpark in den sanften Sierra Nevada *Foothills* (ab San Francisco dorthin ca. 160 mi, bis ins *Yosemite Valley* weitere ca. 42 mi).

Castle Air Museum

Am Wege unweit der #99, nur 8 mi nordwestlich von Merced passiert man bei Atwater das ***Castle Air Museum*** (Autobahnabfahrt Buhach Road, dann östlich ca. 2 mi bis Santa Fe Drive fahren) mit einer tollen Ausstellung von über 50 Militärflugzeugen. Dort lassen sich aus nächster Nähe enorme Maschinen wie der britische Vulkanbomber, eine SR 71 oder eine B-52 *Stratofortress* bestaunen. Auch Jagdflugzeuge aus jüngerer Vergangenheit wie z.B. ein *Starfighter* sind vorhanden. Täglich 9-16 Uhr; Eintritt $12, Kinder 6-17 Jahre $8; www.castleairmuseum.org.

RV-Camper können dort gleich übernachten. Der kleine Platz an der Hospital Road kostet mit *full hook-up* $25, wobei der Eintritt ins Museum inklusive ist; Reservierung: ✆ (209) 606-6546.

B-47 Bomber (Flying Fortress) auf dem Freigelände des Castle Air Museum

Mariposa als Einfallstor zum Yosemite Park

Mariposa, das wie so viele Städtchen entlang des *49ers-Highway* auf den Goldrausch von 1849 zurückgeht (➤ Seite 249) ist mit Motels, Hotels, *Lodges* und Restaurants voll auf den *Yosemite*-Tourismus ausgerichtet. Die ***Visitor Information*** am nordöstlichen Ortsausgang (Straßendreieck #140/#44) hat aktuelle Details für Mariposa und Umgebung wie für den Nationalpark. www.yosemiteexperience.com.

Ab Ende Mai bis Ende September ist in Mariposa Saison und auch sonst an Wochenenden immer alles knackvoll. Vom historischen Hintergrund ist zwar nicht mehr viel geblieben, aber der zentrale Bereich der Main Street lässt noch einen Rest Wildwestatmosphäre verspüren. Dort steht auch das nostalgische

*Mariposa,
letzte Etappe
vor dem
Westeingang
des Yosemite
National
Park*

Unterkunft

• ***Mariposa Hotel Inn*** mit Zimmern wie im Western (im Sommer ab $149, ✆ (209) 966-7500, www.mariposahotelinn.com).

Generell kommt man im Sommer im Ortsbereich selbst an Werktagen schwer für viel weniger als $150 unter, mit Glück ggf. im ***Super 8*** oder ***Americas Best Value Inn***. Ein Mittelklasse-Motel wie das ***Comfort Inn*** hat dann Tarife ab $160. Weitere Quartiere, auch *B&Bs*, unter www.visitmariposa.net/lodging.html.

B&B

In Anbetracht dieser Preise für Durchschnittsquartiere sind die B&B-Angebote in der Umgebung vielleicht die bessere, immer jedoch die individuellere Wahl, wobei das Frühstück mitgeliefert wird, ➢ auch www.yosemitebnbs.com; z.B. im

• ***Poppy Hill B&B***, ein paar Meilen nördlich von Mariposa, schlafen wie zu Großmutters Zeiten, nur 4 Zimmer, $150-$160, ✆ 1-800-587-6779, www.poppyhill.com.

**Hostel und
Tent Cabins**

Im ***Yosemite Bug Rustic Mountain Resort***, ca. 10 mi nördlich von Mariposa an der #140, gibt es ***Hostel*-Betten** (im 6-Bettzimmer ab $30), einfache *Tent Cabins* ab $50 sowie normale Hotelzimmer ab $80, außerdem noch ein gelobtes Cafe-Restaurant mit zivilen Preisen; ✆ 1-866-826-7108, www.yosemitebug.com/lodging.html. Prima und geldbörsenschonender Ausgangspunkt für Ausflüge in den Park. Sogar dort hat man *Wifi*.

Für alle Unterkünfte in/bei Mariposa und generell im Bereich des Yosemite Park ist für Sommerbuchungen immer eine möglichst langfristige Reservierung angezeigt.

**Mining
Museum**

Die Geschichte des Ortes und der Region, speziell die Periode des *California Goldrush* wird im nahen ***California State Mining & Mineral Museum*** aufbereitet. Es liegt eine gute Meile südlich des Zentrums an der Straße #49 beim ***Fairground***. Was dort an Goldnuggets, Mineralien und Gerätschaften zu sehen ist, lohnt den kleinen Abstecher und den Eintritt auch für Leute, die sich in Mariposa nicht weiter aufhalten; Eintritt $4; Kinder bis 12 frei, im Sommer täglich 10-17 Uhr; www.parks.ca.gov/?page_id=588.

In der Nachbarschaft des Museums befindet sich die Ortsbrauerei **Prospectors Brewing Company**. In der schlichten Kneipe gibt's Frischgebrautes, darunter manche erstaunliche Sorten; http://prospectorsbrewingcompany.com.

Yosemite Ziplines

Seilbahnen durch die Baumwipfel (➢ auch Seite 317) gibt es ca. eine Meile südlich des Ortes an der #140. Die **Adventure Ranch** bietet 5 Teilstrecken ($95/Person); www.yosemiteziptours.com.

El Portal Road

Die Strecke von Mariposa bis ins *Yosemite Valley* hinein (#140) folgt dem Lauf des Merced River. Am **Arch Rock Entrance** ist der Eintritt fällig bzw. der *Interagency Pass* zu kaufen (➢ Seite 30).

Camping westlich des Yosemite Park

Caswell SP (für beide Anfahrten)

Wer noch vor Erreichen des Yosemite bzw. (bei später Abfahrt) unweit San Francisco campen möchte, findet nur einen **State Park** mit Camping am Wege, den

- **Caswell Memorial State Park** etwas abseits der #99/#120 am Stanislaus River (Baden). Er verfügt über einen gut angelegten *Campground* mit schattigen Plätzchen in der Ufervegetation; http://www.parks.ca.gov/?page_id=557.

Straßen #108/#120

An heißen Tagen verspricht der **Tulloch Lake** nördlich der #108/#120 Abkühlung. An seinem Südufer gibt's den empfehlenswerten

- **Lake Tulloch Campground** mit *hook-up*, ✆ 1-800-894-2267, www.laketullochcampground.com. Zufahrt über die Tulloch Road, die zwischen Knights Ferry und Keystone von der #108/#120 abzweigt.

Stanislaus National Forest

Von den diversen Plätzen im **Stanislaus National Forest** noch vor Erreichen des Parks auf der #120 ist

- **Lost Claim** der beste (14 mi östlich von Groveland an der #120, $19). Einige Meilen abseits der #120 befindet sich der Platz
- **Dimond** »O« an der Evergreen Road, RVs nur max. 25 Fuß, $21.

Groveland

Voll belegte *Campgrounds* im Vorfeld des *Yosemite* signalisieren erst recht Probleme im Park selbst. Wer noch ein freies Plätzchen findet, sollte es ggf. sichern oder sich im privaten Platz

- **Yosemite Pines**, etwa 2 mi östlich von Groveland am Old Hwy #120, einbuchen; auch relativ preiswerte Yurten/*Cabins* für 4-5 Personen; ✆ (209) 962-7690; www.yosemitepinesrv.com.
- **Pine Mountain Lake Campground**, privater Platz angelegt ähnlich *State Parks*, ca. 2 mi auf Ferreti Road ab #120 (ab Supermarkt Groveland); Platz liegt nicht am See. Zelte $20, RV mit *Hook-up* $30; ✆ (209) 962-8615; www.pinemountainlake.com

Straße #140

Camping beim **Castle Air Museum** (nördlich Merced) ➢ Seite 268. Ein Massenplatz für Zelte & RVs befindet sich auf dem Gelände des

- **Mariposa Fairgrounds** eine gute Meile südlich des Ortes an der #49; keine Reservierung; Zelte $20, RVs $30; ✆ (209) 966-2432.

KOA

Zwischen Mariposa und dem *Yosemite Park* (ca. 7 mi östlich des Ortes) gibt es einen großen, aber engen und oft knallvollen

**Sierra
National
Forest**

- **KOA-Campground** an der Straße #140, Zelter zahlen dort heftige $46, RV-Eigner $63 pro Nacht.

Wunderbare kleine **Campgrounds** hat der **Forest Service** am Merced River oberhalb von Mariposa eingerichtet. Gleich drei

- **McCabe Flat**, **Railroad Flat** und **Willow Placer** (alle hintereinander) mit zusammen ca. 30 Stellplätzen (überwiegend für Zelte, aber auch einige für RVs) liegen 14-17 mi nördlich von Mariposa: In **Briceburg** (12 mi) geht's nach links über die Brücke und dann noch ein bisschen weiter; kein Trinkwasser, *first-come, first-served*, $10.

Unweit von El Portal finden **Zeltcamper** zwei Miniplätze ebenfalls im *Sierra National Forest* am Nordufer des Merced River, nämlich

- **Dry Gulch** und **Dirt Flat**. Zufahrt über Foresta und Incline Road parallel zur #140 zurück nach Westen 1,5 mi bzw. 2,5 mi. Reservierung möglich, ➤ Seite 122, daher $24.

1

Schlauchbootfreuden und Inner Tubing auf dem Merced River im Yosemite Valley im Frühsommer (Vermietung von Booten und Schwimmringen im Curry Village; ➤ Seite 280). Im Hintergrund sieht man die Lower Yosemite Falls

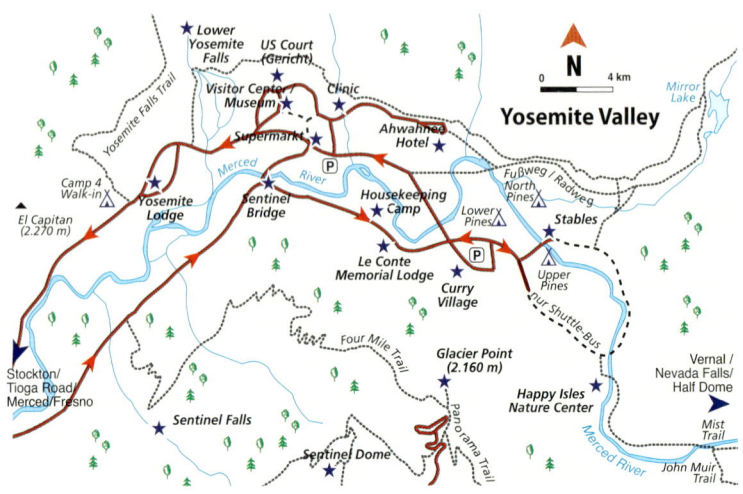

1.3.2   **Yosemite National Park** www.nps.gov/yose, www.yosemite.com

Kennzeichnung und Information

Popularität

Der über 3.000 km² großen *Yosemite* (sprich *Jo-sé-mi-ti*) ist einer der attraktivsten und gleichzeitig vielseitigsten Landschaftsparks Nordamerikas. Sein populärster Teilbereich ist das malerische, tief in das Granit der Sierra Nevada eingeschnittene *Yosemite Valley*. An manchen **Sommerwochenenden** kommt es dank der Nähe des Parks zu San Francisco und Los Angeles zu einem derartigen Andrang, dass die Einfahrt in das Tal im Laufe des Vormittags bis zum frühen Abend gesperrt wird. Auch dann ist immer noch die Einfahrt in den Park hinein bzw. die Durchfahrt über die Big Oak Flat/Tioga Road (#120) und/oder die Wawona Road (#41) möglich. Man muss aber wissen, dass sich an solchen Tagen oft ein Rückstau an den Einfahrten ergibt und auch auf den noch freien Routen die Parkplätze an *Trailheads* etc. knapp werden. Die Radiostationen der Umgebung informieren dann darüber.

Eintritt
$30/Auto
($25 Nov-Mai)
$10/Person
oder
Interagency
Jahrespass

Yosemite
Valley

Trotz durchdachter Organisation bei der **Besucherbewältigung** entsteht aber auch schon an »normalen« Sommertagen häufig der Eindruck, dass das Tal mehr Verkehr und Besucher ertragen muss, als es eigentlich verkraften kann.

Parken

Weder das (Einbahn-) Straßensystem noch die Versorgungseinrichtungen in *Curry* und *Yosemite Village* sind der Situation jederzeit voll gewachsen. An welchem Tag auch immer man den *Yosemite* ansteuert, die Fahrt ins *Valley* hinein sollte man daher am unverfehlbaren **Zentralparkplatz** südlich des *Yosemite Village* oder am Parkplatz des *Curry Village* beenden. Die Parksituation direkt im *Yosemite Village* Bereich (**Visitor Center**/Supermarkt) ist oft katastrophal. Für Leute, die nicht gut zu Fuß sind, verkehrt im Sommer kontinuierlich ein **Bus zwischen Zentralparkplatz und Besucherzentrum** (ca. 500 m).

Shuttle Busse

Von den Parkplätzen geht es ganzjährig per *Valley Shuttle* (gratis) auf einem Rundkurs zu allen wichtigen Punkten im östlichsten Teil des Tals. Die **Frequenz** (10-20 min) der 7-22 Uhr verkehrenden Busse wird dem Besucheraufkommen angepasst. Im Sommer gibt es zusätzlich den *El Capitan Shuttle* zwischen *Yosemite Village* und der Brücke über den Merced River auf Höhe der *Cathedral Beach*, die vom mächtigen Felsmonolithen *El Capitan* überragt wird (6-18 Uhr); weitere Details unter www.nps.gov/Yose/planyourvisit/upload/valleyshuttle.pdf.

Bewertung

Auch wenn einige der einführenden Hinweise etwas abschreckend wirken, gilt fürs *Yosemite Valley*, was bereits zum Park insgesamt gesagt wurde: **Das Tal ist wunderschön**, selbst wenn im Spätsommer der mäandernde **Merced River** in manchen Jahren nicht mehr ganz so glasklar erscheint wie Anfang Juli, und die Wiesen, Strände und Picknickplätzchen am Fluss dann hier und dort ziemlich »mitgenommen« wirken.

Die Eindruckskraft der schroffen **Felswände** – vor allem das Granitmassiv des *El Capitan* – und der **Wasserfälle** leidet unter den Millionen von Besuchern nicht. Wichtig ist, auf die eventuell im *Yosemite* auftauchenden Probleme vorbereitet und nicht sofort enttäuscht zu sein, sollte eine hohe Erwartung nicht sogleich Bestätigung finden. Machen sich an Tagen mit weniger Andrang die skizzierten problematischen Aspekte nicht bemerkbar oder sind weniger dramatisch, um so besser.

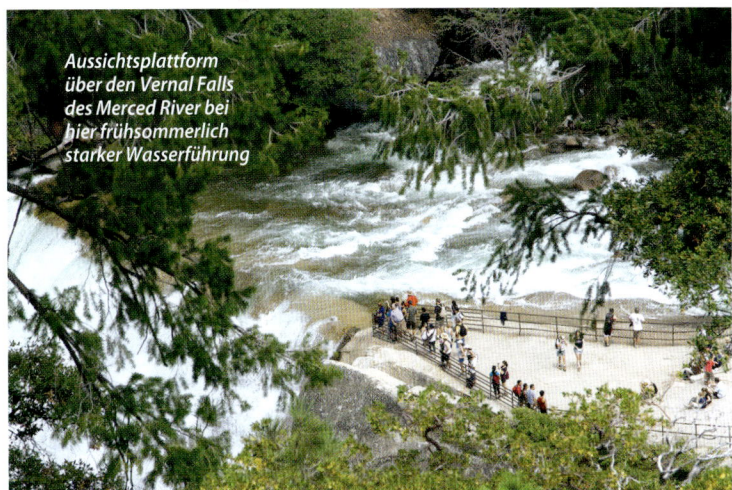

Aussichtsplattform über den Vernal Falls des Merced River bei hier frühsommerlich starker Wasserführung

Information

An jeder Einfahrt bekommen Yosemite-Besucher nicht nur die übliche **Nationalpark-Karte**, sondern auch den zeitungsähnlich aufgemachten *Yosemite Guide*. Die Zeitung enthält alle aktuellen Informationen zu Verkehrsregelungen, Transport, Unterkünften, Versorgungseinrichtungen und allen möglichen Aktivitäten. Sie erscheint alle 6-8 Wochen mit aktualisierten Details dazu und den jeweils täglich laufenden Programmen wie Führungen und Vorträgen, und enthält außerdem genaue **Karten** der verschiedenen Parkbereiche.

Im *Yosemite* gibt es mehr **Unterlagen in deutscher Sprache** als in den meisten anderen Nationalparks. Sie sind vorrätig in den **Visitor Centers** und den Einfahrten *Big Oak Flat* (Straße #120), *Arch Rock* (#140), *Tioga* (#120 Ostseite) *und* **Wawona** (#41).

Camping im Yosemite

Camping-kapazitäten

Die Popularität des Yosemite bezieht sich auch und sogar ganz besonders aufs Camping:

Von Juni bis September einschließlich darf man auf freie Plätze auf den *Campgrounds* im Tal ohne Reservierung nicht hoffen. Nur Zeltcamper haben die Chance, bei früher Ankunft am Vormittag im **Walk-in-Camp 4** *(first-come, first-served)* unterzukommen; oft ist der Platz schon um 8.30 Uhr wieder voll belegt.

Reservierung

Die Reservierung der Plätze (bis 5 Monate im Voraus) wird durch den zentralen **National Park Reservation Service** gehandhabt, ➢ Seite 123, ☎ **1-877-444-6777**, www.recreation.gov. Nähere Infos unter: www.nps.gov/yose/planyourvisit/campground.htm.

Ein Kurzfrist-**Reservation Counter** befindet sich vor Ort im **Curry Village** und an der *Tioga Road* für **Tuolumne Meadows**. Dort besteht eine kleine Chance, Plätze aus kurzfristigen Absagen und *No-Shows* zu ergattern, für 50% der *Tuolumne Meadows*-Kapazität ist eine *same-day-reservation* vorgesehen, die aber oft nur bei Ankunft morgens vor 9 Uhr klappt.

Solche »Food Locker« sind mit Vorhängeschloss bärensichere Blechkästen für alles Essbare und nebenbei eine Art Safe für Wertsachen. Sie stehen auf allen Campplätzen im Yosemite zur Verfügung

Das Zelten im Hinterland des Yosemite NP ist kostenlos, aber durch eine begrenzte Anzahl der Camping Permits pro Tag und Trail reglementiert. Damit wird u.a. sichergestellt, dass das Wildnis-Abenteuer tatsächlich eines bleibt.

- Wer im *Yosemite Valley* unterkommen möchte, muss wissen, dass die Plätze im Tal (**North Pines**, **Lower** und **Upper Pines**) durch Übernutzung ziemlich geschädigte unerfreuliche **Massen-Campgrounds** sind. Das gilt auch für das sog. *Housekeeping Camp* mit **Tent Cabins**, deren Zustand unerfreulich wirkt.

- Ebenfalls reservieren lassen sich **Hogdon Meadow** am Westeingang (Big Oak Flat), **Crane Flat** an der Abzweigung der *Tioga Road*, **Tuolumne Meadows** auf dem Tioga Plateau und **Wawona** an der Straße #41 unweit der Südeinfahrt in den Park.

Glacier Point und Tioga Road

- Viel reizvoller sind die in Reihenfolge der Ankunft – *first-come-first-served* – vergebenen Campingplätze an der *Glacier Point Road* (**Bridalveil Creek**) und im Bereich der *Tioga Road* (**White Wolfe (!)**, **Tamarack Flat** sowie **Yosemite** und **Porcupine Creek**), wobei *Tamarack* und *Yosemite* sich nicht für *Motorhomes* eignen. **Diese Plätze stehen wegen der Höhenlage nur Anfang Juni bis ca. Ende September zur Verfügung**.

Food Locker

Zu allen Stellplätzen gehören im Yosemite große, **bärensichere Food Locker**, in die Lebensmittel und anderes, was durch Geruch Bären anlockt, eingeschlossen werden müssen.

Ausweichen bei vollen Camping-plätzen

Ausweichmöglichkeiten **westlich des Parks** wurden vorstehend aufgelistet, südliche Alternativen finden sich ➢ auf Seite 444.

Östlich des Parks, insbesondere zwischen *Tioga Pass* und Mono Lake (Straße #120) gibt es mehrere am Wildwasser gelegene **Nat'l Forest** und **Regional Campgrounds**, die zumindest bis Mittag meist noch nicht voll sind. Mit Glück kommt man mit einem Campmobil auf dem Platz **Lower Lee Vining** auch am Abend auf einem Vorplatz noch unter, wenn die Stellplätze »eigentlich« belegt sind.

Bei allen Plätzen in der Höhe sollten **Zeltcamper** daran denken, dass auch dem besten Wetter selbst im Juli/August kühle, oft frostige Nächte folgen.

Gebäude des historischen Wawona Hotelkomplexes im Yosemite Park (an der gleichnamigen Straße unweit der Südeinfahrt)

Quartiere im Yosemite und im Umfeld (samt Transport)

Motels/ Hotels

Für alle Arten von festen Unterkünften von der einfachsten **Tent Cabin** im *Housekeeping Camp* über **Lodges** in Wawona und an der Tioga Road bis hin zur Luxussuite im **Ahwahnee Hotel** sind die **Yosemite Concession Services** in Fresno zuständig: ✆ **1-801-559-4884** (*Lodging*), ✆ **1-877-444-6777** (*Camping*).

Reservierung online: www.yosemitepark.com

Die Übernachtungskosten liegen von Mai bis Oktober auf hohem Niveau, ab ca. $95 für die fest aufgebauten Zeltkabinen bis über $1000 (!) pro Nacht inkl. **tax** für eine Suite im **Ahwahnee**, einem ideal gelegenen schönen Hotel im Blockhaus-Look. Selbst das Standarddoppelzimmer kostet dort im August schon $460.

Quartiere außerhalb

Die nächsten Orte **außerhalb des Parks** mit Motelkapazität sind die vorstehend behandelten Orte **Groveland** und **Mariposa**. Für **Fish Camp**, keine 2 mi vom Südeingang entfernt, und **Oakhurst** noch 12 mi weiter südlich finden sich Quartierhinweise auf den Seiten 443 und 444.

Lee Vining am Mono Lake besitzt nur eine Handvoll – ebenfalls teurer – Motels in unattraktiver Lage an der relativ stark befahrenen Straße #395 durch den Ort.

Zubringer

YARTS (**Y**osemite **A**rea **R**egional **T**ransport) betreibt einen Busservice ab **Merced** ($13 *one-way*/$25 Roundtrip), **Fresno** ($15/$30) oder **Mammoth Lakes** über Lee Vining/*Tioga Pass* ($15/$30) ins *Yosemite Valley* hinein mit vier Haltestellen im zentralen Besucherbereich; ✆ 1-877-989-2787; mehrfach täglich; Fahrpläne online unter www.yarts.com.

Merced erreicht man mit **Amtrak**-Zügen und per **Greyhound** von Los Angeles, Sacramento und San Francisco/Oakland mehrmals täglich, aber nur teilweise mit direktem Anschluss an die Busse in den *Yosemite National Park*.

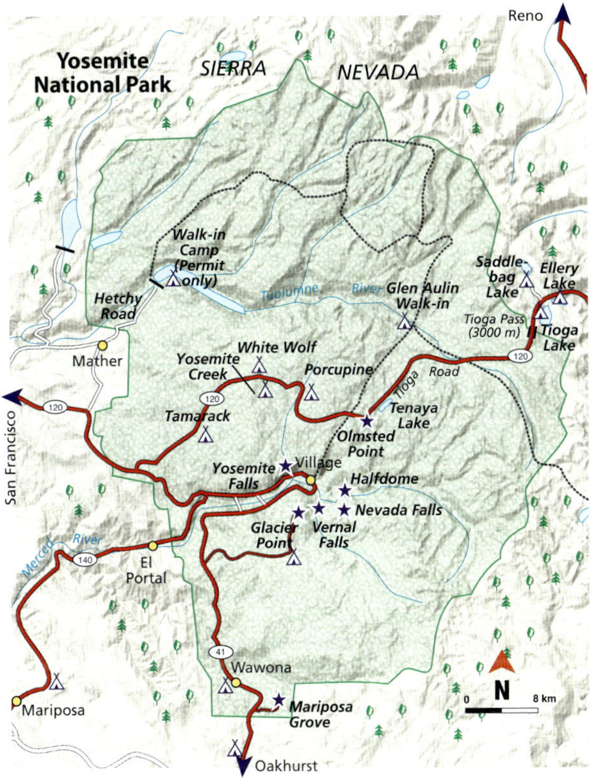

Parkbereiche und Aktivitäten

Sequoias im
Mariposa
Grove

Bei Anfahrt von Süden passiert man gleich hinter der **South Entrance Station** die 3 mi lange Stichstraße zum *Mariposa Grove* mit
zahlreichen teils bis zu 1.800 Jahre alten Riesenmammutbäumen.
Noch bis vor kurzem verkehrte ausgehend vom *Grove*-Parkplatz
eine »Gummibahn« auf einem Rundkurs zu den relativ verstreut
stehenden Sequoias. Das gesamte Areal wird derzeit jedoch komplett umgestaltet und bleibt **voraussichtlich bis 2017 für Besucher
nahezu komplett geschlossen**. Von den großflächigen Parkmöglichkeiten bei Wawona soll es zukünftig nur noch per **Shuttle Bus**
dorthin gehen (mit Zwischenhalt am Südeingang). Und zu der berühmten *Grizzly Giant Sequoia*, dem im unteren Bereich gespalte-
nen *Clothespin Tree* (➤ Foto Seite 278) oder dem *Bachelor Tree*
mit seinen drei »Grazien« gelangt man von der Endstation des Bus-
ses dann nur noch zu Fuß.

Der durch Feuer bis in 12 m Höhe ausgehöhlte, dennoch darüber intakte Clothespin Tree im Mariposa Grove in der Südostecke des Yosemite

Bewertung Mariposa Grove

Die Besichtigung der Riesenmammutbäume im *Sequoia Kings Canyon Nat'l Park* (➤ Seite 439ff) oder im *State Park Calaveras Big Trees* (➤ Seite 248) ist in jeder Beziehung weniger aufwendig, aber wenn diese beiden Parks nicht auf der geplanten Reiseroute liegen, lohnt sich auch ein Umweg in den *Mariposa Grove*, sobald dieser wieder geöffnet hat. **Sequoia-Minimalprogramm** sollte ggf. ein Spaziergang durch den leicht erreichbaren, aber weniger eindrucksvollen **Tuolumne Grove** bei *Crane Flat* an der Straße #120 sein.

Glacier Point

Auf kurvenreicher Strecke erreicht man mehrere Meilen vor dem *Yosemite Valley* die **Glacier Point Road** (Stichstraße, ca. 25 mi). Hoch über dem Tal – die Felswand fällt 1.000 m steil ab – hat man vom *Glacier Point* einen sagenhaften Blick auf Wasserfälle und Granitmassive der Sierra Nevada, insbesondere auch hinüber zur »halbierten« Felskuppel des **Half Dome**, ➤ Foto Seite 158f.

Am schönsten ist es am *Glacier Point* früh am Tage, bevor die Busse kommen (idealer **Frühstücks-/Picknickpunkt**: das Gelände vorm ersten bzw. unteren Parkplatz) oder am späten Nachmittag/frühen Abend, wenn sich Alpenglühen über die Sierra senkt. Dazu ist der im Sommer dort fast täglich stattfindende, 30-minütige **Sunset Ranger Talk** interessant.

Der *Glacier Point* ist Ausgangspunkt einiger schöner Wanderwege: Über einen nicht allzu anstrengenden Pfad (ca. 1,5 km) geht es noch knapp 300 Höhenmeter hinauf zum **Sentinel Dome**. Bei guter Kondition braucht man nicht mehr als eine gute Stunde hin und zurück. Auch während der Tageswanderung entlang des **Panorama Trail** genießt man immer wieder grandiose Ausblicke und passiert gleich etliche große Wasserfälle; Details ➢ Seite 283.

Fotospots

Zurück auf der Zufahrtsstraße ins *Yosemite Valley* sollte man im *Wawona Tunnel* aufpassen, um unmittelbar dahinter den Aussichtspunkt **Tunnel View** nicht zu versäumen. Der Blick fällt hinunter in das Tal, mit der Steilwand des *El Capitan* zur Linken und rechts stürzen die *Bridalveil Falls* von den Klippen, ➢ Foto unten.

Ein weiteres beliebtes Postkartenmotiv präsentiert sich vom **Valley View** an der Straße in der Nähe der *Bridalveil Falls*, wo sich der *El Capitan* malerisch im Merced River spiegelt.

Yosemite Valley/

Visitor Center

Im Gegensatz zu vielen anderen Nationalparks macht es im *Yosemite Park* rein verkehrstechnisch keinen besonderen Sinn, nach der Einfahrt unbedingt zuerst das **Besucherzentrum** anzusteuern (denn ausreichend Infomaterial hat man schon bei der Einfahrt erhalten). Seine Lage im *Yosemite Village* erfordert meist ein ziemlich abseitiges Parken (➢ oben). Bei klaren Wander- und anderen Plänen im Osten des Tals können Autofahrer dort ggf. besser bei der Ausfahrt halten (geöffnet 8-18 Uhr), wenn der Weg wegen der Einbahnstraßenführung im Tal ohnehin daran vorbei führt.

Museum

Einen Besuch des benachbarten **Museums** sollte man gleichzeitig mit einplanen. Die Ausstellungen zur Entstehung der Sierra Nevada und des *Yosemite Valley*, zu Geschichte, Flora und Fauna des Parks sind sehenswert. Hinter dem Museum befinden sich das **Cultural Exhibit** und rekonstruierte **Ahwahnee Indian Village** der *Miwok-Paiute*; beide enttäuschen eher.

Nachmittagsblick vom Aussichtspunkt »Tunnel View« (an der Wawona Road, ➢ oben) in das Yosemite Valley. Links das Felsmassiv des El Capitan, rechts die Bridalveil Falls

Kurze Trails

Im Tal gibt es eine ganze Reihe nicht anstrengender Spazierwege am Merced River und in der Umgebung des *Yosemite Village*. Ein schöner *Trail* dieser Art führt von den *Stables* zum langsam austrocknenden **Mirror Lake** unterhalb des *Half Dome*.

Kurze Wege, etwas westlich des zentralen Hautbetriebs, laufen von der Talstraße zu den **Lower Yosemite Falls** (ca. 600 m lang; Ausgangpunkt mit *Shuttle-Bus* erreichbar) sowie zu den **Bridalveil Falls**. Beide Wasserfälle führen im Spätsommer kaum Wasser und fallen bisweilen auch ganz trocken.

Biking

Sehr gut lässt sich das *Yosemite Valley* auch per **Fahrrad** erkunden. Die Miete ist leider (auch) teuer: ab ca. $34/Tag, *Bike Rental* im *Curry Village* und an der *Yosemite Lodge*.

Rafting

An heißen Tagen paddelt es sich herrlich im **Schlauchboot** (*Raft*) den Merced River mit der Strömung über viele Meander langsam flussabwärts. Vermietung ebenfalls im *Curry Village Recreation Center*; www.yosemitepark.com/rafting.aspx.

Reiten

Außer auf Schusters Rappen kann man bestimmte *Trails* auch hoch zu Ross angehen. **Reitställe** gibt es im *Valley*, in Wawona, *White Wolf* und *Tuolumne* (an der *Tioga Road*). Angeboten werden 2-stündige Ausflüge ($65) oder Halbtages-Trips ($89). Mit etwas Glück kommt man auch kurzfristig noch unter, speziell zu den Terminen früh am Tage (8/9 Uhr).

Alle Details zu den Reitställen und zur Vorabreservierung unter: www.yosemitepark.com/mule-horseback-rides.aspx.

Karten/ Permits

Zum Befahren der Straßen und Ablaufen der populären *Trails* genügt das bei der Einfahrt erhaltene Kartenmaterial. Genauere **Wanderkarten** sind im *Visitor Center* im *Yosemite Village* erhältlich. Dort gibt es auch die obligatorischen **Permits** für alle, die im *Backcountry* übernachten wollen. Sie werden nur in einer begrenzten Zahl pro Tag ausgegeben und können reserviert werden: ✆ **(209) 372-0740**; www.nps.gov/yose/planyourvisit/wildpermits.htm. Das führt leider dazu, dass spontane Entschlüsse für *Backcountry Trips* wegen ausgebuchter *Permits* oft nicht zu realisieren sind.

Tioga Road Bereich

Die *Tioga Road* führt über das 2.500 m hoch liegende **Plateau der Sierra Nevada**, deren faszinierende Landschaft alljährlich zahlreiche *Backcountry*-Wanderer anzieht. Während die Straße im Aufstieg durch dichten Wald führt, bietet sie nach Erreichen der Höhe **fantastische Ausblicke**, wenn sie die für die Sierra typischen, glattflächigen Felslandschaften voller rundgeschliffener Granitbrocken durchquert (vor allem im Bereich *Olmsted Point*). Dort können sich Kletterbegeisterte und Kinder auch ohne Sicherungsseile und Gerät gefahrlos austoben.

Weiter östlich erstrecken sich die ausgedehnten **Tuolumne Meadows**, ein ebenes, wildreiches Wiesen- und Waldgebiet. Im Sommer verkehrt ein **Gratis-Shuttle** halbstündlich zwischen dem Aussichtspunkt **Olmsted Point** und dem Tuolumne Lake.

Achtung Bären!!

Im Yosemite Park kommt es relativ häufig zu Begegnungen mit Bären. Hauptgrund sind Essensdüfte aus den Rucksäcken der Wanderer. Geruchs- und bärensichere **Bear Canister** kann man sich für $5 ausleihen, muss aber $65 Pfand hinterlegen. Für Übernachtwanderer sind diese Container obligatorisch.

_____ **Wanderempfehlungen**

Wanderwege
ab und ins
Yosemite
Valley

Drei konditionell etwas **anspruchsvollere Trails** mitten hinein in die Traumlandschaft der Sierra Nevada seien hier wärmstens empfohlen. Sie sind von unterschiedlicher Dauer und Schwierigkeit, aber alle innerhalb eines Tages zu schaffen, die erste Wanderung zu den *Vernal* oder/und *Nevada Falls* auch gut an einem Vor- oder Nachmittag. Die beiden ersten Vorschläge beginnen am **Happy Isles Nature Center**. Alle drei enden dort. Die **Zeitangaben** beziehen sich auf Hin- und Rückweg ohne längere Pausen:

• Den **A**ufstieg bis zu den **Nevada Falls**, mindestens aber bis zu den **Vernal Falls** sollte man sich auf keinen Fall entgehen lassen, auch wenn bis zur Brücke über den Merced River (etwa 1,5 km) an bestimmten Tagen ganze Heerscharen unterwegs sind. Oberhalb der Brücke (Aussichtspunkt auf die *Vernal Falls*) wird der Strom der Wanderer schon dünner. Mit Ziel *Nevada Falls* kann man statt dem **Vernal Falls Mist Trail** besser dem normalerweise weniger frequentierten, weiter oben verlaufenden **John Muir Trail** folgen. Zurück geht es dann am Merced River entlang über die *Vernal Falls*. Hinter beiden Wasserfällen, die zu jeder Jahreszeit ein großartiges Schauspiel bieten, befinden sich idyllische Pools, aber hinter den *Vernal Falls* gilt seit einigen Unglücksfällen »Baden verboten«.

Bär am Merced River nicht weit weg vom Vernal Falls Trail

Baden

Eine mit dem **Emerald Pool** oberhalb der *Vernal Falls* verbundene Besonderheit ist eine dahinter ansteigende Felsfläche, über die sich das Wasser in breitem Strom ergießt und eine wunderbare Rutschbahn bildet. Leider wurde das dort früher sehr beliebte Rutschen ebenso untersagt wie das Baden unterhalb davon. Wer weiter oben hinter den *Nevada Falls* im glasklaren Wasser der Bachpools zwischen den Felsen den Schweiß der anstrengenden Wanderung abspülen möchte, darf selbst dort auf keinen Fall sein Badezeug vergessen haben!

Zeitbedarf: *Vernal Falls* ca. 3 Stunden retour,

Nevada Falls ca. 4,5 Stunden.

Weiter zum Half Dome

• Ein Fußmarsch für die erstklassige Kondition ist der **Aufstieg zum Half Dome**, den alles überragenden Monolithen der südwestlichen Parkregion. Der Weg ist zunächst identisch mit dem *Nevada Falls Trail* (ca. 5 km) und erreicht nach weiteren 8 km die gerundete Rückseite der Felskuppel, die sich über einen (nur im Sommer) mit Stahlseilen gesicherten, anstrengenden Aufstieg erklimmen lässt. Bisweilen trifft man auch auf Kletterer, die den *Half Dome* an dessen Stirnseite bezwungen haben. Diese Wand ist nach dem *El Capitan* die Herausforderung für die Kletterelite.

Die **Permits** ($8) für die **Cable Route** sind begehrt. Für den Zeitraum Ende Mai bis Anfang Oktober wird der Großteil bereits Anfang April **verlost**. Teilnahme im März unter www.recreation.gov ($4,50) oder unter ℰ 1-877-444-6777 ($6,50). Der kleinere Rest, etwa 50 *day hiking permits*, wird jeweils zwei Tage im Voraus vor Ort ebenfalls verlost; www.nps.gov/yose/planyourvisit/hdpermits.htm.

Zeitbedarf: kaum unter 10 Stunden. Zwischen *Nevada Falls* und dem Halbdom befindet sich in der bewaldeten Hochebene ein **Zeltplatz** für alle, die es ruhiger angehen möchten (*Extrapermit* nötig, ➤ Seite 280). Übernachtungsgepäck erschwert andererseits den Aufstieg bis zum *Campground*.

Gänsemarsch entlang der Cable Route auf den Half Dome

Panorama Trail

- Eine spannende und abwechslungsreiche Tageswanderung beginnt am *Glacier Point* (➤ Seite 278). Der *Panorama Trail* führt mit tollem Blick auf die Sierra und ins Tal vorbei an mehreren Wasserfällen hinunter zum *Mist Trail* bzw. zur *Curry Village*. Nach rund 4 km kommt man zu den *Illilouette Falls* und gleich im Anschluss zu einem kurzen Anstieg (ca. 250 Höhenmeter). Nachdem der *Panorama Trail* in den *John Muir Trail* einmündet, eröffnet sich ein Postkartenmotiv mit den markanten Bergkuppen des *Half Dome* und **Liberty Cap** oberhalb der **Nevada Falls**. Auf einer Brücke wird der Merced River direkt oberhalb der Wasserfälle überquert und von dort geht es dann steil hinunter zu den *Vernal Falls* und ins *Yosemite Valley*.

  Für die 13,5 km *one-way* und den Höhenunterschied von 850 m werden mind. 5-7 Stunden benötigt. Start am besten bei der *Yosemite Lodge* mit dem *Glacier Point Shuttle-Bus*; Abfahrtszeiten im **Tour Desk** oder unter ✆ (209) 372-4386. Eine gute Übersicht mit kleiner Fotoshow und topografischer Karte findet sich online unter: www.everytrail.com/guide/the-panorama-trail/map.

1

Weitere Trails

- Weitere beliebte *Trails* sind der Abstieg vom **Glacier Point** direkt ins Tal über den **Four Mile Trail** *(*ca. 2 Stunden*)* und der Aufstieg zu den **Upper Yosemite Falls** *(*ca. 4-5 Stunden; *Trailhead* beim Camp 4 an der Ausfahrtstraße aus dem Tal heraus*)*. Beide sollte man aber erst in zweiter Linie in Betracht ziehen.

Wanderwege ab Tioga Road

- Vom *Porcupine Trailhead*, ca. 1,2 mi östlich des gleichnamigen Zeltplatzes, führt ein längerer Wanderweg in Richtung **North Dome** mit schönem Blick auf *Half Dome* und *Yosemite Valley* *(*ca. 14 km retour; 180 Höhenmeter*)*. Ein kurzer Seitenpfad schafft Zugang zu einem außergewöhnlichen Felsbogen, dem **Indian Rock**.

- Die *Tuolumne Meadows* sind bester Ausgangspunkt für die tolle Wanderung zum **Grand Canyon of the Tuolumne River** mit den ungewöhnlichen **Waterwheel Falls**. Die Schlucht erreicht man auf einem Teilstück des berühmten **Pacific Crest Trail** (von Mexico nach Canada) bis zum **Campplatz Glen Aulin** (ca. 10 km), von dem es weiter am Fluss entlang geht bis zu den – besonders im Juni/Juli – gischtsprühenden Wasserfällen (+ weitere 5 km). Leute mit guter Kondition können das an einem Tag durchziehen (mindestens 10 Stunden), da die Steigungen auf diesem *Trail* keine wesentliche Rolle spielen.

Blick aus exponierter Position hinüber zum Half Dome

Wie auf Seite 280 (unten) erläutert ist ein Aufstieg auf beachtliche Höhen über glatte offene Felsflächen im Bereich der Tioga Road selbst für Kinder kein Problem. Zu diesem herrlichen Ausblick auf den Tenaya Lake und die Felslandschaft des Nationalparks geht's ab Olmstead Point (an der Straße #120).

Nach Süden geht es von *Tuolumne Meadows* zu den malerischen **Cathedral Lakes**. Für den 13 km langen Rundweg zum *Upper* und *Lower Lake* benötigt man gut 4 Stunden (300 m Höhendifferenz).

Eine praktische **Übersicht aller Wanderwege** im Yosemite National-park mitsamt Beschreibung gibt es unter www.yosemitehikes.com.

Schneegefahr ab Oktober bis Mai/Juni

Bei allen Plänen für eine **Sierra Nevada Überquerung** muss beachtet werden, dass ein Teil der Straßen einschließlich der **Tioga Road** von (spätestens) November, bisweilen schon Anfang Oktober, bis weit in den Mai hinein wegen Schnee **gesperrt** ist. Aktuelle Straßenzustände im Park unter ✆ (209) 372-0200 und im Netz: www.nps.gov/yose/planyourvisit/conditions.htm

Offengehalten werden – soweit möglich – die Straßen **#88** und **#50**, natürlich auch die **Interstate 80** von Sacramento nach Reno. Schneeketten sind allerdings im Winter oft vorgeschrieben; www.dot.ca.gov.

Wetteransage mit Straßenzustandsinfo auch unter ✆ 1-800-427-7623.

1.3.3   Vom Yosemite zum Death Valley National Park

Über den Tioga Pass

Über den 3.000 m hohen *Tioga Pass* an der **Yosemite-Ostausfahrt** (Straße #120) gelangt man – vorbei an schönen *NF-Campgrounds* direkt am Tioga und Ellery Lake, ➤ Seite 275 – rasch aus der Vegetation und den gemäßigten Temperaturen der Sierra Nevada in die Trockenheit und Hitze des 1.000 m tiefer gelegenen **Mono Valley**.

Rund um den Mono Lake

Lee Vining

Die kleine Ortschaft Lee Vining am Ufer des *Mono Lake* verfügt über eine Handvoll eher einfacher Unterkünfte, die aber dank der Nähe zum *Yosemite* zur Saison (Mai-September inkl.) nicht eben billig sind. O.k. ist das **Murphey's Motel** an der #395; DZ in der Saison ab $98, ✆ 1-800-334-6316, www.murpheysyosemite.com.

Stellplätze für Zelte und *hook-ups* für Wohnmobile werden im **Mono Vista RV Park** angeboten; 57 Beavers Lane, ✆ (760) 647-6401. Rund um den See darf man auch gratis stehen (*Boondocking*).

Karten und Infomaterial über die Region gibt's im **Mono Basin National Forest Scenic Area Visitor Center** (täglich 9-16.30 Uhr) am Nordende von Lee Vining und im **Mono Lake Committee Info Center** an der Straße #395 in der Ortsmitte (täglich 8-21 Uhr).

Mono Lake

Der Mono Lake, mit 150 km² Ausdehnung weltgrößter **Kratersee**, steht seit Dekaden im Mittelpunkt heftiger Kontroversen, da sein Wasserspiegel durch **exzessive Wasserableitung für Los Angeles** 1941 bis 1982 um 15 m (!) gefallen war. Während er die Hälfte seines Volumens verlor, verdoppelte sich der Salzgehalt. Das Ökosystem stand 1994, als endlich die Wasserentnahme per Verordnung beschränkt wurde, kurz vor dem Zusammenbruch. Die Schaffung der **Mono Lake State Natural Reserve** führte mittlerweile zu Teilerfolgen: zu einem besseren Schutz des wichtigen Vogelhabitats und einem temporären Anstieg des Wasserpegels, der heute immerhin um etwa 3 m über dem historischen Tief von 1982 liegt.

South Tufas

Die Fakten klingen ernüchternd, tatsächlich erwartet den Besucher aber – aufgrund des niedrigen Wasserstands – am Südufer des Sees ein grandioses Naturszenario: zahllose freigelegte **Tuffsteinsäulen** vor der eindrucksvollen Bergkulisse der bis ins späte Frühjahr schneebedeckten Sierra Nevada. Diese hellen Kalziumkarbonatgebilde entstanden einst auf dem Grund des Sees durch Ablagerungen der hochdrängenden Quellflüsse. Zufahrt zur **South Tufa Area** 5 mi südlich von Lee Vining über die #120 in Richtung Benton; $3/Person; im Sommer mehrfach täglich geführte Touren: www.monolake.org.

Sonnenaufgang bei den South Tufas am Südufer des Mono Lake

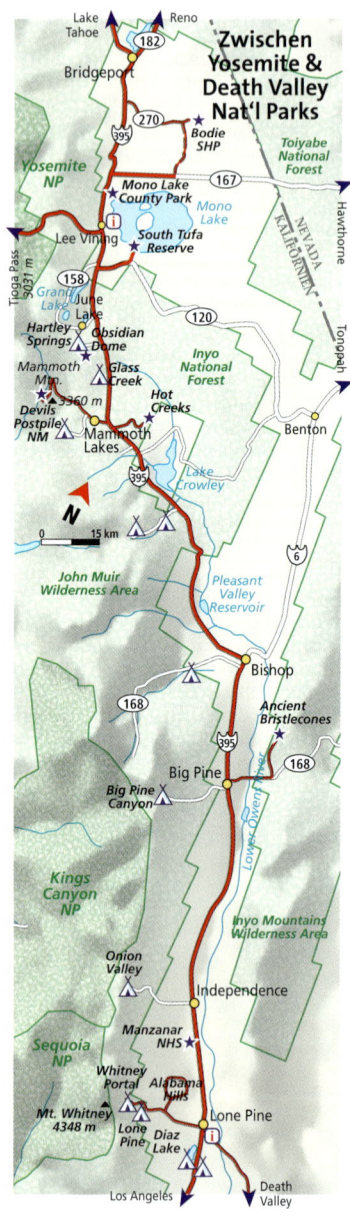

Deutlich kleiner, aber unbeschreiblich filigran sind die grauen **Sand Tufa** Skulpturen, die man etwas weiter östlich in der Umgebung der *Navy Beach* zu Gesicht bekommt und ausgehend von den *South Tufas* zu Fuß oder über eine recht sandige 4WD-Piste erreicht.

Weniger lohnend ist der Bereich um die *Old Marina* sowie der *Mono Lake County Park* im Nordwesten des Sees. Dafür kann, wer den *Bodie*-Abstecher ins Auge fasst, von dort die Straße #167 weiterfahren und am Wege noch den *Slot-Canyon*-ähnlichen **Black Point Fissures** einen Besuch abstatten (ca. 1,5 km *one-way*).

Zum Bodie State Park

Von dort sind es noch insgesamt 15 mi (zunächst 6 mi auf der Straße #167 und dann ca. 9 mi nach Norden auf der arg rauen) *Cottonwood Canyon Road* zur **Ghost Town Bodie**, einem **State Historic Park** im kargen *High Desert Country* im Grenzgebiet zu Nevada, ➢ Foto rechts.

Diese einstige *Boomtown* entstand aus einem Goldrausch in den 70er-Jahren des 19. Jahrhunderts, verlor aber seine Bevölkerung von über 10.000 nach und nach und wurde in den 1930er-Jahren ganz verlassen. Dank geringer Luftfeuchte blieben viele Gebäude und Gerätschaften relativ gut erhalten. Seit 1962 wird Bodie im vorgefundenen Zustand konserviert und ist so eine Art Mittelding zwischen echter **Geisterstadt** und einem **Living Museum**. Die Ausdehnung des Ortes und die Vielzahl der noch vorhandenen Relikte geben Bodie eine **Sonderstellung unter den Ghost Towns**. Geöffnet 8-18 Uhr im Sommer, sonst bis 16 Uhr, so nicht eingeschneit; Eintritt $5; www.parks.ca.gov/?page_id=509.

Die **Zufahrtstraße #270** nach Bodie von Westen, also von der #395 aus, ist mit Ausnahme der letzten Meilen asphaltiert. Die sind indessen oft in einem ziemlich desolaten Zustand. Speziell RV-Fahrer haben daran ebensowenig Freude wie auf der *Cottonwood Canyon Road* hinunter zum Mono Lake, ➢ oben.

Straße #395 von Lee Vining bis Lone Pine

Zur Route

Die überwiegend sehr gut (4-spurig) ausgebaute Straße #395 nutzen viele Touristen als rasche Verbindungsstrecke zwischen den Nationalparks *Yosemite* und *Death Valley*. Und tatsächlich sind die **220 mi von Lee Vining bis zur Oase Furnace Creek** mitten im *Death Valley* ja auch locker an einem Tag zu schaffen. Wer das konsequent durchzieht, fährt indessen an manchem vorbei, was einen Zwischenhalt und mehr unbedingt lohnt. Ein 3-Tage-Trip lässt sich auf diesem Abschnitt abwechslungsreich gestalten; zwei Tage wären gerade o.k.

Skigebiete

Ein Blick auf die Karte zeigt, dass nur wenig südlich von Lee Vining zwei Skigebiete liegen, **June** und **Mammoth Lakes**; beide sind gleichzeitig Sommerferienorte. Ein Hineinfahren nach June Lake ist weniger spannend, es sei denn zum Übernachten. Wer mehr Wert auf Lage und geringe Kosten legt als auf Komfort, sollte als **Campmobilist** noch ein bisschen weiter fahren.

Glasbasalt

Etwa 3 mi südlich der Abzweigung nach June Lake (Straße #158, südliche Einfahrt) führt eine *Gravel Road* (Hinweisschild an der Straße) zu einem gewaltigen *Lava Flow*, dem **Obsidian Dome**. Die dort bis zu 20 m hohen Lavaströme – großenteils aus Glasbasalt – sind sehenswert und können bestiegen werden. Die Anfahrt von der #395 auf einer Gravel Road beträgt ca. 3 mi, wobei jedoch die letzte Meile durch lichten Wald ziemlich beschwerlich wird (nicht möglich mit Campmobilen, am besten mit SUVs). An einigen Wegverzweigungen ist Platz, um den Wagen abzustellen; zur Lavaauftürmung sind es dann nur ein paar Schritte.

Campen unter Sequoias

Schon vor erster Sichtung der Lavawand zweigt die *Forest Road* 2S48 von der *Obsidian Dome Road* zum **NF-Campground Hartley Springs** scharf rechts nach Norden ab (ca. 1 mi), einem weitläufigen Platz unter jungen *Sequoia*s. Schwere **Picnic Tables** in großen Abständen definieren Stellplätze. Dixietoiletten sind der einzige Komfort. Voll ist es dort selten, die **Übernachtung gratis**.

Gut erhaltener 1920er-Jahre Truck neben einer Handpumpentankstelle in der Bodie Ghost Town, ➤ *links*

**Gratis-
camping**

Ebenfalls gratis kann man im **Bereich *Glass Creek*** campen, nur eine gute Meile weiter südlich auf der #395, von ihr ca. 300 m nach Westen auf der kurzen ***Glass Creek Road*** (Abzweigung im zur Autobahn ausgebauten Abschnitt der Straße gegenüber einer Straßenmeisterei). Dort stehen die RVs zwar etwas ungeordneter als gewohnt im kargen Waldareal, aber viel schlechter als auf den einfachen NF-Bezahlplätzen der Gegend ist das nicht.

**Mammoth
Lakes**

Etwas weiter südlich zweigt die Straße #203 nach **Mammoth Lakes** ab, einem populären Skigebiet rund um die gleichnamige weiträumig angelegte Ortschaft, das – anders als etwa der June Lake Bereich – auch im Sommer Einiges zu bieten hat.

Unterkunft

Neben einer dichten **Motel- und Hotelinfrastruktur**, die von Mai bis September oft nicht voll ausgelastet ist und dann relativ preiswert sein kann (Mittelklasse ab ca. $80; *Motel 6* darunter), gibt es eine große Restaurantauswahl. Sogar ein Jugendhotel, das ***Davison Street Guest House***, ist vorhanden, ✆ (858) 755-8648, Betten $30-$35; www.mammoth-guest.com.

»Kanadische« Impressionen in Kalifornien: Blick von der Lake Mary Road hinunter auf die verbundenen Twin Lakes

Info

Das **Mammoth Visitor Center** und gleichzeitig **Ranger Station** des *Forest Service* liegen kurz vor dem östlichen Ortseingang an der #203. Man ist dort bei Unterkunfts- und Campingfragen in guten Händen, ✆ 1-888-466-2666. Auf jeden Fall erhält man dort genaue **Karten**, die im etwas verwirrenden örtlichen Straßennetz hilfreich sind: www.visitmammoth.com.

Bergseen

Der **Sommerclou** von Mammoth Lakes besteht in den hoch über dem Ort auf mehreren Ebenen liegenden Seen, in deren Umfeld sich **große NF-Campingplätze** ($21-$23) und – an den Twin Lakes – die rustikal-komfortable **Tamarack Lodge** im Block-house-Stil befinden; Studios ab $169, www.tamaracklodge.com.

Zufahrt ist die **Lake Mary Road** in Verlängerung der Main Street, über die man in die Stadt einfährt (Straße #203). Von ihr zweigt die **Twin Lakes Road** ab, die weiter oben wieder auf die Lake Mary Road zurückführt. Sowohl die Twin Lakes, die über Mammoth Creek und *Twin Falls* von den höher gelegenen Seen gespeist werden, wie auch die obere Seenplatte sind den Abstecher wert. Am **Lake Mary**, dem größten der Seen, kann man Kayaks, Tret- und Motorboote leihen, ➢ unter http://pokonoberesort.com. In keinem der (ohnehin meist kalten) Seen darf geschwommen werden.

Horseshoe Lake

Mit dem Ende der Lake Mary Road erreicht man den **Horseshoe Lake** bzw. das, was davon übrig blieb. Sein Wasserstand reicht nur noch für einen besseren Teich. Sein früheres Ostufer wird von Baumskeletten gesäumt. Sie sind Opfer anhaltender vulkanischer Aktivität mit CO_2-Emissionen durch den porösen Boden.

Mammoth Mountain

Am höchsten Punkt der zum Hauptskigebiet führenden **Minaret Road** befindet sich die Talstation der Seilbahn auf den ortsnamengebenden Gipfel **Mammoth Mountain**. Die »*Scenic Gondolas*« überwinden immerhin 600 Höhenmeter und enden auf 3.360 m Höhe ($25, Jugendliche ab 13 Jahre $20 *one-way*). Wer ein Kombiticket »Auffahrt + Einfachlunch« (im *Eleven53 Cafe* ganz oben) kauft, bezahlt nur wenig mehr: $32/$26; aktuelle Zeiten unter ✆ 1-800-626-6684; www.mammothmountain.com/.

Trails & Bike Park

Zurück von oben führt ein **Wanderweg** mit Verzweigungen auf halber Höhe. Der absolute Clou ist jedoch der **Mammoth Mountain Bike Park**, das neben der Region *Slick Rock* bei Moab/Utah zweite **Bikerparadies** des US-Westens, hier aber nicht über nackten Fels, sondern auf angelegten Pisten durch karge Gipfelvegetation und Bergwald. Der Mammoth Mountain wurde überzogen mit einem Netz von **Bike Tracks** (mittlerweile 80 mi Länge), die es teilweise dank eingebauter Schikanen in sich haben. Aber auch einfachere Wege für Anfänger sind vorhanden. Wen das interessiert, der sollte sich mal die eindrucksvolle Karte des *Bike Park* anschauen: www.mammothmountain.com/summer/bike-park/bike-park-trail-map.

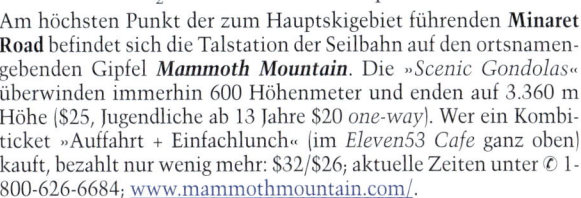

Säulenbasalt im Devil's Postpile NM

Bike Rental
Sowohl in *Bike Shops* im Ort Mammoth Lakes als auch an der Talstation der Gondeln (***Adventure Center***) lässt sich die Ausrüstung für den Bikespaß mieten. Außerdem benötigt man einen **Bike Pass** für die Nutzung der *Trails*, den man in Kombination mit der Auffahrt erwerben kann. Es gibt aber auch *free ride*-Wege.

Devils Postpile NM/ Shuttle
Die Fortführung der Minaret Road führt steil hinab zum **Devils Postpile National Monument**. Sie ist von etwa Mitte Juni bis *Labor Day* für den allgemeinen Verkehr gesperrt. Ein **Shuttle Bus** (**$7, Kinder $4**) befördert die Besucher ins Tal zu den Ausgangspunkten der Wege zum *Devils Postpile* und den *Rainbow Falls*.

Camping

Ausgenommen von der *Shuttlebus*-Pflicht sind Camper sowie alle, die die Strecke zwischen 19 Uhr und 7 Uhr morgens befahren. Die $10 *Transportation Fee*/Fahrzeug inkl. der Insassen müssen aber immer bezahlt werden! Eine Reservierung für einen der schönen **NF-** oder **NM-Campgrounds** im Tal ($20) gibt's auf *first-come, first-served* Basis in der *Ranger Station* sowie an der Kontrollstation hinter dem Seilbahn-Parkplatz; www.nps.gov/depo.

Säulenbasalt
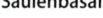

Der **Devils Postpile** ist ein pittoresker geologischer Aufschluss aus Säulenbasalt, ➢ Foto oben. Oberhalb der Säulen läuft man über deren Enden, die – wie auf einem gefliesten Boden – Flächen regelmäßig geformter Sechsecke bilden. Der Fußweg von der Bushaltestelle zum *Postpile* beträgt nur ca. 600 m, so dass man für den Besuch inklusive Ersteigung des »Scheiterhaufens« maximal eine Stunde benötigt. Mitten durch das NM führen auf hier identischer Trasse der *John Muir* und *Pacific Crest Trail*.

Rainbow Falls

Der weiter zu den **Rainbow Falls** führende *Trail* (ca. plus 6 km retour) lohnt nur bedingt. Die Fälle sind nicht sensationell, aber der Weg ist hübsch und kann bei Start am *Rainbow Falls Trailhead* auf 2 km *one-way* verkürzt werden (der Shuttlebus verkehrt vom Stop am NM noch weiter bis dort bzw. bis *Reds Meadow Resort*). Am Wege passiert er den **Campground Reds Meadow** mit von heißen Quellen gespeisten Duschen.

Hot Tubs

Beliebt zu jeder Jahreszeit sind in der Gegend südlich von Mammoth Lakes sogenannte *Hot Tubs*, von heißem Quellwasser gespeiste, teils künstlich geschaffene oder natürliche kleine Pools, in denen mehrere Personen gleichzeitig Platz nehmen können. Den *Hill Top Tub* erreicht man über die Benton Crossing Road, die gleich südlich des Flugplatzes von Mammoth von der #395 nach Osten abzweigt (Wegweisung »Owens River«). Nach ziemlich genau 3,9 mi geht es 300 m nach links auf eine kurze Schotterpiste (ohne Hinweis- oder Straßenschild), an deren Ende man parken kann. Dort beginnt ein eigens angelegter *Walkway* (etwa 400 m) zu einem ausgemauerten Mini-Heißwasserpool mit Temperaturen von ca. 42°C+, der mit 4-5 Personen schon voll ist. Ohne Schnee ist das Landschaftsbild dort aber weniger ansprechend.

*Relaxen im Hill Top Tub im Owens
Valley südlich von Mammoth Lakes*

Bishop

Zentralort des Owens River Valley östlich der Sierra Nevada ist **Bishop**, ein Städtchen von nicht einmal 4.000 Einwohnern. Sieht man ab von *Erick Schat's Bakery* (neben dem *Creekside Inn*) mit guten, aber recht teuren Kuchen- und Brotspezialitäten (Filiale in Mammoth Lakes), einigen großen Fassadengemälden (*Murals*) im Zentralbereich und der *Mountain Light Gallery* in der 106 South Main Street (Ecke Straße #168) mit Bildern des Naturfotografen *Galen Rowell* (www.mountainlight.com), gibt es dort keine nennenswerten Sehenswürdigkeiten; www.bishopvisitor.com.

Eisenbahnmuseum

Ca. 5 mi nordöstlich von Bishop (Straße #6) stehen auf einem alten stillgelegten Schienenstrang eine Dampflok mit ein paar Waggons plus ein Triebwagen und drumherum die Bretterbuden einer »*Old West Town*« in *Laws Railroad Museum*; www.lawsmuseum.org. Ein sinnvoller Abstecher nur für Fans und Reisende mit viel Zeit.

Unterkunft

Bishop bietet durchreisenden Touristen aber die weit und breit einzige komplette **Versorgungsinfrastruktur** (Supermarkt, *Fast Food*, Banken etc.). Die *Motels* in Bishop gehören überwiegend zu den großen Ketten und liegen an der Straße #395 durch den Ort. Die untere Mittelklasse kostet um $100 (*Vagabond Inn*, *La Quinta*, *BW*).

Hotel-
Highlight
Creekside
Inn in Bishop

Tipp

Wer $40-$50 mehr ausgeben mag, bucht in Bishop das ***Creekside Inn*** und kommt damit zwei Klassen besser unter. Besonders gilt das für die Zimmer mit Blick auf den durch das Gelände fließenden Bach samt Grünanlage (Zimmer mit Balkon/Terrasse explizit buchbar); ✆ (760) 872-3044, www.bishopcreeksideinn.com.

Red Rock Canyon

Eine rote Felslandschaft würde man kaum in den ***White Mountains*** erwarten. Doch im *Volcanic Tableland* nördlich von Bishop mit eben dieser Bezeichnung verbirgt sich ein attraktiver ***Red Rock Canyon***, der mit seinen zahllosen Felslöchern und -bögen sogar entfernt an das *Valley of Fire* (➤ Seite 573f) in Nevada erinnert. Die Fahrt dorthin ist etwas abenteuerlich und beginnt an der Straße #6 knapp 19 mi nördlich von Bishop. Die ausgeschilderte ***Chidago Canyon Road*** (im wesentlichen Pkw-tauglich) läuft – nach sechs holprigen Meilen – durch eine enge Schlucht überwiegend roten Gesteins.

Ancient Bristlecone Pine Forest

Uralte, knorrige Grannenkiefern sind die sensationellen, wenn auch optisch eher schlichten Naturwunder im ***Ancient Bristlecone Pine Forest***. Die Zufahrt zu diesem Hain erfolgt zunächst über die Straße #168 (nördlich des Dorfes Big Pine Abzweig von der #395 nach Osten). Nach 13 mi geht es links auf der *White Mountain Road* noch einmal kurvenreiche, immerhin aber asphaltierte 10 Meilen weiter bis zum ***Visitor Center Schulman Grove*** des *Pine Forest* auf bereits 3.000 m Höhe. ***Nature Trails*** führen dort zu Uraltkiefern, darunter der Rekordhalter unter ihnen, der »***Methuselah***«, für den man ein Alter von ca. 4.750 Jahren errechnet hat; www.fs.fed.us/r5/inyo.

Zusätzliche 12 Meilen und 400 Höhenmeter sind es auf holpriger Schotterpiste bis zum Standort weiterer Grannenkiefern aus grauer Vorzeit im *Patriarch Grove*.

Etwa 5 mi unterhalb des Besucherzentrums passiert man den ***NF-Einfachcampground Grand View*** (2.600 m, auch im Sommer oft nachts eisig kalt!) mit einem – dank weiträumig abwesender »Lichtverseuchung« – sagenhaften Sternenhimmel (nur ca. Mitte Mai bis November).

Independence

Die Kreishauptstadt Independence ist nur ein kleiner Flecken (ca. 600 Einwohner) zwischen Bishop und Lone Pine 40 mi südlich von Bishop. Sie besitzt mit dem ***Winnedumah B&B Hotel***, in dem früher Filmstars abstiegen, die in den nahen *Alabama Hills* (➤ unten) Western drehten, eine »historische« Unterkunft. Sie war in der Saison 2015 geschlossen, soll aber nach Renovierung neu eröffnet werden; www.winnedumah.com/reservations.html.

Manzanar NHS

Etwa auf halbem Weg zwischen Independence und Lone Pine liegt westlich der #395 der erst im neuen Jahrtausend, also rund 60 Jahre nach dem 2. Weltkrieg errichtete ***National Historic Site Manzanar***. Es handelte sich um ein riesiges **Internierungslager** (*War Relocation Center*) für japanischstämmige Amerikaner, das nach dem Angriff auf Pearl Harbor im damals fast menschenleeren *Owens River Valley* im Oktober 1942 aufgebaut und erst nach der Kapitulation Japans geschlossen wurde. Auf einer 3-mi-Rundfahrt mit Erläuterungspunkten kann man zwar die frühere Ausdehnung erfassen, gleichwohl gibt es nicht ganz viel zu sehen.

Mehrere tausend Jahre alte, nur scheinbar abgestorbene Bristlecone Pine (➤ links)

Die einstige Lagerschule beherbergt ein ***Visitor Center*** mit einer ausführlichen Dokumentation samt zahlreicher Fotos bekannter Fotografen (so u. a. *Ansel Adams*). Ein 20-min-Film zeigt Hintergründe und Lagerleben in *Manzanar*, das mit über 500 in Reih und Glied gebauten Baracken, Stacheldrahtzäunen und Wachttürmen bestand. Geöffnet täglich, *Visitor Center* 9-17.30/16.30 Uhr im Sommer/Winter; eintrittsfrei; www.nps.gov/manz.

Lone Pine

Lone Pine, einwohnermäßig nur halb so groß wie Bishop, spielt eine wichtige Rolle für den immer stärker werdenden ***Mount Whitney*-Tourismus**. Dennoch ist die Versorgungsinfrastruktur dort – wohl wegen der sehr kurzen Saison von Mitte Juni bis Mitte September – eher dürftig und teuer. Alles Wichtige zu Lone Pine findet sich schön sauber aufgelistet unter www.lonepinechamber.org.

Wer in Lone Pine übernachten möchte, findet mit dem

- **Best Western Plus** etwas südlich des Ortes ein gutes Haus der Mittelklasse; ab ca. $110.

Im Ort gibt es nur ein paar Einfach-Motels und das bessere

- **Dow Villa Motel** ($115). Das historischen **Dow Hotel** gleich nebenan (ab $87) vermittelt einen Rest von Wildwest-Flair. Für beide gilt: ☎ 1-800-824-9317; www.dowvillamotel.com.

Camping

Ein großer ruhiger, während der Woche in der Regel nicht voller einfacher **Campground** des *Inyo County* befindet sich am

- **Diaz Lake** 3 mi südlich des Ortes, keine *hook-ups* oder Duschen, *first-come, first-served*; $14; www.inyocountycamping.com.

Nur wenig weiter wartet unmittelbar an der #395 das

- **Boulder Creek RV Resort** mit *Pool* und und den üblichen Einrichtungen für RVs auf komfortbewusstere Gäste; $40; ☎ (760) 876-4243; www.bouldercreekrvresort.com.

Alabama Hills

Eine tolle Angelegenheit sind die **Alabama Hills**, unmittelbar westlich der Stadt. Einmalig abgerundete Felsen in tausenderlei Formen und Zusammensetzungen bilden dort charakteristische Hügel, die zahlreichen Western/Filmen als Kulisse dienten. Mitten durch diese Landschaft führt die **Movie Road**, die etwa 2,5 mi westlich Lone Pine von der *Whitney Portal Road* abzweigt. Es genügt, die holprige Schotterstraße samt einiger Verzweigungen 2-3 mi hineinzufahren. Dabei entdeckt man automatisch sensationelle Formationen und Fotomotive, dazu im Hintergrund die schneebedeckten Zacken der *High Sierra*. Das **Klettern** in den Felsen ist wegen ihrer extrem rauen Struktur leicht, kann aber deshalb auch ein ziemlich hautabschürfendes Unterfangen sein, also Vorsicht.

Auf einem verschlungenen Sandwegnetz kann man kreuz und quer durch das Felslabyrinth der Alabama Hills kurven, großenteils durchaus mit Pkw. Aber Achtung: Etwaige Schäden zahlt keine Versicherung.

Durch den Whitney Portal Arch schaut man direkt auf den Mount Whitney in der Ferne

Die Felsbögen der Alabama Hills

Wind, Wasser und Eis leisteten zu Füßen der Sierra Nevada in den Alabama Hills ganze Arbeit. Eine Vielzahl an Granitbrocken wurde dort auf beeindruckende Art und Weise aufgesprengt oder ausgehöhlt. Über 300 natürliche Felsbögen und -öffnungen sollen es sein, die meisten kaum einen Meter breit, andere mit durchaus beachtlichen Spannweiten. Nicht selten befinden sie sich ganz in der Nähe der Fahrwege durch das Gebiet und dennoch gut verborgen im steinernen Labyrinth.

Ein besonders schönes Exemplar ist der **Whitney Portal Arch**, der sich mit einem ca. 2 m breiten »Fenster« wie eine falsche Häuserfassade aus der Umgebung erhebt. Der (nicht ausgeschilderte) Parkplatz für die kurze Wanderung dorthin (ca. 2 km retour) befindet sich rechter Hand der *Whitney Portal Road*, 5,3 mi von der Straße #395 entfernt. Ohne GPS-Gerät ist dieser Arch aber leider alles andere als leicht zu finden (36°35'43''N, 118°09'11''W).

Die Mehrzahl der Felsbögen gibt es entlang der **Movie Road** (➤ links) zu sehen, einer bei Trockenheit durchaus Pkw-tauglichen Staubpiste. Auf ihr erreicht man nach ca. 1,5 mi den Parkplatz zum **Alabama Hills** bzw. **Mobius Arch** (ca. 400 m *one-way*, gut markiert). Unmittelbar neben diesem viel fotografierten Felsbogen befindet sich der leicht zu übersehende **Lathe Arch** und etwas weiter östlich an der *Movie Road* dann noch der treffend benannte **Heart Arch** sowie das **Eye of Alabama**. Faszinierend schön, aber wiederum gut zwischen den Felsen verborgen liegt der **Cyclop's Skull Arch**, ein knapp 7 m hoher Gesteinsbrocken mit gleich vier Felsöffnungen (36°37'48''N, 118°08'07''W).

Die Alabama Hills sind ein echter Geheimtipp abseits der großen Touristenpfade und ein wunderbarer **Abenteuerplatz für Groß und Klein**!

Weiterführende Informationen zu den oben genannten Felsbögen im Internet unter www.isaczermak.com/california-alabama-hills-arches.html

Information

Eine spezielle *Movie Location Map* und alles, was man über die hier gedrehten Filme wissen möchte, gibt's im Büro der *Chamber of Commerce* (120 South Main St; Mo-Fr 8.30-4.30 Uhr). Dort hat man auch ein Büchlein »*On Location in Lone Pine*« mit noch mehr Details. Gute Broschüre online unter: http://lonepinefilmhistory museum.org/images/stories/movie_road_tour_brochure.pdf.

Viele der einstigen Stars haben sich per Schnitzmesser in der Tür des *Lone Pine Indian Trading Post* verewigt (137 S Main Street).

**Film
Museum**

Ein *Museum of Film History* mit *Wild West Movie Theater* ist auch vorhanden (am Südende des Ortes). Es hält mit alten Filmplakaten, jeder Menge Fotos der Celluloid-Cowboys und Film-utensilien die Erinnerung an die große Zeit der Drehs in den *Alabama Hills* wach; http://lonepinefilmhistorymuseum.org.

**Mount
Whitney**

Von Lone Pine aus kann man sich auf der *Whitney Portal Road* bis auf wenige Meilen dem 4.418 m hohen *Mount Whitney* nähern, dem höchsten, auch im Sommer schneebedeckten Gipfel der USA (ohne Alaska). Die ca. 13 mi von Lone Pine bis zum Ausgangspunkt des Gipfeltrails sind auf der bis oben asphaltierten **Portal Road** in 30 min bewältigt.

**Whitney
Portal**

Am Ende befinden sich der im Sommer meist voll besetzte *NF-Campground Whitney Portal* und eine herrliche *Picnic Area* am obersten Parkplatz (ganz durchfahren bis Straßenende). Ein rauer, schöner *Trail* am Wildbach entlang verbindet beides (20 min). An gut besuchten Tagen gibt es jedoch Parkprobleme. Speziell Sommerwochenenden eignen sich weniger für den Abstecher.

Wer in diesem Bereich gern campen würde, aber oben nicht unterkommt, ist mit den *NF-Campgrounds Lone Pine* (traumhafte Lage!) und *Turtle Creek* am Fuße der Sierra sogar besser bedient.

Campareal mit Holzherd und Feuerstelle+Grillrost auf dem NF-Campground Lone Pine am Fuß der Sierra Nevada

> Portal Road in Richtung Mount Whitney
> gute 10 mi von Lone Pine entfernt und
> fast 1000 m höher.

Gipfeltrail

Der Gipfel des **Mount Whitney** ist vom Startpunkt etwa 18 km entfernt und als Tagesmarsch auf extrem geröllligen und steilen Pfaden retour nicht zu schaffen. En Route liegen einige *Camps*. Für den Gipfelsturm benötigt man ein **Permit**, das in der **NF-Ranger Station** in Lone Pine (! gegenüber dem unübersehbaren *Film History Museum*) vergeben wird. Ohne *Permit* darf nur eine – durchaus erwägenswerte – Teilstrecke im unteren Bereich ohne Übernachtung abgelaufen werden.

Eine echte Alternative ist der **4-mi-Trail** vom Campingplatz *Lone Pine* hinauf zum *Mount Whitney Trailhead* bzw. als prima Light-Version von dort hinunter für alle, die den *one-way*-Transport organisieren können.

Zum Death Valley

Von Lone Pine zum *Death Valley* geht es auf den **Straßen #136/ #190** durch eine scheinbar endlose Einsamkeit.

Infomaterial und aktuelle Hinweise vorab hat das **Interagency Visitor Center** an der Abzweigung der #136 von der #395.

Weiter nach Las Vegas im Sommer

Im Sommer durch die Backofenhitze des *Death Valley* zu fahren, ist nicht jedermanns Sache und mit gemieteten Campmobilen sogar unzulässig. In beiden Fällen bleibt nichts anderes übrig, als den Nationalpark über Ridgecrest zu umgehen und Barstow an der I-15 anzupeilen (➤ Seite 448; ca. 70 Mehrmeilen nach Las Vegas gegenüber Death Valley-Route). Die 155-mi-Strecke ist bis Barstow eintönig und bietet keine Abwechslung, sieht man von den **Trona Pinnacles** 20 mi östlich von Ridgecrest ab, Tuffstcinge-bilden ähnlich denen am Mono Lake. Mehr dazu auf ➤ Seite 429.

1.3.4   Death Valley National Park   www.nps.gov/deva

Parkinfos, Unterkunft und Camping

Anfahrt von Westen

Eintritt $20/Auto $10/Person oder Interagency Jahrespass

Wer von Westen ins *Death Valley* kommt, durchquert auf den **Straßen #136** und **#190** eine scheinbar endlose Einsamkeit und mehrere Höhenzüge (über 1500 m auf und ab) voll sagenhafter Formationen im Blickfeld. Es sind die bis zu 3.368 m hohen *Panamint Mountains* im Westen und die gewaltige *Amargosa Range* im Osten, die Niederschläge fern halten und das »Tal des Todes« zu einem der trockensten Gebiete der Erde machen.

Die Sommer sind glühend heiß: Von Juni bis September über 40°C im Tagesdurchschnitt (bisweilen über 50°C!) und selbst nachts kühlt die Luft dann kaum ab. Annehmbare bzw. angenehmere Temperaturen herrschen indessen von Oktober bis April.

Durchfahrt

Die meisten Camper-Verleiher untersagen wegen der Hitze und der endlosen Steigungen bei der Ausfahrt über die #190 in beide Richtungen Mai-September Fahrten ins *Death Valley*. Ob nun im Campmobil oder Pkw, vor einer Fahrt ins *Death Valley* im Sommer sollte man **Kühlwasser, Ölstand sowie Sitz des Keilriemens checken**. Im Fall einer Panne bei großer Hitze darf man nicht versuchen, zu Fuß Hilfe zu holen, sondern sollte am Auto warten. Eine gute Idee sind reichliche Vorräte an Trinkbarem und ein voller Tank. Bei Anfahrt von Westen, unbedingt **in Lone Pine tanken**, denn die nächste und einzige Tankstelle vor Stovepipe Wells in Panamint Springs ist teuer, auch schon mal geschlossen oder sogar *»out of gas«*.

Information

Das ***Visitor Center*** in der Oase ***Furnace Creek*** (60 m unter NN) informiert über die geologischen Ursprünge des Tals und den Artenreichtum von Flora und Fauna in scheinbarer Leere, täglich 8-17 Uhr, im Sommer 9-18 Uhr. Im Besucherzentrum ist auch der Eintritt für alle fällig, die noch nicht an den Einfahrten gezahlt haben.

Infos zu aktuellen Straßenzuständen gibt es dort sowie auf der Facebook-Seite www.facebook.com/DeathValleyRoadConditions.

Unterkunft/ Camping im Tal

• Die ***Furnace Creek Ranch Lodge*** verfügt über komfortable Zimmer mit Terrassen/Balkons in mehreren um Rasenflächen gruppierten Gebäuden (400er-, 500er- und 600er-Zimmernummern am besten; ab ca. $169), einen von warmen Quellen gespeisten ***Pool*** (für externe Besucher gegen Gebühr), *Steakhouse,*

Großer Warmwasserpool ausgerechnet im heißen Death Valley; im Winter aber eine willkommene Bademöglichkeit

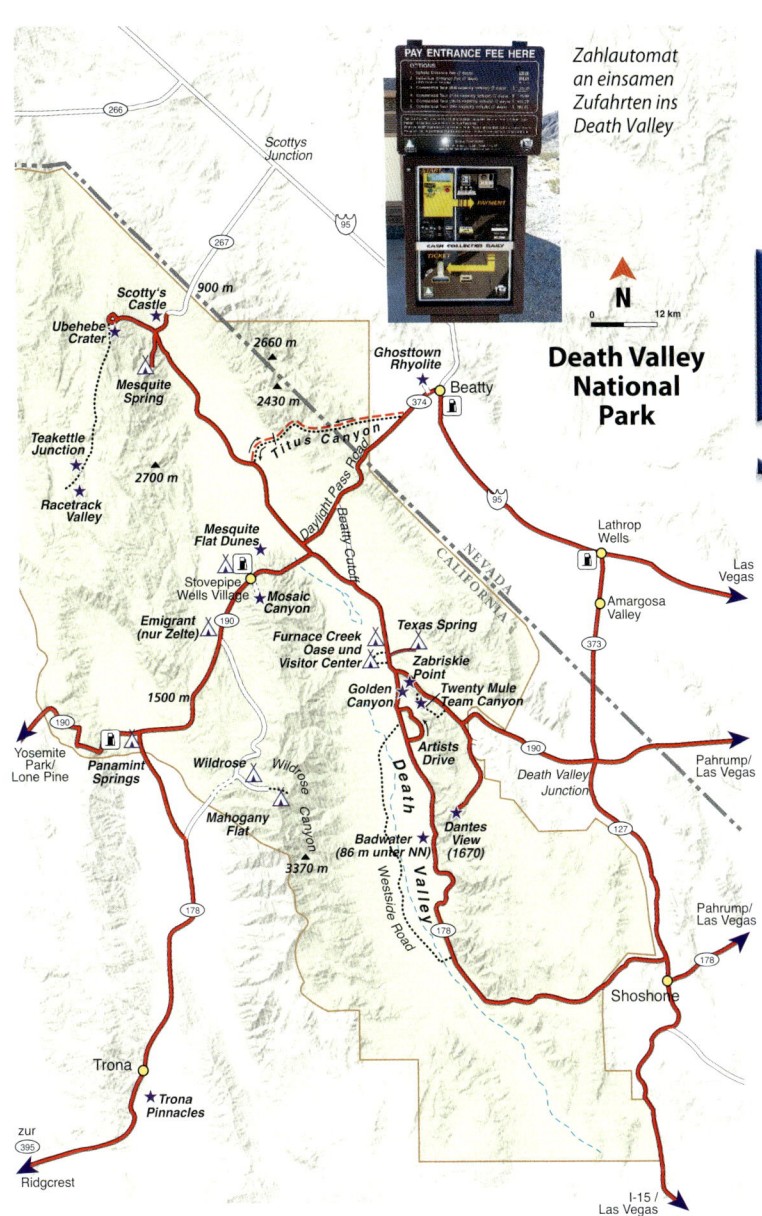

Zahlautomat
an einsamen
Zufahrten ins
Death Valley

PAY ENTRANCE FEE HERE

Death Valley National Park

N

0   12 km

Scottys Junction

Scotty's Castle

Ubehebe Crater

Mesquite Spring

Teakettle Junction

Racetrack Valley

Ghosttown Rhyolite

Beatty

Titus Canyon

Daylight Pass Road

Beatty Cutoff

NEVADA

CALIFORNIA

Lathrop Wells

Amargosa Valley

Las Vegas

Mesquite Flat Dunes

Stovepipe Wells Village

Mosaic Canyon

Emigrant (nur Zelte)

Furnace Creek Oase und Visitor Center

Texas Spring

Zabriskie Point

Golden Canyon

Twenty Mule Team Canyon

Artists Drive

Death Valley Junction

Yosemite Park/ Lone Pine

Panamint Springs

Wildrose

Wildrose Canyon

Mahogany Flat

Death Valley

Badwater (86 m unter NN)

Dantes View (1670)

Westside Road

Pahrump/ Las Vegas

Pahrump/ Las Vegas

Shoshone

Trona

Trona Pinnacles

zur

Ridgcrest

I-15 / Las Vegas

900 m

2660 m

2430 m

2700 m

1500 m

3370 m

Furnace Creek Ranch: Terrassen mit hohen Schaukelstühlen und Blick auf gepflegtes Grün. Wo sonst gibt's das im US-Südwesten?

Saloon und kleines Café. Auch ein recht unattraktiver kleiner **RV-Campground** befindet sich auf dem Gelände; *full hook-up* kostet im Sommerhalbjahr $38, Stellplatz ohne Anschluss $17.

• Die Luxusunterkunft **Furnace Creek Inn** nahe dem Straßendreieck #190/#178 hat Zimmer ab ca. $380 inkl. *resort fee*.

Reservierung für Zimmer/Stellplätze in beiden Komplexen unter ✆ 1-800-236-7916 bzw. www.furnacecreekresort.com.

• Die Einfahrt zum ganzjährig geöffneten **Campingplatz Furnace Creek** des *Nat'l Park Service* liegt eine halbe Meile nördlich gleich hinter dem *Visitor Center* und ist gut und großzügig angelegt mit asphaltierten RV-Plätzen samt *hook-up* und WC-Häuschen (keine Duschen, aber immerhin fließend Wasser; Duschen kostet $5 im *Furnace Creek Resort*, ➢ Seite 298). Die Mehrheit der 136 Plätze ist ohne Anschluss, nur ein Teil davon schattig für Zelter. Tarife im *Self Registration*-Verfahren $18, Sommer $12: *hook-up* plus $12. Reservierung über www.recreation.gov (Mitte April-Mitte Oktober *first-come-first served*).

• Von Mitte Oktober bis Mitte April werden zusätzlich die Einfachstcampgrounds *Texas Springs* und *Sunset* (90 bzw. 270 Stellplätze) aktiviert; dort ebenfalls nur WC und Wasser, keine Duschen; $12-$14 auf Basis *first-come-first served*

• Weitere Übernachtungsmöglichkeiten gibt es in **Stovepipe Wells**: DZ im **Motel** ab $120 sowie *full hook-ups* im kleinen **RV Park** nebenan $33; ✆ (760) 786-2387, www.deathvalleyhotels.com. Der große **Einfachplatz** des *National Park Service* ist auch dort nur während der Wintermonate geöffnet; 190 Stellplätze auf der Basis *first-come, first-served*; $12. Camper können gegen Gebühr Pool und Duschen des Motels benutzen.

Unterkunft/ Camping in höheren Lagen

• Eine Option wäre eine Übernachtung in **Panamint Springs**. Der kleine Komplex aus **Restaurant**, **Motel** (gute *Cottages*), **Campground** und **Tankstelle** liegt zwischen zwei Passhöhen an der Straße #190 im Westteil des Parks. Dort ist es wegen der Höhe bei weitem nicht so heiß wie im zentralen Teil, aber (auch abends)

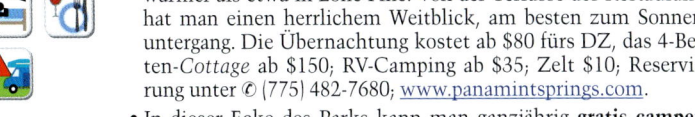

wärmer als etwa in Lone Pine. Von der Terrasse des Restaurants hat man einen herrlichem Weitblick, am besten zum Sonnenuntergang. Die Übernachtung kostet ab $80 fürs DZ, das 4-Betten-*Cottage* ab $150; RV-Camping ab $35; Zelt $10; Reservierung unter © (775) 482-7680; www.panamintsprings.com.

- In dieser Ecke des Parks kann man ganzjährig **gratis campen**, und zwar an der #190 bei ***Emigrant Junction*** (nur Zelte) bzw. auf den Plätzchen im Bereich ***Wildrose Canyon*** an der Emigrant Canyon Road; primitiv, aber Wasser vorhanden.
- Ebenfalls kostenlos sind die Einfach-***Campgrounds Thorndike*** und ***Mahogany Flat*** in einem Wacholderbaumwäldchen hoch oben in den Bergen auf 2.500 m, ca. 30 mi von der #190 entfernt. Die letzten 2 Meilen hinter den *Charcoal Kilns* (10 gut erhaltene, bienenkorbförmige Brennöfen, die im späten 19. Jahrhundert für kurze Zeit zur Herstellung von Holzkohle dienten) sind aber oft nur mit 4WD-Fahrzeugen zu bewältigen.

Anlaufpunkte

Stovepipe Wells

Bei Anfahrt von Westen (Lone Pine) auf der #190 ist erster Anlaufpunkt im Tal **Stovepipe Wells** (➢ vorstehend »Unterkunft«). Außer dem Motel und Campmöglichkeit gibt's dort auch noch einen *General Store*, Restaurant und *Saloon*.

Mosaic Canyon

Eine 2,5 mi-Schotterpiste (gut befahrbar) führt von Stovepipe Wells nach Süden zum ***Mosaic Canyon***, einer im Verlauf enger werdenden Schlucht, die sich nach ca. 1 km (*Trail* ab Parkplatz) weitet und den Blick auf Felsformationen unterschiedlichster Färbung freigibt. Der Weg verengt sich danach wieder und läuft noch 2 km weiter bis zum Umkehrpunkt unterhalb eines Felsabsatzes. Ihre Bezeichnung erhielt die Schlucht wegen mosaikartig zusammengesetzter Steine in erodierten Flächen weicheren Untergrunds. Die »Mosaike« finden sich bereits eingangs des Canyon ein paar hundert Metter vom Parkplatz entfernt. Ein lohnenswerter kleiner Ausflug.

Mesquite Sand Dunes

Zwischen Stovepipe Wells und dem Straßendreieck #190/#267 erstrecken sich die bis zu 30 m hohen ***Mesquite Flat Sand Dunes***, die sich für die Kamera vor allem im Abend-/Morgenlicht oder gar bei Vollmond gut machen. Die weithin sichtbaren gelbweßen Wanderdünen sind am besten vom Parkplatz an der Straße #190 zu erreichen (ca. 300-500 m bis zum bewuchsfreien Bereich).

Badwater Road

Nur eine gute Meile südlich von Furnace Creek zweigt die **Badwater Road (Straße #178)**, die reizvollste Strecke durch das *Death Valley*, von der **#190** ab.

Zabriskie Point

Wer sich für die Weiterfahrt auf der #178 entscheidet, sollte nichtsdestoweniger zunächst noch ca. 6 mi auf der #190 weiterfahren bis zum phänomenalen ***Zabriskie Point***. Der Blick von dort auf geschwungene, farbige Lehmhügel und die *Panamint Mountains* im Hintergrund ist ein absolutes »Muss«. Großer Andrang herrscht dort meist schon zum Sonnenaufgang wegen des dann besonderen Lichts fürs Superfoto! Aber auch am späten Nachmittag sind die Lichtverhältnisse wieder (anders) optimal.

Blick vom Zabriskie Point

20-Mule-Team/ Dantes View

Eine gute Meile südlich vom *Zabriskie Point* zweigt die raue Schotterstraße durch die beigefarbenen Felsformationen des **Twenty Mule Team Canyon** ab. Wer über genügend Zeit verfügt, wird auch die 26 mi retour (ab der #190) zum **Dantes View** nicht bereuen. Aus 1.669 m Höhe blickt man von dort auf die ausgedehnten Salzflächen von *Badwater*, ➢ unten (RVs nicht über 25 Fuß).

Golden Canyon

Unterhalb des ***Zabriskie Point*** befindet sich in Sichtweite der Straße #178 der Eingang zum farbenprächtigen **Golden Canyon**. Der Besuch dort gehört zum »touristischen Pflichtprogramm«. Trail bis zu (vor allem in der Nachmittagssonne) golden leuchtenden Formationen ca. 700 m ab Parkplatz (ca. 30 min retour).

Artist Drive

Ebenfalls nicht auslassen sollte man einige Meilen weiter südlich ein Abfahren des **Artist Drive** mit Fahrtunterbrechung am *Trailhead* zur **Artist's Palette**. Diese (asphaltierte) *One-way-Road* (ca. 10 mi ab/bis Badwater Road #178) führt durch einen besonders »bunten« Bereich des *Death Valley* (RVs nicht über 25 Fuß).

Badwater

Sehr beeindruckend sind – besonders am frühen Morgen und späteren Nachmittag – die Salzflächen bei **Badwater**, dem mit 86 m unter dem Meeresspiegel tiefsten Punkt der westlichen Hemisphäre. Wer vom Parkplatz an der Straße #178 (rund 10 mi südlich

Die von Besuchern festgetretene Salzfläche und sonst Matsch war nach Regenfällen im Mai 2015 das Einzige, was von den kristallisierten Strukturen übrig blieb.

des *Artist Drive*) der gut sichtbaren festen Fläche in Richtung Tal-mitte folgt, steht nach 15-20 min auf einer auskristallisierten Salzfläche, die sich bis zum Horizont zu erstrecken scheint. Ihr Aussehen variiert; sie sieht nicht immer so spektakulär aus wie im Foto auf Seite 307, sondern kann nach Regenfällen vermatschen.

Scottys Castle

Im nördlichen Death Valley ist **Scottys Castle** zu bewundern, ein **schlossartiges Anwesen** in mexikanischem Stil. Für $15 Eintritt (geführte Tour, ggf. Wartezeit; im Sommer nur Fr-Mo; Reservierung ✆ 1-877-444-6777) gibt es in *Scottys* Palast sogar einen Wasserfall im und das Tunnelsystem unter dem Haus zu sehen. Dennoch: der hin- und zurück 72 mi weite Umweg (ab Straßendreieck #190/#374) auf streckenweise kurvenreicher Straße lohnt sich nur für Leute, die wirklich viel Zeit haben, und außerdem vielleicht noch den *Ubehebe Crater* besuchen wollen. Die Oase samt *Castle* und glasklarem Quellbach ist zwar sehenswert, erfordert aber für An-/Abfahrt auf der Scotty's Castle Road nach Norden leicht 2 Stunden. Mit Besichtigung, und sei es auch ohne Tourbuchung, aber Spaziergang hinauf zum Hügel mit *Scottys* Grab hoch über seinem Anwesen, ist schnell ein halber Tag vergangen. Und **Achtung**, in dem Bereich des Parks steht keine Tankstelle!

Scotty's Castle, eine Oase in der Wüste dank glasklar sprudelnden Quellwassers

Trail durch den
Golden Canyon,
➢ Seite 302

Titus Canyon

Auf der *Scotty's Castle Road* passiert man etwa 12 mi nördlich der Abzweigung von der #190 die Einfahrt in den **Titus Canyon**. Nach gut 2 mi ist das Ziel erreicht, und man kann nur noch zu Fuß in die bei *Off-Roadern* beliebte Schlucht hinein, da sie bis hierher als *One-way-Road* markiert ist. Das ist für ein paar hundert Meter (bei erträglichen Temperaturen) zwar auch nicht ohne Reiz, aber der Clou liegt eher im Abfahren der ganzen **Titus Canyon Road**, die außerhalb des Nationalparks beginnt, ➢ Seite 305.

Camping

Ca. 3,5 mi vor Erreichen von *Scottys Castle* passiert man die Zufahrt zum **Campground Mesquite Spring**, einem zwar schattenlosen Platz in felsigem Ambiente, aber es gibt dort immerhin Wasser und eine *dump station* ($12).

Ubehebe Crater

Am Straßendreieck Grapevine nur ca. 0,5 mi nördlich der Zufahrt zum Campingplatz geht es nach Norden zu einem pittoresken auf ungewöhnliche Weise entstandenen Krater (ca. 5 mi). Der **Ubehebe Crater** ist bis zu 230 m tief und hat einen Durchmesser von fast einem Kilometer. Ob er erst vor 800 oder gar vor 7.000 Jahren entstand, wird kontrovers diskutiert. Ein **Pfad** umrundet den Krater, ein weiterer führt tief hinein.

Racetrack Valley (SUV Ausflug)

Mit SUVs fahren *Backroad*-Enthusiasten noch 27 mi weiter auf einer »reifenfressenden« Schotterpiste ins **Racetrack Valley**. Am südlichen Ende einer ausgetrockneten *Playa* kann man dort die rätselhaften, wandernden Felsbrocken bewundern, die sich über die Jahre hunderte von Metern vorangeschoben und dabei deutlich sichtbare Spur hinterlassen haben. An der Zufahrt passiert man die **Teakettle Junction**, wo 'zig Besucher im Laufe der Jahre – aus welchen Gründen auch immer – jede Menge Teekessel an den Wegweiser hängten; www.synnatschke.de/rt/rt.html.

Jeep-Touren/-vermietung

In diese und andere abgelegene Gebiete des Nationalparks bietet **Farabee's Jeep Rentals** in Furnace Creek geführte Touren an. Man kann dort auch Jeeps für individuelle Touren mieten; inklusive Versicherungen kommt man dabei aber rasch auf $270/Tag und mehr; ✆ 1-877-970-5337, www.farabeesjeeprentals.com.

1.3.5   Weiterfahrt in Richtung Las Vegas

Über Rhyolite und Beatty nach Las Vegas

Nach Beatty zur Straße #95

Nach einem Besuch von *Scotty's Castle* könnte man Las Vegas – statt der #190 zu folgen – auch über Beatty ansteuern (im Nationalpark *Daylight Pass Road*/in Nevada Straße #374). Auf der verkehrsarmen #95 durch die Halbwüste Nevadas geht es schneller ans Ziel als über Pahrump. Am Wege bis Beatty passiert man (bereits in Nevada außerhalb der Parkgrenzen) die Osteinfahrt in den bereits erwähnten *Titus Canyon* und gut zwei Meilen westlich von Beatty die Stichstraße zur *Ghosttown Rhyolite*.

Titus Canyon (nur mit SUV)

Die **Titus Canyon Road** zweigt 6 mi östlich von Beatty von der #374 ab. Diese streckenweise sehr enge Schotterpiste (unter 3 m) über den *Red Pass* kann nur *one-way* in Richtung Osten befahren werden. Sie läuft durch fantastische Felslandschaften und passiert die *Ghost Town* **Leadfield**. Nach sechsundzwanzig holprigen Meilen mündet sie in die *Scotty's Castle Road* (➤ Seite 303). Bei Trockenheit ist die Straße manchmal sogar Pkw-tauglich, indessen ist sie mit Mietfahrzeugen versicherungstechnisch sehr problematisch. Vor einem eventuellen Fahrtantritt – mit welchem Fahrzeug auch immer – sollte unbedingt der aktuelle Straßenzustand im *Visitor Center Furnace Creek* erfragt werden. Eine anschauliche Beschreibung der Strecke mit guten Fotos findet man im Internet unter www.canyon-trails.de/tituscanyonroad.htm.

Rhyolite

Rhyolite war eine Goldrausch-Boomtown, von der außer ein paar alten verfallenen Strukturen nicht viel übrig geblieben ist. Man erreicht sie über eine asphaltierte Zufahrt (ca. 1,5 mi).

»Bewohnt« wird die *Ghost Town* heute von weißen Acrylgeistern, modernen Skulpturen des belgischen Künstlers *Albert Szukalski*. Auf dem Gelände des **Goldwell Open Air Museum** befindet sich neben einem »Geisterradfahrer« (➤ Foto unten) und einer überdimensionalen rosaroten Venus auch eine Nachbildung des letzten Abendmahls. Ein buntes Sofa im Mosaik-Look steht für »Selfies« der Besucher ebenfalls bereit. Der Eintritt ist frei, aber allzu große Umwege sollte man dafür nicht erwägen. Eine authentischere Geisterstadt ist Leadfield, ➤ oben.

Geisterbiker als Outdoor Art in Rhyolite

Beatty

Bevor es in Richtung Las Vegas (120 mi) weitergeht, kann man in Beatty noch eine preiswerte Nacht verbringen. Ein komfortabler **RV-Campground** und eine Handvoll **Motels** (ab ca. $60), darunter ein *Motel 6* und das *Death Valley Inn* mitsamt *RV Park* warten dort auf Gäste; www.deathvalleyaccommodations.com.

Am Abend gibt es außer den auch in Beatty nicht fehlenden *Slot Machines* nur ein Ziel, den **Sourdough Saloon** mit *Miss Ruthy*, Spitzname »Pumuckl«, hinter der Theke dieser originell urigen Wüstenkneipe. Manchmal stehen sogar deutsche »Erlkönige« vor der Tür. Denn Beatty ist beliebtes **Standquartier für Autotester** aus aller Welt, die von hier aus die neuen Modelle ihrer Arbeitgeber zum Hitzetest durchs Death Valley jagen. Also nicht wundern über das Deutsch am Nebentisch oder an der Theke. Das sind seltener Touristen als die Testfahrer von BMW, Mercedes, Porsche, VW und Audi, die sich dort nach ihren Wüstenfahrten ein kühles Bier gönnen. Indessen sind sie zum Schweigen verpflichtet, was ihre Fahrzeuge angeht.

Treffpunkt der Autotester: Sourdough Saloon in Beatty

Über Pahrump nach Las Vegas

Straße #190 über Pahrump

Las Vegas ist von der *Furnace Creek Ranch* bei Fahrt auf der #190 bis Death Valley Junction und von dort auf der Stateline Road (Kalifornien) bzw. Bell Vista Road (Nevada) und auf der #160 durch Pahrump ca. 120 mi entfernt. Diese 36.000-Einwohner-Stadt auf etwa halber Strecke ist das mit Abstand wichtigste »Einfallstor« zum Nationalpark mit kompletter touristischer Infrastrukur (RV-Parks, Hotels, Shopping Malls, Supermärkte und natürlich Spielkasinos), aber ohne Sehenswürdigkeiten.

Unterkunft

• Die Pahrump-Hotels überzeugen zumindest durch relativ moderate Tarife und kommen durchaus als Standquartier für einen Death Valley-Besuch in Fage. Sie sind überwiegend mit Kasinos verbunden. Unter ihnen ist das ***Best Western Pahrump Station*** mit einem guten Preis-/Leistungsverhältnis erste Wahl. Es liegt unübersehbar an der Hauptstraße #160 durch die Stadt.

Camping

• Unter mehreren großen Komfortplätzen macht im zentralen Bereich der baumbestandene abseits der Hauptstraße hinterm *Gold Town Casino* liegende **Good Sam Preferred Campground** den besten Eindruck, nur RVs. Ab $33; www.preferredrv.com.

• Rund um einen künstlichen See angelegt wurde der grüne *Campground* des **Lakeside Casino** an der South Homestead Road #5870; ℂ 1-888-558-5253, www.lakesidecasinopahrump.com/rvpark.

Über Shoshone nach Pahrump

Wer auf der Straße #178 bis zum **Badwater**-Bereich fährt, sollte für eine Weiterfahrt nach Las Vegas zwecks Vermeidung von Doppelfahrten auf bekannter Strecke und nach bereits erfolgtem Besuch des *Zabriskie Point* erwägen, **Pahrump über Shoshone** anzusteuern. Die restliche Strecke durch das Death Valley bietet zwar nicht mehr ganz viel Aufregendes, aber punktuell noch manches gute Fotomotiv. Meilenmäßig unterscheiden sich beide Routen kaum.

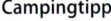

Das auf allen Karten als Ortschaft eingezeichnete **Shoshone** ist in Wahrheit nichts weiter als eine Ansammlung weniger Gebäude an der Straße #127 inkl. Tankstelle mit Mini-*General Store*, dem kleinen **Shoshone Inn** (keine Online Reservierung, aber Wifi; ℂ 760-852-4335) und der ganz originellen **Crow Bar** (Cafeteria & *Saloon*).

Campingtipp

• Der Clou dort ist der **Shoshone RV Park** an einem Teich mit Grünfläche für Zelte. Zum Platz gehört ein von einer heißen Quelle gespeister 12 m-Pool. Zelter können an kühlen Tagen in der Bibliothek (über 2000 Titel, die frühere Gäste hinterließen) den Kamin, an heißen Tagen den Ventilator anschmeißen, sowieso immer die Kühlkombination und den Außengrill nutzen. Weitere Vorteile: Saubere Sanitäranlagen, Wifi und nicht so heiß. Eine erwägenswerte Alternative zum Camping im Death Valley; ℂ (760) 852-4569. Ab $20 plus ggf. Strom- und Wasser.

Von Shoshone ist man in ca. 30 min in Pahrump (28 mi auf #178).

Umweg über Red Rocks

Von Pahrump nach Las Vegas sind es je nach Endziel dort ca. 65 mi. Etwa 15 mi westlich von Las Vegas zweigt die Straße #159 von der #160 ab und führt in einem großen nördlichen Bogen ebenfalls nach Las Vegas. Motiv für diesen insgesamt kleinen Umweg auf gut ausgebauter Strecke wäre ein Besuch des Bereichs **Red Rock Canyon**. Die Details dazu und zur Straße #159 finden sich im Kapitel »Las Vegas« unter der Überschrift »Ziele in der Umgebung«, ➢ Seite 566.
Ansonsten alles über Las Vegas auf den ➢ Seiten 514ff.

Salzfläche bei Badwater, ➢ Seite 303

1.4   Von San Francisco nach Süden
auf dem California Coastal Highway #1

Zeitplanung

Viele Reisende wählen San Francisco als Ausgangspunkt für eine Fahrt auf dem berühmten *Coastal Highway* #1 nach Los Angeles. Autobahndistanz auf der #101: ca. 400 Meilen, auf der #1 ggf. in Kombination mit der #101 südlich von San Francisco, im Bereich von Santa Barbara und nördlich von Los Angeles je nach Route mindestens 100 mi zusätzlich.

Zwei Tage

Zur optimalen Etappenplanung spielt die dafür verfügbare Zeit eine ganz wesentliche Rolle. Bei knapper Vorgabe reichen **zur Not zwei Tage**. In diesem Fall sollte man auf eine Fahrt über Santa Cruz sowie Abstecher und Zwischenstopps (wie im Folgenden Abschnitt beschrieben) ganz verzichten, und auf schnellstem Weg (I-280/#101/#156/#1) Monterey ansteuern, damit **möglichst viel Reisezeit für das mit Abstand beste Teilstück im Gesamtverlauf der #1 von Carmel bis San Simeon** verbleibt.

Highlights

Kurze Stopps in Monterey, in dessen Vorort Pacific Grove, ggf. mit dem *17-Mile-Drive*, und im nahen Carmel, im *Point Lobos State Park*, in Big Sur und ggf. am *Hearst Castle* lassen sich dabei ganz gut »einbauen«, wenn für den Rest nicht viel mehr als die reine Fahrzeit kalkuliert wird.

Drei Tage besser als zwei

Wer zusätzlich **Santa Cruz** und **Santa Barbara**, vielleicht **Pismo Beach** und noch einiges mehr besuchen möchte, braucht mindestens **3 Tage**. Erst bei einer Reisezeit von **4 Tagen** sind zusätzlich Strandpausen, kleine Wanderungen (z.B. *Point Lobos*, Big Sur, *La Purisima*, Dünen von Pismo Beach) und Besuche von Museen möglich (u.a. in den alten spanischen Missionen, in Monterey und Santa Barbara). Auch ein Abstecher zum **Pinnacles National Park** könnte dann eventuell eingeplant werden.

1.4.1   Von San Francisco zur Monterey Bay

Auf der Straße #1 an der Pazifikküste entlang nach Santa Cruz

Alternative Routen
Karte
Seite 310

Für die Route von San Francisco nach Santa Cruz stellt sich bei ausreichender Zeit die Frage, ob man von vornherein der Küstenstraße #1 folgen oder zunächst dem schnelleren *Freeway* #101 bzw. der I-280*⁾ den Vorzug geben sollte.

Straße #1

Die **#1** erfordert **mehr Fahrtstunden**, ist aber vergleichsweise verkehrsarm und bietet – obwohl im Verlauf nicht durchgängig landschaftlich attraktiv – einige hübsche Abschnitte. Eine Reihe von *State Beaches* ermöglicht den Zugang zu Stränden unter Steilufern und in felsigen Buchten entlang dieser recht rauen Küste.

Half Moon Bay SP

Camping bietet von den *State Beaches* am Wege nur **Half Moon Bay** oberhalb des gleichnamigen, zersiedelten Ferienortes. Die Anlage gehört nicht zur ersten Kategorie, liegt aber unmittelbar am Steilufer über einem endlosen Strand. Das kostet $35-$65. Mit unfreundlicher **Witterung** ist an dieser Küste immer zu rechnen. Erst südlich von Santa Barbara bessern sich die Aussichten auf überwiegend sonniges Wetter.

Butano SP

Oft außerhalb der Nebelschwaden in Küstennähe befindet sich indessen der einfache Campingplatz des **Butano State Park** mitten in einem Waldgebiet voller *Redwoods*. Er liegt einige Meilen landeinwärts auf der *Cloverdale* (ab Pescadero) oder ab der #1 auf der *Gazos Creek Road*; Einheitstarif $35.

Año Nuevo Preserve

Etwa 8-10 mi südlich des populären *Hostels Pigeon Point Lighthouse* (zugleich *State Historic Park* auf Höhe des des *Butano SP*, ✆ (650) 879-0633, www.norcalhostels.org/pigeon) passiert die #1 die **Año Nuevo Natural Preserve**, ein Schutzgebiet für **See-Elefanten**. Man sieht die Tiere dort das ganze Jahr über, aber nur zwischen Mitte Dezember und März bekommt man auch die riesigen

*⁾ In **Colma** an der Straße #82 südlich Daly City (unweit der **I-280**) befindet sich das Grab des Wildwest-Sheriffs **Wyatt Earp** auf dem sehenswerten »*Hills of Eternity*«. Im Friedhofsgebäude hängt ein Lageplan der Gräber.

See-Elefant mit Nachwuchs am Strand der Año Nuevo State Reserve

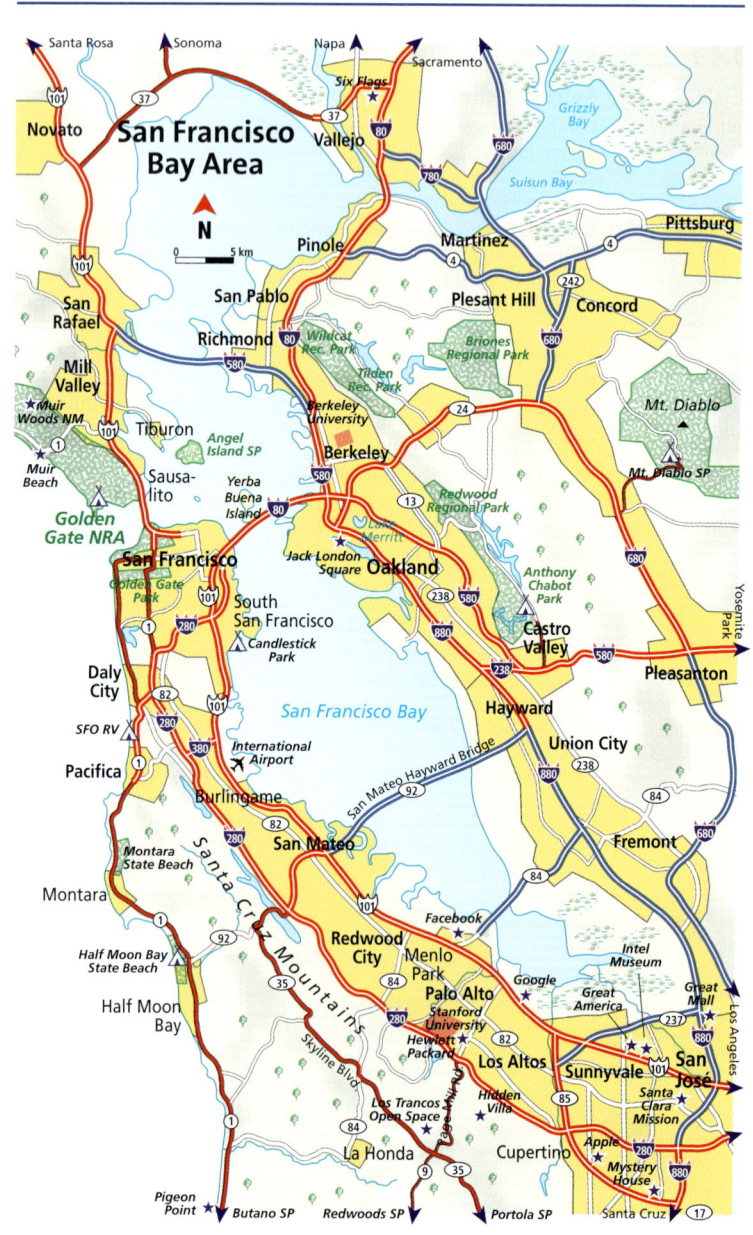

Santa Rosa
Sonoma
Napa
Sacramento
Six Flags
Grizzly Bay
101
37
37
Vallejo
80
680
Novato
San Francisco Bay Area
780
Suisun Bay
N
0 5 km
Pinole
Martinez
Pittsburg
4
101
San Pablo
Plesant Hill
242
San Rafael
Richmond
80
Wildcat Rec. Park
Concord
680
Mill Valley
580
Tilden Rec. Park
Briones Regional Park
Muir Woods NM
1
Tiburon
Berkeley University
24
Mt. Diablo
Muir Beach
Angel Island SP
Berkeley
580
Mt. Diablo SP
Sausalito
Yerba Buena Island
80
Redwood Regional Park
13
Golden Gate NRA
Lake Merritt
680
San Francisco
Jack London Square
Oakland
Anthony Chabot Park
Golden Gate Park
101
South San Francisco
238
580
Castro Valley
280
1
Candlestick Park
880
238
580
Daly City
82
238
Pleasanton
SFO RV
280
101
Hayward
International Airport
San Francisco Bay
Union City
880
238
84
Pacifica
1
380
San Mateo Hayward Bridge
92
680
Burlingame
280
84
Montara State Beach
82
San Mateo
Fremont
84
Montara
1
92
Half Moon Bay State Beach
Facebook
Redwood City
Intel Museum
Great Mall
Los Angeles
Half Moon Bay
35
Menlo Park
Google
237
84
Palo Alto
Great America
280
Stanford University
San José
Skyline Blvd
Hewlett Packard
82
Santa Clara Mission
Los Altos
Sunnyvale
101
Los Trancos Open Space
85
Hidden Villa
280
84
Apple
Cupertino
880
La Honda
9
35
Mystery House
17
Pigeon Point
Butano SP
Redwoods SP
Portola SP
Santa Cruz

Bullen zu Gesicht, dann ausschließlich auf von Rangern geführten Wanderungen zu den Stränden ($7), die besser im Voraus reserviert werden sollten (℡ 1-800-444-4445 oder im Internet unter http://anonuevo.reserveamerica.com). Das Besucherzentrum am südlichen Ende des Gebiets nahe der #1 ist nicht zu verfehlen.

Über die Freeways I-280 und #17 nach Santa Cruz

San Andreas Graben und I-280

Von den beiden Autobahnen auf der Ostseite der San Francisco Halbinsel verläuft die **Interstate #280 südlich San Bruno** abseits der Ballungsräume. Sie führt entlang der Stauseen *San Andreas* und *Crystal Springs,* die mitten im San Andreas Graben angelegt wurden, der Erdspalte zwischen den für die Erdbebengefährdung der Region verantwortlichen tektonischen Platten. Verlässt man die I-280 auf der Höhe von Palo Alto auf der *Page Mill Road* (*Exit* 20), gelangt man nach kurvenreichen 7 mi in südliche Richtung zur **Los Trancos Preserve** mit dem *San Andreas Fault Trail* (Hinweisschild; www.openspace.org/preserves/los-trancos). Der Verlauf des 2,5 km langen Pfads an der Bruchlinie des Bebens von 1906 und Erläuterungen vermitteln noch einen Eindruck von den seinerzeit aufgetretenen Erdverschiebungen. Erwähnenswert sind um zwei Meter gegeneinander versetzte originale Zaunstücke als konserviertes Relikt aus dem Jahr 1906.

Ab Exit 20 nach Stanford

Folgt man der Page Mill Road nach Norden, passiert man nach nicht einmal 2 mi die südliche Zufahrt zur **Stanford University** (Junipero Serra Blvd).

Straßen #35 und #9

Eine Weiterfahrt nach Santa Cruz über die Straßen #35 und #9 über den **Henry Cowell Redwoods SP** ist zwar zeitraubend, aber wegen der schönen Streckenführung erwägenswert, ➤ Seite 318.

Silicon Valley

Bei genereller Bevorzugung der Autobahn wäre die **I-280** nicht nur wegen ihrer Streckenführung und des *Los Trancos*-Abstechers samt reizvoller Weiterfahrt zu empfehlen, sondern auch wegen ihrer geringeren Verkehrsdichte im Vergleich zur #101 durch das **Silicon Valley.** Unter diesem Begriff wurde ein heute weitgehend gesichtslos zersiedelter Landstreifen zwischen Palo Alto und San José bekannt, wo Anfang der 1970er-Jahre erstmals die Herstellung von Mikroschaltkreisen auf Silikonplättchen gelang. In der Folge expandierte dort die amerikanische **Computer- und High-Tech-Industrie** zunächst explosionsartig und hat sich – nach schwankender Entwicklung – auf heute wieder hohem Niveau stabilisiert. Wer sich dafür und den aktuellen Stand der Dinge interessiert, findet unter den Portalen www.siliconvalley.com und www.siliconbeat.com jede Menge Informationen.

Nebenbei auch über die **Immobilienpreise** der Gegend, die dank des Börsengangs von *Facebook* und mehrerer tausend in der Zwischenzeit wohl ziemlich reich gewordener *Facebook*-Mitarbeiter in beachtliche Höhen stiegen. In Palo Alto sind schon mittelprächtige Einfamilienhäuser unter $1 Mio. kaum noch zu haben.

Erdbebenregion San Francisco www.sfgate.com/earthquakes

Das letzte schwere Beben in der Region von San Francisco ereignete sich im Oktober 1989. Es dauerte nur 15 Sekunden und erreichte eine Stärke von ca. 7 auf der Richter Skala. Dramatische Schäden wie die Einstürze der oberen Fahrbahn der *SF-Oakland Bay Bridge* und des Obergeschosses der I-880 auf mehreren hundert Metern Länge waren aber eher punktueller Natur. Das Funktionieren der seit Jahren praktizierten Bebenvorsorge wie z.B. der Flexibilisierung von Hochhauskonstruktionen, Gas- und Wasserleitungen wurde damit durchaus eindrucksvoll unter Beweis gestellt.

Ob jedoch die bislang realisierten und zusätzliche, aus jüngeren Erfahrungen in und bei Los Angeles abgeleitete Maßnahmen ausreichen werden, um auch in Zukunft Katastrophen zu verhindern, weiß niemand. Mit stärkeren Beben sei zu rechnen, behaupten die Seismologen, die das 1989er-Ereignis und das Epizentrum zwischen Santa Cruz und San Francisco damals einigermaßen korrekt vorhergesagt hatten. Die geologische Spannung im San Andreas Graben, der die »Nahtstelle« zwischen den tektonischen Platten des Pazifik und des nordamerikanischen Kontinents markiert, verminderte sich zwar durch die Erdverschiebung von 1989 um ca. 1-2 m innerhalb einer 50 km Zone, erhöhte sich jedoch in der Nähe San Franciscos und in Südkalifornien weiter. Denn bedingt durch den plötzlichen Abbau des aufgestauten Drucks, der seinerseits auf der Blockade einer gegenläufigen Bewegung der beiden Erdkrustenplatten von 5-6 cm pro Jahr beruht, kommt es anderswo zu verstärkter Spannung, die sich eines Tages ihrerseits entladen muss.

Beim schweren Erdbeben von 1906 (geschätzte 8,3 auf der damals noch nicht existierenden Richter-Skala), das eine erhebliche Zerstörung San Franciscos zur Folge hatte, wurden auf einer Zone von 450 km Länge Verschiebungen bis zu 6 m (!) gemessen. Damit war damals eine nahezu vollständige Entlastung des tektonischen Drucks eingetreten, und es dauerte mehrere Dekaden, bis sich eine neue Spannung nennenswerter Stärke entwickelte. Seit Ende der 1970er-Jahre wird Kalifornien nun wieder von Beben heimgesucht, zunächst in einer noch relativ harmlosen Größenordnung um den Wert 5, aber nach 1989 gab es weitere Beben über einer Stärke von 6.

Da auch dem 1906-Ereignis zahlreiche Beben mittlerer Stärke vorausgingen und die Grundmuster des Ablaufs seismologischer Ereignisse erfahrungsgemäß Parallelen zeigen, leben Kalifornier mit der Gewissheit, dass der »*Big Bang*« oder »*The Big One*« nicht mehr allzu fern ist. Das befürchtete Starkbeben zwischen 7,5 und 8,5 kann zwar theoretisch schon morgen eintreten, aber durchaus erst in dreißig Jahren oder später. So wenig der Zeitpunkt vorherbestimmbar ist, lässt sich das künftige Epizentrum im Vorwege lokalisieren. Seismologen tippen mehrheitlich auf Bereiche nördlich und südöstlich von Los Angeles, aber auch auf die San Francisco Bay Region.

Hewlett Packard NHL

Mit **Palo Alto** eng verbunden und weltberühmt sind die Namen *Hewlett & Packard*. Die alte Garage in der **367 Addison Ave**, in der diese beiden Studenten der *Stanford University* ihre ersten Computer zusammenschraubten, ziert die Bezeichnung **National Historic Landmark**. Die Firma *HP* residiert heute in Sichtweite von *Stanford* an der 3000 Hanover Street/Page Mill Road.

Stanford University

Die zweite Universität an der Bucht von San Francisco, die nicht zuletzt wegen mehrerer Nobelpreisgewinner internationales Ansehen genießt, ist die (private) **Stanford University**. Deren ausgedehnter Campus befindet sich eine gute Meile außerhalb der Stadt Palo Alto, die außer für *Stanford, Facebook, Hewlett Packard* u.a. auch für eine sehr hohe Kriminalitätsrate bekannt ist.

Die Stanford University verfügt mit der Memorial Chapel über eine eigene große Kirche mit vergoldeten Verzierungen des Portals und einem riesigen Mural an der Frontseite

Die Universität wurde vom Eisenbahnmagnaten *Leland Stanford* zum Andenken an seinen verstorbenen Sohn gegründet und 1891 eröffnet. Ein eigenes *Visitor Center* befindet sich an der Ecke Galvez Street/Campus Drive East unweit des zentralen Platzes *The Oval*; ✆ (650) 723-2560, http://visit.stanford.edu/plan. Dort hat man u.a. eine **Campuskarte** und viel Infomaterial einschließlich eines Unterkunftsverzeichnisses für die Umgebung. Täglich um 11 Uhr und 15.15 Uhr starten kostenlose Führungen (*Campus Walking Tours*). Eine Besichtigung des Campus' ist aber nicht so ergiebig wie in Berkeley (➢ Seite 234f), wo der Campus ein integrierter Teil der Stadt ist.

Die einzelnen **Fakultäten** liegen weit verstreut. Sehenswert ist die zentrale *Plaza* mit basilikaähnlicher Kirche und einigen Gebäuden in pittoreskem mexikanischen Stil. Unübersehbar ragt der **Hoover Tower** in den Himmel (täglich 10-16 Uhr, $3); US-Präsident *Herbert Hoover* (1929-1933) war *Stanford*-Absolvent.

Aktuelle Informationen rund um *Stanford* liefert die universitätseigene Zeitung **The Stanford Daily**; www.stanforddaily.com.

Kunstcenter

Wer sich die Zeit für den Umweg nach Stanford nimmt, sollte vielleicht auch einen Blick ins (eintrittsfreie) **Cantor Arts Center** werfen (328 Lomita Drive, Mi-So 11-17 Uhr, Do bis 20 Uhr, Mitte August bis *Labor Day* geschlossen). Eine Kollektion von Kunstwerken aller Kulturen ist zu bewundern, außerdem ein **Sculpture Garden** mit *Rodin*-Plastiken: http://museum.stanford.edu.

Linear-beschleuniger

Ein wesentliches Element von Stanfords wissenschaftlichen Erfolgen wird im **Stanford Linear Accelerator Center** (2575 Sand Hill Road) demonstriert, wo Positronen auf einer 2 mi langen Versuchsstrecke beschleunigt werden. Kostenlose Führungen (ab 12 Jahre) sind nach Anmeldung möglich unter © (650) 926-3300; www.slac.stanford.edu.

Facebook Headquarters

Facebook zog Ende 2011 vom *Research Park* der **Stanford University** in den früheren Komplex von *Sun Microsystems* unweit der San Francisco Bay im Stadtteil Menlo Park (#101 Ausfahrt 406. dann auf den *Bayfront Expressway* #84 und *Exit* Willow Road).

Mountain View/ Google

Vom neuen Facebook-Standort sind es auf dem **Bay Shore Freeway #101** nur ein paar Meilen bis zum **Google Headquarters** bei Mountain View. Die Firma belegt einen tollen futuristisch gestalteten Gebäudekomplex (zugepflastert mit Solarmodulen) am Amphitheatre Pkwy, Ausfahrt 400 B; © (650) 253-0000.

Nasa Center

Bei weiterem Interesse an technischen Errungenschaften rund um die Bucht, könnte man auch noch dem **NASA Ames Exploration Center** auf dem **Moffett Airfield** einen Besuch abstatten. Es liegt in **Mountain View** unmittelbar nördlich der #101 (*Exit* 398) am Mofett Blvd. Auf einer gekrümmten Großleinwand werden dem Publikum dort u.a. Saturnringen und Marskanäle vorgeführt. Einige Objekte aus der Frühzeit der Raumfahrt wie eine *Redstone*-Rakete von 1960 und eine Gemini Raumkapsel gehören ebenso zum Austellungsbereich wie **Mondgestein**, das von der Apollo15-Mission mitgebracht wurde (Di-Fr 10-16 Uhr, Sa/So 12-16 Uhr, **Eintritt frei**, © (650) 604-6274, www.nasa.gov/centers/ames/home/exploration.html).

Keine US-Firma mit Rang und Namen im World Wide Web, die nicht im Silicon Valley zu finden wäre

Vorm Haupt-quartier der Firma im Winde vereint wehen die Flaggen der USA, Kaliforniens und von Apple-Macintosh

Cupertino

Ca. 4 mi südlich von Mountain View liegt Cupertino (*Exit* 11 von der I-280). Von der Ausfahrt sind es nur noch 400 m zum Hauptquartier von **Apple Macintosh** am Infinite Loop gleich südlich des *Freeway*. Dort gibt es natürlich einen tollen **Apple Store** für alle, die noch i-mäßig aufrüsten wollen. Aber Achtung: die Zollfreigrenze bei der Rückkehr beträgt nur €430, ➢ Seite 157.

California's Great America

Was wären amerikanische Großstädte ohne ihre Vergnügungsparks? *California's Great America* in Santa Clara (nordwestlich von San Jose unweit der #101 und der Straße #237; von beiden heißt die Ausfahrt »Great America Parkway«) bedient die Bewohner der unteren San Francisco Bay Region mit einem riesigen Gelände. Das **Amusement** für $64/Person über 3 Jahre (online $44; nach 16 Uhr $32) besteht dort aus viel *Show* von Delphinspringen bis Bühnenglamour. Dazu gibt es die üblichen **Jahrmarkt-Rides**, darunter zahlreiche **Roller Coaster** (Achterbahnen) und einen Schlauchboot-Trip über künstliche Stromschnellen, alles garniert mit Restaurants und Souvenirshops. Im Sommer täglich geöffnet 10-22 Uhr, sonst kürzer; im Winter geschlossen. Parken bis $15 extra; ✆ (408) 988-1776, www.cagreatamerica.com.

Intel Museum

Über *Exit* 392 von der #101 erreicht man auch das **Intel Museum** am 2200 Mission College Blvd, www.intel.de, dann »museum« eingeben; Mo-Fr 9-18 Uhr, Sa 10-17 Uhr, frei. Gut nur für speziell an der Computer- und Chipentwicklung Interessierte, aber eine Broschüre steht sogar auf Deutsch zur Verfügung.

San José

1777 gegründet, war San José die erste Hauptstadt des alten Kalifornien und ist heute mit über 900.000 Einwohnern größer als San Francisco oder Oakland. Touristisch gesehen hat die Stadt trotz einiger moderner architektonischer Highlights im Zentrum eher weniger zu bieten.

Outlet Mall

Beachtlich ist indessen die **Great Mall of the Bay Area**, das größte *Outlet Center* im Bereich der San Francisco Bay mit **200 Stores** im Vorort **Milpitas** östlich der **I-880** am 447 Great Mall Drive. Die Zufahrt von Norden über den *Exit* 8A ist nicht ausgeschildert; www.simon.com/mall/great-mall.

Mission Santa Clara

Nicht weit entfernt steht auch das historische Highlight der Region an der Alviso Street auf dem Gelände der **Santa Clara University** (von der I-880, *Exit* 2, auf die #82, nach 1,3 mi links auf die Benton Street und wieder links Lafayette Street, oder von der #101, Ausfahrt 391B, den De la Cruz Blvd nach Süden und Lafayette Street links ab; in beiden Fällen parken auf Höhe Homestead Road). Die **Mission Santa Clara** gehört nicht zu den attraktivsten ihrer Art, verdient aber samt ihrer Einbettung in einen kleinen Palmenpark einen kurzen Besuch; www.scu.edu/mission.

Wasserspaß

Der Wasserrutschenpark bei San José heißt **Raging Waters** und liegt im **Lake Cummingham Regional Park** (*Capitol Expressway, Tully Road*) unweit der *Freeways* I-680 und #101 (Ausfahrt 383). Ab Juni bis *Labor Day* täglich geöffnet 10-19 Uhr, danach wetterabhängig. Tagespass $36, online $6-*Discount*; bis 1,20 m große Kinder $26; www.rwsplash.com.

Winchester Mystery House

Eine recht originelle, wiewohl nicht gerade preiswerte Attraktion ist das **Winchester Mystery House** ein wenig westlich von San José bzw. südlich von Santa Clara unweit des Kreuzungspunktes von I-280 und I-880 am 525 Winchester Blvd zwischen Stevens Creek Blvd und der I-280. Die Witwe des Erfinders des Winchester-Gewehres verbaute in diesem Haus einen Teil ihres Vermögens im Glauben, durch unaufhörliches Anbauen Unsterblichkeit zu erlangen. Bevor sich dies als Irrtum herausstellte, waren in 160 Räumen 10.000 Fenster, 2.000 Türen, 40 Treppen und 47 Kamine eingesetzt. Ungewöhnlich und auch für Fans von Handfeuerwaffen wahrscheinlich das Eintrittsgeld wert: **$36**, bis 12 Jahre $26 inkl. Zugang zum **Winchester Historic Firearms & Antique Products Museum**. Geöffnet täglich 9-19 Uhr von Juni bis *Labor Day*, sonst kürzer; www.winchestermysteryhouse.com.

Luftbild des Winchester Mystery House

Fwy #17 nach Santa Cruz

Von San José verbindet der *Freeway #17* nach Santa Cruz die Autobahnen I-280 und via I-880 auch die #101 mit der Küstenroute. Wer sich Santa Cruz ansehen möchte, wählt mit der Kombination I-280/#17 den raschesten Weg dorthin.

Nostalgie- bahn

Ein Abstecher führt ab **Scotts Valley** (*Exits* 5 oder 3 von der #17) nach Felton, wo die *Roaring Camp & Big Trees Railroad* mehrmals täglich durch den *Redwood Forest* (75 min retour; $27/$20) oder *nach Santa Cruz* (*Beach Train*, 3 Std. retour; $29/$23) dampft. www.roaringcamp.com

Redwood Canopy Tours

In Mount Hermon hat man im *Redwood Forest* Plattformen in bis zu 45 m Höhe angelegt und mit Hochseilen (*Ziplines*) und Hängebrücken (*Skybridges*) verbunden. Der Spaß zwischen den Baumriesen kostet $99/Person, (mindestens 10 Jahre; Größe minimal 130 cm, Gewicht 34-113 kg); http://mounthermon adventures.com/red wood-canopy-tours.

Straße #9 nach Santa Cruz

Von Felton gelangt man auf der Straße #9 durch Haine des *Henry Cowell State Park* mit dem Kahlschlag entgegener beeindruckender *Redwood*s auf direkter Route nach Santa Cruz.

Exkurs: Straße #35 durch zwei Redwood State Parks

Route

Den besten und interessantesten, wenngleich zeitaufwendigsten Weg von San Francisco nach Santa Cruz bietet die **Kombination I-280/Straßen #35/#9**. Der *Skyline Boulevard #35* führt kurvenreich durchs Gebirge zwischen I-280 und der Küste und passiert den oben erwähnten *Los Trancos Park* (Page Mill Road) und die Zufahrten zu den **State Parks Portola** und **Castle Rock** (keine Zufahrt an der #9, nur #35 südlich der Kreuzung).

Big Basin
Redwoods

Einen noch relativ großen **Redwood Forest** schützt der **Big Basin Redwoods State Park** (www.parks.ca.gov/?page_id=540) mit vier populären **Campgrounds** ($35; auch *tent cabins* vorhanden) und schönen Wanderwegen wie dem **Redwood Loop Trail** für Kurzbesucher und dem **Sequoia Trail** in mehreren alternativen Längen bis zu ca. 5 mi, beide ab dem *Park Headquarter*.

Man erreicht den Park über die **Straße #236** (von Süden *Freeway #17*, dann die #9 zunächst weiter nach Norden), die sich im höher gelegenen Bereich malerisch durch Eukalyptuswald schlängelt (**nicht für Wohnmobile über 22 Fuß Länge geeignet**).

Henry
Cowell
State Park

Der **Henry Cowell State Park** südlich von Felton ist alles in allem nicht ganz so attraktiv (speziell der *Campground* nicht), bietet aber auch im Hauptareal beidseitig der Straße #9 einige schöne *Trails* durch die *Redwoods*. Die **Fall Creek Unit** westlich von Felton (Empire Road), besonders der gleichnamige **Trail** am Fall Creek entlang, gilt als Geheimtipp (ca. 10 km retour auf nur teilweise gleichem Weg); www.parks.ca.gov/?page_id=546.

Santa Cruz

Santa Cruz

Santa Cruz steht als Ferien- und Studienort bei amerikanischen Teenagern und Studenten hoch im Kurs. Denn neben Stränden, Surfrevieren und **High Life** für **Teenies** besitzt die Stadt einen **Campus** der **University of California** (im Nordwesten).

Unterkunft

In Santa Cruz ballen sich Motels und Hotels im zentralen Bereich unweit des **Boardwalk**, speziell aber an der **Riverside Ave** ein paar hundert Meter oberhalb des *Boardwalk*, ➤ unten. Neben lokalen Häusern und auch **B&B** stößt man dort auf die bekannten Namen der Kettenhotellerie. Sehr viele **Unterkünfte**, speziell wiederum der Ketten, stehen auch an der **Ocean Street**, einer Verlängerung des *Freeway #17*. Wer auf dieser Route von Norden nach Santa Cruz hineinfährt, landet dort automatisch. Das gilt ähnlich für die #1. Vor der Kreuzung mit der #17 biegt man einfach rechts ab (nach Süden) in die Ocean Street und kann dann die *Motels* und *Inns* nicht übersehen.

Hotels in Strandnähe sind u.a. das

- **Beachview Inn**, 50 Front Street, ab $89, sehr einfache DZ mit Meeresblick, ✆1-800-946-0614, www.beach-viewinn.com.

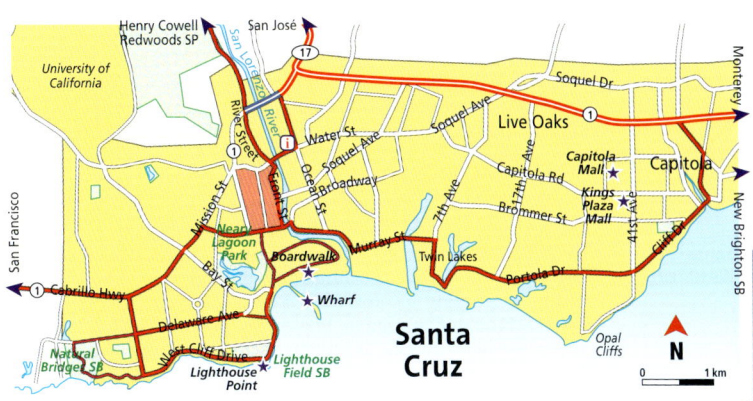

- **Carousel Beach Inn**, 110 Riverside Avenue, direkt beim Beach Boardwalk, gute DZ teilweise mit Balkon, im Sommer ab $160, sonst ab $99, ✆ (831) 425-7090; www.santacruzmotels.com/carousel.html
- **Bay Front Inn**, 325 Pacific Ave, im Sommer ab $119; zwei Häuserblocks vom Strand entfernt; kostenlose Mietfahrräder; ✆ (831) 423-8564, www.bayfrontinnhotel.com

Essen und Trinken

Lunch, *Dinner* oder auch nur einen *Drink* mit Seeblick, in Santa Cruz gibt's dafür viele Alternativen:

- Preiswertes *California Dining* und *Ocean View* verbindet die **Ideal Bar & Grill**, 106 Beach Street, eingangs der *Municipal Wharf*; ✆ (831) 423-5271; www.idealbarandgrill.com.
- Selbst gebrautes Bier, *Good Food* (*Sandwiches* und *Seafood* zu moderaten Preisen) und *Live Music* hat die **Seabright Brewery** in der 519 Seabright Ave; ✆ (831) 426-2739.

Information

Die **Tourist Information** befindet sich an der 303 Water Street, ✆ (831) 425-1234 und ✆ 1-800-833-3494, www.santacruzca.org.

Boardwalk

Bekanntester Anziehungspunkt von Santa Cruz ist der unverfehlbar am Strand gelegene *Amusementpark*, der **Santa Cruz Beach Boardwalk**

Santa Cruz Strand beim West Cliff Arch

(www.beachboardwalk.com), ein fest installierter Jahrmarkt mit
Eintritt für die einzelnen *Rides,* aber sonst freiem Zugang wie
hierzulande. Sieht man ab von der nostalgischen **Giant Dipper
Achterbahn** aus dem Jahre 1924, gibt es nichts Sensationelles,
aber das dort (täglich Juni bis *Labor Day,* sonst nur am Wochenende) bunte Leben und die **Kombination mit Strand und Meer**
sorgten mit für Santa Cruz' Ruf als Prototyp einer Stadt des kalifornischen *Easy Going.* Hip und aufgeräumt ist **Downtown
Santa Cruz** mit Straßencafés, Bistros und Buchläden.

**Santa Cruz
Westküste**

Westlich des *Boardwalk* sind die Strände entlang des **West Cliff
Drive** populär. Selbst bei ruhigem Wetter läuft hier eine erstaunlich hohe Dünung aus den Weiten des Pazifiks ein, die sich zwischen Strand und Steilküste bricht. Am **Lighthouse Point** zeigen
Surfer atemberaubende Brettbeherrschung, wenn sie knapp an
den Klippen vorbeischießen. Kaum irgendwo sonst besteht eine
derart gute Gelegenheit, **gekonntes *Surfing* aus nächster Nähe** zu
beobachten. Der vorgelagerte Felsen beherbergt röhrende **Seelöwen**. Eine Zugabe ist dort der tolle **Sonnenuntergang**.

**Natural
Bridges**

Schön zum Sonnenuntergang ist es auch beim letzten noch nicht
zusammengebrochene **Felsbogen** der **Natural Bridges State Beach**.
Und wer in der kühleren Jahreszeit dort unterwegs ist, sollte einen Besuch in der **Monarch Butterfly Natural Preserve** gleich
neben dem Parkplatz nicht auslassen. Oktober bis Februar über-
wintern in dem kleinen Eukalyptus-Hain an die 100.000 Monarchfalter; www.parks.ca.gov/?page_id=541.

Küstenvororte

In den südöstlichen Vororten lösen **Strände** und **Marinas** hinter
Wohlstand signalisierenden Sommerhaussiedlungen einander ab.
Zufahrt über Portola Drive und den East Cliff Boulevard. Mehr
schon ein eigenständiges Ziel als Vorort von Santa Cruz ist **Capitola**, ein vor allem bei jungen Leuten beliebtes Städtchen am
Meer mit Yachthäfen, Kneipen und Discos. Capitola erreicht
man über die Küstenboulevards oder auf der Straße #1.

Camping

Zwischen Santa Cruz und Monterey führt die überwiegend als
Freeway ausgebaute #1 (*Cabrillo Highway*) durch flache Obst-
anbaugebiete abseits der Küste. Wie auch weiter nördlich sind
Strand und Dünen in erster Linie über *State Beaches* zugänglich.
Die Campingempfehlungen in diesem
Bereich lauten: ***New Brighton*** ($35-$50)
vor ***Sunset State Beach*** ($35).

*Hinter dem Lighthouse
Point unter der Steilküste
befindet sich das beliebteste
Surfrevier von Santa Cruz*

Exkurs: Abstecher zum Pinnacles National Park

Ostseite
Ein Abstecher für Leute mit einem Tag **Extrazeit** könnte dem *Pinnacles National Park* gelten; www.nps.gov/pinn. Ab Watsonville geht es auf den Straßen #129/#156 nach **Hollister** und auf der #25 zur Südosteinfahrt dieses weniger beachteten Nationalparks (ca. 75 mi). Die #146 führt zum kleinen *Visitor Center*; unweit davon endet die Straße am Ausgangspunkt mehrerer *Trails*. Zu den *Pinnacles*, den namensgebenden schroffen Felszacken, sind es von dort 4 km. Vorrangiges Besuchsmotiv ist auch eher der raue Pfad durch die *Bear Gulch Caves* zum einige hundert Meter höheren *Bear Gulch Reservoir*.

Trails

Zwischen Höhlen bildenden Felsen geht es streckenweise steil bergauf (feste Schuhe und Taschenlampen erforderlich). Wem die Kraxelei durch den Tunnel zuviel war, kann auf dem Rückweg den **Rim Trail** nehmen. Mit guter Kondition lässt sich ab dem *Reservoir* der Weg fortsetzen zu den **High Peaks** (dann 10 km).

Zur Erholung von der Anstrengung wartet ein **kühler Pool** im *Pinnacles Campground* (sanitär komfortabel, sonst rustikal, ✆ 1-877-444-6777; www.recreation.gov; nur auf der Ostseite).

Westseite
Die Zufahrt zum **Westteil** erfolgt von der #101/**Soledad** ebenfalls auf der (durch den Park unterbrochenen) #146. Man kann auch von dort zu den **High Peaks** hinaufsteigen (7 km retour). Ein prima *Trail* für weniger Ambitionierte führt durch die sog. »*Balconies*« mit Kurzkletterei durch eine dunkle feuchte Höhle (nur möglich mit Taschenlampe und Trittsicherheit; retour ab Parkplatz ca. 4 km). Ab 60 min ist er machbar und lohnenswert. Die Anfahrt bis zum NM-Eingang *Chaparral Ranger Station* ist kurvenreich und teilweise eng (sehr langsam mit großen RVs).

Weiterfahrt auf der #1 weiter südlich
Wer nicht bei Monterey/Carmel zurück an die Küste will, fährt nach dem Besuch der *Pinnacles* auf der #101 weiter nach Süden und könnte erstmalig auf der Verbindungsstraße #46 (südlich Paso Robles) auf die #1 zurückkehren und ggf. noch mit einem kurzen »Schlenker« **Hearst Castle** mitnehmen, ➢ Seite 335f.

Nach Las Vegas
Bei anderen Reiseplänen – etwa in Richtung Las Vegas – unter Auslassung von Los Angeles und Südkalifornien würde man **ab Paso Robles** auf der #46/#99 **nach Bakersfield** fahren und von dort auf dem *Freeway* #58 weiter nach Barstow an der I-15, ➢ in diesem Buch Seiten 341.

Zurück zur #1
Bei Rückkehr zur #1 **via Salinas** geht es von dort auf der Straße #68 nach Monterey. Landschaftlich weit attraktiver, aber etwas mühsam wäre eine Fahrt auf den Nebenstraßen **#G17/#G16** über das *Carmel Valley* nach Carmel. Auf ihr passiert man (ebenso wie bereits im Bereich Soledad) eine ganze Reihe von *Vineyards* und *Winerys*, die zum »**Monterey Wine Country**« gehören, einer weit weniger bekannten Anbauregion als etwa das *Napa Valley* (➢ Seite 221). Ebenso wie dort bieten auch im

Bereich Monterey die meisten Weingüter ein *Wine Tasting*. Wer sich dafür interessiert, sollte in den Touristeninformationen auf den **Wine Tasting Guide** mit *Visitor Map* achten. Eigene Infostellen der Weinerzeuger gibt es in Salinas (127 Main Stret) und in der *Cannery Row* von Monterey (#700, Suite KK). In beiden kann man regionale Weine kosten, täglich 11-18/19 Uhr; Details unter www.atasteofmonterey.com/monterey-wine-store.

Salinas

In **Salinas** wurde **John Steinbeck** geboren (➢ *Cannery Row*, Seite 326). Teile seines Romans »Jenseits von Eden« mit *James Dean* hat man in und um Salinas verfilmt. Sein **Geburtshaus** steht in der 132 W Central Street zwei Blocks entfernt vom interessant gemachten **John Steinbeck Center**; täglich 10-17 Uhr, Eintritt $15; Jugendliche 13-17 Uhr $8; www.steinbeck.org.

Equus

Ein anderer bekannter Bürger von Salinas ist **Monty Roberts**, der Erfinder der Pferdesprache *Equus*, www.montyroberts.com.

Pfad hinunter in die »Balconies«, übereinandergefallene, höhlenbildende Felsbrocken, die man nur mit Lampe durchkraxeln kann.

Moss Landing

Auf etwa halber Strecke von Santa Cruz nach Monterey liegt beidseitig der Brücke über den tidenabhängigen »Kurzfluss« *Elkhorn Slough* die im Wesentlichen aus Bootsmarinas bestehende Siedlung **Moss Landing**. An dem langen Pier gleich nördlich der Brücke über den Fluss streiten sich Hunderte von Seelöwen lauthals um ein Plätzchen. Idyllisch ist die Gegend wegen des Kraftwerks auf der Südseite des *Slough* nicht, dafür hat man unweit der Durchgangsstraße Gelegenheit, neben Seelöwen auch -otter und -hunde sowie Wasservögel aus nächster Nähe zu beobachten (Moss Landing Road und dann weiter Sandholdt Road). Im Hafen kann man Bootstouren (*Safari Tour*s) auf dem *Slough* durch das Elkhorn Naturschutzgebiet buchen; www.elkhornslough.com.

Wer hier übernachten möchte, findet mit dem *Captain's Inn at Moss Landing* ein sehr schönes, aber nur in der Nebensaison bezahlbares *B&B*-Quartier (dann ab $155); www.captainsinn.com.

RV-Camper können den **KOA-Platz** am Hafen nicht verfehlen.

Bootstrip an dem mit Seelöwen vollgepackten Pier entlang

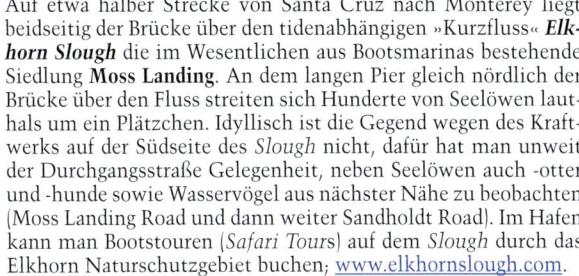

<u>**1.4.2**</u>   **Die besten 100 Meilen der Highway #1: Von Monterey nach San Simeon**

Monterey und Pacific Grove

Anfahrt und Info

Vom *Freeway #1*, bei Monterey zugleich **Stadtumgehung,** gelangt man von Norden am besten über die Del Monte Ave (*Exit* 402B) oder die Fremont Street (*Exit* 401A), von Süden auf der Munras Ave (*Exit* 399B) nach **Downtown Monterey**. Vor dem zentralen Stadtbereich passiert die Fremont Street den Camino El Estero an dem sich auf der Höhe Franklin St eine große *Visitor Information* befindet (#401; ☎ 1-888-221-1010). Dort erhältlich ist der sehr nützliche *Monterey Official Travel Guide*; online zum Blättern am Monitor unter: www.seemonterey.com/resources/visitors-guide/.

Weitere gute **Internetportale** www.monterey.com, www.monterey.org oder www.historicmonterey.org.

Gratis Shuttle	Der kostenlose ***MST Trolley*** verkehrt im Sommer 8-17 Uhr zwischen *Downtown* Monterey und dem Aquarium; http://monterey.org/en-us/Departments/Parking/The-WAVE-Free-Shuttle.
Unterkunft	Es gibt hier drei **Übernachtungsbereiche**. Das Preisniveau ist an Werktagen moderat, an Wochenden und in den Ferien relativ hoch:

• **Ein Motel neben dem anderen steht entlang der Munras Ave**, einer der Haupteinfahrten in die Stadt hinein (➢ oben). Fast kein Name der mittleren Kettenkategorie, der dort fehlt. Diese Straße zeichnet sich durch viel Grün und eine auffällig gepflegtere H/Motellerie als andernorts aus. Werktags kommt man dort oft mit *Discount Coupons* günstig unter (➢ Seite 108).

• Etwas weiter außerhalb an der **Fremont Street** findet sich eine weitere Hotelballung östlich der Ausfahrt 401A von der #1.

• Im Bereich ***Cannery Row*** ist man im Herzen des touristischen Lebens und zahlt für die dort überwiegend zur gehobenen Kategorie gehörenden Hotels heftige Tarife.

Die einfache Alternative ist das ***HI-Hostel Monterey*** auch im Bereich *Cannery Row* vier Blocks von der Uferpromenade und dem Aquarium entfernt, 778 Hawthorne Street. im Sommer $32-$37/Bett; ✆ (831) 649-0375; www.montereyhostel.org.

Hinweis Übernachtung	Südlich von Monterey wird das Übernachten (von Carmel bis St. Simeon) teuer, auch deshalb, weil bis Cambria die Gelegenheiten dünn gesät sind. Auf diesen ca. 100 mi kommt man ohne Reservierung an Wochenenden und zur Ferienzeit nur mit Glück unter.
Camping	Stadtnah campt man im ***Veterans Memorial Park Campground*** (von der #1, Ausfahrt 399 A Holman Highway nach Westen und nach ca. 1 mi rechts auf den Skyline Forest Drive, dann links Skyline Drive bis zum Ende; aus dem City Jefferson Street nach Norden und dann weiter auf dem Veterans Drive). Schöner bewaldeter Platz unweit von Zentrum und *Cannery Row*, aber RVs nur bis 21 Fuß; ✆ (831) 646-3865. Duschen, keine *hook-ups*; $30.

Interessant für größere Campmobile sind wegen ihrer noch relativ zentralen Lage die Stellplätze (*hook-up*) beim ***Red Roof Inn*** an der 2227 Fremont St; ✆ (831) 372-7586; Busverbindung zum Aquarium.

Weitere gute *Campgrounds* liegen im Carmel Valley, ➢ Seite 329.

Essen und Trinken	Im **Bereich *Cannery Row*** ballen sich Restaurants, darunter auch die Filiale der *Seafood*-Kette

• ***Bubba Gump Shrimp Co.*** in der 720 Cannery Row, eine Kombination von *Fast Food* und »richtigem« Restaurant.

Wer am Wasser sitzen möchte, findet außer an der *Cannery Row* weitere *Eateries* auf Montereys Pier **Fisherman's Wharf**.

In ***Downtown*** ist ganz originell das

• ***Lallapalooza*** in der 474 Alvarado Street, ✆ (831) 645-9036, eine Bier- und Cocktailbar mit Steakgerichten und *Seafood*.

Geschichte	Das heute 29.000 Einwohner zählende Monterey blickt auf eine für amerikanische Verhältnisse lange Geschichte zurück. Gegründet **1770 als Missionsstation** wurde sie bereits **1775 Hauptstadt**

des spanischen, ab 1821 mexikanischen Kaliforniens und blieb es auch noch nach seiner Eroberung durch die Amerikaner 1846, bis 1854 Sacramento Kapitale des neuen US-Staates im Westen wurde. Die aus jener Zeit erhaltenen bzw. restaurierten Gebäude samt einiger frühamerikanischer Bauwerke wurden insgesamt zum **Monterey State Historic Park** erklärt und durch den **Path of History** (ca. 3 km) symbolisch miteinander verbunden.

Path of History

Ein in der **Visitor Information** gratis ausgegebenes **Faltblatt** erläutert den Verlauf des historischen Pfades und die Bedeutung der Gebäude im Einzelnen, von denen eine Reihe musealen Charakter besitzt. Für einen europäischen Besucher ist der *Path of History* nur punktuell interessant; zu nennen sind in erster Linie die hübsche **Custom House Plaza** und vor allem die **Royal Presidio Chapel** (rekonstruierte erste Missionsstation) etwas abseits östlich des Zentrums an der Church Street.

Monterey, Pacific Grove & Carmel

Sunset Dr · Ridge Rd · Marine Gardens Park · Monterey Bay · N · 0 5 km · 1

Asilomar State Beach · Monarch Grove · Lighthouse Ave · Washington Park · Spanish Bay · PG Museum · New Blvd · Aquarium · Forest Ave · Pine Ave · David Ave · Cannery Row · Fisherman's Wharf · Monterey State Beach · Sand City

17 Mile Dr · Pacific Grove · Presidio of Monterey · Municipal Wharf · El Estero Park · Monterey · Monterey Peninsula Airport

Custom House Plaza · Veterans Dr · Veterans Memorial Park · Royal Presidio Chapel · Fremont St · 68 · Salinas Hwy

Forest Lake · Holman Hwy · Skyline Dr · Munras Ave · Del Monte Mall · 68 · 1

Cypress Point · Del Monte Forest · Ronda Rd · 68

17 Mile Dr · Pebble Beach · Jacks Peak Country Park

Pescadero Point · Carmel Beach · Scenic Rd · Ocean Ave · Junipero St · Rio Rd · Carmel · Rancho Mall · Carmel Valley Rd

Carmel Bay · Carmel River Lagoon · Carmel Mission · Crossroads Shopping · Schulte Rd

Carmel River State Beach · Point Lobos State Reserve · 1

Fisherman's Wharf, Beaches und Coastal Trail

Wie San Francisco besitzt auch Monterey eine **Fisherman's Wharf**. Sie besteht hier indessen nur aus einem einzigen Pier mit Frischfisch-Verkauf, *Fast-Food*-Ständen sowie ein paar *Giftshops* und Restaurants. Es gibt dort nichts, was man unbedingt gesehen haben müsste. Östlich der **Municipal Wharf** (Verlängerung der Figueroa Street) erstrecken sich schöne lange **Strände** mit dahinter liegenden Parks. Sehr beliebt ist der **Coastal Trail**, ein Jogging- und Bike-Weg, der vom *Lovers Point Park* in Pacific Grove bis über die *Monterey State Beach* hinaus ufernah um die Bucht läuft.

Cannery Row

Der wichtigste Anziehungspunkt Montereys liegt eine gute Meile nordwestlich *Downtown* und der *Wharf* im **Cannery Row** genannten Bereich (gleichzeitig Straßenname): Vom Del Monte Blvd an der Ecke Washington Street halbrechts durch den Tunnel und weiter auf der Lighthouse Ave. Die ehemaligen *Canneries* (= Fischfabriken) zwischen David und Hoffman Ave, die einst **John Steinbeck** zum Titel seines weltbekannten Romans **Cannery Row** (»Straße der Ölsardinen«), inspirierten, wurden fürs touristische Shopping und die unvermeidliche Restauration schick umfunktioniert, soweit sie nicht Parkplätzen weichen mussten.

Steinbeck, der hier mit seinem Roman Pate stand, ist mit einer Büste anwesend; gleich daneben illustriert ein Wachsfigurenkabinett (**Steinbeck's Wax Museum**, 700 Cannery Row) mit einigen Effekten das Leben, das er hier beschrieb.

Bereits im Kasten zum Abstecher zum Pinnacles NP wurde erwähnt, dass sich an der Cannery Row #700 eine Infostelle der lokalen und regionalen Weinerzeuger befindet mit **Wine Tasting** täglich 11-18/19 Uhr; www.atasteofmonterey.com/monterey-wine-store.

Feuerquallen im Monterey Aquarium

Aquarium

Trotz der hübschen Lage am Wasser wäre die »neue« **Cannery Row** kaum einen längeren Zwischenstopp wert, beherbergte sie nicht das **Monterey Bay Aquarium** an ihrem Nordende, eines der besten seiner Art in Nordamerika. Sowohl die Vielzahl der dort zu sehenden Meerestierarten als auch die Imitation ihrer Lebensräume bieten gelungenen Anschauungsunterricht zur Fauna der kalifornischen Pazifikküste (Broschüre auch in deutscher Sprache).

Sommer-/Winterhalbjahr geöffnet täglich 10-18 Uhr/bis 17 Uhr. Im Hochsommer und an Wochenenden herrscht großer Andrang, zeitiges Kommen oder späte Ankunft (nach 15 Uhr) hilft, den Hauptbetrieb zu vermeiden. Etwa 2-3 Stunden benötigt man für eine gründliche Besichtigung. Dafür ist der Eintritt heftig: **$40**, 13-17 Jahre $36, bis 12 Jahre $25; www.montereybayaquarium.org.

Bike Rental

Wer bei schönem Wetter ein paar Extrastunden hat, könnte sich eine Fahrrad mieten und Monterey bzw. ganz speziell Pacific Grove per Bike erkunden; z.B. bei *Bay Bikes*, 585 Cannery Row, ℂ (831) 655-2453; www.baybikes.com.

Scenic Drive Pacific Grove

Unverzichtbar in Monterey ist eine Rundfahrt im Stadtteil **Pacific Grove** an der pittoresken Küste entlang (Ocean View Blvd & Sunset Drive). Auch ein Fußweg für Spaziergänger wartet. **Seehunde und -löwen tummeln sich dort** auf den vorgelagerten Felsen. Vor allem entlang der sehr schönen Hauptstraße durch den Ort, der **Lighthouse Avenue**, finden sich viele hübsche **Restaurants** und **kleinere Motels** und **Hotels**.

PG Museum

Ein kurzer Halt könnte dem *Pacific Grove Museum of Natural History* gelten (165 Forest Ave, Di-So 10-17 Uhr, $9) mit zahlreichen ausgestopften Vögeln der Region und besonderem Gewicht auf den *Monarch*-**Schmetterlingen**, die sich Pacific Grove für ihren jährlichen Winterschlaf von Ende Oktober/Anfang November bis März ausgesucht haben. Ab 55° Fahrenheit (13°C) werden sie aktiv. Wer an einem sonnigen Tag zur richtigen Zeit dort ist, erlebt ein bemerkenswertes Schauspiel; www.pgmuseum.org.

Monarch Sanctuary

Die **Schmetterlingsbäume** sind auf der Karte der Touristeninformation (Ecke Forest Ave/Central Ave; www.pacific-grove.org) eingezeichnet. Geballt findet man sie im **Monarch Grove Sanctuary** an der 250 Ridge Road (ab Lighthouse Ave). Der Eintrit ist frei.

Point Pinos

In der äußersten Nordecke von Monterey steht das *Point Pinos Lighthouse* am Rand des *Pacific Grove Golf Course* (man folge einfach dem Ocean View Blvd/Sunset Drive. Der 150 Jahre alte Leuchtturm ist der älteste der ganzen Westküste und beherbergt ein kleines **Museum**. Etwas für Fans maritimer Objekte; im Sommer Do-Mo 10-16 Uhr; Eintritt $4; www.pointpinoslighthouse.org.

Seventeen-Mile-Drive

Auf dem **Sunset Drive** passiert man, wieder landeinwärts, das *Lighthouse* oder *Pacific Grove Gate*, eine der Zufahrten zum sog. *17-Mile-Drive*, einer hochgespielten **Touristenattraktion** und Programmpunkt aller Monterey berührenden Busreisen. Die Straße führt durch den Privatbesitz der millionenschweren *Del Monte Forest Community*, welche für die Besichtigung ihres Areals **$10 pro Auto** kassiert, und läuft größtenteils am Ufer des Pazifik entlang.

Strände und Buchten bieten (an sonnigen Tagen) zwar Einiges fürs Auge, aber die eintrittsfreie Umgebung in Pacific Grove und Carmel kann durchaus konkurrieren. Seehunde und Seelöwen tummeln sich hier wie dort, aber eben um und auf dem *Seal Rock* in besonders großer Zahl. Und das bekannte Fotomotiv der *Lone Cypress* auf vorgelagertem Felsen ist ein »Muss« für jede Kamera. Die großenteils enormen **Anwesen** von Reichen und Prominenten liegen mehrheitlich abseits der Rundstrecke an schmalen Nebenstraßen und verbergen sich fast ausnahmslos hinter hügeligem Gelände, Wald und Hecken.

Zypressen am 17-Mile-Drive

Carmel-by-the-Sea und Point Lobos Reserve

Anfahrt Carmel

Folgt man dem *17-Mile-Drive* in Nord-Süd-Richtung, gelangt man am Südostende der Halbinsel an das *Carmel Gate* und befindet sich sogleich mitten im Städtchen. Wer die teure Rundstrecke auslässt, folgt vom Sunset Drive der Straße #68 (zunächst Forest Ave, dann Holman Highway) und gelangt von ihr automatisch auf die **Straße #1** und wenig weiter südlich nach Carmel.

Kennzeichnung

Carmel ist der mit Abstand hübscheste (und teuerste) Ort der ganzen Westküste. Er gilt als Künstlerkolonie und besaß mit dem Filmschauspieler *Clint Eastwood* für einige Jahre einen äußerst publicitywirksamen Bürgermeister. Seither kümmern sich noch mehr teure Galerien, Modeboutiquen und Restaurants um die zahlreichen Besucher Das kommerziell bestimmte Leben und Treiben spielt sich hauptsächlich in der (auf den Strand zulaufenden) **Ocean Ave** und Umgebung ab.

Touristinfo	Eine *Visitor Information* mit Karten und Werbung (u.a. aber auch Faltblatt für *60-min-Walking Tour*) befindet sich in der San Carlos Street zwischen 5th und 6th Ave. Gute Internetportale sind www.carmelcalifornia.org www.carmelcalifornia.com www.carmel-california.com
Unterkunft	Im dort erhältlichen *Guide to Carmel* findet man viele attraktive, aber sagenhaft hochpreisige **Quartiere zwischen Villen und Beach** als individuelle und feine Alternative zu den Kettenmotels und *Motor Inns* in Monterey. Selbst ein *Comfort Inn* kostet in Carmel an der Ocean Ave schon mal $150. Ein gutes Preis-Leistungs-Verhältnis in ihrer Kategorie bieten im lokalen Rahmen:

- *Best Western Bay View Inn*, Junipero Street, mit Tarifen ab $180, www.carmelbayviewinn.com
- *Tally Ho Inn*, Monte Verde/Ecke 6th Ave, ✆ 1-800-652-2632, www.tallyho-inn.com, kleines sehr feines Haus ab ca. $280
- *Sandpiper Inn*, 2408 Bay View Ave einen Block vom Strand entfernt; ab $165; kleines Haus im Grünen mit relativ günstigen Tarifen; ✆ 1-800-590-6433, www.sandpiper-inn.com
- *Sea View Inn*, Camino Real zw. 11th und 12th Ave; DZ ab $144 (ohne TV!), gemütliches kleines Haus drei Blocks vom Strand entfernt; ✆ (831) 624-8778, www.seaviewinncarmel.com
- *Mission Ranch* (Eigentümer *Clint Eastwood*), 26270 Dolores Street, ✆ 1-800-538-8221, www.missionranchcarmel.com, ab $140 bis über $300. Die *Mission Ranch* ist ein parkartiger Komplex aus mehreren Gebäuden in der Nähe der Missionskirche mit Mittelklassezimmern und Luxussuiten. Auch ein **Aussichtsrestaurant** gehört dazu.

Camping	In Ortsnähe kann man nicht campen, aber es gibt mit dem

- *Carmel by the River RV Park*, *full hook-ups* im Sommer $80; keine Zelte; ✆ (831) 624-9329; www.carmelrv.com

und dem hochgelegenen

- *Saddle Mountain Ranch*, Zelte $40; *full hook-ups* im Sommer $72; ✆ (831) 624-1617; www.carmelcamping.com

zwei gute, aber teure *Campgrounds* im Carmel Valley, ca. 5-6 mi östlich von Carmel (Straße #G16/Schulte Road).

Carmel River Beach auf der Südseite des Ortes; im Hintergrund Point Lobos

Essen und Trinken

Gut bestückt ist Carmel mit besseren **Restaurants**. Viele verfügen über schöne **Open-air-Terrassen**.

- Das *Merlot Bistro*, Ocean Ave zwischen Lincoln und Monte Verde Street, ✆ (831) 624-5659, hat ein eindrucksvolles Menü mit *American*, *Italian* und *Mexican Food*

- *Jack London's Neighborhood Pub & Grill*, Dolores zwischen 5th und 6th Ave, ✆ (831) 624-6223; Sportsbar und Restaurant mit *American Food*, Pizza, Pasta & *Mexican Items*, preiswert.

- *Mission Ranch Restaurant*, Dolores Street hinter der Carmel Mission, erstklassige Lage im gleichnamigen Hotelkomplex (➤ oben), Terrasse mit Weitblick, amerikanische Küche, verfeinert und hochpreisig. Reservierung: ✆ (831) 625-9040.

- Das *Hogs Breath Inn* in der San Carlos zwischen 5th und 6th Ave gehörte einst *Clint Eastwood* und kam deshalb zu Popularität, weil man den Bürgermeister und Schauspieler dort gelegentlich antraf. Aber auch ohne diesen Vorzug handelt es sich um eine gute Kneipe mit Speisekarte; ✆ (831) 625-1044.

Ortsbild

Der überwiegende Teil des Ortes besteht nichtsdestoweniger aus beneidenswert gelegenen und gestalteten Privathäusern inmitten einer von Kiefern und Zypressen bewachsenen, leicht hügeligen Landschaft. Die weißen **Strände** entlang der *Scenic Road* gehören zu den schönsten im Westen der USA. Am Südende dieser Straße stößt man auf den wunderbaren **Strand** der *Carmel River State Beach* mit Vogelschutzgebiet und Süßwasserlagune, die nur durch einen **Dünenstreifen** vom Ozean getrennt ist. Mit ein wenig Glück sieht man dort possierliche **Seeotter** unweit des Strandes in den Wellen spielen. Vor Jahren schienen sie fast ausgerottet, heute sind sie oft wieder zahlreich zu finden.

Nach Disneyart verspielte typische Carmel-Villa.

Carmel Mission

An der Rio Road, steht eine der attraktivsten der 21 spanischen Missionsstationen in Kalifornien. Die **Mission San Carlos Borromeo del Rio Carmelo** wurde 1770 erbaut. In ihr liegt der Gründervater der Missionen begraben, der Franziskanermönch **Junipero Serra**, ➢ Seite 476. Zu besichtigen sind Kirche, Innenhof und Gärten + kleines Museum Mo-Sa 9.30-17 Uhr, So ab 10.30 Uhr; Eintritt $6,50, Kinder ab 7 Jahre $2; www.carmelmission.org.

Arboretum

Hübsch ist auch das benachbarte **Arboretum** (Hatton Road).

Point Lobos State Reserve

Der Strand von Süd-Carmel endet mit der *Monastery Beach* an der Grenze zur **Point Lobos State Reserve**, einem äußerst populären Naturschutzpark. Die Zufahrt erfolgt von der Straße #1, etwa 4 mi südlich des Zentrums von Carmel.

Point Lobos ist eine felsige Halbinsel mit zerklüfteter Küste, vorgelagerten Inselchen, Buchten und kleinen sandigen Einsprengseln; www.pointlobos.org (Wochenenden meiden oder vor 9 Uhr anreisen, denn die Kapazität der Parkplätze ist recht begrenzt. Wer nur noch entlang der Straße #1 einen Platz findet, muss weit laufen).

Die Halbinsel wird durchzogen von **Nature Trails** und von einem Uferpfad umrundet. Er verläuft meist hoch über dem Ozean, in dem sich gerne Seeotter und -hunde tummeln. Zahlreiche Seelöwen bevölkern normalerweise auch die **Sea Lion Rocks** vor der Küste. Gleich nebenan läuft der **Cypress Grove Trail**. Besonders zur Vogelbeobachtung (Kormorane) eignet sich der zum *Pelican Point* führende **Bird Island Trail** mit Startpunkt ganz am Ende der Stichstraße. Ebenfalls zu empfehlen ist der Aufstieg zum **Cannery Point** auf der Nordseite der Halbinsel. Die *Whalers Cove* unterhalb dieses Aussichtspunktes ist ein beliebtes **Tauchrevier**. Das Minimalprogramm im Park sollte ein Spaziergang auf dem kombinierten **Sand Hill/Sea Lion Point Trail** sein (45 min).

Campen kann man in *Point Lobos* nicht.

Straße #1 ab Point Lobos

Garrapata State Park

Nur 3 mi südlich des Wanderparadieses *Point Lobos* präsentiert sich die grandiose Steilküste entlang der #1 schon durchs Autofenster. Besonders beeindruckend sind die felsigen Abschnitte rund um den **Soberanes Point** im **Garrapata State Park** (Parkplätze #8-11). Von Januar bis Mai lohnt sich auch ein kurzer Stopp beim *Parking Turnout #18*, wo es durch eine Senke mit prächtigen Calla-Lilien zum Strand hinunter geht; www.parks.ca.gov/?page_id=579.

Camping

Auch im *Garrapata SP* gibt es nur *Hiking Trails* und keine Campmöglichkeit. Die findet man dafür in großartiger Lage hoch in den Bergen des *Los Padres National Forest* im **Einfach-Campground Bottchers Gap**, etwa 8 mi von der #1 entfernt; Zufahrt über die kurvenreiche und teilweise sehr steile *Palo Colorado Road* rund 13 Meilen südlich von *Point Lobos*. Die schattigen Plätzchen für **Zelte** liegen abseits im Wald ($15), der Parkraum für RVs ist begrenzt (nur für **3-4 Van Camper**); *first-come, first-served*.

Eine Alternative (nur für **Zelte**) ist der **Andrew Molera State Park** nördlich von Big Sur mit *Walk-in Campground* in gut 500 m Entfernung vom Parkplatz; zum Strand sind es 1,6 km.

Campmobilfahrer können dort zur Not die Nacht überbrücken, falls im Sommer – wie häufig – alle anderen Plätze der Region belegt sein sollten. Auch im **Pfeiffer Big Sur State Park** dürfen **RVs** über Nacht den Parkplatz nutzen.

Straße #1 von Point Lobos bis Sant Simeon

Ab *Point Lobos* befindet man sich definitiv **auf dem schönsten und einsamsten Abschnitt der #1**, der erst 1937 nach 16 Jahren Arbeit (überwiegend durch Strafgefangene) fertiggestellt wurde. **Bis San Simeon** gibt es **keine echte Ortschaft** mehr (Achtung: nur 2 Tankstellen mit Höchstpreisen). Die »Orte« in der Karte beziehen sich auf als solche kaum erkennbare Siedlungen mit teilweise nur Motel und *Coffee Shop*. Großartige Ausblicke auf Buchten und Steilküste belohnen immer wieder die Serpentinenfahrt.

Bixby Bridge

Ca.13 mi südlich von Carmel überspannt die eindrucksvollste der 32 Brücken auf dem Stück von Carmel nach San Simeon den vom Bixby Creek gebildeten Canyon in ca. 75 m Höhe über dem Pazifik.

Highway #1 im Bereich der Bixby Bridge zwischen Carmel und Big Sur

Während der Winter-monate scheint die untergehende Sonne direkt durch dieses Felstor an der Pfeiffer Beach bei Big Sur.

Tipp

Big Sur

Pfeiffer SP

Pfeiffer Beach

Zum Zeitpunkt ihrer Fertigstellung 1932 war die 200 m lange Bogenbrücke die größte ihrer Art in den Weststaaten. Die **Bixby Bridge** wirkt in ihrem in eine Straßenkurve eingefügten Verlauf immer noch spektakulär und ist ein beliebtes Fotomotiv.

Noch nördlich dieser Brücke passiert man das etwas abseits der #1 hoch über dem Pazifik gelegene **Rocky Point Restaurant** mit einer herrlichen Open-air-Terrasse und einem voll verglasten Gastraum! Viel besser als das *Nepenthe* Restaurant in Big Sur (➤ weiter unten), www.rockypointrestaurant.com. Es ist nicht billig, aber dafür stehen auch keine Plastikstühle auf der Terrasse, und drinnen geht es edel und gepflegt zu. Reservierung im Internet oder telefonisch unter ✆ (831) 624-2933 und nach einem *Window Table* fragen. Bei Dunkelheit werden Meer und Küste mit Flutlicht ausgeleuchtet.

Dies ist **Big Sur Country**, das dank *Henry Millers* Buch »Big Sur oder die Orangen des Hieronymus Bosch« weltweit Bekanntheit erlangte, ➤ www.henrymiller.org. Auch **Big Sur** (www.bigsurcalifornia.org) ist kein »echter«, von der Straße aus erkennbarer Ort:

Ein paar halb versteckte **Lodges**, zwei private **Campgrounds** (gut *Big Sur Camp* & *Cabins*, ✆ (831) 667-2322, www.bigsurcamp.com), ein **State Park**, das legendäre **Nepenthe Restaurant** (mit Bistro fürs Lunch und Nachmittagskaffee) und gegenüber eine tolle **Skulpturengalerie** (www.hawthornegallery.com) sind die einzig auffälligen Eckpunkte einer Ansammlung verstreuter Anwesen in den Bergen und entlang der Zufahrt zur *Pfeiffer Beach*.

Der **Pfeiffer Big Sur State Park** (*Campground* $35-$50, gut, sehr groß, oft voll; www.parks.ca.gov/?page_id=570) liegt landeinwärts am Big Sur River. **Trails** führen zum pittoresken *Big Sur Canyon* mit Wasserfällen (1 km) und kleinen natürlichen Badepools.

Zudem gehört zu Big Sur die erwähnte **Pfeiffer Beach**, eine der **attraktivsten Sandbuchten** zwischen Carmel und San Diego. Zufahrt

*Kleiner Wasserfall am Strand des
Julia Pfeiffer Burns State Park*

über **Sycamore Canyon Road** hinunter zur Küste (sie zweigt ca.
200 m nördlich der Brücke über den *Pfeiffer Canyon* ohne weitere
Kennzeichnung von der Straße durch Big Sur ab – keine RVs (aufpassen: nicht die Pfeiffer Ridge Road nehmen, die 100 m weiter
nördlich von der #1 abzweigt). Vom kostenpflichtigen Parkplatz
sind es 200 m zu Fuß bis zum malerischen, von Felsen einge-
rahmten Strand. Leider ist der Pazifik kalt; selbst im Hochsommer erreicht die Wassertemperatur maximal 16°C.

**Strecke bis
San Simeon**

Schnell kommt man auf dieser Straße nicht voran, und das sollte
man auch nicht: Es gibt immer wieder neue Gründe, anzuhalten,
die Kamera zu zücken oder die Aussicht zu genießen.

**Keine
Quartiere**

Spontane Entschlüsse zum Verweilen über Nacht fallen indessen
südlich von Big Sur schwer. H/Motels gibt es gar nicht mehr. Camper finden aber in den **State Parks Julia Pfeiffer Burns** ($30) und
Limekiln ($35) sowie den **Forest Campgrounds Kirk Creek (!)** und
Plaskett Creek ($25, ca. 35 mi bzw. 30 mi nördlich vor San Simeon)
schöne Stellplätze. Deren herrliche Lage über der Küste sorgt für
eine oft komplette Belegung, zumal alle Plätze reserviert werden
können, ➢ Seiten 122.

**Julia Pfeiffer
Burns SP**

Unterwegs lohnt auch ohne Campabsicht der Stopp im **Julia
Pfeiffer Burns SP**: Der etwa 500 m lange **Waterfall Trail** läuft durch
einen Tunnel unter der #1 hindurch bis zu einem Aussichtspunkt
hoch über dem Pazifik. Tief unten befindet sich ein Strand, auf
den sich malerisch ein Wasserfall ergießt. Der früher vorhandene
steile Pfad hinunter von der Südseite der kleinen Bucht wurde
nach einem Erdrutsch leider gesperrt. Auch das Foto auf ➢ Seite
308 wurde dort aufgenommen; www.parks.ca.gov/?page_id=578.

**Piedras
Blancas**

Wenige Meilen nördlich des Hearst Castle Besucherkomplexes
passiert man auf dem Cabrillo Hwy #1 die Zufahrt zur **Piedras
Blancas Light Station** (www.piedrasblancas.gov) und das zum

See-Elefant bei Piedras Blancas

San Simeon State Park gehörende **Schutzgebiet *Piedras Blancas***. Wie auch in der weiter oben beschriebenen *Año Nuevo Natural Preserve* dürfen sich dort neben Robben, Seelöwen und Seevögeln auch **See-Elefanten** weitgehend ungestört fühlen. Dennoch hat man ohne besondere Restriktionen Zugang zu Beobachtungspositionen. Oft trifft man in *Piedras Blancas* auf Mitglieder der Organisation »*Friends of the Elephant Seals*« (www.elephantseals.org), die wissbegierige Besucher gerne über den Lebensrhythmus der Tiere informieren, aber auch Störungen von den Tieren fern zu halten versuchen.

San Simeon und Cambria

Hearst Castle

Bei San Simeon ließ sich der Pressezar **Randolph Hearst** ab 1919 in 28-jähriger Bauzeit das Schloss seiner Träume errichten. Das enorme Bauwerk ist ein Verschnitt aus architektonischer Phantasie und Nachbau europäischer Vorbilder. Teileelemente des Komplexes sind sogar echt; sie wurden eigens aus der Alten Welt herübergeschafft. *Hearst Castle* gehört heute als öffentliches **Hearst San Simeon State Historical Monument** dem Staat Kalifornien.

Ein **Kurzbesuch** des *Hearst Castle* ist nicht möglich, denn man kommt auf sich gestellt nur bis zum **Visitor Center** in respektvoller Entfernung. Es ist März-September täglich 8-18 Uhr geöffnet,

Eingangsportal in das prunkvolle Hearst Castle

im Winter 9-17 Uhr, Sa+So bis 15 Uhr geöffnet; www.hearst-castle.org. Von dort aus starten unterschiedliche **Führungen durch Teilbereiche des Palastes** ($25 pro Person, Kinder bis 5-12 Jahre $12 inkl. Transport per *Shuttle-Bus*. Wer mehr sehen möchte, kann dies nur über die Buchung einer weiteren Tour. Entstehungsgeschichte, Paläste, Prunk und Park machen *Hearst Castle* zwar attraktiv, für Europäer – die den Originalen näher sind – stellt sich aber die Frage, ob eine partielle Besichtigung des Schlosses das hohe Eintrittsgeld und ggf. Wartezeiten lohnen.

Zur Geschichte des Hearst Castle   Ernst-Georg Richter

Als *William Randolph Hearst* (1863-1951) im Jahr 1919 mit dem Bau seines *Pleasure Dome* begann, konnte er nicht ahnen, dass die damals noch kaum erschlossene wilde Küste Kaliforniens lange vor der Fertigstellung seines grandiosen Palastes (1947), nämlich bereits 1937, durch eine von Los Angeles bis San Francisco durchgehende Küstenstraße von der automobilen Zivilisation erobert sein würde. Der Highway #1 bringt heute um 1 Mio. Besucher jährlich in dieses kalifornische Schloss. Es wurde bereits 1958, nur sieben Jahre nach dem

Neptune Pool

Tod seines Erbauers, von den Erben an den kalifornischen Staat weitergereicht, der es als *Historical Monument* der Öffentlichkeit zugänglich machte.

Die konnte und kann bis heute nur staunen über die unüberschaubare Sammlung von Kunstwerken aus aller Herren Länder in den rund 160 Räumen des Anwesens und die Skulpturen im Außenbereich. Zu *Hearsts* Lebzeiten sahen die riesigen Säle statt schnöder Touristen in Gruppenführung ein stetes Kommen und Gehen eingeflogener prominenter Gäste, und im römischen Pool wurde zu jeder Tages- und Nachtzeit in verschiedensten Bekleidungsstadien geplanscht. In dieser Glitzerwelt feierten einst *Hearst*, seine Geliebte *Marion Davies* und ihre Hollywood-Freunde Parties, für die der Begriff »ausgelassen« stark untertrieben wäre. In den amüsanten Autobiografien des Schauspielers **David Niven** (»Stars, die nicht vom Himmel fielen« und »Vielleicht ist der Mond nur ein Luftballon«) findet sich eine ganze Reihe hübscher Anekdoten dazu. Ein anderer Filmschaffender setzte sich auf seine Weise mit der schillernden Figur *Hearsts* auseinander; der legendäre **Orson Welles** nahm ihn in **Citizen Kane** (1941) zum Vorbild des **Charles Foster Kane**, der nach einem turbulenten Leben am Ende einsam in seinem Schloss stirbt.

Touren
Hearst Castle

Erste Tour 8.20 Uhr, letzte reguläre Tour spätestens **um 16 Uhr**. Danach finden **Abendtouren** statt ($36/$18). An Wochenenden sollte man unbedingt reservieren unter ☎ 1-800-444-4445 bzw. http://hearst.reserveamerica.com. An Wochentagen gibt es bisweilen auch ohne langes Warten noch freie Plätze.

Die **ausgezeichnete (eintrittsfreie) Ausstellung im *Visitor Center*** mit Fotos vom Innenleben des Schlosses vermittelt bereits einen guten Eindruck und mag vielen genügen. Oder der Film »***Hearst Castle*, *Building a Dream***« im *National Geographic Theatre*, der jeweils zur halben Stunde läuft (ab 8.15 bis 18.45/17.15 Uhr). Tikkets erhält man vor Ort, für Tour-Bucher ist der Film inklusive.

Unterkunft

Im **Bereich San Simeon/Cambria** warten zahlreiche *Lodges* und *Motels* auf Gäste, darunter auch unabhängige Häuser, z.B.

- *Silver Surf Motel*, 9390 Castillo Drive in San Simeon, ☎ 1-800-621-3999, www.silversurfmotel.com, im Sommer ab $95, sonst ab $55, gutes Preis-/Leistungsverhältnis, *free Wifi, Indoor Pool*
- *Creekside Inn*, 2618 Main Street in Cambria, ☎ 1-800-269-5212, www.creeksidecambria.com, *free Wifi*, Sommer ab $120
- *Cambria Palms Motel*, 2662 Main Street in Cambria, ☎ 1-866-489-4485, www.cambriapalmsmotel.com, ansprechende Anlage, kleine Räume, in der Hochsaison ab $119.

Die Häuser der Ketten **Best Western**, **Quality Inn** oder **Motel 6** sind an der Durchgangsstraße #1 und am parallelen Moonstone Beach Drive nicht zu übersehen.

Cayucos

15 mi südlich von Cambria lädt auch das hübsche **Cayucos** mit vielen Quartieren und schönem Strand (*State Beach*) zum Stopover ein; www.cayucosbythesea.com.

Ein guter *Campground* befindet sich im ***Hearst San Simeon State Park*** ($25), den man im Sommer tunlichst reserviert, ➤ Seite 122.

Restaurant-terrasse in Morro Bay mit Blick über die gleichnamige Bucht auf den Morro Rock (➤ folgende Seite)

1.4.3   Noch 200 Meilen bis LA

Morro Bay

Ungefähr ab Morro Bay, das vor der Küste mit dem imposanten *Morro Rock* (176 m) ein weithin sichtbares Wahrzeichen besitzt, beginnt **Southern California**. Von Norden kommend passiert man schon weit vor der Stadt die *Morro Strand State Beach* mit breiten Stränden und **Campingplatz** ($35).

Morro Bay

Morro Bay ist eine gute Station für einen Zwischenstopp und auch für eine Übernachtung. Vom Cabrillo Hwy #1 fährt man über die Main Street auf den Harbor Boulevard und ist dann rasch am – für amerikanische Verhältnisse – malerischen kleinen Hafen mit einer ganzen Reihe von **Fischrestaurants** und *Fast Food Eateries*, teilweise mit Terrassen über dem Wasser. Die »Idylle« wird allerdings etwas getrübt durch einige hohe Schlote am Nordende der Bucht.

Zentrale Küste Süd

N

0   14 km

Im zentralen Bereich von Morro Bay ist – so scheint es – fast jedes zweite Haus ein Motel, *Motor Inn*, Restaurant oder Souvenirladen. Einen Kurzbesuch lohnt dort z.B. **The Shell Shop** (590 Embarcadero) mit einer unglaublichen Auswahl an Muscheln zu vergleichsweise günstigen Preisen.

Unterkunft

Zu den guten, zentral gelegenen Quartieren zählen u.a. das
- *Comfort Inn* an der 590 Morro Ave (sehr gepflegt und mit Parkgarage unter den Hotelräumen; Zimmer ab ca. $110; ✆ (805) 772-4483, www.comfortinnmorrobay.com) sowie das
- *Pleasant Inn* an der 235 Harbor Street (Zimmer ab ca. $125; ✆ (805) 772-8521; www.pleasantinnmotel.com).

Ganz wunderbar ist und liegt das
- *The Inn at Morro Bay* an der Main Street, ca. 1 mi südlich des Zentrums, ✆ (805) 780-5733; www.innatmorrobay.com; ab $170

Der **Morro Bay State Park** (www.parks.ca.gov/?page_id=594) mit weit über 100 Stellplätzen liegt im Wald abseits der Küste (Reservierung der *hook-ups* über www.reserveamerica.com). Landschaftlich attraktiver und ruhiger ist der 12 mi entfernte, einfache *Montaña de Oro State Park Campground* ➢ unten. Wenn an der Küste alles voll sein sollte, gibt es außerdem noch den **NF-Campground Cerro Alto** 6 mi landeinwärts an der Straße #41.

Gut für einen **Strandspaziergang** eignet sich die **Morro Rock Beach**. Vom Zentrum geht es parallel zum Ufer zunächst auf der Front Street, dann Embarcadero und Coleman Drive bis zum Strand-Parkplatz und Straßenende unterhalb des *Morro Rock*.

Montaña de Oro

Noch schönere Küstenwanderwege warten südlich der Morro Bay im **Montaña de Oro State Park**. Vom Vorort Los Osos (Hwy #1 *Exit* #277) folgt man der Stichstraße Los Osos Valley Road, die in die Pedro Valley Road übergeht und ohne Eintritt in den Park hineinführt (www.parks.ca.gov/?page_id=592).

Besucherzentrum und *Campground* befinden sich an der schönen Strandbucht bei der **Spooner's Cove** (knapp 50 Stellplätze; weder Duschen noch *dump station*; RVs nur bis 27 Fuß; $25).

Der 6,5 km lange Rundwanderweg **Bluff Trail** startet gleich südlich davon und verläuft relativ eben entlang der stark zerklüfteten Küste vorbei an kleinen Sandbuchten, den Gezeitenbecken in der *Corallina* und *Quarry Cove* sowie an einigen natürlichen Felsbögen. Besonders lohnenswert ist der Abstecher zur **Grotto Cove**, die man jedoch schneller vom *Coon Creek* Parkplatz aus – am südlichen Ende des *State Park* – erreicht (➢ Foto unten).

Point Buchon

Dort beginnt ein ebenfalls leichter **Trail** in Richtung Süden durch die Sicherheitstore der **PG&E** (*Pacific Gas & Electric Company*), die nur **Do-Mo** den Zugang über ihr Gelände gestattet. Nicht etwa Goldfunden ist der Name »Montaña de Oro« (spanisch für »Goldberg«) zu verdanken, sondern den Wildblumenwiesen rund um *Point Buchon*. **Abertausende von goldenen California Poppies** (➢ auch Seite 426) leuchten alljährlich ab Ende Februar dort

Küste im Montaña de Oro State Park

um die Wette. In Küstennähe vorbeiziehende Wale sind eine zusätzliche Attraktion, ebenso wie Seehunde, -otter und allerhand Vogelarten. Durchaus sehenswert sind auch die zahlreichen Felsbögen unterhalb der steilen Klippen. Die schönste Ansammlung erreicht man nach ca. 3 Kilometern, noch gut 10 min südlich des ausgeschilderten *Disney Lookout Point*.

Wer nach 5,5 km am *Windy Point* steht, dem Umkehrpunkt, kann aus der Ferne noch einen Blick auf die höchstumstrittene **Diablo Canyon Power Plant** werfen, einen betagten Atommeiler, der unmittelbar neben tektonischen Verwerfungen errichtet wurde. Laut Experten könnte er zwar einem Erdbeben der Stärke 7,5 standhalten, aber eher keinen seismischen Vorfällen mit Tsunamis.

Permit erforderlich!

Nur 275 Leute/Tag werden in das *PG&E*-Areal gelassen, ein Limit das zur Blütezeit und an Feiertagen oft voll ausgeschöpft wird. Das **Permit** muss im Voraus online beantragt werden: http://pge.modwest.com/pgereservations/trailschild.php?pid=4.

Restaurant im skurrilen Madonna Inn

Von Morro Bay nach Santa Barbara

San Luis Obispo

Hinter Morro Bay verlässt die #1 die Küste und vereinigt sich in San Luis Obispo für ein kurzes Stück gemeinsamen Verlaufs wieder mit dem *Freeway #101*. Als wichtigste Sehenswürdigkeit dieses insgesamt recht ansehnlichen Städtchens gilt die für die Stadt namensgebende **Missionsstation** im zentralen Bereich (Chorro/Monterey Street); ➢ Kasten Seite 476. Der Besuch ist kein »Muss«.

Madonna Inn

Mindestens einen kurzen Blick geworfen haben sollten San Luis Obispo passierende Reisende auf das ungewöhnliche **Madonna Inn** an der gleichnamigen Road (unmittelbar westlich der Brücke über die #101), in dem die Zimmer »thematisch« unterschiedlich hergerichtet sind. Für **Dschungel, Steinzeithöhle, Ritterkemenate, roten Salon** u.a.m. zahlt man ab ca. $200/Nacht; Vorschau unter www.madonnainn.com/features.php. Auf der Website finden sich auch Sonderangebote und *Packages*, speziell So-Do; ✆ 1-800-543-9666. Für Nicht-Hotelgäste gibt die skurrile Herrentoilette im Untergeschoss einen Vorgeschmack auf die Zimmer.

Im *Vagabond Inn* gleich nebenan darf man sich keinen Luxus erwarten, aber deutlich günstigere Preise; DZ ca. $79, auch *Online-Specials*; ✆ (805) 544-4710; www.vagabondinnsanluisobispo.com.

Hostel

Noch deutlich günstiger schläft es sich im *HI-Hostel* am 1617 Santa Rosa Highway (Straße #1) in einer alten Villa, ✆ (805) 544-4678, www.hostelobispo.com; Bett ab $27, DZ ab $60.

Exkurs | **Straßen #46/#41 und #58 in Richtung Osten**

Zu den möglichen Routen

Ab San Luis Obispo besteht die Möglichkeit, sich Richtung Osten zur Route Los Angeles-*Sequoia+Yosemite National Parks* (Kapitel 2.2, ➢ Seiten 426 und 434f) oder ggf weiter zum *Death Valley* und/oder nach Las Vegas zu wenden, indem man der #101 zunächst ein kurzes Stück nach Norden folgt.

zum Sequoia Nat'l Park

Mit Ziel **Sequoia Park** wechselt man auf die Straße #41 Richtung Fresno, und ab **Lemoore** geht es dann auf der #198 weiter über Visalia zur Südeinfahrt des Parks. Die meilenmäßig etwas weitere, aber raschere Alternative dorthin wäre nach ca. 25 mi auf der #41 ab Shandon die #46 bis zur Autobahn #99 und auf ihr nach Visalia etc.

zum Yosemite Park

Bei Zielsetzung **Yosemite Park** bleibt man einfach weiter auf der #41, die ab Lemoore bestens und durch Fresno hindurch als Autobahn ausgebaut ist. Sie gilt für Besucher aus dem Süden Kaliforniens als »Rennstrecke« in den Park, ➢ Seiten 442f.

James Dean

Die **Straße #46** kam im Jahr 1955 zu trauriger Berühmtheit, als der **Hollywood Shooting Star James Dean** am Straßendreieck #46/#41 (25 mi östlich von Paso Robles, gleich östlich von Cholame) mit seinem nagelneuen *Porsche Spider* auf dem Weg zu einem Autorennen tödlich verunglückte. Ein Schild »*James Dean Memorial Junction*« weist auf den damals weltweit mit Bestürzung aufgenommenen Unfall hin.

Nach Las Vegas/ Death Valley über Bakersfield

Wer hinüber nach **Bakersfield** und weiter Richtung **Death Valley** und/oder **Las Vegas** fahren möchte, nimmt ab Santa Margarita die **Straße #58**, die in Bakersfield auf die #178 stößt (wichtig für *Death Valley*- bzw. Straße #395-Aspiranten, ➢ Kasten auf Seite 432) und nach zwei Meilen gemeinsamen Verlaufs mit der #99 als Autobahn weiter nach **Barstow** führt. Dort endet sie mit Erreichen der I-15, ➢ Seite 448.

Abkürzung

Wer San Luis Obispo auslässt, könnte bereits zwischen Cambria und Harmony die #46 oder ab Morro Bay die #41 nehmen.

Pismo Beach Butterfly Grove
(Zugang vom Hwy #1)

Pismo Beach/ Oceano	Bei Pismo Beach trennt sich nach ca. 12 mi gemeinsamen Verlaufs die Straße #1 wieder von der Autobahn #101. Pismo Beach, Grover Beach und Oceano sind ineinander übergehende eher schlichte Seebäder mit hoher Motel- und Campingkapazität. Südlich von Oceano liegt das ausgedehnteste **Küstendünengebiet** Kaliforniens.
Outlet Mall	Für das kleine Shopping-Vergnügen zwischendurch warten in Autobahnnähe (*Exit #190A*) die **Pismo Beach Premium Outlets** mit 40 Shops von *Levi's*, *Nike*, *Guess* bis *Tommy Hilfiger*.
Monarchs	Die berühmten **Monarch-Schmetterlinge** kann man nicht nur in Pacific Grove (➤ Seite 327) bewundern, sondern von November bis Februar um die Mittagszeit auch in einem Eukalyptushain am südlichen Ende des **North Beach Campground** der **Pismo State Beach**. Interessant sind die zu dieser Jahreszeit täglich dort stattfindenden *Monarch Talks* (jeweils um 11 und 14 Uhr); Parkmöglichkeiten beidseitig am Hwy #1; www.monarchbutterfly.org.
Oceano Dunes SVRA/ Beach Camping	Neben Komfortcamping entlang der #1 und im *State Park* gibt es dort (nirgendwo sonst an der Westküste) auch offiziell erlaubtes **Camping direkt am Strand** in der **Oceano Dunes State Vehicular Recreation Area** südlich des Ortes (keine Infrastruktur außer Chemietoiletten! Gebühr $10, ✆ 1-800-444-7275; Reservierung bis zu 7 Monaten im Voraus möglich unter www.reserveamerica.com). Von der Einfahrt auf den Strand am Ende der Pier Ave sind es bis zum gekennzeichneten Campbereich etwa 1000 m.
	Jahrelang durften Campmobile und Pkw nicht mehr auf dem Strand fahren; erst 2010 wurde das Verbot wieder aufgehoben. Doch das Campen findet in Bereichen mit lockerem Sand statt, was mit Fahrzeugen ohne 4WD nicht unproblematisch ist. Abschlepper, die gerne und teuer helfen, pendeln mit ihren Fahrzeugen am Strand entlang und sind selten weit.
Motels	Wer nicht am Strand, sondern mangels Zelt oder RV in einem richtigen Bett schlafen möchte, findet im Bereich Pismo/Grover Beach und Oceano zahlreiche Unterkünfte, z.B.

- **Sea Gypsy Motel**, 1020 Cypress Street; am Strand von Pismo Beach mit Meerblickterrassen (Studios im Sommer $219, ohne Seeblick $95); ✆ 1-800-592-5923, www.seagypsymotel.com
- **Ocean Breeze Inn**, 250 Main Street; eher einfaches Haus in der 2. Reihe von Pismo Beach mit *Indoor*-Pool: in der Hochsaison ab $120; ✆ (805) 773-2070, www.oceanbreezeinn.net. .

Off Road Vergnügen

Nur ein Teil der Dünen ist für *All Terrain/Off-road Vehicles* freigegeben (südlich der Campingzone). Zu ihnen geht es nach Zahlung von **$5** von den Zufahrten in Oceano am Strand entlang (ca. 1 mi). In Strandnähe an der Grand Ave und Pier Ave findet man mehrere **ATV/ORV-Verleiher. Miete ab $60/2 Stunden**, z.B.

- **Arnie's ATV**; ✆ 1-800-213-1590, www.pismoatvrentals.com
- **Angello's ATV**, ✆ (805) 481-0355, www.angellosatvinc.com.

An Wochenenden und zu gut besuchten Ferienzeiten stehen Verleiher mit Fahrzeugen praktischerweise auch im Campbereich bzw. am Strand. Indessen tummelt sich dann halb Kalifornien gleichzeitig dort.

Wer sich nicht selbst ans Steuer setzen, aber dennoch durch die Dünen brausen möchte, bucht für $55 ($52 *cash*) eine Stunde Strand- und Dünenspaß im Superjeep *Hummer*; ✆ (805) 481-9330, www.xtremehummeradventures.net.

Aber auch **ohne ATV** ist der Besuch eine schöne Sache. In den geschützten Bereichen hinter der Campzone kann man ungestört herumwandern; von den Höhen hat man herrliche Ausblicke.

Weiter auf der #1

Von Oceano könnte man der schnelleren #101 folgen oder auf der #1 bleiben, die am Ostrand der *Vandenberg Air Force Base* durch eine (ebenfalls) wenig aufregende Landschaft führt.

Mission La Purisima

Am Wege liegt aber im Tal des Santa Ynez River an der Straße #246 unweit östlich von Lompoc eine weitere Missionsstation, der **State Historic Park Mission La Purisima**, ein großer restaurierter Komplex mit authentisch wie um 1820 eingerichteten Gebäuden und Garten. Di-So 10-16 Uhr, Mo 11-15 Uhr; Gratis-Führungen um 13 Uhr; $6/Fahrzeug; www.lapurisimamission.org. Ganz interessant, aber kein unverzichtbarer Stopp, speziell nicht als Abstecher.

All Terrain Vehicle (ATV) in den Dünen bei Oceano

Camping

Die Jalama Road zweigt südlich **Lompoc** von der #1 ab und führt zur *Jalama Beach* mit prima **Camping** im *County Park* am Ozean; http://cosb.countyofsb.org/parks/parks06.aspx?id=9186; Zelte $30, *hook-ups* $45; ✆ (805) 736-3504. Ohne Lust auf den 20 mi-Abstecher an die Küste campt man nur wenig östlich der Mission, dann südlich auf der Sweeney Rd im *River Park* der Stadt Lompoc; www.cityoflompoc.com/parks_rec/river.htm; ✆ (805) 875-8100.

Weiterfahrt

Bei Gaviota stößt die #1 wiederum auf die vierspurig ausgebaute #101 und bildet bis Ventura mit ihr zusammen eine **stark befahrene Küstenstraße**. Eine **Eisenbahnlinie** läuft ab Gaviota zwischen Straße und Meer. Die Küste ist hier nur noch über diverse *State Beaches* zugänglich, von denen sich nur *Refugio Beach*, ein paar Meilen östlich Gaviota, auch als **Campingplatz** in Strandlage wirklich empfehlen lässt; Plätze erste Reihe $45, in der Sommersaison $55; www.parks.ca.gov/?page_id=603. Er ist aber ebenso wie die anderen straßen- und schienennah.

Solvang

Eine **Alternative zur Küstenroute** nach Santa Barbara ist ab Lompoc/*La Purissima* die **Straße #246** über **Solvang** und dann die **#154**. Mit Solvang, nur wenige Meilen westlich der #101, existiert mitten in Kalifornien **ein Städtchen** fast wie aus Dänemark importiert. Der Ort entstand erst Anfang des 20. Jahrhunderts als Gründung dänischer Einwanderer. Zwar ist kaum zu erkennen, welche Gebäude noch Originale und welche Nachbauten sind, aber es gibt in den USA kaum ein anderes »ethnisches« Städtchen, das dem europäischen Vorbild – zumindest im Kernbereich abseits der Hauptstraße – so nahe kommt. Klar, dass es dort in den *Giftshops* von »dänischen« Waren nur so wimmelt, und die Restaurants *Danish Food* auftischen. Einen kurzen Zwischenstop für eine Stunde samt Bummel ist das »**kalifornische Dänemark**« allemal wert; www.solvangusa.com.

Filmfreunde können in Solvang (z.B. im *Solvang Restaurant*, 1672 Copenhagen Drive) und im Nachbarort **Buellton** auf den Spuren

Uriges Western Steakhouse A.J. Spurs mit großen Portionen Tex-Mex-Food in Buellton an der Straße #246 Richtung Solvang östlich der Kreuzung mit der #101

von *Paul Giamatti* und *Thomas Haden Church* wandeln, den Reisenden in Sachen Wein und Liebe im Spielfilm **Sideways** (2004), www.hitchingpost2.com/sideways.html.

Weingüter

Wer sich wie sie auf die Suche nach dem perfekten Pinot-Noir-Tropfen machen möchte, könnte Abstecher zu den Winzern des **Santa Maria** und des **Santa Ynez Valley** erwägen. Im erwähnten Film kommen vor die

- **Kalyra Winery**, 343 North Refugio Road in Santa Ynez; im Sommer *wine tasting* ($10) Mo-Fr 11-17, Sa-So 10-17 Uhr; ✆ (805) 693-8864, www.kalyrawinery.com
- **Foxen Vineyard**, 7200 Foxen Canyon Road, Santa Maria; ✆ (805) 937-4251, www.foxenvineyard.com
- **Firestone Vineyard**, 5017 Zaca Station Road, Los Olivos, ✆ (805) 688-3940, www.firestonewine.com.

Solvang nennt und fühlt sich als »Danish Capital of America«.

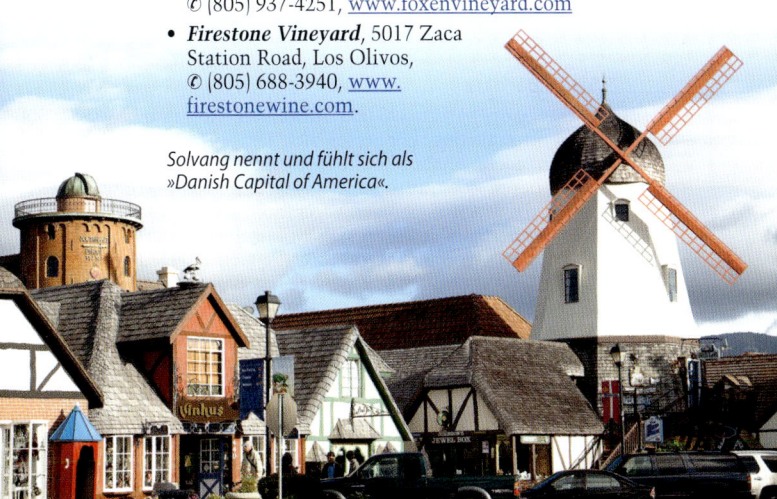

In **Buellton** gibt es tatsächlich die seit dem Film höchst populäre (und deshalb oft überlaufene) *Hartley-Ostini Hitching Post Winery* und das gleichnamige Restaurant (406 East Hwy 246, © (805) 688-8403, www.hitchingpost2.com/HPWinery.html).

Straße #154

Die #154 führt durch die *Santa Ynez Mountains* am **Cachuma Reservoir** vorbei (riesiges *Santa Barbara County Park* **Massencamping** auf engen RV-Stellplätzen, Baden *und* Bootsverleih) und kurvenreich durch den *Los Padres National Forest* nach Santa Barbara. Südöstlich des Sees, noch in der Höhe, passiert man die **Paradise Road** (*Forest Road* 5N18), an der drei gute **Forest Campgrounds** der Einfachkategorie liegen (ca. 3-5 mi ab der #154); am besten ist der Platz **Fremont** ganz unten mit Zugang zum Fluss.

Santa Barbara

Kennzeichnung

Wirkte Santa Barbara (90.000 Einwohner, Großraum ca. 220.000) nicht so **makellos**, könnte es sich fast um eine mexikanische Stadt handeln. Nicht nur alle historischen Gebäude im Zentrum präsentieren sich mit roten Ziegeldächern, weiß getünchten Fassaden, dazwischen üppiger Vegetation, Blumenpracht und Palmen, sondern der Stil setzt sich großflächig bis in zentrumsferne Wohn- und Geschäftsviertel fort, die sich hügelan in Richtung *Santa Ynez Mountains* ziehen. Santa Barbara ist mit Abstand Kaliforniens **schönste Stadt** mittlerer Größe.

Freeway #101

Selbst der überaus verkehrsbelastete **Freeway #101**, hier zugleich die #1, der die Altstadt von der **Harborfront** mit den zentralen Stränden trennt, ist im Citybereich derart begrünt, dass man seine Existenz von außen kaum wahrnimmt.

Harborfront/ Restaurants

Jenseits der Uferallee Cabrillo Blvd liegt die **East Beach** getrennt von der **West Beach** durch die **Stearns Wharf**, einen langen **Fishing**

Pier mit Restaurants (empfehlenswert: ***Shellfish Company***). Eine enorme Yachtmarina begrenzt die *Harborfront* nach Norden. Dahinter erstreckt sich die lange ***Leadbetter Beach***. Der Cabrillo Boulevard wird dort zum Shoreline Drive.

Ein populäres ***Seafood*-Restaurant** überm Yachthafen ist **Brophy Bros.**, 119 Harbor Way, ☎ (805) 966-4418; www.brophybros.com.

Channel Island NP

Gleich hinter der Marina führt der Harbor Way zu den Serviceeinrichtungen des Yachthafens. Im Gebäude #114 ist im 4. Stock ein ***Visitor Center*** des ***Channel Islands National Park*** untergebracht. Boote zu den Inseln des Nationalparks und zu Tauchtrips in ihren Gewässern legen am Cabrillo Blvd ab. Mehr dazu auf ➤ Seite 351 bzw. www.nps.gov/chis und www.truthaquatics.com.

Maritimes Museum

Dort (113 Harbor Way) steht auch der nostalgische weiße Bau des ***Maritime Museum*** direkt am Wasser. Schiffsmodelle und alles Mögliche, was mit dem Meer, speziell dem Pazifik zu tun hat; Do-Di 10-17 Uhr, $7/$4, ☎ (805) 962-8404; www.sbmm.org.

Tourist Information

Ein städtisches ***Visitor Center*** liegt an der 1 Garden Street (Ecke Cabrillo Blvd) beim *Chase Palm Park*; täglich 9-17 Uhr; ☎ (805) 965-3021; www.sbchamber.org und www.santabarbaraca.com.

Sightseeing Tours

Wer Santa Barbara per geführter 90-min-Tour im Schnellgang kennenlernen möchte, sollte den ***Land Shark*** buchen, der um 12, 14 und 16 Uhr an der ***Stearns Wharf*** »ablegt« zum **Land- und Wassertrip**; www.out2seeSB.com; $30, Kinder unter 10 Jahre $15.

Hotellerie/ Gastronomie

Santa Barbara verfügt über **erhebliche Motel- und Hotelkapazitäten** und – in der Altstadt – eine Dichte an **Restaurants und Bistros mit *open-air* Terrassen**, wie man es sonst in den USA kaum kennt. Das Preisniveau der Hotellerie ist – besonders an Wochenenden – relativ hoch. Die meisten **Häuser** (vor allem der großen Mittelklasse-Ketten, von denen einige auch *Discount Coupons* akzeptieren) passiert man unübersehbar entlang der **State Street West** (Abfahrt 101B von der #101 nordwestlich von *Downtown*).

Lunch Break an einem Hamburger Fast Food Place in Downtown Santa Barbara. Da sieht's ganz anders aus als sonst in den USA gewohnt

Viele Unterkünfte finden sich auch an der **State Street** im Bereich der Altstadt und unweit der **Harborfront** (West Cabrillo zwischen State und Castillo Streets sowie East Cabrillo, Straßen Corona und Orilla de Mar).

- Die einfache Alternative ist das strand- und altstadtnahe **Santa Barbara Tourist Hostel**. Es wird 2015 umfassend renoviert, Wiedereröffnungstermin noch unbekannt; www.sbhostel.com.

Tipp

- Ein gutes **Ramada Limited** wartet westlich von Santa Barbara auf Gäste (Ausfahrt 103 von der #101, Calle Real nördlich parallel zur #101). Alle Zimmer mit Balkon/Terrasse, viele mit Blick auf den begrünten Teichgarten, großer Pool, *Wifi*; Sommertarife ab ca. $145; ✆ 1-866-598-0093; www.sbramada.com.

Camping

Direkt in/bei Santa Barbara gibt es keine vernünftigen Campingplätze. Über die besten *Campgrounds* verfügen die **State Beaches der Umgebung**. Nicht fern sind die oben bereits genannten Plätze des *Forest Service* an der Straße #154 in Richtung Solvang.

Scenic Drive/ Downtown

Für eine **Besichtigung von Santa Barbara** macht es Sinn, dem ausgeschilderten *Scenic Drive* zu folgen. Von Nordwesten folgt man (ab *Exit 99* von der #101) am besten der Mission Street bis zur **State Street** und fährt auf ihr rasch in die Innenstadt. Wer aus Richtung Los Angeles kommt, sollte zunächst von der **Abfahrt State Street** ins Zentrum fahren und sich damit automatisch auf dem *Scenic Drive* befinden. Zwischen **State** und **Santa Barbara Street** liegen im Bereich zwischen **Anapamu** und **Ortega Streets** alle sehenswerten Bauwerke der Altstadt.

Parken

Leider ist das Parken dort oft ein Problem; am einfachsten lässt es sich mit den Parkebenen unter dem *Shopping Center* **Paseo Nuevo** lösen, Einfahrt von der Chapala Street aus (westlich parallel zur State Street) zwischen Ortega und Canon Perdido.

Abgesehen von Besichtigungen ist ein Besuch der Altstadt einfach zum Bummeln und Ausspannen in einem der vielen **Straßencafés** eine gute Idee. Einzukaufen gibt es eine Menge. Attraktiv ist die **Shopping Mall Paseo Nuevo** an der State Street (➢ oben); www.paseonuevo shopping.com.

Am Eingang der Shopping Mall Paseo Nuevo

Besichtigung

Als touristisches Minimalprogramm sollte man sich das histori-sche ***Presidio of Santa Barbara*** vornehmen (ein Block an der Ecke Cañon Perdido und Santa Barbara Street), das auf den ersten mili-tärischen Außenposten von 1782 zurückgeht, und das **County Courthouse** (1100 Anacapa Street). Dort geht's nach Besichtigung der Außen- und Innenarchitektur (tolle *Murals*) mitsamt *Sunken Gardens* per Lift in den 25 m hohen ***Clock Tower*** (frei) mit Aus-sicht über Stadt und Meer.

Ein ***Historical Museum*** für intensiver Interessierte befindet sich in der 136 E. De la Guerra St, einen Block südöstlich des *Presidio*; Di-Sa 10-17, So ab 12 Uhr, frei; www.santabarbaramuseum.com

*Mission
Santa
Barbara*

**Mission
Santa Barbara**

Das kulturhistorische Bonbon Santa Barbaras ist die *Mission* am Ende der Los Olivos/Laguna Street. Wegen ihrer erhöhten Posi-tion mit früher vorhandenem Weitblick (heute zugewachsen) und der grandiosen Gesamtanlage wurde sie zu Recht als die *Queen of the Missions* bezeichnet. Die **Mission Santa Barbara** wurde erst 1786 ein paar Jahre später errichtet als einige ihrer »Nachbarn« und 1820 vollendet; ➢ Kasten Seite 476. Sowohl der Komplex als solcher als auch das darin vorhandene **Museum** (9-17 Uhr, $8) und die Gärten sind den Besuch wert; www.santabarbaramission.org.

Wer Zeit und Freude an botanischen Gärten hat, findet 3 km wei-ter an der *Mission Canyon Road* den **Santa Barbara Botanic Gar-den** voller typischer kalifornischer Flora. Ein ca. 9 km langer Pfad windet sich dort durch das hügelige Gelände. Geöffnet 9-17/18 Uhr Winter/Sommer; Eintritt $10, Kinder $6-$8, www.sbbg.org.

**Fortsetzung
Scenic Drive**

Der *Scenic Drive* überquert weiter östlich die #101 (dort bei An-fahrt von LA die Rundfahrt beginnen) und passiert auf palmen-bestandenen Alleen **Prachtvillen**, **Strände** und **Yachthäfen**. Am Cabrillo Boulevard am Hafen ist die ***Visitor Information*** (➢ oben) nicht zu übersehen. Weiter geht es durch bemerkenswerte Wohn-gebiete, bevor man auf dem ***Cliff Drive*** den einzigen öffentlichen Zugang zum Strand unterhalb der Steilküste zwischen Goleta und *Santa Barbara Harbor* erreicht:

Arroyo Burro Beach mit Restaurant »Boathouse« in optimaler Lage am Strand

Arroyo Burro

Die **Arroyo Burro Beach** hat den attraktivsten Strand im Großraum Santa Barbara. Dort gibt's sogar ein **Strandrestaurant** mit Niveau und einer windgeschützten Terrasse. Ideal auch für ein spätes Frühstück, viel besser als jede Motelabspeisung oder *Fast Food*: www.boathousesb.com.

Auf der #1 nach Malibu/Santa Monica

Surfen und Strände

Spätestens ab Santa Barbara wird klar, dass **Surfing** in Südkalifornien **Volkssport #1** ist. Was bis hinunter nach San Diego zahllose Könner auf ihren Brettern zeigen, fasziniert immer wieder. Aber viele Strände auf der verbleibenden Strecke bis Los Angeles sind für Nicht-Surfer nicht sonderlich einladend. Nur die **State Beaches Carpinteria**, **Emma Wood**, **McGrath** und **Point Dume** sowie die **Zuma Beach (Regional Park)** sind generell zu empfehlen. **Parken** kostet überall ca. $10 (nur teilweise mit **Camping**, so in *Emma Wood* einige Stellplätze schön über der Küste mit Blick).

#1 = #101

Die #1 entspricht südöstlich von Santa Barbara noch einmal für ein Stück dem *Freeway* #101 und kann rasch durchfahren werden.

State Parks südlich von Santa Barbara

Bei **Carpinteria** laden die gleichnamige *State Beach* (www.parks. ca.gov/?page_id=599) und nur wenig weiter südlich die **Emma Wood State Beach** zum Campen ein. In *Emma Wood* liegen Stellplätze (nur RVs) unmittelbar am Strand, aber ab Mitte Mai bis *Labor Day* muss reserviert werden, ➢ Seite 122. Vorher und nachher werden die Plätze auf *first-come, first-served*-Basis vergeben; $30, Hochsaison $40; www.parks.ca.gov/?page_id=604.

Beide *Campgrounds* liegen straßen-/schienennah und sind laut.

Verlauf Hwy#1 bis LA

Erst hinter Ventura separiert sich die #1 bei Oxnard weit landeinwärts von der #101. Nach wie vor bleibt aber auch sie weitgehend autobahnähnlich ausgebaut und trifft erst im Bereich *Point Mugu* wieder auf die Küste. Ab dort folgt sie ihr eng bis Santa Monica.

Küsten straße Ventura/ Oxnard

Eine mögliche **Alternative zur #1/#101** im Bereich Ventura/Oxnard ist der **Harbor Blvd** (Straße #34), auf den man von der #101 über die Abfahrt 68 gelangt. Er läuft küstennah und ist Zubringer zum *Ventura Harbo*r (mit dem hauptsächlichen *Visitor Center des Channel Islands National Park)* und gleichzeitig zur *Mc Grath State Beach* (2 mi weiter) mit dem besten Strand zwischen Santa Barbara und Los Angeles und einem guten *Campground*; www.parks.ca.gov/?page_id=607 (Wegen **Überflutungsproblemen** blieb der Park **2015 geschlossen**, Wiedereröffnung 2016 möglich).

Ventura Harbor/ Channel Islands National Park

Auch wer das Naturschutzgebiet, der nahe vor der Küste liegenden – bis auf *Ranger* – unbewohnten Channel Islands nicht besuchen will, könnte hier (➤ auch unter Santa Barbara) einen Abstecher durch den *Ventura Harbor* bis zum Ende der Mole (Spinnacker Drive) zum **Besucherzentrum des Nationalparks** erwägen; www.nps.gov/chis. An derselben Mole und im Hafen von Oxnard legen die Boote zu den Inseln ab, ➤ www.islandpackers.com.

Man darf auf den Inseln auch **campen** ($15); Transport inselabhängig $79-$147.

1

Whale Watching

Außerdem gibt es Juni-September Tagestrips zur **Walbeobachtung** für $79, im Winter 3-Stunden Trips für $37.

Open-air Terrassen des *Ventura Harbor Village* eingangs der Mole laden zum Pausemachen ein. An der Einfahrt in den Hafen stehen ein *Holiday Inn Express* und *Four Points by Sheraton*. Preiswerter nächtigt man im *Vagabond Inn* oder *Motel 6*, beide an der #101.

Von Ventura bis Santa Monica

Von Ventura Harbor nach Los Angeles/Santa Monica, sind es nur noch ca. 70 mi. Da man zunächst einmal auf dem Harbor Blvd nach Süden und über eine der West-Ost-Straßen durch Oxnard

Whale Watching im Bereich der Channel Islands. Touren dorthin werden von Juni bis März ab Ventura Harbor angeboten.

auf den Highway #1 zurück muss, dort meist relativ starker Verkehr herrscht und bis LA zahlreiche Ampeln den Verkehrsfluss hemmen, ist das unter zwei Stunden reiner Fahrtzeit kaum zu machen. Die meisten dürften weit länger unterwegs sein, da es auf der Strecke oft genug Anlass zu Zwischenstopps gibt.

Die letzten 40 Meilen

Denn sobald der **Pacific Coast Highway** (etwa ab *Point Mugu*) erneut zu einer echten Küstenstraße wird, von der der Ozean immer wieder ins Blickfeld kommt, ist ihr landschaftlicher Verlauf im Wechsel von felsigen Abschnitten und Stränden überaus reizvoll. Die letzten 25 mi führen – scheinbar endlos – durch ein langgestrecktes, in LA-Nähe immer dichter besiedeltes **Malibu** (➢ unter Los Angeles, Seite 384) mit – klar – auch schönen Stränden. Aber sie entsprechen nicht überall dem Fernsehbild, und das Parken wird schwieriger. Wer nicht umsonst entlang der Straße unterkommt, zahlt auf den Parkplätzen bis zu $15 Flatrate/Tag.

Camping

Entlang der Strecke bieten die **State Parks Point Mugu** (www.parks.ca.gov/?page_id=630) mit dem *Sycamore Canyon* und direkt am Strand dem *Thornhill Broom Campground* und **Leo Carillo** (www.parks.ca.gov/?page_id=616) gute Campmöglichkeiten.

Mit **Malibu** ist Metropolitan Los Angeles erreicht, ➢ ab Seite 384.

In Malibu stehen zahllose oft fantasievoll konstruierte Häuser in unmittelbarer Wassernähe über dem Strand. Wenn Sturmflut gegen die Küste brandet, von Tsunamis nicht zu reden, gibt es im wahrsten Sinne des Wortes »Kleinholz«, denn Beton wird zum Bau nur ausnahmsweise eingesetzt. Dennoch und trotz ihrer Dicht-an-dicht-Lage sind solche Strandvillen nahezu unbezahlbar teuer.

Presidential Center

Memorials zu Ehren ehemaliger Präsidenten befinden sich außer im Simi Valley für *Ronald Reagan* (➤ folgende Seite) auch noch im Süden von Los Angeles in der Vorstadt Yorba Linda mit der *Richard Nixon Presidential Library* (➤ Seite 424) und vor allem im Osten der USA (z.B. für *J.F. Kennedy* in Boston, *Jimmy Carter* in Atlanta, *Bill Clinton* in Little Rock) und in Texas (*L.B. Johnson* & *George Bush senior* und *junior*). Die aufwändigen Verehrungsstätten beleuchten den politischen Werdegang »ihres« Präsidenten und seine Präsidentschaft unter dem Blickwinkel nachträglicher Verklärung (beachtlich im Fall *Reagan*) und ggf. auch – wie im Fall *Nixon* – Auslassung und Rechtfertigung. Sie sind zugleich ergiebige historische Archive für den jeweiligen Abschnitt der Zeitgeschichte.

Ihre – trotz des recht hohen Eintritts – offensichtliche Anziehungskraft ist bemerkenswert. Sie sind auch für Schulklassen beliebte Ausflugsziele. Für ausländische Besucher im US-Westen bieten die *Reagan* und die *Nixon Library* gute Gelegenheiten, diese Spezialität amerikanischer Politkultur kennenzulernen, wobei nur die *Reagan Presidential Library* dank Ihrer Lage und der *Air Force One* und *Berlin Wall* auch für europäische Besucher ohne ausgeprägtes Interesse an Leben und Wirken dieses Präsidenten lohnenswert erscheint.

Nach LA über Ojai und die #101

Ojai/Lake Casitas

Ein Abstecher könnte dem Hinterland der **Sierra Madre** im Bereich des spanisch/mexikanisch »angehauchten« Städtchens Ojai gelten (von der #101 die Straßen #150 ab Carpinteria oder den Ojai Hwy #33 ab Ventura nehmen). In der Umgebung des Ortes warten **Wanderwege**, klare Bäche und versteckte **Wasserfälle**. Im Zentrum gibt es ein paar originelle Shops, viele gute Restaurants wie einfache *Eateries*, den **Libbey Park** mit Kinderspielplatz und Tennisplätzen. **Quartiere** sind teuer, denn Ojai ist bei Wochenendausflüglern aus dem nahen Los Angeles beliebt. Wer sich hier etwas gönnen und sich verwöhnen lassen möchte, bucht die »historischen« Luxushotels *The Oaks at Ojai* oder das *Ojai Valley Inn & Spa* zu Tarifen ab $300 aufwärts. Alle Unterkünfte und Restaurants unter www.ojaichamber.org.

• Noch einigermaßen im Rahmen hält sich das **Casa Ojai Inn** im Motel-Stil am östlichen Ortsende, www.ojaiinn.com, ab $130.

Am oberen Ende des Stausees **Lake Casitas** befindet sich eine ausgedehnte **Camping- und Freizeitanlage**; www.lakecasitas.info, ohne *hook-up* $25-$30, mit $35-$50. Wegen niedrigen Wasserstandes und Algenbefall kann dort nicht mehr gebadet werden. Aber der Planschpark **Casitas Water Adventure** ist in Betrieb (eher für Kinder, nur Juni-*Labor Day* plus ein paar Wochenenden davor und danach 11-18/19 Uhr; $12, letzte 2 Stunden $5.

• Ca. 8 mi nördlich von Ojai an der #33 Richtung Bakersfield liegt der **Wheeler Gorge Campground** des *Forest Service* ($23). Er ist zugleich Ausgangspunkt für einen **Nature Trail** mit Erläuterungen zu Flora und Fauna der Gebirgsregion *Sierra Madre*.

Von Ojai zurück zur #101 und von der #101 zur Reagan Library

Von Ojai zurück auf die #101 kann man ohne wesentlichen Umweg gut die *Ronald Reagan Library* »mitnehmen«: Am Ostende der #150 geht es ab **Santa Paula** auf der #126 noch ca. 10 mi weiter nach Osten bis **Fillmore** und auf dem *Moorpark Freeway* **#23** zur ***Ronald Reagan Presidential Library*** (Madera Road, ausgeschildert). Die Straße #23 stößt in ihrem weiteren Verlauf in Thousands Oaks auf den Freeway #101. Wer den Ojai Abstecher nicht macht und zunächst auf der #101 bleibt, nimmt entsprechend in Thousand Oaks die #23 nach Norden (*Exit* 43A) und verlässt den *Freeway* gemäß Ausschilderung auf der Madera Road.

Präsidentenboeing in der eigens dafür angelegten Riesenhalle

Ronald Reagan Presidential Library

Hinter Ventura verlässt die #101 die Küste. Dieser Route bzw. der vorstehend ab Ojai beschriebenen Route muss folgen, wer sich die ***Ronald Reagan Library*** ansehen möchte, ein sog. ***Presidential Center*** (➢ Kasten Seite 353) mit *Lincoln*-Verehrung und einem ordentlichen Stück Berliner Mauer. Der berühmte *Reagan*-Satz: »*Mr. Gorbatchow, tear this wall down ...*«? auf einer Aussichtsplattform an der Berliner Mauer war bekanntlich erfolgreich und wird im musealen Teil des Komplexes in allen Details der seinerzeitigen Umstände inkl. Video präsentiert. Ebenso sind weitere Taten dieses außerordentlich beliebten Präsidenten und vormaligen Staatsoberhauptes von Kalifornien dokumentiert. Obwohl *Reagan* vor seiner relativ späten politischen Karriere langjährig Darsteller in allerhand *Western Movies* war und auch einige Hauptrollen spielte, ist davon in seiner *Library* nur am Rande die Rede.

In einer riesigen Halle hat man die ***Air Force One Boeing 707***, die 1973-2001 insgesamt acht Präsidenten auf weltweiten Missionen diente, so auf eine Empore gestellt, so als ob sie sich im Flug befindet. Dazu beherbergt die Halle auch noch den Helikopter ***Marine One*** und einen ganzen Korso gepanzerter Limousinen samt Begleitfahrzeugen. Wer hier Stärkung braucht, setzt sich ins aus Irland im

Original herbeigeschaffte und nach **Ronald Reagan** benannte **Pub** (*Reagan* war irischen Ursprungs) oder in die Cafeteria der Kneipe im Foyer. Von dort – wie überhaupt vom gesamten Gelände – hat man einen tollen Weitblick auf die Bergkette der *Sierra Madre* und hinüber zum Pazifik bis zu den *Channel Islands* (➢ Seite 351). Im Außenbereich kann auch noch einen **Kampfjet** (F14) bewundern.

Täglich 10-17 Uhr, Eintritt inkl. Tour durch *Air Force One*: $16, Kinder 11-17 $9, 3-10 $6; www.reaganfoundation.org.

Auf der #101 weiter nach LA oder besser #1

Mit **Thousands Oaks** erreicht man eine Vorstadt von Los Angeles. Die Verkehrsdichte nimmt ab dort sprunghaft zu. Sich nach 14/15 Uhr auf der #101 nach LA »durchzukämpfen« kann frustrierend sein. Denn die Route ist oft »dicht« und spätestens ab der Kreuzung mit der I-405 ein bekanntes Nadelöhr im LA-Autobahnnetz. Auch die I-405 ab Van Nuys hinunter in die west- und südlichen Vororte von LA wird nachmittags zur Problemstrecke. Wer nicht unbedingt in nördliche LA-Vorstädte will, wählt dann mit **Highway #1** die auch verkehrstechnisch bessere Alternative, ➢ Seite 352.

Exkurs: **Von Ojai nach Bakersfield**

Straße #33

Wer auf einer Inlandsroute – ggf. über die Nationalparks *Sequoia* und *Yosemite* – zurück nach Norden fahren oder sich unter Verzicht auf Los Angeles in Richtung Death Valley und/oder Las Vegas wenden möchte, findet mit der **Straße #33** eine kaum frequentierte, aber bestens ausgebaute und zudem reizvolle Route durch ein weitgehend menschenleeres Gebiet. Von Ojai geht es auf serpentinenreicher Strecke zunächst durch Orangenhaine und Wald und dann über Höhen mit nur noch spärlichster Vegetation nach Maricopa, einem Kaff in der zentralkalifornischen Tiefebene (ca. 80 mi, für die mindestens zwei reine Fahrstunden zu rechnen sind, kein Ort, keine Tankstelle unterwegs).

Weiter ab Bakersfield

Von Maricopa sind die *Freeways* I-5 und #99 südlich von **Bakersfield** auf der schnurgeraden #166 schnell erreicht (25 mi nach Osten) und damit die im Kapitel 2.2 behandelte Route ab LA zu den Nationalparks der Sierra Nevada (➢ hier ab Seite 430ff).

Ökologie und Öl

Bei Interesse die für Probleme der Ölförderung bleibt man zunächst auf der Nordroute und lernt mit der Region rund um **Taft** und mehr noch bis hinauf nach **McKittrick** einen Landstrich kennen, der dank seiner Ölvorkommen ökologisch komplett ruiniert wurde. Nickende und außer Betrieb gesetzte Förderpumpen (➢ Foto Seite 430) soweit das Auge reicht. Entlang der Straßen passiert man wüsten Gewerbewildwuchs, dazu verrottendes Gerät und verfallene Gebäude allerorten zwischen einer meist schmuddeligen Infrastruktur, ein Bild, das man im Fernsehen ähnlich nur in Entwicklungsländern gesehen hat. Aber in Kalifornien?

Die Straßen #119 ab Taft und #58 ab McKittrick führen ebenfalls zu den Autobahnen I-5 und #99 und nach Bakersfield.

Start in Los Angeles

2.1 Los Angeles

2.1.1   Allgemeine Informationen

Geschichte, Klima und Geographie

Geschichte

Das mit rund 15 Millionen Einwohnern nach *Metropolitan New York* zweitgrößte Ballungsgebiet der USA blickt auf eine nur 240-jährige Geschichte zurück. 1771 gründete der aus Mallorca stammenden Franziskanerpater **Junípero Serra** die **Mission San Gabriel Arcángel**. Rund 10 Jahre später entstand eine Siedlung mit dem klangvollen Namen **El Pueblo de Nuestra Señora la Reina de los Angeles del Rio Porciúncula**.

Zur Zeit der Eroberung durch die Amerikaner im mexikanisch-amerikanischen Krieg 1847 beherbergte das »Dorf der Engel« ganze 1500 Einwohner. Wie im Falle San Franciscos gab der kalifornische Goldrausch von 1848-1851 den Anstoß für die folgende Expansion. 1876, im Jahr der Anbindung von Los Angeles an das transkontinentale Schienennetz, zählte die Bevölkerung immerhin schon 40.000 Köpfe, um die Jahrhundertwende über 100.000. Die dadurch verursachten **Wasserprobleme** löste *William Mulholland*, Chef der städtischen Wasserwerke, 1913 mit dem gewinnträchtigen Bau eines ersten Aquädukts, das Wasser aus der 400 km entfernten Sierra Nevada nach Los Angeles transportierte. Er schuf damit die Voraussetzung der Entwicklung der einstigen Wüstenoase zur Industrie- und Dienstleistungsmetropole.

Heute wird LA über ein System von Kanälen versorgt, das bis Nordkalifornien und den Stauseen des Colorado reicht. Nichtsdestoweniger ist die **Wasserversorgung** trotz mittlerweile scharfer Verbrauchsrestriktionen neben dem fast täglichen »Verkehrsinfarkt« und hoher Kriminalität eines der größten Probleme der Stadt. *Roman Polanski* hat das Thema schon 1974 in seinem Klassiker **Chinatown** filmisch verarbeitet.

Klima

Wechselhaftigkeit kennzeichnet das Klima von Los Angeles. Dabei liegen die **Tagestemperaturen** im Sommer statistisch im Bereich 23°-28°C bei hoher, schweißtreibender **Luftfeuchte,** im Winter zwischen 15°C und 20°C. Vorausgesetzt, weder Smog, Bewölkung oder Seenebel hängen über der Stadt. In den letzten beiden Dekaden hat sich die Luftverschmutzung aber insgesamt deutlich verringert, so dass die noch in den 1980er-Jahren häufige Smoglocke über der Stadt heute eher selten ist. Indessen kommen erhebliche Abweichungen von den Mittelwerten innerhalb von nur wenigen Stunden relativ oft vor.

Klares Wetter herrscht vor allem in der Periode August bis November; **Regen** fällt überwiegend in den Wintermonaten. Aber auch dann gibt es Tage mit mildem, angenehmem Wetter.

Großraum LA *Metropolitan Los Angeles* setzt sich aus einer Vielzahl von Städten zusammen und verfügt über keinen natürlichen, gewachsenen Stadtkern wie etwa San Francisco, sondern über eine Vielzahl regionaler Zentren wie Pasadena, Santa Monica, Long Beach etc. Zwar existiert südlich des Kreuzungsbereichs der Autobahnen #110 (*Harbor Freeway*) und #101 (*Hollywood/Santa Ana Freeway*) unweit der historischen Ursprünge (*Pueblo de los Angeles*) **Downtown Los Angele**s, ein Geschäftszentrum mit der für US-*Cities* typischen **Skyline aus Stahl und Glas** und ein zentraler Verwaltungsbezirk mit Rathaus und Gerichten, aber *Downtown LA* besitzt für den Großraum LA bei weitem nicht die Bedeutung der Zentren anderer Großstädte für deren Umgebung.

Als die älteste (weiße) Siedlung der Region lieferte der **Stadtteil Los Angeles** immerhin den Namen für die riesige heute aus allen Nähten platzende Megalopolis – über 100 km lang in nordwestsüdöstlicher Ausdehnung (und immer noch wachsend) und bis zu 50 km breit zwischen Pazifik und *San Gabriel Mountains*.

Vororte Während große Teile des Stadtgebietes einst wüstenartigen Ebenen abgetrotzt wurden, wachsen die Vororte entlang der nördlichen Tangente I-210 (*Foothill Freeway*) in die weitgehend menschenleeren San Gabriel Mountains hinein (*Angeles National Forest*). Kaum bekannt ist, dass dort – in Höhenlagen von 2.000 m bis 2.700 m nur rund 50 mi von *Downtown* Los Angeles entfernt – im Winter Ski gelaufen werden kann.

Im Nordwesten bildeten einst **Santa Monica** und **Verdugo Mountains**, zum Meer strebende Ausläufer des San Gabriel Gebirges, natürliche Grenzen für die Besiedelung. Heute ist der Moloch Los Angeles lange über sie hinausgewachsen in das jenseits der Berge liegende **San Fernando Valley** bis hinauf nach **Palmdale/Lancaster** entlang der zum *Freeway* ausgebauten Straße #14. Die Hügel wurden bis auf das Areal des **Topanga State Park** in Ozeannähe oberhalb Malibu und den populären *Griffith Park* weitgehend mit Nobelanwesen zugebaut: in Beverly Hills und Hollywood, aber auch in Glendale und Teilen von Burbank.

Harbor Freeway
I-110 durch
Downtown LA

San Francisco/
Sacramento

118

5

Burbank

210

210

Santa Barbara

405

170

Glendale

210

Warner Bros.
Studios

134

Norton Simon
Museum

210

101

2

Universal
Studios

Huntington
Gardens

Mulholland Dr.

West
Hollywood

101

Santa Monica
Mountains

405

110

Pasadena

El Monte

605

Santa Barbara

Getty
Center

LACMA

Beverly
Hills

LOS ANGELES

Downtown

5

10

West
Covina

Sunset Blvd.

Getty
Villa

1

Santa
Monica

10

10

SM-Pier

Culver City

110

Montebello

605

Venice
Beach

Exposition
Park

Florence

710

Hacienda
Heights

Los Angeles
International
Airport

Inglewood

Downey

Norwalk

Dockweiler
State Beach

105

105

Manhattan
Beach

1

405

Haw-
thorne

Willowbrook

5

Fullerton

Redondo
Beach

91

110

91

Buena
Park

Knotts
Berry
Farm

An

Torrance
Beach

Torrance

710

Lakewood

605

Disne
California
Adventure

Carson

405

Garden
Grove

Rancho Palos
Verdes

1

Long
Beach

22

Wayfarers
Chapel

Aquarium

Queen Mary

1

Huntington
Beach

Sc
S

Port O'Call
Village

Cos
Me

**Autobahnsystem
im Großraum
Los Angeles**

N

0   5 km

San Ga

Ange

Ange

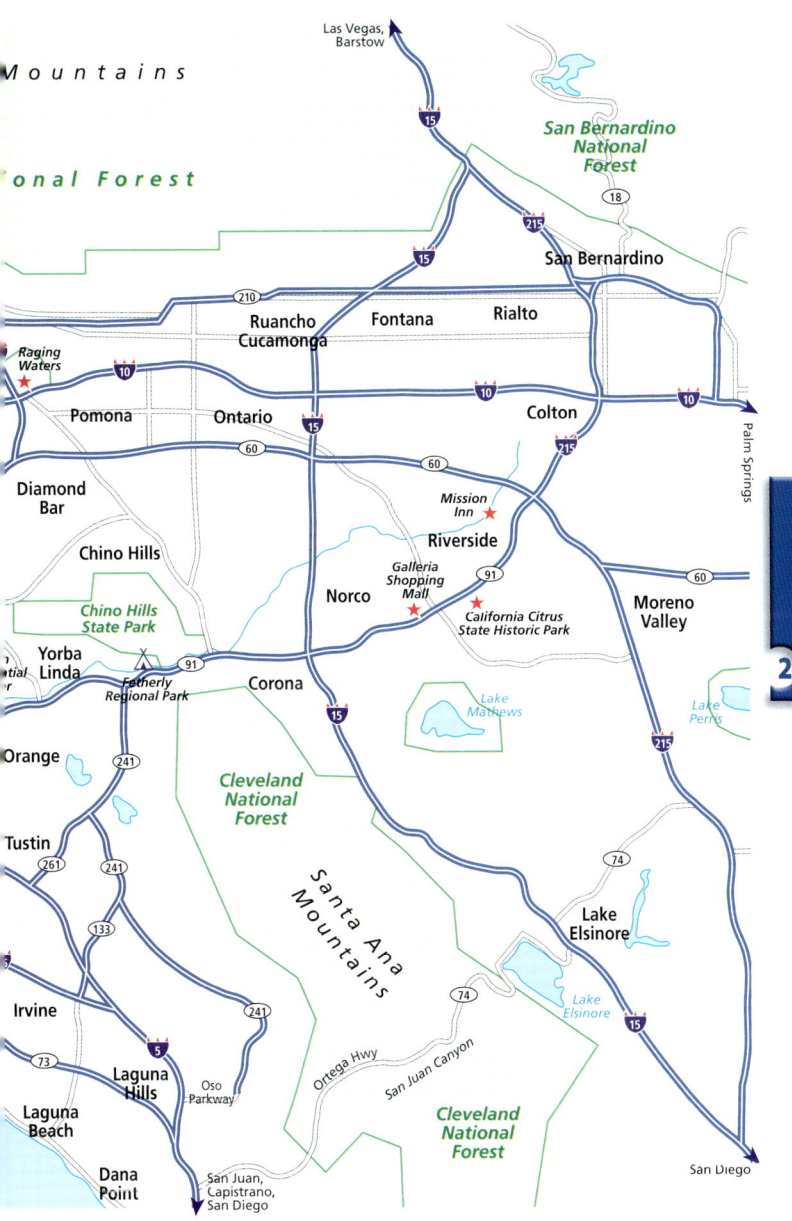

Letzte Freiräume zwischen **Anaheim/Santa Ana** und **Riverside/San Bernardino** im (Nord-) Osten (*Riverside Freeway* #91) und entlang der Verkehrsachse I-15 (San Diego-Las Vegas) schließen sich immer weiter. Die **Küste von Malibu über Long Beach bis hinunter nach Laguna Beach** ist weitgehend zugesiedelt.

Freeways und Orientierung

Situation

Bekanntlich setzte Los Angeles noch stärker als andere amerikanische Cities auf das Auto und den Ausbau eines umfassenden **Schnellstraßennetzes**, ➢ vorstehende Karte. Nachdem die zehn- und zwölfspurigen Autobahnen und bis zu vierstöckigen Kreuzungen und Abzweigungen lange als vorbildlich galten, sieht sich die Stadt schon seit über 20 Jahren an den Grenzen des Individualverkehrs: die ***Rush Hour*** dauert auf den *Freeways* häufig ganztägig, endloser *Stop-and-Go*-Verkehr nervt Pendler wie Besucher. Aber Platz für noch mehr Straßen und Spuren gibt es nun keinen mehr; bereits existierende Pläne für doppelstöckige Straßenführungen wurden nach dem letzten Erdbeben 1993 fallengelassen.

Zeitplanung

Fürs allgemeine **Sightseeing** in Los Angeles sollte man sich vorzugsweise auf **Samstage, Sonn- und Feiertage** konzentrieren. Der Verkehr auf den *Freeways* hält sich dann in erträglichen Grenzen. **Vergnügungsparks** und **Museen** kann man dagegen besser **dienstags bis freitags** (letztere meist montags geschlossen) besuchen. Wenn sich Fahrten an Wochentagen nicht vermeiden lassen, empfiehlt sich entweder ein zeitiger oder relativ später Aufbruch, d.h., vor 7 Uhr oder erst nach 10 Uhr, und ein Antritt der Rückfahrt möglichst vor 14 Uhr oder nach 20 Uhr.

Diamond Lanes

Immerhin, wer zu zweit oder mit mehr Personen im Auto sitzt, findet im LA-Freeway-System häufig separate *Carpool* Spuren, in LA **Diamond Lanes** genannt, auf denen man schneller vorankommt. Aber das Einfädeln dort und das rechtzeitige wieder Herauskommen ist bei starkem Verkehr nicht ganz einfach. Indessen ist ein **Ausweichen auf andere Straßen abseits der *Freeways*** bei größeren Distanzen trotz der breit ausgebauten und nicht permanent verstopfter Hauptverkehrsboulevards wegen unzähliger Ampeln extrem zeitraubend und besonders bei Dunkelheit mühsam.

Karten

Möchte man überfüllte *Freeways* verlassen, benötigt man einen besseren Helfer als die nur auf den ersten Blick akzeptablen Karten der Autoverleiher oder der ansonsten sehr brauchbaren ***Rand McNally*-**Atlanten (sie gibt es auch als »harte« laminierte Karten von *RandMcNally* – hier: **Southern California** mit LA- und San Diego-Übersicht, ca. $8 – für den raschen Blick auf die Karte auch während der Fahrt). **Gratis** bekommen Automobilclubmitglieder die **Southern California Map** der *California State Automobile Association* (➢ Seite 45, AAA) mit der sehr übersichtlichen Karte **Los Angeles Area Freeways** auf der Rückseite.

Besonders hilfreich ist die **laminierte *Los Angeles Map*** der Firma *Borch* für €8,90 bzw. $9,95 (www.borch.com).

Navi	Noch nützlicher in LA als in anderen großen Cities ist ein **Navi**, entweder mitgemietet (➤ Seite 66), billig in den USA gekauft (ab $100) oder mitgebracht und mit Nordamerika-Straßenprogramm gefüttert. **Eine LA-Karte zusätzlich darf nicht fehlen.**
Lage der Sehens würdigkeiten	Den Los Angeles *Freeways* ist hier deshalb soviel Raum gewidmet, weil sich manche der touristisch besonders interessanten Sehenswürdigkeiten in weit auseinander liegenden, mit Bus und/oder Metro nur schwer zu verbindenden Stadtteilen befinden:
Nordwesten	Für LA-Verhältnisse relativ nah beieinander und in kurzer Distanz zum *Int'l Airport* (LAX) liegen **Santa Monica, Beverly Hills, Hollywood, der *Wilshire District* und *Downtown*** im Nordwesten des Großraums. Von Santa Monica und den beliebtesten Stränden (*Venice Beach*) über die Villenviertel am Sunset Boulevard, Hollywood, das alte Zentrum der Filmindustrie, die Museen im *Hancock Park*, *Downtown*, *Old Town* und *Chinatown*, den *Griffith Park* bis zu den *Universal Studios* konzentriert sich dort die Mehrheit der populären Besucherattraktionen. Außerhalb davon liegt **Pasadena** mit dem beachtlichen *Norton Simon Museum*, der *Huntington Library* samt *Art Gallery* und *Botanical Gardens*.
Südwesten	Rund 22-30 mi südlich von Downtown LA (*Harbor* oder *Long Beach Freeway*) bilden die felsige Halbinsel **Rancho Palos Verdes**, **Long Beach** mit der *Queen Mary* und die **Strände** von Long und Huntington Beach einen weiteren Anlaufbereich.
Südosten	Im Südosten beherbergen die Nachbarstädte **Buena Park** und **Anaheim** die Vergnügungsparks ***Knott's Berry Farm***, ***Disneyland*** mit ***California Adventure*** sowie weitere Touristenattraktionen, u.a. die ***Christ Cathedral*** und die **South Coast Plaza**, eines der größten *Shopping Center* des US-Westens.

Information und Transport

Anlauf-stellen	Die offizielle LA Touristen-Info (www.discoverlosangeles.com) hat zwei Anlaufstellen in U-Bahn-Nähe:

* ***Hollywood Visitor Information Center***, Mo-Sa 9-22, So 10-19 Uhr, 6801 Hollywood Blvd, ✆ (323) 467-6412

* ***Union Station Visitor Center***
  800 N. Alameda Street, ✆ (310) 514-9484

Wie üblich erhält man dort neben **Gratis-Stadtplänen** noch allerhand Werbematerial einschließlich *Discount-Coupons* für kommerzielle Attraktionen. Aber auch in den Teilstädten (Santa Monica, Long Beach, Anaheim etc.) gibt es **separate Infostellen** und an den Rezeptionen vieler Hotels sowie bei Autovermietern findet man ebenfalls weitgehend die gleichen Unterlagen.

.City Pässe	• Für **33 Sehenswürdigkeiten** lassen sich mit der ***Go LA Card*** bis zu 55% Rabatt gegenüber regulären Tickets realisieren. Der Tagespass ($77, Kinder $70) lohnt sich z.B. bereits, wenn man keine *Coupons* für die *Universal Studios* findet. Eine Eigenheit dieser Karte, die man unbedingt beachten sollte: Spätester Einlass ist

immer 17:30 Uhr. Wenn der Besuch einer weiteren Attraktion am Abend geplant ist, muss man rechtzeitig den jeweils vorhergehenden Besuch beenden! Details unter www.smartdestinations.com/los-angeles-attractions-and-tours/_d_Lax-p1.html.

• Der **Southern California City Pass** ($329/$286) für *Disney/California Adventure/SeaWorld/Legoland* bringt über $100 Ersparnis; ✆ 1-888-330-5008, www.citypass.com/southern-california.

AAA   Wie bereits erwähnt, sind die **Karten des AAA** für LA besonders hilfreich. AAA-Büros findet man in allen Stadtteilen – Adressen erhält man am einfachsten gratis über ✆ **1-800-AAA-HELP**.

Orts- und Anfahrtsuche   Nützlich ist der Streckenplaner *Explore LA*, der für das Gros der Sehenswürdigkeiten die Karten für die Anfahrt per Bus/Bahn erstellt: www.experiencela.com/explore. Auch sehr praktisch das Webportal: www.rome2rio.com/de/.

Busse   Der Großraum LA wird von diversen Busgesellschaften bedient, die wichtigste ist **Metropolitan Transit Authority MTA** (✆ (323) 466-3876, www.metro.net), die mit 3.000 Bussen ein Netz von 5.000 mi Streckenlänge betreibt (**$1,75 Einheitstarif**). Auskunft und Routenkarte in einem der **Service Center**; die Zentrale steht an der *One Gateway Plaza* unweit der *Union Station*.

Neben den Bussen in *Downtown* (➤ unten) betreibt **DASH** weitere Linien; Karte unter www.ladottransit.com/map/dashmap.html.

Im Norden und Nordwesten fahren die Busse der **Santa Monica Big Blue Bus Line** ($1-$2), Route3 wochentags von Santa Monica nach LAX; ✆ (310) 451-5444, www.bigbluebus.com.

Tagsüber verkehren **LAX FlyAway**-Busse stündlich *non-stop* zwischen Flughafen und fünf zentralen Stationen, $8, ✆ 1-866-435-9529, www.lawa.org/FlyAway. Im Airportbereich betreibt zudem die **Culver City Company** einige Routen: www.culvercity.org/government/Transportation/Bus.aspx. Weiter südlich sind die Busse des **Orange County** unterwegs, ✆ (714) 636-7433, www.octa.net.

Beurteilung Bussystem   Wie ersichtlich verfügt LA durchaus über ein weitgespanntes Busnetz, aber die Busse sind – außer im Fall separater Spuren – langsamer als der Individualverkehr. Nach Busfahrten bleibt häufig zu wenig Zeit für das Ziel. Mitunter lange Wartezeiten an Haltestellen in praller Sonne und unterkühlte Fahrgasträume beschweren das Busfahren zusätzlich. Andererseits ist Busfahren nicht teuer.

DASH   Ein eigenes Netz existiert in *Downtown LA*. Dort verkehren sog. **DASH-Busse** (*Downtown Area Short Hop*, ✆ (213) 808-2273), mit denen man für **$1,60** pro Tour (*exact change!*) alle wichtigen Hotels, *Shopping Malls* und Sehenswürdigkeiten erreicht.

Route A fährt über *Little Tokyo*, **Route B** über *Chinatown* (Mo-Fr alle 7-15 min; Umsteigen kostenlos). Die **Routen E** und **F** (*Exposition Park*) verkehren auch an Wochenenden.

Eine hilfreiche Übersichtskarte dazu findet man unter www.ladottransit.com/dash/routes/downtown/downtown.html.

U-Bahn

Für viele Milliarden Dollar entstand in den letzten Dekaden ein neues **U- und S-Bahn-Netz**. Seit 2015 funktionieren **8 Linien**:

- von *Downtown Metro Center* nach **Long Beach** (blau)
- entlang des *Freeway #105* von **Norwalk** über den *Int'l Airport* und **Manhattan Beach**/Marine Ave nach **Redondo Beach** (grün)
- von **Atlantic** über **Union Station** nach **Pasadena** (golden),
- am Wilshire Blvd entlang **bis *North Hollywood*** (rot) und
- als separate Linie nach **Wilshire** (violett).
- als Verlängerung der roten Linie **ab North Hollywood** (orange).
- Die grau markierte *Silver Line* ist eine **Expressbuslinie** mit freier Fahrt auf eigener Spur im Wesentlichen auf *Freeways*.
- vom *Metro Center* (7th Street) nach **Culver City** (hellblau)

Metro Rail Los Angeles

Legend:
- Metro Expo Line
- Metro Orange Line
- Metro Purple Line
- Metro Silver Line
- Metro Red Line
- Metro Blue Line
- Metro Gold Line
- Metro Green Line
- Transfer Station
- Station
- Parkplätze

Frequenz/ **Tarife Metro** **TAP-Card**	Verkehrszeiten 4.30-1.10 Uhr mit hoher Frequenz; **Basistarif** $1,75, *Silver Line* **$2,50**, *Day Pass* **$7**; Umsteigen von Metro auf Muni-Bus +$0,50. Metro nur mit einer sog. *TAP-Card*; einmalig zunächst $1 am Automaten (*Vending Machine)* dann aufladen.
Trip Planner	Im Internetportal <u>www.metro.net</u> findet sich auch ein **Metro-Trip Planner**, der bei Start-, Ziel- und Zeiteingabe die beste Verbindung im öffentlichen Netz auswirft mit Fahrtzeiten und Tarifen.
Rundfahrten	Auch in Los Angeles zählen Stadtrundfahrten zum festen touristischen Basisprogramm. Es gibt sie für einzelne LA-Teilbereiche (*Downtown*, Hollywood, Beverly Hills, Santa Monica) und Kombinationen., die überwiegend die sog. Standardsehenswürdigkeiten anfahren. Diese Touren sind relativ teuer, bieten aber eine von Verkehrsstress befreite Schnellübersicht. Anbieter sind z.B.

- *Starline Tours*, ✆ 1-800-959-3131, <u>www.starlinetours.com</u>
- *LA City Tours*, ✆ 1-888-800-7878, <u>www.lacitytours.com</u>
- *LA Sightseeing*, ✆ 1-800-870-1886, <u>www.lasightseeing.net</u>

Die meisten Rundfahrten laufen mit englischsprachigen Erläuterungen, auch spanischsprachige Touren gibt es eine Menge, rein **deutschsprachige Rundfahrten** weniger, aber gute Angebote z.B. unter <u>www.rent-a-guide.net</u>.

Wer klassischen Stadtrundfahrten nichts abgewinnen kann, findet auch spezielle Thementouren:

- *Melting Pod*, ✆ 1-888-425-6144, <u>www.meltingpottours.com</u>, und *Six Taste* , ✆ (213) 798-4749, <u>www.sixtaste.com</u>, bieten **Gourmetspaziergänge** durch Stadtviertel an.
- Über die berüchtigsten **Todesfälle und Skandale** Hollywoods weiß man nach einer **Dearly Departed Tour** alles: ✆ 1-855-600-3323, <u>www.dearlydepartedtours.com</u>.

Open-Air Sightseeing

- Die **Sunset Ranch Hollywood** ermöglicht Ausritte unter dem Hollywood-Schild mit Panoramablicken über LA; ✆ (323) 469-5450, www.sunsetranchhollywood.com.
- Das **Museum of Neon Art** offeriert **Neon Cruises**, Abendfahrten im *Open-air*-Doppeldeckerbus zu augenfälligen Leuchtreklamen der Stadt: ✆ (213) 489-9918, www.neonmona.org.
- Häuser und Treffpunkte der Stars aus Film und Fernsehen (**Movie Stars Homes** und **Secrets & Celebrity Hotspots**, angeboten vom *Entertainment-Gossip*-Riesen *TMZ*) sind Ziel von **Hollywood Tours**: ✆ 1-800-789-9575, www.hollywoodtours.us.
- **Art Muse Los Angeles** bietet kleinen Gruppen private und expertengeführte Kunstgenusstouren durch Museen und Galerien im Großraum LA: ✆ (773) 350-9094, www.artmusela.com.

Unterkunft

Hotels/ Motels

Wenn keine anderen Präferenzen bestehen, sollte man die pazifik- und damit strandnahe Region **Santa Monica/West LA/Westwood/ Hollywood** oder **Downtown** zum Ausgangspunkt für einen Besuch in Los Angeles machen. Von dort lässt sich die Mehrheit der Sehenswürdigkeiten gut per Auto erreichen und zur Not auch mit dem Bus-System **MTA** (▶ Seite 364), ab *Downtown* teilweise auch per Metro, ▶ Karte Seite 365. In den empfohlenen Bereichen stößt man entlang der Hauptstraßen (u.a. Wilshire Blvd, Santa Monica Blvd, Ocean Ave von Santa Monica bis Venice, Hollywood Blvd, Figueroa Street) auf **Hotels und Motels aller Preisklassen**.

Airport und Umgebung

In Los Angeles gehört auch der **Airportbereich** (**Inglewood**) zu den verkehrsmäßig noch »zumutbaren« Adressen für einen Citybesuch. Wie im allgemeinen Teil, Kapitel 3.5, erläutert, sind die Hotels in der Flughafenzone vor allem an Wochenenden unterbelegt und bieten mit reduzierten Tarifen ein oft sehr gutes Preis-Leistungsverhältnis. **Relativ günstig** sind nach wie vor in LA die **Tarife deutscher Veranstalter** für einige *Airport*-Hotels. Bei ihnen kosten Häuser wie das **Crowne Plaza**, **Westin** o.ä. teilweise deutlich weniger als vor Ort zum Dollartarif. Erheblich unter dem Standard der Oberklasse liegende Mittelklassehotels sind bei Veranstaltern oft nur €20-€50 billiger.

Wer vor Ort direkt bucht, muss meist mehr bezahlen oder Abstriche beim Komfort machen. Bei Eigenbuchung bieten sich an:

- **Travelodge Lax**, 5547 W Century Blvd, ✆ 1-800-525-4055, ab $110; www.travelodgelax.com (gute Tarif-/Leistungsrelation)
- **Comfort Inn**, 4922 W Century Blvd., ✆ 1-877-424-6423, ab $120
- **Days Inn**, 901 West Manchester Blvd, ✆ 1-800-225-3297, ab $90.

Noch flughafennah und auch ohne Auto (z.B. für die erste/letzte Nacht) akzeptabel, da eine *Westfield Shopping Mall* benachbart liegt, ist das **Four Points by Sheraton** in Culver City am 5990 Green Valley Circle; ab $159 (*non refundable internet rate*); ✆ (310) 641-7740, www.fourpointslosangeleswestside.com.

Downtown

Nicht-Geschäftsreisende werden vermutlich nicht vorrangig im Bereich **Downtown** unterkommen wollen, aber ganz von der Hand zu weisen ist das Zentrum nicht. Ähnlich wie in Flughafennähe sind dort die **Wochenendpreise** nämlich oft günstig. Auch deutsche Reiseveranstalter haben *Downtown*-Hotels im Angebot.

»The Georgian«, ein Hauch von Miami South Beach in Santa Monica; gute Zimmer ab $290; www.georgianhotel. com

- ***Millenium Biltmore***, 506 South Grand Ave; gediegener Luxus ab ca. $240 *AAA*-Tarif, $210 bei Vorabzahlung; ✆ (213) 624-1011 oder ✆ 1-866-866-8086, www.milleniumhotels.com
- ***Westin Bonaventure,*** 404 South Figueroa Street; ab ca. $209. Der Glaspalast ist ein architektonischer *Eyecatcher* draußen wie drinnen, der deshalb auch schon in diversen Hollywood-Produktionen zu sehen war; ➢ Foto Seite 405; ✆ (213) 624-1000, www.thebonaventure.com
- ***Miyako Hotel***, 328 E First Street, ✆ (213) 617-2000, ab ca. $150 *AAA-rate* in Little Tokyo; mit Sauna, www.miya koinn.com
- ***Figueroa Hotel***, 939 South Figueroa Street, marokkanisches Ambiente in zentraler Lage beim *Staples Center*; ab $116; bei deutschen Reiseveranstaltern mitunter preiswerter; ✆ (213) 627-8971 oder ✆ 1-800-421-9092, www.figueroahotel.com

Ärgerlich sind die in den Cities oft heftigen Gebühren fürs Parken. In Santa Monica fallen u.a. keine Parkkosten an bei Übernachtung im:

Santa Monica

- ***Best Western Plus Gateway*** am 1920 Santa Monica Blvd, ab $220, ✆ (310)-829-9100, www.bestwesterncalifornia.com.
- Preiswerter ist die ***Travellodge Santa Monica*** am 3102 Pico Blvd, ab $160 mit Frühstück und *Wifi*; ✆ (310) 450-5766 oder ✆ 1-800-231-7679, www.travelodgesantamonica.com.

West LA/ Hollywood

Akzeptable Stadthotels mit relativ moderatenTarifen gibt es im **Fairfax District** nahe dem **Farmers Market**, z.B.:

- ***Bevonshire Lodge Motel***, 7575 Beverly Blvd; ab $87; keine Parkgebühr, *Wifi*; ✆ (323) 936-6154, www.bevonshire.com.
- ***Park Plaza Lodge***, 6001 West 3rd Street; ab ca. $120; keine Parkgebühr; ✆ (323) 931-1501; www.parkplazalodgehotel.com

- **Beverly Laurel Hotel**, 8018 Beverly Blvd in West Hollywood; schöne DZ ab ca. $180, aber *Wifi* +$6/Tag; ℂ 1-800-299-9572; http://beverly-laurel.hotel-rn.com
- **Ramada Plaza Hotel**, 8585 Santa Monica Blvd, ab ca. $190 ℂ 1-301-652-6400, www.ramadaweho.com.

In Gehdistanz zum *Dolby Theatre* und *Walk of Fame* befindet sich:

- **Best Western Hollywood Plaza Inn**, 2011 North Highland Ave DZ schon ab ca. $130 mit *AAA*-Rabatt; ℂ 1-800-445-4353, www.bestwestern.com/hollywoodplazainn.

Koreatown

In zentraler Lage zwischen *Downtown*, Beverly Hills und Hollywood steht außerdem das

- **The LINE Hotel**; 3515 Wilshire Blvd; stylische Zimmer ab $200; der Ausblick z.B. von den *Hollywood Hills Rooms* ist toll; ℂ 1-800-600-8435; www.thelinehotel.com.

Absolute Spitze in Hollywood ist das teure

- **W Hollywood Hotel** (6250 Hollywood Blvd), ein *Lifestyle Hotel* zwischen Kitsch und *Modern Design* für alle, die sich mal was super-Amerikanisches gönnen wollen; ab $350 (*prepaid rate*) und viel mehr; ℂ 1-866-625-4955, www.whollywoodhotel.com.

Long Beach

Ganz **originell** sind die nostalgischen Kabinen auf der **Queen Mary** in **Long Beach**; ab $129, ℂ 1-877-342-0742, www.queenmary.com.

Anaheim

Dank **Disneyland** befindet sich die dichteste Motel- und Hotel-konzentration des Großraums Los Angeles in Anaheim (**Harbor Boulevard** beidseitig der I-5 und **Katella Ave**). Eine **sagenhafte Kapazität** in sämtlichen Kategorien und fast aller bekannten Ketten sorgt bei niedriger Auslastung oft kurzfristig für **Sonderpreise** (➤ Buchungsportale im Internet). An Sommerwochenenden und an Feiertagen wird es trotz dann hoher Tarife schnell eng. Mit wachsendem Abstand zu *Disney* sinken die Preise rasch auf Normalniveau (i.e. in der Mittelklasse unter $100/Nacht).

2

Etwas andere »Hotelzimmer« gibt's an Bord der Queen Mary.

Preiswert

In LA gibt es viele **Billigunterkünfte** für junge Leute, z.B.:

- *Santa Monica Int'l Hostel*, 1436, 2nd St, ✆ (310) 393-9913; prima Lage; Betten ab $45, DZ $130; www.hilosangeles.org
- *Hollywood USAHostel*, 1624 Schrader Blvd, ✆ 1-800-524-6783, ✆ (323) 462-3777, ab $42, EZ/DZ ab $115; www.usahostels.com
- **Hollywood Youth Hostel**, 6820 Hollywood Blvd, ✆ 1-800-557-7038 oder ✆ (323) 463-2770; www.ushostel.com, Bett ab $24
- **Orbit Hotel & Hostel**, 7950 Melrose Ave, ✆ 1-855-846-7835, in Hollywood; www.orbithotels.com, Bett ab $26; DZ ab $86
- *Samesun Backpackers Lodge*, 25 Windward Ave/Boardwalk; ✆ 1-888-718-8287 www.samesun.com; ab $34, DZ ab $95
- *Backpackers Paradise*, 4200 West Century Blvd, ✆ 1-800-852-0012, ✆ (310) 419-0999; Betten ab $20, DZ ab $60; ganz in Airportnähe; www.backpackersparadise.com
- *Surf City Hostel*, 26 Pier Ave, Hermosa Beach, ✆ (310) 798-2323, ✆ 1-800-305-2901; www.surfcityhostel.com; Betten ab $40, EZ/DZ ab $100; tolle Lage an Strand und *Boardwalk*.

Zwei empfehlenswerte *HIs* (www.hiusa.org) anderswo:

- *HI South Bay*, 3601 Gaffey St, ✆ (310) 831-8109; tolle Lage über der Küste in San Pedro, Bett ab $28, DZ ab $50
- *Fullerton HI*, 1700 N Harbor Blvd, ✆ (714) 738-3721; prima Haus in Parklage, 5 mi bis *Disneyland*; ab $25.

Camping

Camping am Strand

Der citynächste **öffentliche Campingplatz** (nur für RVs) ist die

- *Dockweiler State Beach* direkt am Strand unterhalb der Startbahn des *LA Int'l-Airpor*t (12001 Vista del Mar); Anfahrt am besten über Imperial Hwy, von dem man streckenweise alle Lande-/Startbahnen von LAX überblickt, *full hook-up* in der 1. Reihe am Strand ab $70, die 2. und 3. Reihe minus je $5. Mittlerweile gute Sanitäranlagen. Daher trotz hoherTarife bedenkenswerte Alternative für LA, ✆ 1-800-950-7275. Reservierung ($10) nicht wie *State Parks*, sondern unter http://reservations.lacounty.gov.

Wer nicht in der ersten Reihe steht (erhöhte 3. Reihe mit Rasen ohnehin besser), kann sich am Strand abends ein Plätzchen mit Feuerstelle suchen (Feuerholz ist mitzubringen).

RV-Camping an der Dockweiler Beach

Samesun Backpackers Hostel gleich hinter der Venice Strandpromenade im »Zentrum des lokalen Geschehens«. Der per Mural verschönte Bau dient seit Dekaden unter wechselnden Namen als Jugendherberge.

RV-Camping Malibu und Long Beach

Gute **privatwirtschaftlich betriebene Campingplätze** sind der

- *Malibu Beach RV-Park* (auch für **Zelte**), ✆ 1-800-622-6052, tolle Lage direkt oberhalb des Pacific Coast Highway, dessen Verkehrslärm kaum nach oben dringt. Leider extrem teuer vor allem Fr+Sa und mit *Premium-Ocean View*: Zelte $45-$80, RVs $60-$190 (!); www.maliburv.com, ➤ Foto Seite 121.

- *Golden Shore RV-Resort* in **Long Beach** zwischen dem *Freeway* Richtung *Queen Mary* und Shoreline Drive; 101 Golden Shore; ✆ 1-800-668-3581; nur RVs, die dort ziemlich dicht an dicht auf Asphalt stehen; $55-$64; www.goldenshorerv.com.

Weitere **kommerziell betriebene Campingplätze** sind im Internet unter www.californiacampgrounds.org gelistet.

Santa Monica Mountains

Zelter finden acht Plätzchen im *Musch Camp* des *Topanga State Park* oberhalb von Santa Monica; www.parks.ca.gov/?page_id=629; Anfahrt über Topanga Canyon Blvd/#27 ab Küstenstraße #1 oder *Freeway* #101, dann Entrada Road. Vom Parkplatz bei der *Trippet Ranch Ranger Station* geht's zu Fuß weiter, ca. 1,5 km *one-way*, es gilt *first-come, first-served*; Campen: $10/Person.

Wer noch ein bisschen weiter westlich (**ab Malibu Beach**) auf der Malibu Canyon Road ca. 7 mi die *Santa Monica Mountains* hinauffährt, kann im *Malibu Creek State Park* auch mit RV sehr gut campen; www.parks.ca.gov/?page_id=614. Zufahrt ebenso vom *Freeway* #101, *Exit* #32 Las Virgenes Rd, ca. 5 mi. Tarif $45, egal ob Zelt oder RV, Duschen. Einer der schönsten Plätze im Umfeld von LA, aber noch weiter weg von LA-Attraktionen als Malibu RV.

Anaheim

Diverse Plätze warten in **Anaheim** auf Kunden. Am disneynächsten liegt der eine gute Meile vom Haupteingang entfernte (**zu Fuß** erreichbar oder per kostenpflichtigem *Shuttle*-Service) *Anaheim Harbor RV Park*, 1009 South Harbor Blvd, ✆ (714) 535-6495; Wifi. Zelt $20-$30, RV $32-$65 je nach Saison und Größe des Campmobils; www.anaheimharborrvpark.com.

2

1,2 mi bzw. 3 mi von *Disneyland* entfernt sind

- *Anaheim Resort RV Park*, 200 W. Midway Drive; guter Komfort-platz mit *Wifi*, Pool und *Disney-Shuttle*. Das allabendliche Disney-Feuerwerk ist von dort aus gut sichtbar. Zelt ab $50, RVs ab $55; ✆ (714) 774-3860, www.anaheimresortrvpark.com, und

- der sehr ordentliche *Orangeland RV Park*, ab $65; 1600 West Struck Ave, ✆ (714) 633-0414; www.orangeland.com.

Yorba Linda

Gut 10 mi fährt man von Anaheim auf der **#91 East** bis zum *Exit #41* (Gypsum Canyon Rd). Der großzügig angelegte **Canyon RV Park** befindet sich zwischen *Freeway* und *Featherly Regional Park*; RVs $60, auch Cabins für $75 sind vorhanden, aber laut da straßennah; ✆ (714) 637-0210, www.canyonrvpark.com.

NF und SP

National Forest Campgrounds befinden sich oberhalb Pasadena (Straße #2) und weitere *State Parks* mit Camping im Nordwesten (**Leo Carillo Beach/Point Mugu SP**) und Süden (**Doheny**, **San Clemente** und **Onofre Beach SP**) recht weit entfernt für LA-Besuche.

Das Saddle Ranch Chop House, ein richtiges Western-Rock Restaurant mit Steaks und »Mechanical Bull Riding« zwischen Beverly Hills und Hollywood (8371 Sunset Blvd), www.the saddleranch. com

Gastronomie

Restaurants und Fast Food

In Anbetracht der großen Entfernungen wird man in LA Restaurants meistens in der Nähe des eigenen Quartiers oder der besuchten Sehenswürdigkeiten suchen.

Malibu

In **Malibu** direkt an der Beach ist das

- *Bob Morris' Paradise Cove Beach Café* auch beliebt bei Film-Crews; 28128 Pacific Coast Hwy #1, ✆ (310) 457-2503, www.paradisecovemalibu.com.

- Weitere *Hot Spots* sind **Neptune's Net**; 42505 Pacific Coast Hwy #1, ✆ (310) 457-3095, www.neptunesnet.com, sowie

US-Jagdflugzeug des 2. Weltkriegs: P51 Mustang beim Restaurant »Proud Bird«

• **Gladstone's Malibu**, 17300 Pacific Coast Hwy #1 in **Pacific Palisades** unweit des Sunset Blvd über dem Strand; teuer, dennoch bestens besucht; ✆ (310)-454-3474; http://gladstones.com.

Santa Monica

In **Santa Monica** konzentrieren sich Restaurants in der autofreien **3rd Street Promenade**, am Santa Monica Boulevard und der Ocean Ave. Auch auf der **Santa Monica Pier** verhungert man nicht. Nur ein paar Meilen sind es von dort nach **Westwood** im Umfeld der UCLA, wo sich im Bereich Wilshire/Westwood/Broxton Blvds jede Menge *Eateries* und **Kneipen für junge Leute** finden.

Venice

Nicht weit (ca. 2 mi) ist es von Santa Monica nach **Venice Beach** mit zahlreichen *Open-air* Lokalen vor allem am **Ocean Front Walk**. Nicht ganz so touristisch und (oft) überlaufen wie entlang des zentralen *Venice Beach Park* ist es an der Strandpromenade weiter südlich, am besten jenseits des Washington Blvd in Richtung Kanal zur *Marina del Rey*.

Marina del Rey

Rund um den Yachthafen **Marina del Rey** (Admirality Way/Via Marina) findet man viele bessere Restaurants und Kneipen: www.visitmarinadelrey.com. Originell ist dort u.a. das **Warehouse Restaurant** am 4499 Admirality Way; vor allem Steaks und *Seafood*; ✆ (310) 823-5451, www.mdrwarehouse.com.

Preiswerter geht es zu im **Fisherman's Village** an der Südostseite der Yachthafen-Einfahrt. Mehrere Open-air-Lokale; Zufahrt über Pacific Coast Hwy #1 (Lincoln Blvd) und Fiji Way.

LAX Airport

Flugzeugfans sind richtig im **Proud Bird Restaurant** unweit des *International Airport* am 11022 Aviation Blvd. mit ausrangierten Kampffliegern auf dem Gelände. Vom 1. Stock aus hat man den besten Blick darauf; ✆ (310) 670-3093, www.theproudbird.com.

Manhattan/ Redondo Beaches

Sowohl in **Manhattan** als auch und vor allem in **Hermosa** und **Redondo Beach** findet man viele Lokale direkt hinter dem Strand am sich dort fortsetzenden **Ocean Front Walk**, z.B. den

• **Redondo Coffee Shop and Bait**, 141 Fisherman's Wharf mitten auf der Pier mit Blick über den Pazifik. Amerikanische Küche zu mittleren Preisen, ✆ (310) 318-1044; www.redondopier.com.

West LA/ Hollywood

Institutionen in West LA (Hollywood/Wilshire District) sind

- *Barney's Beanery*, 8447 Santa Monica Blvd, Institution seit 1920, *Janis Joplin* und *Jimi Hendrix* waren Stammkunden; ✆ (323) 654-2287, www.barneysbeanery.com.

- *Canter's Deli*, 419 N Fairfax Ave rühmt sich, seit Gründung 1931 über 4,5 Mio kg Steaks, 24 Mio *Bagels* und 24 Mio Tassen Hühnersuppe verkauft zu haben; Tag und Nacht geöffnet; weitere Standorte in LA; ✆ (323) 651-2030, www.cantersdeli.com.

- *Mel's Drive-In* am 8585 Sunset Blvd und weiteren Standorten in LA. Zwar auch *Fast Food* auf die Schnelle, aber gleichzeitig **24-Stunden-Diner** mit Außenterrasse; ✆ (310)-854-7201, www.melsdrive-in.com.

- *Ed's Coffee Shop*, 460 N Robertson Blvd, ✆ (310) 659-8625, existiert seit über 50 Jahren; das will was heißen.

- Auch die Erzeugnisse von *Pink's Hot Dogs* (30 Varianten) sind nicht zu verachten – dort sichtet man nicht selten Promis: 709 North La Brea Ave; www.pinkshollywood.com; von *Fox News* zum besten *Hot Dog*-Imbiss der USA gekürt!

- Die *Pizzeria Mozza*, 641 North Highland Ave, ✆ (323) 297-0101, www.la.pizzeriamozza.com, hat ofenfrische Pizzen ab $16 und glänzt mit einer eindrucksvollen Weinbar.

- Im *Rainbow Bar & Grill*, 9015 Sunset Blvd, hatte *Marilyn Monroe* einst ein *Blind Date* mit *Joe DiMaggio*. Das Lokal ist auch durchs Musikvideo »November Rain« von *Guns n' Roses* bekannt; ✆ (310) 278-4232, www.rainbowbarandgrill.com.

- *Pig N' Whistle*, 6714 Hollywood Blvd, serviert Salate und Sandwiches, ✆ (323) 463-0000, www.pignwhistlehollywood.com.

- Im *Musso & Frank Grill* treffen sich die Stars schon seit 1919. Amerikanische Küche; 6667 Hollywood Blvd, ✆ (323) 467-7788, www.mussoandfrank.com.

- Japanische Küche und Aussicht warten auf die Gäste im architektonisch beachtlichen *Yamashiro Hollywood* (1999 N Sycamore Ave, ✆ (323) 466-5125, www.yamashirohollywood.com).

Mehr als 100 *Food Stands* und Restaurants jeder Provenienz machen den *Original Farmers Market* (6333 West Third Street, www.farmersmarketla.com) zu einer generell geeigneten Anlaufadresse, wenn der Magen knurrt und *open-air* reizt.

Beverley Hills

- *Mastro`s* hat *Seafood*, Steaks und *modern design*; 246 North Canyon Drive, ✆ (310)-888-8782, www.mastrosrestaurants.com.

- **The Stinking Rose** bietet kalifornische Gerichte mit viel Knoblauch ab ca. $15; 55 North La Cienega Blvd, ☏ (310)-652-7673, www.thestinkingrose.com.

- In **Hubert Keller's Bar Bouchon** blicken die Gäste auf die Beverly Canyon Gardens und das Hotel *Montage*. Das Lokal gilt als einer der schönsten *Lunch-Spots* in LA; ☏ (310) 271-9910, www.thomaskeller.com. Leichte französische Küche.

Tipp

- Prima Küche und eine tolle Aussicht genießt man im **Rooftop Grill** des Hotels *Montage Beverly Hills* (225 N Canyon Drive, ☏ 1-880-860-0788, www.montagehotels.com).

Downtown LA

- In *Downtown* LA haben die Restaurants im **Westin Bonaventure Hotel** (➢ Seite 405) ein besonders attraktives Umfeld.

- Seafood & Steaks haben der **Water Grill** (544 South Grand Ave, ☏ (213) 891-0900; www.watergrill.com. Filiale in der 1401 Ocean Avenue in Santa Monica; ☏ (310) 394-5669.

- Legendär und über 100 Jahre im Geschäft ist **Philippe, the Original** in der 1001 North Alameda Street, ☏ (213) 628-3781, www.philippes.com. Spezialität sind dort Roastbeef-Sandwiches mit Bratensaft (*French Dipped*).

- Ähnlich bekannt ist **The Original Pantry**. 24 Stunden Steaks, Sandwiches und Backwaren, große Portionen. Zentral in der 877 S Figueroa Street, ☏ (213) 972-9279, www.pantrycafe.com.

- Das **Café Pinot** verwöhnt mit kalifornisch-französischer Küche, tollem Blick auf die LA-*Skyline* und schönem Außenbereich; 700 W Fifth Street, ☏ (213) 239-6500, www.patinagroup.com/restaurant.php?restaurants_id=41.

- **Peking Tavern** im *Fashion District* kombiniert authentische chinesische Küche mit Peking *Street-Food*; 806 South Spring Street, ☏ (213) 988-8308, www.tooguapo.com/Peking_Tavern.

- In der beliebten **Wurstküche** im *Arts District* gibt's Grillwurst und Bier; 800 E 3rd St, ☏ (213) 687-4444, www.wurstkuche.com. Jüngst eröffnete eine Filiale in Venice (623 Lincoln Blvd).

Gegenstück zum *Original Farmers Market* (➢ links) ist der überdachte **Grand Central Market**; 317 South Broadway, ☏ (213) 624-2378, www.grandcentralmarket.com.

Parkers Lighthouse Restaurant in Long Beach, ➢ folgende Seite

»Erfunden« fürs Animal Kingdom in Floridas Disneyworld fand das Rainforest Café in den USA rasch Verbreitung; hier in Downtown Disney

San Pedro

Wer die lange Fahrt in Kauf nimmt oder die nahe *Queen Mary* besichtigt, findet im (künstlichen) Fischerdorf **Ports o' Call** in **San Pedro** (nördlich Long Beach) einfache (mexikanische) **Fisch- und Krabben-Grilllokale** mit großen *Open-air Decks*; mehr ➢ Seite 415; www.sanpedro.com/panoramas/ports_ocall.htm.

Long Beach

In Long Beach bietet sich gleich am Yachthafen hinter dem Aquarium am Shoreline Drive (➢ Seite 416) das **Shoreline Village** an (www.shorelinevillage.com) mit *Eateries* von *Fast Food* bis zum feinen Steakrestaurant **Parkers Lighthouse** mit brillanter Aussicht auf die *Queen Mary* und prima leichter Küche; ✆ (562) 432-6500, www.parkerslighthouse.com.

Downtown Disney

Zwischen **Disneyland** und **California Adventure Park** liegt **Downtown Disney** mit zahlreichen *Eateries* – vom *Fast Food Place* über das **Rainforest Café** bis zum **Crossroads at House of Blues Restaurant** mit *Louisiana Cajun*-Küche.

Für den Restaurantbesuch in *Downtown Disney* muss man kein *Disneyland*- oder *California Adventure*-Ticket buchen und kann gratis parken, ➢ Seite 419. Reservierung aller Restaurant : ✆ (714) 781-3463.

Bars

Für manchen dürfte ein Drink in einer typisch kalifornischen **Bar** erstrebenswerter Teil des *LA Experience* sein. In ihrer Art zu den besten gehören z.B. die

• **Bar Nineteen 12** im *Beverly Hills Hotel*, 9641 Sunset Blvd; ✆ (310) 273-1912. *Indoor-outdoor Lounge* am Pool unter Palmen; www.dorchestercollection.com

- **Bar 1200** im »*Rock 'n Roll Hotel*« Sunset Marquis in West Hollywood. Manche Stars und *Models* gehen dort ein und aus; 1200 Alta Loma Rd; ✆ (310) 657-1333; www.sunsetmarquis.com

- **Bar Marmont** am Chateau Marmont, in der schon *Leonardo di Caprio* und *Lindsay Lohan* feierten; 8171 Sunset Blvd, ✆ (323) 650-0575, www.chateaumarmont.com.

- **Skybar** im Trend-Hotel *Mondrian* (*Philippe Starck*) mit den Blick auf LA; 8440 Sunset Blvd, ✆ (323) 848-6025, www.mondrianhotel.com.

- **Rooftop Bar** und **Biergarten** im *Standard Downtown Hotel* mit Dachpool und sagenhaftem Blick auf dieWolkenkratzer ringsum; 550 South Flower at 6th Street, ✆ (213) 892-8080, http://standardhotels.com/downtown-la.

- Auch ein **Rooftop Restaurant** ist das **Perch**, 448 South Hill St, ✆ (213) 802-1770. Vom 16. Stock toller Blick über den Pershing Square und *Downtown*, speziell am Abend; www.perchla.com.

Auch immer eine gute Option für Bar- und Restaurant besuch sind die Hard Rock Cafés, hier am 6801 Hollywood Blvd neben dem Dolby Theatre, wo die jährliche Oscar-Verleihung stattfindet; ✆ 323-464-7625, www.hardrock.com

_____

Shop 'til you drop

Shopping Malls

Los Angeles ist das amerikanische **Mekka der Malls** und **Shopping Center**. Die folgende Liste nennt nur die wichtigsten:

Santa Monica/ West LA

- **Beverly Center** (8500 Beverly Blvd; www.beverlycenter.com), und **Wesfield Century City** (10250 Santa Monica Blvd)

- Nur wenige Meilen vom Airport entfernt befindet sich die mittelgroße **Westfield Culver City Mall** (6000 Sepulveda Blvd/I-405 und Fox Hills Dr; www.westfield.com/culvercity).

- Und am südlichen Ende der Fußgängerzone **3rd Street Promenade**, einer der besseren Einkaufsstraßen der Stadt, liegt die *Mall* **Santa Monica Place**; www.santamonicaplace.com.

Highland Center an der Ecke Hollywood Blvd/Highland Ave

Der Bereich um die Kreuzung Hollywood Blvd und Highland Ave ist eine einzige Shopping-, Restaurant- und Entertainmentzone:

Hollywood

- *Hollywood & Highland Center*, wo früher das bekannte *Hollywood Hotel* stand (6801 Hollywood Blvd; einzige *Mall* in LA mit U-Bahn-Anschluss: *Metro Red Line*; www.hollywoodand highland.com). Zur **Melrose Ave** (zwischen Highland Ave und La Cienega Blvd) **mit richtig schrägen** *Shops* ist es nicht weit.
- *The Grove* liegt östlich von Hollwood westlich des Pan Pacific Park (The Grove Drive/3rd Street, www.thegrovela.com).
- Entlang des vornehmen, baumbestandenen **Robertson Boulevard** (zwischen Santa Monica Blvd & W 3rd Street) lassen sich unzählige Luxus-Designerläden entdecken. Dort tauchen häufig **Hollywood-Stars** auf.

Glendale

- Das *Americana at Brand* in Glendale unweit des Griffith Park (889 Americana Way; www.americanaatbrand.com), ist ein *Shopping Village* um eine grüne Plaza mit Fontänenbrunnen und Wohnungen über den Ladenpassagen für bessergestellte Residenten. Nördlich davon bietet die *Glendale Gallery* (100 W Broadway; www.glendalegalleria.com) noch mehr Shopping.

Canoga Park (San Fernando Valley)

- Eine weitere riesige Mall ist *Westfield Topanga* im Westen von LA oberhalb des *Topanga State Park* nördlich des *Freeway* 101 (6600 Topanga Canyon Blvd; www.westfield.com/topanga).

Rodeo Drive

Ein besonders dicke Brieftasche braucht man zum Einkauf auf dem **Rodeo Drive** von Beverly Hills mit Läden kostspieliger Luxusmarken zuhauf (North Rodeo Drive zwischen Santa Monica und Wilshire Blvd; www.rodeodrive-bh.com).

- Der Gipfel der Exklusivität ist *Bijan*, angeblich das teuerste Modegeschäft der Welt, das Kunden nur nach Anmeldung einlässt; www.bijan.com).

Downtown

Auch das eher durch Bürohochhäuser gekennzeichnete ***Downtown*** bietet viele Einkaufsmöglichkeiten, z. B. ***Macy's Plaza*** (750 West 7th Street), den ***Grand Central Market*** für Lebensmittel und mehr (Broadway/3rd Street) und den ***Fashion District*** rund um die 9th Street östlich des Broadway mit günstiger Kleidung; www. fashiondistrict.org.

Orange County

• In **Costa Mesa** im Südosten von LA liegt unmittelbar an der I-405 der Riesenkomplex ***South Coast Plaza*** (*Exit* Bristol Street; www.southcoastplaza.com) mit allen bekannten Kaufhäusern und 250 Boutiquen (vor allem Nobelmarken). Diese *Mall* gehört seit Bestehen zu den *Top Ten* der USA-Einkaufszentren.

Outlet Center

• ***Ontario Mills*** ist mit rund 200 *Shops* eines der größten **Outlet Center** Kaliforniens. Es liegt im Kreuzungsbereich der *Freeways* I-10 und I-15 (*Exit* Milliken Ave; www.ontariomills.com.

• Eine weitere große *Outlet Mall* mit über 160 Markenläden und hohen Discounts ist ***Camarillo Premium Outlets***. Diese *Mall* liegt östlich von Los Angeles an der #101 (740 Ventura Blvd, www.premiumoutlets.com/camarillo).

Am North Rodeo Drive (Kreuzung mit dem Dayton Way) befindet sich die hochkarätigste Shopping Zone von LA

Sonstiges

Bücher/ E-Books

Am Sunset Strip findet man mit

• ***Book Soup*** einen der besten Buchläden der Stadt mit Autorenlesungen und vielen signierten Büchern; 8818 West Sunset Blvd; www.booksoup.com.

• Die Kette ***Barnes & Noble*** betreibt mehrere Filialen im Großraum LA, u. a. im Einkaufscenter *The Grove* und im *Village Americana at Brand*, ▷ oben.

Bibliophile werden vielleicht eine der beiden Filialen des Kölner Kunstbuchverlegers **Benedikt Taschen** besuchen wollen: in **Beverly Hills** im 354 North Beverly Blvd, in **Hollywood** in der 6333 West 3rd Street; www.taschen.com. In der **Taschen Gallery** am 8070 Beverly Blvd sind seit 2014 Prints aus limitierten Serien zu sehen. Zur Eröffnungsshow mit *Rolling-Stones*-Fotos kamen über 700 Gäste, darunter *Jack Nicholson*, *Pamela Anderson* und *Udo Kier*.

Musik/DVDs   Am 6400 Sunset Blvd residiert der Plattenspezialist (CD und Vinyl) **Amoeba Music** (www.amoeba.com), selbstbeworben als **größter Independent Record Store der Welt**. Seit 1985 bietet **Record Surplus** Ähnliches, überdies täglich neue Ware (12436 Santa Monica Blvd; www.recordsurplusla.com). Natürlich gibt es in beiden Shops auch jede Menge Filme – man ist schließlich in LA.

Film-souvenirs   Filmfans finden Poster, Fotos und Drehbücher für Filme und TV-Serien bei der **Hollywood Book and Poster Company** (früher am Hollywood Blwd jetzt im LA-Stadtteil Van Nuys angesiedelt; 7758 Balboa Blvd., Suite A; www.hollywoodbookandposter.com). Ähnliches findet sich im Traditionsbuchladen »Larry Edmunds« (6644 Hollywood Blvd.; www.larryedmunds.com).

Ein Geheimtipp ist **Book Castle's-Movie World** im nördlichen Burbank (212 North San Fernando Blvd). Poster, Filmliteratur, Magazine und Bücher bis unter die Decke; Impressionen aus dem Laden unter: https://www.facebook.com/pages/Book-Castle-Movie-World/109650425738418

Entertainment

Information   Wer wissen möchte, was aktuell in LA »los« ist, sollte sich mit dem wöchentlich erscheinenden, gratis in Touristenbüros, vielen Hotels und Shops ausliegendem Heft **LA Weekly** bewaffnen. Darin findet man alle wichtigen kulturellen Veranstaltungen, ebenso wie im Internet unter www.laweekly.com. Nicht weniger informativ ist das Magazine **Where LA** (http://wherela.com).

Das monatlich erscheinende **Los Angeles Magazine** informiert über Kunst, Kultur, Unterhaltung, Essen etc. in einer gekonnten Mischung aus längeren und kürzeren Beiträgen; www.lamag.com.

Konzerte   Kulturelles Aushängeschild von *Downtown* LA ist die vom Star-architekten *Frank O. Gehry* konzipierte **Walt Disney Concert Hall**, Heimat des **Los Angeles Philharmonic Orchestra** (www.laphil.com). Der Konzertsaal gehört zum Komplex des *Music Center* mit dem **Dorothy Chandler Pavilion**, dem **Ahmanson Theatre** und dem **Mark Taper Forum** (135 North Grand Ave, © (213) 972-7211, www.musiccenter.org).

Ein echtes Erlebnis ist ein Open-air Konzert in der **Hollywood Bowl**, einem großen Amphitheater in den Hügeln nördlich von Hollywood (*Ventura Freeway* #101/2301North Highland Ave). Der Schwerpunkt liegt dort auf Klassik, aber es gab und gibt auch Auftritte von Rock-, Pop- und Jazzgrößen. Eröffnungsabend der

Saison 2015 samt Feuerwerk war der 20. Juni, 2016 voraussichtlich am 18.06. und 2017 am 17.06.; www.hollywoodbowl.com.

Ein etwas kleinerer Open-Air-Veranstaltungsort in der Nähe ist das **Greek Theatre** im Griffith Park; www.greektheatrela.com).

Musiklokale

Die Klassiker unter den **Clubs** mit **Live Music** liegen am **Sunset Strip**, dem Abschnitt des Sunset Boulevard zwischen Crescent Heights Blvd und Doheny Drive, und etwas östlich davon.

- Im **Whisky a Go-Go** (auch **The Whisky**) wurden in den 1960er-Jahren Legenden geboren: **Jim Morrison** und seine **Doors** wurden hier entdeckt (8901 Sunset; www.whiskyagogo.com). Auch viele andere mit großen Namen traten dort auf.

- Auf keinen geringeren als »Boss« **Bruce Springsteen** wurde man erst im **Roxy** aufmerksam; www.theroxy.com.

- Im **Avalon Hollywood**, 1735 Vine Street, gegenüber dem *Capital Records Building* hatten die *Beatles* in den 1960er-Jahren ihren ersten Westküstenauftritt. Eine Dekade später feierten hier *Prince, Madonna* und die *Rolling Stones*. Hip-Hop, *Rock* und EDM; www.avalonhollywood.com.

- Der **Troubadour** südlich des Sunset Strip (9081 Santa Monica Blvd.; www.troubadour.com) war Karrieresprungbrett für **Elton John** und **Tom Waits**.

- Der frühere *Blues Brother* **Dan Aykroyd** ist Mitinhaber des **House of Blues**, 8430 Sunset Boulevard, wo man essen, trinken, zuhören und tanzen kann; *Hip-Hop* über *Heavy Metal* und *Gospel* bis hin zu 1980er-Jahre *Pop*. Sonntägliches *Gospel Brunch*; www.houseofblues.com.

Verrostetes Wellblech und ein auch sonst ungepflegtes Ambiente lassen nicht vermuten, dass es sich beim House of Blues um einen der angesagtesten Clubs handelt

- Im stadtbekannten **Sayers Club**, 1645 Wilcox Avenue; www.sayersclub.com, treten regelmäßig die großen Stars der Musikszene auf – aber auch talentierte Newcomer.

- Im **Viper Room** mit einer Einrichtung wie Jazzclubs aus dem Harlem der 1920er-Jahre treten angesagte Rockbands auf (8852 W Sunset Blvd, www.viperroom.com).

- Östlich des *Hollywood & Highland Center* liegt der trendige **Playhouse Hollywood** Nightclub (6506 Hollywood Blvd, www.playhousenightclub.com). Internationale Star-DJs, *Dance Music*, Go-Go Tänzerinnen und Luftakrobatik.

Für Jazz und Blues empfehlen sich in Hollywood (auch) der

- **Catalina Jazz Club mit Bar & Grill** (6725 West Sunset Blvd; www.catalinajazzclub.com) und die

- **Jazz Bakery** (www.jazzbakery.org) mit Konzerten in unterschiedlichen Theatern und Hallen.

In Hermosa Beach (zwischen Manhattan und Redondo Beach) wurde

- im **Lighthouse Café**, 30 Pier Ave, in den 1950er-Jahren der *West Coast Jazz* berühmt. Heute spielt man dort mehr Reggae und Blues; www.thelighthousecafe.net

Wenn eine Stadt kinobegeistert ist, dann Los Angeles. Hier einige der großen, häufig sehr ansehnlichen Uraufführungskinos für – natürlich vor allem – Hollywoodfilme:

- **Arclight Hollywood**, 6360 Sunset Blvd; ✆ (323) 464-1478, www.arclightcinemas.com

- **El Capitan** (Disneyfilme), 6838 Hollywood Blvd, ✆ 1-800-DISNEY6; http://elcapitan.go.com.

- **American Cinematheque at the Egyptian Theatre** (Klassiker), 6712 Hollywood Blvd, ✆ (323) 466-3456; www.americancinematheque.com/egyptian/egypt.htm

- **Village Theatre**, 961 Broxton Ave in Westwood, ✆ (310)-208-5576; www.regencymovies.com/main.php?theaterId=27

- **Bruin Theatre**, 948 Broxton Ave in Westwood, ✆ (310)-208-8998, www.regencymovies.com/main.php?theaterId=28

Das frühere **Grauman's** Erstaufführungstheater wurde 2013 umgewandelt in ein riesiges IMAX-Kino, das sich nun nennt:

- **TCL Chinese Theatre**, 6925 Hollywood Blvd, ✆ (323) 461-3331; www.tclchinesetheatres.com.

TCL Chinese Theatre in Hollywood am Hollywood Blvd

Open-air Bus für Touren zu den Villen der Stars

Stargazers - Stern(ch)engucker Ernst-Georg Richter

In Los Angeles ist die Chance, einem Star aus Film, Fernsehen oder Entertainment in natura zu begegnen, größer als anderswo sonst. Es gibt dort auch genug Leute, die ganz bewusst zwecks *Stargazing* (Sternengucken) unterwegs sind, etwa beim Einkaufen in Beverly Hills, bei einem Match der Basketballer *LA Lakers* im *Staples Center* (*Downtown LA*, 1111 Figueroa Street) oder beim *Clubbing* an den Theken und auf den *Dancefloors* der Stadt.

Die Frage ist, wo einem die Stars am ehesten über den Weg laufen. Generell gilt, dass auch die Prominenten dieser Welt irgendwann mal 'was essen müssen und nicht immer Lust haben, sich dafür selbst ins Zeug zu legen. In LA gehen sie keineswegs nur in Nobelrestaurants – gerade in traditionsreichen *Fast Food Places* tauchen schon mal Darsteller vom Kaliber einer *Julia Roberts* oder eines *Bruce Willis* auf, ➢ z.B. bei **Pink's Hot Dogs**, ➢ oben). Je untouristischer, desto besser, also trifft man sie eher in kaum von englischsprachigen Speisekarten eroberten Garküchen in Koreatown oder bei den fettigen Spezialitäten von *Roscoe's Chicken n'Waffles* (z.B. in Hollywood 1514 North Gower Street/Sunset Blvd; www.roscoeschickenandwaffles.com) mit sieben Filialen in Los Angeles.

Stars kaufen gern schicke Sachen und wollen nicht dauernd viel Geld nur am Rodeo Drive lassen. Die Boutiquen entlang der **Melrose Ave** sind auch für sie eine gute Alternative und selbst ohne einen Star in Sicht einen Bummel wert. Wer irgendwo sonst auf einen »abgedrehten« Shop stößt, sollte ruhig hineinschauen; mancher Star ist genauso neugierig wie man selbst.

Stars möchten auch gern wissen, was die Kollegen so treiben, also gehen sie gelegentlich ins Kino. Bei Premieren stehen sie sowieso auf dem roten Teppich, aber besuchen durchaus schon mal gewöhnliche Feld-, Wald- und Wiesenvorstellungen im Kinocenter um die Ecke.

Für Promijäger empfehlenswert ist das *Portal* www.seeing-stars.com mit vielen Hinweisen auf *Hot Spots* zum *Stargazing* und Promi-Adressen. Letztere findet man auch unter www.vpike.com/moviestars1.htm.

2.1.2   LA kreuz und quer

Besuchs-
planung

Im Gegensatz zu anderen kompakteren Städten gibt es in Los Angeles selbst für Kurzaufenthalte **keine logische Reihenfolge im Besuchsablauf**, genaugenommen nicht einmal eine klare Liste dessen, was man einfach gesehen haben »muss«. Es kommt darauf an, wie die eigenen Interessen gelagert sind und wo – in Abhängigkeit davon – die Unterkunft gebucht wird.

Zur Beschreibung und Wertung der Sehenswürdigkeiten im Großraum Los Angeles wird hier deshalb im wesentlichen der im Kapitel 1.1.2 skizzierten »touristischen Geographie« gefolgt:

Zunächst geht es um ein **nordwestliches Dreieck** mit zahlreichen Museen und weiteren für Besucher attraktiven Anlaufpunkten, markiert durch Malibu/Beverly Hills/Hollywood/Griffith Park/ Pasadena und Burbank (*Universal Studios*), dann um den **zentralen Westbereich** von *Downtown* bis Santa Monica/Venice und von dort hinunter über den *Pacific Coast Highway* #1 oder direkt an der Küste entlang über die Halbinsel Rancho Palos Verdes nach **San Pedro** und **Long Beach**. Das letzte LA-Kapitel bezieht sich auf die Stadtteile **Anaheim** (*Disneyland*), **Buena Park** und weitere ausgewählte Ziele im Südosten des Großraums LA.

Der Nordwesten von Malibu bis Pasadena

Malibu/
Getty Museum
und Stiftung

In Malibu steht am Pacific Coast Highway – noch vor den *City Limits* von LA/Santa Monica – ein scheinbar altrömischer Palast, der früher das *Jean Paul Getty Museum* beherbergte. Der über Dekaden bis zu seinem Tod 1976 reichste Mann der Welt hatte ihn nach einer in Herculaneum beim Vesuvausbruch im Jahr 79 v. Chr. versunkenen Villa speziell für seine kolossale Sammlung von Kunstgegenständen aller Epochen nachbauen lassen. Deren Verwaltung lag schon zu Gettys Lebzeiten in Händen der **Jean Paul Getty Foundation**, einer Stiftung, die Gettys Sammelwut fortsetzte und die Bestände   laufend erweiterte.

*Lifeguard Häuschen
an der Malibu Beach*

Eintritt, Zeiten, Anfahrt und Parken
Getty Center und Getty Villa

Information: ✆ (310) 440-7300; www.getty.edu/visit; **Eintritt beide frei**

Öffnungszeiten:
Getty Center: Di-Fr+So 10-17.30 Uhr, Sa bis 21Uhr;
Getty Villa: Mi-Mo 10-17 Uhr

Für das Museum in der *Getty Villa* ist ein *eintreffzeitgebundenes Vorab-ticket* zwingend (per Internet oder Telefon 2 Monate im voraus möglich)

Keine Zugangsrestriktion fürs *Getty Center*.

- **Anfahrt zum *Getty Center*** mit Metro Rapid Line #734;
  Info dazu: ✆ (323) 466-3876 und www.metro.net
- **Anfahrt zur *Getty Villa*** mit MTA-Bus #534; Info dazu wie oben. Wer die Villa per Bus anfährt und daher zu Fuß zum Eingang kommt, muss neben der Anmeldung das vom Busfahrer speziell gelochte Ticket vorweisen. In der Umgebung parken und zu Fuß ohne Busticket kommen, geht nicht.

Parkgebühr Pkw+Vans in beiden Standorten **$15**; bei Besuch von *Center* und *Villa* am selben Tag gilt: *Pay Once, Park Twice*.

Keine RV-Parkmöglichkeit, heißt es offiziell für beide Standorte.
Aber es gibt gegenüber der Einfahrt zum *Getty Center* einen Busparkplatz;
RVs parken dort ebenfalls für $15.

Von den Millionenerträgen aus den anfangs $2,2 Mrd., mittlerweile an die $5,9 Mrd. Stiftungskapital muss jedes Jahr ein mindesten 4,2% der Summe entsprechender Betrag (also heute fast $250 Mio) zum Ankauf zusätzlicher Stücke ausgegeben werden. Die Getty-Stiftung nimmt daher schon rein kaufkraftmäßig unter den Kunstmuseen der Welt eine Spitzenposition ein. Da mit der Akquisition immer neuer Schätze die Kollektion rasch umfangreicher wurde, platzten die vergleichsweise beengten Räumlichkeiten der alten Villa schon vor Jahren aus allen Nähten.

Man errichtete daher auf einem Hügel der Santa Monica Mountains am **San Diego Freeway** das schon rein architektonisch als Kunstwerk geltende riesige *Getty Center* und löste gleichzeitig damit auch alle Platz- und Parkprobleme des alten Standorts.

Besuchs-planung

Mit Eröffnung des *Getty Museums* im *Getty Center* im Jahr 1998 schloss man den alten Museumspalast für Umbauten. Erst 2006 wurde die pompöse *Getty Villa* als zusätzlicher Standort des *Jean Paul Getty Museum* in veränderter Konzeption wieder eröffnet. Dort geht es heute in erster Linie um Kunstwerke aus dem alten Griechenland, der Etrusker und aus römischer Zeit. Allein diese Sammlung lohnt eine weite Anreise.

Anfahrt

Zufahrt nur von Süden über **Pacific Coast Hwy** und Getty Villa Dr. Keine Linksabbieger auf das Gelände mit Hausnummer 17985. Voranmeldung wegen knapper Parkkapazität nötig, auch im Internet bis 2 Monate im Voraus möglich, ➢ Kasten.

Getty Center Der größere Teil der Schätze der *Getty*-Sammlung kann in den Räumlichkeiten des – bereits vom *Freeway* aus unübersehbaren – Getty-Komplexes bewundert werden. Dabei, so heißt es, seien nur jeweils gerade 3% des vorhandenen Gesamtinventars ausgestellt.

Anfahrt Man erreicht das **Getty Center** über die **I-405** (**San Diego Freeway**), **Exit Jean Paul Getty** nördlich des Sunset Blvd.

Parken Die Kapazität des Parkhauses auf dem Gelände (max. Höhe 12 Fuß) ist groß. RVs mit Gesamthöhe über 12 Fuß können auf dem Parkplatz gegenüber der Einfahrt abgestellt werden, ➢ Kasten.

Tramway Vom Eingang/von den Parkhäusern geht's per *Tramway* hinauf zum hochgelegenen Museumskomplex. Der mögliche Fußmarsch ist relativ steil und lang, bei Hitze reichlich anstrengend. Nach Ankunft am *Gate* benötigt man bei Andrang bis zu 30 min bis zum Betreten der – **eintrittsfreien** – Ausstellungen oben.

Ausstellung Getty Center Endlich angekommen, findet man Ausstellungen unterschiedlichster Kunstobjekte, verteilt auf diverse Gebäude, die sich um eine zentrale Plaza gruppieren: Mittelalterliche Buchillustrationen, Gefäße aus der Renaissance, barocke Bronzen, Gemälde aller Epochen, *Western Art* u.a.m. Da immer nur – wie gesagt – ein Bruchteil der Sammlung ausgestellt ist, finden häufiger als anderswo Wechsel- und Sonderausstellungen statt. Aktuelles Programm im Internet, ➢ Adresse im Kasten. **Infobroschüren** und Dokumentationen gibt es sogar **auf Deutsch**.

Architektur und mehr

Sehenswert sind allein schon Architektur, Anlage und Gärten des Komplexes hoch über Brentwood, die Café-Terrassen und das lichtdurchflutete Restaurant. Davon wird mancher beeindruckter sein als von der Kunstpräsentation, die durchaus nicht allem anderen in der Kunstszene komplett den Rang abläuft.

Nicht auslassen sollte man den einführenden kurzen Film, der laufend in der *Entrance Hall* gezeigt wird.

Zeitbedarf Ein intensiver Besuch des *Getty Center* kann mit An- und Abfahrt und Pausen in der Cafeteria leicht einen vollen Tag kosten.

Eindrucksvolles Gebäudeensemble des Getty Center

Traumhaft gelegene Feuchtwanger Villa Aurora oberhalb des Sunset Boulevard. Von der Gartenseite fällt der Blick hügelabwärts auf den nahen Ozean

Exil am Pazifik   Ernst-Georg Richter

Als 1933 in Deutschland die Bücher »wider den undeutschen Geist« brannten, hatten Schriftsteller, die sich nicht mit dem Dritten Reich arrangieren wollten, nur noch die Wahl ins Exil zu gehen. Auf ihrer Flucht vor den Nazis gelangten viele von ihnen auch in die USA. **Pacific Palisades** im Nordwesten von Los Angeles wurde so für mehrere Jahre zur Heimat deutscher, vom Nationalsozialismus nicht verseuchter Kultur. **Thomas Mann** (1875-1955) und seine Familie wohnten nach ihrem Umzug von Princeton/New Jersey im April 1941 zunächst am 740 Amalfi Drive und zogen 1942 weiter an den 1550 San Remo Drive (beide nicht zu besichtigen). Auch sein älterer Bruder **Heinrich Mann** verbrachte seine letzten Lebensjahre an der Westküste. Er starb 1950 kurz vor seiner geplanten Rückkehr nach Deutschland in Santa Monica.

Andere namhafte Flüchtlinge aus der Alten Welt waren *Bertolt Brecht*, *Max Reinhardt*, *Franz Werfel* und der Romançier **Lion Feuchtwanger** (1884-1958). Sein Haus hält bis heute die Erinnerung an deutsche Exilanten in Kalifornien wach. Nachdem sie erst 1941 mit knapper Not aus Europa entkommen waren, ließen sich *Marta* und *Lion Feuchtwanger* ebenfalls am Amalfi Drive nieder, erwarben aber 1943 die großzügige **Villa Aurora** am Paseo Miramar unweit des westlichen Endes des Sunset Boulevard. Schon bald wurde die Villa zu einem Treffpunkt der Exilkultur – die **Manns** kamen zu Besuch, Komponisten wie **Arnold Schönberg** und **Hanns Eisler**, aber auch englische Gäste wie **Charles Laughton** und **Charlie Chaplin**.

Feuchtwanger wohnte bis zu seinem Lebensende 1958 in der Villa. Seine Witwe überlebte ihn noch um fast 30 Jahre. Zwar fiel das Haus nach ihrem Tod 1987 zunächst an die *University of Southern California*, aber der deutsch initiierte und finanzierte Förderverein »*Villa Aurora*« kaufte und renovierte das Anwesen und eröffnete darin 1995 ein internationales Kulturzentrum als deutschamerikanische Begegnungsstätte für Künstler. Teile der Bibliothek, Dokumente und Gegenstände aus Feuchtwangers Besitz erinnern bis heute an den Autor.

Die **Villa Aurora** kann nur nach Voranmeldung besucht werden: 520 Paseo Miramar, ✆ (310) 454-4231, www.villa-aurora.org, Spende von ca. $10 erbeten.

Topanga State Park

Von der *Getty Villa* in Malibu sind es nur ein paar Meilen auf dem **Topanga Canyon Blvd** (Straße #27) durch die Santa Monica Mountains zum **Topanga State Park**, von dessen Hügeln man **weite Aussichten** über den Ozean und das San Fernando Valley hat. Schon die kurvige Zufahrtstraße bietet gute Blicke. Auf der Entrada Road (ausgeschildert) geht es erst weiter oben in Richtung *State Park*. Die Straße endet am Parkplatz ($10, beinhaltet den Eintritt in den Park) bei der **Trippet Ranch** (*Ranger Station*). Von dort geht's auf diversen Wanderwegen nur zu Fuß weiter. Ca. 5 km sind es bis zum **Eagle Rock** (*Loop Trail*), dem höchsten Punkt des Parks, mit toller Übersicht und Höhlen unterhalb.

Der *State Park* ist nicht nur ein prima Ort zum Wandern und Picknicken, sondern besitzt auch einen Zeltplatz für *Biker* and *Hiker*, ➢ Seite 371; www.parks.ca.gov/?page_id=629.

Westside

Östlich der *Getty Villa* zweigt der **Sunset Boulevard** vom **Pacific Coast Highway** ab. Er führt kurvenreich durch die Ausläufer der *Santa Monica Mountains* an zahllosen Villen der *Upper Class* vorbei durch die feine **Westside** von LA. Dort wohnten früher u.a. auch deutsche Literaten und Künstler, die vor dem Dritten Reich ins Exil geflüchtet waren, darunter **Thomas Mann** und Familie sowie **Lion** und **Marta Feuchtwanger**, ➢ Kasten Seite 387.

Lake Shrine Meditation Gardens

Die Grünoase rund um den einzigen quellwassergespeisten See in LA (*Lake Santa Ynez*) wurde 1950 von dem indischen Yoga-Meister *Paramahamsa Yogananda* eingeweiht. Zur Anlage gehören u.a. das **Gandhi World Peace Memorial** mit Teilen von *Gandhis* Asche in einem 1.000-jährigen chinesischen Steinsarkophag sowie ein fast 20 m hoher, etwa 400 m² großer **oktagonaler Tempel**, auf dessen Kuppel ein goldener Lotus thront.

Der allen Religionen gewidmete *Lake Shrine* zählt zu einem von LA's schönsten Orten: 17190 Sunset Blvd; geöffnet Di-Sa 9-16.30 Uhr, So ab 12 Uhr; Parken/Eintritt frei; Führungen Fr+So 15 Uhr, ✆ (310) 454-4114, www.lakeshrine.org.

Achteckiger Lake Shrine Temple am Lake Santa Ynez (der Sunset Blvd führt voll um den kleinen von Bäumen und Sträuchern komplett verdeckten See herum)

UCLA

Östlich der *Interstate* #405 schließt sich der zwischen Sunset und Wilshire Boulevard gelegene Stadtteil **Westwood** an. Einst ein abgelegenes Dorf ist er heute Sitz der *University of California Los Angeles*, kurz **UCLA**, mit einem bemerkenswerten Campus für über 40.000 Studenten; www.ucla.edu/maps-directions-parking/.

Westwood Village

Unterhalb (= südlich) des Universitätsgeländes hat sich das ***Westwood Village*** als **der** *Nightspot* für junge Leute etabliert (Westwood/Wilshire Blvd). Neben zahlreichen Kneipen, Restaurants und Discos sind es **Erstaufführungskinos**, die trotz ihrer hohen Eintrittspreise Publikum nach Westwood (außer nach Hollywood, etwa ins *TCL Theatre*, ➢ Seite 382) locken. Detailinfos im Netz unter www.westwoodvillageonline.com. Speziell an Wochenenden herrscht dort abends ein enormer Betrieb.

2

Bel Air

Nördlich von Westwood und oberhalb des Sunset Boulevards liegt der Nobelstadtteil **Bel-Air**, der gemeinsam mit **Holmby Hills** und **Beverly Hills** das *Platinum Triangle* bildet. Das hügelige Areal mit seinen Wohnpalästen auf überdimensionierten Grundstücken, eingefriedet durch hohe Sichthecken und von *Security* überwacht, ist touristisch zwar weitgehend uninteressant. Aber das verschachtelte **Hotel** *Bel-Air* mit seinen über 100 Zimmern und Suiten und fast 5 ha in einem dicht bewaldeten Canyon nur etwa eine halbe Meile nördlich des Sunset Blvd ist immer einen Besuch wert. Mancher Hollywood-Star isst dort gerne im **Restaurant** *Wolfgang Puck*, und am romantischen Swan Lake feiert seine Hochzeit, wer nicht auf den Dollar schaut: 701 Stone Canyon Road, ✆ (310) 472-1211, www.dorchestercollection.com/en/los-angeles/hotel-bel-air.

Beverly Hills: Anwesen der Stars

In **Beverly Hills** wird der **Sunset Boulevard** zur mit Palmen gesäumten **Prachtallee**. An ihr und vielen Nebenstraßen des Stadtteils stehen – meist hinter Mauern, riesigen Hecken und verschlossenen Toreinfahrten versteckt – die Villen zahlreicher Film-, Fernseh- und Showstars. Wer sich dafür interessiert, findet die Adressen in Portalen wie www.vpike.com/moviestars1.htm oder www.seeing-stars.com/Live/index.shtml.

San Francisco/
Sacramento

zur I-5

Burbank

San Fernando Valley

405

Roscoe Blvd

170

North
Hollywood

5

Glen Oaks Blvd

Glendale

210

710

Santa Barbara

Van Nuys

101

Ventura Fwy

101

Warner Bros.
Studios

134

Zoo

Griffith
Park

2

Norton Simon
Museum

Pasadena

Woodland
Hills

Mulholland Drive

405

Universal
Studios

Observatory

110

Palm
Springs

Santa Monica
Mountains

27

Benedict Canyon

Beverly
Park

Bel Air

101

Hollywood Blvd.

Hollywood

Riverside

Topanga
State Park

Getty
Center

Holmby
Hills

Beverly
Hills

Santa Monica Blvd.

La Brea
Tar Pits

LACMA

Hollywood
Cemetery

Wilshire Blvd.

China-
town

5

Villa
Aurora

Brent-
wood

West-
wood

Golden
Triangle

UCLA

West LA

Olympic Blvd

Petersen
Automuseum

DOWNTOWN

10

Santa Barbara

Getty
Villa

Sunset Blvd

1

Holocaust
Museum

10

Anaheim

Malibu

Pacific
Palisades

San Vicente Blvd

Pacific Coast Hwy

Venice Blvd

Culver Blvd

Santa
Monica

10

Santa Monica Fwy

Culver City

Western Ave

Vermont Ave

110

South
Los Angeles

Riverside/
San Bernardino

Santa
Monica
Pier

Venice

405

Slauson Ave

Exposition
Park

Slauson Ave

Harbor Fwy

Florence

Alameda St.

Marina del
Rey

Fisherman's
Village

Manchester Ave

Inglewood

Downey

Los Angeles
International
Airport

105

Imperial Hwy

Century Fwy

105

San Bernardino

Dockweiler
State Beach

Highland Ave

Haw-
thorne

Rosecrans Ave

Willowbrook

110

Manhattan
Beach

405

Hawthorne Blvd

91

Artesia Blvd

Gardena Fwy

91

Hermosa
Beach

San Diego Fwy

710

Redondo
Beach

Torrance

405

Lakewood

Torrance
Beach

1

Sepulveda Blvd

Carson

Long
Beach

San Diego

Rancho Palos
Verdes

Pacific Coast Hwy

Western Ave

1

Hafen-
anlagen

Aquarium

Palos Verdes Drive

USS
Iowa

Ocean Blvd

Queen Mary

Wayfarers
Chapel

Ports
O'Call
Village

**Los Angeles
Nordwest**

N

0   5 km

Catalina Island

Aber **Achtung**, zu Fuß in den Wohnstraßen herumbummelnde Touristen sind nicht gern gesehen und erregen leicht das Misstrauen von *Security Guides.* Aber entsprechende Straßen gezielt per Auto abzufahren, ist unproblematisch (außer mit RV!) und dank Navi, so vorhanden) heute nicht einmal mehr mühsam.

Statt Eigeninitiative kommt auch eine **Tourbuchung** in Frage. In den Kleinbussen sitzt man schon mal höher und kriegt mehr zu sehen und zusätzlich zu hören als individuell im Pkw, z.B. bei *Hollywood Tours*: www.hollywoodtours.us

Auch ohne es auf bestimmte Adressen abgesehen zu haben, lohnt sich eine Fahrt durch die Villenregion in Beverly Hills abseits der Hauptstraßen. Besonders ansehnlich sind nördlich des Sunset Blvd **Beverly Glen**, **Coldwater** und **Benedict Canyon Drive**, südlich **Beverly Drive** und **Cañon**:

Holmby Hills

Eingezwängt zwischen Bel-Air und Beverly Hills findet sich nördlich und südlich des Sunset Blvd rund um Delfern und Mapleton Drive der ultra-exklusive Stadtteil *Holmby Hills* mit einer vergleichsweise überschaubaren Anzahl großer Prachtanwesen nördlich des *Los Angeles Country Club*. Auch *Hugh Hefner*'s **Playboy Mansion** liegt in diesem Viertel.

Weisman Art Foundation

Die **Weisman Art Foundation** ist eines von LA's bestgehüteten Kunstgeheimnissen. In einer zweistöckigen mediterranen prachtvoll ausgestatteten Villa (u.a. handbemalte Decken) verbergen sich bedeutende moderne und zeitgenössische Kunstwerke, darunter Arbeiten von *Picasso, Cezanne, Miro* und *Warhol*. Unternehmer *Fredrick R. Weisman* wollte seinen Gästen zeigen, wie schön sich mit Kunst im Alltag leben lässt, anstatt seine Sammlung in einem förmlichen Museum auszustellen; www.weismanfoundation.org. **Kostenlose Führungen** (eine der besten »Kunsttouren« in ganz LA!) Mo-Fr 10.30 und 14 Uhr, aber nur nach vorheriger Anmeldung: ✆ (310) 277-5321 bzw. E-Mail tours@weismanfoundation.org.

Man erhält eine förmliche *Tour Confirmation* mit Besucherinformationen, Anschrift und Karte. Die mitübersandte *Visitors Confirmation* muss umgehend an die Stiftung zurückgeschickt werden.

Skulpturen am und im Pool der Weisman-Villa

2

Case Study House #22

Hoch in den Hügeln Hollywoods hockt auf einem Felsvorsprung das 1959 erbaute *Case Study House #22*. Der minimalitische Bungalow, eine Ikone der »klassischen Moderne« in der Architektur Kaliforniens, wurde immer wieder in Printmedien sowie unzähligen Filmaufnahmen und *Fashion Shoots* dokumentiert. Auch als »Normalo« kann man das Haus besichtigen; Touren nachmittags 16:30-17:30 Uhr ($60) oder abends 18:30-20 Uhr ($90), dann in Dämmerung und Nachtlicht. Touranmeldung und/oder kommerzielle Nutzung unter www.stahlhouse.com.

Case Study House #22

Golden Triangle

Das Dreieck zwischen Santa Monica und Wilshire Boulevard bis etwa N. Rexford Drive bezeichnet man als *Golden Triangle*, die exklusivste Shoppingzone von Los Angeles mit dem teuersten Kern am **Rodeo Drive** (➤ unter »Shopping«, Seite 378).

Holocaust Museum

Nur wenige Blocks südlich des Goldenen Dreiecks steht das meist als *Holocaust Museum* bezeichnete **Museum of Tolerance**; 9786 West Pico Blvd, ✆ (310) 553-8403. Die Holocaust-Abteilung beansprucht breiten Raum. Sie beschreibt authentisch das Schicksal der Juden im Dritten Reich; eine neue Ausstellung erläutert erstmals das Schicksal von *Anne Frank*; www.museumoftolerance.com.

Die Besucher werden gruppenweise als kindliche Opfer der Judenvernichtung durch das Szenarium geführt. Da ein individueller Gang durch die Räume nicht möglich ist, muss man bei spontanem Besuch eventuell lange Wartezeiten bis zur nächsten freien Tour in Kauf nehmen. Eine telefonische **Voranmeldung** ist daher empfehlenswert. So-Fr 10-17 Uhr; Eintritt $15,50, Kinder ab 5 Jahre $11,50. Die Parkgarage unter dem Museum ist gratis.

Chateau Marmont

Das *Chateau Marmont* am 8221 Sunset Bloulevard, ein seinerzeit exklusives in Anlehnung an die französische *Villa d'Amboise* (an der Loire) erbautes Apartmenthaus, geht auf das Jahr 1927 zurück. Die klangvolle Namensgebung bezieht sich schlichtweg auf die unterhalb des Komplexes verlaufende Marmont Lane.

In der Depression nach dem »schwarzen Freitag« 1929 ließen sich die hohen Mieten nicht mehr halten und der Bau wurde verkauft. Ein neuer Eigentümer wandelte den Bau 1931 in ein **Luxushotel** um. Zahlreiche Hollywood-Stars gingen in diesem – 1976 zum *LA*

Chateau Marmont

Historical-Cultural Landmark erklärten – Hotel ein und aus, darunter *Marilyn Monroe, Billy Wilder, Roman Polanski* und *Sharon Tate, F. Scott Fitzgerald* u.v.a.m. *Blues Brother John Belushi* starb dort 1982 an einer Überdosis Drogen, Starfotograf *Helmut Newton* 83-jährig bei einem Autounfall an der Hotelzufahrt. Starlet *Lindsay Lohan* flog 2012 hochkant hinaus, nachdem sich unbezahlte Rechnungen in Höhe von über $46.000 aufgetürmt hatten. ℅ (323) 656-1010, www.chateaumarmont.com.

Sunset Strip Weiter nördlich wird der Sunset Boulevard ab Phyllis Street bis etwa zum Laurel Canyon Blvd für rund zwei Meilen zum **Sunset Strip** mit einer Ansammlung aus *Rock Clubs, Night Clubs, Shops,* Restaurants und vielen markanten bunten Werbetafeln.

Über 18000 Rosen für Marilyn Monroe

Zwar war Baseball-Star **Joe DiMaggio** 1954 weniger als ein Jahr mit **Marilyn Monroe** verheiratet, seine Verbundenheit mit dem – späteren – Hollywood-Filmstar aber noch lange nicht beendet. *DiMaggio* beauftragte nach ihrem Tod 1962 *Louis Alhanati* vom Blumenladen **Parisian Florist** damit, »forever« drei Mal die Woche sechs frische, langstielige rote Rosen an ihrem Grab abzulegen (*Westwood Memorial Cemetery*, 1218 Glendon Ave).

Louis dürfte damals nicht geahnt haben, dass dieser Auftrag über 20 Jahre laufen würde. In diesem Zeitraum erhöhte er nicht einmal den Preis. Zuverlässig lieferte er anfangs montags, mittwochs und freitags, Jahre später nur noch mittwochs und samstags die sechs Baccara-Rosen ans Grab der berühmtesten Blondine aller Zeiten. Der *Parisian Florist* existiert an gleicher Stelle immer noch: 7528 Sunset Blvd, www.parisianflorist.net. Im Laden erinnern Prints und eine Texttafel an *DiMaggio's »never ending love«*.

Sunset Tower, ein Art-Deco Architekturjuwel

Der markante 15-stöckige *Sunset Tower*, ein typischer **Art Deco**-Bau wurde 1929 von *Leland A. Bryant* errichtet. Er gilt als das erste erdbebensichere Apartment-Gebäude der Stadt. Während des »Goldenen Zeitalters« Hollywoods (1930er bis 1950er-Jahre) residierten in den seinerzeit hochmodernen Wohnungen Stars wie *Greta Garbo, Mae West, Marilyn Monroe, Frank Sinatra und Elisabeth Taylor. John Wayne* hielt sich sogar eine Milchkuh auf seinem Balkon. *Mobster Buysy Siegel* wurde des Hotels verwiesen, nachdem er in seinem Apartment (heute die *Tower Bar*) einen illegalen Spielring betrieben hatte. Tatsächlich war der *Sunset Tower* bis in die 1950er-Jahre hinein ähnlich berühmt wie heute der Hollywood-Schriftzug hoch in den Hollywood Hills.

Ab den 1960er-Jahren, als die Hollywood-Prominenz sich vom *Sunset Tower* abzuwenden begann, verfiel der Turm zusehends. *Werner Klemperer*, Sohn des deutschen Dirigenten *Otto Klemperer*, verhinderte mit einem verweigerten Auszug letztlich den Mitte der 1980er-Jahre bereits beschlossenen Abriss des Architekturjuwels. In der Folge wurde es in ein Hotel umgewandelt und ab 1992 unter der Bezeichnung **The Argyle** bekannt. Nach einem Besitzerwechsel 2004 erfolgte eine Modernisierung und Rückbenennung in **Sunset Tower**.

Die elegante **Tower Bar** im Stil der Jahrhundertwende mit ihren walnusholzgetäfelten Wänden ist heute ein Hotspot für *Celebrities* wie *Jennifer Aniston, Penélope Cruz, Joaquin Phoenix, Jennifer Lopez* und *Tom Cruise*. Hoteleigentümer *Jeff Klein* machte Schlagzeilen, als er *Britney Spears* und *Sean Combs* Hausverbot erteilte. Auch auf der Terrasse der *Tower Bar* mit ihren schicken Cabanas am Pool und spektakulärem Blick über Los Angeles gilt bisweilen regelrechter Star-Alarm. Mit oder ohne Prominenz in Sichtweite ist **The Terrace** einer der attraktivsten Plätze in LA für den Nachmittagssnack und -drink.

Der *Sunset Tower* taucht auch in einigen Filmen auf, darunter »Schnappt Shorty« (1995) mit *John Travolta* und *Danny DeVito*. *Raymond Chandler* erwähnt ihn in seinem *Philip Marlowe*-Detektivroman »*Farewell, my Lovely*«. 8358 Sunset Blvd, ℂ (323) 654-7100, www.sunsettowerhotel.com

*Der 15 m
hohe und
105 m lange
Schriftzug
in den
Hügeln über
Hollywood*

**Hollywood
Boulevard**

Am Laurel Canyon Blvd, östlich von dem der Sunset Blvd vom *Strip* wieder zur ganz normalen Geschäftsstraße wird, beginnt zwei Blocks nördlich der rund 6 mi nach Osten laufende **Hollywood Boulevard**, wobei sich das pralle – vor allem touristische – Leben auf den knappen Kilometer zwischen den Avenues La Brea und Las Palmas konzentriert.

Walk of Fame

In die Gehsteige des Hollywood Blvd wurden auf mittlerweile gut zwei Kilometern zwischen La Brea Ave und der Vine Street (und in diese noch ein Stück hinein) über 2.500 Sterne mit den Namen von Größen des Showgeschäfts in die Pflasterung eingelassen; der 2.500ste Stern wurde J-Lo, kurz für Jennifer Lopez gewidmet. Allein dieser sog. **Walk of Fame**, so heißt es, sei dafür verantwortlich, dass jährlich Millionen von Touristen nach Hollywood bzw. in den gleichnamigen Boulevard kommen.

**Chinese
Theatre**

Eine ähnliche Attraktion sind vor dem **TCL Chinese Theatre** (heute ein IMAX-Kino zwischen La Brea/Highland Ave, ➢ Foto Seite 382) die in Zement verewigten **Hand- und Fußabdrücke** von

*Verblüffend
klein ist die
Schuhgröße
des Western-
helden John
Wayne im
Vergleich mit
»Normal-
größen« wie
der von Arnie
Schwarzenegger*

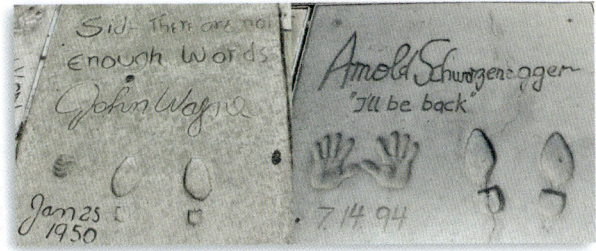

Stars und Sternchen samt Spruch für *Sid Grauman*, den einstigen Eigentümer des Theaters, ➤ Foto Seite 395 unten. Seit 2013 die chinesische Elektronikfirm *TCL* die Namensrechte für $5 Mio. gekauft hat, nennt sich das einstige Erstaufführungs-Filmtheater nun **TCL Chinese Theatre**. Wer sich dafür und mehr näher interessiert, bucht die **Hollywood Behind-the-Scenes & TCL Chinese Theatre VIP Tour**, www.redlinetours.com/la, $35/$28.

Situation in Hollywood heute und sonstige »Attraktionen«

Obwohl Hollywood heute nur noch relativ wenig mit Filmproduktion und TV zu tun hat, die großen Studios schon vor Dekaden ins San Fernando Valley (North Hollywood/Burbank) und sonstwohin verlagert wurden, steht der Name dieses Stadtteils nach wie vor als Synonym für die kalifornische Filmindustrie. Auch das spielt eine Rolle für die tagtäglich erstaunlichen Touristenscharen. Kein Wunder, dass sich dort typischerweise auch anderswo zu findende kommerzielle Attraktionen angesiedelt haben wie etwa die **Guinness World of Records** (www.guinnessmuseumhollywood.com), das **Hollywood Wax Museum** (www.hollywoodwaxmuseum.com), **Ripley's Believe it or not** (www.ripleys.com/hollywood), das **Hollywood Museum** (riesige Sammlung von Hollywood-Memorabilia auf vier Etagen im historischen *Max Faktor Building* mit **Marilyn-Monroe**-Dauerausstellung; $15, Kinder bis 5 Jahre $5; www.thehollywoodmuseum.com), das **Madame Tussaud's Hollywood** (www.madametussauds.com/hollywood) und andere mehr. Antiquarische Buchläden, jede Menge Souvenirshops, *Fast Food* und »richtige« Restaurants und Kneipen ergänzen die überwiegend touristische Infrastruktur des Bereichs.

Dolby Theatre »Oscar«

An der Kreuzung Hollywood Blvd/Highland Ave steht das **Highland Center** mit dem **Dolby** (früher *Kodak*) **Theatre**; www.dolbytheatre.com. Dort findet die Verleihung der *Academy Awards* (**Oscars**) statt. Dann wird der Hollywood Boulevard abgesperrt und großflächig mit roten Teppichen ausgelegt. **Besichtigungstouren** täglich 10.30-16 Uhr alle 30 min; $19/$15.

Marilyn Monroe in Messing in der bekannten Position über der U-Bahn-Entlüftung (vorm Hollywood Museum in der 1660 Highland Ave)

Vom Standort des *Dolby Theatre* erkennt man gut den **Schriftzug »Hollywood«** hoch in den Hügeln von Griffith Park.

Hollywood Cemetery

Authentisch ist in Hollwood der Friedhof, auf dem man viele Namen einstiger Film- und Entertainmentstars entdecken kann. Der **Hollywood Cemetery** befindet sich am Santa Monica Blvd zwischen Gower Street und Van Ness Ave; www.hollywoodforever.com.

Mulholland Drive

Einen besonderen Ruf genießt der in vielen Filmen und TV-Serien »vorkommende« nach dem Vater der Aquädukte (➤ Seite 358) benannte **Mulholland Drive**. Diese kurvenreiche fast 40 km lange Straße schlängelt sich oberhalb von Beverly Hills und der Santa Monica Mountains durch die hügelige Landschaft. An ihr passiert man zahlreiche – stark abgeschirmte – Residenzen Prominenter und immer wieder Aussichtspunkte. Ihr Abfahren kostet indessen viel Zeit. Anfahrt vom *Freeway* #101 über *Exit* 11A oder von der I-405, *Exit* 61. Man kann auch westlich von Hollywood vom Hollywood Blvd oder bereits ab Sunset Blvd über den Laurel Canyon Blvd zum Mulholland Drive hinauf und dann – vorzugsweise – in westliche Richtung fahren.

Planetarium am Südrand des Griffith Park mit Aussicht über Teile von LA

Griffith Park

Nordöstlich Hollywood zwischen dem **Freeway #101** und dem **Golden State Freeway** (I-5) liegt der außergewöhnliche *Griffith Park*, den man am besten über die Vermont Ave ansteuert. Sie führt durch hügeliges Waldgelände (*Vermont Canyon*) mit enormer Picknickkapazität, Sportanlagen und Wanderwegen hinauf zum **Planetarium & Observatory** mit einer Aussichtsterrasse, von der man an Tagen mit guter Sicht große Bereiche von LA überblickt. Bei Dunkelheit schaut man auf ein Lichtermeer.

Die 8-10 täglichen fantastischen **Shows** (Di-Fr 12-22 Uhr; Sa+So ab 10 Uhr; Mo geschlossen; $7, Kinder $3-$5) unter der Kuppel des *Samuel Oschin Planetarium* sind sehr populär. Da oben zu Showzeiten kaum zu parken ist, verkehrt am Wochenende ein *Shuttle* zur Anlage. Alle Details zum aktuellen Programm, zur Anfahrt etc. findet man unter www.griffithobservatory.org.

Greek Theatre　Am Wege passiert man – noch im Eingangsbereich des Parks – das *Greek Theatre*, ein Open-air Amphitheater, das von Ende Mai bis Oktober überwiegend für Konzerte genutzt wird (Rock bis Klassik). Große Namen der Musikszene sind dort keine Seltenheit; 2700 North Vermont Ave; www.greektheatrela.com.

Zoo und Autry Center (»Wildwest Museum«)　Ein ebenfalls stark frequentierter Bereich des *Griffith Park* ist ein Streifen an seiner Ostseite parallel zur nahen I-5. Über Crystal Springs/Zoo Drive (Anfahrt über den Los Feliz Blvd oder die I-5) erreicht man unweit des **Los Angeles Zoo** (www.lazoo.org) das sehenswerte *Autry National Center* mit den zusammengelegten *Museum of the American West* und *Southwest Museum of the American Indian* (Di-Fr, 10-16 Uhr; Sa+So bis 17 Uhr, Eintritt $10/$6/$4). Insgesamt wartet eine brillante Kollektion zu den Themen Eroberung des Westens und dessen Glorifizierung in Cowboylegenden, Wildwest-Shows (vor allem durch *Buffalo Bill*), Film und TV wie auch zur Kultur und Situation der Indianer. Außerdem hat man dort viele Kunstwerke der Kategorie *Western Art* und wechselnde Sonderausstellungen; http://theautry.org.

Abstecher nach Pasadena/ Norton Simon Museum　Ein beachtliches Museum ganz anderer Art, das seltener auf dem Besuchsprogramm ausländischer Besucher steht, ist das **Norton Simon Museum of Art** in Pasadena (Mi-Mo 12-18 Uhr, Fr+Ss bis 21 Uhr; Eintritt $12, Kinder bis 18 Jahre frei), rund 8 mi östlich des *Griffith Park* an der Ecke Colorado/Orange Blvd, erreichbar über den *Ventura/Foothill Freeway* #134 oder *Freeway* #110 von anderen Richtungen aus.

Das Museum beherbergt u.a. eine **Sammlung alter Meister** (*Rembrandt, Brueghel, Goya, Rubens* und sogar *Lucas Cranach* mit dem Zweitafelgemälde **Adam und Eva**, das auf $24 Mio. geschätzt wird), dazu eine beachtliche Kollektion europäischer Im- und Expressionisten (*van Gogh, Renoir*, über 100 *Degas, Manet, Monet, Cezanne* u.a.) sowie indische und südostasiatische Kunstwerke. Im Skulpturengarten befindet sich eine **Cafeteria**; www.nortonsimon.org.

Huntington Library

Einmal in Pasadena sollten Kulturbeflissene die ***Huntington Library*** mit ***Art Gallery*** und ***Botanical Gardens*** nicht auslassen: 1151 Oxford Road; Mi-Fr+Mo 12-16.30 Uhr, Sa+So ab 10.30 Uhr, Eintritt $23; Sa+So $25; ermäßigte Tickets für Studenten+Senioren; © (626) 405-2100; www.huntington.org. Anfahrt über den **Colorado Blvd** und die Allen Ave; ausgeschildert.

Die **Bücherei** beherbergt eine enorme Sammlung alter Schriften und Bücher (darunter eine **Gutenberg-Bibel**), die **Kunstgalerie** mit Werken des späten Mittelalters und *Gainsboroughs* berühmten »*Blue Boy*« von 1770. Der über 50 ha große **Botanische Garten**, eher ein Park, besteht aus 12 unterschiedlichen, wunderschönen Teilgärten.

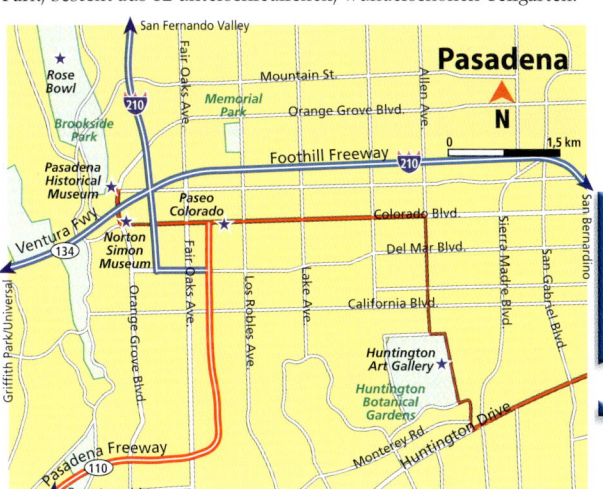

_____ **Universal Studios**   www.universalstudioshollywood.com

Lage

Von den diversen ***Amusementparks*** im Großraum Los Angeles sind die **Universal Studios** neben *Disneyland/California Adventure* die mit Abstand populärsten. Sie liegen einige Meilen nordwestlich von Hollywood am *Freeway* #101, *Exit* Universal City.

Tickets

Der Pauschaleintritt in die *Universal Studios* kostet **$95/Person** plus *tax*. Online gibt's $10 Rabatt und für nur $24 mehr bereits ein **2-Tages-Ticket** zum Selbstausdrucken; zweiter Tag innerhalb von 30 Tagen (+ dieselbe Person!). Wer lange Wartezeiten vor den *Rides* in manchmal endlosen Schlangen vermeiden möchte, holt sich das ***Front of Line Ticket*** für **$189**.

Mit *SeaWorld* in San Diego wird ein **Kombiticket** angeboten, das bei Besuch beider Parks $20 Ersparnis bringt.

Der Preis für die ***VIP Experience***, eine 5-6 stündige Studiotour inklusive VIP-Gourmet-Lunch, beläuft sich auf $329.

Parken	**Parken** kostet $17 (*General Parking*) bzw. $25 (*Preferred Parking*, mit den dem Parkeingang nächsten Stellplätzen), nach 15 Uhr $10, für RVs $20. Man kommt auch **per U-Bahn** (*Red Line*) oder **MTA Bus** (www.metro.net) hin.
Zeiten	**Geöffnet** sind die Studios täglich ab 9/10 Uhr bis 18/19 Uhr, im Sommer ab Ende Juni bis Ende August bis 21/22 Uhr. Mit An- und Abfahrt entspricht der Besuch einem **vollen Tagesprogramm**.

Der *Universal*-Komplex besteht aus vier Teilbereichen:

Upper Lot

In dem durch jede Menge Shops und Restaurants ergänzten *Entertainment Center* im *Upper Lot* laufen mehrmals täglich unterschiedlichste Shows: *The Blues Brothers*, *Special Effects Stage*, *Animal Actors*, *House of Horrors* (mehr eine Präsentation), die actiongeladene Baller-Show *Waterworld*, den rasanten *Simpson's Ride* sowie das 3D-Abenteuer *Despicable Me* zum Kinohit »Einfach unverbesserlich«. Den tollkühnen Helden *Shrek* gibt's sogar in **4D**. Alles ist unterhaltsam und kurzweilig, solange man vermeidet, das Gebotene kritisch zu reflektieren.

Der weiße Hai, seit Dekaden Schrecken der Studio Tour, im Upper Lot jedoch erlegt

Lower Lot

Unterhalb, im *Lower Lot*, liegt das **Studio-Center**. Dort erwarten das Publikum der (nicht so aufregende) **Raft Trip** durch den **Jurassic Park**, die **Revenge of the Mummy** (wüster *Rollercoaster* im Dunkeln), der **3D-Ride Transformers** sowie ein interaktives« Museum mit Ausstellungsstücken »*from behind the scene*« aus Universal Produktionen.

Action pur in der Waterworld Show. Da rasen Outboarder und Airboats durch die rostige Befestigung im Wasser und MGs ballern, es kracht, knallt und explodiert

Backlot

Durch das Gelände der Studios, das **Backlot**, geht es per **Studio Tram Tour** (mit jeweils etwa 150 Personen). Während der 60 min-Tour gelten pausenlose Erläuterungen all den Filmen, die in den Stadtattrappen und an künstlichen Seen gedreht wurden, und den bewundernswerten Stars und Sternchen, deren Bekanntheit natürlich vorausgesetzt wird. Für Spaß und Schrecken ist gesorgt, wenn man die Vorstadtidylle aus **Desperate Housewives** passiert, eine gerade **abgestürzte Boeing** noch vor sich hinqualmt, eine Flutwelle anrollt, der **Weiße Hai** angreift, die **Erde bebt**, Beton bricht und Flammen lodern. Und am Ende fährt die Bahn auch noch eine Runde durch die Wahnsinnswelt von **King Kong und T-Rex in 3D**. Zum 50. Jubiläum der Studiotour wurde sie im Sommer 2015 um **Fast & Furious – Supercharged** rund um die Besucherwagen ergänzt.

2

Citywalk

Nach all dem kann man im **Universal Citywalk** mit Kinos, Shops, *Fast Food Places* und Restaurants wie (**Hard Rock Café**, **Wolfgang Puck Bistro**, **Bubba Gump** etc. hinter **Art Deco**-Fassaden weiter die aufregende Welt des *Entertainment* genießen. Ohne Eintritt zugänglich, aber – anders als *Downtown Disney* – volle Parkgebühr fürs Auto; www.citywalkhollywood.com.

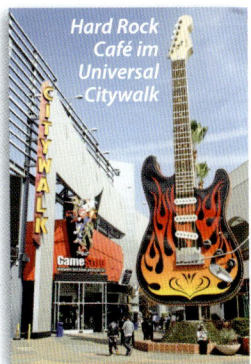

Hard Rock Café im Universal -Citywalk

Harry Potter 2016 neu	Als neue kolossale Hauptattraktion ist für das Frühjahr 2016 die *Wizarding World of Harry Potter* angekündigt, ein Themenpark mit *Hogwarts* Zauberschloss.
Freeways um Universal	Ein besonderes Problem stellt die Abfahrt ab *Universal* dar. Die *Freeways* der Umgebung sind regelmäßig bis mindestens 19 Uhr mehr oder weniger verstopft. Also entweder früh morgens kommen und vor 14 Uhr »durch« sein, oder bis nach 19 Uhr warten und erst einmal shoppen und dinieren, wenn das Fahrtziel nicht gleich um die Ecke liegt.

Warner Brothers Studio

Studio Tour	Die Studios und das Gelände der *Warner Brothers* in nahen **Burbank** sind anders als im Fall *Universal* kein *Amusement Park* und daher eher etwas für eingefleischte Filmfans. *Warner* produzierte weltbekannte Filme wie *Casablanca, Superman, Batman, Harry Potter* und die Matrix-Reihe, außerdem Serien wie *Die Waltons, Gilmore Girls, Hart of Dixie* oder *Two and a Half Men*.
	Ein Muss ist die 2-stündige *Studio Tour* in 12-Personen-Elektrovehikeln durch Studios wie Stadt- und Landschaftskulissen für *WB*-Filme. Sie wurde von *LA Weekly* zur besten Studiotour gekürt. Mit Glück erwischt man einen Tag mit Dreharbeiten und sieht das eine oder andere bekannte Gesicht. Zur Tour gehört als Abschluss der Besuch des *Warner Bros Museum* mit jeder Menge Objekten aus *WB*-Produktionen.
Anfahrt	Zum Startpunkt der Studio-Tour, Parkplatz am 3400 Warner Blvd, fährt man am besten über den *Freeway* #101 an, verlässt ihn an der Ausfahrt 11A südlich von *Universal* und fährt auf dem Barham Blvd nach Norden. Barham wird zur Olive Ave: von ihr biegt man noch vor dem *Freeway* #134 rechts ab auf den Riverside Drive und gleich wieder rechts auf die Avon Street.
Zeiten/Ticket	Touren Mo-Fr 8.15-16 Uhr (letzte Abfahrt); Kinder nur ab 8 Jahre! **Tickets $54**; Reservierung empfehlenswert unter ✆ 1-877-492-8687 bzw. www.wbstudiotour.com. Superfans buchen die 5-stündige *Deluxe Tour* Mo-Fr 10 Uhr einschließlich Mittagessen mit der Chance, die WB-Helden in der Kantine persönlich zu treffen ($250!).

Weitere Studio Tours

Neben *Universal* und *Warner Brothers* bieten noch weitere Studios Touren durch ihre Gelände und Sets:

- *Sony Pictures Studios* mit den Sets zu *Jeopardy* und *Wheel of Fortune* und dem originalen *Fleetwood Bounder Breaking Bad RV*; 10202 W Washington Blvd, ✆ (310)-244-8687, 2 Std ab $40; www.sonypicturesstudiostours.com.
- *Paramount Studios* sind die einzigen noch direkt in Hollywood verbliebenen; hier wurden Szenen der 5-fach oscargekrönten Tragikomödie *The Artist* (2011) gedreht, 5555 Melrose Ave, ✆ (323) 956-1777, www.paramountstudiotour.com, 2-Std-Tour ab $53.

• Im *Melody Ranch Motion Picture Studio* (Santa Clarita Valley/ Nord LA) entstanden Szenen von *Tarantino's* Oscar gekröntem Sklaverei-Western **Django Unchained** (nur Gruppentouren, © (661) 286-1188; www.melodyranchstudio.com).

Wer als **Publikum in Fernsehshows** (gratis) dabei sein will, schaut unter http://tvtix.com/schedule.php oder www.tvtickets.com.

In Los Angeles' Chinatown

Downtown und Umgebung

Geographie Downtown

Wie eingangs im Abschnitt Geographie kurz erläutert, gibt es in Los Angeles keine »Innenstadt«, die von ihrer administrativen und wirtschaftlichen Bedeutung her mit der anderer großer Cities vergleichbar wäre. Nichtsdestoweniger existiert ein – dank seiner **Hochhauskulisse** – auch aus der Distanz deutlich erkennbares **Downtown Los Angeles**. Zum Bereich *Downtown* zählt man neben dem Geschäfts- und Finanzzentrum den **Civic Center** Komplex mit Administrations-, Gerichts- und Kulturgebäuden, die heute als **State Historical Park** ausgewiesene kleine **Old Town** sowie – in Randlage – **Chinatown** und **Little Tokyo**. Das Gebiet hat die Form eines Dreiecks und wird durch den *Pasadena Freeway* (I-110) oberhalb und unterhalb der Kreuzung mit dem *Hollywood Freeway* #101, die 7th Street östlich der I-110 und die Alameda Street bis hinauf zur College Street (*Chinatown*) begrenzt.

Parken/ Anfahrt

Die **Park- und Verkehrssituation** in *Downtown* ist werktags katastrophal. Es empfiehlt sich ein Abstellen des Wagens auf einem der zahlreichen (teuren) Parkplätze in den Randzonen des skizzierten Dreiecks oder in einem der Parkhäuser und eine **Erkundung von Downtown LA** – zumindest innerhalb der Teilbereiche – **per pedes**. Dank des mittlerweile gut ausgebauten U-Bahn-Netzes ist auch eine Anfahrt mit der **Metro** keine schlechte Idee.

Transport in Downtown

Einmal dort eignen sich zur Überbrückung größerer Distanzen am besten die Busse des **Downtown Area Short Hop** (**DASH**), die Mo-Fr 5.50-19.00 Uhr in 5-/20-min-Intervallen (Sa reduziert, So nur 2 Linien mit geringer Frequenz) zwischen allen wichtigen Hotels, *Shopping Malls*, markanten Gebäuden und Sehenswürdigkeiten

2

*Pershing
Plaza*

**Los Angeles
Downtown**

samt *Chinatown, Pueblo de los Angeles* und *Union Station* verkehren. Die zahlreichen Haltepunkte sind nicht zu übersehen. Das
Ticket kostet einheitlich **$1,60**. DASH verkehrt auch zu Zielen
außerhalb von *Downtown*; www.ladottransit.com/dash.

Angels Flight

Die nostalgische Zahnradbahn ***Angels Flight***
verkehrte bis zu einer technischen Panne
im September 2013 auf einer Strecke von gerade mal 100 Metern zwischen der South
Hill und Olive Street. Die Fahrt lohnte
schon allein wegen des Kontrastes zwischen
diesem Relikt aus dem Jahr 1901 und den
Glas- und Betonsilhouetten ringsum.

Ob und wann »*World's Shortest Railway*«
ihren Betrieb wieder aufnimmt, ist noch unklar (Stand: 2015).

**Beginn
Rundgang**

Zur näheren Inaugenscheinnahme der Paläste der Versicherungen,
Banken und Luxushotels und der Kreationen postmoderner **Architektur** samt unübersehbarer Skulpturen zwischen den Hochhäusern beginnt man am besten am **Südende** (etwa 8th/ 7th
Street) der **Figueroa Street**.

Westin Bonaventure Hotel

Dabei lässt sich das **Westin Bonaventure Hotel** mit seinen einst *Downtown* prägenden, heute von seinen Nachbarn teilweise überragten gläsernen Türmen nicht verfehlen. Sehenswert ist dessen lichtdurchflutetes Atrium mit Boutique-/Restaurantarkaden und Wasserspielen auf versetzten Ebenen.

Von dort sollte man der 4th Street bis zur Hope Street folgen und weiter oben (spätestens 1st Street) zur **Grand Ave** hinübergehen. Die obere **Angels Flight Station** (➢ Text links) liegt etwas versteckt hinter dem Hochhaus *Two California Plaza* (350 South Grand Ave).

Nur ein wenig weiter an der 250 South Grand Ave steht abgesenkt der beeindruckende Bau des **Museum of Contemporary Art**; Eintritt $12, Kinder ab 13 Jahre $7; Mo+Fr 11-17 Uhr, Do bis 20 Uhr (kostenlos ab 17 Uhr), Sa+So 11-18 Uhr; www.moca.org.

Museum of Contemporary Art (MOCA)

Die Sammlung bezieht sich auf (überwiegend) amerikanische Kunst seit den 1940er-Jahren bis heute. Viele große Namen dieser Epoche (*Rauschenberg, Warhol, de Kooning, Stella, Pollock* etc.) sind mit Werken vertreten. Wechselnde Sonderausstellungen ergänzen die permanente Kollektion.

Eine »Filiale« des MOCA ist das **Geffen Contemporary** an der 152 North Central Ave in Nachbarschaft zu *Little Tokyo*, identische Zeiten und Internetadresse.

2

Installation im Innenhof des MOCA

**Neues
Art Museum
»The Broad«**

Schräg gegenüber dem MOCA (221 South Grand Ave) öffnete im September 2015 das nach seinen Stiftern *Eli* und *Edythe Broad* benannte **Broad Museum** seine Pforten (Kosten: $75 Mio). Auf 5.000 m² sind seither zahlreiche Objekte zeitgenössischer Kunst (u.a. *Cindy Sherman, Roy Lichtenstein* und *Jeff Koons*) zu bewundern. Architektonisches Highlight ist ein durchlässiger »Schleier aus Honigwaben«, der sich um das dreistöckige Gebäude schlingt. Eintritt (zunächst?) frei, aber $12 Parkgebühr im eigenen Parkhaus; geöffnet Di-Fr ab 11 Uhr, Sa+So ab 10 Uhr, Schluss Di+Mi 17 Uhr, Do-Sa 20 Uhr, So 18 Uhr; www.thebroad.org.

**Walt Disney
Concert Hall/
Kathedrale**

100 m nördlich des MOCA steht die avantgardistische **Walt Disney Concert Hall**, Heimat des *Los Angeles Philharmonic Orchestra* (111 South Grand Ave), ➤ Foto unten; www.laphil.com.

Ebenfalls an der Grand Ave südlich des *Freeway* #101 steht die **Cathedral of our Lady of the Angel**s, ein weiteres architektonisches Meisterwerk, www.olacathedral.org.

Broadway

Nach Osten bildet der mexikanisch geprägte **Broadway** eine Art Grenzlinie zwischen dem *Business*-Bezirk und der schäbigen, bei Dunkelheit unbedingt zu meidenden *Eastside* der City. In diesem Bereich befindet sich das **Greyhound Bus Terminal** (1716 East 7th Street nahe Alameda Street) und passenderweise auch gleich das **Polizeihauptquartier** (251 East 6th Street).

Market

Am Broadway zwischen 3rd und 4th Street markiert der bunte **Grand Central Public Market** einen bemerkenswerten Kontrast zur postmodernen City; www.grandcentralmarket.com.

Für gute **Fotos** der **Downtown Skyline** eignen sich besonders gut Standpunkte auf dem **Pershing Square**, ➤ Karte Seite 404.

**Japan
Viertel**

Zwar auch östlich des Broadway, aber zwischen 1st und 2nd Street bereits etwas außerhalb der Problemzonen, findet man das japanische Miniviertel **Little Tokyo** (San Pedro Street/Central Ave). Im Wesentliches handelt es sich um ein leicht japanisch »angehauchtes«, durchaus nicht typisch japanisches *Shopping Center*

Walt Disney Concert Hall

(*Japanese Village Plaza*), das man vielleicht zum Besuch eines der **Sushi Restaurants** aufsuchen könnte. Einen eigenen Besichtigungswert besitzt *Little Tokyo* kaum; www.visitlittletokyo.com.

Eine Ausnahme macht das schon durch seine Glasfront auffällige **Japanese American National Museum** in der 369 East First Street (Di+Mi und Fr-So 11-17 Uhr, Do 12-20 Uhr, Eintritt $9, Kinder 6-17 Jahre $5) mit einer Ausstellung zur Geschichte japanischstämmiger Amerikaner und zu ihrer Zwangsinternierung während des Zweiten Weltkriegs, ➢ auch Seite 293. Wen das Thema interessiert, findet Einzelheiten unter www.janm.org.

Mexikanische Besucher posieren fürs Familienfoto in der Olvera Street

Old Town

Unmittelbar jenseits des tiefergelegten *Hollywood Freeway #101* zwischen Alameda (gegenüber der **Union Station** – Bahnhof für die Amtrak-Züge/U-Bahn und Baudenkmal) und Spring Street pflegt man im **Pueblo de los Angeles State Historic Park** die Reste spanisch/mexikanischer Vergangenheit, die sich dort in ein paar – eher mäßig sehenswerten – Gebäuden manifestiert.

Ein **Visitor Center** an der Main Street informiert über Einzelheiten. Im Mittelpunkt steht aber letztlich weniger die Historie als das kommerzielle Angebot auf der hübschen **Old Plaza** am Plaza Park und – daran anschließend – in der **Olvera Street** mit jeder Menge bunter **Mexico Shops** und *Eateries* mit **Mexican Food**.

Chinatown

Wenige Blocks nördlich des Pueblo besitzt auch Los Angeles seine *Chinatown,* aber bei weitem nicht so groß und prächtig wie die San Franciscos. Ihr Zentrum ist ein **Fußgängerbereich** zwischen Hill Street und North Broadway oberhalb College Street. *Chinatown* schließt am frühen Abend, wenn die Tagestouristen verschwunden sind, weitgehend die Pforten; www.chinatownla.com.

Baseball Dodger Stadium

Nur wenig nördlich von Chinatown (z. B. Hill Street nach Norden fahren) liegt jenseits des Freeway #110 unterhalb der I-5 und des Elysian Park das gigantische **Dodger Stadium** (an die 60.000 Sitzplätze). Fast noch eindrucksvoller als dieses berühmte Baseball-Stadion ist die kolossale Ausdehnung der Parkplätze um das Rund.

Wer die **Los Angeles Dodgers** live erleben möchte, erfährt alles unter http://losangeles.dodgers.mlb.com.

Staples Center & L.A. Live

In der äußersten südwestlichen »Ecke« von *Downtown* LA steht das **Staples Center** (1111 South Figueroa Street/Höhe West 11th Street; ➤ Foto unten) neben dem *LA Convention Center*. In diesem Sportkomplex sind die Basketballriesen der **Los Angeles Lakers**, ihre Rivalen von den **Los Angeles Clippers**, die *Ladies* der **LA Sparks** und dazu die Eishockeycracks der **Los Angeles Kings** zuhause. An sportfreien Tagen finden dort auch Konzerte statt; aktuelle Details unter www.staplescenter.com.

Gegenüber liegt der Entertainment-, Sport- und Gastronomiekomplex **L.A. Live** auf 10,9 ha (www.lalive.com). Lohnend ist dort ggf. ein Besuch des **Grammy Museum** (800 W Olympic Blvd, Mo-Fr 11.30-19.30, Sa-So 10-19.30 Uhr, $13/$11, www.grammymuseum.org), das die Geschichte der Musik anhand von Ausstellungen, Interaktivem und Exponaten auf vier Etagen nachzeichnet.

Exposition Park

Nicht mehr zum Bereich *Downtown* gehört der **Exposition Park** (Figueroa Street/Exposition Blvd), dessen Anlage auf die Weltausstellung 1914 zurückgeht. Er liegt 4 mi südlich der City und ist via *Harbor Freeway* #110 leicht erreichbar; www.expositionpark.org.

Coliseum

Kernstück des Komplexes ist das nostalgische **Coliseum**, Hauptschauplatz der Olympischen Spiele von 1984 und 1932.

Science Center

Immer stark besucht und bei Schulklassen beliebt ist das **California Science Center**, ein enormes Technikmuseum samt IMAX-Kino; 10-17 Uhr, Eintritt frei (bis auf IMAX und *Dead Sea Scrolls* Ausstellung). Wer nur zum **Space Shuttle Endeavour** möchte, muss sein eintrittszeitgebundenes (!) Ticket ausgedruckt mitbringen; www.californiasciencecenter.org.

Naturkundemuseum

Das *LA County* **Natural History Museum** (täglich 9.30-17 Uhr; $12, Kinder $9/$5; www.nhm.org), in Breite und Präsentation ein gutes naturgeschichtliches Museum mit großer Dinosaurierabteilung, liegt in nächster Nähe des *Science Center*.

Rosengarten und USC

Erholung im Grünen bieten der große **Rose Garden** nördlich der Museen und diverse kleine **Parks** im eindrucksvoll angelegten Campus der **University** of Southern California gleich nördlich des Exposition Blvd; www.usc.edu.

Wilshire District

**Wishire Blvd/
Hancock Park**

Der *Santa Monica Freeway #10* bietet die rascheste Verbindung von *Downtown* zu den Stränden im Westen. Weitgehend parallel dazu läuft einige Blocks nördlich der **Wilshire Boulevard** durch den prosperierenden gleichnamigen Bezirk und später – zwischen Sunset und Santa Monica Blvd – als dritte Verkehrsachse durch die bereits beschriebene *Westside* (➤ Seite 388f). Noch im **Wilshire District** passiert diese breite Allee den **Hancock Park** zwischen Fairfax und La Brea Ave mit zwei Sehenswürdigkeiten:

Eingang ins LACMA. Direkt davor steht die Skulpturen-Assemblage Urban Light, die der Künstler Chris Burden aus über 200 gusseisernen Straßen-laternen der 1920er- und 1930er-Jahre herstellte

LACMA

• In seiner Südwestecke befindet sich das **Los Angeles County Museum of Art** (**LACMA**, ✆ (323) 857-6010, www.lacma.org), ein um eine zentrale Hofanlage angelegter Komplex aus Gebäuden und Skulpturengärten (Mo+Di+Do, 11-17 Uhr, Fr bis 20 Uhr, Sa+So 10-19 Uhr; $15/$10. Kinder bis 17 Jahre gratis.

Parken in der Parkgarage unter dem LACMA (*Pritzker Parking $12*); Zufahrt von der 6th Street aus.

Die Ausstellungen im *Art of the Americas, Ahmanson* und *Hammer Building* beziehen sich auf **Stil- und Kunstrichtungen zahlreicher Kulturen** vom Altertum bis zur Neuzeit. Im ***Art of the Americas Building*** findet man in erster Linie Kunstwerke aus Latein- und Nordamerika und im ***Hammer Building*** asiatische Kunst. Im ***Ahmanson Building*** beeindrucken alte Meister (u.a. *Rembrandt, Frans Hals*), eine Kollektion von *Rodin*-Skulpturen sowie Kunstwerke aus allen Teilen der Welt.

Aus dem Rahmen fällt der ***Pavilion for Japanese Art***, dessen Architektur ganz andere Akzente setzt als die übrigen Gebäude.

... Der eingeschössige ***Lynda and Stewart Resnick Exhibition Pavilion*** des bekannten Architekten *Renzo Piano* erweiterte 2010 den LACMA-Campus um 4.000 m^2, die seither für Wechselausstellungen genutzt werden.

*Mammut
im La Brea
Teertümpel*

Empfehlenswert sind das **Plaza Café** und die bunte, eigenwillig eingerichtete **Stark Bar** samt **Ray's Restaurant**, ideal für *Lunch* oder *Dinner* nach anstrengenden Stunden durch die Museen.

La Brea

• östlich neben dem Kunstmuseum befinden sich die **La Brea Tar Pits**, mit einer teerigen Brühe gefüllte Teiche, in denen im Laufe der Erdgeschichte unzählige Tiere versanken. Hunderttausende von Knochen wurden aus den *Pits* geborgen und teilweise wieder zusammengesetzt, darunter auch das einer Frau, der **La Brea Woman**. Erstaunlich gut konserviert sind die prähistorischen Fossilien. Ein Teil davon ist im **Page Museum at the La Brea Tar Pits** zu sehen, Di-So, im Sommer tägl. 9.30-17 Uhr; $12/$5; www.tarpits.org.

**The Petersen
Automobil
Museum**

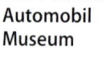

Wer sich für nostalgische Automodelle interessiert, wird im **The Petersen Automotive Museum** mit jeweils 150 (von über 300 im Bestand) – teilweise sagenhaft gut erhaltenen bzw. restaurierten – Ausstellungsstücken mehr als fündig. Das Museum steht schräg gegenüber dem LACMA am 6060 Wilshire Blvd, Einfahrt über die Fairfax Ave; Parken im eigenen Parkhaus $10. Neueröffnung nach architektonisch eindrucksvoller Renovierung im Dezember 2015. Eintritt/Zeiten unter www.petersen.org.

**Ab LACMA/
La Brea nach
Venice Beach**

Die Fairfax Ave stößt eine gute Meile südlich des LACMA auf den **Venice Blvd**, der in Verbindung mit dem **Venice Way** (die letzte halbe Meile) in den zentralen Bereich von **Venice Beach** führt. Nach **Santa Monica** nimmt man besser die I-10.

Santa Monica und Venice Beach

**Kenn-
zeichnung
Santa Monica**

Santa Monica ist gleich nach Hollywood der wohl bekannteste Stadtteil von LA. Unzählige Filme und TV-Serien haben dafür gesorgt. Dabei kommt es vor allem auf den Küstenstreifen mit der berühmten **Santa Monica Pier** an (plus 2-3 Blocks landeinwärts). Was Santa Monica entlang der unendlichen Strände von Malibu bis Newport Beach auszeichnet, ist die **Steilküste** hinter dem Strand. Zwar geht die Verlängerung der I-10 ab der Pier in den *Pacific Coast Highway* #1 über und läuft hinunter zum und am Strand entlang.

Aber unmittelbar hinter dieser hochfrequentierten Straße ragt eine ca. 20 m hohe Abbruchkante auf. Zwischen ihr und der palmenbestandenen Allee **Ocean Ave** erstreckt sich ab der Pier in Richtung Nordwesten der 40-80 m breite gepflegte *Palisades Park* mit von Joggern und (selteneren) Spaziergängern viel genutzten Wegen.

Strand und Pier

Unten auf dem Strand verläuft außerdem ab der *Will Rogers State Beach* in Pacific Palisades – weiter nördlich, speziell dort riesige **Parkplätze** am Strand – der asphaltierte *Ocean Front Walk and Bike Path* zweispurig (!) unter den Pylonen der Pier hindurch bis hinunter zur felsigen Halbinsel Rancho Palos Verdes.

Der in Werbebroschüren gern gezeigte und gelobte **Dauerjahrmarkt** *Pacific Park* auf der Pier ist samt den zahlreichen *Fast Food*-Ständen und einigen Restaurants über den Wellen des Pazifik bei weitem nicht so attraktiv, wie es auf bunten Fotos scheint.

Einkauf

An der Ocean Ave passiert man Hotels und teure Restaurants. Von der verkehrsfreien Einkaufsstraße, der **3rd Street Promenade**, war bereits auf ➤ Seite 377 die Rede; www.downtownsm.com.

Weiter nach Venice Beach

Südlich der Pier rücken mit der langsam abfallenden Küste die Villen näher an den Strand, und die Ocean Ave wird zum Barnard Way, an dem weitere Großparkplätze die Autos der Strandbesucher und des **Beach Green Park** aufnehmen.

Zu Fuß oder per Bike (am Strand entlang) erreicht man von dort rasch den als alternativ geltenden Santa-Monica-Ortsteil Venice auf Höhe der Rose Ave. **Mit dem Auto** gehts **von Santa Monica aus** dorthin nur über den hier zurückliegenden Pacific Coast Blvd.

Promenade und Bike Path

Am Nordende von Venice teilen sich der *Ocean Front Walk* und der *Bike Path*. Ersterer wird zur breiten Promenade mit oft exzentrischem Leben und Treiben. Die sich über den Sand schlängelnde Radpiste ist nirgends so verkehrsreich wie an der Venice Beach. Ab der weit ins Wasser ragenden **Fishing Pier**, ca. 1 km südlich des Zentralbereichs von Venice vereinigt sich der *Front Walk* wieder mit dem *Bike Path* und läuft bis zum Einfahrtkanal des Yachthafens *Marina del Rey* (ab der *Fishing Pier* ca. 2 km).

Ocean Front Bike Path hier in Venice Beach, ideal für eine kleine Radtour von Malibu bis mindestens zur Marina del Rey; Fahrradverleih in Venice Beach, ➤ Foto Seite 139

**Kenn-
zeichnung
Venice**

Das »Venedig« von LA hat zwar ein paar hübsche an Kanälen ge-
legene Wohnstraßen (*Linnie Canal Park* zwischen South Venice
Blvd und 28th Ave sowie entlang Esplanade East), aber mit dem
Namensvorbild ansonsten gar nichts gemein. Ein je 300 m langes
und breites Quadrat über dem **Venice Beach Park** bis zur Main
Street mit der Windward Ave als zentraler Achse beschreibt das
Kerngebiet von Venice. Gerne wird auch der **Abbot Kinney Blvd**
herausgestellt, eine Verbindung zwischen Main Street und Venice
Blvd (auf der Windward Ave ca. 800 m vom Strand entfernt) mit
'zig Shops und *Eateries*, die aber großenteils »abgeblättert« wirken und nur abends bunt und attraktiv erscheinen.

Venice Beach

Für Besucher kommt es in *Venice Beach* vorrangig auf den Strand
und die Promenade rund um den *Beach Park* an. An freien Tagen
tummeln sich entlang der **Open-air**-Restaurantzeile und bunten
Verkaufsstände oft Tausende, um zu gucken bzw. gesehen zu werden oder um sich ein »Rezept« für **Medical Marihuana** ausstellen
zu lassen. Starke Männer stählen ihren Körper an der legendären
Muscle Beach (zwischen 18th und 19th Ave), Volley- und Basketballer produzieren sich im **Recreation Center**, und *Biker* wie *Skater*
preschen auf ihrer hier exklusiven Betonspur den Strand 'rauf und
'runter. Pflastermaler, Pantomimen und Musikanten sorgen an
guten Tagen für zusätzliche Unterhaltung.

Venice ist nebenbei berühmt für seine **Murals** (Wandbilder); individuelle Touren führen zu den 20 besten; Details unter www.venice
beach.com/self-guided-walking-tour-of-the-venice-murals.

**Fazit
Venice Beach**

Venice lebt von seinem weltweiten Ruf. Massen von Kaliforniern
und Touristen bevölkern die Promenade und Lokale vor allem an
Gutwetter-Wochenenden und Feiertagen. Dann sind die Parkprobleme groß trotz hoher *Flatrates* (meistens $10) und obwohl von
Shops und *Eateries* entlang der zentralen Meile der »Lack« ziemlich ab ist. Überwiegend schäbig wirkt auch die Infrastruktur der
zweiten und dritten Reihe und der Querstraßen. Ab der Dämmerung sollte man Venice Beach besser meiden und tagsüber seine
Taschen geschlossen halten und fest im Griff haben.

*Sollte sich
die rechte
Venice-
Stimmung
nicht ein-
stellen, lässt
sich dem mit
Sauerstoff-
dusche oder
Marihuana
abhelfen (in
Kalifornien
seit einiger
Zeit legal)*

_____ **Von Venice nach San Pedro**

Marina del Rey

Wie erwähnt, schließt die ***Marina del Rey*** unmittelbar an Venice an. Dieser Hafen war einst Zentrum der olympischen Segelwettbewerbe (1984) und ist Heimat einer unglaublichen Armada von Booten der Luxusklasse. Anzahl und Größe der hier liegenden Segel- wie Motoryachten stellen so ziemlich alles in den Schatten, was wir aus Europa kennen. Hinzu kommt eine sagenhafte Infrastruktur rund um die Hafenanlage. Wer es sich leisten kann, hat sein teures Apartment gleich neben dem Bootsliegeplatz.

Fisherman's Village

Die Hafenbecken werden umrundet von der Via Marina (Westseite), dem Admirality Way und dem Fiji Way an der Südostseite. Auf ihm gelangt man von der Lincoln Ave (Pacific Coast Hwy #1) zum ***Fisherman's Village***, einer Restaurantzeile mit einem hübschen *Boardwalk* am Wasser, von der man beste Sicht auf die in den Hafen ein- und auslaufenden Boote hat.

Manhattan Beach und Pier mit Café und Aquarium, die ruhigere Alternative zur Venice Beach

Beaches südlich von Venice

Südlich der Marina kann man via Culver Blvd auf der Straße Vista del Mar am dort zunächst nicht zugebauten Strand unmittelbar der Küste folgen. Die Straße passiert die ***Dockweiler State Beach*** (mit RV-Camping, ≻ Seite 370), die Einflug-/Startschneise des *LA International Airport* und meilenweit Industrieanlagen, bevor sie als Highland Ave **Manhattan Beach** erreicht.

Manhattan Beach

Ab der 45th Street geht's von ihr an Strandparkplätze zwischen Sand und **Promenade *The Strand***. Parallel dazu läuft wieder der ***Ocean Bike Path***. Ununterbrochen einen Block vom Strand entfernt kommt man aber nur auf dem Ocean Drive weiter. Ein erstes Zentrum des ***Californian Beach Life*** fast ohne Touristen erlebt man auf Höhe des Manhattan Beach Blvd mit einer beliebten Pier samt Café und Aquarium am Ende über dem Wasser.

Hermosa Beach

Die nächste Agglomeration am Wege heißt ***Hermosa Beach***, der Ocean Drive wird dort zur Hermosa Ave. Zentrale Bereiche sind

California Beach Life

Im Gegensatz zu Malibu, Santa Monica und Venice Beach gibt es im Bereich Manhattan, Hermosa und Redondo Beach – obwohl die Strände ebenso schön oder sogar besser sind – **nur wenige Touristen**. Draußen und in den Lokalen spielt sich das typische Leben junger *Los Angelitos* ab. Dort erkennt man, was die Qualität des **Californian Way of Life** zumindest für diejenigen bedeutet, die genügend Zeit und Dollars haben, es zu genießen.

die Zugänge an den Strand am Ende der 22nd Street und vor allem an der palmenbestandenen Pier Ave, wo sich Kneipen und *Eateries* fürs Jungvolk ballen. Das *Surf City Hostel* (➤ Seite 370) steht dort direkt am Strand. **Hermosa Beach ist** – wenngleich weniger »bunt« als Venice Beach – alles in allem **der attraktivste Strandbereich** von LA, das Adjektiv »hübsch« passt daher 100%ig.

Redondo/ Torrance Beach

Weiter unten in **Redondo Beach** wird die Hermosa Ave an einer weiteren Megamarina zum Harbor Drive. Um weiter der Küstenlinie zu folgen, steuert man via Beryl Street von dort die Catalina Ave an und fährt nach ca. 0,7 mi die Esplanade nach rechts. Auf ihr geht es noch einmal ein Stück unmittelbar am Strand entlang. Die Straße endet am Miramar Park und setzt sich als Paseo de la Playa fort vorbei an Parkplätzen und Villen der **Torrance Beach**. Automatisch erreicht man so den **Palos Verdes Blvd** und **Drive**.

Rancho Palos Verdes

Der **Palos Verdes Drive** läuft kurvenreich an beachtlichen Villen, Golfplätzen und schönen Aussichtspunkten vorbei. Breite Strände gibt es dort nicht, nur einige wenige Zugänge zu steinigen Sandstreifen unterhalb der Steilküste. Auf der Karte sieht die Entfernung von Redondo Beach bis San Pedro/Long Beach nicht sonderlich weit aus. Tatsächlich sind es via Rancho Palos Verdes bis zum Hafen von San Pedro rund 15 mi, die wegen der Kurverei ermüden und dauern. Mit ein paar Fotostopps ist man schnell eine Stunde und länger unterwegs.

Wayfarers Chapel

Einzige, dafür aber eindrucksvolle Sehenswürdigkeit auf der Halbinsel ist die **Wayfarers Chapel**, eine von **Frank Lloyd Wright Jr.** gestaltete Kapelle aus Natursteinen, Holz und viel Glas auf etwa halber Strecke nach San Pedro in einem kleinen Park mit Aussicht

Beach Volleyball an einem Sommersonntag an der Hermosa Beach

auf den Ozean (5755 Palos Verdes Drive gegenüber A*balon Cove Shoreline Park*). Ein *Visitor Center* mit *Gift Shop* wartet gleich daneben (10-17 Uhr); www.wayfarerschapel.org.

Pacific Coast Hwy #1

Bei Verzicht auf die Fahrt über den Palos Verdes Drive braucht man auf dem **Pacific Coast Highway #1** ab Redondo Beach bis Long Beach mitunter nicht einmal 30 min.

Rustikal in Massen zubereitete und auf großen Tabletts servierte Gemüse-, Fisch- und Krabben-portionen im Ports o'Call Village am Kai von San Pedro

Ports o'Call

Das künstliche »Fischerdorf« ***Ports o'Call Village*** (11-21 Uhr) liegt in **San Pedro**, einige Meilen westlich Long Beach unterhalb des dort auslaufenden *Harbor Freeway* #110 (South Harbor Blvd/Sampson/ Nagoya Way) am Ufer der Haupteinfahrt zum *Los Angeles Harbor*. Bei Anfahrt über den **Palos Verdes Drive**, der zur **25th Street** wird, auf der **Gaffey Street** nach links, dann **22nd Street** rechts bis **Sampson Way**. In der einst als Touristenattraktion konzipierten Anlage mit Shops, Restaurants und Grünflächen ringsum dominieren riesige ***Fish-Eateries*** rustikal-mexikanischen Anstrichs. Gebraten und gegrillt wird nach Auswahl am Tresen. Verzehr bei gutem Wetter auf *Open-air*-Terrassen. Besonders beliebt sind riesige Krabben- und Grillfischtabletts für die ganze Familie. Samstags/sonntags herrscht dort ausgelassene Latinoatmosphäre. Distinguierter geht's beim **Waterfront Dining** am Südende des »Dorfes« zu.

Darüber hinaus dient Ports o'Call als Anlegestelle für allerhand **Bootstouren** von der *Harbor Cruise* über *Fishing Trips* und *Sunset Cruise* bis zum Catalina Island-Besuch per Segelyacht.

CRAFTED

An der Zufahrt von Rancho Palos Verdes (112 East 22nd/Miner Street) fand in alten Lagerhallen der Kunstgewerbemarkt ***CRAFTED*** Unterschlupf (Fr-So 11-18 Uhr, frei). Über 100 Künstler präsentieren dort ihre Kreationen; http://craftedportla.com.

USS Iowa

In San Pedro liegt das fast 300 m lange Weltkrieg II-Schlachtschiff **USS Iowa** nördlich von Ports o'Call (250 S Harbor Blvd, ✆ 1-877-4-IOWA-61, 10-17 Uhr; $18/$10, www.pacificbattleship.com).

Long Beach

Lage

Über das Freewaynetz aus allen Richtungen gut erreichbar besetzt die selbständige **City of Long Beach** die kurze LA-Südküste an der *San Pedro Bay* rechts bzw. östlich der Halbinsel *Rancho Palos Verde*s. Zwischen den Hügeln von *Palos Verdes* und dem Zentrum von Long Beach im Bereich Ocean Ave/Long Beach Blvd beherrschen ausgedehnte Hafen- und Industrieanlagen das Bild.

LA-Südküste

Südlich der zentralen *Long Beach Marina* beginnen wieder breite, nahezu endlose, aber durchaus nicht immer besonders attraktive Strände bis hinunter nach San Diego, die nur von Yachthäfen und Steilküstenabschnitten unterbrochen werden. Fast überall kann man *Surfboards* leihen. Insbesondere **Huntington Beach** südlich von Long Beach gilt als *Surfer*-Hochburg mit dem selbstverliehenen Beinamen »**Surf City USA**«. Die durch *Rancho Palos Verdes* unterbrochene **Bike-, Skate-** und **Jogging Road** am Strand setzt sich ab Long Beach weiter bis über Huntington Beach hinaus fort.

Long Beach

Direkt nach Long Beach hinein läuft der gleichnamige *Freeway* I-710. Die Ausfahrt Long Beach (1A) führt auf den **Shoreline Drive** in Richtung auf ein bombastisches *Convention Center*. Er passiert zunächst die Zufahrt zum **Aquarium** und danach eine Kette von **Restaurants** und das **Shoreline Village** mit Shops und weiteren Lokalen an einem *Boardwalk* über der dort für Ausflugsboote und Yachten angelegten künstlichen Lagune.

Aquarium

Das **Aquarium of the Pacific** (offiziell 100 Aquarium Way, Anfahrt auch über Golden Shore) ist eines der größten und modernsten Aquarien der USA, im Westen nur erreicht vom *Monterey Aquarium*. Geöffnet täglich 9-18 Uhr; Eintritt $29, Kinder bis 11 Jahre $15; Parken $8. In summa ermäßigte Kombitickets (mit 4D-Film, *Behind-the-Scenes Tour*, Bootstrip oder *Queen Mary*-Besuch) gibt's im Internet unter www.aquariumofpacific.org.

Shoreline Aquatic Park

Gleich hinter dem Aquarium schützt der **Shoreline Aquatic Park** die erwähnte Lagune. Von den erhöhten Punkten des Geländes überblickt man den Long Beach-Uferbereich und seeseitig die der Küste vorgelagerten mit Palmen und nächtlicher Illumination getarnten Ölförderinseln wie die gegenüberliegende *Queen Mary*.

Queen Mary

Der nostalgische Luxusliner **Queen Mary** liegt als Touristenattraktion schon seit Dekaden an der Kaimauer von Long Beach. Später kam noch ein **russisches U-Boot** der sog. Foxtrottklasse dazu. Man kann statt einer **Self-guided Tour** durch alle Decks ($25/$14) auch gleich die **First Class Tour** mit Besichtigung der *Scorpion* plus

einer *Special Effects Show* »*Legends & Ghosts of the Queen Mary*«
buchen ($31/$20). Ein sog. ***Royal Passport*** berechtigt zur Basis-
tour und zum Besuch einer **Prinzessin Diana-Ausstellung** ($29/
$19). Fürs **U-Boot allein** bezahlt man $14/$12. Parkgebühren zeit-
abhängig extra. Täglich 10-18 Uhr, www.queenmary.com.

Die *Queen* dient mit ihren weitgehend im Originalzustand erhaltenen Kabinen zusätzlich, wenn heute nicht sogar in erster Linie
als **Restaurant- und Hotelschiff**, ➤ Seite 369.

Anfahrt
Queen Mary

Die **Anfahrt** ist direkt (ohne Umweg über die City of Long Beach)
möglich und ausgeschildert. Man gelangt automatisch auf den
Parkplatz für die *Queen Mary* und die **Catalina Island-Fähre**.

Santa Catalina Island   *26 miles across the sea ...*

Hören Sie mal - oder kennen Sie? – diesen nostalgischen Hit der Four Preps
von 1958. Gute Songqualität eines »Altersauftritts« der Gruppe unter
http://www.youtube.com/watch?v=peoTc8xdfxk

Twenty six miles across the sea
Santa Catalina is a-waitin' for me
Santa Catalina, the island of romance, romance, romance ...

Forty kilometers in a leaky old boat
any old thing that'll stay afloat
when we arrive we'll all promote
romance, romance, romance ...

Sowohl in **San Pedro** (*Terminal* unterhalb *Vincent Thomas Bridge*) als auch in
Long Beach (nahe *Aquarium of the Pacific*, 320 Golden Shore) legen die Aus-
flugsboote zur ca. 26 mi vor der Küste liegenden *Catalina Island* ab, bei gutem
Wetter ein sehr schöner **Ganztagestrip**. Die fast autolose Insel erkundet man
per Fahrrad (ab $24/Tag) oder zu Fuß. Nur an Sommerwochenenden bringen
Ausflügler und Yachtbesatzungen richtig Leben mit nach **Avalon**, der einzigen
Inselstadt. Quartiere sind dort sehr teuer, aber man kann prima **campen**:

www.visitcatalinaisland.com/camping-and-boating/
two-harbors-camping ($22/Person, *tent cabins* $60).

Die Überfahrt dauert ca. 60-90 min je nach Abfahrtshafen (San Pedro, Long
Beach, Dana Point) und Ziel (Avalon oder Two Harbors) und kostet um $75
retour, Kinder um $60. Fahrplan und Reservierung unter ✆ 1-800-481-3470
oder www.catalinaexpress.com. Der *Catalina Flyer* benötigt ab Newport Beach
ca. 75 min, Tarife $70/$53; ✆ 1-800-830-7744, www.catalinainfo.com.

Disneyland und California Adventure
http://disneyland.disney.go.com

**Disneyland/
California
Adventure:
Anfahrt**

Die Stadt **Anaheim** im Südosten von Metropolitan LA beherbergt die neben den *Universal Studios* meistbesuchte Touristenattraktion der Westküste: *Disneyland* mit (seit 2001) ***Disney's California Adventure***. Von **Downtown** LA und anderen Ausgangspunkten weiter nördlich erreicht man Anaheim am schnellsten auf dem **Santa Ana Freeway (I-5)**, von **West LA** und **Long Beach** über den **Redondo Beach Freeway #91** oder die Kombination **San Diego/Garden Grove Freeway (I-405/#22)** und danach ebenso **I-5**.

Abfahrten von der I-5 sind von LA kommend Disneyland Drive (u.a. für den bestgelegenen Parkplatz für *Downtown Disney*) und Ball Road/Harbor Blvd zum Haupteingang in die Parks oder auf Ball Road Richtung Westen bis Disneyland Drive. Einmal runter vom *Freeway* sind die **Disney-Parkplätze** westlich und südlich der Parks dank der Wegweisung ringsum kaum zu verfehlen.

Eintritt

Öffnungszeiten für beide Parks: generell Mo-Fr 10-20 Uhr, speziell *Disneyland* oft länger; im Sommer auch werktags teilweise bis 24 Uhr. Saisonale, feiertägliche und ferienbedingte Abweichungen. **Eintritt $99/Person** (Kinder bis 9 Jahre $93) für den Ganztagspass eines der beiden Parks inkl. Nutzung aller *Rides* und Besuch aller Attraktionen in (jeweils) einem der beiden Parks.

Wer seine ***Tickets online*** kauft, braucht nicht mehr am Schalter anzustehen. Wenn man beide Parks ausgiebig besuchen möchte, benötigt man ein *2-Tages-Pass* ($185/$172) und ggf. plus ein *Hopper Ticket* (+$40), sofern man mehrfach wechselt. **Discount Coupons gibt es für** *Disney* **nicht**, wohl aber den *City Pass*:

SC City Pass

Der **Southern California City Pass** für $329, Kinder (3-12) $286 enthält Tickets für die *Disney Parks* (*Park Hopper* 3 Tage), *Legoland* und *SeaWorld* www.citypass.com/southern-california.

Fast Pass und Single Rider

Um Wartezeiten zu entgehen, kann man an vielen Rides in beiden Parks einen **Fast Pass** ziehen (**gratis**), der eine Zeitvorgabe macht, zu der es dann schneller geht. Einzelheiten im Internet unter
www.wdwinfo.com/disneyland/fastpass.htm

Wartezeiten abkürzen kann man an einigen Rides auch über die **Single Rider Line**. Wer allein ist oder sich für einen Ride vom Partner oder Freunden trennen mag, wird in noch offene Einzelplätze bugsiert und ist damit oft schneller durch.

Parken

Parken kostet $17/RVs $22. Wer sparen möchte, sucht sich einen **Parkplatz im Umfeld** und läuft von dort zu Fuß zum Parkeingang (weit) oder nimmt die **Magnetbahn** ab *Disneyland Hotel*, was ein Disneyticket voraussetzt. Eine andere Möglichkeit ist, das für **drei Stunden freie Parken bei *Downtown Disney*** zu nutzen, mit Restaurantbesuch bis zu 5 Stunden. Ausgeschildert, aber man muss gut aufpassen, um den richtigen Platz zu erwischen!

Disneyland Komplex

Los Angeles

West Ball Road

Hotels

San Diego

Disneyland

South Harbor Blvd

Hotels

South Walnut Street

Magic Way

Downtown Drive

S West Street

Downtown

Kontrollstellen

Bus- & Taxi-Einfahrten

Kontrollstellen

Plaza

Fast Food

Disneyland Hotelkomplex

Grand California Hotel

California Adventure

South Harbor Blvd

Disney Way

Paradise Pier Hotel

Hotels

West Katella Ave   Fast Food

Hotels   Hotels   Hotels

Downtown Disney

Zwischen beiden Parks befindet sich **Downtown Disney**, ein **Restaurant- und Shoppingkomplex**, der seinesgleichen sucht. Alles künstlich attraktiv, nicht billig, aber populär, dazu ohne Eintritt und ohne Parkgebühren (➤ vorstehenden Absatz). *Downtown Disney* ist eine reine Fußgängerzone und verbunden mit dem auf rustikal getrimmten **Luxushotel *Grand Californian*** und dem ***Disneyland* Hotelkomplex**. In der schön gestalteten Disney'schen Hotelwelt befinden sich weitere Restaurants und mit **Trader Sam's Enchanted Tiki Bar** die einzige gute Kneipe weit und breit.

Unterkunft im Bereich Disneyland

Zur **Hotelsituation generell** in Anaheim ➢ Ausführungen auf Seite 369. Untere Mittelklasse in einem vergleichsweise akzeptablen Umfeld bei ca. 1,3 mi Entfernung zum *Disney*-Haupteingang und in Fußgängerdistanz zu Supermärkten und *Fast Food* bieten das **Days Inn**, 1111 South Harbor Blvd, und weiter südlich die **Travelodge**, 2060 South Harbor Blvd (beide ab $55/$65 an nachfrageärmeren Werktagen).

Wer sich einen **Coupon Guide** (➢ Seite 108) besorgt hat oder auf www.hotelcoupons.com geht, findet weitere günstige Angebote; auch www.orbitz.com hilft.

Reservierung der sehr teuren disneyeigenen Hotels unter ✆ **(714) 956-6425** oder http://disneyland.disney.go.com/hotels. Auf diesem Portal werden auch konzernfremde Hotels der oberen Mittel- bis Oberklasse als *Good Neighbor Hotels* vermittelt. Man sollte bei diesen Häusern sehen, ob sie nicht ggf. anderswo preiswerter zu haben sind. Die meisten vergleichbaren Quartiere außerhalb des Einflussbereichs von *Disney* sind im Allgemeinen billiger.

Zum **Camping** nahe Disneyland ➢ Seite 371. Empfehlung hier in erster Linie **Anaheim Resort RV Park**, 200 West Midway Drive.

Kontrolle vorm Parkbesuch/ Eateries

Bevor man die Parks betreten darf, erfolgt – so scheint es – ein Sicherheits Check in Form einer **Taschenkontrolle**. Tatsächlich handelt es sich aber darum, die – untersagte! – Mitnahme von Verpflegung und Getränken zu verhindern. Die Besucher sollen Hunger und Durst in den *Eateries* der Parks stillen. Die Preise für Cola, Bier (!), Snacks und Restaurantmahlzeiten sind exorbitant. Daher lohnt es sich für *Disney*, südkalifornische Residenten mit preiswerten Dauerkarten zu ködern.

Der Wochenendausflug zu *Disney* (wie zu anderen Vergnügungsparks) von Familien und Jugendlichen spült allein durch deren Verzehr viel Geld in die Kassen.

Topattraktion im California Adventure Park, der Twilight Zone Tower of Terror

California Adventure

Disney's California Adventure ist alles in allem ein konventioneller *Amusementpark* mit **Riesenachterbahn**, typischen Jahrmarkt-*Rides* und viel Show. Bei heftigen **$99 Eintritt p.P.** (Kinder bis 9 Jahre $93) erscheint das Preis-/Leistungsverhältnis Besuchern aus Europa vermutlich ungünstiger als im Fall *Disneyland*.

Pixar-Filme

Fans von *Pixar*-Animationsfilmen werden im Park aber vielen ihrer Lieblingscharakteren begegnen, u.a. den Spielzeugen aus »*Toy Story*« oder den lustigen, bunten »*Cars*« im **Cars Land**. Angesagt sind in dieser sehr aufwendig gestalteten Westernstadt die **Radiator Springs Racers**. In einem Rennauto geht es – mal gemütlicher, mal etwas rasanter – durch eine hübsche (falsche) *Red Rocks*-Kulisse und in einen dunklen Bereich mit reichlich *Action* und voller animierter, sprechender »*Cars*«.

Eine tolle Sache ist auch der **Tower of Terror**, wo die Freude an »5 min Schrecken« im abstürzenden Fahrstuhl indessen oft durch besonders lange Warteschlangen getrübt wird, sowie die **4D-Animation »It's tough to be a bug«**, im eigentlich für Kinder konzipierten **Bug's Land**. Dafür lohnt auch ein wenig Anstehen.

Von den *Rides* verdient außerdem noch die Schlauchbootfahrt auf dem **Grizzly River** Erwähnung.

Darüber hinaus bietet *California Adventure* noch jede Menge kleinerer Attraktionen und »sehr amerikanische« überwiegend auf Kinder und Jugendliche zugeschnittene Shows. Um dabei mitzukommen und sich gut zu amüsieren, braucht man allerdings in dem Alter schon sehr gute Englischkenntnisse.

Disneyland: Bereiche und Prioritäten

Um möglichst viel von einem Tag in *Disneyland* zu haben, sollte man ein bisschen **gezielt vorgehen**. Der Park verfügt über fünf unterschiedliche miteinander verbundene Bereiche mit zahlreichen *Attractions* und *Rides*. Da sich bereits an Tagen mit mittlerem Andrang (alle Tage von Juni bis Anfang September, früher und später nur an Wochenenden) vor diesen lange Wartezeiten ergeben (eine gewisse Erleichterung bietet nur der **Fast Pass**), kann man selbst bei früher Ankunft oft nicht alles an einem Tag wahrnehmen. **Folgende Prioritäten** zu setzen, macht daher Sinn:

- **Main Street USA**:
  Eisenbahnfahrt zur Übersicht über den Gesamtkomplex
- **Adventureland & New Orleans Square:**
  Pirates of the Caribbean (bester *Ride* des ganzen Parks!)
  The Haunted Mansion (fantasievolle Geisterbahn)
  Indiana Jones Adventure: Temple of the Forbidden Eye!!
  Jungle Cruise (Bootstrip durchs »gefährliche« Afrika)
  Tarzans Tree House (Baumhaus mit tollen Einfällen)
- **Frontierland & Critter Country**
  Big Thunder Mountain (Achterbahn im Wilden Westen)
  Splash Mountain (Nasses Vergnügen im »Baumstamm«)
  Mark Twain Riverboat (Raddampfer um Abenteuerinsel)

- **Fantasyland** (vorzugsweise für kleinere Kinder geeignet):
  It's a Small World und *Peter Pan's Flight*
- **Tomorrowland**:
  Star Tours (Simuliertes intergalaktisches Abenteuer)
  Space Mountain (Extrem-*Rollercoast*er im »Weltall«)
  Buzz Lightyear Astro Blazers

Toontown

Etwas abseits, noch hinter *Fantasyland* befindet sich **Mickey's Toontown**, das ganz auf Kleinkinder zugeschnittene Wohndorf der Disney-Charaktere, die dort auch »persönlich« zu treffen sind.

Paraden

Jeden Nachmittag finden zu jahreszeitabhängigen Stunden **Paraden durch die Main Street** vorbei am Märchenschloss und weiter in Richtung *Toontown* statt, ein unterhaltsamer, lustiger Zug, der knapp 40 Minuten dauert.

Feuerwerk

An bis Mitternacht geöffneten Tagen gibt es nach Einbruch der Dunkelheit ein tolles, weithin sichtbares (z.B. von den empfohlenen Campingplätzen aus) **Feuerwerk** zum Abschluss. Alles übertrifft **Fantasmic**, eine **Lasershow** auf dem **River of the Americas** vorm dunklen Nachthimmel: im Sommer täglich 21 und 22.45 Uhr, sonst nur samstags und Tagen mit Hochbetrieb.

Garden Grove, Buena Park, Yorba Linda

Christ/ Chrystal Cathedral

Ein architektonisches Wunderwerk aus verspiegeltem Glas ist die **Crystal Cathedral** in Garden Grove (Chapman Ave/Lewis Street) nur wenige Blocks südlich von *Disneyland*. Vor allem der Turm und der Inneneindruck bestechen. Stararchitekt **Philip Johnson** kreierte diesen modernen Gottestempel für die *Reformed Church*

Disney'sches Märchenschloss

Christ Cathedral

of America. Nach einer Gemeindeinsolvenz ist das Kirchenge-
bäude zurzeit geschlossen; ab 2016 wird das römisch-katholische
Bistum *Orange* die Kirche nutzen – dann unter dem Namen **Christ
Cathedral**; <u>www.christcathedralcalifornia.org</u>

**Knott's
Berry Farm**

Knott's Berry Farm in Anaheims Nachbar Stadtbezirk **Buena Park**
(8095 Beach Blvd = Straße #39) ist ein *US-Amusement Park* der
Kategorie **Super-Rollercoaster**. Im Hochsommer täglich 10-22 Uhr,
Sa bis 22/23 Uhr; Rest des Jahres bis mind. 18 Uhr. **Tagespass:** $67,
online $42, für Kinder bis 11 Jahre $37; Parken $17, RVs $20. Wer
lange Warteschlangen vermeiden möchte, kauft sich einen *Fast
Lane Pass* ($55), am besten gleich online in Kombination mit der
Eintrittskarte ($82); <u>www.knotts.com</u>.

Die einstige Beerenfarm bietet neben seinen tollen **acht Achterbahnen** zahlreiche weitere *Rides* mit Aufregefaktor und auch der
typischen Jahrmarktkategorie für Kinder und Familien. Dazu
gibt's **Show** und **Entertainment** in *Ghost Town, Fiesta Village,
Wild Water Wilderness, Indian Trails* und *Camp Snoopy.* 2015
kommt der interaktive 4D-*Ride* **Voyage to the Iron Reef** hinzu.
Ein weiterer bekannter *Amusement Park* mit *Super-Rollercoasters*
ist **Magic Mountain** am anderen Ende von LA, ➢ Seite 425.

**Knott's
Soak City**

Gleich nebenan befindet sich **Knott's Soak City** im Nostalgielook
der 1950er-Jahre, ein Wasserspaß für jung und alt mit jeder Menge
Rutschen und Wellenstrandbad. **Tagespass** $38, online $31. Kinder bis 11 Jahre immer $27. Parken $17, RVs $20. Im Sommer ab
10 Uhr; variable Schlusszeiten. Info: <u>www.soakcityoc.com</u>.

Für beide Knott's Parks gibt es auch ein **Kombiticket** ($60), es ist
allerdings nur für denselben Tag gültig.

Ritterturnier

Ebenfalls am Beach Boulevard von Buena Park, nur wenig nördlich von Knott's Berry Farm, wird in *Medieval Times*, *Dinner & Tournament*, das (europäische) Mittelalter wieder lebendig. Das große Abendessen in königlicher Gesellschaft des Schlossherrn kostet inklusive des ritterlichen Turnierspektakels zwar abends ab $62/Person (Kinder $37), dafür wird eine tolle Reitshow geboten. Die Anfangszeiten variieren, Auskunft und Reservierung unter ✆ 1-866-543-9637; www.medievaltimes.com.

Piraten-dinner

Gleich neben dem Gemäuer von *Medieval Times* steht der Showpalast fürs *Pirate's Dinner Adventure*, die Piratenschau mit Pyrotechnik, Akrobatik und Musicalanleihen. Mo-Fr um 19 Uhr, Sa 17.30+20.30 Uhr, So 15.30+18.30 Uhr. Beim Dinner gibt's Wahlmöglichkeiten. Es geht los mit $60 (Kinder bis 11 $37) für alles inkl. Bier, Wein oder *Soft Drinks* und kann aufgestockt werden. An weniger nachgefragten Daten online oft erhebliche Discounts; ✆ 1-866-439-2469; www.piratesdinneradventureca.com.

Richard Nixon Library

Von Anaheim/Buena Park ist es nicht weit nach **Yorba Linda** zur *Richard Nixon Library & Birthplace*, 18001 Yorba Linda Blvd (kreuzt *Orange Freeway* #57 oberhalb der #91, ca. 3 mi ab dort). Interessant für alle, die sich diese amerikanische Spezialiät der Verehrungsstätten für ehemalige Präsidenten 'mal ansehen wollen. Lohnender ist die *Reagan Library*, ➢ Seite 354. Mo-Sa 10-17 Uhr, So ab 11 Uhr, Eintritt $12, Kinder $7/$5; Info unter ✆ (714) 993-5075, www.nixonfoundation.org.

Weiterfahrt nach San Diego und/oder Las Vegas

Ab Anaheim und mehr noch Yorba Linda liegt es geographisch nahe, die Reise in Richtung Nordosten (Las Vegas), Osten (Palm Springs/ *Joshua Tree National Park*) oder Süden (San Diego) fortzusetzen. Wer das vorhat, interessiert sich nicht für das folgende Kapitel 2.2. Die genannten Alternativen werden in den Kapiteln 2.3 (➢ Seiten 445f) und 2.4 (➢ Seiten 470ff) behandelt.

Filigran und scheinbar jeder physikalischen Erkenntnis trotzend: einer von acht Roller Coasters in Knott's Berry Farm

*Präsidialer
Hubschrauber
aus den
1970er-
Jahren auf
dem Gelände
der Nixon
Library*

Six Flags Magic Mountain & Hurricane Harbor

Am Nordwestrand der Metropolis befindet sich **bei Santa Clarita** (**I-5**) der neben *Knott's Berry Farm* und *Disney's California Adventure* dritte große *Amusement Park* konventioneller Art im Großraum LA. ***Rollercoaster*** sind die Attraktion im **Six Flags Magic Mountain Park**: **Colossus**, die einst weltgrößte Achterbahn, hat nostalgischen Touch. Sie wird vom Nervenkitzel her weit überboten durch die *Looping*-Bahn ***Revolution***, die Physikgesetzen scheinbar trotzende ***Viper***, die »schwebende« Achterbahn ***Ninja*** und ***Riddler's Revenge***, in der die Passagiere stehend abstürzen. 78 m hoch ist der **Goliath Giga Coaster**, schon ein paar Jahre alt sind ***Deja Vu*** und ***Scream***, ein neuerer Hit ***Tatsu***, die angebliche höchste Achterbahn der Welt, sowie ***Batman***, ein »Rückwärts«-*Ride*. Ein weiterer Irrsinn gegen die Physik sind ***Terminator Salvation*** mit »*on-board-entertainment*« sowie ***X2*** (in sog. »4D«). Erst 2015 eingeweiht wurde ***Twisted Colossus***. Abends gibt's noch **Feuerwerk** und **Lasershows**.

Ein **Problem** auch dieses Parks sind die **Wartezeiten**. Eine Stunde und mehr für 5-10 min Spaß sind keine Seltenheit, es sei denn, man hat einen ***FLASH Pass*** (**ab $40**) extra gekauft. Aber auch dann sind die investierten Kosten (**$73 Eintritt an der Kasse, im Internet $48**, **Kinder unter 1,22 m $53**) selbst mit *Discount Coupons* schwer »abzufahren«. Diese und andere Parks sind dennoch knallvoll, nicht zuletzt, weil Saisonpässe nur unwesentlich teurer sind als die normale Tageskarte. Wer den Besuch in Erwägung zieht, sollte den Parkplatz (**Kosten: $20!**) beachten: schon halb gefüllt werden drinnen die Schlangen lang.

Öffnungszeiten von Mitte März bis Ende August So-Fr 10.30-18/22 Uhr, Sa immer 10-22 Uhr. Rest des Jahres nur Wochenendbetrieb, *Halloween*, Weihnachts-/Osterferien. Information: ℰ **(661) 255-4100**. Aktuelle Details unter www.sixflags.com/magicmountain.

Wie *Knott's Berry* hat auch *Six Flags* nebenan einen **Planschpark**: **Hurricane Harbor**, Eintritt $41, bis 1,20 m $33. Auch Kombitickets, ℰ **(661) 255-4527**.

2

2.2   Von Los Angeles zum Yosemite National Park über die Parks Sequoia & Kings Canyon

Wer seine Reise in Los Angeles beginnt/fortsetzt, hat bei Weiterfahrt in Richtung Norden drei touristisch sinnvolle Alternativen:

Küstenroute
- Die **Küstenroute** am Pazifik entlang, ggf. kombiniert mit Abschnitten durchs Hinterland, auf dem berühmten *Highway #1* und streckenweise der **Autobahn #101**. Sie wurde im vorstehenden Kapitel 1.4 (➢ Seite 308ff) in Gegenrichtung – San Francisco bis Los Angeles – ausführlich beschrieben.

Westlich und östlich der Sierra Nevada verlaufen zwei **Inlandsrouten** mit Ziel *Yosemite Park* und ggf. *Death Valley*:

Westroute
- Die **Westroute** führt schneller zum Ziel und bietet die Möglichkeit, quasi auf halbem Weg noch den **Doppelpark *Sequoia/Kings Canyon*** »mitzunehmen«.

Ostroute
- Die **Ostroute** führt »hinter« den Gipfeln der *Sierra Nevada* entlang (Straßen #14 und #395 ohne Zugang zum *Sequoia National Park*). Der Abschnitt der #395 zwischen Lone Pine und dem *Yosemite Park* gehört zur Route San Francisco-Las Vegas über das *Death Valley*. Er wird in diesem Buch in Nord-Süd-Richtung beschrieben, ➢ Kapitel 1.3.3., Seiten 284f.

2.2.1   Anfahrten

Ostroute bis Lone Pine/Alabama Hills/Mount Whitney

I-14 und Straße #395
Wer sich für die Ostroute entscheidet, verlässt Los Angeles zunächst auf der I-5, setzt aber ab San Fernando die Fahrt auf der #14 fort (**Antelope Valley Freeway**), einer kurvenreichen Autobahn durch weitere Trabantenstädte der Metropole Los Angeles.

California Poppy

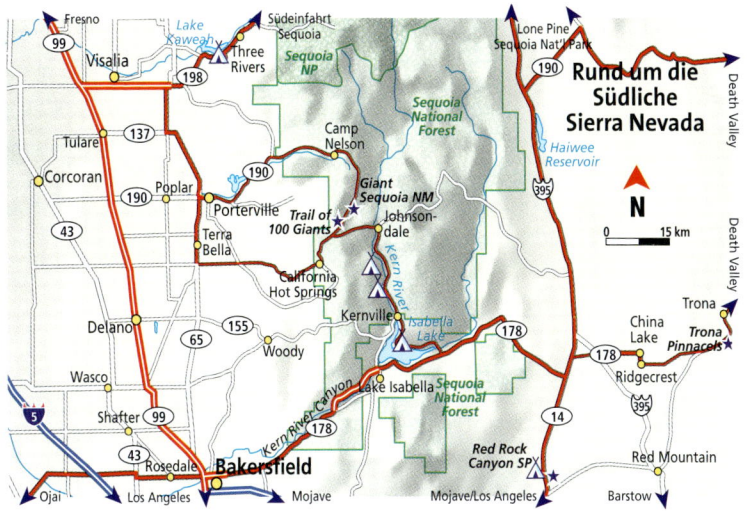

Antelope Valley Poppy Reserve

Nahe der Vorstadt **Lancaster** befindet sich ein Naturschutzgebiet, das ganz und gar der kalifornischen Staatsblume gewidmet wurde. Den Abstecher dorthin sollte man **zur Blütezeit in den Monaten März und April** auf keinen Fall auslassen. Ab dem *Freeway* #14 (*Exit* 44) sind es über die West Ave I, die über die 120th Street West in die Fairmont Neenach Road und dann in die Lancaster Road übergeht, ca. 16 mi bis zur **Antelope Valley California Poppy Reserve** (etwas unauffällig ausgeschildert). Ein Rundweg (3 km) führt dort über großflächige Wildblumenfelder. Wer den Höhepunkt der Blütezeit des **Kalifornischen Goldmohns** erwischt, findet wunderschöne Fotomotive – auch auf den umliegenden kostenlos zugänglichen *Rolling Hills*. Doch Vorsicht: Klapperschlangengefahr!

Parkgebühr: $10/Auto; www.parks.ca.gov/?page_id=627.

Movie Locations

Die menschenleere Gegend östlich von Lancaster/Palmdale ist beliebt bei Hollywoodregisseuren, Videoproduzenten und Modefotografen. Daher wurde die *Sanctuary Adventist Church* (Ecke 198th Street/East Ave G) mittlerweile wegen des gleichnamigen dreiteiligen Kultstreifen von *Quentin Tarantino* bekannt als **Kill Bill Church**. Die Strukturen beim sog. **Club Ed** an der 150th Street East, ca. 3/4 mi südlich der East Avenue K, stammen aus dem Film »*Eye of the Storm*« mit *Dennis Hopper*. Zahlreiche weitere prominente Gäste wurden dort schon gesehen, darunter *Mick Jagger*, *Claudia Schiffer* und *Annie Leibovitz*. Der *Club Ed* taucht auch auf in »**Nix zu verlieren**« mit *Tim Robbins*. Einen ähnlich morbiden Charme weist das vielgebuchte **Four Aces** auf, das u.a. in Videos von *Lady Gaga* und *Lenny Kravitz* zu sehen ist (Ecke 145th Street East/Avenue Q); www.4-aces.com.

Die namensgebenden roten Felsen des Red Canyon State Park

Hinter Mojave wird aus dem *Freeway* #14 der weiter vierspurig ausgebaute *Aerospace Highway*, der 45 mi weiter nördlich auf die #395 stößt. Diese gern als **East Sierra Scenic Byway** bezeichnete Straße verläuft – der Name sagt es – östlich der Sierra Nevada und ist weiter oben eine wichtige Tourismusroute zwischen dem *Yosemite Park*, *Death Valley* und Las Vegas, ➤ Seite 287ff.

Red Rock Canyon SP

Rund 25 mi nördlich von Mojave liegt am Wege der **Red Rock Canyon State Park** beidseitig der Straße mit beachtlichen roten Fels- und grauen Sandsteinformationen. Zunächst passiert man dort den geologischen Aufschluss des Fotos oben (Picknickplatz). Etwas weiter wartet westlich der Straße das **Visitor Center** auf Besucher. Dahinter liegt der einfache **Campground Ricardo** in reizvoller Lage mit vielen Stellplätzen samt Feuerstellen vor und zwischen kuriosen Sandsteingebilden. *First-come, first-served*, keine Duschen, keine *hook-ups*; $25; www.parks.ca.gov/?page_id=631.

Von der #14 nach Westen auf der #178/ Kern River Canyon

Noch vor Erreichen der #395 zweigt die **Straße #178** nach Westen ab in Richtung Lake Isabella/Bakersfield. Man kann auf ihr sehr schön die bis hierher beschriebene Route zum *Antelope Valley* und *Red Rock Canyon* mit den Routen des folgenden Kapitels verbinden. Umso mehr, als sie streckenweise attraktiv verläuft, zunächst überraschend durch fast waldartige Bestände an **Joshua Trees** und zwischen dem heute weitgehend trocken gefallenen Lake Isabella und Bakersfield fast 20 mi durch den pittoresken **Kern River Canyon**. Wer sich für diese Route entschließt, findet alle Infos zu Bakersfield und weiterführenden Straßen ab Seite 430.

Den Lake Isabella, bzw. das, was davon übrig blieb, umgeht man südlich (#178) oder auch nördlich auf dem **Sierra Way** (Straße MT 99) und könnte ggf. ab Kernville – unter Auslassung von Bakersfield – in Richtung *Sequoia National Park* auch die *Kern River Route* wählen, mehr dazu im Kasten auf Seite 432.

Weiter zum Death Valley

Bis Lone Pine ist danach der Verlauf der Straße #395 überwiegend eintönig. In **Olanche** zweigt die **Straße #190** zum und durch den *Death Valley NP* ab. Sie führt in der Annäherung an den Nationalpark durch eine immer rauer werdende einsame Landschaft.

Diaz Lake

Wer auf der #395 bleibt, passiert östlich der Straße den in allen Karten groß eingezeichneten **Owens Lake**. Wasser findet man darin aber nur im Frühjahr. Etwa 3 mi vor (südlich) Lone Pine liegt der quellgespeiste, immer wasserführende *Diaz Lake*. Hinter dem See wartet ein großer einfacher *Campground* (keine Duschen oder *hook-ups*, $14). Mehr Komfort bietet **Boulder Creek RV Resort** direkt an der #395, ➢ Info für beide auf Seite 294.

Mit Erreichen von Lone Pine folgt man der **Routenbeschreibung San Francisco-Yosemite Park-DeathValley**, ➢ Seite 293.

Straße #178 East mit Abstecher zu den Trona Pinnacles

Die nebenstehend in Westrichtung beschriebene Straße #178 führt in östliche Richtung am China-Lake-Lenkwaffenversuchsgelände der *US-Navy* vorbei nach Ridgecrest. Dahinter wird sie zur *Trona* und später zur *Panamint Valley Road* in Richtung **Panamint Springs**, die einsamste aller asphaltierten Anfahrten in den *Death Valley National Park*. Die paar Nester am Wege wie auch der Ort Trona sind arg heruntergekommen. Die Schotterstraße von der *Panamint Valley Road* in den *Wildrose Canyon*, von wo es weitergeht nach Stovepipe Wells an der Straße #190, ist seit 2013 gesperrt.

Etwa 20 mi östlich von **Ridgecrest** stehen die **Trona Pinnacles**, eigenartige **Tuffsteingebilde** wie am Mono Lake, jedoch in der Wüste. Die Region war Drehort u.a. von Szenen der Serie »Star Trek« und ebenso von »Planet der Affen«. Man erreicht sie ab der #178 (ausgeschildert) auf einer auch mit Pkw befahrbaren *Dirt Road* (5 mi). Den Zustand der Zufahrt sollte man vor Antritt der Fahrt aber besser beim BLM in Ridgecrest (300 South Richmond Rd) erfragen; ✆ (760) 384-5400; www.blm.gov/ca/ridgecrest/trona.html.

Man darf bei den *Pinnacles* »wild« im Gelände **campen**. Ansichten und weitere Details unter www.synnatschke.de/trona/trona-pinnacles.html. Einen größeren Umweg lohnen die *Trona Pinnacles* bei begrenzter Reisezeit nicht.

Achtung: mit Mietwagen gehört diese wie auch andere Wüstenpisten zu den nicht erlaubten Straßen. Wer es dennoch riskiert und ausgerechnet dort eine Panne oder einen Unfall hat, muss alle daraus resultierenden Kosten selbst tragen.

2

Trona Pinnacles

_____ **Westroute über Bakersfield bis zum Sequoia Park**

Interstate #5/
Freeway #99

Die schnellste Route ab Los Angeles zu den Sierra Nevada Parks entspricht zunächst dem Verlauf der *Interstate #5*. Sie durchquert die **Berge der Sierra Madre** mit dem *Angeles National Forest* und passiert dabei u. a. das schön gelegene **Castaic Reservoir** (Baden und Windsurfen, **Camping** im gleichnamigen *State Park*; www. parks.ca.gov/?page_id=628).

Jenseits des *Tejon*-Passes geht es relativ rasch rund 1000 m (!) hinunter in das **San Joaquin Valley** und bei Mettler weiter auf den **Freeway #99**. Ein raffiniertes – heute notleidendes – Bewässerungssystem hat aus der Wüste zwischen Küstengebirge und Sierra Nevada zwar den größten Obst- und Gemüsegarten der USA gemacht, die Fahrt durch diese Ebenen ist aber ziemlich eintönig.

*Westlich von
Bakersfield
verzieren
unzählige
Ölpumpen
die
Landschaft;
mehr dazu
➢ Seite 355*

Bakersfield/
Kenn-
zeichnung

Mit Bakersfield erreicht man das kommerzielle Zentrum des südlichen *San Joaquin Valley* und zugleich **Ölkapitale** Kaliforniens. Der grüne **Zentralbereich** mit ein paar Glaspalästen und modernen Gebäuden entlang der Truxtun Ave und ein paar Blocks nach Norden westlich und östlich der Chester Ave wirkt recht freundlich. Ansonsten überwiegt im Stadtbild unattraktiver baulicher Wildwuchs. Außer zur Versorgung oder ggf. zum Übernachten muss man die *Freeways* für Bakersfield nicht unbedingt verlassen.

Regional-
museum

Durchaus sehenswert ist indessen das **Kern County Museum** an der 3801 Chester Ave. Es besteht vor allem aus dem **Pioneer Village** mit rund 50 hierher verbrachten Originalstrukturen aus der Zeit vor/um 1900 und dem interessanten **Öl-Museum**. Mo-Sa 10-17 Uhr, So ab 12 Uhr; Eintritt mit $10 hoch; www.kcmuseum.org.

Fox Theatre

Einmal in der Stadt könnte man noch am alten **Fox Theatre** von 1930 vorbeifahren (Kreuzung H Street/20th Street). Der nostalgische Bau erinnert entfernt an *Art Deco* und ist Bakersfields architektonische Sehenswürdigkeit. Ursprünglich konzipiert als Filmtheater dient er heute als Konzertsaal und nur noch bisweilen als Kino; aktuelles Programm unter www.foxtheateronline.com.

Country & Western

Für Übernachter in Bakersfield ist der **Buck Owens Crystal Palace** am gleichnamigen Blvd (östlich parallel zur #99 oberhalb der #178/ Rosedale Hwy) eine gute Abendadresse. An einen »Kristallpalast« erinnert das unverfehlbare Gebäudeensemble aus Museum, Shop, Restaurant, Tanzhalle und *Saloon* zwar mitnichten, doch die Chancen stehen gut, dort zum Dinner oder Drink auch noch **Live Music** geboten zu bekommen. **Buck Owens** war zu Lebzeiten der lokale *Country Western Star* und einer der wenigen Söhne der Stadt, die über die Region hinaus bekannt wurden. Restaurant geöffnet Di-Do 17-22 Uhr, Fr+Sa bis 24 Uhr, So Brunch bis 14 Uhr. ✆ (661) 328-7560, www.buckowens.com.

Information

Wer Karten und mehr Infos zu Bakersfield und Umgebung benötigt, findet ein großes **Visitor Center** beim *Amtrak*-Bahnhof in der 515 Truxtun Street; www.visitbakersfield.com.

Unterkunft

In Bakersfield findet man vor allem **Motel-Mittelklasse** zu relativ moderaten Tarifen rund um die **Ausfahrt 26** (von der #99), wo die Straßen #58 und #178 zusammentreffen (Nähe *Crystal Palace*).

Weitere Unterkünfte konzentrieren sich im **Bereich Downtown**. Die Uniformität der Ketten umgeht, wer im altamerikanischen Oberklasse-**Hotel El Padre** absteigt (1702 18th Street; Zimmer ab ca. $150); ✆ (661) 427-4900; www.thepadrehotel.com.

Camping

Mit dem **Kern River Campground** hat Bakersfield neben diversen privat geführten RV-Resorts einen schönen **Campplatz** in der Parkanlage am **Lake Ming** ca. 10 mi östlich der Stadt (Straße #178, dann Alfred Harrell Hwy; ab *Freeway* #58 Ausfahrt 121/Comanche Drive). *First-come, first-served*, $24. Sanitär 2015 grenzwertig.

Über Visalia zum Sequoia Nat'l Park

Von Bakersfield nach Visalia, einem weiteren wenig attraktiven Zentralort zur Versorgung der Agrarwirtschaft in der Ebene, sind es auf der #99 nur rund 70 mi. Ein Abweichen auf die parallele #65 lohnt sich nicht und kostet lediglich Zeit. Ab Visalia geht es auf der Straße #198 zur Südeinfahrt des *Sequoia National Park*.

Südeinfahrt:
Achtung: Restriktion für RVs

Für welche Anfahrt man sich auch entscheidet, am Ende erreicht man die Straße #198, die hinter Three Rivers steil bergauf zu den **S**equoia **&** **Kings Canyon National Parks** führt. **Diese Einfahrt darf nur von Fahrzeugen bis 22 Fuß Länge genutzt werden** und zwar wegen der Breite längerer Fahrzeuge von ca. 2,60 m.

Alternative

RVs über 22 Fuß fahren ab Visalia auf der #63 bis zur Straße #180, die zur Westeinfahrt führt. Die auf der Karte kürzer erscheinende Route über die Straße #245 ist teilweise sehr schmal und kurvenreich. Mit einem Wohnmobil sollte man sich diese Strecke daher nicht antun, auch wenn das möglich und nicht verboten ist.

Straße #198

Auf der Straße #198 lässt man mit Erreichen des (im Sommer meist schon fast leeren) **Kaweah Reservoir** die Ebene des *San Joaquin Valley* endgültig hinter sich. Das Landschaftsbild ändert sich völlig; im Sommer bestimmt Trockenheit die Szenerie. Die Straße folgt danach dem Lauf des immer Wasser führenden **Kaweah River**, der in den Höhen der Sierra Nevada entspringt.

Three Rivers

Eine bei Hitze willkommene **Badestelle** zwischen Felsen ist die *Slick Rock Recreation Area*, ca. 1 mi westlich vom Ortsschild *Three Rivers*. Kurz davor passiert man den **Horse Creek Campground** des BLM (mit Duschen), von dem man weit übers Tal und den (Rest-) See schaut; $20–$25; Reservierungen: www.reserveamerica.com.

Wer vorm Nationalpark noch einmal rasten möchte, findet in **Three Rivers** die letzten Quartiere, u.a. ein gutes **Comfort Inn** (ab $110, ✆ 1-800-331-2140 www.sequoiahotel.com) plus Tankstelle und hinter der Brücke über den Fluss die *Lodge The Gateway* (ab $144, ✆ (559) 561-4133, www.gateway-sequoia.com) mit **Restaurant** und wunderbarer Terrasse. Eine weitere **Badestelle** liegt unterhalb des Parkplatzes an der Einfahrt zum Park (200 m Trampelpfad).

Mineral King

Dort zweigt auch die Stichstraße nach **Mineral King** ab. Die Zufahrt in diesen Teil des *Sequoia Park* ist eng, schlagloch- und serpentinenreich; sie abzufahren lohnt für die meisten nicht.

Exkurs: **Kern River Route** und Giant Sequoia Nat'l Monument

Anfahrt

Reisende mit genügend Zeit und Lust auf weniger ausgetretene Pfade lassen in **Richtung *Sequoia Park*** die *Freeways* links liegen und folgen ab Bakersfield der ganz wunderbar am gleichnamigen Fluss durch die Schlucht geführten **Kern River Canyon Road** (Teilstück der #178). Der Fluss eignet sich in diesem Teilstück wie auch weiter oben – je nach Wasserführung – fürs **River Rafting**; Anbieter solcher Touren ist z.B. *Mountain & River Adventures* in Kernville; www.mtnriver.com.

Lake Isabella

Der Stausee **Lake Isabella** hat dank minimaler Wasserstände in den letzten Jahren allen Reiz verloren. Dennoch: wer in der Gegend einen Platz für die Nacht sucht, findet oberhalb des *Auxiliary Dam* einen großen einfachen **Campground** ($10) mit Aussicht (Zufahrt von der #178) und ein geringfügig komfortableres Areal unterhalb des Hauptdamms ($18), Zufahrt über die Straße #155; www.kernvalley.com/news/lakecamp.htm.

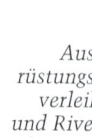

Ausrüstungsverleih und River Rafting bei Mountain & River in Kernville

Letztere Straße zweigt kurz vorm Ort Lake Isabella von der #178 ab und stößt bei Kernville auf den *Sierra Way* (MT 99), der sich ein paar Meilen weiter oben **Kern River Highway** nennt.

Kernville

Kernville ist ein hübscher Ort beidseitig des Flusses mit einer ganzen Reihe von Motels (ordentlich u.a. das **Kernville Inn** am Park; www.kernvilleinn.com), Restaurants und Kneipen samt der **Kern River Brewing Company** mit hervorragendem Bier. Kernville eignet sich bestens als Etappenziel, sofern man nicht die **Campgrounds** des **Nat'l Forest** nördlich des Ortes vorzieht.

Campen und Baden am Kern River

Auf rund 15 mi passiert man am aufsteigenden *Kern River Hwy* (MT 99) gleich sechs am Ufer des idyllischen Flusses angelegte (leider 2015 etwas ungepflegte) Plätze ($16-$20) und zusätzlich *Picnic Sites* an Flussstränden. Außerhalb angelegter Plätze darf man mit RV auch kostenfrei campen. Bei hohen Wasserständen im Frühsommer ist dort *River Rafting* angesagt, im Sommer und Herbst Baden und *Inner Tubing*. Die **Ranger Station** in Kernville (105 Whitney Road) hat aktuelle Infos: www.kernvalley.com/news/kerncamp.htm

Kern River Falls

Giant Sequoia NM

Die MT 99 führt mit vielen Kehren auf rund 2000 m Höhe und an Johnsondale vorbei weiter bis zur MT 50, der *Parker Pass Road*. Weiter geht's nach Norden auf der *County Route* #107 (*Great Western Divide Hwy*) ins Zentrum des **Giant Sequoia Nat'l Monument** (ca. 2 mi ab MT 50, ca. 45 mi ab Kernville, aber bis zu 2 Stunden Fahrt). Auf dem **Trail of 100 Giants** in Nachbarschaft des **Redwood Meadow Campground** sind zahlreiche, wiewohl nicht ganz so mächtige *Sequoias* wie im Nationalpark zu bewundern; http://www.fs.usda.gov/sequoia/, Trailkarte unter www.fs.fed.us/r5/sequoia/gsnm/gsnm-long-meadow-grove.html.

Weiter zum Sequoia NP

Von dort geht es entweder auf dem **Great Western Divide Highway** und der #190 über Camp Nelson und Springville auf endlosen Serpentinen oder via **California Hot Springs** (sehr schöne und weniger anstrengende Route) nach **Porterville** und von dort weiter zur #198 in Richtung **Sequoia National Park**.

2

2.2.2   Sequoia & Kings Canyon National Parks

www.nps.gov/seki, www.visitsequoia.com, www.sequoia.national-park.com

Die **Sequoia** genannten Mammutbäume sind verwandt mit den Küsten-**Redwoods** (➤ Seite 217). Sie wachsen aber nicht ganz so hoch. Ihr Durchmesser erreicht dafür bis zu 12 m am Boden.

Von Süden in den Sequoia Park

Eintritt $20/Auto $10/Person oder Interagency Jahrespass

Hinter der Parkeinfahrt – 500 m weiter befinden sich das **Foothills Visitor Center** für erste Informationen und ggf. Reservierung einer Tour in die *Crystal Cave* – führt die #198 in endlosen Kehren auf über **2.000 m Höhe**. Wasserstellen in regelmäßigen Abständen sind zur Beruhigung kochender Kühler gedacht. Von der Einfahrt bis zur Höhe sind es rund 25 Meilen.

»Kristall-höhle«

Ca. 2 mi bevor man die Höhe erreicht, zweigt die Zufahrt zur Tropfsteinhöhle **Crystal Cave** nach Westen ab (7 mi steile Abfahrt 600 m hinunter). Vom Parkplatz sind es noch 800 m zu Fuß. Zutritt nur mit gebuchter Tour (stündl. für 45 min, Startzeiten saisonabhängig, Tickets im *Lodgepole* oder *Foothill Visitor Center* ➤ oben); $16, Kinder 5-12 $8; ✆ (559) 565-4212; www.explorecrystalcave.com.

Fototipp

Fast oben passiert man mit den **Four Guardsmen** die ersten beachtlichen **Mammutbäume**. Durch diese vier in wenigen Metern Abstand passen gerade die dort separierten Fahrspuren. So schön eng fährt man kein zweites Mal zwischen zwei *Sequoias* hindurch: also Kamera 'raus, zurücksetzen und noch 'mal das Ganze!

Giant Forest Museum

An der Abzweigung der Straße zum *Moro Rock* befindet sich das **Giant Forest Museum** (geöffnet tägl. 9-16.30 Uhr, ✆ (559) 565-4480), das allerhand Wissenswertes über die *Sequoias* vermittelt.

Big Trees Trail

Gegenüber dem Museum beginnt der **Big Trees Trail** (ca. 1 km), ein Rundweg entlang einer grünen Lichtung vorbei an Sequoia-Exemplaren der Extraklasse. Auf keinen Fall diesen kleinen Spaziergang auslassen (maximal 30 min). Dieser Bestand ist ebenso sehenswert wie *Grant Grove* und *Giant Forest*.

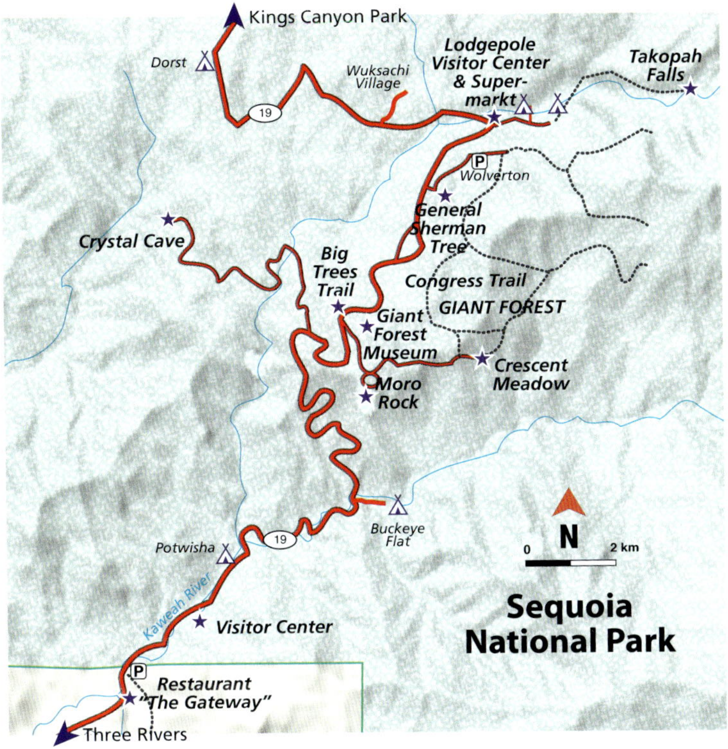

Kings Canyon Park

Dorst

**Lodgepole
Visitor Center
& Super-
markt**

**Takopah
Falls**

19

*Wuksachi
Village*

P
Wolverton

Crystal Cave

**General
Sherman
Tree**

**Big
Trees
Trail**

Congress Trail

GIANT FOREST

**Giant
Forest
Museum**

**Crescent
Meadow**

**Moro
Rock**

*Buckeye
Flat*

N

0   2 km

19

**Sequoia
National
Park**

Potwisha

★ **Visitor Center**

Kaweah River

P
★ **Restaurant
"The Gateway"**

Three Rivers

**Zum
Moro Rock**

Ein weiteres »Muss« im *Sequoia Park* ist der **Abstecher zum
Moro Rock**, am Museum rechts ab (2 mi). Die schmale Straße bildet die südliche Begrenzung des *Giant Forest*, ➤
Seite 436. An ihr liegt u.a. der ***Auto Log***, ein
umgestürzter Stamm, auf dem sich früher
Autos hinaufrangieren ließen.

Der 300 m hohe **Granitmonolith
*Moro Rock*** mit einer 400 m langen Stiege bietet einen spektakulären Blick über die Felslandschaft der Sierra Nevada. Für
den steilen Auf- und Abstieg und ein wenig Verweilzeit oben benötigt man mindestens 30 min.

Tunnel Log

Folgt man der Straße bis zum Ende (*Picnic Area Crescent Meadow*), dürfen kurz hinter dem *Moro Rock* Pkw den **Tunnel Log** durchqueren. Der 3 km lange **Log Meadow Loop** hat den **Tharps Log** zum Ziel, dessen vom Feuer geschaffener Hohlraum einst den ersten Siedlern als Unterkunft diente.

Mit ca. 2,30m Durchfahrtshöhe passen sogar noch kleine Vans unter dieser schon 1937 umgestürzten Sequoia hindurch

General Sherman Tree und Giant Forest

Etwa 2 Meilen nördlich des Museums steht unweit des **Generals Highway**, der grandios geführten Höhenstraße durch den Park, der **General Sherman Tree**. Dieser gewaltigste aller Mammutbäume hat einen Bodendurchmesser von 12 m und eine Höhe von 84 m; sein Alter schätzt man auf ca. 2.500 Jahre. Sein jährliches zusätzliches Wachstum entspricht der Holzmenge eines »normalen« Baumes von 20 m Höhe.

Parken

An einem Platz unterhalb des Standorts können Buspassagiere und Mitfahrer »entladen« werden und Behindertenfahrzeuge parken. Alle anderen müssen noch eine Meile weiter fahren (Abzweig Wolverton Road) zu einem großen Besucherparkplatz (Toilettenservice), von dem ein **asphaltierter Weg** leicht bergab hinunter zum *Sherman Tree* und den dort beginnenden **Giant Forest** führt. Die beste Zeit für ein Foto des Baumes liegt vor 11 Uhr.

Congress Trail und mehr

General Sherman ist der ideale Ausgangspunkt für eine **Wanderung durch den Giant Forest** mit vielen dicht stehenden *Sequoias* unterschiedlichster »Formate«. Für die Rundwanderung auf dem grandiosen **Congress Trail** (weitgehend ein Spaziergang ohne besondere Steigungen, Gesamtlänge 3,2 km) benötigt man je nach Verweildauer an den Baumriesen und Schritttempo 1–2 Stunden. Wer sich mehr zutraut, kann bis zum *Moro Rock* (6 km) laufen und auf anderen Wegen zurückkehren, z.B. über den **Pine Trail** und den **Trail of the Sequoias**, einer Erweiterung des **Congress Loop** (*Sequoia/Circle Meadow Loop Trail* 10 km Gesamtlänge). Eine genaue **Karte des Giant Forest** mit allen *Trails* gibt es im *Museum* und in den *Visitor Centers*.

Lodgepole

Das größte **Besu-
cherzentrum**
beider Parks mit
allen **Serviceein-
richtungen** ist
Lodgepole, etwa
3 mi nördlich des
Sherman Tree.

Nur wenig östlich
des *Visitor Center*
beginnt der
großflächige
gleichnamige
Campground
mit zahlreichen
herrlichen Stell-
plätzen für RVs
und Zelte ($22)
in der bewaldeten
Felslandschaft
beidseitig des
Oberlaufs des
bereits unter der
Ortschaft Three
Rivers erwähnten
Kaweah River,
➢ Seite 432.

Sozusagen »um
die Ecke« befindet
sich mit der **Wuk-
sachi Lodge** die
einzige Unterkunft
im *Sequoia Park*,
➢ Seite 442.

*Am Fuß des General Sherman Tree
mit 12 m Durchmesser am Boden*

Ein schöner, eher einfacher *Trail* führt – ausgehend vom oberen
Lodgepole-Areal – am Fluss entlang zu den *Tokopah Falls* (3 km).

Lost Grove

Auf der Weiterfahrt passiert man auch noch den weniger sensationellen, dennoch einen Stopp werten **Lost Grove**. Der Campingplatz **Dorst** an der Zufahrt zum *Muir Grove* ist nicht so gut
angelegt wie *Lodgepole* oder *Azalea* im Bereich *Grant Grove*.

NF-Camping

Im angrenzenden *Sequoia National Forest* bieten einfache **NF-
Campgrounds** ($16-$20) Ausweichquartiere, wenn *Lodgepole* besetzt sein sollte. Zwei davon (*Tenmile* und *Landslide*) liegen am
abkürzenden Weg zum *Kings Canyon Park* über Hume Lake.

Hume Lake

Der hübsch gelegene See ist erstaunlich warm und daher beliebte
Sommerfrische mit Stränden, Bootsverleih und einer (begrenzten)
touristischen Infrastruktur im kleinen **Dorf Hume Lake**. *Sandy
Cove* ist ein schöner **Badestrand** am Südausläufer.

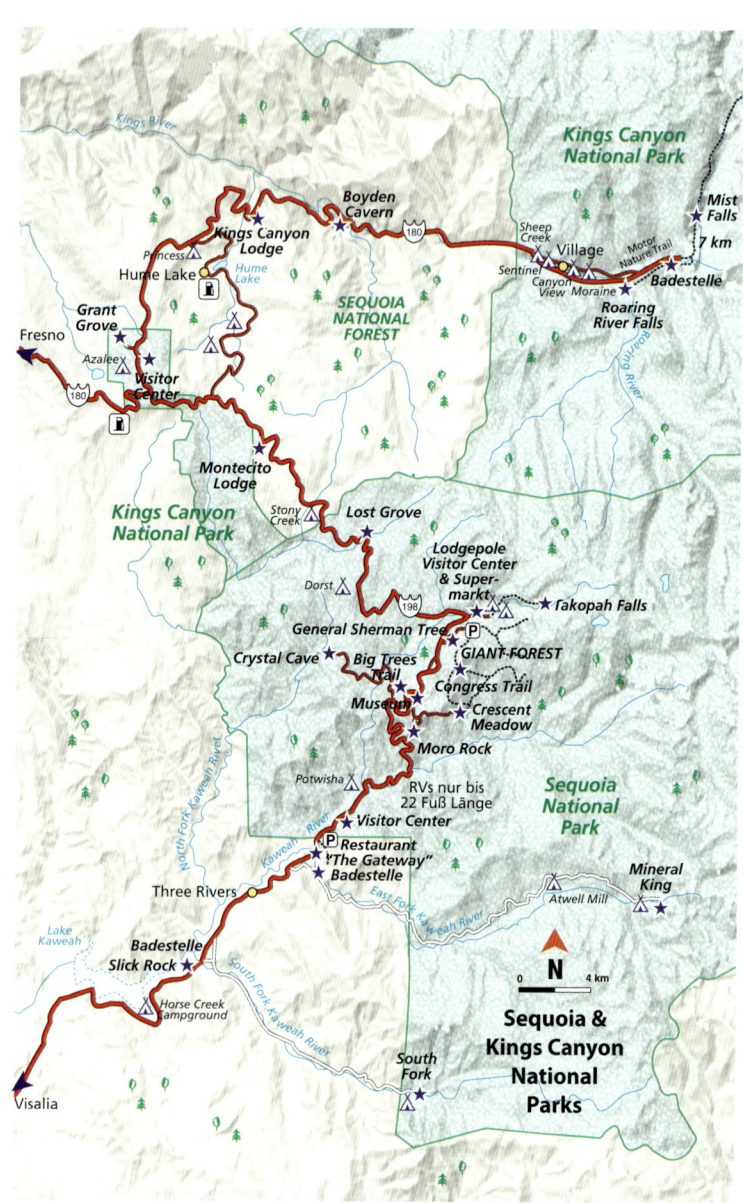

Kings Canyon National Park

Mist Falls
7 km

Kings River

Boyden Cavern

Kings Canyon Lodge

Sheep Creek

Village

Sentinel

Canyon View

Motor Nature Trail

Badestelle

Roaring River Falls

Princess

Hume Lake

Hume Lake

SEQUOIA NATIONAL FOREST

Grant Grove

Fresno

Azalea

Visitor Center

Moraine

Roaring River

Montecito Lodge

Kings Canyon National Park

Stony Creek

Lost Grove

Lodgepole Visitor Center & Supermarkt

Takopah Falls

Dorst

General Sherman Tree

GIANT FOREST

Crystal Cave

Big Trees Trail

Congress Trail

Museum

Crescent Meadow

Moro Rock

Potwisha

RVs nur bis 22 Fuß Länge

Visitor Center

North Fork Kaweah River

Kaweah River

Sequoia National Park

Restaurant "The Gateway"
Badestelle

Three Rivers

East Fork Kaweah River

Mineral King

Atwell Mill

Lake Kaweah

Badestelle
Slick Rock

Horse Creek Campground

South Fork Kaweah River

0   N   4 km

Sequoia & Kings Canyon National Parks

Visalia

South Fork

Kings Canyon Park

In den Kings Canyon NP?

Spätestens in Hume Lake, aber auch ganz generell stellt sich die Frage »Lohnt sich die lange Strecke hinunter in den *Kings Canyon*?« Im Vergleich zum *Sequoia Park* gibt es dort nichts Sensationelles zu sehen, vielmehr »nur« großartige Landschaft vor allem entlang der Abfahrt ins Tal des Kings River. Am Ende der Straße starten **Weitwanderwege**, die tief ins Hinterland der Sierra Nevada eindringen und in der Höhe auf den berühmten ***Pacific Crest Trail*** treffen, der von Mexico bis Canada läuft.

Meinung

Bei knapper Reisezeit und mit dem *Yosemite NP* im Programm sollte man für Zeitgewinn anderswo auf die ermüdende Hin- und Rückfahrt verzichten, speziell mit einem RV. Die gut ausgebaute Straße macht auch für große Campmobile keine Probleme, aber die Kurbelei ist anstrengend. Davon hat man noch genug beim Durchfahren/Verlassen des *Sequoia*, gleich in welche Richtung.

Kings Canyon Highway

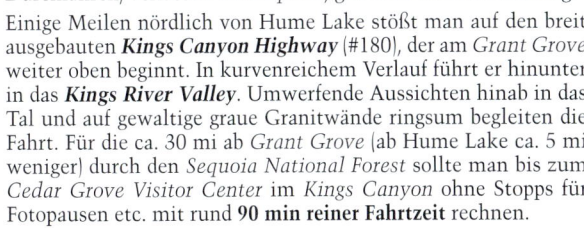

Einige Meilen nördlich von Hume Lake stößt man auf den breit ausgebauten **Kings Canyon Highway** (#180), der am *Grant Grove* weiter oben beginnt. In kurvenreichem Verlauf führt er hinunter in das **Kings River Valley**. Umwerfende Aussichten hinab in das Tal und auf gewaltige graue Granitwände ringsum begleiten die Fahrt. Für die ca. 30 mi ab *Grant Grove* (ab Hume Lake ca. 5 mi weniger) durch den *Sequoia National Forest* sollte man bis zum *Cedar Grove Visitor Center* im *Kings Canyon* ohne Stopps für Fotopausen etc. mit rund **90 min reiner Fahrtzeit** rechnen.

Boyden Caverns

Kurz nach der Einfahrt in den *Canyon* passiert man den Parkplatz für die **Boyden Caverns**, ein Höhlensystem mit Zugang hoch über dem Fluss. Relativ teure Touren von Mai bis September; ✆ 1-888-965-8243; www.caverntours.com/BoydenRt.htm.

Braunfelliger Schwarzbär im Kings Canyon Park, fotografiert am populären Zumwait Meadow Trail (ca. 2,5 km Rundkurs); Einstieg etwa 4,5 mi östlich von Cedar Grove

Infrastruktur Kings Canyon

Der *Canyon* erweitert sich nach Überquerung einer Brücke über den Fluss zu einem breiten Tal ähnlich dem *Yosemite Valley*. In kurzer Folge passiert man **vier ausgedehnte Campingplätze** (einfach) zwischen Straße und Kings River ($18). Im Sommer sind sie bisweilen am frühen Nachmittag voll; keine Reservierung.

Unterkunft nur in der ***Cedar Grove Lodge*** (ab $140 im Sommer, ✆ 1-877-436-9615, www.visitsequoia.com/Cedar-Grove-Lodge.aspx) oder außerhalb des Parks, ➤ Seite 442.

Tanken

Innerhalb der Nationalparkgrenzen gibt's **keine Tankstellen**. Die letzten auf der Fahrt in den *Sequoia* oder *Kings Canyon Park* befinden sich in Three Rivers oder an der #180 im Ort Hume Lake bzw. bei der *Kings Canyon* und *Stony Creek Lodge*.

Trails

Die Stichstraße endet etwa 6 mi hinter dem Campingbereich. Am Parkplatz ***Roads End*** beginnen mehrere *Trails.*

Nur gut 100 m in südliche Richtung sind es zur **Badestelle *John Muir Rock*** am (**eiskalten**) Kings River.

Eine Brücke führt dort über den Fluss zum ***River Trail***. Nach Westen (also zurück) geht's auf ihm zu den pittoresken ***Roaring River Falls*** (3 km, aber die erreicht man ebenso auf kurzem Weg von der Straße aus, für Kurzbesucher das Minimum an Aktivitäten im Canyon).

Nach Osten geht es auf schönem Pfad zur nächsten Brücke (3 km). Von dort kehrt man auf einem guten Weg auf der anderen Flussseite (*Paradise Valley Trail*) zum Parkplatz zurück (in 90 min locker zu machen). Wer noch Reserven hat, setzt die Wanderung zu den ***Mist Falls*** fort (bester längerer Tagestrip über ca. 15 km retour ab dem Parkplatz *Road's End*).

Für die Rückfahrt bis Cedar Grove kann man die rechtsseitig des Kings River verlaufende raue Einbahnstraße ***River Road*** wählen.

Idylle am Kings River

Grant Grove

Zwischen den Hauptarealen des *Sequoia* und *Kings Canyon Park* befindet sich im äußersten Westen der zu letzterem gehörende *Grant Grove* mit dem – im Sinne des Wortes – herausragenden **General Grant Tree**. Er ist ein wenig mächtiger, dafür aber rund 2 m kürzer als der *Sherman Tree* und gilt nach diesem und der *General Lee Sequoia* (beide im *Giant Forest*, ➢ oben) als **Nummer 3** unter den größten Mammutbäumen.

Der **Grant Grove** liegt an der Straße #180 nördlich des **Kings Canyon Visitor Center** (bei Anfahrt von Fresno auf der #180 ist dies der erste wichtige Anlaufpunkt im Doppelpark). Vom Parkplatz führt ein ansteigender Rundweg (500 m) vorbei an weiteren alten *Sequoias* zum *General Grant Tree*. Immerhin lässt der sich in ganzer Höhe besser aufs Bild bannen als der verdeckter stehende *General Sherman*, man muss aber fürs richtig gute Foto möglichst vor 12 Uhr zur Stelle sein.

General Grant Tree, die drittgrößte Sequoia

Unterkunft und Camping im Sequoia/Kings Canyon Park

Camping

Am **Grant Grove** gibt es **drei** *Campgrounds* (*Azalea, Sunset, Crystal Springs*; *Azalea* ist der beste; alle $18). Andere empfehlenswerte Campingplätze wurden bereits vorstehend genannt.

Beim **Visitor Center Grant Grove** steht die

M/Hotels

• **John Muir Lodge** (Sommer ca. $220; zusätzlich zu den Zimmern auch **Tent** und **Rustic Cabins** ($67 bzw. $94); ✆ 1-877-436-9615; www.visitsequoia.com/John-Muir-Lodge.aspx.

Neben der

• **Wuksachi Lodge** bei Lodgepole (im Sommer ab $240, sonst ab $130; ✆ 1-866-807-3598, www.visitsequoia.com/lodging.aspx)

ist einzige Hotelunterkunft am *Generals Highway* die

• **Montecito-Sequoia Lodge**, 10 mi südöstlich des *Grant Grove*; in der Hauptsaison ab $180 mit Vollpension, sonst weniger; ✆ 1-877-828-1440; www.mslodge.com. Eher was für Familien mit Kindern, die 4- oder 6-Tage-*Packages* buchen.

Außerhalb der Parkgrenzen gibt es noch die

• **Stony Creek Lodge** (ab ca $190, Reservierung auch unter ✆ 1-877-828-1440 und www.sequoia-kingscanyon.com) in toller Lage an der Straße zwischen *Sequoia* und *Kings Canyon Park*

sowie die kleine und preislich bislang moderate

• **Cyndi's Snowline Lodge** in Dunlap an der #180 ca. 8 mi entfernt von der Westeinfahrt in den westlichen Teilbereich des *Kings Canyon*; ✆ (559) 336-2300; http://snowlinelodge.blogspot.de.

2.2.3   Weiter zum Yosemite National Park

Hauptroute über Fresno

Der schnellste Weg vom *Sequoia* zum *Yosemite Park* führt über **Fresno**, einem agrarwirtschaftlichen Zentrum ohne touristische Attraktion und selbsternannte **Turkey Capital of the US**, und die (zunächst) Autobahn #41. Dabei sind ein paar Kilometer mehr zu bewältigen (ab *Grant Grove* bis zur *Yosemite*-Einfahrt Fish Camp ca. 110 mi) als auf den verbundenen kleinen Landstraßen durch die Vorgebirge der Sierra Nevada. Aber diese Abkürzung kostet Zeit.

Backroads

Die Mühe einer Fahrt auf den kurvenreichen **Backroads** über Tollhouse nach Oakhurst/Bass Lake wird aber nicht bereuen, wem es auf die zusätzliche gute Stunde Fahrt nicht ankommt – aber **nur mit regionaler Straßenkarte oder Navi!**

Campgrounds gibt es am **Pine Flat Lake** (oft fast leerer Stausee) und westlich des **Bass Lake** (*Forest Service*). Zwischen Auberry und North Fork liegt das immer volle (!) **Kerkhoff Reservoir**, dessen kühles, klares Wasser bei Hitze zum Baden einlädt.

Millerton Lake

Wer die Route über Fresno wählt, passiert nördlich die **Millerton Lake Recreation Area** mit einem **Campingplatz in toller Lage zwischen Felsen und Bäumen** über dem Stausee; Anfahrt über die (hier) Autobahn #41, Ausfahrt Millerton, dann geradeaus, vorm

Friant Dam nach links, dann Wegweisung *Campground* rechts; $30/$40; www.parks.ca.gov/?page_id=587.

Oakhurst

Letzter gut sortierter **Versorgungsort** (Supermarktcenter *Vons*) vorm *Yosemite Park* mit einem noch »normalen« wiewohl bereits angehobenen Preisniveau (im Park gelten bei begrenztem Angebot extreme Preise!) ist **Oakhurst**. Der Ort ist noch vor Mariposa an der Straße #49 (➤ Seite 268f) die wichtigste Touristenetappe außerhalb des Parks. Zahlreiche **Motels**, *Fast Food Places* und *Restaurants* warten in Oakhurst und im Dorf *Coarsegold* etwas südlicher auf Gäste. Vor allem Häuser der unteren bis höheren Mittelklasse sind stark vertreten und von Mai bis Anfang Oktober ganz schön teuer.

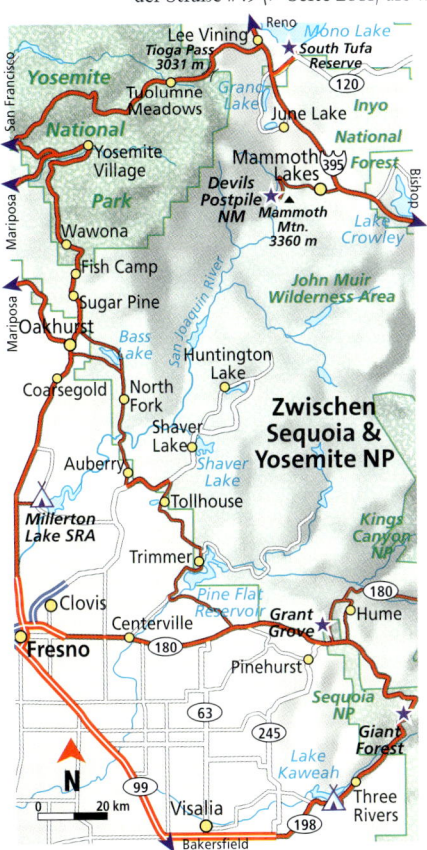

Empfehlenswert in der gehobenen Klasse ist das *Best Western Plus Yosemite Gateway* an der #41 Richtung Nationalpark. Etwas schlichter, aber nicht immer billiger ist das *Days Inn* ganz in der Nähe, preiswerter nur die untere Mittelklasse, z.B. das *Americas Best Value Inn* südlich des zentralen Bereichs.

Es gibt zudem ein paar *B&Bs*, u.a. im nahen Ahwannee (Straße #49) das kitschig nostalgische *Apple Blossom Inn*, ☎ 1-888-687-4281; www.appleblossombb.com. In den beachtlichen Tarifen von $155-$250 ist der »*Yosemite*-Zuschlag« enthalten.

Wer hier innerörtlich campen möchte, findet mit dem *High Sierra RV Park* einen grünen Platz am Fluss (Zelte $23-$30; *hook-ups* ab $41); ☎ (559) 683-7662, www. highsierrarv.com.

Railroad

Etwa 2 mi südlich von Fish Camp passiert man die nostalgische *Yosemite Mountain-Sugar Pine Railroad*, die auf einem kleinen Rundkurs von Mai bis Oktober durch die Landschaft dampft; etwas für Familien mit Kindern, aber den Spaß gönnen sich auch genug Erwachsene ohne kindlichen Anhang. Ab $18 pro Ticket ist man dabei; im Sommer auch *Moonlight Specials*; www.ymsprr.com.

Fish Camp

Das Dorf unmittelbar vorm Südeingang des Nationalparks besteht nur aus Tankstelle mit Minishop und einer Handvoll *Lodges und B&B-Places*; akzeptabel ist dort die – einzig noch tariflich halbwegs moderate – **White Chief Mountain Lodge**, ℰ (559) 683-5444, www.whitechiefmountainlodge.com, ab ca. $150.

Wer nicht auf den Dollar schaut, findet mit der **Tenaya Lodge** – im Sommer ab ca. $280, sonst ab $150, ℰ 1-888-514-2167, www.tenayalodge.com – gut 2 mi südlich des *Yosemite* eine Unterkunft für höhere Ansprüche; sie kann auch über Veranstalter gebucht werden. Ganz gemütlich, aber kaum billiger als die Hotelzimmer sind die **Tenaya Lodge Cottage Rooms** in Nebengebäuden etwas abseits des Hauptkomplexes.

Preislich nur wenig niedriger (im Sommer über $250, in der Nebensaison ab $170) liegt das kleine **B&B Big Creek Inn** an der #41 gleich nördlich von Fish Camp. Zumindest ist dort ein Buffet-Frühstück inbegriffen; ℰ (559) 641-2828; www.yosemiteinn.com.

Das Dorf Fishcamp besteht aus diesem »tollen« und teuren Laden, einer Tankstelle und dem Postamt plus einer Handvoll Häuser, die sich überwiegend im Wald verstecken

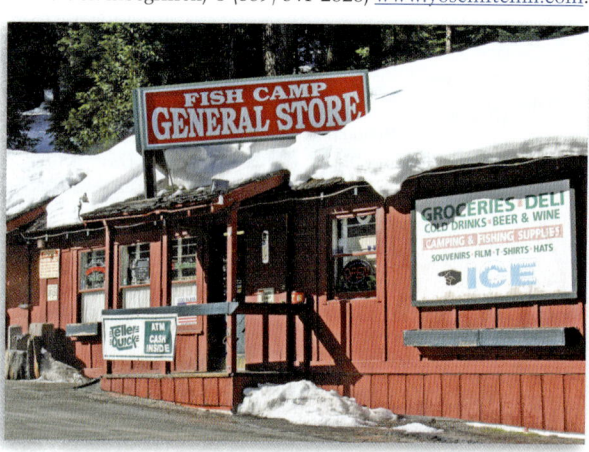

Der **NF-Campground Summerdale**, eine gute Meile vor den Toren des Parks bietet schönere Stellplätze als **Wawona**, der nächste, generell überbeanspruchte Platz innerhalb des *Yosemite Park*.

Mariposa Grove

Von der Südeinfahrt zum beeindruckenden **Mariposa Sequoia Hain** sind es nur wenige Meilen. Wegen des ausschließlich per *Shuttle Bus* möglichen Zugangs dauert der Abstecher mit Parken, Wartezeiten etc. alles in allem nicht unter 3 Stunden, ➢ Restriktionen bis 2017 auf Seite 277. **Wer bereits im *Sequoia/Kings Canyon Park* war, muss den *Mariposa Grove* nicht gesehen haben**.

Für die rund 40 mi in das Zentrum des *Yosemite*-Tals (*Curry* oder *Yosemite Village*) benötigt man oft 90 min und mehr.

Alles weitere zum *Yosemite Park* und weiterführende Routen von dort nach Norden, Westen und Osten ➢ ab Seiten 272 & 247.

2.3   Von Los Angeles nach Las Vegas

2.3.1   Die direkte Route auf der Autobahn I-15

Zur Route

Von Los Angeles nach Las Vegas sind es je nach Startpunkt **270-320 mi**. Man verlässt Los Angeles in Richtung Riverside/San Bernardino entweder auf dem *Freeway* **#91** oder der **I-10**. Beide stoßen auf die stark befahrene **I-#15** San Diego-Las Vegas-Salt Lake City. Nach Überquerung der San Gabriel Mountains bei San Bernardino führt diese Autobahn durch die südkalifornische Wüste, einen Landstrich, der mit seinen Felsformationen, Sanddünen und verkrusteten Salzseen eine überraschend abwechslungsreiche Fahrt bietet.

Wegen der oft hohen **Verkehrsdichte** auf den ersten 130-150 mi **bis Barstow** und der vielen Steigungen sollte man für die Strecke bis Las Vegas nicht unter **6 Stunden Fahrzeit** kalkulieren, auch wenn das *speed limit* großenteils bei 70 mph liegt.

Riverside

Am Wege – an der #91 nordöstlich der Kreuzung mit der I-15 etwa 10 mi südlich von San Bernadino – liegt **Riverside**, eine Schlafstadt für LA-Pendler, aber zugleich ein historischer Ort. Noch vor 100 Jahren war Riverside als Zentrum des Orangenanbaus größte und reichste Stadt Südkaliforniens. Der **California Citrus State Historical Park** (www.parks.ca.gov/?page_id=649) einige Meilen südlich der #91 am Van Buren Blvd/Dufferin Ave würdigt den Segen der Zitrusfrüchte für die Gegend (täglich 8-17 Uhr; $5/Fahrzeug; kostenlose geführte Probiertouren). Zeugen des auf ihnen basierenden Wohlstands sind im Zentrum zu besichtigen (Mission Inn Ave):

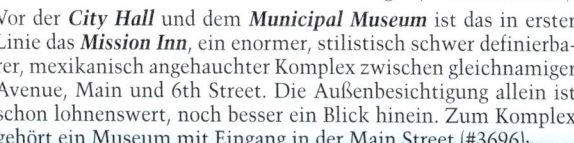

Vor der **City Hall** und dem **Municipal Museum** ist das in erster Linie das **Mission Inn**, ein enormer, stilistisch schwer definierbarer, mexikanisch angehauchter Komplex zwischen gleichnamiger Avenue, Main und 6th Street. Die Außenbesichtigung allein ist schon lohnenswert, noch besser ein Blick hinein. Zum Komplex gehört ein Museum mit Eingang in der Main Street (#3696); täglich 9.30-16.30 Uhr, $2, Kinder bis 11 kostenlos. $13 mit Führung nach Anmeldung; ✆ (951) 788-9556, www.missioninnmuseum.org/visit/museum/.

Hotel Mission Inn in Riverside

2

Las Vegas
Victorville
15
Lucerne Valley
18
18
247
Silverwood Lake SP
Lake Arrowhead
Big Bear Lake
Big Bear City
San Bernardino National Forest
138
18
San Bernardino National Forest
Joshua Tree
215
18
38
Yucca Valley
San Bernardino
62
Joshua Tree National Park
10
10
10
Mission Inn
Desert Hill Outlet
111
Palm Springs
15
Riverside
Banning
243
10
2600 m
California Citrus SHP
215
Mt. San Jacinto SP
3300 m
Cathedral City
Los Angeles
74
Idyllwild
Rancho Mirage
Cleveland National Forest
Lake Hemet
San Bernardino National Forest
Palm Desert
5
74
74
Indio
1
Laguna Beach
15
371
Cahuilla Casino
Capistrano
Temecula
79
Anza
Doheny State Beach
San Clemente
Aguanga
Borrego
San Clemente State Beach
San Onofre State Beach
15
Palomar Mountain SP
79
Cleveland National Forest
Borrego Springs
76
S6
Desert
State Park
Oceanside
78
Escondido
79
Santa Ysabel
Carlsbad
Legoland USA
Flower Fields
Safari Park
78
Julian
78
Encinitas
San Elijo State Beach
5
S6
79
Torrey Pines State Beach
Black's Beach
56
67
Cuyamaca Rancho SP
Cleveland National Forest
15
Santee
Lake Jennings
La Jolla
Pacific Beach
Mission Beach
52
125
8
Viejas Outlet Center
8
N
5
El Cajon
Brawley
0   10 km
805
Sweetwater
Südkalifornien West
San Diego
Corondolo
Otay Lakes
125
USA
Yuma/Arizona
Chula Vista
Imperial Beach
San Ysidro
Mexiko
Tijuana
Phoenix/Arizona,

Nostalgische Eleganz im Mission Inn

Wer sich zu Beginn oder am Ende der Reise etwas ganz Besonderes gönnen möchte, findet im **Hotel Mission Inn** – in dem gerne Berühmtheiten abstiegen und *Ronald Reagan* lange vor seiner Präsidentschaft noch als Wildwest-Filmheld den *Honeymoon* verbrachte – eine originelle, wiewohl nicht ganz billige Unterkunft so ab ca. $210 pro Nacht; Reservierung unter ✆ 1-800-843-7755 oder www.missioninn.com.

Unterkunft

Mittelklasse-Motels sind in Riverside sehr günstig. **Days Inn** und **Best Western** kosten ca. $60 (beide an der Magnolia Ave parallel zur #91) unweit des *Citrus State Park* und der **Galleria at Tyler Shopping Mall**; www.galleriatyler.com.

San Bernardino und Mountains (Nat'l Forest)

Ein bekannterer Name ist **San Bernadino** wegen eines alten Ohrwurms von 1970. Aber die 200.000-Einwohner-City an der I-215 nördlich von Riverside hat im sehr weitläufigen Stadtgebiet für Touristen so gut wie nichts zu bieten, was einen Zwischenstopp und erst recht einen Umweg lohnt.

Unmittelbar östlich der Stadt erstreckt sich aber die attraktive Gebirgs- und Waldlandschaft des Nordteils des **San Bernardino National Forest** (Südareal ➤ Seite 451). Wer hier Zeit genug hat, könnte eine große Schleife auf der Straße #38 nach Big Bear City am Big Bear Lake vorbei und zurück auf der Straße #18 zum Lake Arrowhead fahren; ggf. auch weiter über den Silverwood Lake nach Norden und bei Cajon Junction wieder auf die I-15.

Wegen der kurvenreichen Strecke und im Sommer und an Wochenenden viel Verkehr kostet das aber leicht einen Tag extra für die mindestens 100 Zusatzmeilen samt ein paar Stopps am Wege.

Speziell an der Straße #38 entlang der **San Gorgionio Wilderness Area** passiert man schön gelegene (einfache) Campingplätze des **Forest Service**. Weiter oben am **Big Bear Lake** geht die Ursprünglichkeit verloren und macht einer lokaltouristischen Infrastruktur mit zahllosen Wochenendhäusern Platz. Das gilt auch für den Bereich um den **Lake Arrowhead**.

Lake Silverwood State SRA

Ganz anders der **Lake Silverwood**. Die Ufer dieses Stausees sind weitgehend unberührt und gehören zur gleichnamigen **State Recreation Area** (www.parks.ca.gov/?page_id=650). Der See ist besonders beliebt bei Wassersportlern und Anglern. Zudem verfügt er über Badestrand und einen schön gelegenen *Campground*.

Da der Park nur ca. 12 mi östlich der I-15 an der Straße #138 liegt, eignet er sich ggf. gut für eine erste Übernachtung nach Verlassen des Großraums Los Angeles auf dem Weg nach Las Vegas. Ebenso bei entgegengesetzter Richtung für eine letzte Nacht vor Erreichen von LA; www.reserveamerica.com. Von Süden bzw. San Bernardino aus kann man dorthin (zunächst) auch auf der breit ausgebauten Gebirgsstrecke #18 gelangen, den **Rim of the World Highway**, der nur wenig östlich von San Bernardino vom *Foothill Freeway* #210 abzweigt (*Exit 76*). Ab Crestwood geht's dann auf der #138 weiter (ca. 35 mi ab San Bernardino bis *Silverwood SRA*).

Mojave Desert

Die I-15 beginnt nach Passieren der San Gabriel Mountains nördlich von Los Angeles hinter *Cajon Junction* ihren Abstieg in die kalifornische Halbwüste. Das dichtbesiedelte Victor Valley mit Zentrum Victorville bietet dem Autotouristen auf der *Interstate* keinerlei Reiz. Das wird zwar nördlich von Victorville langsam anders, aber der erwähnte Abwechslungsreichtum der Strecke durch die **Mojave Desert** kommt erst östlich von Barstow zum Tragen.

Barstow

Barstow ist ein zentraler Verkehrsknotenpunkt zwischen Los Angeles und Las Vegas. Dort separiert sich die bis an die Atlantikküste laufende I-40 von der I-15, und gleichzeitig führt ab dort die wichtige Querverbindung #58 (weitgehend Autobahn) hinüber nach Bakersfield ins Zentrum der kalifornischen Obst-, Gemüse- und Weinkulturen im San Joaquin Valley. Südlich der Abzweigung der #58 von der I-15 passiert man die älteren **Barstow Outlets** und das größere **Tanger Outlet Center** mit ca. 40 *Factory Stores* bekannter US-Marken und *free Wifi* (*Exit 176*). In ihrer Umgebung stehen mehrere Häuser der **Mittelklasse-Motelketten**.

Unterkunft

Wer ausgerechnet in Barstow vor Erreichen von Las Vegas bzw. Los Angeles noch eine Nacht verbringen möchte, findet das Gros der Motels (einfach und untere Mittelklasse) an der I-15 *Business*/East Main Street/*National Trails Highway* – *Exit* 184).

Fashion Outlet in Primm an der CA/NV-Grenze, ➤ *Seite 450*

Guterhaltener Goldgräber in der »Ghost Town« Calico

Calico Ghost Town

Außer zum Tanken und zur Versorgung oder ggf. auch für eine Übernachtung gibt es keinen Grund, in oder bei Barstow die *Interstate* zu verlassen. Ein empfehlenswerter Zwischenstopp (eher zu Beginn einer Reise als mit ein paar Wochen USA-Südwest-Erfahrung auf dem Buckel) ließe sich indessen 10 mi östlich von Barstow einlegen, um die **Calico Ghost Town** zu besuchen.

Dabei handelt es sich um eine rekonstruierte **Silberminenstadt** des 19. Jahrhunderts mit teilweise hierher verbrachten Originalstrukturen in malerischer Umgebung (Ausfahrten Yermo oder Calico Road von der I-15). Dieser sog. *Regional Park* ist eine Art »Zwitter« zwischen historischem Erhaltungsanliegen und kommerzieller Touristenattraktion, die kein Reisebus auslässt. Geöffnet täglich 9-17 Uhr, Eintritt $8/$5; www.calicotown.com.

Der eigentlich gut zwischen Felsen angelegte **Calico Campground** (mit und ohne *hook-up*) ist nicht der schönste seiner Art. Immerhin aber hat er ordentliche Sanitäranlagen, und der Tarif ($30, mit *hook-up* ab $35) schließt den Zutritt zur *Ghost Town* mit ein, © 1-800-TO-CALICO; Reservierung unter www.sbcountyparks.com.

Umweg übers Death Valley

Eine Fahrt von LA nach Las Vegas bietet die Gelegenheit zum Besuch des **Death Valley** noch vor Erreichen der Spielerstadt. Die Straße **#127 ab Baker** führt über Shoshone (dann #178) zur Oase *Furnace Creek* mitten im Tal des Todes. Dieser Abstecher mit Weiterfahrt nach Las Vegas kostet gegenüber der direkten Fahrt auf der I-15 mindestens 160 mi zusätzlich. Die Gesamtstrecke bis Las Vegas beträgt dann ab Baker kaum unter 270 mi. Dafür sollte inkl. Zwischenstopps ein voller Tag kalkuliert werden (zum Vergleich: Las Vegas ist von Baker noch etwa 90 *Interstate*-Meilen entfernt, die inklusive kurzem Stopp in **Primm Valley/Nevada** leicht in 2 Stunden zu machen sind).

Alle Details zum **Death Valley NP** ➤ auf den Seiten 298ff.

Blick über die I-15 aufs Spielkasino »Buffalo Bill's« mit einer den Komplex umrundenden Achterbahn

Abstecher in die Mojave Nat'l Preserve

Ab Baker ließe sich auch eine – je nach Routenwahl – 80-100 mi lange Schleife in die Lava- und Vulkanlandschaft der *Mojave Nat'l Preserve* einbauen. Ab der I-15 geht es zunächst auf der *Kelbaker Road* bis Kelso (35 mi) und dann wieder Richtung Osten via Cima zurück auf die I-15, ggf. bis zum *Nipton Exit*, ➢ unten und weitere Details zur Route auf Seiten 463f.

Nipton

Gerade noch in Kalifornien liegt 10 mi westlich der I-15 an der Straße #164 (und Bahnlinie) das Nest Nipton. Das urig-primitive **Hotel Nipton** hat preiswerte *B&B-Zimmer* und vermietet sog. *Eco-Lodge Tented Cabins* für bis zu 4 Personen. Eine rustikale *Eatery* gehört auch dazu; ✆ (760) 856-2335; www.nipton.com.

Grenze Nevada

Unmittelbar vor der Grenze California/Nevada (*State Line*) steht **das größte Solarkraftwerk der Welt Ivanpah** und gleich dahinter warten beidseitig der I-15 in **Primm Valley** die ersten **Spielkasinos** samt **Hotels** (*Whiskey Pete's, Primm Valley Resort, Buffalo Bill's*) und ein **Amusementpark** mit riesigem *Rollercoaster*. Doch dort sollte man lieber keine Zeit verschwenden: der *Strip* in Las Vegas ist viel spannender. Einen Stopp wert sind aber für manche sicher die über 100 Shops des **Fashion Outlet** (*Guess, Polo Ralph Lauren, Hollister* u.a.m., ➢ Foto Seite 448). Die **Premium Outlets** in Las Vegas stehen der Konkurrenz an der Grenze indessen in nichts nach.

Für **Las Vegas** weiterblättern bis zur **Seite 513**.

2.3.2   Nach Las Vegas via Palm Springs und Joshua Tree NP

Anfahrt

Routen

Eines der attraktivsten Ziele in der Wüste Südkaliforniens ist der *Joshua Tree National Park*, der wegen seiner etwas abseitigen Lage von ausländischen Touristen weniger besucht wird. Von Los Angeles fährt man zunächst in Richtung Riverside – je nach Ausgangspunkt auf den *Freeways* **#60** oder **#91** bzw. der *Interstate* **#10**. Ab Beaumont, östlich von Riverside, bildet die I-10 nach Phoenix die einzige direkte Route nach Osten.

Eine zeitaufwändigere **Alternativroute** für das erste Teilstück der I-10, die u.a. den urbanisierten und dank Bewässerung grünen Wüstenbereich von Palm Springs bis Indio (zunächst) nördlich liegen lässt, wäre die **Straße #74** ab der I-215 südlich von Riverside durch die Südausläufer der **San Jacinto** und **Santa Rosa Mountains**, ➤ den Kasten unten.

Esperanza Firefighters Panoramic Highway

Bei Banning, 6 mi östlich von Beaumont, beginnt der *Esperanza Firefighters Panoramic Highway #243*, eine kurvenreiche *Scenic Road* durch die San Jacinto Mountains (Südareal des *San Bernardino National Forest*, ➤ oben).

Besonders **die ersten 30 mi** dieser pittoresken Straße bis Idyllwild führen durch eine Gebirgslandschaft mit in dieser Region kaum erwarteten Höhen bis 3.300 m mit dichtem Hochwald und milden Sommertemperaturen, wenn in der Ebene auf 150 m die Hitze kaum zu ertragen ist. Kein Wunder, dass Idyllwild und Umgebung beliebte Sommer-Wochenend- und Ferienziele sind, und dort erstaunliche Preise selbst für die »letzte Hütte« verlangt und offenbar auch akzeptiert werden. Eine Reihe schön gelegener **Campgrounds** im *National Forest*, im *State Park Mt. San Jacinto* und im *County Park* bei Idyllwild und am Lake Hemet (NF weiter östlich an der #74) laden zum Übernachten, Picknick oder als Ausgang für Wanderungen ein.

Idyllwild gilt als **Künstlerdorf** und schickes Resort mit vielen (ziemlich teuren) Motels, *Inns* und guten Restaurants. An Wochenenden kommt man dort von Mai bis September ohne Reservierung nur mit Glück unter, egal ob im Motel oder auf einem Campingplatz der Umgebung (Reservierung *National Forest* ➤ Seite 123); www.idyllwildchamber.com.

Wer sich zwischendurch 'mal abseits der üblichen touristischen Pfade bewegen möchte, wird eine Fahrt über Idyllwild und weiter auf dem (ab Mountain Center) – nicht mehr ganz so grandiosen – *Palms to Pines Highway #74* (➤ Foto Seite 505) nach Palm Desert/Palm Springs und/oder direkt zum *Joshua Tree Park* als lohnend empfinden. Früher oder später im Jahr muss bedacht werden, dass es oben sehr kühl werden kann. Nachtfrost im Mai oder schon im Oktober ist nicht selten.

2

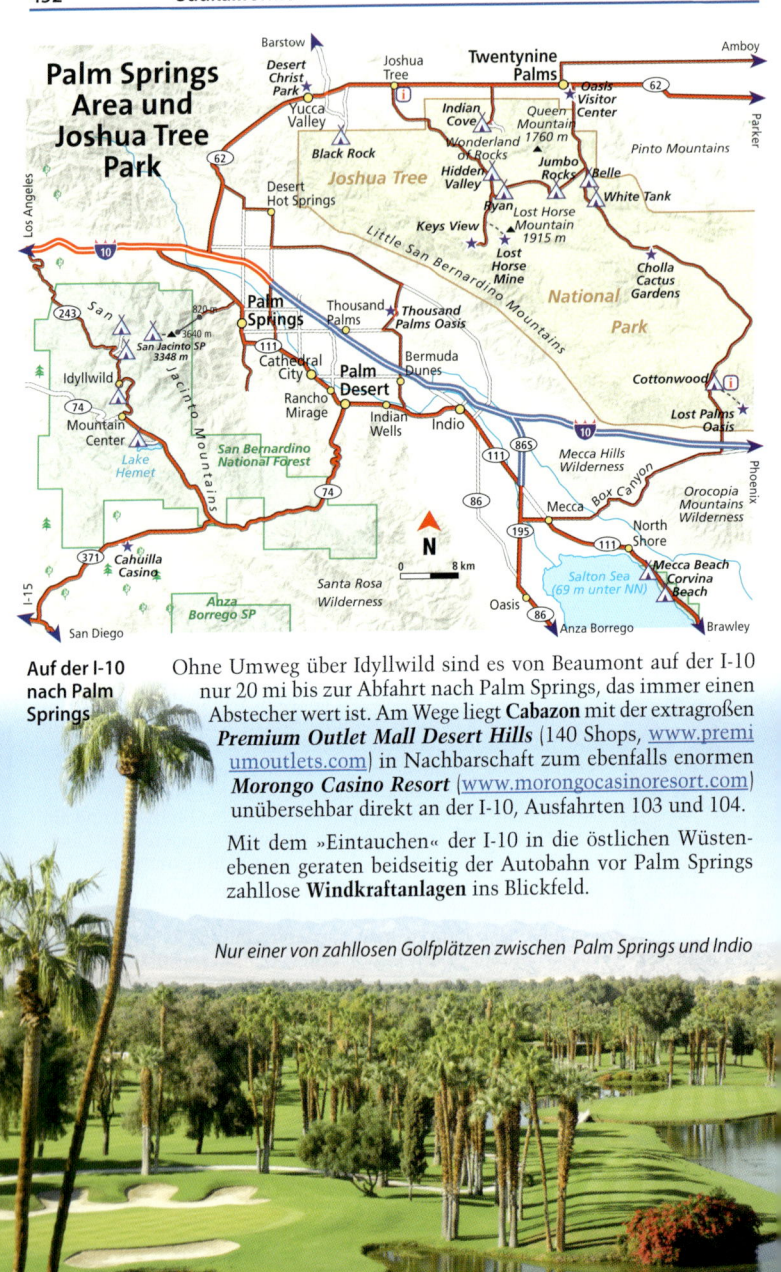

Palm Springs Area und Joshua Tree Park

Barstow

Amboy

Desert Christ Park

Joshua Tree

Twentynine Palms

Oasis Visitor Center

62

Parker

Yucca Valley

Indian Cove

Queen Mountain 1760 m

62

Black Rock

Wonderland of Rocks

Pinto Mountains

Joshua Tree

Hidden Valley

Jumbo Rocks

Belle

White Tank

Desert Hot Springs

Ryan

Lost Horse Mountain 1915 m

Keys View

Lost Horse Mine

Little San Bernardino Mountains

Los Angeles

10

Cholla Cactus Gardens

San

820 m

National

Park

243

3640 m

San Jacinto SP 3348 m

Palm Springs

Thousand Palms

Thousand Palms Oasis

Idyllwild

111

Cathedral City

Bermuda Dunes

Cottonwood

Mountain Center

74

Rancho Mirage

Palm Desert

Lost Palms Oasis

Phoenix

Lake Hemet

Indian Wells

Indio

865

10

San Bernardino National Forest

111

Mecca Hills Wilderness

Box Canyon

Jacinto Mountains

74

86

Orocopia Mountains Wilderness

371

Cahuilla Casino

195

Mecca

111

North Shore

I-15

Santa Rosa Wilderness

86

Salton Sea (69 m unter NN)

Mecca Beach Corvina Beach

Anza Borrego SP

0   8 km

N

San Diego

Oasis

Anza Borrego

Brawley

Auf der I-10 nach Palm Springs

Ohne Umweg über Idyllwild sind es von Beaumont auf der I-10 nur 20 mi bis zur Abfahrt nach Palm Springs, das immer einen Abstecher wert ist. Am Wege liegt **Cabazon** mit der extragroßen *Premium Outlet Mall Desert Hills* (140 Shops, www.premiumoutlets.com) in Nachbarschaft zum ebenfalls enormen *Morongo Casino Resort* (www.morongocasinoresort.com) unübersehbar direkt an der I-10, Ausfahrten 103 und 104.

Mit dem »Eintauchen« der I-10 in die östlichen Wüsten-ebenen geraten beidseitig der Autobahn vor Palm Springs zahllose **Windkraftanlagen** ins Blickfeld.

Nur einer von zahllosen Golfplätzen zwischen Palm Springs und Indio

Palm Springs mit Palm Desert

Kennzeichnung, Information, Unterkunft und Gastronomie

Kennzeichnung der Region

Die Städte von Palm Springs bis Indio sind künstlich in der an sich lebensfeindlichen Halbwüste angelegte riesige Urbanisationen vor allem für Bevölkerungkreise, die ihren Wohnort mit den wechselnden klimatischen Bedingungen der Jahreszeiten verlegen können und möchten. Richtig zu Leben erwachen sie nur ab Spätherbst bis Mai, dann besonders an Wochenenden. Im Sommer ist es erstaunlich ruhig dort. Kein Wunder, denn die Ausdehnung der Ortschaften und Zahl der Golfresorts steht dann in einem krassen Missverhältnis zur Zahl der anwesenden Immobilieneigner und Besucher.

Palm Springs ist von Herbst bis Frühjahr aber nicht nur Wohnort für flexible Besserverdiener und wohlhabende Rentner, sondern dann auch beliebtes **Wochenendziel** für *Los Angelitos* und **Urlaubsort** mit mondänem Touch vor allem für US-Touristen aus Staaten, die von winterlicher Kälte und Schnee geplagt werden. Dabei steht **Palm Springs** für viele als **Synonym** der Urbanisationen, die sich mehr oder weniger übergangslos über fast 30 mi in östliche Richtung aneinanderreihen (Cathedral City, Rancho Mirage, Palm Desert, Indian Wells, La Quinta u.a.m.) und mit insgesamt rund 400.000 Einwohnern eine ausufernde Zone voller Wohnsiedlungen und Resortanlagen mit Golfplätzen bilden. Hinzu kommt eine beachtliche Serviceindustrie entlang der Hauptstraßen.

Obwohl der Wohlstand etwa in **Rancho Mirage**, **Palm Desert** oder *La Quinta* – oberflächlich betrachtet – kaum geringer zu sein scheint, gilt Palm Springs als die beste Adresse. Mit größerer Entfernung zu Palm Springs sinkt das soziale Standing des Wohnorts.

Palm Springs in Zeiten der Wasserknappheit

Der schnurgerade nach Palm Springs und durch das Zentrum führende Palm Canyon Drive (#111) unterscheidet sich deutlich von den Ein- und Ausfallstraßen anderer Mittelstädte. Zwar säumen H/Motels, Tankstellen, *Fast Food Eateries*, Supermärkte und *Shopping Center* den Straßenverlauf wie überall, aber kaum irgendwo sonst findet man Ortsanlagen dieser Größe (ca. 48.000 Einw. bei starker saisonaler Schwankung) über Meilen derart gepflegt. Nach wie vor ist die Wüstenoase trotz anhaltender Wasserknappheit und -sparmaßnahmen noch erstaunlich grün. Ausgedehnte Grasflächen und Blumenschmuck allerorten. Subtropisch üppige Vegetation und grüne Rasen überwiegen – bislang immer noch – nicht nur in Villen-, sondern auch in »normalen« Wohnlagen.

Dabei hat die **Dürre** der letzten Jahre (➤ Kasten Seite 22) durchaus schon zum Umdenken geführt. Selbst die »Reichen und Schönen« bleiben heute von ihren Folgen nicht verschont. Eine drastische Reduktion des Wasserverbrauchs hat seit 2015 höchste Priorität, und die Stadt investiert mittlerweile erhebliche Mittel in die Rückführung öffentlicher Flächen in ihren Ursprungszustand durch Ersatz aufwändiger und – auch wassertechnisch – pflegeintensiver Rasen und Blumenrabatte durch anspruchslose einheimische Vegetation, also vor allem durch Sukkulenten wie Kakteen.

Turf Pay Back Program

Die Palm Springs *Desert Water Agency* hat mit dem **Turf Pay Back Program** der Wasserverschwendung den Kampf angesagt. Bis zu $3000 bekommt, wer die Rasenfläche vor seinem Eigenheim entfernt. Professionelle **Turf** (Rasen) **Terminators** sind seither im Dauereinsatz. **»Xeriscaping«** heißt der neue Trend (Gartendesign in der Dürre, »*xeros*«). Aber das Vorhaben ist nicht ganz einfach umzusetzen, wie beispielsweise die 8 ha große Grünfläche am Palm Springs Airport zeigt. Allein deren Umwidmung würde $2 Mio kosten.

Beurteilung

Mit oder ohne das – nun voraussichtlich bald weniger – grüne Stadtbild: Palm Springs und seine Nachbarn waren und sind für den touristischen Besucher aus Europa, sofern er nicht gerade zum Golfen anreist, genaugenommen ein wenig langweilig. Ein Tag oder maximal zwei Tage bei Besuch mehrerer der im Folgenden genannten Ziele lassen sich dort durchaus sinnvoll füllen, aber zu viel Zeit sollte man in und um Palm Springs nicht »vertändeln«.

Information

• Das große **Palm Springs Visitors Center** erwartet von Westen anreisende Autofahrer am Abzweig der Zufahrt zur Seilbahn von der Straße #111, 2901 North Palm Canyon Drive, ✆ 1-800-347-7746, www.visitpalmsprings.com.

• 15 mi weiter östlich betreibt **Palm Desert** sein **Visitors Center** am 73-470 El Paseo, Suite F-7, in enger Nachbarschaft zu den *Shops on El Paseo*; ✆ 1-800-873-2428; www.palm-desert.org.

Transport

Der farbenfrohe, kostenlose **Buzz Trolley** verkehrt auf einer 10 mi langen Route durch Palm Springs: http://buzzps.com/route.html.

Hotels/ Motels

Fast alles ist ziemlich teuer in der Wüste, nur H/Motels nicht in der »Saure-Gurken-Zeit« des langen Sommers Mai bis Oktober. Die Leerstände großer Kapazitäten führen **dann** zu Angeboten **von $70 und weniger** für Zimmer der guten Mittelklasse, die in der Hochsaison im Winter das Doppelte und mehr kosten. So-Do nützlich sind dort die **Coupon Guides** (➤ Seite 108).

Die Häuser bekannter Ketten und viele unabhängige Motels sind entlang des endlosen Palm Canyon Drive (Straßen #111 und #111B) nicht zu übersehen. Sie stehen dicht an dicht nördlich des Zentrums, im zentralen Bereich der Stadt zwischen Tahquitz Canyon Way und East Ramon Road und etwa eine halbe Meile weiter südlich, wo die #111B nach Osten abknickt (geradeaus geht's dort zu den *Indian Canyons*, ➤ Seite 456). Einen guten Eindruck machen an dieser Ecke das **Vagabond Inn** und das **Best Western plus** und am 1269 E Palm Canyon Drive das **Quality Inn**.

Besonders zu empfehlen: **Marriott Courtyard** am Tahquitz Canyon Way und das stylische **The Saguaro**; www.thesaguaro.com.

Wohnungen und Villen

Überall stehen zahlreiche **Ferienhäuser- und -wohnungen** zur Vermietung, darunter die tollsten **Villen** in sog. *Resort Communities* rund um Golfplätze. Nur im Winter sind sie richtig teuer, im Sommer die Leerstände hoch; www.vacationpalmsprings.com.

Camping

Der Bereich Palm Springs bietet neben der Möglichkeit, im *Mount San Jacinto State Park* in der Wildnis in 2.500 m Höhe zu übernachten (➤ unten), auch Zeltcampern geeignete Plätze, wiewohl die meisten auf den Vollkomfort für RVs zugeschnitten sind, z.B.

- ***Cathedral Palms RV Resort*** am 35901 Cathedral Canyon Drive in Cathedral City, günstige Lage mittendrin nur eine 1/2 Meile nördlich der #111, ca. 7 mi südöstlich von Palm Springs. Rustikaler Komfortplatz mit Buschwerk; inkl. *hook-ups* ab \$48; ✆ (760) 324-8244; http://aarvparks.com/cathedral-palms

Kostengünstiger und schön gelegen am Trinkwasser-Reservoir mit Hochgebirge im Hintergrund, aber weitab vom Schuss, ist der

- ***Lake Cahuilla County Park*** südöstlich Palm Desert in **La Quinta** am Südende des Lake Cahuilla (Cahuilla Park Rd/Jefferson St, Anfahrt über Ave 52/Madison/58th St); Zelte \$15, RV ab \$22; ✆ (760) 564-4712; www.rivcoparks.org/parks/lake-cahuilla

Gastronomie

Auch mit *Eateries* jedweder Provenienz sind die Wüstenorte extrem versorgt. In **Palm Springs** hat der **North Palm Canyon Drive** (Straße #111B) zwischen Tahquitz Canyon Way und East Ramon Road fast südeuropäisches Flair mit zahlreichen **Open-Air-Restaurantterrassen**. Ruhig am Wasser sitzt man in einigen Restaurants beim *Shopping Center »The River«* in **Rancho Mirage** (➤ Seite 457). Auch die Gastronomie in der **Flaniermeile** *El Paseo* in **Palm Desert** ist attraktiv und hat viele **Open-Air-Lokale** (➤ Seite 458).

Mexikanisch angehauchte Mercado Plaza an der nur ca. 400 m langen zentralen Shopping- und Restaurant-zone am North Palm Canyon Drive in Palm Springs

2

Besucherattraktionen

Seilbahn

Bei der Anfahrt von Westen, passiert man noch vor dem Ortsbeginn die steile 5-mi-Zubringerstraße zu einer der populärsten (ganzjährigen) Attraktionen von Palm Springs, der Fahrt mit der ***Aerial Tramway*** in die Gebirgswelt des ***Mount San Jacinto State Park***. Die Bahn überbrückt 1800 m Höhendifferenz.

Mount San Jacinto State Park

Die Temperaturunterschiede zwischen oben und unten betragen bis zu 30°C. Aktive können dort in die Wildnis wandern (mit *Permit* auch zelten, www.parks.ca.gov) und im Winter sogar Loipen (!) befahren. Auffahrten im 30-min-Takt Mo-Fr 10-20, Sa+So ab 8 Uhr; Mitte/Ende Sept. 14 Tage wegen Jahreswartung geschlossen. Ticket $24, Kinder bis 12 Jahre $17; mit Buffet ***Ride n'Dine*** $36/$23,50 ab 15 Uhr; ✆ (760) 325-1449, www.pstramway.com.

Die Bergstation der Seilbahn hinauf zum Mount San Jacinto liegt in 2.597 m Höhe. Der namensgebende Gipfel des Gebirgsparks hat eine Höhe von 3.300 m

Kunstmuseum

Unbedingt einen Besuch verdient das ***Palm Springs Desert Art Museum*** in einem architektonisch beeindruckenden Bau am Museum Drive parallel (westlich) des Palm Canyon Drive hinter der *Desert Fashion Plaza Mall*. Die permanente brillant-originelle Ausstellung bezieht sich stark auf Werke mit Bezug zum US-Südwesten; auch kleiner Skulpturengarten und **Café mit Open-Air-Terrasse** im Untergeschoss. Di+Mi, Fr-So 10-17 Uhr, Do 12-20 Uhr; $12,50, Kinder bis 12 frei, ebenso Do nach 16 Uhr; www.psmuseum.org.

Indian Canyons

Die ***Agua Caliente Indian Reservation*** ist für **Schluchten** mit ungewöhnlichen Felsformationen (***Andreas*** und ***Murray Canyon***) und den ***Palm Canyon*** voller 1.000-jähriger Palmen bekannt. In die *Canyons* gelangt man auf wunderschönen, aber recht steilen Pfaden. Zufahrt von Nordwesten auf Hauptstraße Palm Canyon Drive durch die Stadt (#111B); wenn die Straße abknickt, die Kurve nicht mitfahren, sondern geradeaus <u>South</u> Palm Canyon Drive. Okt-Juni täglich 8-17 Uhr, Rest des Jahres nur Fr-So, Eintritt $9, Kinder 6-12 Jahre $5; ✆ (760) 323-6018, www.indian-canyons.com.

Wasserplanschen/ Klettern

Im Einklang mit den klimatischen Gegebenheiten fehlt auch ein Planschpark mit fünf Superrutschen und harmloserem Wasserspaß für kleinere Besucher nicht. ***Wet'n Wild Park*** liegt unübersehbar am Gene Autry Trail, der Straße von/nach Desert Hot Springs. Geöffnet täglich 11-18 Uhr, März bis *Labor Day* nur an den Wochenenden (+Osterferien); $37, Kinder 3-11 Jahre $27; Parken $10-$15; www.wetnwildpalmsprings.com.

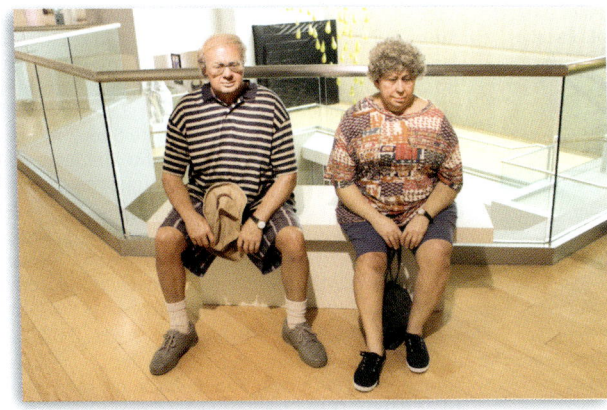

Müde Besucher im Art Museum von Palm Springs? Nein, Installation in Wachs als Kunstwerk.

Militär-Flugzeug-Museum

Aggressiv bemalte Jagdflugzeuge und Bomber aus dem 2. Weltkrieg, ein Großteil davon in einem sagenhaft gepflegten – in vielen Fällen sogar einsatzbereiten – Zustand, außerdem Schiffsmodelle und Auto-Oldtimer stehen im sehenswerten **Palm Springs Air Museum**, 745 North Gene Autry Trail (Straße nach Desert Hot Springs hinter den Rollbahnen des Flughafens von Palm Springs). Geöffnet täglich 10-17 Uhr; Eintritt $16, Kinder 6-12 Jahre $9, bis 18 Jahre $14; www.palmspringsairmuseum.org.

Rancho Mirage/ The River

Folgt man von Palm Springs der Straße #111 weiter in südöstliche Richtung, erreicht man zunächst **Cathedral City** und nach Meilen kaum reduzierter Bebauung mit jeder Menge *Golf Clubs*, Resorthotels, Motels und *Shopping* als nächste Konglomeration **Rancho Mirage**. An der Ecke Straße #111/Bob Hope Drive steht der Shopping- und Kino-Komplex **The River** mit Open-Air-Cafés am künstlichen »Fluss«; www.theriveratranchomirage.com.

Veteranen der US Airforce halten die Flugzeuge im Air Museum in Schuss und sorgen für ihren blitzblanken Zustand, hier eine martialisch geschmückte F 84 aus dem Korea-Krieg

2

Palm Desert/
»El Paseo«

Eine Meile weiter zweigt »*El Paseo*« südlich von der #111 ab und läuft über zwei Meilen in einem Block Abstand parallel zu ihr. Entlang der mit vielen beachtlichen Skulpturen auf Mittelstreifen und *Walkways* verschönerten Straße residieren in hoher Dichte an die 300 Boutiquen, Galerien und Restaurants. *El Paseo* gilt als die größte und beste, aber auch teuerste Shoppingadresse der Region. Trotzdem ist die Straße nicht nur für *Hardcore Shopper* ein erwägenswertes *Stopover*-Ziel; www.palmsprings.com/elpaseo.

Living
Desert
Reserve

El Paseo kreuzt an seinem östlichen Ende die **Portola Ave**, an der etwa 1,5 mi weiter südlich die ***Living Desert Reserve*** liegt. Wer sich für die Natur in der Wüste interessiert, wird von dieser Parkanlage, einer Mischung aus botanischem Garten und Zoo, nicht enttäuscht sein. Geöffnet Oktober-Mai 9-17 Uhr, sonst 8-13.30 Uhr, Eintritt $20; Kinder 3-12 $10; www.livingdesert.org.

1000 Palms
Oasis

Einen schönen Bestand der auch in der *Living Desert* vertretenen besonderen ***California Fan Palm*** kann man eintrittsfrei in der ***1000 Palms Oasis*** besichtigen, einem Ort absoluter Ruhe, und rustikal unter den Palmen picknicken (Ramon Road nördlich I-10, dann 1000 Palms Canyon Road; bei Anfahrt über die I-10 *Exit* 131 und dann Monterey Ave nach Norden bis zur Ramon Road, dann rechts). Keine definierten Zeiten, jederzeit besuchbar.

Eingang zur Living Desert Reserve durch alte für die Gegend typische Fan Palms. Sie stehen dicht an dicht auch in der 1000 Palms Oasis

Von Palm Springs zum Joshua Tree Park

Zwei Routen
zur Auswahl

Südeinfahrt

Bei Weiterfahrt von Palm Springs über den *Joshua Tree National Park* stehen zwei Routen zur Auswahl. **Auf der I-10 zur Südeinfahrt** in den Park sind es ca. 45 mi, ab Palm Desert ca. 35 mi. Die mit Abstand interessantesten Bereiche des Parks liegen indessen im Nordwesten (*Wonderland of Rocks* und *Keys-View*-Stichstraße). Ab der Südeinfahrt ist es zu den Felsen bzw. bis zum *Keys View* dann noch einmal genauso weit wie von Palm Springs dorthin auf der Route übers *Yucca Valley* und die Nordwesteinfahrt.

Aber man spart via I-10/Südeinfahrt trotz der Mehrmeilen voraussichtlich Zeit (insbesondere ab Palm Desert, sollte man bis dorthin vorgedrungen sein). Denn auf der Wilson Canyon Road von Süden durch den Park ist nicht viel los, und die Fahrt »oben rum« wird im Bereich der langgestreckten Orte Yucca Valley und Joshua Tree durch viel Verkehr und zahlreiche Ampeln stark gebremst. Für die Anfahrt von der Südeinfahrt spricht speziell für Wanderenthusiasten ggf. der **Trail** zur Oase **Lost Palms** (13 km retour) gleich ab *Ranger Station Cottonwood*. Der Straßenverlauf nach Norden ist eher langweilig. Nur ein paar mittelgroße Bestände an *Joshua Trees* sorgen für Abwechslung.

Nord-einfahrten

Für die – hier favorisierte – **Nordroute** (ab Palm Springs über den *Gene Autry Trail* auf die I-10 und nach 7 mi in Westrichtung weiter auf der Straße #62) sprechen neben 40 bzw. 30 gesparten Meilen die Möglichkeit zum Stopp in Desert Hot Springs mit seinen Mineralwasserpools und ggf. die preiswerten Motels in Yucca Valley und Joshua Tree. Wer einen Campingplatz benötigt – egal, ob für Zelt oder RV – sollte im Natioalpark übernachten, ➤ unten.

Desert Hot Springs

Man kann auch zunächst auf dem *Gene Autry Trail* (wird zum Palm Drive) bleiben und über **Desert Hot Springs** fahren, einen an sich eher uninteressanten Ort rund 15 mi nördlich von Palm Springs. Er entstand – der Name sagt es – wegen warmer Quellen.

Über die populärsten öffentlichen Pools verfügt dort das

• **Desert Hot Springs Spa Center** am 10805 Palm Drive. Von Oktober bis Mai ist die nur mäßig attraktive Anlage oft ziemlich voll; Eintritt wochentagabhängig: $3-$10; geöffnet 8-22 Uhr, für Gäste im angeschlossenen, etwas in die Jahre gekommenen Hotel 24 Stunden (ab $90; ✆ 1-800-808-7727, www.dhsspa.com).

Teurer, aber auch ansehnlicher ist weiter nördlich das

• **Miracle Springs Hot Mineral Resort & Spa**, im Sommer ab ca. $130 fürs DZ; ✆ 1-800-400-4414; www.miraclesprings.com.

Im Desert Christ Park in Yucca Valley, ➤ nächste Seite

**Straße #62
nach
Joshua Tree**

Der *Joshua Tree National Park* verfügt ab dem *Twentynine Palms Highway* (Straße #62) über **vier Einfahrten**:

- Stichstraße ab Yucca Valley zum **Black Rock Nature Center**
- zwei miteinander verbundene **Eingänge ab** den Orten **Joshua Tree** und **Twentynine Palms**

und dazwischen noch die

- Zufahrt zum Kletterparadies und *Campground Indian Cove*.

Aus keiner Karte geht hervor, wie dicht (vor allem) der Abschnitt der #62 zwischen Yucca Valley und Joshua Tree besiedelt ist. Fast ohne Unterbrechung wird diese Strecke (ca. 12 mi) von der typisch amerikanischen Kommerz-Infrastruktur gesäumt. Wer dort ein Quartier benötigt, hat im Sommer und auch sonst wochentags eine große Auswahl unter zahlreichen moderat gepreisten Motels (gilt auch noch für Twentynine Palms).

Yucca Valley

Zu einem Zwischenstopp lädt in Yucca Valley ein ungewöhnlicher Skulpturenpark ein: Auf einem Kirchengelände am Ende der Straße *Mohawk Trail* (ab der #62 kurz westlich der Abzweigung der #247) befindet sich der **Desert Christ Park**. Biblische Gestalten und bekannte Szenen wurden in Beton gegossen und auf ein das Tal überschauendes Gelände gestellt, ➤ Foto Seite 459.

Black Rock

Die oben erwähnte kurze Zufahrt ab Yucca Valley zum *Black Rock Center* lohnt kaum. Darin gibt's nicht viel zu sehen, und der Campingplatz dort ist der mit Abstand schlechteste des Parks, auch wenn er im Gegensatz zu den meisten anderen Wasser hat.

Information

Mit dem **Ort Joshua Tree** erreicht man die **Hauptzufahrt** in den Nationalpark und eines der beiden *Visitor Centers*, hier eher eine Informationsstelle mitsamt teurem Shop. Für weitergehende Parkinfos (Flora, Fauna, Geologie, Historie, Ausstellung) muss man bis **Twentynine Palms** fahren, einem an sich öden Ort, wären da nicht die vielen Fassadengemälde (*murals*), und von dort zum offiziellen *Oasis Visitor Center* des *National Park Service*.

Shop an der Einfahrt in den Joshua Tree Park

Reste der früher im Parkbereich betriebenen Keys Ranch. Das trockene Wüstenklima verhindert, dass die Objekte schnell verrotten

Joshua Tree National Park   www.nps.gov/jotr

Joshua Tree National Park

Eintritt
$20/Auto
$10/Person
oder
Interagency
Jahrespass

Der Name dieses ausgedehnten Parks (ca. 2.300 km²) bezieht sich auf den baumartigen *Joshua Tree*, der an einigen Stellen der hier bereits wieder höher liegenden Halbwüste (ab 300 m in der Ebene mit Erhebungen bis zu 1.700 m) große Areale bedeckt. Das Zusammenspiel der oft bizarren *Joshua Trees* mit der eigenartigen Felslandschaft drumherum verleiht diesem Nationalpark einen unverwechselbaren Reiz.

Die Straße ab Joshua Tree führt nach etwa 12 mi mit zunächst weniger sensationellen Formationen durch das zu Recht so bezeichnete *Wonderland of Rocks*. Für kurze **Wanderungen** (z.B. ins *Hidden Valley* und auf den *Ryan Mountain*) und Geländeerkundungen bestehen zahlreiche Gelegenheiten, sofern einem danach vor lauter Hitze zumute ist (im Sommer bis 50°). Einen weiten Überblick bis hinüber zur I-10 und Palm Springs bietet der Aussichtspunkt *Keys View* am Ende der 5-mi-Stichstraße (asphaltiert).

Wander-empfehlung

Auch wenn es die mächtigen Granitfelsen nicht vermuten lassen, im Gebiet des heutigen Nationalparks wurde einst mehr oder weniger erfolgreich nach Gold geschürft. An der Straße zum *Keys View* passiert man den Abzweig zum Ausgangspunkt für den **Trail** zur **Lost Horse Goldmine**. An dessen Ende stehen noch erhaltene Holzstrukturen der alten Anlage (ca. 6 km retour).

Einen Einblick in das Leben der Goldsucher Anfang des 20. Jahrhunderts liefert die **Keys Ranch Guided Walking Tour**; im Winter oft täglich, sonst meist nur Sa+So, auch Abendtouren; $10/Person, 90 min; Reservierung unter ℰ (760) 367-5522. Geheimtipp für Fans von *Ghost Towns* (kein Zugang ohne Rangerführung).

Camping

Unübertroffen ist das Campen in diesem Park, auch wenn es auf den Plätzen überwiegend weder Komfort noch Wasser gibt. Am schönsten sind **Jumbo Rocks**, **Ryan** und **Hidden Valley** ($15).

Die Stellplätze dort wurden liebevoll zwischen Felsen und Wüstenvegetation plaziert und animieren zu leichten »Kletterwanderungen«. Etwas abseits des Kerngebietes des *Wonderland of Rocks* liegen die *Campgrounds* **Belle** und **White Tank** an der Wilson Canyon Road südlich der Nordroute durch den Park; beide $15 und ebenfalls in Felsen und *Joshua-Tree*-Bestände eingebettet. Auch der etwas isolierte **Indian Cove** ($20) ist ein guter Platz, speziell für Kletterfreaks (nur kurze Anfahrt von der #62).

Weniger reizvoll präsentieren sich die beiden *Campgrounds* mit Wasser **Black Rock** (ungepflegt, Zufahrt in schlechtem Zustand) und **Cottonwood** weit außerhalb des Felswunderlands ($20).

Alle Plätze *first-come, first-served*; von Oktober bis Mai Reservierungen bei *Black Rock* und *Indian Cove* möglich, ➢ Seite 123. Zu der Zeit sind die *Campgrounds* **an Wochenenden meist knallvoll**; So-Do jedoch ist Unterkommen im Normalfall kein Problem. **Feuerholz** ist im Park **nicht vorhanden**. In Anbetracht der vielen romantischen, felsgeschützten Feuerstellen darf man auf keinen Fall vergessen, es vor der Einfahrt zu beschaffen.

Klima

Die hohen **Tagestemperaturen** in den Sommermonaten sollten nicht vom Besuch abhalten. Selbst 40°C im Schatten sind bei der dort vorherrschenden Trockenheit noch zu ertragen. Die **Nachttemperaturen** sinken auch im Hochsommer in der Regel auf ein erträgliches Niveau, früher oder später im Jahr kann es recht kühl werden. Nachtfröste gibt es noch im Mai und schon im Oktober wieder. Sogar Schneefall ist im Winterhalbjahr möglich.

Strecke nach Cottonwood

Zwei weitere Sehenswürdigkeiten befinden sich an der Parkstraße, die nach Südosten in Richtung Cottonwood führt. Vor allem den natürlichen Granitfelsbogen mit dem nicht sehr originellen Namen **Arch Rock** gleich zu Beginn der Strecke sollte man sich nicht entgehen lassen. Der 800 m lange Rundweg startet beim Stellplatz #9 des *White Tank Campground*.

Arch Rock im Nachmittagslicht

Etwa auf halber Strecke zwischen Twentynine Palms und Cotton-wood liegt außerdem der **Cholla Cactus Garden** mit einem Lehr-pfad und einer beeindruckenden Ansammlung an *Teddy-Bear Cholla*-Kakteen (Aussprache: »dschoi-ja«). Wer ohnehin nach Süden fährt oder von dort kommt, sollte hier einen Zwischen-stopp einlegen. Eine »Notwendigkeit«, der Straße bis nach Cot-tonwood zu folgen, besteht ansonsten nicht.

Südeinfahrt

Cottonwood an der Südeinfahrt ist nur eine Rangerstation mit Aus-kunftsfunktion und *Trailhead* für eine Wanderung zu den **Lost Palms**, einer pittoresk am Hang zwischen Felsen »eingeklemm-ten« Oase (ca. 13 km retour). Der *Cottonwood Campground* kann mit den übrigen Plätzen nicht »konkurrieren«, ➤ oben.

Mitten in der Einsamkeit der Mojave Wüste steht der restaurierte alte Bahnhof von Kelso. Er dient heute als Besucher-zentrum der National Preserve

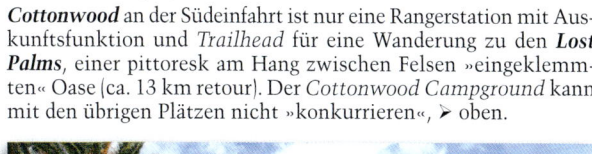

Vom Joshua Tree National Park nach Las Vegas

Route 1   **Durch die Mojave National Preserve**

Amboy

Die **kürzeste Verbindung nach Las Vegas** läuft ab Twentynine Palms auf großartiger Wüstenstrecke über **Amboy**, einer angeb-lichen *Ghost Town*. Tatsächlich handelt es sich um eine gottverlas-sene Straßenkreuzung an der – in diesem Bereich eher witzlosen – alten **Route 66** mit einer Handvoll Häusern und einer **Tankstelle** samt *Minimart* und **Roy's Café** (➤ überkandideltes *You-Tube-Video* unter https://www.youtube.com/watch?v=MUyadl-8boc).

Auf der Strecke danach gibt's bis zur I-15 kein Benzin mehr.

Mojave Nat'l Preserve

Eintritt frei

Nördlich von Amboy erreicht man auf der **Kelbaker Road** ca. 12 mi nach Querung der I-40 die kurze Stichstraße zu den gelblichen **Kelso Dunes**, dem größten Dünenfeld der Mojave-Wüste. Eine ca. 5 km lange Wanderung führt vom gekennzeichneten *Trailhead* bis zum höchsten Dünenkamm (200 m) und zurück.

Weiter auf der Kelbaker Road gelangt man schon bald nach **Kelso**, eine *Ghost Town*, stünde dort nicht an den Schienen der *Union Pacific Railroad* die restaurierte alte Bahnstation mit dem **Kelso**

Death Valley
Las Vegas
Las Vegas
Nipton
164
Searchlight
Südkalifornien Ost
127
15
Baker
Mojave
Kelbacker Road
Aiken Mine
Cima
Cima Road
Kelso-Cima Rd
National
Lake Mohave
Lake Mead NRA
NEVADA
KALIFORNIEN
Laughlin
163
Bullhead City
Oatman
93
68
Kingman
66
Barstow
Los Angeles
Devils Playground
Hole in the Wall
Preserve
Providence Mountains SP
Kelso
95
Needles
Black Mountains
66
Flagstaff/Grand Canyon
40
Barstow
Los Angeles
Ludlow
66
Amboy
66
Sacramento Mountains
Topock
40
Old Woman Mountains
Lake Havasu City
Buckskin Mountain SP
Bullion Mountains
Cadiz Valley
Lake Havasu
Colorado
95
Vidal Junction
Parker
Joshua Tree
Twentynine Palms
62
62
Joshua Tree National Park
177
Keys View
Lost Horse Mountain 1915 m
Cholla Cactus Gardens
95
95
Quartzsite
Lost Palms Oasis
Indio
111
10
86S
Box Canyon
86
Mecca
North Shore
Salton Sea SP
111
Chocolate Mountains
Blythe
10
KALIFORNIEN
ARIZONA
Phoenix
Anza
Desert Shores
Salton City
Bombay Beach
Salvation Mountain
Borrego Springs
S22
Borrego
Salton Sea (70 m unter NN)
Niland
78
Colorado
N
0   20 km
Ocotillo Wells
78
86
115
Imperial
Westmorland
Brawley
78
Glamis
Sand Dunes
S2
State Park
Desert
86
Imperial
111
Holtville
Coachella Canal
Felicity
Tucson
El Centro
8
98
Calexico
98
USA
8
Yuma
98
USA
Mexiko
Mexiko
Mexicali

Depot Visitor Center der *Mojave National Preserve*, dem nach dem *Death Valley* zweitgrößten vom *National Park Service* in Kalifornien verwalteten, aber eher selten besuchten Gebiet; Details und Karte unter www.nps.gov/moja.

Zur I-15 in Richtung Baker/ Lavahöhle

Von Kelso führt die Kelbaker Road durch eine Vulkanlandschaft voller Aschekegel weiter in Richtung **Baker** an der I-15. Auf halber Strecke verschafft die unbefestigte **Aiken Mine Road** Zugang zu einer **Lavahöhle** (gute Bodenfreiheit erforderlich; Straßenzustand vorher im Besucherzentrum erfragen!). Die nicht ausgeschilderte Piste zweigt 15 mi nordwestlich von Kelso bzw. 19 mi südöstlich von Baker in östliche Richtung von der Kelbaker Road ab. Nach 4,4 mi hält man sich links und erreicht nach 300 m den **Lava Tube Trailhead**. Von dort geht es noch 300 m leicht bergauf bis zum Höhlenzugang rechter Hand auf einer Anhöhe. Eine Metallleiter hilft beim Abstieg. Taschenlampe mitnehmen, denn nur so schafft man es in die Hauptkammer. Ein wenig Licht fällt darin durch drei Löcher in der Decke auf den Boden, an dem sich – je nach Tageszeit – manchmal bis zu drei verschiedene Lichtkegel ausbilden.

Zur I-15 über Cima

Nach Las Vegas fährt man am besten über die **Kelso-Cima Road** entlang der Bahnlinie und der *Providence Mountains* im Hintergrund. Bis zur I-15 sind es via Cima (ein gottverlassenes Nest mit verfallenen Strukturen) ca. 38 mi. Am Wege passiert man schöne *Joshua-Tree*-Bestände, im hoch gelegenen *Shadow Valley* (an der Cima Road von Cima zur I-15) sogar einen **Joshua Tree Forest** mit besonders großen Exemplaren. Wählt man stattdessen die Morning Star Road, spart man bis zum *Nipton Exit* der I-15 (➤ Seite 450) zwar insgesamt 12 mi, nimmt aber eintönigeren Verlauf in Kauf.

Hole-in-the-Wall/ Black Canyon

Wer mehr Zeit und Lust auf einsame felsige Wildnis hat, könnte auch dem **Hole-in-the-Wall**-Bereich und **Black Canyon** der *Nat'l Preserve* einen Besuch abstatten. Zufahrt ab der Kelso-Cima Road (ungeteert, meist aber Pkw-tauglich) oder ab Essex (I-40 *Exit* #100,

Abstieg in die Aiken-Mine-Road-Lavahöhle im Nordwesten der Mojave National Preserve

dann auf der geteerten *Black Canyon Road* 19 mi nach Norden). Neben einem stark durchlöcherten Tuffsteinlabyrinth (**Hole-in-the-Wall**) warten dort ein kleines *Information Center* sowie ein toll gelegener **Camp- und Picknickplatz** ($12; *first-come, first-served*; keine *hook-ups*, aber Trinkwasser und *Dump Station*).

Abenteuerlustige Kinder werden ihre Freude haben an den kurzen und relativ einfachen Kletterpartien entlang des 2,5 km langen **Rings Loop Trail**, der beim Besucherzentrum beginnt.

Der spannendste Teil des mit eisernen Halteringen ausgestatten »Rings Loop Trail« in der Mojave National Preserve

Route 2   **Straßenkombination #62 und #95**

Wer gut ausgebaute breite Straßen bevorzugt und bei ungefähr gleichen Meilen schneller ans Ziel möchte, nimmt zunächst die **Straße #62** nach Osten (ebenfalls kaum Verkehr und landschaftlich großartiger Verlauf durch fast menschenleere Regionen) und – ab Vidal Junction – die Straße **#95**. Sie verläuft weiter nördlich 13 mi identisch mit der I-40 und löst sich dann wieder von der Autobahn (Auffahrt bei Needles bis Ausfahrt #133). Bei Boulder City stößt sie auf die I-515, von der man via I-215 direkt auf den Las Vegas Boulevard gelangt.

Abstecher nach Oatman   Auch auf dieser Route sind Varianten und Abstecher möglich. Besonders erwägenswert wäre ein Umweg **über die alte Route 66 nach Oatman**. Dann die I-15 nicht in Needles, sondern erst jenseits des Colorado River am *Exit* 1 (bereits Arizona) verlassen und den Oatman-Topock *Highway* nehmen (*Old Route #66*).

Die ca. 50 mi zwischen den Arizona-Ausfahrten 1 und 44 (Kingman) der I-40 bilden den **landschaftlich reizvollsten Abschnitt** der gesamten noch intakten Teilstrecken der Route 66 bis Chicago.

Das **Wildwest-Dorf Oatman** inmitten der rauen Black Mountains ist einer der wenigen verbliebenen, noch besuchenswerten Orte der

Burros in Oatman

einstigen Transkontinentalstraße und ein originelles Überbleibsel aus der Zeit ohne Autobahnen. Ein Hauch von Nostalgie weht durch die vielleicht gerade mal 200 m lange Main Street, auch wenn sich hinter fast jeder noch so modrig aussehenden Holzfassade ein moderner Souvenirshop versteckt. Unbedingt einen Blick hineinwerfen sollte man in die Bar des ehemaligen *Oatman Hotel*, deren Wände von oben bis unten mit $1-Scheinen zugepflastert sind.

Wildesel, Nachfahren der Goldgräber-Lasttiere, stehen bettelnd mitten auf der Straße und schauen auch schon mal neugierig in Autos hinein. Für noch mehr »Stau« sorgen die täglich dort stattfindenden **Shoot-Outs** (12 und 14.30 Uhr *Arizona (!) Time*); www.oatmangoldroad.org.

Einmal in Oatman könnte man auch bis **Kingman** weiterfahren (ggf. mit Abstecher zum *Grand Canyon*) und von dort der #93 nach Norden Richtung *Hoover Dam* folgen, ➢ Seite 569f.

Nach Laughlin

Ohnedem macht es nach einem Besuch in Oatman Sinn, ein Stück zurück zu fahren und via Oatman Road (#153) die Straße #95 *Spur* anzusteuern und sich auf ihr bis Bullhead City in Richtung Norden zu halten. Dort geht es **über den Colorado nach Laughlin** im Dreistaateneck, dem drittwichtigsten Spielkasinostandort Nevadas.

Egal ob auf diesem Weg oder von der #95 auf der Stichstraße #163 von Westen, **Laughlin** unterhalb des Colorado-Stausees Lake Mohave ist einen Zwischenstopp wert, und sei es, um zu staunen, was es in Nevada neben Las Vegas und Reno sonst noch alles gibt.

Laughlin (www.visitlaughlin.com) besteht im Wesentlichen aus **Kasino-Hotelkomplexen** und riesigen Parkplätzen am Westufer des Colorado und entlang der Hauptstraße durch Laughlin. Man kann dort – außer dem Glücksspiel zu erliegen – vor allem So-Do

Hauptstraße (Route 66) durch das Nostalgiestädtchen Oatman, die hier gerade von der täglichen Gunfight-Show blockiert wird

2

Laughlin

relativ günstig übernachten und an Kasino-Buffets »zuschlagen«. Das Beste an Laughlin ist seine kurze (versteckte) *Promenade* unter – zumindest teilweise – Palmen am hohen Ufer des Colorado River im Abschnitt ab dem *Pioneer Hotel & Casino* in Südrichtung. Unterhalb dieses Hotels findet man sogar einen **Mini-Badestrand** am hier glasklaren Fluss. *Water Taxis* verbinden die Kasinos untereinander und Bullhead City mit Laughlin.

Wenn Essenfassen in Laughlin, dann auf der Flussterrasse des *Bubba Gump* an der Promenade hinterm *Golden Nugget Casino*. Für den Drink am Abend empfiehlt sich der als *Brew Pub* konzipierte »Maschinenraum« des *Colorado Belle Casino*.

Übernachten am Colorado

• Wem eine Nacht an der Promenade überm Colorado River mit Blick auf den Fluss und der Morgensonne in Zimmer Freude machen würde, bucht in Laughlin das *Pioneer Hotel*. Die Zimmer an der *Riverfront* sind explizit reservierbar (ab $60 So-Do, Fr+Sa $90); ✆ 1-800-634-3469, www.pioneerlaughlin.com.

Als Mississippi-dampfer getarntes stationäres Kasino am Ufer des Colorado in Laughlin. Drinnen sieht's aus wie in allen Spielsälen

• Im *Davis Camp Park* auf der Arizona-Seite oberhalb von Bullhead City unweit des Mohave-Staudamms kann man direkt am Fluss campen; www.mcparks.com/davis_camp.htm, Tarife ab $17. Leider 2015 ungepflegt und Anlage sanitär grenzwertig.

• Etwas wasserferner campt man am Stausee **Lake Mohave** auf dem – ebenfalls – Einfachplatz *Katherine Landing*, ca. 6 mi nördlich von Bullhead City. Der Stausee gehört zur *Lake Mead National Recreation Area*; www.nps.gov/lake.

• In *Katherine Landing* gibt es in prima Lage auch ein Motel: ab $95 im Sommer, sonst ab $60. Reservierung nur im Internet: www.canyon-country.com/mohave/katherine_landing.html.

• Am Colorado bzw. Lake Mohave auf der Nevada-Seite findet man den ausgezeichneten *National Park Campground Cotton-wood Cove* (www.nps.gov/lake). Man erreicht ihn auf einer Stichstraße von der #95 ab Searchlight (liegt auf etwa halber Strecke zwischen Laughlin und Las Vegas), ca. 15 mi ab dort.

Nelson

Für Fans von *Ghost Towns* und »altem Gerümpel« käme auch ein Abstecher von der #95 nach **Nelson** im *El Dorado Canyon* ca. 11 mi südöstlich der #95 in Frage (Straße #165). Nelson, einst Schauplatz des größten Bergbau-Booms in der Geschichte Nevadas, dient immer mal wieder als Filmkulisse. Bis 1945 wurden dort Gold, Silber, Kupfer und Blei gewonnen. Die **Historical Techatticup Mine** (2 mi weiter) kann nach Anmeldung besichtigt werden: ✆ (702) 291-0026, www.eldoradocanyonminetours.com.

Route 3

Wie Route 2, aber mit Umweg über den Lake Havasu

Mit etwas mehr Zeit könnte man **ab Vidal Junction** – statt die #95 nach Norden zu nehmen – **weiter auf der Straße #62** bleiben und bei **Parker/Arizona** den Colorado River überqueren. Dort wendet man sich auf der **Straße #72** nördlich und fährt über **Lake Havasu City** (Standort der Stein für Stein über den Atlantik geschafften *London Bridge*, die früher die Themse überspannte) in Richtung I-40. Für diese Strecke braucht man einen **Extratag**, der sich aber lohnt bei Lust auf einen entspannten Tag oder Abend am Wasser.

Buckskin Mountain SP

Zahlreiche Camp- und Motelresorts warten beidseitig des Flusses auf Gäste. Einen der besten Campingplätze am Fluss hat hinsichtlich Lage, Anlage und Komfort der **Buckskin Mountain State Park** ($30 mit *hook-up*), http://azstateparks.com/Parks/BUMO.

Lake Havasu City

Lake Havasu City verfügt über eine enorme touristische Infrastruktur und jede Menge Wassersportangebote auf dem Stausee. **Mindestprogramm dort**: *Stopover* im Bereich der London Bridge Road (Anfahrt zur *Visitor Information*, dort auch Parkplätze) und Erkundung des zentralen Fußgängerbereichs beidseitig der Brücke auf dem **Shoreline Trail**, einer Promenade am Wasser vorbei an zahlreichen Lokalen, *Boat Rentals* und Anlegern für Ausflüge.

Zurück zur Route 2

Nördlich von Lake Havasu City stößt man auf die I-40 und kehrt auf ihr zur #95 zurück bzw. folgt zunächst dem Vorschlag zum Oatman-Abstecher auf der alten *Route 66* (ab *Exit* 1/Topock von der I-40). Dann geht's weiter wie unter Route 2 beschrieben.

London Bridge in Arizona

2.4   Von Los Angeles nach San Diego

2.4.1   Die Küstenroute

Interstates #5 und #405/ Toll Road #73

Der Blick auf die Karte zeigt: Die schnellste Verbindung von LA nach San Diego ist die I-5. Sie gehört indessen zu den Autobahnen mit dem höchsten Verkehrsaufkommen Kaliforniens. Für die – je nach Ausgangs- und Endpunkt – 100-130 mi kommt man daher nur in den seltensten Fällen mit der rechnerisch scheinbar leicht möglichen **Fahrzeit** von zwei Stunden aus. Das gilt ebenso für Fahrten aus dem Westen von LA nach Süden auf der **I-405**, die in Lake Forest auf die I-5 stößt. Weniger verkehrsbelastet ist der gebührenpflichtige *Freeway* #73 (*Joaquin Hills Corridor*) zwischen Costa Mesa und San Juan Capistrano, auf dem man aber nur etwa 30 mi der I-405/I-5 umgeht und kaum Zeit spart.

Pacific Coast Highway #1

Der berühmte *Highway #1* läuft auch südlich von LA weiter an der Pazifikküste entlang, innerhalb des Großraums LA bis zu seinem Ende an der I-5 bei Capistrano Beach unter der Bezeichnung *Pacific Coast Highway*, obwohl die Straße durchaus nicht überwiegend unmittelbar am Ozean entlang läuft. Die durch diese Straße verbundenen LA-Vorstädte von Malibu über Santa Monica, Manhattan Beach und Long Beach wurden bis Huntington Beach bereits im Kapitel Los Angeles behandelt, ➢ Seiten 410ff. Erst hinter **Newport Beach**, **einem kalifornischen Venedig**, verlässt die Straße langsam den Großraum Los Angeles.

Newport Beach

So attraktiv Newport Beach für Tausende von glücklichen Bewohnern sein mag, deren Yachten in den Buchten und Kanälen an Steg und Tonne vor der Haustür festgemacht sind, für Touristen ist nicht einmal der Strand dort sonderlich hervorhebenswert. Er bildet das Ende der ab Malibu durchgehend flachen hellsandigen, aber alles in allem nicht wirklich reizvollen Strände. Allemal hübscher sind die *Beaches* und kleinen Sandbuchten unter der kurz hinter Newport Beach beginnenden Steilküste.

Laguna Beach

Bei **Crystal Cove** wendet sich die #1 endgültig von der Küste ab und verläuft bis auf ein paar Meter (in Laguna Beach) wasserfern. An diesem letzten Teilstück liegt mit **Laguna Beach** der – neben La Jolla (San Diego) – attraktivste Küstenort Südkaliforniens. Er zieht sich über drei Meilen hin und verfügt über einen fast 2 km langen Hauptstrand und diverse hübsche Sandbuchten unter Felshängen und Uferparks, die der Cliff Drive miteinander verbindet. Der Zentralbereich liegt rund um die Einmündung der Laguna Canyon Road (#133 – im Ort Broadway) in den Hwy #1.

Eine besonders schöne Aussicht hat man vom *Crescent Bay Point Park* mit oft vielen Kolibris (gleichnamiger Drive ist Zufahrt ab der #1). Nur ein wenig weiter südlich zweigt der **Cliff Drive** ab, der durch beneidenswerte Wohnlagen am *Heisler Park* vorbei wieder zurück auf die #1 führt. Auf ganzer Länge dieses Parks verläuft ein wunderbar angelegter **Spazierweg bis zur** *Main Beach*.

Laguna Beach entwickelte sich aus einer Künstlerkolonie und veranstaltet im Juli bis einschließlich August ein großes ***Arts Festival*** in den Kunstzentren und Galerien. Das Kulturleben manifestiert sich auch außerhalb der Festivalzeit in den zahlreichen ***Art Galleries*** und einem anspruchsvollen Veranstaltungskalender.

Unterkunft

Dem Seebad-Charakter von Laguna Beach entspricht die große Zahl höherpreisiger Motels und Hotels:

- Das **Inn at Laguna Beach** liegt optimal über dem felsigen Ende des Hauptstrands mit meerseitigen Terrassen und Balkons, ℰ 1-800-544-4479, www.innatlagunabeach.com, ab ca. $290
- Ein noch relativ günstiges Angebot für die zentrale Lage ist das **The Tides**, 460 Pacific Coast Hwy, ab $120, im Sommer $195; ℰ 1-888-777-2107, www.tideslaguna.com

Eine Übersicht aller Quartiere in Laguna Beach findet man unter www.visitlagunabeach.com/hotels.

Restaurants

Die gastronomische Szene in Laguna Beach gehört zum Besten, was Südkalifornien in dieser Beziehung zu bieten hat; unter den zahllosen Restaurants zwischen *Fast Food* und *Gourmet* fallen unter Berücksichtigung ihrer Lage und *Outdoor Decks* auf

- das »*C'est la Vie*« gleich hinter der *Main Beach* an der #1 mit Terrasse nach hinten 'raus, www.cestlavierestaurant.com
- das »*The Cliff*« mit Terrasse hoch über der *Main Beach* an der #1 weiter südlich (Ecke Legion Street); www.thecliffrestaurant.com
- das stimmungsvolle *Steak-* und *Seafoodhouse* »**Mozambique**« mit einer Dachterrasse an der #1 eine gute Meile südlich des Zentralbereichs, mit *Live Music* abends; www.mozambiqueoc.com

Information

Infos dazu im **Visitor Center** in der 318 Forest Ave unweit des Hauptstrands. Ein ausführlicher *Visitors Guide* lässt sich im Internet herunterladen unter www.visitlagunabeach.com.

Am Hauptstrand von Laguna Beach, im Hintergrund auf der Anhöhe sieht man den Heisler Park

Ende der #1	Von Laguna Beach bis zur I-5 in Richtung San Diego bei Dana Point sind es noch 20 mi.
State Beaches Doheny und San Clemente	• Noch vor Erreichen der I-5 passiert man mit dem Dana Point Harbor Drive die Zufahrt zur **Doheny State Beach** mit einem schön angelegten **Campground** am Strand; *Beachside Camping* kostet $60, sonst $35; www.parks.ca.gov/?page_id=645.

• Strandfern und durch Schienen unterhalb der Steilküste vom Strand getrennt sind die Stellplätze des **Campground** der **San Clemente State Beach** ein paar Meilen weiter (I-5, *Exit* 73). Ohne *hook-up* ($35) ist der Park okay, die Stellplätze mit Strom/Wasser sind die $60 nicht wert; www.parks.ça.gov/?page_id=646

San Juan Capistrano

Ein kurzer Abstecher nach Norden (4 mi) führt via I-5 nach San Juan Capistrano. Vom *Exit* 82/Ortega Hwy ist es nur eine Viertelmeile bis zum Komplex der **Mission San Juan Capistrano**, dem vielleicht schönsten Missionskomplex Kaliforniens (➢ Seite 476). Im Zentrum der rund 4 ha großen abgeschlossenen Parkanlage stehen die gut erhaltenen Missionsgebäude rund um eine quadratische Plaza. Ein Anziehungspunkt sind die jeden Morgen um 9 Uhr zu Ehren des Gründers der Station *Junípero Serra* geläuteten Glocken beim Blumengarten vor der restaurierten Ruine der alten *Great Stone Church*. Die Geschichte der kalifornischen Missionsstationen wird im **Irvine Museum** erläutert; weitere Ausstellungen gelten den Indianern der Region und lokaler Kunst rund um die *Mission San Juan Capistrano*. Ein Souvenirshop fehlt natürlich auch nicht. Hinter dem Parkgelände steht der in seiner Schlichtheit eindrucksvolle Bau einer neuen Basilika.

Ruine der Great Stone Church, Glocken und Statue des Junípero Serra

Schwalben-Phänomen	Ein ungeklärtes Phänomen der Mission sind die dort im Sommer überwinternden Schwalben aus Argentinien, die jedes Jahr um den 19. März herum in San Juan Capistrano eintreffen. Täglich um 13 Uhr findet ein **Walk & Talk** dazu statt.
Zugang	Eingang zur Mission an der Ecke Ortega Hwy/Camino Capistrano, Eintritt $9 inkl. Audio-Führung (auch Deutsch),täglich 9-17 Uhr; www.missionsjc.com. *Free Wifi* auf dem ganzen Gelände.

Shopping und Gastronomie

In den Straßen südlich der Mission wartet eine dichte auf den Tourismus ausgerichtete Infrastruktur auf Kunden. Nur ein paar Schritte den Camino Capistrano hinunter sind es bis zum *Franciscan Plaza Shopping Center* gleich hinter der Bahnstation.

Setzt man die Fahrt auf derselben Straße fort, passiert man weitere Shoppingzentren und sogar ein *Café Mozart*, ein Edelrestaurant im spanischen Stil (http://cafe mozart.net), bevor man nach nicht einmal einer Meile die Auffahrt 81 zur I-5 erreicht.

San Clemente

Die Küstenvorstadt **San Clemente** zwischen Autobahn und Pazfik hat touristisch kaum etwas zu bieten. Von der *State Beach* war oben bereits die Rede. Sie eignet sich zum Campen, aber der Strand hinter Steilküste und Schienen ist dort nicht attraktiv.

Interstate #5

Zur I-5 gibt es hinter San Clemente **keine Alternative** mehr für die Weiterfahrt nach Süden. Sie durchquert ein riesiges Sperrgebiet des *US Marine Corps*, und ein Atomkraftwerk sorgt zusätzlich für kilometerweite Absperrungen der Küste.

Oceanside

Im einst mondänen, aber heute nicht mehr so überzeugenden Seebad **Oceanside** (endlose Strände, ein weit ins Meer reichender Pier und riesige Parkkapazitäten) beginnt parallel zur I-5 der – streckenweise unmittelbar an der Küste verlaufende – *County Highway* **S21**, die **historische #101** (www.drivethe101.com), wie sie heute gerne wieder bezeichnet wird. Am Wege liegen kleine verbundene **Seebäder** mit jeder Menge **Motels/Hotels** und eine Vielzahl kommerzieller Wohnmobil-Campingplätze.

Camping

Wegen der Lage direkt am Strand sind die *Campgrounds* der *State Beaches South Carlsbad* und *San Elijo* (Cardiff gleich südlich von Encinitas) unübertroffen und daher immer voll. Reservierung ist angezeigt: www.parks.ca.gov/?page_id=660_bzw.=22598.

Legoland

Bei Carlsbad befindet sich das kalifornische *Legoland*: Dorthin geht's von der S21 oder I-5, *Exit* 48, auf die Cannon Road und von dort auf den Legoland Drive. Der Besuch ist erheblich teurer als bei uns: $85, Kinder $79. Parken $15. Online findet man auch Kombitickets mit einem zum Lego-Komplex gehörenden *Water Park* und dem *SEA LIFE Aquarium*; www.legoland.com. Auch der sog. *City Pass* schließt *Legoland* mit ein, ➢ Seite 418.

Flower Fields

Wer **im März bis Anfang Mai** unterwegs ist, könnte in Carlsbad auch den Besuch der *Flower Fields* mit dann blühenden bunten Ranunkeln erwägen. Von der Cannon Road zweigt gleich östlich der I-5 der Paseo del Norte Drive nach Süden ab. Gleich hinter einer *Premium Outlet Mall* liegt das 20 ha große »Blumenfeld« (ca. 1 mi ab I-5). Im Grunde handelt es sich dabei um einen Pflanzenmarkt mit Eigenanbau der Ranunkeln und anderer Blumen samt Souvenirshop. Dafür $12 Eintritt zu nehmen und dennoch viele Besucher anzuziehen, spricht fürs geschickte Marketing der Betreiber. Geöffnet nur in der kurzen Saison 9-18 Uhr; genaue Saisondaten für 2016 und 2017 unter www.theflowerfields.com.

Badeorte

Von den Ortschaften entlang der S21 lohnen in erster Linie **Carlsbad** und **Del Mar** ggf. eine Fahrtunterbrechung.

Torrey Pines Road

Die S21 geht noch vor San Diego in die *Torrey Pines Road* über, auf der man automatisch auf den *La Jolla Shores Drive* stößt, der zum *San Diego Scenic Drive* gehört, ➢ unter San Diego, Seite 491.

Genaue Karte notwendig

Zur Orientierung im Küstenbereich und für die in den nächsten Absätzen beschriebene Route benötigt man wegen der Vielzahl und Dichte kleiner Straßen bei gleichzeitig keiner oder schlechten Beschilderung eine genaue **Südkalifornien-Karte** (z.B. des AAA). Ein **Navi** ist nur bedingt hilfreich, weil es zwar zum gewünschten Ziel führt, jedoch keine Gesamtübersicht bietet.

2.4.2   Die ruhige Inlandsroute ab Oceanside

Alternative Route #76/ Palomar Observatory

Eine hübsche, aber zeitraubende Alternativroute zur Küstenstrecke ist ab Oceanside die **Straße #76** nach Osten durch den *Cleveland National Forest* (auch denkbar bei Anfahrt auf der I-15, dann von dort *Exit* 46).

Etwas abseits, aber letztlich noch am Wege liegt das berühmte *Mount Palomar Observatory* – etwa 11 mi Zufahrt über zahlreiche Kehren der **Straße S6** – mit Riesenteleskopen und einem kleinen Museum (Besichtigung gratis, geführte Touren $5; täglich 9-15/16 Uhr; www.astro.caltech.edu/palomar). Ein 400 m Fußweg führt vom Parkplatz zum Observatorium. Besonders ergiebig ist der Besuch aber nicht.

Auf der Anfahrt passiert man zwei *NF-Campgrounds*. Der bessere von beiden ist *Palomar Observatory* (ab $15, Duschen).

Straße #79

Nach San Diego geht es von dort am besten über die Straßenkombination **S7** (bis *Lake Henshaw*), dann **#76** und **#79** über Santa Isabel und Julian zur **I-8**.

Julian

Das Dorf **Julian** im künstlichen Wildwest-Look hat mehrere in Dörfern dieser Größe sonst nicht zu findende Restaurantterrassen und ***Bed & Breakfast Places***, z.B. das ***Gold Rush B&B***, ✆ 1-800-734-5854; www.julianhotel.com.

Dank der gemäßigten Temperaturen in 1.300 m Höhe, der attraktiv-hügeligen Umgebung und des nahen Lake Cuyamaca ist Julian beliebtes Sommer-Ausflugsziel für hitzegeplagte Talbewohner.

Die #79 zwischen Julian und der Autobahn läuft kurvenreich durch eine Landschaft mit klaren Bächen (im Frühjahr; später im Jahr meist ausgetrocknet) und Hochwald. Sehr schön übernachtet man im ***Green Valley*** des ***Cuyamaca Rancho State Park***; Camping $30 (keine *hook-ups*), www.parks.ca.gov/?page_id=667.

Straßen #S6/#67/#S4

Man könnte sich – statt hinunter zur I-8 zu fahren – schon vor Julian westwärts wenden und über den *County Highway* S6 oder ab Santa Ysabel #78/#67/*County Highway* S4 die **I-15** ansteuern. Damit gelangt man noch etwas rascher nach San Diego (speziell auf der S6 ab dem Bereich *Mount Palomar*).

San Diego Safari Park

Ein weiteres Motiv für diese Routen liefert ggf. der **San Diego Safari Park** an der #78, 5 mi östlich von Escondido. Viele asiatische und afrikanische Tiere lassen sich auf einer »Safaritour« oder von Aussichtspunkten aus beobachten. Tierfreunde dürften dort allerdings wenig begeistert sein. Der Park ist überdies extrem kommerzialisiert (u.a. ***Nairobi Village*** voller *Eateries* und Souvenirshops). Trotz hohen Eintritts ($48, bis 11 Jahre $38) kosten viele Attraktionen extra (Tierbegegnungen, *Ziplines*); www.sdzsafaripark.org. Der *San Diego Zoo* (www.sandiegozoo.org) ist die bessere Alternative für einen Tierparkbesuch; ➤ Seite 498.

Museum der Creationists in Santee

Die ***Life and Light Foundation*** betreibt in **Santee** (10946 North Woodside Ave), einem nordöstlichen (Fast-)Vorort von San Diego (dorthin über I-15 und *Freeway* #52 oder über I-8, *Exit* 18, auf den *Freeway* #67, von dort *Exit* 3) das auf seine Art sehenswerte ***Creation & Earth History Museum***, Mo-Sa 10-16 Uhr; www.creationsd.org, Eintritt $7.

Es geht im Museum um die Schöpfungsgeschichte aus der in den USA verbreiteten Sicht der ***Creationists***, derzufolge die Bibel naturwissenschaftlich exakt die Entstehung der Erde beschreibt.

Davon und von weiteren erstaunlichen, in andere Teile der Welt bislang kaum gedrungenen Erkenntnissen erfährt, wer sich die Mühe des Abstechers macht; ➤ auch www.lifeandlightfoundation.org.

2.5   San Diego

2.5.1 _____ Allgemeine Informationen

_____ **Geschichte, Klima und Geographie**

San Diego – und nicht etwa San Francisco – ist heute mit rund 1,3 Mio. Einwohnern nach Los Angeles **Kaliforniens zweitgrößte City**. Die Stadt verfügt jedoch über keinen vergleichbaren Gürtel von Trabanten- und Nachbarstädten. Der **Großraum San Diego** (ca. 3,2 Mio.) ist daher bei weitem nicht so bevölkerungsstark wie *Metropolitan* San Francisco, andererseits aber touristisch ähnlich bedeutsam mit aktuell rund 33 Mio. Besuchern jährlich, von denen die Hälfte für eine oder mehrere Nächte in San Diego bleibt.

Geschichte   Nach der Entdeckung Amerikas ließ auch die Erkundung der Westküste nicht lange auf sich warten. Schon 1542 setzte der Seefahrer *Juan Rodriguez Cabrillo* seinen Fuß auf die der San Diego Bay vorgelagerte Halbinsel. Mit der Landung am Point Loma, wo heute ein *National Monument* an ihn erinnert, reklamierte er sogleich ganze Landstriche im Westen Nordamerikas – das heutige Kalifornien – für die spanische Krone. Aber erst 227 Jahre später begann die Kolonisierung Kaliforniens durch die Spanier.

Nach der Eroberung Kaliforniens 1848 durch die USA als Folge des mexikanisch-amerikanischen Krieges ging die Entwicklung lange Zeit an San Diego in der Südwestecke des Staates vorbei. Erst um die Jahrhundertwende entstanden mit der Anbindung der Stadt an das Eisenbahnnetz ein nennenswerter Hafen und Industrie.

Spanische Missionen in Kalifornien   Ernst-Georg Richter

http://californias-missions.org http://parks.ca.gov/?page_id=22722
http://de.wikipedia.org/wiki/Spanische_Missionen_in_Kalifornien

Zwar war nach damaligem Rechtsverständnis das heutige Kalifornien neben weiteren riesigen Flächen im Süden Nordamerikas schon im 16. Jahrhundert an Spanien gefallen, aber »gesichert« war dieser Besitz bei weitem nicht.

Und so sorgte sich der spanische Hof unter seiner katholischen Majestät *Juan Carlos III* in der zweiten Hälfte des 18. Jahrhunderts um eine beginnende russische Besiedlung Nordkaliforniens und den aufkommenden Einfluss Russlands, das bereits Handelsposten in Alaska unterhielt. Da bereits einhundert Jahre zuvor spanische Jesuiten in der heute mexikanischen *Baja California* ein Netz von Missionen und Siedlungen aufgebaut und damit die Halbinsel erfolgreich kolonisiert hatten, beschloss man 1767, dasselbe für **Alta California** in Angriff zu nehmen. Eine Expedition unter dem Offizier *Gaspar de Portola* und dem Franziskanerpater **Junípero Serra** wurde vorbereitet mit dem Auftrag, *Presidios* (Festungen) zu errichten, um Kalifornien militärisch abzusichern und Missionen zu gründen. Der Zweck letzterer war, die Indianer zunächst zum Christentum zu bekehren und dann mit ihrer Hilfe die kalifornische Kolonie im Machtbereich der spanischen Krone zu verankern.

Die Expedition erreichte 1769 die Bucht von San Diego und errichtete als erste Mission **San Diego de Alcalá**. Zwei Jahre darauf folgte *San Carlos Borromeo del Rio Carmelo* im heutigen Carmel. Bis 1823 wurden daraus insgesamt **21 Missionen**, die durch den **Camino Real** (Königsweg) verbunden waren. Sie lagen jeweils eine Tagesreise auseinander und hatten damit u.a. die Funktion von Etappen für Reisende. Neben der Missionskirche entstand regelmäßig auch eine Siedlung mit Landwirtschaft nach europäischem Vorbild.

Die härteste Arbeit mussten dort – wie sich denken lässt – diejenigen leisten, die »bekehrt« bzw. kolonisiert worden waren. Die nach ihrer Christianisierung »Neophyten« genannten Indianer schufteten auf den Feldern und wurden streng und oft genug brutal behandelt. Den eingeschleppten Krankheiten aus der alten Welt hatten sie außerdem nichts entgegenzusetzen, was die neuen Siedlungen dauerhaft schwächte. Statt *California* zu sichern und auszubauen, konnten sich die Missionen nur mit Mühe selbst erhalten. Nachdem sich dann Mexiko 1821 auch noch von Spanien losgesagt hatte, endete nach und nach die Unterstützung aus dem Süden, und 1834 wurden die Missionen säkularisiert.

Die *Missions* sind heute ausnahmslos Baudenkmäler. Zugleich transportieren sie eine durchweg romantisierende Erinnerung an die spanische Zeit, in der das in den Vordergrund gestellte religiöse Ziel der Missionierung mit handfesten imperialistischen Interessen einherging. Trotz allem unterschied sich der Umgang der Spanier mit den Ureinwohnern des Kontinents deutlich vom Vorgehen der Engländer an der Ostküste: Dort wurden die Indianerstämme bekriegt und weitgehend ausgelöscht, im günstigsten Fall »nur« vertrieben.

Keimzelle der Stadt: Mission San Diego de Alcalá

Mit dem Überfall der Japaner auf Pearl Harbor und einer dadurch bedingten Verlegung des pazifischen Oberkommandos der US-Streitkräfte von Hawaii nach San Diego wurde der zweite Weltkrieg zum entscheidenden Anstoß für die seither erlebte Expansion. Die Marine- und *Airforce*-Gelände belegen nach wie vor gewaltige Areale rund um die Bay, und die pazifische Kriegsflotte dominiert die Hafenanlagen.

Klima

Nun sind nicht allein militärische Aktivitäten, Industrie, Handel und Wandel verantwortlich für den anhaltenden Boom San Diegos. Die **Freizeitgesellschaft** der Nachkriegsära entdeckte – ganz besonders seit den 1980er-Jahren – die hervorragende klimatische und geographische Eignung der Stadt fürs ganzjährige *Outdoor Living* zwischen Strand, *Pool*, Tennis- und Golfplatz.

In San Diego herrschen **jahraus, jahrein angenehme Temperaturen**. Wie im benachbarten Los Angeles erreichen sie selbst im Januar im Tagesdurchschnitt 18°C und sinken nachts kaum unter 6°C bis 10°C, aber im Sommer klettern sie selten so hoch wie dort, sondern verharren im Allgemeinen deutlich unter 30°C. Und das bei maximaler Sonneneinstrahlung und wenigen Regentagen.

Der heute wegen der Drogenkriegsproblematik in Mexiko reduzierte, aber lange Jahre florierende **Grenztourismus** nach Tijuana, wo manches erlaubt, was in den USA verboten ist, tat ein übriges für San Diegos Prosperität.

Geographie

Die Geographie San Diegos lässt sich unter touristischem Blickwinkel wie folgt unterteilen (➢ Karten Seiten 479 und 493):

- Die nördlichen Vororte (**La Jolla, Muirlands, Pacific** und **Mission Beach**) liegen zwischen der *Interstate* #5 und dem Ozean. Dort findet man die reizvollsten Strände, das unter jungen Amerikanern legendäre *San Diego Beach Highlife* und ausgedehnte Villenviertel. Sie werden nach Süden durch die **Mission Bay** begrenzt, frühere Brackwassersümpfe, die zu einer Seen- und Parklandschaft umgestaltet wurden – mit Stränden, Marinas und dem *Sea-World*-Komplex auf der Südseite.

Von Wasser umgebener Embarcadero Marina Park in der Südwestecke von Downtown San Diego

- Die Stadtteile **Ocean Beach** und **Point Loma** unterhalb der Mission Bay und des San Diego River bilden die westlichen

Vororte auf der weit nach Süden reichenden, großenteils von der US-Marine besetzten Point-Loma-Halbinsel. Die North San Diego Bay, der *Lindbergh International Airport* und die *Interstate* #5 begrenzen diesen Bereich nach Osten.

• Die langgestreckte, am Kopf inselartige **Coronado Peninsula** bildet die westlichen Ufer der San Diego Bay. Sie ist mit *Downtown* über eine 4 km lange Brücke verbunden.

• **Downtown** San Diego ist ein überschaubares Stadtzentrum am Nordende der Bay unterhalb des höhergelegenen **Balboa Park**.

• Zwischen I-5 und I-8 in unmittelbarer Nähe ihres Kreuzungsbereichs liegt die **Old Town**, östlich davon das sog. **El Presidio**, Keimzelle San Diegos hoch über der Stadt.

• Das **San Diego River Valley** mit der nach Osten führenden *Interstate* #8. Auf ihr erreicht man die 1774 vom ursprünglichen Standort verlegte **Mission San Diego** und die größte **Hotel- und Motelkonzentration** der Stadt, ➢ *Hotel Circle*, Seite 484.

Die weiter südlichen, bereits **mexikanisch geprägten Stadtteile** haben Touristen kaum etwas zu bieten. Man durchfährt sie auf den *Freeways* in Richtung Grenze.

Stadtrundfahrt im Amphibienfahrzeug ist auch
in San Diego eine Option, ➤ rechts unten

Information, Orientierung und Transport

**Besucher-
information**

Das *International Visitor Information Center* befindet sich am
996-B North Harbor Drive, Ecke Broadway, Juni-Sept. täglich 9-17
Uhr, Okt.-Mai bis 16 Uhr; ✆ (619) 236-1242; www.sandiego.org.

Eine weitere *Visitor Information* residiert in **der Old Town San
Diego** an der 2415 San Diego Ave, ✆ (619) 291-4903, täglich 11-18
Uhr; www.oldtownsandiego.org.

Die Büros der *Visitor Information* in San Diego sind ggf. behilflich bei der Unterkunftssuche und -buchung.

Eine weitere gute Info-Seite speziell für Hotelauswahl, Gastronomie und kommerzielle Attraktionen ist www.sandiego.com.

**Karte
notwendig**

Vor allem, wer zunächst die nördlichen Stadtteile (ohne Navi) besucht, sollte sich bei der *Tourist Information* oder beim AAA
einen Stadtplan besorgt haben. In San Diego ist die **Orientierung**
nicht einfach, da wegen wechselnder Topographie das sonst in
Amerika übliche Schachbrettmuster – außer in *Downtown* – in
vielen Bereichen nicht durchgehalten werden konnte.

Scenic Drive

Erreicht man San Diego auf der Straße #S 21 (oder auf der I-5, *Exit
Genessee Ave*) und über die **North Torrey Pines Road**, lässt sich
der ausgeschilderte (blau-gelb mit einer Möwe) *Scenic Drive* nicht
verfehlen. Dessen Verlauf kann man gut als Leitlinie durch die
Stadt nutzen, ohne sich in allen Einzelheiten daran zu halten.

Am besten folgt man ihm seeseitig auf dem **La Jolla Blvd**. Nach
Passieren der Mission Bay geht es zu den **Sunset Cliffs** und von
dort zum *Point Loma* bzw. (ohne den Abstecher) über den North
Harbor Drive direkt nach *Downtown*, zum *Balboa Park* und ggf.
weiter zur *Old Town*. Mit Ausnahme der *Coronado Peninsula*
und der *Mission San Diego* erfasst diese Route die Mehrheit der
in Frage kommenden Anlaufpunkte.

Eine detaillierte Streckenbeschreibung des *59-Mile Scenic Drive*
findet sich unter: www.sandiego.org/articles/tours-sightseeing/
san-diegos-59-mile-scenic-drive.aspx.

**Bus und
Straßenbahn**

Öffentlicher Transport funktioniert in San Diego gut. Neben dem
Bussystem existieren drei **Trolley-Linien** (Straßenbahnen). Die
Orange Line fährt vom *Santa Fe Depot Downtown* nach **El Cajon**
im Nordosten der City, die *Green Line* von *Downtown* (Imperial

& 12th Street) nach **Santee** und die ***Blue Line*** vom *Santa Fe Depot* durch *Downtown* nach **Ysidro** an der Grenze. Die **einfache Fahrt kostet $2,50**. Kombi-Bus/Trolley-Tagespässe $5, 2 Tage $9, 4 Tage $15 usw., www.sdmts.com/fares.asp. Beim ersten Kauf ist zunächst für $2 eine ***Compass Card*** zu erwerben, auf die man den *Day Pass* lädt. Details unter http://511sd.com/compass/compass.

Infos zu Fahrplänen und Tarifen gibt's im ***Transit Store*** in *Downtown*: 102 Broadway/1st Ave, Mo-Fr 9-17 Uhr; www.sdmts.com.

Hop-on-hop -off-Trolley

Wer sich keine Gedanken zu Orientierung und Parkplatzsuche oder Routen und Zeiten öffentlicher Verkehrsmittel machen will, bucht den ***Old Town Trolley***, der eine weite Runde durch San Diego dreht – von der *Old Town* nach *Downtown* und *Coronado* und weiter nach *Balboa Park* und *Little Italy*. An 11 Haltepunkten kann beliebig zu- und ausgestiegen werden. Eine volle Runde lässt sich auch gut für eine erste Gesamtübersicht nutzen; **Tagesticket $39**, bis 12 Jahren $19, online günstiger; Frequenz alle 30 min. Im Sommer stehen auch **La Jolla & Mission Beach**-Touren auf dem Programm ($29/$18). Für Information und Unterhaltung sorgen die Fahrer; ✆ 1-866-754-0966, www.trolleytours.com/san-diego.

Sogenannte Trolleys dienen in San Diego wie in anderen Großstädten als Rundfahrtvehikel. Hier steht der Trolley in der Nähe des Old Town Historical Park

Scenic Tours

Ähnliches bietet **San Diego Scenic Tours**: dabei gibt es kommentierte Halb- oder Volltagestouren, die die Highlights von San Diego inklusive La Jolla umfassen und wahlweise um eine Bootsfahrt im Hafen und einen Ausflug nach Tijuana aufgestockt werden können. Abfahrten ab 8.30 Uhr, ✆ (858) 273-8687, www.sandiegoscenictours.com, $38-$98, Kinder $19-$49.

Seal/Duck Tours

Einmal rund um den Hafen fahren die **Amphibienfahrzeuge** (alte Landungsboote der Marine) ab dem *Seaport Village* und tuckern dann ab Shelter Island auf der *San Diego Bay* herum, ✆ (619) 298-8687, www.sealtours.com; $39, Kinder bis zu 12 $19, etwas billiger bei Internetbuchung. Die Touren werden das ganze Jahr über angeboten; Anzahl der Abfahrten und Zeiten variieren. Dauer 90 min.

Hafen- rundfahrt

San Diego ist prädestiniert dazu, auch vom Wasser aus entdeckt zu werden. 60-minütige Rundtouren durch den nördlichen oder südlichen Teil der Bucht bieten dort nicht nur die üblichen Ausblicke auf Hafenanlagen, Skyline und Brücken, sondern im Norden eine Vorbeifahrt an der Atom-U-Boot-Basis und im Süden an den Anlagen, Docks und Überwasserschiffen der US-Pazifikflotte (darunter oft Flugzeugträger). Abfahrten der Boote von **Flagship Cruises Harbor Tours** am 990 North Harbor Drive, ✆ 1-800-442-7847; 60-min-Touren kosten $23/$11,50 und für beide Runden (Norden + Süden) mit 120 min $28/$14; www.flagshipsd.com/harbor-tours.

Besondere Touren

Touren vom allgemeinen Sightseeing über Brauereibesichtigungen, Ballon- und Segwayfahrten, Reit- und Safariausflüge bis zum **Whale Watching** gibt's bei **Another Side of San Diego Tours**, ✆ 1-877-311-8687, ab $75; www.anothersideofsandiegotours.com.

The Gaslamp Walking Tour ist ein 1,5-stündiger Architekturspaziergang durchs historische *Gaslamp Quarter* ab *William Heath Davis House* in der 410 Island Ave. Neuerdings auch »*Ghost-Tours*« und »*Paranormal Investigations*«; $20-$40; ✆ (619) 233-4692, www.gaslampfoundation.org/book-a-tour.

Brewery Tours of San Diego chauffiert täglich Gäste zu heiteren Bierproben bei preisgekrönten regionalen Brauereien, ab $65; ✆ (619) 961-7999, www.sdbeerbus.com.

City Pass

Wer in San Diego **SeaWorld**, in LA **Disneyland** und **California Adventure** und in Carlsbad **Legoland** besuchen möchte, könnte den Kauf des **Southern California CityPass** erwägen. Damit spart man gegenüber dem Einzelkauf der Tickets ein paar Dollar: **$329/Kinder $286**, gegen Aufpreis um den *San Diego Zoo/Safari Park* erweiterbar; ✆ 1-888-330-5008; www.citypass.com/southern-california.

Ähnlich wie in LA gibt es auch hier die **Go San Diego Card** mit *Discount* für rund 40 Attraktionen; ab $84/$79; ✆ 1-866-628-9032, www.smartdestinations.com/san-diego-attractions-and-tours.

Per Bike unterwegs

Große Bereiche von San Diego einschließlich *Downtown* sind eben und damit ideal für eine Stadt- und Stranderkundung per Rad. Ein citywites Netz mit über 100 Mietstationen bietet **DecoBike**, ✆ (619) 241-4474, www.decobike.com. Bei der Mission Beach befinden sich außerdem **Cheap Rentals**, www.cheap-rentals.com und **Ray's Rentals**, www.rays-rentals.com (3689 bzw. 3221 Mission Blvd). Dort werden auch **Surfboards** verliehen!

Anleger für San Diego Bay Tourboote

Individuell-historische Alternative fürs Unter-kommen in San Diego ist das Cosmo-politan Hotel in der Old Town, Nostal-gie ab $109, auch Suiten; http:// oldtown cosmopolitan. com

_____ **Unterkunft**

Situation

San Diego verfügt als Touristenziel über zahllose Hotels und Mo-tels überwiegend in der mittleren bis gehobenen Klasse. Trotz der großen Konkurrenz sind die Tarife heute ziemlich hoch. Im hier besonders citynahen **Flughafen** (www.san.org) gibt's das übliche Direkttelefon für an der Hotel-Leuchtwand vertretene Häuser.

Airportnähe/ Downtown

- ***Motel 6 Downtown***, ✆ (619) 236-9292, 1546 2nd Ave. Gutes Preis-/Leistungsverhältnis für die Lage; ab $100

- ***HI Express Airport at Old Town***, ✆ 1-800-181-6068, 1955 San Diego Ave, ab $130; www.hiesandiego.com

- ***Days Inn Harbor View***, ✆ (619) 232-1077, 1919 Pacific Hwy, ab $89 (*AAA-Rate*); www.daysinnhv.com

- ***Holiday Inn San Diego Bayside***, ✆ 1-800-662-8899, 4875 North Harbor Drive, prima Lage mit preisgekröntem Erweiterungsbau, ab $180; www.holinnbayside.com

- ***Best Western Island Palms Hotel***, 2051 Shelter Island Drive, ab $160, sehr gute Zimmer und schöne Lage am Yachthafen; ✆ 1-800-922-2336; www.islandpalms.com

- ***Ramada Limited SeaWorld***, ✆ (619) 225-1295, 3747 Midway Dr zwischen *Downtown* und Mission Bay. Preiswertes Haus in Nachbarschaft zu *Fast Food* und *Shopping Center* mit Supermarkt, ab $89; http://www.ramada.com/hotels/califor nia/san-diego/ramada-limited-sea-world/hotel-overview

- ***Ramada Inn & Suites St. James***, ✆ 1-800-664-4400, 830 6th Ave, Nostalgiebau um 1912 im *Gaslamp Quarter*; mit 11 Stockwerken damals höchstes Gebäude der Stadt. Dach-terrasse mit Blick über *Downtown*, Standardzimmer relativ klein, aber gute Lage; ab $150; http://stjameshotel.com

- ***The Bristol***, ✆ 1-800-662-4477, 1055 First Ave, Boutiquehotel in modernem Design im Herzen von *Downtown*; ab $139 (*AAA*-Tarif); www.thebristolsandiego.com

2

Wyndham Bayside Hotel zwischen Hafen und Downtown in optimaler Lage. Alle Zimmer mit Balkon; in Sommer ab $199, mit Bayview teurer. Letztere bis Juni/ab Oktober ab $189.
www.wyndhamsandiegobay.com

Hotel Circle

Der **Hotel Circle** ist eine San Diego Spezialität: Nur wenig östlich des Kreuzungsbereichs I-8/I-5 ballen sich an einer Rundstraße über 20 Hotels/Motels ab unterer Mittelklasse (ab ca. $70 *AAA*). Viele liegen in gepflegten Gärten. Dort findet sich leicht ein passendes Zimmer. Die Restaurantdichte ist dort ebenfalls hoch.

- **Days Inn**, ✆ (619) 297-8800, 543 Hotel Circle, ab $89 *AAA*; www.dayshotelhc.com
- **Mission Valley Resort**, ✆ 1-800-362-7871, 875 Hotel Circle S, ab $60, etwas abgewohnt; www.missionvalleyresort.com
- **Hampton Inn Mission Valley**, 2151 Hotel Circle, ✆ (619) 295-7600, ab $120; www.hamptoninnmv.com
- **Kings Inn**, ✆ 1-800-785-4647, 1333 Hotel Circle South, ab $89; http://kingsinnsandiego.com

Mission Bay

In Strandnähe an der Mission Bay wird es im Allgemeinen teurer:

- **The Dana on Mission Bay**, 1710 W Mission Bay Drive, ✆ 1-800-445-3339, an der Mission Bay Nähe *SeaWorld*, DZ ab $129 *AAA*; www.thedana.com

La Jolla

Ebenso in La Jolla, dort zahlt man für's DZ ab ca. $150 z.B. im:

- **BW Plus Inn by the Sea**, 7830 Fay Ave, ✆ 1-800-258-3732 oder
- **HI Express La Jolla**, 6705 La Jolla Blvd, ✆ 1-800-181-6068, Tipp: *Poolside*-Zimmer buchen, gutes P-/L-Verhältnis!

Mission Blvd

Preiswerter sind Motels der Einfachklasse am Mission Blvd:

- **Red Roof In Pacific Beach**, 4545 Mission Bay Drive, ✆ (858) 483-4222, ab $59 *AAA*; www.innatpacificbeach.com

Die bessere Mittelklasse am Strand kostet erheblich mehr:

- **Blue Sea Beach Hotel**, 707 Pacific Beach Drive, ✆ (858) 488-4700, ✆ 1-800-258-3732, sehr gute Zimmer ab ca. $190 *AAA*; www.blueseabeachhotel.com

- *Ocean Park Inn*, 710 Grand Ave, ✆ (858) 483-5858, ab $170, sehr gut gelegen in Pacific Beach, www.oceanparkinn.com

Preiswert

San Diego verfügt über relativ wenige, oft ausgebuchte HI- und freie *Hostels*, zeitige Reservierung ist notwendig:

- *SD Downtown Hostel (HI)*, ✆ (619) 525-1531, 521 Market Street im *Gaslamp Quarter*; Bett ab $39, DZ ab $100; http://sandiegohostels.org/downtown.php
- *Point Loma Int'l Hostel* (**HI**), 3790 Udall Street, Point Loma, ✆ (619) 223-4778, schöne Lage, ab $31; http://sandiegohostels.org/point-loma.php
- *Ocean Beach Int'l Backpackers Hostel*, 4961 Newport Ave am Strand, ✆ 1-800-339-7263 und ✆ (619) 223-7873; ab $37; Lesermeinung: »*Spitze*«, www.californiahostel.com

B & B

- *Hillcrest House*, 3845 Front St, fünf renovierte Gästezimmer, günstige Lage zwischen *Balboa Park* und *Old Town*, ✆ (619) 990-2441, ab $159, www.hillcresthousebandb.com
- *Britt Scripps Inn*, 406 Maple Street beim *Balboa Park*, ✆ (619) 230-1991, ab ca. $100; www.brittscripps-inn.com

Spitzen-klasse

- *Hotel del Coronado*, 1500 Orange Ave, Coronado Island, ✆ 1-800-468-3533. Eleganter, weißer Holzbau von 1888 am Strand auf der gleichnamigen Halbinsel. Das bekannteste Hotel der Stadt; ➤ Foto Seite 497, ab ca. $330; www.hoteldel.com
- *Marriott Marquis & Marina*, ✆ 1-800-228-9290, 333 West Harbor Drive in *Downtown*. Moderner verspiegelter Riesenkomplex mit 1355 Zimmern und eigenem Yachthafen, ab $230; www.marriott.com/hotels/travel/sandt-san-diego-marriott-marquis-and-marina
- *Crystal Pier Cottages* (Holzhäuschen auf dem Pier mit 1-2 SZ, Bad+Küche+Sonnenterrasse; ➤ Foto unten), 4500 Ocean Blvd, ✆ 1-800-748-5894, www.crystalpier.com. Sehr teuer, Tarife (auf Anfrage!) weit jenseits der $300-Marke, aber das Nonplusultra an der Mission Beach. Normalerweise ist **Reservierung Monate im Voraus notwendig.**

Zimmer-vermittlung

Eine Übersicht freier Kapazitäten gibt's auf dem Portal www.sandiegohotels.com oder auf der offiziellen Tourismusseite der Stadt: www.sandiego.org/where-to-stay.aspx.

Zentrale Reservierungsnummer: ✆ **1-800-350-6205**

Crystal Pier Cottages, Superlage und superteuer

Camping

Komfort-camping

Die stadt- bzw. beachnahen privaten *Campgrounds* zeichnen sich in San Diego durch exorbitante Preise bis **über $90** pro Nacht aus.

- Dafür bietet **Campland-on-the-Bay** am Nordufer der Mission Bay saubere Sanitäranlagen, *Whirlpool*, Badestrand und *Wifi*, aber nur recht rustikale Stellplätze; www.campland.com.

- Perfekt dagegen ist auf etwa halber Strecke zwischen Tijuana und San Diego der Superkomfortplatz **Chula Vista RV Resort** mit viel Grün (an Parkanlage/Strand der San Diego Bay, I-5 *Exit* 7B; 460 Sandpiper Way); www.chulavistarv.com.

- Der auch gute **KOA-Campground** an der 111 North 2nd Ave unweit I-805, *Exit* 8, liegt stadtnäher, hat aber nicht den Vorzug von Strandnähe, ✆ 1-800-562-9877; www.sandiegokoa.com.

Am Strand

- Camping nur für Wohnmobile zu niedrigeren, dennoch hohen Kosten (ab $50 pro Fahrzeug) gibt es in Citynähe auf den *State-Beach*-Parkplätzen am **Silver Strand Highway** (Coronado Peninsula). Zwar stehen dort die Camper bisweilen dicht an dicht ohne *hook-up*, dafür aber direkt am Strand. Einfachste Sanitärgebäude und kalte Duschen. ✆ **(619) 435-5184**. Online-Reservierung unter www.reserveamerica.com, ➢ Seite 122 unten.

RV-Camping in San Diego am Silver Strand auf der Coronado Halbinsel

County Parks

Ziemlich weit von der City entfernt, aber gut am See liegt der

- **Lake Jennings County Park**, I-8 East, östlich von El Cajon ausgeschildert, ✆ (619) 390-1623 und ✆ 1-877-565-3600; Reservierung online unter www.lakejennings.org/camping; RVs $35-$40, Zelte $28-$30; gratis *Wifi*, Reservierungsgebühr $8.

Ein weiterer (bei Reitern beliebter und dafür teilweise speziell hergerichteter) **County Park** ist

- **Sweetwater Summit**, südöstlich der Stadt. Anfahrt über I-805, dann Bonita Road und weiter auf Summit Meadow Road; nur RVs $29-$33, Reservierung unter ✆ (619) 390-1623 oder online unter http://reservations.sdparks.org.

Beide Parks verfügen über Stellplätze mit *hook-up*.

Mexican
Food
dekorativ
serviert
in der
Old Town

Restaurants, Kneipen und Nightlife

Regionen

Das **Restaurantangebot** in San Diego ist in allen Bereichen nahezu **überwältigend**. Ob Mission Bay, Zentrum, *Old Town* oder *Balboa Park*, die nächste *Eatery* oder Kneipe findet sich in der Nähe.

Downtown

In **Downtown** konzentrieren sich Lokale aller Art rund um den Bereich **Gaslamp Quarter** und **Seaport Village**. In der architektonisch auffälligen *Westfield Horton Plaza Shopping Mall* befindet sich auf der oberen Ebene (*Level 3*) ein großer **Food Court**.

Im **Gaslamp Quarter** sind eine gute Wahl:

- **Hennessy's** an der Ecke 4th Ave/G Street. Beliebt, Spätküche, moderate Preise, ℂ (619) 239-9994; www.hennesseystavern.com.

- **Brian's 24** mit *Mahagony-Bar* hat als einziges Restaurant in *Downtown* 24 Stunden geöffnet; www.brians24.com.

Ein guter Tipp für Live-Musik ist das

- **House of Blues** in der 1055 5th Ave mit amerikanischer und internationaler Küche. An vielen Sonntagen gibt's dort ein *Gospel Brunch*, ℂ (619) 299-2583, www.houseofblues.com/sandiego.

Seaport-Bereich

Die Lokale im **Seaport Village**, einem künstlichen Schnuckeldorf in der südwestlichen Ecke von *Downtown*, sind im Wesentlichen auf **Fast Food** spezialisiert, das man dort mit Blick über die San-Diego-*Skyline* und die Bucht genießen und mit einem kleinen Spaziergang durch den anschließenden **Embarcadero Marina Park** verbinden kann; www.seaportvillage.com.

Nur ein Riesenparkplatz trennt das *Seaport Village* von **The Headquarters at Seaport District**, einem weiteren Shopping- und Restaurantcenter in historischen Gemäuern des früheren Polizeihauptquartiers mit Open-Air-Innenhof; www.theheadquarters.com.

2

Fish Market

In bester Lage direkt am Wasser auf dem *G Street Pier*/Tuna Lane neben dem Flugzeugträger *Midway* befinden sich die **Fish Market Restaurants** (*Family Eatery* und *Sushi-/Cocktail Bar* im Untergeschoss, teures Edelrestaurant mit Aussichtsterrasse oben) – SD's *Top-Seafood*-Lokale; www.thefishmarket.com/locations.aspx?id= 6.

Old Town

Für ein mexikanisches Dinner empfiehlt sich – trotz des dort sehr touristischen Ambientes – eines der Restaurants der **Old Town**, zumal dort wegen großer Konkurrenz die Preise moderat sind, z.B.

- **Café Coyote**, 2461 San Diego Ave, vielleicht das beste von allen, ✆ (619) 291-4695; www.cafecoyoteoldtown.com oder
- **Casa Guadalajara**, 4105 Taylor/Juan Street, abends Mariachi-Musik, ✆ (619) 295-5111; www.casaguadalajara.com

Kneipen

- Über 40 Biersorten und Frisches vom Grill gibt's im **Iron Pig Alehouse**, einem alten, renovierten Warenhaus im Herzen von Pacific Beach; www.ironpigalehouse.com

Große Portionen im Braurestaurant und frisches Bier verbinden sich besonders erfreulich in

- **Stone Brewing World Bistro** im **Airport** (*Terminal 2, Gate 36*), gleich westlich der *Runway* an der 2816 Historic Decatur Road und im *Petco-Park*-Stadion (5. Stock). Hausmarke »*Arrogant Bastard Ale*«; www.stonebrewing.com
- **Karl Strauss' Micro Brewery** in der 1157 Columbia St, wo zehn Biersorten gebraut und gezapft werden; www.karlstrauss.com

Balboa Park

Wer den **Balboa Park** besucht, findet ordentliche **Cafeterias** in den Museen. Kalifornische Fusion-Küche in attraktivem Umfeld bietet das preisgekrönte **Prado**-Restaurant an der 1549 El Prado, www.cohnrestaurants.com/theprado.

Mission Beach

Kaum zu übertreffen für *Breakfast* und Lunch ist das Restaurant

- **The Mission** am gleichnamigen Boulevard (#3795); ✆ (858) 488-9060; www.themissionsd.com

La Jolla

In La Jolla geht von der Lage her nichts über das

- **Brockton Villa Restaurant** erhöht an der Küstenpromenade, schon zum Frühstück drinnen wie draußen (beim *Ellen Brow-*

Café »Fantail« auf dem Achterdeck des Flugzeugträgers »Midway«, nur für zahlende Besucher des Museumsschiffs

ning Scripps Park oberhalb der Seehundfelsen, offizielle Adresse 1235 Coast Blvd). Verfeinerte amerikanische Karte und nicht ganz billig, aber eher rustikal-legere Atmosphäre; für Reservierung ☎ (858) 454-7393 oder www.brocktonvilla.com

- Sehr lecker sind die *Filet Mignon Tacos* im **Puesto** (1026 Wall St)

Coronado Auf der Coronado Peninsula gibt es rund um den **Ferry Landing Park** eine gute Restaurantauswahl; Tipp: **Peohes**, ➤ Seite 497.

Nightlife Nachtleben spielt natürlich auch in San Diego eine Rolle:

- **FLUXX** in der 500 4th Ave; innovative Sound- und Lichteffekte, 500 m² Tanzfläche mit Riesenkronleuchter, *Hotspot* der Stars wie *Bruno Mars* und *Snoop Dogg*; www.fluxxsd.com

- **Bang Bang**, 526 Market Street, lockt Tanzwütige mit Star-DJs; www.bangbangsd.com

- Die **Altitude Sky Lounge** im 22. Stock des *Marriott Gaslamp Hotel* (660 K Street) ist ein *Nightclub* mit **Open-Air-Bar** mit Blick auf *Downtown* und die Bay. Bei Einheimischen sehr beliebt; www.sandiegogaslamphotel.com/nightlife/altitude

- **Omnia** in der 454 Sixth Ave eröffnete erst im Sommer 2015; www.omnianightclub.com

Promenade auf der Südostseite des Seaport Village, ein künstliches »Dorf« voller Fast Food Places, Cafés und Shops

2

Shopping

Downtown Bereits im Vorkapitel erwähnt wurden

- die **Westfield Horton Plaza** in *Downtown*, eine farbenfroh gestaltete, mehrgeschossige teilweise *Open-Air-Mall* mit über 120 Läden und *Food Court*; www.westfield.com/hortonplaza

- das – auf den ersten Blick – malerische **Seaport Village**, eine lockere Ansammlung von Holzhäuschen mit über 50 Shops, Galerien und *Eateries* in parkartiger Anlage, ➤ Seite 496. Dort werden in erster Linie Souvenirsucher fündig; ☎ (619) 235-4014, www.seaportvillage.com

- das **The Headquarters at Seaport District** gleich nördlich des *Seaport Village*. Vier Gebäudetrakte mit Läden und Restaurants gruppieren sich dort um eine zentrale Plaza. Der Komplex diente früher als Polizeihauptquartier und steht im *National Register of Historic Places*; www.theheadquarters.com

Coronado Vor allem hochpreisige Kleidung und Bademode samt Accessoires für den gehobenen Lebensstandard findet man in den exklusiven **Shops at the Del** im **Hotel Coronado**, ➢ Seite 497, www.hoteldel.com/activities/coronado-shopping

Old Town Exotisches aus aller Welt, besonders aus Lateinamerika, gibt es in

- der **Old Town Esplanade**, 2461 San Diego Ave, sowie im
- **Bazaar del Mundo**, 4133 Taylor St; www.bazaardelmundo.com

Mission Valley
- Die größte *Shopping Mall* im Raum San Diego ist **Fashion Valley** im Stadtteil Mission Valley östlich der *Old Town* an der zur I-8 parallelen Friars Road. In der dreistöckigen Anlage warten 200 Geschäfte & Restaurants, 5 Kaufhäuser und 18 Kinos auf Kunden; www.simon.com/mall/fashion-valley

La Jolla
- Das **Westfield UTC** ist eine *Outdoor-Mall* mit über 150 *Shops* und Restaurants samt *Foodcourt* ganz im Norden der Stadt östlich oberhalb von La Jolla zwischen I-5 und I-805 am La Jolla Village Drive; www.westfield.com/utc

Outlet Malls Als beliebtestes **Outlet Center** im Großraum San Diego gilt

- **Las Americas Premium Outlets** mit über 100 *Shops* unweit westlich der Grenzübergänge nach Mexiko am Camino de la Plaza; www.premiumoutlets.com/lasamericas

Eines der optisch besonders attraktiven *Outlet Center* ist

- **Viejas**. Es liegt gut 30 mi von *Downtown* San Diego entfernt an der Willows Road, Ausfahrt 33 oder 36   von der I-8

Indianisch geführte Outlet Mall »Viejas« mit integriertem Kasino an der I-8 östlich von San Diego, ➢ Seite 506

2.5.2   Stadtbesichtigung

Die Strände   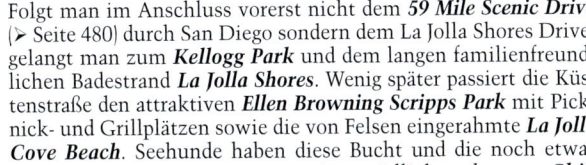 www.a-zsandiegobeaches.com, www.beachcalifornia.com

Strände und Strandleben sind in keiner anderen Stadt Kaliforniens so bestimmend wie in San Diego. Neben dem Klima ist dafür sicher auch die **tolle Vielfalt** verantwortlich: Lange flache Sandstrände (**Mission Beach**), felsige Ufer mit Einsprengseln von Sandbuchten (**Windansea Beach** und **La Jolla Cove Beach**), Strände unter Steilküsten ideal zum Surfen oder zum Nacktbaden (*Torrey Pines Reserve*) sowie gepflegte Anlagen mit Duschen, Snackbars und Spielrasen unter Palmen (**La Jolla Shores**) treffen jeden Geschmack.

Torrey Pines

Die **Torrey Pines Reserve** erreicht man über die North Torrey Pines Road (#21 ab I-5 *Exit 29*). Von den Parkarealen hoch über dem Meer führen Pfade hinunter zum inoffiziellen Nudistenstrand der **Black's Beach**. Die Steilhänge dienen Drachenfliegern wie Paraglidern als Absprungkante; www.parks.ca.gov/?page_id=657.

La Jolla

Folgt man im Anschluss vorerst nicht dem **59 Mile Scenic Drive** (➤ Seite 480) durch San Diego sondern dem La Jolla Shores Drive, gelangt man zum **Kellogg Park** und dem langen familienfreundlichen Badestrand **La Jolla Shores**. Wenig später passiert die Küstenstraße den attraktiven **Ellen Browning Scripps Park** mit Picknick- und Grillplätzen sowie die von Felsen eingerahmte **La Jolla Cove Beach**. Seehunde haben diese Bucht und die noch etwas

weiter südlich gelegene **Children's Pool Beach** (Ecke Coast Blvd/Jenner Street) für sich eingenommen, ziehen dort zwischen Dezember und Mai ihren Nachwuchs auf und lassen sich von Menschen nicht stören.

Ein toller Platz, um die **Surfer** früh morgens oder abends beim Wellenreiten zu beobachten, befindet sich noch weiter südlich an der Ecke Coast Blvd/Coast Blvd South. Bei Niedrigwasser werden dort hübsche Gezeitenbecken freigelegt ➤ Foto Seite 492. Dort verlässt der offizielle *Scenic Drive* die Küste. Zur Badebeach **Windansea** gelangt man vom La Jolla Blvd über die Nautilus Street oder Palomar Ave, zur noch südlicheren **Tourmaline Surfing Beach** über die letzten 200 m der gleichnamigen Straße.

Die Seehunde an der La Jolla Cove Beach sind von den Touristen nicht aus der Ruhe zu bringen (im April)

2

Mission Beach

Der Mission Blvd verläuft parallel zur **Mission Beach** mit kilometerlanger Strandpromenade (*Ocean Front Walk*, der nördlich vom *Crystal Pier* mit dem *Pacific Beach Park* beginnt). An der *Beach* und den Haupt- und Nebenstraßen gibt es dort jede Menge Motels, *Fast Food* und richtige Restaurants, Kneipen, Boutiquen, *Surfboard-*, *Skating-* und Fahrrad-*Rental-Shops* und überhaupt alles, was zum prallen Strandleben gehört.

Auf der anderen Seite der schmalen Landzunge zwischen Ozean und Mission Bay trifft man auf künstlich angelegte Halbinseln, Marinas und Strände ohne Brandung.

Ocean Beach

Flacher Sandstrand (**Ocean Beach Park**) und eine Infrastruktur vom Typ *Mission Beach* setzen sich südlich des *Mission Bay Canal* im Stadtteil Ocean Beach fort. Die Gegend ist hier weniger fein als Muirlands und La Jolla nördlich der Bay. Der *Scenic Drive* läuft, ohne Neues zu bieten, nur kurz am felsigen Ufer der *Sunset Cliffs* entlang und entfernt sich über die Hill Street von der Küste. Ein kurzer Abstecher könnte dem **Sunset Cliffs Natural Park** mit hübschem Strand gelten (südlich Ladera Street); das lohnt sich vor allem am frühen Abend vorm Sonnenuntergang.

Point Loma, Cabrillo NM

Auf dem Catalina Blvd/Cabrillo Memorial Drive geht es durch ein Marinegelände bis zum **Cabrillo Nat'l Monument** im *Point Loma Park*. Die Fahrt wird nur Dezember bis Februar so recht belohnt, wenn vor der Küste Grauwale vorbeiziehen, die sich – mit Glück – von einer hochgelegenen Plattform aus beobachten lassen. Zu anderen Zeiten ist Point Loma einen besonderen Umweg kaum wert, zumal auch das *Visitor Center* mit seiner kleinen historischen Ausstellung eher enttäuscht; $5/Auto oder *Interagency Pass*.

Südliche Strände

Ein breiter und weitläufiger Strand ist die **Coronado Beach**. Die **weiter südlich gelegenen Strände** zwischen der Coronado Halbinsel und der mexikanischen Grenze (**Silver Strand**, **Imperial Beach**) muss man nicht besucht haben. An der *Silver Strand Beach* kann man aber campen, ➢ Seite 486.

Surfing Hot Spot Hospital Beach in La Jolla

Downtown

Harbor Drive

Die **interessanteste Route** ins Zentrum San Diegos führt über den North Harbor Drive. Wer nicht via *Scenic Drive* automatisch auf diese Uferallee an der North San Diego Bay gerät, sollte mit Ziel Innenstadt die *Freeways* I-8 bzw. I-5 im Kreuzungsbereich verlassen (*Exit #2* bzw. *#20*) und der **Rosecrans Street** nach Südwesten bis zum Nimitz Blvd folgen; dann links auf diesen und wieder links auf den **Harbor Drive**, der ganz um die Bucht herum läuft. Auf ihm passiert man zahlreiche **Yachthäfen** und den **Flughafen** und blickt über die Bucht auf die *Skyline* von *Downtown*. Uferparks laden zu Zwischenstopps ein.

Auf Höhe *Downtown* lassen sich die **Parkplätze** südlich des *Maritime Museum*, auf der **Navy Pier** beim Flugzeugträger *Midway*, beim **Fish Market** auf dem *G Street Pier* (Parkuhren für kürzere Parkzeiten) und beim **Seaport Village** nicht verfehlen. Von dort sind es jeweils nur ein paar Schritte ins Zentrum.

Downtown & Gaslamp Quarter

Rund um die **Horton Plaza** hat sich das Stadtbild in den letzten beiden Dekaden erheblich verändert. *Downtown* San Diego präsentiert sich heute attraktiv, ohne besonders hervorhebenswerte »Besucherbonbons« zu besitzen. Auffällig sind die Architektur einiger Hochhäuser, das bombastische Kongresszentrum an der Südseite von *Downtown* unterhalb des *Seaport Village*, die **Horton Plaza Shopping Mall** und das einstige **Santa Fe Railroad**

Eindrucksvolles zur Stadtseite hin
(K Street) offenes Stadion Petco Park

Baseball-Stadion

New Central Library

Schiffs-museen

Midway

Depot (in der C Street/Kettner Blvd). Der gern gelobte **Gaslamp Quarter District** mit seinen restaurierten Backsteinbauten entlang der 4th und 5th Street südlich des Broadway ist in erster Linie ein **Restaurant- und Kneipenviertel**, das sich erst abends richtig belebt und tagsüber eher enttäuscht; www.gaslamp.org.

Selten befindet sich ein Stadion so nah an der Innenstadt wie in San Diego. Der **Petco Park** steht unübersehbar zwischen *Gaslamp Quarter* und dem *Convention Center* am Harbor Drive. Das *Baseball Stadium* ist Heimat der **San Diego Padres**; http://sandiego. padres.mlb.com. Geführte Besichtigungen täglich 10.30 Uhr bzw. 12.30 Uhr, sowie Sa 15 Uhr, Kostenpunkt $12/$9/$8. Wer einen Spieltermin erwischt und mal 'reinschnuppern möchte, kauft Tickets ab $15,50 (für die hintersten Reihen). Bessere Plätze kosten ein Mehrfaches. Und die Preise für Speisen, Getränke und Souvenirs im Stadion sind auch nicht von Pappe.

Nordöstlich des *Petco Park* (330 Park Blvd) steht die **Central Library** mit einer architektonisch beachtlichen Kuppel über dem dreistöckigen Lesesaal (dort *free Wifi*). Ein weiteres Highlight der Bibliothek sind **Kunstwerke** allerorten, darunter eine Wand aus recycelten aufgeschlagenen Büchern (im Auditorium). Zur Kunst wie zur Architektur gibt's jeweils spezielle Führungen: www.san diego.gov/public-library/locations/centraltours.shtml.

Der Harbor Drive westlich der *Downtown* wird dominiert vom **Flugzeugträger Midway**, www.midway.org, und den Schiffen des **Maritime Museum**, www.sdmaritime.org.

Die **Midway** liegt am *Navy Pier* etwas südlich der Ost-West-Achse Broadway durch *Downtown*. Der noch im Golfkrieg 1991 eingesetzte Flugzeugträger aus dem 2. Weltkrieg wurde 2004 hierher verlegt und ist seitdem eine der größten Attraktionen San Diegos. Einlass täglich 10-17 Uhr, **Eintritt $20**, Jugendliche 13-17 $15, Kinder 6-12 Jahre $10 (Online Discount minus $2/Ticket).

Die Besichtigung erfolgt per ***self-guided tour*** durch und über alle Decks. Neben dem Schiff als solchem sind über 20 Kampfflugzeuge und -hubschrauber aus der Nähe zu bewundern. Und wer immer schon mal auf einem Flugzeugträger Kaffee und Kuchen genießen wollte, kann das wunderbar auf dessen Heckterrasse im ***Fantail Café*** mit Blick auf die Baumkronen über der Promenade.

Maritime Museum

Während die *Midway* eine eigenständige Sehenswürdigkeit aus dem Bestand der in San Diego stationierten pazifischen Kriegsflotte der USA ist, umfasst das ***Maritime Museum*** diverse nostalgische Schiffe, darunter das Segelschiff ***Star of India***, ein Tee-Clipper aus dem 19. Jahrhundert, die ***HMS Surprise***, Replika einer Fregatte aus Nelsons Zeiten, sowie ein akribischer Nachbau der ***San Salvador***, das Schiff mit dem *Juan Cabrillo* 1542 das heutige San Diego »entdeckte«. Auch ein **U-Boot** der einst sowjetischen Foxtrottklasse liegt dort vor Anker.

Täglich 9-20 Uhr, im Sommer bis 21 Uhr.

Eintritt $16, 13-17 Jahre $13, 3-12 Jahre $8.

»HMS Surprise«, Nachbau (1970) einer Fregatte aus dem 18. Jahrhundert. Wurde bekannt durch den Film »Master and Commander«. (2015/16 in der Werft zur Restaurierung)

Ausflugs-
boote

Die dritte Attraktion in diesem Bereich des Harbor Drive sind die Ausflugsboote ab *Broadway Pier* (weitere Boote am Pier gegenüber dem *Waterfront Park* weiter nördlich). Vor allem geht es hier um Touren unter der enormen **Coronado Bridge** hindurch, um – aus der Distanz – die Kriegsschiffe der US-Pazifikflotte zu bestaunen. Von Dezember bis April laufen auch Boote zur **Walbeobachtung** aus; mehr Details zu solchen Bootstouren stehen auf Seite 482.

Fähre nach
Coronado

Eine **Fähre** verkehrt jeweils zur vollen Stunde ebenfalls ab dem *Broadway Pier* zum gegenüberliegenden Stadtteil Coronado (*Ferry Landing Park*; zurück jeweils zur halben Stunde). Eine weitere Verbindung nach Coronado existiert ab dem *Convention Center* (5th Ave) alle 30 min. In beiden Fällen eine lohnenswerte Tour mit prima Blick auf die *Skyline* von San Diego und die *Coronado Bridge*. Einfache Fahrt $4,75; Fahrräder und *Segways* frei.

Riesenskulptur »Unconditional Surrender« im Tuna Park
mit dem Flugzeugträger »Midway« im Hintergrund

G Street Pier

In der Südwestecke von *Downtown* liegen an den Stegen der Marina des **G Street Pier** die erstaunlich kleinen Schiffe der Thunfischfänger. Auf der anderen Seite, dem Flugzeugträger zugewandt, steht im *Tuna Park* die überlebensgroße Skulptur »**Unconditional Surrender**« nach einem weltberühmten Foto von der Siegesfeier nach Ende des 2. Weltkriegs: Marinesoldat küsst Unbekannte. Ein paar Schritte weiter applaudieren lebensecht in Bronze gegossene Vietnam-GIs dem Entertainer **Bob Hope** für seine Truppenbespaßung.

Seaport
Village/
Embarca-
dero Park

Gleich südlich des Hafenbeckens an der *G Street Pier* liegt das bereits unter »Gastronomie« und »Shopping« erwähnte **Seaport Village**, dahinter halb versteckt der kleine *Embarcadero Marina Park* auf einer aufgeschütteten Landzunge.

Hafen-
promenade

Zwischen Harbor Drive und Wasser läuft ab dem *Seaport Village/ Embarcadero Park* eine **Fußgänger- und Bikerpromenade**, die im Norden auf Höhe des *Waterfront Park* endet.

Coronado Peninsula

**Coronado
Halbinsel**

Schon wegen der immensen Brückenkonstruktion, die das Durchfahren auch größter Schiffe (Flugzeugträger) ermöglicht, sollte man
einen Abstecher nach **Coronado** machen. Das einst mondäne,
immer noch als solches beliebte **Seebad** Coronado liegt am Ende
einer die *South San Diego Bay* vom Festland trennenden Halbinsel, die für die Marineflieger in die Bay hinein erweitert wurde.

H/Motels und **Freizeit-Infrastruktur** säumen die **Durchgangsstraße
Orange Ave**. Die populäre, breite ***Coronado Beach*** am Ocean Boulevard versteckt sich ein wenig hinter den Villen westlich der
Hauptstraße. Sie beginnt am *Hotel del Coronado* und läuft bis
zum militärischen Sperrgebiet am Kopf der Halbinsel.

Ferry Landing

Wer **per Boot** hinüber nach Coronado fährt, findet gleich hinter
dem Anleger den *Ferry Landing Marketplace* mit *Bistros* (open-air)
und *Shops* (www.coronadoferrylandingshops.com), die sich um einen
Minipark gruppieren. Dort kann man auch Fahrräder, E-Bikes und
Kayaks zur Erkundung der Halbinsel mieten.

Unmittelbar am Wasser dominiert dort der unübersehbare Komplex des Charthouse-Restaurants **Peohes** mit eigenem Anleger für
per Boot kommende Gäste. Dem gehobenem Niveau der Ausstattung samt Rundumblick auf Wasser, Stadt und Brücke entsprechen
dort die Kosten fürs *Dinner*; online gibt es aber einen Menü-Rabatt-
schein ($30). Zum **Lunch** gelten zivile Preise; www.peohes.com.

**Hotel del
Coronado**

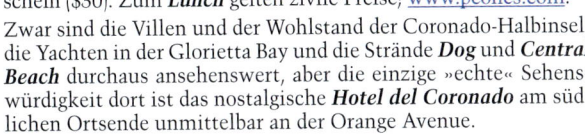

Zwar sind die Villen und der Wohlstand der Coronado-Halbinsel,
die Yachten in der Glorietta Bay und die Strände ***Dog*** und ***Central
Beach*** durchaus ansehenswert, aber die einzige »echte« Sehenswürdigkeit dort ist das nostalgische ***Hotel del Coronado*** am südlichen Ortsende unmittelbar an der Orange Avenue.

Das Hotel wurde weltweit bekannt durch den *Marilyn-Monroe*-
Film »Manche mögen's heiß« (*Some like it hot*), ➢ Hotelempfeh-
lungen, Seite 485. Auch Nicht-Gäste dürfen heute – bei Verzehr –
die Hotelterrassen über dem Strand, Pool und Liegen benutzen.
Alles zum Hotel unter www.hoteldel.com.

Silver Strand

Nur wenig südlich des Hotels endet die Bebauung der Halbinsel.
Ein endloser, nicht überall einladender Strand zieht sich bis nach
Mexico. Ein überwachter Strandabschnitt findet sich im Areal
der auch zum RV-Campen genutzten ***Silver Strand State Beach***;
www.parks.ca.gov/?page_id=654.

Hotel del Coronado

Visitor Center im Balboa Park

Balboa Park

Balboa Park

Der hügelige, im Wesentlichen östlich des *Leo Cabrillo Freeway* (#163) gelegene **Balboa Park** ist Heimat der landesweit zweitgrößten Ansammlung von Museen (nach Washington DC) und des größten Zoos der USA. Die subtropische Vegetation des Parks, die Gestaltung und architektonischen Details des Museums- und Veranstaltungskomplexes sind einen ausgedehnten **Bummel** wert (mit kleinen Pausen leicht 2 Stunden). Von *Downtown* fährt man am besten über die 12th Ave, die in den **Park Boulevard** übergeht, und parkt zentral im Bereich des *Village Place* (südlich des Zoos), es sei denn, man fährt zunächst zum Zoo. Eine Karte mit Erläuterungen und Veranstaltungsprogramm erhält man im **Besucherzentrum** im *House of Hospitality* am *Prado* (Fußgängerzone).

Zoo

Der *San Diego Zoo* ist nicht nur einer der größten der USA, sondern auch der beste. Alles passt dort zusammen: die wechselnde Topographie, die üppige Flora, Tiere in Freigehegen oder großzügigen Käfigen und die gut gemachten Tiervorführungen. Innovativ ist ein neues 4D-Theater (gegenüber *Skyfari West*) mit nur 50 Sitzplätzen, in dem die 3-D-Filmtechnik mit sensorischen Effekten wie Wind, Schnee, Nebel, Gerüchen und Vibrationen »angereichert« wird ($6 zusätzlich zum Eintritt). Geöffnet Ende Juni-*Labor Day* im September **9-21 Uhr**, Rest des Jahres bis 17/18 Uhr. **Eintritt $48**, Kinder 3-11 Jahre $38; http://zoo.sandiegozoo.org.

Mit dem Zoo kooperiert der bei weitem nicht so überzeugende *San Diego Safari Park*, etwa 30 mi entfernt an der Straße #78 zwischen Escondido und San Pasqual, ➤ Seite 475.

Ermäßigte **Kombinationstickets** für Zoo und Park $86/$66 (zwei beliebige Tage, die nicht zusammenhängen müssen) ggf. plus *Sea-World* $157/$128 (dann 7 Tage gültig mit Mehrfachnutzung).

Zeitbedarf für den Zoo

Man benötigt zum Besuch inkl. der diversen *Animal Shows* und Verschnaufpausen leicht **einen vollen Tag**. Es macht Sinn, sich mit der kommentierten **Bustour** (➢ Foto unten) und der illustrierten Karte (am Eingang erhältlich) erst einmal einen Überblick zu verschaffen. Aber erst aus der Vogelperspektive, die man aus der auf keinen Fall auszulassenden *Skyfari*-Gondelbahn hat, wird dessen Ausdehnung deutlich. Wer gut zu Fuß ist, kann die einzelnen Parkbereiche dennoch auch per pedes erreichen und ablaufen. Die kontinuierlich zwischen den Bereichen verkehrenden Busse sind zur Überwindung größerer Distanzen nützlich.

Museen im Balboa Park

Unter den vielen Museen im Balboa Park ragt keines durch eine übermäßige Brillanz der Kollektionen heraus. Aber die spanisch/mexikanisch beeinflusste **Architektur** der Gebäude beidseitig des *Prado* zwischen **Plaza de Balboa** (*Science Center/Natural History Museum*) und **Museum of Man** verdient umso mehr Beachtung. Die Öffnungszeiten (meist 10-16.30/17.30 Uhr) variieren leicht, so auch der jeweilige Einzeleintritt; www.balboapark.org.

7-Tage-Pass

Möchte man mehrere Museen besuchen, spart man ggf. Geld mit einem **$55-Passport** (**Kinder $29**) für bis zu 17 Museen und Ausstellungen, der 7 Tage lang gültig bleibt. Inklusive Zoo wird daraus ein *Multi-Day Explorer* für **$92/$59**. Für Besucher mit nur einem Tag Zeit gibt's den *One-Day Explorer* für **$45/$26**.

Museen im Einzelnen

Besuchenswert sind immer die **IMAX-Filme** und ggf. *Lasershows*, die im *R.H. Fleet Science Center* stattfinden. Öffnungszeiten hier bis 18 Uhr, Eintritt $20, Kinder 3-12 Jahre $17. Im Ticket fürs *Science Center* ist der Eintritt ins *IMAX*-Filmtheater enthalten. Aktuelles Programm online unter www.rhfleet.org.

Im groß-flächigen San Diego Zoo verbinden Busse die verschiedenen Bereiche

Für das anthropologisch/ethnologisch ausgerichtete **Museum of Man** (www.museumofman.org) benötigt man spezifisches Interesse, ebenso wie für die etwas dünn sortierte permanente Kollektion des **Museum of Art** (www.sdmart.org). Dessen Stärke liegt eher in (wechselnden) Sonderausstellungen. **Restaurant** und **Cafeteria** sind dort besonders stilvoll untergebracht.

Nicht nur für Modelleisenbahnfans ist das **Model Railroad Museum** ansehenswert; $10, bis 5 Jahre frei; www.sdmrm.org.

Etwas abseits im *Ford-Building* an der *Pan American Plaza* dokumentiert das **Aerospace Museum** die Geschichte der Luftfahrt aus amerikanischer Sicht; www.sandiegoairandspace.org.

Flugzeugsammlung wie die *Oldtimer* im **Automotive Museum** können sich sehen lassen; www.sdautomuseum.info.

Ein Spaziergang durch den **Japanese Friendship Garden** und das **Botanical Building** runden den Besuch im Balboa Park ab.

Konzerte im Balboa Park

Speziell im Sommer finden im Balboa Park **Konzerte, Theateraufführungen** und sonstige **Veranstaltungen** statt, die in diesem Rahmen besonderen Reiz besitzen. Die abendliche und sonntägliche **Open-Air-**Musik – u.a. auf der voluminösen *Spreckels*-Konzertorgel – ist meist eintrittsfrei. Details bei der *Visitor Information.*

Mexikanische »Musikanten« als Blickfang vor einem Restaurant in der Old Town

Old Town San Diego

Verbindung Balboa Park Old Town

Vom Balboa Park gelangt man auf schnellem Weg via *Freeway* #163 (Nordrichtung) und dann I-8 (nach Westen, *Exit Hotel Circle South,* aber rechts auf die Taylor Street, auf ihr geradeaus am *Presidio Park* entlang) zur **Old Town San Diego** und den **Presidio Hill** im Dreieck zwischen den beiden *Interstates* #5 und #8.

Fahrt via Presidio Park

Der **schönere, aber zeitraubendere Weg** führt gegen die Richtung des *San Diego Scenic Drive:* Man verlässt den Balboa Park auf dem zentralen Park Boulevard nach Norden und fährt dann links auf die **University Ave** (wer aus dem Zentralbereich des Parks diesen über den El Prado/Laurel Street verlässt, fährt auf der 5th oder 6th

Ave bis zur University Ave), diese dann bis zur **Goldfinch**, auf der kurz rechts und nach zwei Blocks auf den **Fort Stockton Drive** bis **Artista Street**, dort links und wieder rechts auf den **Presidio Drive**.

Durch schöne Wohnviertel geht es auf dieser Route zum hoch über der Stadt gelegenen *Presidio Park* mit herrlicher Aussicht und schattigen Picknicktischen am besuchenswerten *Junípero Serra Museum*. Das schlichte Kirchengebäude, ein Nachbau des Originals von 1769, markiert den ursprünglichen Standort der ersten Mission in Kalifornien. Eintritt $6; im Sommer meist Fr-So 10-17 Uhr; www.sandiegohistory.org/serra_museum.html.

Old Town State Park

Ausgelassene mexikanische Atmosphäre herrscht unterhalb des *Presidio Park* im autofreien Kerngelände des **Old Town San Diego State Historical Park** rund um den Washington Square (kein Eintritt; www.parks.ca.gov/?page_id=663). Dort befindet sich im *Robinson Rose House* das **Visitor Information Center** mit einem historischen Modell von San Diego um 1872; täglich 10-16/17 Uhr.

Obwohl die Erhaltung historischer Bauten aus der Gründerzeit San Diegos (Anfang bis Mitte des 19. Jahrhunderts) theoretisch im Vordergrund steht und die *Old Town* Freilichtmuseumscharakter hat, ist sie doch in erster Linie ein kommerziell betriebener Besuchermagnet mit zahlreichen *Shops* und – vor allem – **Mexico-Restaurants** mit Live-Musik und Folklore-Vorführungen; www.oldtownsandiegoguide.com und www.oldtownsandiego.org.

Parkplätze können im Umfeld speziell an Wochenenden knapp werden (nur die Plätze direkt am *Historical Park* sind gratis).

Heritage Park

Wenige Schritte östlich der *Old Town* (Juan Street) bilden sechs viktorianische Häuser aus den 1880er-Jahren den **Heritage Park**. Besonders ansehnlich sind das **Sherman-Gilbert House** (1887) sowie das **Christian House** (1889). Zwei Häuser können auch von innen besichtigt werden: **Senlis Cottage** täglich 9-17 Uhr und das **McConaughy House** Do-Di 10-17 Uhr. Eine Parkbroschüre findet man unter www.sandiegocounty.gov/parks/heritage.html.

Historische Holzvillen im Heritage Park

2

Mission San Diego/ Camino Real

Die hervorragend konservierte, in Nachfolge der ersten Gründung 1774 errichtete und bei Erdbeben 2x zerstörte, aber wiederaufgebaute **Mission Basilica San Diego de Alcalá** ist die wertvollste kulturhistorische Sehenswürdigkeit der Stadt. Ausgehend von dieser Station wurden im Abstand von jeweils einer Tagesreise weitere 20 Missionen gebaut, die zusammen die Stationen des *Camino Real*, des Königsweges, bis San Francisco bildeten, ➢ Kasten und Foto Seite 477. In der schönen Anlage an der 10818 San Diego Mission Road (parallel zur I-8, *Exit* Mission Gorge Road, links und Twain Ave wieder links) gibt es keinen touristischen Rummel. Zu besichtigen sind Kirche, Garten und das schlichte Museum täglich 9-16.30 Uhr; www.missionsandiego.com.

Wenn es die tonnenschweren Schwertwale in der »One Ocean Show« so richtig platschen lassen, freuen sich Kinder am Beckenrand, davon klitschnass zu werden

SeaWorld und Birch Aquarium

In totalem kulturellen Gegensatz zur Historie und den Missionsstationen steht der **Aqua Marine Park SeaWorld** am Südrand der Mission Bay, Anfahrt über die I-8 oder auf dem zur *Interstate* parallel verlaufenden SeaWorld Drive; www.seaworld.com.

Zeiten und Eintritt

Täglich geöffnet im Sommer 9-22 Uhr oder bis Sonnenuntergang, im Winter bis 17 Uhr; **Eintritt $89, Kinder** bis 9 Jahre $83; hin und wieder aber auch **Online-Spezialangebote ab $59**.

Discounts und Kombitickets

Für *SeaWorld* gibt es allerorten **Discount Coupons**. Manche Hotels verkaufen ihren Gästen auch gleich ermäßigte Tickets. *SeaWorld/ Zoo/Safari Park*-Combo $157/$128. Von der *Go San Diego Card* sowie dem **Southern California Citypass** für *SeaWorld* und *Disney* sowie den Kombitickets mit *Zoo/Safari Park* und *Legoland California* war bereits weiter oben die Rede, ➢ Seite 498f.

Attraktionen

SeaWorld San Diego ist Prototyp der amerikanischen *Amusement-parks* dieser Art. Zum happigen Eintritt bietet *SeaWorld* als Höhepunkte **Delfin-, Seelöwen- und Killerwalshows**, *Wild Arctic*, eine simulierte Fahrt durch die Eiswelt des Nordpolarmeeres, *Journey to Atlantis* – eine Art Kombination zwischen *Rollercoaster* und Wildwassertrip, dazu weitere jahrmarkttübliche *Rides*. Die neueste Errungenschaft ist die Achterbahn »*Manta*«, deren Verlauf die Bewegung von Rochen simuliert. Die Bahn startet durch einen transparenten Tunnel unter Wasser. Im Sommer gibt's einen Wasserskizirkus, den **Cirque de la Mer**.

Sehr erfolgreich sind auch Aktivprogramme mit Tieren wie die *Beluga* oder **Dolphin Interaction** (jeweils plus $215 zum Eintritt!).

Vor dem Besuch sollte man unbedingt (am besten im Internet, ➢ oben) checken, welche Shows gerade nicht stattfinden bzw. welche *Rides* wegen Wartung/Reparatur o.ä. außer Betrieb sind.

Vergleich zum Zoo

Trotz des Nervenkitzels einiger *Rides*, der Shows und Aquarien mit bemerkenswerter **Pinguin-** und **Haifischhalle** (*Penguin* und *Shark Encounter*) ist der Besuch im Zoo zu geringeren Ticketkosten alles in allem nicht weniger spannend.

Beurteilung SeaWorld

Immerhin aber: auch nach Abzug der zu kommerziellen Komponenten und von *Entertainment* & *Fun* auf oft mäßigem Niveau sowie manchmal ärgerlich langer Wartezeiten lassen sich in *SeaWorld* 4-5 Stunden abwechslungsreich gestalten.

Birch Aquarium

Über Flora und Fauna des Pazifik erfährt man alles im **Birch Aquarium** im *Scripps* Ozeanographischen Institut nördlich von La Jolla, 2300 Expedition Way; täglich 9-17 Uhr; $17, Kinder unter 12 Jahren $12,50; http://aquarium.ucsd.edu.

SeaWorld's Aquatica

Fast 25 mi und ca. 30 min Fahrtzeit von *SeaWorld* entfernt (südlich über die I-8 in Chula Vista, 2052 Entertainment Circle) liegt *Aquatica*, der dazugehörige »Planschpark« mit langen Rutschen, Wellenbad, üppiger Vegetation und exotischen Tieren; $42/$36, online günstiger; http://aquaticabyseaworld.com/en/sandiego.

Vielleicht das Beste an SeaWorld sind die Begegnungen mit Delfinen (auch am sog. Touchpool)

2

Exkurs   Abstecher nach Tijuana/Mexico www.tijuana.com

In San Diego liegt es nahe, an einen Abstecher nach Mexico zu denken, obwohl der Drogenkrieg in Mexico gerade in den grenznahen Städten ein Risiko sein kann. Von einem Besuch in die Dunkelheit hinein ist abzuraten.

Mit Fahrzeug Da Autovermieter Fahrten nach Mexico überwiegend nicht oder nur mit hohem Aufschlag gestatten, kommt für die meisten Touristen ein Grenzübertritt nur ohne Fahrzeug in Frage. Wer im eigenen Auto hinüber möchte, benötigt eine **Zusatzversicherung** (Policen bei einer mexikanischen Gesellschaft an der Grenze oder beim **AAA**, 815 Date Street). Für Kurzaufenthalte lohnt sich aber eine Fahrt per Auto auch deshalb kaum, weil sich retour oft lange Staus vor der **US-Immigration** aufbauen.

Papiere Die Einreise nach Mexico für weniger als 72 Stunden ist unproblematisch. Man benötigt nur den Pass, der in der Regel zunächst weder auf amerikanischer noch auf mexikanischer Seite kontrolliert wird. Bei der Rückkehr möchten die US-Grenzbeamten aber immer den Pass sehen (➤ Seite 88). Für **längere Aufenthalte** in Mexico braucht man eine sog. **Tourist Card**.

Parken vor der Grenze Sein Auto kann man in San Ysidro auf großen Parkarealen grenznah abstellen. Mit dieser Absicht folgt man ab der *Interstate* dem Schild **Turn right to US**, um nicht plötzlich doch vor der Abfertigung zu stehen. Der (teuerste) grenznächste Parkplatz ist oft voll. Dann ist die beste Alternative **Border Station Parking** (ca. $10/Tag, 4570 Camino de la Plaza, borderstationparking.com) beim **Las Americas Premium Outlet Center**. 24 Stunden geöffnet. Weiter mit unzuverlässigem **Mexicoach Bus** nach Tijuana ($8 *roundtrip*), www.mexicoach.com, daher besser zu Fuß.

Zu Fuß nach Tijuana Der **Weg** hinüber nach Tijuana über eine Fußgängerbrücke ist kurz. Mexikanisches Leben und Treiben beginnt schon 100 m hinter der Grenze in der Shopping-Zone **Viva Tijuana**. Auch eine mexikanische **Tourist Information** befindet sich dort.

Zentrum Tijuana Über die *Tijuana River Bridge* erreicht man die zentrale Laden-, Restaurant- und Kneipenzone entlang der **Avenida de Revolución** und Nebenstraßen (ca. 800 m von der Grenze entfernt). Bei Hitze kommt dafür ggf. ein **Taxi** in Frage. Der Trip ab Grenze nach *Downtown* kostet ca. $8. Es gibt teure **Yellow Cabs** ohne Taxameter meist mit englisch sprechenden Fahrern (*gringofriendly*) und günstigere weiße **Taxis Libre** mit Taxameter, deren Fahrer aber oft ausschließlich spanisch sprechen.

Mit Bussen/ Straßenbahn (Trolley) ab San Diego Man könnte das Auto auch in San Diego lassen. Zum Grenzstädtchen **San Ysidro** verkehren **Transit-Busse** (relativ umständlich: ab *Downtown* mit **Bus #901** bis Iris Ave, dann mit **#906/#907** bis San Ysidro bzw. zur Grenze). Komfortabler sind **San Diego Scenic Tours-Busse** (➤ Seite 481). Das einfachste ist indessen die Fahrt mit der Straßenbahn, dem **San Diego Trolley** (*Blue Line*), bis in unmittelbare Nähe der Grenze.

2.6   Von San Diego nach Palm Springs/Palm Desert und zum Joshua Tree Nat'l Park

2.6.1   Mögliche Routen

Ziel LA oder Las Vegas

Wer bis San Diego fährt, hat mehrere Alternativen für den Rückweg Richtung LA bzw. die Fahrt nach Las Vegas, sofern die Spielerstadt noch auf dem Reiseplan steht und nicht ein enger Zeitplan die Autobahndirektroute I-15 erfordert (ca. 350 mi).

Straße #79 über Julian oder #67, #78 und #79

1. Bei Anfahrt entlang der Küste (I-5/S21) wäre bei knapper Zeit zumindest ein kleiner Schlenker – wie schon als Alternative der Hinfahrt beschrieben, ➢ Abschnitt 2.4.2 – zu erwägen. En route könnte man bei großem Interesse auch **Santee** oder den **Safari Park** bei Escondido einbauen (➢ dazu Seite 475).

Der schnellste Weg nach Palm Desert

2. Wer von San Diego noch in den Bereich von Palm Springs und/oder den *Joshua Tree National Park* möchte, nimmt als schnellsten Weg die I-15 und verlässt sie bei Temecula (*Exit 58*). Auf der #79 geht es bis Aguanga und dann weiter auf der **Cahuilla Road #371** durch das namensgebende Indianerreservat (Spielkasino unterwegs; www.cahuillacasino.com). Nach einer sehr guten Stunde Fahrtzeit ab der I-15 (Meilenangaben der Karte sagen hier nur wenig über den wahren Zeitbedarf) durch eine hübsche Hügellandschaft stößt man südlich des **Lake Hemet** (mit Wasserpark; http://lakehemetrecreation.com) auf den *Palms to Pines Hwy #74* und erreicht bald Palm Desert.

Weiter ab Palm Desert

Weitere Informationen zum Verlauf der #74 ➢ Kasten Seite 451 (unten) und zur Weiterfahrt ab Palm Desert Richtung *Joshua Tree Park* ➢ Seite 458ff. Zur Fahrt von Palm Springs nach LA ➢ Seiten 451 bis 445 (also in umgekehrter Richtung).

Der Umweg über Anza Borrego

3. Ein größerer Umweg führt über die **Anza Borrego Desert**, wobei dieser Wüstenpark nur zur Blütezeit im Frühjahr wirklich attraktiv ist, wiewohl Klima, Landschaft und Vegetation auch zu anderen Zeiten noch Einiges zu bieten haben. Dazu sind Ausflüge mit 4WD-Fahrzeug ins Hinterland und/oder längere

Am Palms to Pines Hwy #74 liegt ein paar Meilen südlich von Idyllwild der Lake Hemet mit Badeständen, Picknick- und Campingplätzen

2

Wanderungen notwendig. Was es in diesem Park und im *Visitor Center* für Kurzbesucher zu sehen gibt, ist weniger spannend als in den Nationalparks *Joshua Tree* und *Death Valley*.

bis zu den Imperial Dunes

Wer über *Anza Borrego* fährt, hat es nicht mehr weit zur **Salton Sea**, einem 22.000 km² großen See 70 m unter NN, der sich auf der Karte gut macht. Die Realität dagegen ist ernüchternd.

Manchen reizen vielleicht auch die für **Quadtouren** genutzten Areale östlich von *Anza Borrego* und vor allem in den riesigen **Imperial Dunes** in Kaliforniens Südostecke.

Von dort aus könnte man in nahezu gerader Linie auf verkehrsarmer Strecke bis nach Las Vegas durchpreschen, ➤ Karte Seite 464. Alternative ab Vidal Junction auf Seite 469.

2.6.2   Route über Anza Borrego und die Salton Sea

Shopping Mall am Wege

Wer sich für diese Route entscheidet, nimmt ab San Diego zunächst die I-8 in Richtung Osten. Am Wege liegt gut 30 mi von *Downtown* San Diego entfernt das **Outlet Center Viejas** an der Willows Road, Ausfahrt 33 oder 36 von der I-8. Diese kinderfreundliche und architektonisch ansprechende mittelgroße *Shopping Mall* wird von Indianern vom Stamm der *Kumeyaay* betrieben. Ein Spielkasino darf da auch nicht fehlen; http://viejas.com/voc.

Straßen #79 und #78 Ost

Mit der Ausfahrt 40 erreicht man die bereits in Gegenrichtung beschriebene Straße #79 (➤ Seite 475). Bis zum Flecken Julian sind es von dort zwar nur 22 mi, aber dank einer kurvenreichen Straßenführung in ständigem Auf und Ab benötigt man bis zu einer Stunde für die Strecke durch den *Cleveland National Forest*. Und so geht es auch weiter ab Julian auf der gut ausgebauten Straße #78 bis zum 500 m tiefer gelegenen Banner und danach in nahezu gerader Linie in eine komplett andere Klima- und Vegetationszone.

Alternativ ab Julian weiter #79, dann S22

Statt – wie im Folgenden beschrieben – über die S3 nach Borrego Springs könnte man auch nördlicher über die S22 fahren, eine ebenfalls attraktive Strecke, aber bei Anfahrt von Süden weiter.

Die Mammut-Skulpturen sind Teil der Galleta Meadows »Outdoor Galerie« in Borrego Springs, www.desertusa.com/borrego/bs-art.html

*Frühjahrs-
wüstenblüte
in der Anza
Borrego
Wüste*

**Anza Borrego
Desert State
Park**

Ca. 30 mi östlich von Julian stößt man auf die Straße S3, die über den *Yaqui Pass* in die knochentrockene **Anza Borrego** Wüste hinunter führt, wo neben Kakteen und anspruchslosen Wüstengewächsen scheinbar nur wenig gedeiht. Der größte Teil der Region (ca. 2.000 km²) ist Wildnis und steht als **State Park** unter Naturschutz. Neben der **Straße S3** führt die **Borrego Springs Road** von Südosten in dessen Zentralgebiet; die **S22** läuft in West-Ost-Richtung durch den ganzen Park bis Salton City. Ansonsten wird dieser nur von 4WD-Pisten und Wanderpfaden erschlossen.

Wüstenblüte

Die *Anza Borrego Desert* ist berühmt für prächtige **Wildblumenteppiche**, die frühestens Mitte Februar bis spätestens Ende April für eine kurze Periode die kargen Ebenen großflächig überziehen. Aber die Wüste blüht nur nach einem feuchten Winter! Nach wenig Niederschlag in den Vormonaten sieht der Park Ende März schon fast so dürr und trocken aus wie im Sommer. Immerhin aber beginnt die **Kaktusblüte** im April und dauert arten- und jahresabhängig bis Ende Mai. Während der Blütezeiten zieht es an Wochenenden viele Ausflügler in den *State Park*. *Up-to-date*-Infos gibt es dann über die **Wildflower Hotline** ℰ (760) 767-4684 sowie im Internet unter www.parks.ca.gov/?page_id=638.

**Borrego
Springs**

Die einzige Siedlung, **Borrego Springs** (230 m über dem Meeresspiegel), einer der heißesten Orte der USA mit Sommertemperaturen von fast durchgängig über 40°C, ist umgeben vom *State Park*. Dort existiert eine begrenzte Infrastruktur, darunter einige **Spa**-Hotels wie das *Borrego Springs Resort* (ℰ 1-888-826-7734; www.borregospringsresort.com) und **Campingplätze** (z.B. *Oasis Inn*, ℰ (760) 767-5409, www.oasisinnborrego. com).

Nur von November bis Mai herrscht in Borrego Springs spürbar Leben; im Sommer und Herbst wirken der Ort und das ganze Tal wie ausgestorben. Die paar *Shops* sind überwiegend geschlossen; nur eine Tankstelle bleibt dann geöffnet.

Palm Canyon, Ziel einer Wanderung ab dem gleichnamigen Campground im Anza Borrego State Park

Skulpturen

Aber seit einiger Zeit verfügt die Wüstensiedlung über eine Ganzjahresattraktion: Weit über 100 teils überdimensionale **Metalltiere und -skulpturen** wurden in und rund um die Ortschaft aufgestellt, mitunter so gut eingebettet in die Natur, dass man einen speziellen Übersichtsplan benötigt, um sie zu finden (erhältlich im H/Motel oder im **Borrego Springs Visitor Center**, 200 Palm Canyon Drive, ca. 300 m östlich des zentralen Kreisverkehrs *Christmas Circle*; www.borregospringschamber.com).

State Park

Eine gute Meile westlich des Ortskerns liegt das **Besucherzentrum** des **State Park** mit einer Ausstellung zu Flora und Fauna, *Nature Trail* und Picknickplatz unter Palmen. Geöffnet von Oktober bis Mai 9-17 Uhr; sonst nur an Wochenenden und Feiertagen. Der großzügig angelegte und sehr komfortable **Campingplatz Palm Canyon** wartet 2 Meilen weiter nördlich ($25; mit *hook-up* $35). Reservierung nur Januar bis April möglich unter www.reserve america.com, in anderen Monaten ist immer genügend Platz.

Trail zum Palm Canyon

Dort hat auch der populäre **Borrego Palm Canyon Trail** zu einem Palmenhain in den nahen Bergen seinen Ausgangspunkt (5 km; ca. 140 Höhenmeter). Das Ziel verlor vor Jahren durch eine »*Flash Flood*« einen Teil seines Bestandes, gehört aber immer noch zu den größeren Palmenoasen Kaliforniens, ➤ Foto oben.

Boondocking

Eine beliebte **Gratiscampregion** ist **Clark Dry Lake**. Man erreicht den Bereich auf der *Rockhouse Canyon Road* (auch ohne 4WD), die ca. 7 mi östlich von Borrego Springs von der S22 nach Nordosten abzweigt: GPS 33.2991, -116.2738.

Besuchszeit

Die Wintermonate sind die beste Zeit für einen Anza-Borrego-Besuch, im Sommer lohnen sich Umweg und Aufenthalt kaum.

Ocotillo Wells Vehicular State Park

Auf der Straße S22 geht es in Richtung **Salton City** bergab (30 mi) durch eine fast völlig vegetationsfreie Sandstein-Gebirgswüste, durch die sich jede Menge Pisten für den ultimativen Off-Road-Spaß ziehen (*Ocotillo Wells Vehicular State Recreation Area*).

Salton Sea

Im Abstieg sieht man bald in der Ferne wie eine Fata Morgana die riesige Salton Sea mit ihrer blau leuchtenden Wasserfläche, was über den wahren Zustand des Sees hinwegtäuscht.

Zum Ostufer ➤ Kasten auf Seite 511

Bei **Salton City** erreicht man die parallel zum Westufer des Sees, aber weitab von ihm verlaufende autobahnähnliche Straße #86. Stichstraßen führen ans Wasser zu Orten mit klangvollen Namen wie Salton Sea Beach und Desert Shores, in Wahrheit elenden Nestern in heute einiger Entfernung von der Wasserlinie.

Der erst 1905 durch Überflutungen des Colorado entstandene See liegt mit **70 m unter NN** ungefähr auf dem Niveau des *Death Valley* und bedeckt eine Fläche von 680 km². Die Ufer sind flach und schon seit Jahren schlammig-steinig oder verschilft, dazu ist in letzter Zeit der Wasserstand arg gefallen. Auch um die Wasserqualität steht es generell nicht gut. Mengen verendeter Fische sorgen allerorten für unerfreuliche Gerüche. Baden ist ohnehin verboten und der See daher trotz angenehmer Temperaturen in den anderswo noch/schon kühlen Jahreszeiten Frühjahr und Herbst nicht einmal bei Bootseignern beliebt.

Wildlife Refuge Sonny Bono

Ganz im Südosten des Sees erstreckt sich die **Sonny Bono Salton Sea National Wildlife Refuge**, ein Vogelschutzgebiet. Die meisten Tiere sind dort zwischen November und Mai anzutreffen (manchmal sogar Blaufußtölpel!). Gänse, Reiher, Kaninchenkäuze usw. bevölkern dann auch die endlosen Agrarflächen rund um das Dorf **Calipatria**. Die zwischen den Feldern vereinzelt sogar über Nacht entstehenden, kleinen sog. **Mud Volcanos** werden von aufsteigendem Kohlendioxid angetrieben und »spucken« Schlamm.

Nach Palm Desert

Die Straße #86/#86S erreicht östlich von Indio die I-10 und damit die Zwischenziele Palm Desert und Palm Springs, ➤ Seiten 453ff.

Über Mecca durch den Box Canyon zum Joshua Tree NP

Eine **reizvolle Alternative** für alle, die ohne Umweg die Südeinfahrt des *Joshua Tree Park* ansteuern wollen (➤ Seiten 458/461), ist östlich des kleinen, recht schäbigen Ortes **Mecca** die **Box Canyon Road** (ab Mecca zunächst 66thAve). Sie läuft in einem trockenen Flusstal durch die gleichnamige »Schlucht« vorbei an pittoresken Sandsteinformationen. Nach Erreichen der I-10 wird sie zur *Cottonwood Springs Road* und führt durch den Nationalpark zum *Wonderland of Rocks* und bis Twentynine Palms.

Am Ostufer der Salton Sea

Exkurs   Abstecher zu den Imperial Dunes

Anfahrt

Ein für manche sicher reizvoller Abstecher könnte zu den an die Sahara erinnernden *Imperial Sand Dunes* führen. Ab *Anza Borrego Desert* geht es auf der *Borrego Springs Road* zurück auf die **Straße #78** und über **Brawley** weiter nach Osten.

Ocotillo Wells

Wem der Sinn nach Fahrspaß mit **Quads** auf Sandpisten steht, braucht aber nicht bis zu den *Imperial Dunes* zu fahren. Östlich von **Ocotillo Wells** gibt es kleinere Wüstenareale mit Quad-Vermietern und **Campingplätzen** entlang der Straße #78, speziell in diesem zweiten Areal der *Ocotillo Wells Vehicular State Recreation Area* (➤ Seite 508). An den Wochenenden fallen dort zahlreiche Sandpistenfans sogar mit Flugzeug ein (*Ocotillo Airport*).

Imperial Dunes

Ab Borrego Springs bis zu den *Imperial Dunes* sind es ca. 85 mi. Von der mexikanischen Grenze zieht sich dort ein bis zu 90 m hoher und 5 mi breiter Sanddünenstreifen etwa 40 mi vor den Höhen der Chocolate Mountains in nordwestliche Richtung. Die Dünen stehen unter staatlicher Verwaltung des *Bureau of Land Management* (www.blm.gov/ca/st/en/fo/elcentro/recreation/ohvs/isdra/dunesinfo/generalinfo.html).

Große Areale südlich der hindurchführenden Straße #78 und entlang der *Interstate* #8 sind als Tummelplätze für alle Arten von *All Terrain Vehicles* (ATVs) freigegeben. Und so ist im **größten Dünengebiet der USA** an Wochenenden häufig der Teufel los.

Off-Road-Fun

Wer sein *Off-Road*-Fahrzeug nicht selbst mitbringt, kann am Fuß der Dünen beidseitig der Höhen ein geeignetes **Vehikel mieten**. Dort befinden sich auch mobile Stützpunkte mit Reparaturwerkstätten, Abschleppwagen und Ersatzteil- wie Zubehörshops. Aber auch ohne Ambitionen zur Teilnahme an der »Dünenraserei« lohnt sich der Besuch allein schon wegen der beeindruckenden Bilder, die diese völlig vegetationslose Landschaft bietet.

Camping

Campen ist an mehreren Stellen entlang von Stichstraßen in die Sandwüste hinein erlaubt. Aber es gibt nur Chemietoiletten, kein Wasser oder sonstigen »Komfort« wie Picknicktische oder Grillroste. Nur Sand, so weit das Auge reicht.

Imperial Dunes

nach Las Vegas	Einmal in dieser Ecke angekommen, liegt das Ziel Las Vegas gar nicht mal sonderlich fern. Die #78 läuft bis hinauf nach Blythe an der I-10, und von dort geht's auf der #95 geradeaus weiter nach Las Vegas. Die insgesamt ca. 260 mi sind auf diesen Straßen dank geringen Verkehrs bis Nevada inkl. ein paar Stopps unterwegs als Tagestrip gut zu bewältigen, ➤ auch Seite 466f.
Ostseite Salton Sea	Von Brawley nach Norden, also Richtung Palm Springs/*Joshua Tree Park* kommt man auf der Straße #86 rascher voran als auf der #111 auf der Ostseite der Salton Sea (➤ Seite 509). Dafür verläuft die Ostroute streckenweise ufernah am See entlang. Baden ist dort aber ebenfalls untersagt, und See wie »Strand« laden dazu auch nicht eben ein. Dabei hat das Wasser selbst im Januar noch 20°C und stellenweise (vor langer Zeit) mit hellem Sand verschönte Strände.
Unterkunft	Wer eine Bleibe für die Nacht sucht, findet eine gute Auswahl an **Motels** nur in Brawley (Straße #111 südöstlich des Sees). Gut angelegte und meist leere **Campgrounds** am nordöstlichen Ufer sind **Mecca Beach** und **Headquarters** in der Nähe des **Visitor Center** der *Salton Sea Recreation Area* ($20 mit Strom; einfache Plätze $10, solar beheizte Duschen).

Nicht zu empfehlen ist ein Besuch der Salton Sea im Sommer und nach Regen, wenn die Ufer übel verschlammen.

Salvation Mountain mit Besuchern

Salvation Mountain	Eine ungewöhnliche Attraktion ist der **Salvation Mountain** bei **Niland** (von der #111 über Main Road am Kraftwerk vorbei 3 mi nach Osten). Der »Berg der Erlösung« (15 m hoch) steht bei der wüsten Aussteigersiedlung **Slab City**. Der 2014 verstorbene *Leonard Knight* errichtete ihn aus Baumstämmen, Stroh, Lehm und Autoreifen und verzierte Flächen und Hohlräume farbenfroh und mit gottgefälligen Slogans (frei); www.salvationmountain.us.
nach Palm Springs	Die #111 stößt hinter Mecca auf die Straße #86S Richtung Indio. Man kann bis Palm Springs aber auch auf der #111 bleiben.

3
Las Vegas und
Umgebung

3

Las Vegas und Umgebung

3.1 Las Vegas

Las Vegas im Südostzipfel von Nevada liegt in einer vegetationsarmen, flachen **Wüstenlandschaft** 600 m über NN. Im Osten der Stadt erstreckt sich der durch den Colorado River gebildete riesige Stausee *Lake Mead*, im Westen erheben sich Gebirgsformationen bis 3.600 m Höhe, in denen im Winter sogar Ski gelaufen wird.

Auch wer keine besondere Lust verspürt, *Slot Machines* zu füttern, bei Black Jack oder Roulette auf den großen Dollarsegen zu hoffen oder sich ins pralle Nachtleben voller Shows und Discos zu stürzen, sollte mindestens zwei Tage und zwei Abende für Las Vegas einplanen. Denn einen Besuch wert ist die Wüstenstadt allemal, gleich wie am Ende das eigene Urteil ausfällt.

3.1.1 Allgemeine Informationen

Geschichte

Las Vegas, entstanden um eine Oase an einem der *Immigration Trails* von Osten nach Kalifornien, war bis Beginn der 1930er-Jahre nur ein kleines Mormonenstädtchen mit Bahnstation an der Strecke Los Angeles–Salt Lake City. Als im Jahr **1931** in Nevada die **Aufhebung des** sonst landesweit geltenden **Glücksspielverbots** beschlossen wurde, begannen zufällig auch die Arbeiten für den Bau des **Hoover Dam**. Scharen von Arbeitskräften strömten in die Las Vegas-Region und kamen gerade recht, um an den Segnungen der liberalisierten Gesetzgebung zu partizipieren. Kein Wunder, dass dort die Kasinos besonders schnell aus dem Wüstensand wuchsen und – kaum vorhanden – mehr Spieler anzogen als jede andere Stadt. Die Fertigstellung der *Hoover*-Kraftwerke sorgte zudem für preiswerten elektrischen Strom, Voraussetzung für den Betrieb der stromfressenden Klimaanlagen, Leuchtreklamen, Fassaden und Spielsäle.

Las Vegas hat heute über 600.000 Einwohner. Hinzu kommen ca. 900.000 in Vororten in scheinbar endloser Ausdehnung rund um die Stadt. Zusammen mit den mit Las Vegas bereits verbundenen Städten Henderson, North Las Vegas und dem kleineren Boulder City leben im Großraum (*Clark County*) über 2 Mio Menschen.

Wachstum, bis die Krise kam

Nach Dekaden der ununterbrochenen Expansion sorgte die globale Wirtschaftskrise 2008-11 erstmalig nach dem 2. Weltkrieg für einen Rückgang der Besucherzahlen. Und das, obwohl selbst in diesen Jahren neue Kasinos entstanden und bekannte Anlagen mit immer größeren Hoteltrakten, Show- und Amusementkomplexen der Superlative expandierten. So hatte das *Venetian* sein **Hotel Palazzo** um 50 zusätzliche Etagen für 3.000 (!) Luxussuiten aufgestockt, und das **CityCenter** mit über 6.000 Zimmern wurde erst Ende 2009 eingeweiht (➤ Seite 534). Gleich daneben stehen die Türme des 2011 fertiggestellten **Cosmopolitan Resort**, eines Luxustempels mit Südseestrand. Damit erhöhte sich schon bis 2013 die Zahl der Hotelzimmer in Las Vegas auf über 150.000. Die durchschnittlichen Übernachtungspreise (2007: $132) sanken in den Krisenjahren zunächst deutlich (2010: $95), ziehen aber seit Herbst 2011 langsam wieder an. Heute zahlt man für die Zimmer und Suiten im Schnitt $116 pro Nacht ($126 am *Strip* und $66 in *Downtown*).

**Besucher-
zahlen**

Die neuen oder noch im Bau befindlichen Komplexe wurden in einer Zeit geplant, in der man glaubte, dass zusätzliche Kapazitäten automatisch mehr Besucher generieren würden. Denn deren Zahl war jahrelang nur gestiegen. Waren es 2004 noch 36 Mio., zählte man 2006 schon fast 39 Mio. 2007 stagnierte der gewohnte Zuwachs, aber man erreichte mit 39,2 Mio dennoch die bis dato höchste Besucherzahl. 2008 und 2009 fiel die Besucherzahl zurück auf den Stand von 2004. Seit 2010 steigt sie nun aber erneut und 2014 wurde erstmals die 40-Mio-Grenze überschritten. Und so schweben die sich schon früher abzeichnende Wasserknappheit und Engpässe bei der Stromversorgung wieder von neuem wie ein Damoklesschwert über der *Sin City*.

Zwar sind die Besucher zurück, aber sie wurden sparsamer und die Umsätze der Kasinos sanken dramatisch. Dem Einbruch folgten Insolvenzen und Stellenabbau auch außerhalb der Glücksspielindustrie bei nachgeordneten von ihr abhängigen Lieferanten und Dienstleistern. Näheres zu den Folgen an den Glitzermeilen des *Las Vegas Strip* im Kasten auf Seite 549.

Erstaunliche Fassade des Treasure Island
Resort & Casino am Las Vegas Strip

**Immobilien-
blase/
Foreclosures**

Ähnlich wie die Kasinos war auch die Bauindustrie auf Wachstum programmiert. Wohnhäuser von der Stange wurden geplant und in die Wüste gesetzt, ohne dass bereits Käufer in Sicht waren. Die kamen früher automatisch und sorgten über Jahre für sagenhafte Preissteigerungen. Als 2007 die Immobilienblase platzte, reduzierte sich die Nachfrage dramatisch mit der Folge hoher Leerstände bei den nun kaum noch absetzbaren Neubauten. Zusätzlich kamen massenhaft Altimmobilien auf den Markt, deren Eigner ihre Kred- extrem hoch fremdfinanziert worden. Wenn der vermutete Markt- wert unter die Restschulden sinkt, verlangen die Hypobanken in den USA einen entsprechenden Schuldenabbau. Wer dazu nicht in der Lage ist, gibt die Schlüssel am besten freiwillig ab, sonst folgt die Zwangsvollstreckung (***Foreclosure***). In Erwartung weiter sinkender Preise versuchten die Banken seinerzeit, die ihnen derart »zugefall- enen« Objekte so schnell wie möglich wieder loszuschlagen. Das wiederum beschleunigte den Preisverfall. Die Situation hat sich in der Zwischenzeit in den USA generell wieder weitgehend beruhigt. In Las Vegas jedoch lagen die Immobilienpreise 2015 trotz auch dort mittlerweile steigender Tendenz immer noch unter dem Ni- veau vor der Krise.

Klima

Nahezu unerträgliche Hitze über 40°C ist in Las Vegas zwischen Juni und Mitte September keine Seltenheit. Wegen der geringen Luftfeuchte lassen sich Temperaturen bis 30°C aber noch gut aus- halten. Abends bleibt es aufgrund der aufgeheizten Asphalt- und Be- tonflächen, aber auch wegen der Abluft aus unzähligen Klimaanla- gen in Las Vegas erheblich wärmer als außerhalb. Die Wochen ab ca. Ende Juli bis Mitte September gelten als **Monsoon Season** mit aus heftigen Schauern resultierenden *Flash Floods*, Starkwinden und sogar Hagel. Frühjahr (April und Mai) und Herbst (Oktober und November) sind klimatisch am angenehmsten.

In den kühleren Monaten **De- zember bis April herrscht am meisten Betrieb**. Absolute Hochsaison sind die Weih- nachtstage bis Neujahr und Ostern. Da die Wüste von Ne- vada im Durchschnitt kaum mehr als 10 cm Niederschlag jährlich erhält, stehen an win- digen Tagen mitunter riesige Sandwolken über der Stadt.

Einen Großteil des Jahres erlauben die angenehmen Abendtemperaturen in Las Vegas Open-air-Bustouren über den Strip sogar bei Nacht

Überblick und Orientierung

Freeways

Durch Las Vegas läuft in Nord-Süd-Richtung die – im Stadtbereich extrem belastete – *Interstate* #15 (Los Angeles–Salt Lake City). Nördlich des Zentrums kreuzt die Autobahn #95/I-515 die I-15. In südliche Richtung führt sie nach Boulder City und an den Lake Mead. In Henderson, südwestlich von Las Vegas, zweigt die I-215 von der I-515 ab, überquert unterhalb des Airports den Las Vegas Blvd samt I-15 und bildet eine – erst seit kurzem fertiggestellte – weit nach Westen ausholende Umgehungsautobahn, über die man 8 mi nördlich des Zentrums wieder auf die I-15 stößt.

Zentrum und »Strip«

Innerhalb des durch die I-15 und die I-515 bzw. den Boulder Highway gebildeten Dreiecks, das nach unten durch die Tropicana Ave und den Airport begrenzt wird, befindet sich der Kernbereich von Las Vegas mit dem alten Zentrum um die Fremont Street (= verlängerter Boulder Hwy) und dem Las Vegas Boulevard, besser bekannt unter der Bezeichnung *Las Vegas Strip*. Der verläuft **parallel zur *Interstate* #15** und ist nicht zu verfehlen, speziell nicht bei Nacht dank gleißender Helligkeit auf 3 mi Länge. Die *»Action«* konzentriert sich vor allem darauf.

Attraktionen

Die Kasinos in *Downtown* unter der ca. 300 m langen Überdachung der Fremont Street sind zwar mit ihrer lückenlosen Ballung von Leuchtreklamen und sehenswerten *Lasershows* nachts zweifellos ein prima Motiv für die Kamera und auch die Revitalisierungsmaßnahmen (➤ Kasten zu *»Oscar Goodman«*, Seite 560) können sich sehen lassen, aber **mehr los ist am Las Vegas Blvd weiter südlich**. Dort befinden sich mit Ausnahme von *SlotZilla* (➤ Seite 561) alle echten Attraktionen der Stadt und besonders die in den letzten Jahren neu entstandenen bzw. ausgebauten Paläste mit Resortcharakter, die Hotelluxus samt Gastronomie, Glücksspiel, Shows, Disco, Shopping u.a.m unter einem Dach bieten.

Problem-zone

Zwischen *Strip* und *Fremont Street Experience* liegt rund um und nördlich des **Stratosphere Tower** ein kleiner werdendes Stadtgebiet ohne Lichterglanz, das schon tagsüber unerfreulich wirkt. Bei Dunkelheit sollte man in diesem Bereich zumindest nicht mehr zu Fuß unterwegs sein. Weiter südlich gibt es dagegen etwa ab *Circus Circus* bzw. Riviera Blvd selbst nachts keine Probleme.

Kriminalität

Denn Gewaltkriminalität ist im Gegensatz zu manch anderer US-City weder dort noch im Zentrum um die Fremont Street ein Thema, zumindest nicht für touristische Besucher. Überfälle, Mord und Totschlag würden die Millionen fernhalten, ohne die Las Vegas nicht existieren kann. Es ist dennoch keine schlechte Idee, die Brief- oder Handtasche gut im Auge zu behalten.

Information und Besuchsplanung

Vorüber-legungen

In Las Vegas kommt ohne weiteres ohne Vorinformation aus, wer sich einfach am *Strip* »treiben« lässt. Aber mehr vom Besuch hat man mit einer **Karte in der Tasche**, in der alle **Kasinokomplexe** aktuell verzeichnet sind, und einer Vorstellung davon, was einen wo erwartet. Nur so kann man bei ja meist begrenzter Zeit das Beste aus seinem Aufenthalt machen. Ohnedem besteht die Gefahr, bei weniger spannenden Attraktionen Stunden zu »vertändeln«, die später fehlen. Hilfreich für eine gute Vorinformation und grobe Besuchsplanung mit Prioritäten, was man unbedingt sehen/machen möchte, ist – neben diesem Buch – das **Internet**.

Internet-portale

Gerade für Las Vegas gibt es **jede Menge Internet-Portale**, darunter auch **deutschsprachige Websites**. Sehr gut geeignet zur Vorinformation über fast alles und jedes wie auch zur Buchung (Shows, Hotels, Flüge und mehr) sind z.B.:

www.vegas-online.de, www.vegas4you.de, www.lasvegas-city.de, geovegas.lasvegas.com, www.lvcva.com, www.downtown.vegas

Las Vegas Boulevard, der »Strip«, die sechsspurige Hauptverkehrsader von Sin City ist nicht selten total verstopft, vor allem zur allabendlichen »Rush Hour«

- Informativ und originell ist die offizielle Seite der
  Las Vegas Convention and Visitors Authority:
  www.lasvegas.com
  mit digitalem Las Vegas-Prospekt zum Blättern.
- **Die deutschsprachige Version der Website ist**
  www.visitlasvegas. de, aber nicht ganz dasselbe und auch
  wegen des geringeren Umfangs nicht so gut wie das Original.
- Mit diversen Schnäppchen lockt das Portal:
  www.vegas.com/deals.

Shows vorab online buchen

Insbesondere, wer die eine oder andere Show besuchen möchte, sollte sich im Vorfeld zu Hause im Internet orientieren und ggf. zeitig online buchen. Für die besten Shows gibt es kurzfristig vor Ort oft keine Tickets mehr, und selbst wenn, dann bedeutet die Beschaffung häufig Stress: der Favorit ist ausverkauft, die Alternative vielleicht zu teuer oder unpassend mit den Zeiten, man muss anstehen, telefonieren u.a.m.

Wer seinen Aufenthalt in Las Vegas ohnehin übers **Reisebüro** in der Heimat bucht, kann seine favorisierten Shows ebenfalls auf diesem Weg reservieren lassen. Mehr zu den Showtickets und deren **Besorgung vor Ort** weiter unten.

Wifi

Einmal in Las Vegas angekommen, hilft das Internet nur noch Reisenden, die ein auch in den USA internetfähiges Smartphone, ihr iPad oder einen Laptop dabei haben und damit das *Wifi* im Hotel, auf dem Campingplatz, im Shopping Center oder auch in vielen Lokalen nutzen können.

Info Center

So der so, ganz ohne **Gedrucktes** kommt man selten aus. Und das gibt's am besten in den offiziellen Büros der ***Visitor*** oder **Tourist Information** (*Convention and Visitors Authority*):

- im ***Las Vegas Convention Center*** in der 3150 South Paradise Road, Mo-Fr 8-17 Uhr; ✆ 1-877-847-4858

Wer von Süden mit dem Auto über den Las Vegas Blvd anfährt, passiert noch vor Erreichen der Tropicana Avenue rechterhand diverse »*Tourist Informations*«, in Wahrheit Souvenirshops und Hotel-/Ticketagenturen, die vor allem viel Werbung haben.

Neben einem LasVegas-**Stadtplan** sollte man sich mindestens eines der verschiedenen Info-Magazine besorgen, die alle aktuellen *Events* und Programme listen und meistens eine Karte vom Strip und mehr beinhalten, z.B.:

- ***Las Vegas Magazine*** (www.lasvegasmagazine.com)
- ***24/7 Magazine*** (www.247vegas.com)
- ***What's on in Las Vegas***
  (www.whats-on.com)

Es gibt sie auch in den Foyers der meisten Hotels, bei den Autovermietern und in *Fast Food Places* wie *McDonald's*.

Unterwegs im Untergrund

Trotz groß angelegter enger Abriegelung blieb vor einigen Jahren der Täter in einem Mordfall wie vom Erdboden verschluckt. Erst Wochen später kam heraus: Er war in die Entwässerungskanäle von Las Vegas entwischt und konnte sich so beinahe 5 km vom Tatort entfernen.

Was kaum jemand weiß: LasVegas verfügt über ein unterirdisches Tunnelnetz von 480 km Länge. Es schützt die in einem weiten Talbecken angelegte Stadt vor Überflutungen bei starkem Regen. Auch in Trockenzeiten sorgen Sprinkleranlagen und Abwässer der Kasinos für einen stetigen Wasserfluss. Dennoch leben in diesem Entwässerungsuntergrund mehrere hundert Menschen, Aussteiger, Obdachlose, Prostituierte, Drogen- und Spielsüchtige. Es gibt dort regelrechte Camps, wo bis zu ein Dutzend Personen quasi Wohngemeinschaften bilden. Einige Bewohner gehen sogar einer regulären Arbeit nach und bewältigen größere Entfernungen *underground* per Fahrrad. Auch Künstler zieht es ab und an hinunter in die kühlen Katakomben; Graffities auf den Betonwänden verraten es.

Interessant ist die Lage einiger Kanäle des Systems: so führt einer unter *Caesars Palace* hindurch bis in das *LINQ*-Kasino; ein anderer endet ausgerechnet nahe an der Start- und Landebahn auf dem Gelände des *International Airport*. Ob das dem sonst so nervösen *Department of Homeland Security* klar ist? Logisch aber erscheint, dass der Einstieg in das Tunnelsystem schon aus Sicherheitsgründen an sich illegal ist, Bewohner ausgenommen?

Weitgehend konstante 20°C machen das Leben im Untergrund zwar klimatisch erträglich, aber letztlich offenbart das Schicksal der Menschen dort auf krasse Weise die elende Kehrseite der Stadt jenseits von Glitzer und Glamour.

Viele weitere Details zum unterirdischen Las Vegas finden sich im ungewöhnlichen Buch von *Matt O'Brien* »**Beneath the Neon**« (2007), www.beneaththeneon.com. Ebenfalls empfehlenswert ist auch *O'Briens* neues Buch »*My Week at the Blue Angel*« (2010) voller Kurzgeschichten über Orte abseits ausgetretener Pfade. Eine eindrucksvolle Bilderserie über *Underground* Las Vegas gibt's unter www.flickr.com/photos/dannymollohanphotography/sets/72157594389196166.

»Kunst am Bau« sogar in der Parkgarage: im Kasino Cosmopolitan erfreuen Murals bekannter Spraykünstler das Auge der Autofahrer

Transport

Selbst fahren und parken

Wer per Mietwagen nach Las Vegas kommt, hat kein Transportproblem, auch Parkplätze und Parkhäuser sind reichlich vorhanden. Logiergäste der großen Hotelkasinos am *Strip* lassen ihr Fahrzeug am besten im Parkhaus bzw. auf dem Parkplatz der Unterkunft stehen: *Self-Parking* ist kostenfrei oder kostet mit Service durch Hotelpersonal (*Valet Parking*) je $2-$3 *Tip* bei Abgabe und neuerlicher Übernahme.

Mit einem **Campmobil** größer als *Van Camper* sollte man sich nicht unbedingt in den dichten Verkehr am *Strip* stürzen. Wer schrammenfrei durchkommt, hat es mit RV obendrein schwerer beim Parken. Denn RVs passen nicht in die stripnahen Parkhäuser, sondern nur auf die **Plätze für *Oversized Vehicles***, die immer ein ganzes Stück zurück liegen und daher viel Lauferei bedingen.

Ab Airport

Vom ***McCarran Int'l Airport*** kann man per **Shuttle Bus** zum **Strip** (ab $7) und nach ***Downtown*** fahren (ab $8,50) oder man wartet auf die **Busse #108** bzw. **#109** des ***RTC***, ➢ unten.

Das **Taxi** ist zu zweit nicht viel teurer: zum südlichen Ende des Las Vegas Blvd (*Mandalay Bay/MGM/Luxor/Excalibur*) ca. $13-$17, in den zentralen Bereich (*CityCenter/Cosmopolitan/Paris/Bellagio/Caesar's/Mirage*) ca. $17-$19, zum *Stratosphere Tower* ca. $20 und nach *Downtown* ab $26, jeweils plus 15% *Tip*.

Öffentlicher Nahverkehr

Für den öffentlichen Nahverkehr ist ***RTC*** zuständig. Die Vorortlinien kosten einheitlich $2 pro Strecke. Die den ***Strip*** 'rauf und 'runter fahrenden **Busse** (***Deuce*** alle 15-20 min rund um die Uhr, und ***Strip & Downtown Express – SDX*** – mit weniger Haltestellen am Strip alle 15 min 9-24 Uhr) verkaufen **keine Einzelfahrttickets**. Stattdessen gibt es nur noch **All Access-Pässe** für 2-Stunden ($6), für 24 Stunden ($8) und 3-Tage ($20) sowei 30 Tage ($65). Sie gelten für den *Strip* & *Downtown Express* und den Doppeldeckerbus *Deuce* sowie für alle RTC-Vorortlinien; mehr Details unter www.rtcsnv.com/touristms/index.html.

Tickets kauft man an *TVMs* (*Ticket Vending Machines*), die u.a. in regelmäßigen Abständen am Las Vegas Blvd und in den großen Kasinohotels stehen. Nur in den *Deuce*-Doppeldeckerbussen gibt es **Onboard Fareboxes**. Info auch unter ✆ 1-800-228-3911.

Monorail

Eine **Monorailbahn** verbindet die meisten Kasinos auf der Ostseite des Strip vom **MGM Grand** bis hinauf zur **Sahara Ave** (unweit *Stratosphere Tower*). Die Trasse läuft in teilweise großem Abstand vom Strip hinter den Kasinos entlang. Der Zug verkehrt täglich 7-2 Uhr alle 4-9 min (Fr-So bis 3 Uhr, Mo nur bis 24 Uhr); Einzelfahrt $5, Tagespässe $12; www.lvmonorail.com.

Gratis Trams

Drei weitere separate Hochbahnen verbinden **gratis**
• *Excalibur-Luxor-Mandalay Bay*
• *Mirage* und *Treasure Island*
• *Bellagio* via *City Center* mit dem *Monte Carlo*.

Per Pedes

Zum Kennenlernen kann man den zentralen Bereich des *Strip* bei durchschnittlicher Kondition gut zu Fuß ablaufen, sofern es nicht zu heiß ist: **Desert Inn Road** (ggf. auch schon ab **Riviera Blvd**, also ab *Wynn/Encore* bzw. *Circus Circus*) bis **Tropicana Ave** (*MGM/NewYork/Excalibur*, von dort bis *Mandalay Bay* besser die Bahn).

Stadtrundfahrten

Die *Big Bus Tours* bieten eine kommentierte *Hop-on-Hop-Off*-Rundschleife entlang der Strip- und/oder *Downtown*-Sehenswürdigkeiten ($42, Kinder $25). Bei Sitzplatz im offenen Oberdeck ist die 3-stündige *Night Tour* durch die Neonpracht der Stadt eine tolle Sache ($35/$25, ab *Circus Circus* 19 Uhr oder ab *Excalibur* 19.30 Uhr); Kombitickets auch online; www.bigbustours.com.

Exotic Car Experience

Mit drei Supersportwagen (u.a. *Ferrari 458 Italia*, *Lamborghini LP550*, *Audi R8*) geht's bei der 30 mi langen **Red Rock Exotic Experience** des Anbieters *World Class Driving* über kurvenreiche Wüstenstraßen. Nach einer kurzen Einführung zu Sicherheit und Fahrzeugbedienung in der *Dream Garage* (4055 Dean Martin Drive) bricht die Kolonne samt *Front* und *Rear Pilot Car* auf. Alle Teilnehmer fahren selbst (jeweils nur ca. 15 Minuten). Der hohe Preis ($499) liegt durchaus im amerikanischen Rahmen für derartige *Thrill-Adventures*; www.worldclassdriving.com.

Las Vegas von oben

Ebenfalls ein recht kurzes Vergnügen sind **Helikopterrundflüge**. Für $99 wird man mit der Stretchlimousine vom Hotel abgeholt und schwebt dann 12 min lang über dem nächtlichen Las Vegas; www.sundancehelicopters.com/las-vegas/city-lights-tour.

Top Gun Experience

Mit der *Top Gun Experience* bucht man den ultimativen Nervenkitzel. Vom Hangar am Henderson Airport (1200 Jet Stream Drive) geht es in einer Maschine vom Typ *Extra 330L* mit 400 km/h in Richtung Wüste für Kunstflugmanöver (*Loopings*, Rollen, *Hammerheads* u.a.m.). Nach einer Vorab-Demonstration ist der Teilnehmer selbst dran, einzig über Funk mit dem (dahinter sitzenden) Piloten verbunden. Die ca. 3,5 Stunden kosten $599.

Weitere Flugpakete sind verfügbar, darunter der – harmlosere – Doppeldeckerflug zum Hoover Dam; www.skycombatace.com.

Heiraten in Nevada

Das Gesetz verlangt, dass beide Partner mindestens 18 Jahre alt sein und dies durch eine *Identification*, also bei USA-Besuchern den Reisepass, unter Beweis stellen müssen. Dann steht der umgehenden Ausfertigung einer *Nevada Marriage License* für $60 in bar oder $65 mit Kreditkarte nichts entgegen. Sie ist täglich 8-24 Uhr erhältlich im *Clark County Marriage Bureau*, 201 Clark Ave, ℂ (702) 671-0600; Infos unter: www.clarkcountynv.gov/Depts/clerk/Services/pages/MarriageLicenses.aspx. Man kann die *License* auch online beantragen: https://aivitals.co.clark.nv.us/WebPIInternet. Beide Partner müssen aber – immerhin – noch persönlich erscheinen und unterschreiben.

Mit der »Heiratslizenz« geht man zu einer beliebigen *Wedding Chapel* (einige sind sogar in Kasinos integriert oder sogar ins *Family Restaurant Denny's* in *Downtown*, 450 Fremont Street), wo der Bund fürs Leben je nach Ausstattung ab $50 (*Drive-Thru*, sonst teurer) aufwärts plus Spende für den *Reverend*, den Pfarrer, besiegelt wird. Ein Trauzeuge wird bei Bedarf mitgeliefert – einer genügt, der Pfarrer gilt auch als Zeuge. **Tipp**: *Little Church of the West*, www.littlechurch lv.com. Begründung ➢ Blogadresse unten.

Wer die Gültigkeit der Eheschließung zu Hause anerkannt wissen möchte, muss zunächst eine Beglaubigung der erfolgten Eheschließung (sog. *Certification* für $15) durch das *Clark County Recorder's Office* besorgen (500 South Grand Central Parkway). Die *Certification* schicken Österreicher und Deutsche zusammen mit dem **Apostille-Antrag** und einer *Money Order* über **$20** (beim Postamt) an den *Nevada Secretary of State* und erhalten nach ein paar Wochen eine **Beglaubigung der rechtmäßigen Heirat**, die sog. *Apostille*. Für Schweizer Staatsbürger erledigt angeblich das Konsulat in San Francisco diese Formalität.

Viele Standesämter in Deutschland und Österreich verlangen zusätzlich eine (wiederum) beglaubigte Übersetzung von Heiratsurkunde und *Apostille* durch einen vereidigten Dolmetscher. Im Internet findet man alle Details auch in deutscher Sprache auf vielen Websites: einfach »Las Vegas Wedding«, »Las Vegas Marriage License« o.ä. googeln. *Up-to-date* kann man sich u.a. informieren unter http://blog.synnatschke.de/usa/heiraten -in-las-vegas.

Wer sich Bürokratie und eigene Organisation ersparen möchte, bucht das Las Vegas-Hochzeitspaket bei deutschen Profis wie zum Beispiel www.heirateninlasvegas.com.

Unterkunft

Las Vegas verfügt über enorme 150.000 Hotelzimmer, da aber zu den üblichen Besucherscharen auch noch über 5 Mio Kongressteilnehmer jährlich kommen, wird selbst diese Kapazität schon mal knapp. Generell sind an Wochenenden Zimmer durchweg erheblich teurer als ab Sonntag bis Donnerstag Abend und in den populäreren Kasinos dann häufig sogar ausgebucht.

Unterkünfte sind grundsätzlich wie folgt zu unterscheiden:

Tarife Kasinohotels

Die **Kasinos** sind zwar daran interessiert, Spieler übers Hotel ins Haus zu locken. Aber das bringt in den attraktiveren Kasinopalästen durchaus keine Niedrigpreise für die Übernachtung mit sich, doch bei Nutzung bestimmter Termine ist dort das Preis-/Leistungsverhältnis sehr o.k. Richtig billige Betten um $30 gibt's nur in kaum bekannten, eher veralteten Kasinos, speziell im Bereich *Downtown*. Auch in Kasinos abseits des *Strip* kommt man oft erstaunlich günstig unter, insbesondere bei **Internetbuchung**. Außerhalb kurzer Perioden in der Wintersaison und ohne Großkongress in der Stadt kosten dann selbst Zimmer in Häusern wie **Luxor**, **Mirage** oder **Stratosphere Tower** nur um die $50-$70 (zzgl. *Resort Fee*, ➤ Kasten rechts). Manchmal sind kurzfristige Buchungen sogar preiswerter als längerfristige Vorabreservierung.

Hier eine **Auswahl beliebter Kasinohotels am Strip**, die generell für die Nächte **So-Do** günstige Tarife bieten:

- **Circus Circus,** ✆ (702) 691-5950, ✆ 1-800-634-3450
  (**Tipp**: Die *CC-Manor Lodge* hat zimmernahe Parkplätze)
- **Excalibur,** ✆ (702) 597-7777, ✆ 1-877-750-5464
- **Luxor,** ✆ (702) 262-4444, ✆ 1-877-386-4658
- **MGM Grand,** ✆ (702) 891-1111, ✆ 1-877-880-0880
- **Mirage,** ✆ (702) 791-7111, ✆ 1-800-374-9000

Allein das – 2013 renovierte und im Aussehen aufpolierte – MGM Grand Hotel und Casino mit dem goldenen Löwen vorm Portal verfügt heute inkl. Signature Towers über 6.500 Zimmer und Suiten

Resort Fees – Abzocke oder praktischer Nutzen?

Seit ein paar Jahren erheben zahlreiche Kasinohotels zusätzlich zum Zimmertarif eine sog. **Resort Fee** zwischen \$6 und \$33. Sie soll der Finanzierung von Extras wie der Tageszeitung im Zimmer, *Fitness Center/Spa, WiFi, Shuttle* zum Airport, *Valet-Parking,* »Gratis«-Telefonaten etc. dienen.

Serviceleistungen also, von denen man annehmen durfte, dass sie im üblichen Übernachtungspreis einkalkuliert bzw. nur bei Inanspruchnahme extra zu bezahlen sind. Im Einzelfall können sich dadurch die Hotelkosten empfindlich erhöhen, ohne dass der Gast dafür eine echte Gegenleistung erhält. Wer dagegen Internet, Fitnessstudio und anderes mehr entsprechend nutzt, für den sind \$10 oder \$20 extra – verglichen mit sonst dafür üblichen Tarifen – sogar ein guter Deal.

Vor einer festen Buchung sollte man klären, ob und in welcher Höhe das Hotel eine *Resort Fee* berechnet, und welche Leistungen darin enthalten sind.

Logenplatz überm Pool

Gebühr und Leistungsumfang können sich kurzfristig ändern, so dass eine zeitnahe Nachfrage vor der Anreise sinnvoll ist. Seit alle *Caesars Entertainment Casinos* und mittlerweile auch viele Häuser in *Downtown* diese *Fee* erheben, sind Ausnahmen selten – etwa *Four Queens* und *Main Street Station;* ➢ im Detail www.vegastripping.com/resortfees und www.vegaschatter.com (Suchbegriff *»resort fee 2015 guide«*).

- **New York, New York,** ℰ 1-888-693-0763, ℰ 1-866-815-4365
- **Treasure Island,** ℰ (702) 894-7444, ℰ 1-800-944-7444
- **Monte Carlo,** ℰ (702) 730-7000, ℰ 1-888-529-4828

Freitag und Samstag verdoppeln bis verdreifachen sich üblicherweise die So-Do geltenden Tarife.

Hinzu kommen **Hotel Taxes in Höhe von 12%** (*Strip*) bzw. **13%** (*Downtown*) und mittlerweile in den allermeisten Kasinos noch die sog. **Resort Fees,** ➢ Kasten oben.

- Das **Ellis Island Casino** an der 4178 Koval Lane (nur einen Block hinter den Kasinos *Bally's* und *Paris*) gehört zur Motelkette *Super 8* und hat einfache Zimmer zu moderaten Preisen auch an Wochenenden (ggf. mit *Coupon,* ➢ Seite 108). Eine hauseigene **Minibrauerei** und ein preiswertes Restaurant sind ebenfalls vorhanden; ℰ (702) 733-8901, www.ellisislandcasino.com.

»Normale«
Hotels

Zahlreiche Hotels ohne Kasinobezug liegen preislich innerhalb ihres auch sonst üblichen Rahmens, passen aber die Effektivpreise der jeweiligen Buchungssituation flexibel an. **Preiswerte Motels der Einfachkategorie** gibt es vor allem am Südende des *Strip* und zwischen Sahara Ave und *Downtown.* Die sollte man aber nur nach persönlicher Inaugenscheinnahme der Zimmer buchen!

Clever unterkommen in Remodelled Rooms

Von Zeit zu Zeit renovieren die Kasinohotels gezwungenermaßen ihre Zimmer. Dabei wird in regelmäßigen Abständen immer nur ein Teil der Räume aufpoliert. Die bieten dem Gast besseren Komfort und kosten nicht unbedingt viel mehr als Zimmer, die noch nicht mit der Aufhübschung dran waren. 2015 sah es in bekannten Resorts wie folgt aus:

Treasure Island/DeLuxe Rooms: Für diese Bezeichnung mit 36 m² nicht eben groß, dafür aber zahlreiche Extras: *Hightech*-Betten, 42-Zoll-Flachbildfernseher, Ganzraumfenster, Marmorbad, Zimmersafe, Radiowecker mit Anschlussoption für *iPods* und kräftige *Wifi*-Signale.

Excalibur/Contemporary Rooms: Die meisten der fast 4.000 Zimmer wurden überarbeitet. *Pillow-Top*-Betten, 42-Zoll-Flachbildfernseher, modernere Bäder und Radiowecker mit *iPod*-Anschluss.

Mirage/DeLuxe Rooms: über 3000 Zimmer wurden für $80 Mio umgestaltet. *Pillow-Top*-Betten, 42-Zoll-Flachbildfernseher, Anschlüsse für *MP3-Player*, schnurlose Telefone. Wählbare Raumfarbtöne.

Circus Circus/West Tower Rooms: Alle über 3700 Zimmer wurden komplett überholt: 32-Zoll-Flachbildfernseher, *Pillow-Top*-Betten, geschmackvolles Design, helle Farbtöne und *Wifi*. Ähnliche Ausstattung in den *Skyrise Tower Rooms*. Beide nahe *Adventuredome*, wenngleich zum zentralen Strip relativ weit. Sehr günstiges Preis-Leistungs-Verhältnis.

Cromwell/DeLuxe Rooms: Pariser Apartmentstil, dunkle Holzfußböden, dekorativ ornamentierte Wandtapete, gerahmter, raumhoher Spiegel, lila-violette Farbpalette, Duschzelle (keine Wanne) mit Mosaiken und aufgedruckten Sprüchen verkleidet.

Flamingo/GO DeLuxe Rooms: Jetzt mit technischen Raffinessen wie Stereoanlage, iPod-Andockstation, 42-Zoll-Flachbildfernseher HDTV, CD-/DVD-Player und elektronischen Vorhängen. Badezimmerwände aus Milchglas, Wanne sowie separate Dusche und in den Badezimmerspiegel integrierter Fernsehbildschirm. Hotelflure und Aufzüge ebenfalls im neuen Design.

Flamingo/FAB Rooms: Alle über 2000 Standardzimmer wurden auf einen zeitgemäßen Stand gebracht. Besser: *GO DeLuxe Rooms* für $10-$20 mehr.

MGM Grand/Rooms & Suites: Alle Zimmer und Suiten wurden aufgefrischt. **Tipp**: Die über 170 *Stay Well Rooms* bieten *Wellness Gimmicks*, darunter Lichtwecker und Vitamin-C-Duschen ($30 Aufpreis).

Bellagio/Rooms: In die 2500 Gästezimmer im Hauptturm wurden über $50 Mio gesteckt: verbessertes Licht, 40-Zoll-Flachbildfernseher, *i-Home Docking-Station* und eine Zentralsteuerung für Elektronikgeräte. **Tipp**: *Fountain View Rooms* im *Spa Tower* (15.-26. Stock; $30 extra).

Tropicana/Rooms: $120 Mio kostete die längst überfällige Auffrischung des Hotels: Rattan- und Bambusmöbel, Holzrollläden, neue Matratzen, 42-Zoll-Flachbildschirm. Von den *Sky Villa Suites* (20. Stock/*Paradise Tower*) hat man Top-Aussicht und Whirlpoolbadewanne für 2 Personen.

Zentrale Reservierung

Tagesaktuelle Tarife für alle Kasinohotels wie auch »normale« Hotels samt Buchungsmöglichkeit findet man u.a. unter www. vegas online.de, www.lasvegashotel.com, www.vegas.com/resorts.

Wer schon vor Ort ist und sich die Mühe individueller Suche sparen will, könnte eines der **Reservierungsbüros** am südlichen Ende des *Strip* ansteuern (von I-15 Abfahrten #33 oder #34) oder einige Tage vor Ankunft einen **Reservierungsservice** anrufen, sofern kein Internet zur Verfügung steht, z.B. die

3

Reservation-Hotline ✆ 1-888-826-6548.

Man kann für ein rasches Ergebnis einen Höchstpreis nennen oder nach dem billigsten Quartier fragen. Letztere sind oft die – gar nicht mal schlechten – Zimmer in den Kasinos im Bereich der Fremont Street oder abseits des *Strip*; ab $30, ➤ oben.

Hostels

Östlich von *Downtown* 1322 Fremont St liegt das **Las Vegas Hostel** in einem ehemaligen Motel mit Pool, Klimaanlagen, *Wifi* etc. Das Bett kostet saison-/ tagesabhängig ab $13, DZ ab $35 (Online-Tarife günstiger); ✆ 1-800-550-8958; www.lasvegashostel.net.

Etwa 1 mi weiter südlich steht das **SinCity Hostel** (1208 South Las Vegas Blvd); gutes Leser-*Feedback*; Mehrbettzimmer ab $13/Person; EZ/DZ ab $35; ✆ (702) 868-0222, www.sincityhostel.com.

Ein bisschen weiter unten am 1236 Las Vegas Blvd in unübersehbarer Nachbarschaft zum *Stratosphere Tower* liegt das **Hostel Cat** mit knapp 20 Zimmern (Drehort von *The Hangover*, 2009); im Mehrbettzimmer ab $13/Person; EZ/DZ ab $33; an Wochenenden $18 bzw. $43; ✆ (702) 380-6902, www.hostelcat.com.

Blick von einem der Zimmer im Bellagio aufs »Wasserballett« und gegenüber auf den Komplex des »Paris« mit Eiffelturm

Camping

RV Park Circus Circus

Der einzige *Campground* im *Strip*-Bereich ist der große und sanitär komfortable **RV Park at Circus Circus** (Einfahrt über Las Vegas Blvd, dann Circus Circus Drive oder Industrial Road). Die meisten Stellplätze liegen dort eng beinander auf einer riesigen Asphaltfläche, einer der besten ist die **#52** (an einer kleinen Rasenfläche nahe der Einfahrt). Karte mal anschauen und dazu auf der Webseite den Link »*RV Park Map*« anklicken. **Optimaler Campplatz** für einen Las Vegas-Besuch, vor allem spät abends, wenn zu *Strip*-fernen Plätzen nur noch sporadisch – wenn überhaupt – *Shuttle*-Busse verkehren oder man wegen der großen Entfernung ein teures Taxi nehmen muss. Sanitäre Anlagen sind bestens; zudem existieren saisonal Schwimmbecken und Whirlpool; *full hook-ups* So-Do $36, Fr+Sa $46; Reservierungen unter ✆ 1-800-444-2472 bzw. www.circuscircus.com/las vegas_hotel/rv_park.aspx.

Campmobile auf dem Asphaltplatz des Circus Circus. Nicht schön und laut, aber dafür in Stripnähe

Folgende 3 Plätze befinden sich nah beieinander am bzw. in der Nähe des Boulder Hwy (Höhe Flamingo)

- **KOA at Sam's Town**, 5225 Boulder Hwy, günstige RV-Tarife ab $22 für *full hook-up*; ✆ 1-800-562-7270, www.koa.com.
- **Arizona Charlie's**, 4575 Boulder Hwy (I-515/#95/#93 Exit #70), Einheitstarif $32, Platz für 200 RVs; ✆ 1-800-970-7280, www.arizonacharliesboulder.com/RV-Park

Weitere RV Parks

- **Las Vegas RV Resort**, 3890 South Nellis Blvd, ✆ 1-866-846-543, gute Stellplätze, *full-hook-up* ab $29, www.lasvegasrvresort.com.

Das riesige **Oasis RV Resort** mit allen Schikanen samt Golfplatz und palmengesäumtem Pool liegt südlich des *Strip* an der 2711 West Windmill Lane (*Exit* 33 von der I-15); ab $43; ✆ 1-800-566-4707; www.oasislasvegasrvresort.com

Red Rocks

Etwa 20 mi vom *Strip* entfernt liegt ein einfacher **Campground** des *BLM* in der **Red Rock Canyon National Conservation Area**, ➢ Seite 566. Wegen der höheren offenen Lage abends kühler als in der Stadt, aber im Sommer zu heiß, dann geschlossen; $15.

Lake Mead

Ebenfalls ruhig, aber mit viel schattigem Grün campt man am **Lake Mead** auf dem **Boulder Beach Campground**; www.riverlakes.com/boulder_beach_campground.htm oder nebenan im **RV Village**; www.lakemeadrvvillage.com. Weitere Details dazu auf Seite 572.

BLM-Einfachplatz bei der Red Rock Canyon Area

3.1.2   Kasinos und was dazu gehört

In den Kasinos

Neben den Kasinos und den mit ihnen verbundenen Attraktionen findet man in Las Vegas nicht so ganz viel Sehenswertes. Glücksspiel, *Show* und *Entertainment* dominieren die Stadt. Spielen darf indessen erst, wer da 21. Lebensjahr vollendet hat. In den weitläufigen Spielhallen überwiegen **Slot Machines** (»einarmige Banditen«, wobei der «Arm» lange vom Druckschalter ersetzt ist). Außerdem werden **Poker**, **Blackjack** (17 und 4) **Keno** (Zahlenlotto), **Bingo, Baccarat** und **Roulette** gespielt. Für die meisten undurchschaubar ist das Würfelspiel **Craps** an langen, wannenartigen Tischen mit einer Mannschaft von gleich **4 Croupiers**.

Für – erkennbar aktive – Spieler sind die **Getränke gratis**, die Bedienung erwartet aber wenigstens $1 *Tip* bei jeder Order. Nur-Zuschauer warten vergeblich auf den Drink: »*You must be playing*!«

Einmal **im Inneren der Kasinos** wird man feststellen, dass sich die riesigen Spielsäle im Prinzip kaum voneinander unterscheiden, nur Architektur und Dekoration werden immer aufwendiger. Die **Slot Machines** dominieren jede Etage. **Roulette, Black Jack** und **Craps** sind überall identisch. Nur die Anordnung der **Pokertische** und der Stuhlreihen für **Keno** – eine Art Lotto mit laufenden Ziehungen und schlechten Chancen – und **Bingo** differiert. Kurz, für Spieler und Zaungäste ist es letztlich gleich, wo sie spielen bzw. anderen über die Schulter schauen.

Gutscheine/ Coupons

Manche Kasinos locken Besucher mit Gutscheinen für kostenlose Spielchips, Bier oder Cocktails für $1 und manches mehr in ihre Häuser. Preiswerte Mahlzeiten oder freie *Drinks* bekommt man oft auch ohne *Coupons*, und der mitunter gebotene Gratisgriff an spezielle *Slots* für Coupon-Inhaber lohnt selten das Anstehen.

Leibliches Wohl

Ob es nun ein *Steak Dinner* oder eher gesunde Kost von der *Salad Bar* sein soll, in Las Vegas ist das Sattwerden eines der geringsten Probleme. Werbehefte der *Tourist Information*, Leuchtreklamen und Handzettel weisen den Weg.

Cafeterias/ Fast Food

Zahl- und variantenreich sind die **Cafeterias** und **Food Courts** in den Spielkasinos und Shopping Arkaden; von *McDonald`s* bis zu schicken Bistros ist alles vertreten.

Buffets

Viele Kasinos werben mit überbordenden **Buffetmahlzeiten**. Bekannt für preiswerte **All-you-can-eat**-Buffets sind u.a. **Excalibur** und **Golden Nugget**. Aber höhere Qualität bieten heute die Buffets im **Cosmopolitan**, **Bellagio**, **Paris**, **Mirage** und **Aria** (*City-Center*), kosten aber auch mehr. Exzellent, aber nicht ganz billig ist das **Seafood Buffet** im **Rio** an der Flamingo Road abseits des

Round Table Buffet im Excalibur

Strip unweit der I-15. Publikumsrenner sind das **Wicked Spoon Buffet** (*Cosmopolitan*) und das **Bacchanal Buffet** (*Caesar's Palace*).

Generell **billiger** als *Dinner Buffets* sind **Lunch Buffets**. **Tipp**: Mit *Caesar's* **Buffet-of-Buffets-Pass** lässt sich 24 Stunden an 7 Buffets schlemmen (ab $55); Upgrade für *Rios Village Seafood-* und *Caesars Bacchanal-Buffet* möglich: $15-$30.

Eine immer aktuelle Gesamtübersicht (mit Preisen) über alle Las Vegas-*Buffets* liefert das Portal www.vegas-online.de/buffets.htm.

Restaurants In keinem Kasino fehlen gute (und teure) Restaurants mit oft origineller und/oder edler Ausstattung, am besten in Kasinos der neuen Generation wie **CityCenter**, **Cosmopolitan**, **Mandalay Bay**, **Venetian**, **Bellagio**, **Palazzo**, **Mirage** und **Wynn/Encore**.

Attraktiv ist in dieser Hinsicht auch **Caesar's Palace**, Pflichtprogramm für viele das **Hard Rock Café** (am Strip oder auch in der 4475 Paradise Road) oder **Planet Hollywood**. Auf dem **Stratosphere Tower** gibt es das **Top-of-the-World-Restaurant** in 250 m Höhe, von dem man bei Dunkelheit einen sagenhaften Blick hat.

Abgefahrenes In den auf Seite 519 genannten Info-Magazinen findet man jede Menge Werbung auch für Restaurants außerhalb der Spielkasinos. Originell und beliebt ist u.a. das **Hofbrauhaus** (*It's Oktoberfest every day*; www.hofbrauhauslasvegas.com) an der Ecke Paradise Road/Harmon Ave und verrückt das **Dinner in the Sky** an der 2800 West Sahara Avenue. Eine Restaurantplattform wird per Krankabel in 55 m Höhe geliftet. Dort *open-air* baumelnd und am Sitz festgeschnallt, genießt man 25 min lang *Drinks & Dinner*: ℗ (702) 257-7303, www.dinnerintheskylv.com.

Besondere Tipps

In der **Redwood Bar & Grill** des *California Casino* in *Downtown* (12 East Ogden Street) eine der Sitznischen reservieren und das »**Steak Special**« bestellen: 500 g Porterhouse mit Beilage, Vor- und Nachspeise für nur $24; ℂ (702) 385-1222, www.thecal.com.

Ein Essen im elegant-intimen Speisesaal von **Andre's** (im *Monte Carlo Casino*) bleibt sicher in Erinnerung (traditionell französische Küche). Der *AAA* vergab *Four Diamonds* und der *Wine Spectator* den *Award of Excellence* für seine Liste mit 1500 Weinen und zahlreichen Cognacs; ℂ (702) 798-7151, www.andrelv.com.

Bars

Zu jedem Kasino gehört zumindest eine Bar, oft sind es auch mehrere. Dort kann man sich seinen Drink bestellen und bezahlen oder als aktiver Spieler darauf warten, dass der **Drink auf Kosten des Hauses** kredenzt wird. Ähnlich wie mit Billigbuffets werben manche Kasinos auch mit preiswerten Drinks!

Las Vegas-Shows

Zu Las Vegas und zu seinen Kasinos gehören **Show** und **Entertainment**. Für **bekannte Shows** wie *David Copperfield* & Nachfolger, **Cirque du Soleil-Produktionen** (»Zumanity«, »Love« und diverse andere), *Rod Stewart, Elton John, Blue Man Group* oder *Donny & Marie* muss man tief in die Tasche greifen und lange im Voraus buchen – im Internet, beim Reiseveranstalter oder auf *Last-Minute*-Chancen bei *Tix4Tonight* hoffen, ➤ unten.

Vorstellungen ohne Reputation und illustre Namen kosten ab $25 als **Cocktail Show** (später Nachmittag) oder **Late Night Performance** (Beginn ab 22 Uhr). Hauptshows (19/21 Uhr) sind teurer. Die einstige **Diner Show** gehört weitgehend der Vergangenheit an. Es gibt sie kaum noch; eine Ausnahme ist das **Tournament of Kings** im *Excalibur* (18 und 20.30 Uhr). **Wichtig**: die Platzanweiser erwarten ein erhalten fürstliche **Trinkgelder**: ab **$5 per Party**.

Vor Ort gibt's Showtickets zu manchmal bis zu 50% herabgesetzten Preisen täglich ab 11 Uhr bei **Tix4Tonight** (℅ 1-877-849-4868 oder www.tix4 tonight.com) mit etlichen Standorten am *Strip* und *Downtown*, u.a. in der *Fashion Show Mall* gegenüber vom *Wynn*. Für *Special Deals* bzw. aktuelle Sonderangebote lohnt sich ein Blick auf www. vegas.com/deals.

Show des Cirque du Soleil im Bellagio

Casino
Nachtclubs

Auch in Las Vegas ist die Nacht nicht nur zum Spielen da. Jedes bessere Kasino hat einen **Night Club** bzw. eine **Disco**, wo es erst nach den letzten Abendshows richtig abgeht, z.B.:

- **The Bank** im *Bellagio*, Do-So ab 22:30 Uhr, ✆ (702) 693-8300 oder ✆ 1-888-987-6667; http://thebanklasvegas.com/home und www.bellagio.com/nightlife-diversions/the-bank.aspx

- **ROSE.RABBIT.LIE** im *Cosmopolitan* (*Social Club* mit Live-Entertainment), Do-Sa ab 17.30 Uhr; www.cosmopolitanlasvegas .com/taste/restaurant-collection/rose-rabbit-lie.aspx

- **Sayers Club** im *SLS*; Holzfußböden, braune Chesterfield-Sofas, Industrie-Chic und intime Größe, Do-So ab 22:30 Uhr, ✆ (702) 761-7618; www.sbe.com/nightlife/locations/the-sayers-club-las-vegas

- **1 OAK** im *Mirage*, Fr-Sa+Di ab 22.30 Uhr, ✆ (702) 693-8300; http://1oaklasvegas.com/home

- **LAX** im *Luxor*, Do-Sa ab 22.30 Uhr, ✆ (702) 262-4529 oder ✆ 1-800-288-1000; http://angelmg.com/venues/lax

  Omnia im *Caesars Palace* ist ein neuer (2015!) Edel-Nightclub der *Hakkasan*-Gruppe; ➢ Kasten rechts; ✆ (702) 785-6200; http://omnianightclub.com/location/las-vegas/

- **TAO** im *Venetian*, Do-Sa ab 22 Uhr, ✆ (702) 388-8588 oder ✆ 1-877-283-6423; www.taolasvegas.com

- **Marquee** im *Cosmopolitan*, Mo, Fr-Sa ab 22 Uhr, ✆ (702) 333-9000; www.marqueelasvegas.com

- **XS Nightclub** im *Encore* (das 5-Jahres-Jubiläum wurde mit einem $5000 *Five Star Cocktail* inkl. Tropfen aus der *Black Monk 500th Anniversary Ltd Edition* gefeiert), Fr-Sa ab 22.30 Uhr, So-Mo ab 21.30; ✆ (702) 770-0097; www.xslasvegas.com

Nacht- & Beachclub Drai's
mit 80-seitiger LED-Discokugel

Hakkasan im MGM – Megaclub 2.0

Hakkasan zählt zur neueren Generation der sog. Mega-Clubs mit einer Kapazität für fast 4.000 Gäste, die sich hier auf über 5.500 m^2 und fünf Etagen verteilen. Schon im 1. Jahr seines Bestehens stieg *Hakkasan* auf Platz 2 der US-*Nightclub & Bar* Top 100-Liste ein – bei einem Jahresumsatz von über $100 Mio. Los geht's im Restaurant auf **Level 1**, das durch dunkles gitterartiges Eichenholz in private Essbereiche unterteilt wurde (*Cage*), ohne die Gäste zu isolieren. Zu späterer Stunde lässt sich alternativ auch gut an der rückwärtigen blau beleuchteten Bar starten, etwa mit schwarzen Sesam- und Schokoladenklößen in *Yuzu*-Tee, gepaart mit einem *Haka*-Cocktail aus Wodka, Kokosnuss, Litschi und Passionsfrucht. Auf **Level 2** bietet der private Speisesaal weitere Rückzugsmöglichkeiten. Der wie die Bar in blau gehüllte ca. 1.000 m^2 große *Ling Ling Club* auf **Level 3** bietet über 20 separate Sitzbereiche mit DJ-Pult und zwei Bars. Entspannter geht's in der *Ling Ling Lounge* nebenan zu (für besondere Gäste). Der eigentliche Nachtclub mit übergroßen VIP-Sitzgruppen, DJ-Pult und LED-Wand findet sich erst auf **Level 4**. Der angrenzende Pavillon im Chinoiserie-Design mit Bar, vertikalen Gärten und 2-stöckigem Wasserfall bietet mehr Privatheit. Vom erhöhten **Level 5**, einem Zwischengeschoss, fällt der Blick über den ganzen Tanzsaal; Do/Fr/So ab 22 Uhr, Sa ab 21 Uhr, ℂ (702) 891-3838; www.hakkasanlv.com.

- **Surrender Nightclub** im *Encore*, Mi+Fr-Sa ab 22.30 Uhr, ℂ (702) 770-7300; www.surrendernightclub.com
- **Light Nightclub** im *Mandalay Bay* (einziger Club, in dem erstmals *Cirque du Soleil*-Künstler auftreten), Mi ab 22:30 Uhr, Fr-Sa ab 22 Uhr, ℂ (702) 588-5656; www.thelightvegas.com

Geldmaschine Nightclub

Die **Nightclub & Bar** **Top 100 Liste** der USA mit jeweils rekordbrechenden Jahreseinnahmen führt *XS/Encore* ($103-$105 Mio) vor *Hakkasan/MGM Grand* ($100-$103 Mio) an. Insgesamt sechs Las Vegas-Nachtclubs finden sich in den US-Top 10: so auch *Marquee/Cosmopolitan* ($80-$85 Mio), *TAO/Venetian* ($50-$55 Mio), *Surrender/Encore* ($40-$45 Mio), *Hyde/Bellagio* ($25-$30 Mio).

Day Clubs

In den letzten Jahren haben sich außerdem **Day Clubs** etabliert. Was man sonst nur aus Nachtclubs kannte, findet seither schon tagsüber rund um die Hotelpools statt. Solche Poolpartys werden oft durch *Celebrities* wie die *Kardashians*, Rihanna, *Holly Madison*, *Jay-Z* u.a.m. gehostet. Zu den besten zählen:

- **Ditch Fridays** & **Ditch Saturdays** im *Palms* – Fr-Sa
- **Tao Beach Club** im *Venetian* – täglich
- **Wet Republic** im *MGM Grand* – Do-Mo
- **Encore Beach Club** im *Encore at Wynn* – Fr-So
- **Daylight Beach Club** im *Mandalay Bay* – täglich

Top-Neuzugänge 2015:

- **Drai's Beachclub** im *Cromwell* – Fr-Sa
- **Foxtail Poolclub** im *SLS* – täglich.

Das CityCenter, ein neuer Typ der Casino Resorts
www2.citycenter.com

Seit 2009 fließt der Colorado River auch in Las Vegas in Form von *Maya Lin*s 26 m langem Abguss aus regeneriertem Silber im neuen **Aria Resort & Casino**. Den 61-stöckigen Komplex konzipierte der Argentinier *César Pelli* (*Petronas Towers*/Kuala Lumpur). Er ist das Herzstück der $9 Mrd teuren **Hotel- und Kasinokomposition *CityCenter*** zwischen *Bellagio* und *Monte Carlo*. Zum größten privat finanzierten Bauprojekt in der Geschichte der USA gehören aber noch fünf weitere spektakuläre Gebäude:

- das sichelförmige mit Ornamentglas überzogene 57-stöckige mit dem *Aria* verbundene **Vdara Hotel** (1495 Suiten)
- das nur für Las Vegas-Verhältnisse **Boutiquehotel Harmon** (*Norman Foster*; 400 Zimmer) an der Nordostecke des *CityCenter* mit einer stark gebogenen Außenfassade in unterschiedlichsten Blautönen. Nachdem bereits 2008 Konstruktionsfehler festgestellt worden waren, wird das ohnehin niedriger als geplant ausgefallene Hotel seit Sommer 2014 für über $11 Mio. abgebaut. MGM ersparte sich einen Schadensersatzprozess mit dem Versicherer über $400 Mio durch Zahlung einer Vergleichssumme in Höhe von $173 Mio.
- südlich des *Harmon* die **Veer Towers** (*Helmut Jahn*), sich um 5° in entgegengesetzte Richtungen neigende Zwillingstürme mit Luxusapartments
- das **Mandarin Oriental Hotel** gleich nebenan als fast L-förmiger Wolkenkratzer. Die *Sky-Lobby* im 23. Stock spaltet den Turm in zwei Hälften: die untere beherbergt 400 Gästezimmer, die obere 227 Wohnungen.
- die Luxus-**Shopping Mall The Crystals** (46.000 m², *Daniel Libeskind*); sie ist über die Hochbahn mit den Kasinos *Bellagio* und *Monte Carlo* verbunden

Ökologische Bauweise und Ausstattung machen dieses Gebäudeensemble zu einem der »grünsten« weltweit. Ein eigenes energieeffizientes Kraftwerk sorgt für Wärme und Licht. Überschüssige Hitze wird gespeichert, um heißes Wasser zu generieren. Die Limousinenflotte der Hotels ist erdgasbetrieben, die Klimatisierung erfolgt vom Bodenniveau nach oben, und die Wasserkonservierung erspart 190 Mio Liter pro Jahr. Nachdem man das zuvor dort stehende *Boardwalk Hotel* abgerissen hatte, verwendete man 80% des Schutts beim Bau des *CityCenter* und verschickte die alten Badezimmerobjekte in Drittweltländer, wobei Vorhänge und Teppichböden als Packmaterial dienten.

Ein **Highlight** ist die **Kunst im öffentlichen Raum**, die allein sich Bauherr ***MGM-Mirage* \$40 Mio** kosten ließ. Nicht nur auf den **Silver River** in der Rezeption des *Aria* (➢ oben), überall im *CityCenter* stößt man auf Kunstwerke.

Besonders heraushebenswert sind

- *Jenny Holzers* 76 m lange **LED-Leuchttafel** an der Nordzufahrt des *Aria*
- *Nancy Rubins* »**Big Pleasure Point**«, eine 15x25 m große Skulptur aus zahlreichen zu einem Knäuel verwobenen Kanus, Kajaks und Ruderbooten
- *Frank Stellas* »**Damascus Gate Variation I**« hinter der Rezeption des *Vdara*. Das Gemälde zählt zu den bekanntesten Arbeiten des Künstlers.
- *Isa Genzkens* »**Rose II**« außerhalb der *Crystals Shopping-Mall* eine Rose in voller Blüte, 8 m hoch und 450 kg schwer; 75% wurden aus Recyclingmaterial erstellt. *Isa Genzkens* ist der einzige hier vertretene deutsche Künstler.
- *Richard Longs* »**Circle of Life**« und »**Earth**«, 24 m hohe und 15 m breite Schlammgemälde. Sie sind in den Lobbies der *Veer Towers* zu bewundern.
- *Claes Oldenburgs* & *Coosje van Bruggens* »**Typewriter Eraser, Scale**«, eine gigantische »Schreibmaschinenlöscheinrichtung« aus Stahl und Glasfaser (6 m hoch und 4 t schwer). Sie steht am *Mandarin Oriental Hotel*.
- *Henry Moores* »**Reclining Connected Forms**« im *Pocket Park* zwischen *The Crystals* und *Aria*.

Mitten in die Bauphase platzte seinerzeit die **Immobilienkrise** (➢ Seite 516). Apartments im *CityCenter* mussten drastisch im Preis reduziert werden, um sie los zu werden. Am Ende veräußerte Bauherr *MGM-Mirage* das zum Konzern gehörende Kasino *Treasure Island*, um die Fertigstellung zu finanzieren.

Wer sich intensiver für die Details der Architektur des *CityCenter*, seiner Baukosten etc. interessiert, erfährt noch mehr unter der Webadresse www.vegastodayandtomorrow.com/citycenter.htm. Das Buch *Creating City Center* (2013) mit Hintergrundinformationen und hervorragenden großformatigen Fotos war 2015 im Internet für Preise ab €33 zu finden.

Lobby des Aria Resort & Casino

The Cosmopolitan www.cosmopolitanlasvegas.com

In unmittelbarer nördlicher Nachbarschaft zum **CityCenter** eröffnete am 15. Dezember 2010 das 183 m hohe **Cosmopolitan of Las Vegas**. Fast 4 Mrd. Euro (!) waren verbaut worden. Eigentümer wurde nach dem Konkurs des eigentlichen Investors noch in der Bauphase die Deutsche Bank, die das Kasino weiterbauen ließ, statt die bereits gewährten Kreditmilliarden abzuschreiben. Dass damit die Bank unbeabsichtigt selbst zum Kasinobetreiber wurde, entbehrt in Zeiten des Zockerimage von Banken nicht einer gewissen Komik. Der Bank gelang es erst 2014, das *Cosmopolitan* zu verkaufen. Erwerber für $1,73 Mrd die *Blackstone Group*. Dieser US-Finanzinvestor besitzt allein in Nevada etwa 1.000 Immobilien und ist Eigentümer der *Hilton*-Hotelkette. *Blackstone* gab 2015 bekannt, bis zu $200 Mio. in eine weitere Aufwertung des *Cosmopolitan* stecken zu wollen.

Die ungewöhnliche vertikale Struktur des *Cosmo* erklärt sich aus der mit nur 35.000 m² vergleichsweise bescheidenen und zugleich recht schmalen Grundfläche. Folge der Vertikalität und Besonderheit des *Cosmo* ist, dass vieles, was in anderen Kasinohotels ebenerdig untergebracht ist, auf mehrere Etagen verteilt werden musste. Eingänge liegen ebenerdig an der schmalen Stripfront und in der 1. Etage, die man über Fußgängerbrücken vom *CityCenter* aus (*Crystals*) und über den Las Vegas Boulevard erreicht. Wer über die Tiefgarage anfährt, wird schon mal durch Kunst erfreut, Wandbilder auf allen Ebenen.

Apropos Kunst: Im *Cosmopolitan* gibt es sog. »Art-o-mat-Units«, umfunktionierte Zigarettenautomaten, aus denen man kleine Kunstwerke ziehen kann ($5). **Artists-in-Residence** sind immer kreativ tätig und stellen frisch geschaffene Werke aus. Auf einem 20 m hohen LED-Außendisplay präsentiert das *Cosmo* berühmte Gemälde und Objekte im Wechsel. In der Rezeption sind die LED-Säulen mit aktuellen Arbeiten von Video- und Animationskünstlern unübersehbar. Als weiteres *Highlight* gelten **Objekte** im Obergeschoss und auf Kasinoebene, darunter besonders populär **Giant High Heels** und *Large Dogs*.

Giant High Heels

Chandelier Bar

Die vertikale Silhouette des *Cosmo* wird vom **Beach Resort Tower** (53 Stockwerke) und **Spa Tower** akzentuiert. Unter den fast 3000 Zimmern ist der »kleinste«, der *City Room* (ab $160) mit knapp 42 m². **Tipp**: Nur Zimmer in den oberen Etagen an der Nordseite des Ost-Turms buchen und von dort den unverstellten Blick auf die tanzenden Fontänen des *Bellagio* genießen.

Herzstück des Ost-Turms ist die spektakuläre dreistöckige **Chandelier Bar**, in der sich die Gäste unter zwei Millionen perlschnurförmig herabhängenden schimmernden Kristallen amüsieren. Auf derselben Ebene befinden sich auch das 10.000 m² große **Casino**, dessen Glaswände sich zum *Strip* hin öffnen, und die **Vesper Bar**, in der die 1950er-Jahre zelebriert werden (im *Spa Tower*).

Im Obergeschoss warten **Luxus-Boutiquen** auf zahlungskräftige Kundschaft. Im *Stitched* lässt sich Kleidung mit dem eigenen Namen personalisieren. Ein Publikumsrenner ist das **Wicked Spoon Buffet** (multi-ethnische Küche). Noch eine Etage höher gibt es gleich **7 Restaurants**, darunter das griechische **Milos** für Leute, denen nach Meeresfrüchten der Sinn steht. Von der Restaurantterrasse überblickt man den *Strip*. **Tipp**: Ein unauffälliger schmaler Korridor mit italienischen Vintage-Plattencovern (zwischen *Jaleo* und *Blue Ribbon*) führt zur **Hidden Pizza**, wo antike Barhocker und leckere Pizzastücke ab $5 warten.

Neben Kinoabenden unter freiem Himmel gibt's auf der Open-air-Bühne des *Cosmo* Konzerte. **Tipp**: Live-Entertainment im Social Club *Rose.Rabbit.Lie*.

Ähnlich wie **XS** (➤ Seite 514) ist auch der **Marquee Night & Dayclub** im *East Tower* ein *Hotspot* fürs Partyvolk (www.marqueelasvegas.com). Oberhalb davon gibt's noch die gediegene **Library**, eine intime, edle Lounge mit Bar, Kamin, Billardtisch und rundum Bücherwänden voller Las Vegas-Titel.

Die Casinos Resorts Wynn & Encore www.wynnlasvegas.com

Das *Wynn Resort Casino* (2.700 Zimmer, mittlerweile erweitert um den »Bruder« *Encore* mit 2.000 Suiten) wurde nach dem Investor *Steve Wynn* benannt. Es setzte mit verschwenderischem Luxus selbst im nicht leicht zu beeindruckenden Las Vegas 2005 vor der großen Krise noch einmal neue Maßstäbe. Dabei hatten Anlagen wie das *Venetian*, das *Bellagio* und andere in den Jahren davor das Anspruchsniveau schon ganz schön hoch gehängt.

Was ist so grandios an diesem Komplex, von dem man vom Strip aus fast nur die beiden geschwungen hohen Hotelquader mit den braungoldenen Glasfassaden sieht?

- Zunächst ist da die fulminante **Innenarchitektur** in Kombination mit Edeleinrichtung und Dekoration: Kronleuchter, Gemälde, Marmor, Bodenmosaike, teure Teppiche und die Pracht exotischer Blüten und Pflanzen. In der Rezeption hing bis vor kurzem sogar das $50-Mio-Gemälde *»Le Rêve«* (Der Traum) von *Pablo Picasso*. Nachdem *Wynn* selbst es bei einer Präsentation mit dem Ellbogen rammte und beschädigte, scheiterte dessen Verkauf zum anvisierten Rekordpreis von $139 Mio.

- Aufwändig gestaltete **Zimmer und Suiten** unterstreichen den Luxusflair.

- Den Hotelgästen, und nur ihnen, steht eine **sagenhafte Poollandschaft** mit privaten *Cabanas* ($300-$400) zur Verfügung.

- Eine geschwungene (!) Rolltreppe führt zur **Parasol Down Bar**, von wo der Blick auf den **Lake of Dreams** mit Wandwasserfall fällt, über den abends eine spektakuläre Lasershow projiziert wird. Ein 43 m hoher »Berg«, auf dem über 1.500 Bäume bis 15 m Höhe sprießen, trennt diesen »See« vom Las Vegas Boulevard.

- Die **11 Restaurants und 5 Bars** des Hauses sind alle vom Feinsten. Das **SW Steakhouse** am *Lake of Dreams* und **Bartolotta** mit täglich frisch eingeflogenem Fisch und Meeresfrüchten werden von sog. *Four Diamond*-Chefköchen betreut. Das **Wynn Buffet** mit 15 Live-Kochstationen und einer überbordenden Auswahl ist bei Einheimischen wie Touristen beliebt. **Tipp:** Sa+So 8-15.30 Uhr *Champagne Brunch* (ab $34).

Parasol Down Bar

- Die Abendshow **Le Reve** im *Wynn Theater* glänzt mit Luftakrobatik, eindrucksvoller Artistik und dramatischer Musik; Fr-Di 19 und 21.30 Uhr; Reservierung unter ✆ (702) 770-WYNN; www.wynnlasvegas.com.
- Der Nachtclub **Tryst** liegt an einer »Lagune«, in die sich ein 30 m hoher Wasserfall ergießt; $20/$30 (*female/male*), Do-Sa 22.30-4 Uhr, www.trystlasvegas.com.
- Nicht nur Hotelgästen steht der von Stararchitekt *Tom Fazio* gestaltete **Golfplatz** mit 36 *Fairway Villas* für VIPs gleich hinterm zentralen Gebäudekomplex offen. Der Par-70-Parcours ist fast 7 km lang. Mehr als 600.000 m³ Erdmasse wurden dafür bewegt, über 100.000 Büsche und 1.200 Bäume neu angepflanzt, 1,4 km Bachläufe und zwei Marschflächen geschaffen. Ein Wasserfall am *Country Club* markiert das 18. Loch. Eine Runde kostet daher – versteht sich – ein wenig mehr als üblich ($500/18 Löcher). Laut *Golf Digest Magazine* gehört der Platz zu den 75 besten Golf Resorts in Nordamerika.

Und dann gibt's da noch die **Esplanade Shops** (*Cartier, Chanel, Louis Vuitton, Oscar de la Renta, Alexander McQueen, Dior* etc.) mit dem einzigen Geschäft von *Manolo Blahnik* außerhalb von Manhattan, den **Ferrari-Maserati Ausstellungsraum** mit Bestellfunktion ($10 Eintritt; personalisierte Fotos im Ferrari $15-$45) und nicht zuletzt natürlich auch die Kasinosäle – hier in besonders luxuriöser Gestaltung.

Über die **Encore Esplanade** unweit des *Wynn*-Haupteingangs geht's rüber ins $1,6 Mrd. teure Resort **Encore**. Dessen geschwungen-bronzegoldener Hotelturm folgt demselben Design bis hin zum Logo wie der Nachbar *Wynn* und sieht fast aus wie dessen Spiegelbild. Im Innern wurden neben der detailversessenen Innengestaltung und -ausstattung alles vom Service über die Hotelzimmer bis hin zum Lichtkonzept weiter perfektioniert. Goldene bis fein nuancierte dunkelrote Beleuchtung ist ein ebenso wiederkehrendes Motiv wie die allgegenwärtigen Schmetterlingsbilder und eher unscheinbaren Lorbeergirlanden als drittes Leitthema. Besondere Extras sind Tischplatten aus rotem Tigerauge, Wandgewebe aus Bananenfasern und ein großer asiatischer Drachen aus 90.000 *Swarovski*-Kristallen. Design-Guru *Roger Thomas* hat sich eigens fürs *Encore* auf eine weltweite Suche nach Ausstattungsideen und -objekten begeben und war mit 29 (!) Containern zurückgekehrt.

Das Encore verfügt über ein 7.000 m²-Kasino, einen sagenhaften Wellnessbereich (4.600 m²), exklusive Boutiquen in der *Encore Esplanade* (u.a. *Hermès*; *IWC Schaffhausen* und den einzige *Chanel Ultra-Luxe Shop* abseits von Los Angeles), sowie Bars, Lounges und Restaurants:

- Im **Sinatra** (italienische Küche) kann man den *Oscar* bewundern, den *Frankieboy* für seine Nebenrolle im 1953er-Kriegsfilm »Verdammt in alle Ewigkeit« erhielt. **Andrea's** ist ein 600 m² großes asiatisches Restaurant, das als erstes in Las Vegas überhaupt voll in einen Nachtclub (*Surrender*) integriert wurde (So-Do 18-22.30 Uhr, Fr-Sa bis 23.30 Uhr). Zur Eröffnung bestellte *Steve Wynn* 16.000 Rosen für $30.000.
- **ShowStoppers** im *Encore Theatre* präsentiert mit 35 Sängern und Tänzern sowie einem 31-köpfigen Bühnenorchester etliche Nummern aus zehn *Musicals*, prächtige Bühnenbilder und Kostüme inklusive; Di-Sa 19.30 Uhr, Reservierung unter ✆ (702) 770-9966, www.wynnlasvegas.com.

Als Herzstück des *Encore* gelten zwei – insbesondere unter Nachtschwärmern beliebte – Bereiche:

- Die **Außenpoollandschaft** mit ***Botero Steakhouse***, ***Island Bar & Casino*** und ***XS Nightclub*** (➤ Seite 532, www.xslasvegas.com). Dieser seit 6 Jahren ziemlich angesagte Club definierte *Nightlife* auf seiner Fläche von (variabel bis zu) 4.000 m² mit Extravaganz und Dekadenz völlig neu. Seine Konstruktionskosten lagen angeblich bei $80 Mio. Da sind dann die Getränke etwas kostspieliger: Nur dort gibt es den »*Ono*«, ein Mischgetränk aus 1981er-Champagner und Louis XIII Cognac zum Preis von $10.000. Über der Tanzfläche dreht sich ein drei Meter hoher Kronleuchter. Um Partylärm von den Gästezimmern fernzuhalten, wurde die komplette Südfassade des Hotelturms für zusätzliche $3,5 Mio mit schalldichtem *New York Glas* verkleidet (auch als »*Wynn-dows*« bezeichnet). Ein Nebeneffekt ist, das man abends aus den Zimmern ungestört von Lichtreflektionen auf die Poollandschaft schaut.

- Der zweite *Hotspot* wurde zum *Strip* hin als innovativer Kombikomplex konzipiert (**Night- and Dayclub**). Dazu gehören der sinnliche ***Surrender Nightclub*** ($20/$30, Mi+Fr-Sa ab 22.30 Uhr, www.surrendernightclub.com) mit gelb plüschigen VIP-Tischen und einer 27 m langen Schlange aus Metall sowie der einer tropischen Oase nachempfundene ***Encore Beach Club*** (Eintritt $30/$40, saisonal geöffnet, www.encorebeachclub.com). Dessen Poollandschaft mit 26 *Cabanas* und 8 Luxus-Bungalows ist von 12 m hohen Palmen umstanden. Eine Spezialität sind dort überdimensionierte künstliche Seerosen (*Lily Pads*; ab $400), die zum Faulenzen im flachen Wasser einladen.

In den ***Encore Tower Suites*** logierte Prinz *Harry* während seiner öffentlich bekannt gewordenen Spaßorgie 2012. Um 3 Uhr morgens gab es damals ein Wettschwimmen mit Olympia-Goldmedaillengewinner *Ryan Lochte* im *XS-Pool*, später Nacktfotos beim Strip-Billard mit attraktiven jungen Damen.

Die tatsächlich vergoldeten Stangen der Lampen im Vordergrund sind 3 m hoch und für Tanzeinlagen inkl. Striptease ausgelegt. Das weibliche Publikum wird animiert, sie zu nutzen und tut es auch.

»Wynn Art«, Kunst oder Deko?

Diese beiden Installationen des berühmten Event-Designers Preston Bailey »Hot Air Balloon« (6 m hoch, 2 t schwer) und »Carousel« (4 m hoch und 3 t) stehen im Wynn Atrium. In ihren Aufbau und die Dekorierung mit 110.000 Blumen in leuchtenden Farbtönen flossen 3.500 Arbeitsstunden. Theatralische Beleuchtung und Musik ergänzen noch das stimmungsvolle Ambiente.

Rund um Caesars Palace www.caesarspalace.com

Auf einer Fläche von über 340.000 m² zelebriert man seit eh und je im klassisch-eleganten Luxusresort *Caesars Palace* die Pracht und Herrlichkeit des alten Rom. In seinen sechs Hochhäusern sind 3.900 Zimmer und Suiten untergebracht. Am 4. Februar 2013 öffnete das welterste **Nobu Hotel** – benannt nach dem japanischen Star-Koch – im früheren *Centurion Tower* mit 181 Zimmern, 18 Suiten und einem über 1000 m² großen Restaurant mit Lounge. Das Innendesign von *David Rockwell* kombiniert japanischen Stil mit Vegas-Flair. Zu den Investoren zählt Filmstar *Robert De Niro*; www.nobucaesarspalace.com.

Im Januar 2012 hatte zuvor der *Octavius Tower* mit 728 Zimmern und Suiten eröffnet. Eine von drei 800 m² großen Luxus-Villen stand auch *Barack Obama* bei einem Auftritt in Las Vegas zur Verfügung.

- Ein Besuchermagnet sind die **Forum Shops**, ein teilweise dreistöckiges Einkaufszentrum der Luxusklasse.
- Das antiken Landschaften nachempfundene Poolgelände **Garden of the Gods Pools & Gardens** erlaubt sogar »*European*« *topless bathing* und ist mit seinen 20.000 m² ebenso beeindruckend wie das **Qua Baths & Spa** im *Augustus-Tower* (täglich 6-20 Uhr; www.caesars.com/caesars-palace/things-to-do/qua).

Wer Zeit für einen Tag **Wellness** hat, sollte ihn dort verbringen. Innendesign, Atmosphäre und Angebot sind außergewöhnlich: 51 Behandlungsräume, Kräuter- und Zedernholzsauna, Whirlpool, arktischer Eisraum mit Schneefall (!), ein Lakonium und die römischen Ritualbäder »*Roman Baths*« (*Tepidarium*, *Caldarium* und *Frigidarium*) warten darauf, entdeckt zu werden.

Zu den Ritualbädern hat nur Zugang, wer auch eine (teure) Anwendung bucht. **Tipp**: *Signature Hourglass Treatment*, das den *SpaFinder Award* für die beste Wellnessanwendung gewonnen hat (ab $225). **Ideal-Kombination**: *Raindrop*

Therapy (1. Phase), *Hawaiian Lomi-Lomi-Massage* oder *Hot Stone Massage* (2. Phase) und ein *Facial* zum Abschluss (3. Phase). Und dann noch vom »*Tea Somelier*« (!) *Earl Grey* oder *Bombay Chai* mit Eis und Honig!

- Im gigantischen **Colosseum**, einer Konzerthalle mit 4.300 Plätzen, treten musikalische Größen wie *Rod Stewart* und *Elton John* auf. Ein Höhepunkt war 2015 die Show »**#1's**« der fünffachen *Grammy*-Preisträgerin *Mariah Carey*, die mit weltweit über 200 Mio. verkaufter Platten als erfolgreichste weibliche Sängerin aller Zeiten gilt; www.thecolosseum.com.

- Opulent-klassisches Design und höchstmoderne Soundtechnik auf knapp 7.000 m^2 und mehreren Ebenen sowie Außenterrasse mit atemberaubenden Panoramablicken über den *Strip* kennzeichnen den »*Best New Nightclub 2015*« **Omnia**. Elektronische Tanzmusik, Top 40 und Hip-Hop. Di, Do-So ab 22 Uhr, © (702) 785- 6200; www.omnianightclub.com.

- Ganz gleich, ob *BBQ-Ribs*, *Hamburgers*, Nudelgerichte, Sandwiches oder sündhaft leckere Desserts wie etwa die berühmte »*Frrrozen Hot Chocolate*« (bestehend aus 20 vermischten Sorten Schokolade) – **Serendipity 3** im Außenbereich von *Caesars* (*Roman Plaza*) gleich an den römischen Fontänen und am *Strip* hat's für Preise ab $15.

- Gleich nebenan steht unübersehbar das 26 m hohe **Salon Marlene »Spiegeltent«** mit nur 650 Sitzen nah an der zentralen Bühne. Darauf wird dem Publikum von den schrägen Charakteren *Gazillionaire* und *Penny Pibbets* die bizarre *Show* **Absinthe** (ab $99), eine kongeniale Mischung aus Circus, Kabarett, Varieté, *Burlesque* und *Stand-up Comedy* mit teils schmierig-schmutzigem und so nie denkbarem Humor präsentiert. Hohe Priorität selbst bei LV-Kurzbesuch; www.absinthevegas.com.

- Auf der gegenüberliegenden Seite des *Strip* eröffnete *Caesars* 2014 seinen 20.000 m^2 großen Unterhaltungs-, Shopping- und Restaurant-Komplex **The LINQ**. An dessen Ostende steht das mit 168 m derzeit welthöchste **Riesenrad High Roller**. Tickets kosten tagsüber $27, abends/nachts $37 (Foto ➤ Seite 552). 28 Glaskabinen für jeweils 40 Personen schaffen eine volle Umdrehung in 30 Minuten; www.caesars.com/linq/high-roller.

The Cromwell, Drai's und Kochprinzessin Giada de Laurentiis

www.caesars.com/cromwell

Die vor sich hindämmernde *Bill's Gamblin' Hall & Saloon* an der Nordwest-ecke der (laut Behörden) stadtweit geschäftigsten Kreuzung *Strip*/Flamingo wur-de für $140 Mio. in das moderne *Lifestyle*-Hotel **The Cromwell** umgewandelt. Beim Design der rund 200 Gästezimmer (ab $129) und Suiten orientierte man sich am Pariser Apartment-Stil. Die besondere Gebäudestatik erlaubte es, das Dach über dem 11. Stockwerk stark zu belasten. Dort zieht seit 2014 der **Victor Drai's Rooftop Beach- & Nightclub** auf 6.000 m^2 mit Poolluxus und Postkar-tenpanoramablicken jede Menge Besucher an ($20, täglich 11-18 Uhr und am Di und Do-So 22.30-4 Uhr morgens, www.draislv.com).

Rund um zwei erhöhte palmengesäumte Hauptpools gruppieren sich die VIP-Bungalows und *Cabanas* mit eigenem Badebecken, zahlreiche Couches und Liegen. Darüber gibt's weitere *Cabanas*, Bungalows und Privatpool – allesamt mit Strip-Blick. Unter dem mit Vorhängen verzierten Torbogen befindet sich das Außen-DJ-Pult. Zu Nightlife-Guru *Victor Drai's* neuem Nachtclubkonzept zählen auch die bizarren *VIP-Bottle-Service* Pakete: Champagner in Strömen und Lichtshow (ab $5.000), mit Dachfeuerwerk (ab $20.000) und ggf. inklusive Anreise in hauseigener Boeing 737 für $737.000! Wegen seiner exponierten Lage scheint einzig auf diesen Club die Sonne von morgens bis abends.

Im zweiten Obergeschoss zelebriert **Giada**, die nach Ansicht vieler attraktivste TV-Köchin der USA italienische Küche mit kalifornischem Einfluss. Der be-rühmte *Food Network*-Star, *Emmy*-Preisträger und Autor von 7 Kochbüchern, ist Enkeltochter des berühmten Filmproduzenten *Dino de Laurentiis*. Im 300-Sitzplätze-Restaurant hängen daher neben gerahmten Familienportraits auch Filmposter ihres Großvaters. Ihm zu Ehren gibt's den **Barbarella**-Cocktail, be-nannt nach dem von Dino produzierten 1968er Science-Fiction-Film mit *Jane Fonda*. Im Menü werden auch vegane und glutenfreie Gerichte ausgewiesen, ebenso wie *Giada*s Klassiker und Favoriten von Dino. Ein Clou sind die Freiluft-Bilderbuchblicke über die *Bellagio*-Fontänen, *Caesars Palace* und die neuen

Bally's Grand Bazaar Shops; www.caesars.com/crom well/giada.

Hotel »Cromwell«, das etwas andere Resort, für Las Vegas-Maßstäbe eher ein Boutique Hotel

Holly Madison, vom Showgirl zur Vegas-Ikone

www.hollymadison.com

Sie war der große Star einer der mit 4,5 Jahren Gesamtlaufzeit erfolgreichsten *Shows* von Las Vegas. In der burlesken »*Peepshow*« entdeckte sie als *Bo Peep* unter dem Einfluss einer sogenannten *Peep Diva* ihre Sexualität neu.

Holly Madison, eine Ex-Freundin des bekanten *Playboy*-Verlegers *Hugh Hefner*, wurde zwischenzeitlich zu einer Art inoffiziellen Markenbotschafterin der Stadt, Dauerpräsenz auf roten Teppichen und Premierenfeiern inklusive.

Die in Astoria im US-Bundesstaat Oregon 1979 geborene *Hollin Sue Cullen* zog 1999 eigentlich zum Studieren nach Los Angeles, arbeitete aber nebenbei auch bei *Hooters*, einer Restaurantkette, die sich

Holly Madison 2009 bis 2012 als Bo Peep in der Burlesque »Peepshow« im Planet Hollywood

durch leicht bekleidetes weibliches Personal auszeichnet. In den Jahren 2005-2010 wurde sie durch die TV-Serie »*Girls Next Door*« über das Leben im *Playboy Mansion* bekannt. Mit ihren Kolleginnen zierte sie einst die Cover von gleich vier Ausgaben des amerikanischen »*Playboy*«.

Nach der Trennung von *Hefner* 2008 stellte sie bei »*Dancing with the Stars*« 2009 ihr Tanzkönnen unter Beweis und dokumentierte in der *Reality TV-Show* »*Holly's World*« über ein Jahr lang ihren Alltag in Las Vegas. 2013 heiratete sie in *Disneyland* (Los Angeles) den Musikfestival-Organisator *Pasquale Rotella* und hat mit ihm die Tochter *Rainbow*. Nach einjähriger Bühnenpause trat *Holly* Ende 2013 im »*Million Dollar Quartett*« im Kasino *Harrah's* auf, wo sie unter dem Jubel des Publikums mit einem Elvis-Imitator u.a. »*The Lady Loves Me*« aus dem *Elvis*-Film »*Viva Las Vegas*« sang.

Bereits 2011 hatte die vielseitige *Holly* sogar einen Las Vegas-Reiseführer mit viel Insiderkenntnis und allerhand Verrücktheiten publiziert: »**The Showgirl Next Door**« (Verlag *Stephens Press*, gebraucht ab $20, E-Book $7,50). Und kürzlich (Juni 2015) erschien Titel #2, der es sogleich zum *New York Times Bestseller* brachte: »**Down the Rabbit Hole**« (Verlag *Harper Collins*, $18,95). Darin verrät sie erstmals Pikantes aus dem *Playboy Mansion*. Klar hatten die Mädchen dort Sex mit *Hefner*, bekamen wöchentlich $1000 Taschengeld und ohnehin freie Kost, Logis und plastische OPs. Alle mussten spätestens um 21 Uhr im Haus sein und durften auf keinen Fall roten Lippenstift auftragen.

Planet Hollywood und Pop-Prinzessin Britney Spears

www.planethollywoodresort.com

Südlich des *Paris* und gegenüber dem *Cosmopolitan* liegt das aus dem Umbau des ehemaligen *New Aladdin Hotel* entstandene **Planet Hollywood Hotel & Casino**. Nach 9/11 war das arabisch-islamische Motto des Vorgängers, in dem 1966 *Elvis* und *Priscilla Presley* geheiratet hatten, nicht mehr gut angekommen. Der Gesamtkomplex wurden an der Ecke Audrie Street/Harmon Ave um den *PH-Westgate Tower* ergänzt. Dieser von Hilton 2012 übernommene und seither **Elara Tower** (52 Stockwerke) genannte Turm in blauer Verglasung mit einer markanten »Nase« in Rotglas ist ein leicht übersehenes Architekturjuwel. In der stilistisch ungewöhnlichen rot dominierten Design-Lobby gibt eine rahmenlose Verglasung den Blick auf den Pool frei (➤ Foto unten). Den *Elara Tower* erreicht man über die Harmon Ave oder durch einen Korridor auf der Südseite der *Miracle Mile Shopping Mall*. 2016 wird dort die Latino-Diva **Jennifer Lopez** ihre größten Hits präsentieren (Tickets dafür $59- $219).

- Das **Planet Hollywood** war oft Drehort von Filmen, wie etwa »21« (2008, mit *Kevin Spacey*), »*What happens in Vegas*« (2008, deutscher Titel »*Love Vegas*« mit *Cameron Diaz* und *Ashton Kutcher*) und »*Knocked up*« (2007, deutscher Titel »Beim ersten Mal« mit *Katherine Heigl*). Außerdem fanden im *PH* die Premieren von »*Rambo*« (2008), »*The Expandables*« (2010) u.a. statt.

- Pop-Prinzessin **Britney Spears** tritt über weitere zwei Jahre hinweg insgesamt 44 Mal im 4.600 Sitzplätze großen **Axis Theatre** auf: **Britney - Piece of Me** (90 min, Eintritt ab $59). Sie präsentiert ihre 24 größten älteren (»Toxic«, »Slave 4 U«) und aktuellen Hits (»Work B*tch«) in Form von nachgespielten Szenen in Hightech-Pop-Disco-Ambiente mit aufwendigen LED-Effekten, Kostümen und jeder Menge Tänzern. Am Eröffnungsabend (natürlich ausverkauft) waren *Miley Cyrus*, *Selena Gomez* und *Katy Perry* VIP-Gäste. Die eingängigsten Showmomente zeigen die Sängerin als Engel verkleidet zu »Everytime« auf die Bühne herabschwebend und im juwelenüberzogenen Body von einem Baumriesen zu »Toxic« auf die Bühne hinabfliegend.

Die offizielle Bekanntgabe der Show erfolgte im Anschluss an lange Gerüchte 2013 mitten in der Wüste auf dem *Jean Dry Lake Bed*, ca. 40 km südlich von Las Vegas. 28 Busse hatten über 1.000 Fans hergebracht, 50 in Schulmädchenuniform, um *Spears* nach ihrer Helikopterlandung zu begrüßen. Das Single-Cover zu »Work Bitch« zeigt Britney in ihrer Umkleide als Vegas-*Showgirl* mit Glitzerkostüm und Federboa inklusive Miniatur des Schildes »Welcome to Fabulous Las Vegas« im Hintergrund. Der $66,5 Mio-Vertrag mit *Caesars Entertainment* sah außerdem weitere exklusive Auftritte in Nachtclubs und *High-Roller*-Lokalitäten vor.

Die Pop-Ikone, deren Debütalbum »... *Baby one-more time*« 1999 auf Platz Eins der amerikanischen *Billboard Charts* einstieg, hat seitdem weltweit über 100 Mio Platten verkauft. 2012 führte sie mit einem Jahreseinkommen von $58 Mio die *Forbes List* der global bestbezahlten Sängerinnen an. Für weltweites Aufsehen sorgten ihr Kuss mit *Madonna* bei den 2003 *MTV Video Music Awards* und ihre Vegas-Hochzeit mit Kindheitsfreund *Jason Alexander* im Januar 2004 in der *Little White Wedding Chapel* (1301 South Las Vegas Blvd), die ganze 55 Stunden später wieder annulliert wurde.

3.1.3   Am Las Vegas Strip

**Distanzen/
Transport**

Der spannende Bereich des heute ansehnlich mit Palmen »aufge-
forsteten« 6-8-spurigen **Las Vegas Boulevard** ist gute **3 km lang**.
Rechnet man noch den etwas außerhalb der größten Ballung stehenden *Stratosphere Tower* dazu, sind es von dort bis zum *Mandalay Bay*-Komplex ganz im Süden **an die 5 km**. Die wird man –
speziell bei Hitze – nicht immer ganz zu Fuß abklappern wollen.
Wer pflastermüde wird, hat die Wahl zwischen Bus, Trolley, Taxi,
Monorail oder Stadtrundfahrt, ➢ Seiten 522.

**Stratosphere
Tower**

www.
stratosphere
hotel.com

Das obere Ende des *Strip* markiert der über 300 m hohe **Stratosphere Tower**, dessen **Observation Deck** ($20, Kinder $12) einen
weiten Blick über die Stadt bis Lake Mead und die Fels- und
Wüstenlandschaften der Umgebung bietet. Ein Nervenkitzel da
oben in über 250 m Höhe war schon die mittlerweile stillgelegte
Achterbahn, aber sie wurde ersetzt, was den »Kick« angeht, durch
Schlimmeres, nämlich **Insanity**, eine Art Karussell mit Schwenk-
armen, an denen die Fahrgäste weit über dem Rand der Plattform
baumeln. Man kann sich für den **Big Shot** auch noch 45 m höher
katapultieren lassen und für Sekunden den freien Fall erleben.

Wer bis dahin nicht genug *Thrills* erlebte, bucht noch **X-Scream**,
eine »Rutschbahn«, die 12 m über den Rand des *Observation
Deck* hinausragt und dann abgesenkt wird. Die Passagiere rasen
schräg abwärts in die Tiefe. Den Tod bereits vor Augen werden sie
am Ende der Schiene wieder abgefangen. Jeder einzelne dieser
Thrills kostet noch einmal je $15. Wer gleich mehrere davon mit-
machen will, kann Kombitickets buchen.

Noch Wagemutigere springen per **Skyjump** an einem Kabel befestigt aus über 250 m Höhe vom Turm. Dieser weltweit höchste gesicherte Sprung funktioniert wie eine vertikale *Zipline* ($120).

*Stratosphere X-Scream lässt die
Passagiere in 250 m Höhe an
einem Ausleger über den Rand
der Plattform rollen und nach
unten und oben schwenken*

Der Nord-Strip und die Wirtschaftskrise

Nachdem am 16. Mai 2011 das *Sahara Casino* nach 59 Jahren seine Pforten geschlossen hatte, eröffnete dort im August 2014 das vom französischen Designer *Philippe Starck* entworfene **Resort Hotel SLS**. Unweit südlich davon verschandelt die Bauruine des *Fontainebleau* das glamouröse Bild des *Las Vegas Strip* immer noch. Eine Fertigstellung ist offenbar in absehbarer Zeit nicht zu erwarten. Zumal nicht, da die bereits angeschaffte Ausstattung der Hotelzimmer verkauft wurde – hauptsächlich ans *Plaza* in *Downtown*, das damit kostengünstig ein *Remodelling* bestritt.

Noch etwas weiter südlich wurde der Nachfolgebau des altbekannten *Stardust*, **The Echelon**, schon kurz nach Baubeginn gestoppt. In der Nachbarschaft stand früher das *New Frontier*, dessen geplanter Nachfolgebau, **The Plaza**, erst gar nicht begonnen wurde. Und auch der auf demselben Areal angekündigte **zweite Trump Tower** wurde nicht realisiert.

Damit liegt der **Stratosphere Tower** nach wie vor eine Meile vom eigentlichen Stripbeginn entfernt, sieht man vom *SLS*, *Hilton Grand* und *Circus Circus* ab, die zusammen so etwas wie eine nördliche Vorhut der Glitzermeilen bilden, bevor es mit den verbundenen Resorts *Encore* und *Wynn* sowie gegenüber der *Fashion Show Mall* so »richtig« losgeht.

Ein Hoffnungsschimmer ist, dass die malaysische *Genting Group* die vom einstigen *Stardust Casino* hinterlassene Baulücke bis 2017/18 mit einer gigantischen asiatisch inspirierten **»Resort World Las Vegas«** füllen möchte. Das **Riviera Casino** (erbaut 1955) schloss 2015 und soll abgerissen werden, um u.a. einer Erweiterung des Kongresszentrums Platz zu machen.

Mit der für 2016 von MGM geplanten und im Bau bereits weit fortgeschrittenen *Open-Air*-Konzertstätte **City of Rock** auf einem 16 ha großen Gelände nördlich des *Circus Circus* wird – vorläufig – das Ende der Krise eingeläutet.

Show-Tipp	Das *Playboy Playmate of the Year 2011*, **Claire Sinclair**, präsentiert im *Stratosphere Tower Showroom* klassische Tanznummern der 1940er- bis 1960er-Jahre. Täglich außer Di/Mi 21.30 Uhr, ab $55; *Stratosphere* Hotelgäste 2-for-1; ✆ (702) 380-7777.
Treasure Island www.treasureisland.com	20 Jahre lang zählte die täglich gelaufene »Seeschlacht« zwischen Piraten, später Sirenen, vor dem **Treasure Island**, einer »Schatzinsel« im karibischen Stil, zu den beliebtesten Gratisshows der Stadt. Entsprechend groß war die Enttäuschung, als dieses allabendliche Spektakel Ende 2013 eingestellt und durch eine *Shopping Mall* mit *Pharmacy Superstore* ersetzt wurde. Die Piratenschiffe in der hoteleigenen *Buccaneer Bay* am *Strip* blieben vorerst als nostalgische Relikte aus der Vormoderne erhalten.
Mirage www.mirage.com	Nachbar von *Treasure Island* ist das **Mirage**, ehemalige Showheimat der deutschen Magier *Siegfried* & *Roy* und ihrer weißen Tiger. Seit einem Unfall 2003 gibt es die Show nicht mehr.
	Ein Bummel durch die parkartig begrünten und blumenprächtigen Fluchten des Kasinos (*Tropical Rainforest*) gehört unbedingt aufs Las Vegas-Programm. Der beste Teil davon ist der nun nach

Vulkanausbruch vor dem Mirage

den Magiern benannte *Secret Garden* & *Dolphin Habitat* für indessen $20 Eintritt, Kinder 4-12 Jahre $15.

Vor dem riesigen Komplex des *Mirage* bricht täglich um 20 und 21 Uhr (Fr+Sa auch 22 Uhr) ein **Minivulkan** rotglühend aus. Meterhohe Flammen schießen in den Himmel und flüssige Lava ergießt sich zum donnernden Sound aus 60 Lautsprechern in den umgebenden ebenfalls pyrotechnisch aufbereiteten See.

Wynn/
Encore

www.
wynnlas
vegas.com

Wynn und **Encore** sind untereinander verbundene Kasinos der Luxus-Superlative (Baukosten $4,6 Mrd) zwischen dem *Venetian* und der Desert Inn Road schräg gegenüber der **Fashion Show Mall**, ➤ Seite 564. Eine Fußgängerbrücke über den *Strip* verbindet beide Komplexe. Einzelheiten zu den Resorts *Wynn* und *Encore*, beide in den »Top 5« der höchsten Hotelbauten von Las Vegas, und Zimmertarifen ab $200+/Nacht) stehen auf den Seiten 538ff.

Venetian
& Palazzo

www.
venetian.
com

(Foto
Seite 559)

Gegenüber den Kasinos *Treasure Island/Mirage* gleiten Gondeln auf den Kanälen des **Venetian** unter der Rialtobrücke hindurch in einen stilechten italienischen Palast hinein. Auch ohne **Campanile** geht's da nicht, und die Shops sind vom Feinsten. **The Venetian** und **The Palazzo** sind nicht nur durch den »Gondelsee« verbundene Nachbarn, sondern auch kapitalmäßig verflochten und teilen das Showprogramm weitgehend miteinander. Der Gesamtkomplex bringt es auf über 7.000 Gästezimmer und -suiten.

Madame
Tussauds

Beim *Venetian* steht auch **Madame Tussauds**, ein alles andere als langweiliges Wachsfigurenkabinett. Seit der umfassenden Multi-Mio-Dollar-Generalüberholung gibt es das interaktive **Marvel 4D Theater**. Darin müssen die Comic-Superhelden Las Vegas vor der Zerstörung bewahren, Spezialeffekte, Wasser und Wind inklusive.

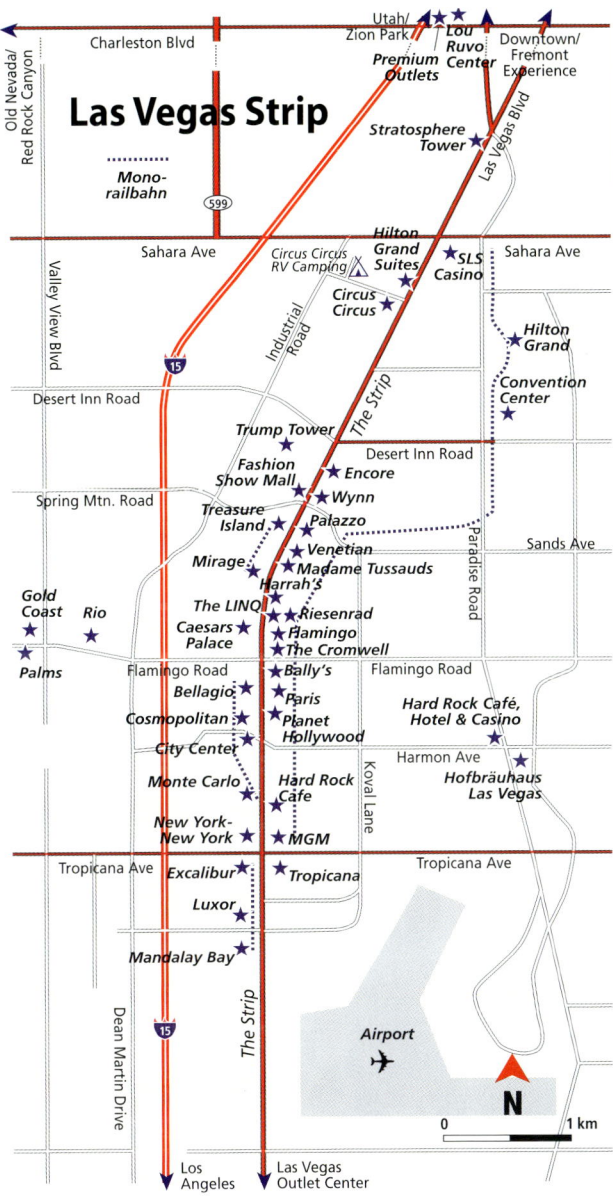

Las Vegas Strip

Charleston Blvd

Utah/
Zion Park
Premium
Outlets
Lou
Ruvo
Center
Downtown/
Fremont
Experience

Stratosphere
Tower

Old Nevada/
Red Rock Canyon

Monorailbahn

599

Las Vegas Blvd

3

Sahara Ave

Circus Circus
RV Camping

Hilton
Grand
Suites

SLS
Casino

Sahara Ave

Valley View Blvd

Circus
Circus

Hilton
Grand

15

Industrial Road

Convention
Center

Desert Inn Road

The Strip

Trump Tower

Desert Inn Road

Fashion
Show Mall

Encore

Spring Mtn. Road

Wynn

Treasure
Island

Palazzo

Sands Ave

Mirage

Venetian

Madame Tussauds

Harrah's

Paradise Road

Gold
Coast

Rio

The LINQ

Riesenrad

Caesars
Palace

Flamingo
The Cromwell

Palms

Flamingo Road

Bally's

Flamingo Road

Bellagio

Paris

Hard Rock Café,
Hotel & Casino

Cosmopolitan

Planet
Hollywood

City Center

Harmon Ave

Monte Carlo

Hard Rock
Cafe

Hofbräuhaus
Las Vegas

Koval Lane

New York-
New York

MGM

Tropicana Ave

Excalibur

Tropicana

Tropicana Ave

Luxor

Mandalay Bay

The Strip

Dean Martin Drive

15

Airport

N

0   1 km

Los
Angeles

Las Vegas
Outlet Center

Bond-Girl Halle
Berry in Wachs

Ansonsten kann man sich hier für ein Souvenirfoto direkt neben Popstar **Rihanna** stellen, sie sogar anfassen und mit ihr kuscheln. Berührt man **Jennifer Lopez** an ihrem weltbekannten *Derrière*, errötet sie ganz anständig. Frauen schmiegen sich an *Playboy*-Chef **Hugh Hefner** und tragen dabei – was sonst – die berühmten Hasenohren. Sieben Themenwelten beziehen sich u.a. auf Hollywood-, Musik-, Film-, TV- und Sport-Stars. Eine eigene Vegas-Abteilung würdigt **Elvis** und **Wayne Newton**. Ein neuerer Zu-»wachs« ist Schaupieler **Bradley Cooper**, bekannt aus der *Hangover*-Trilogie. Speziell in Vegas hat *Madame Tussauds* mit einem stark verjüngten Durchschnittsalter seiner Besucher zu kämpfen, aber das aktuelle Figurensortiment entspricht derart dem »Puls der Zeit«, dass auch 25-jährige Gäste alle Figuren erkennen; täglich 10-21 Uhr, Eintritt: $30, Kinder 4-12 Jahre $20; günstiger mit *Coupon* oder Online-Rabatt; www.madametussauds.com/lasvegas.

Caesars Palace

www.caesars.com/caesars-palace

Obschon in die Jahre gekommen, kann der – römischen Palästen nachempfundene – Bau von **Caesars** immer noch innen wie außen ohne weiteres mit neueren Attraktionen mithalten. Insbesondere der Edel-Einkauf in den hauseigenen auf 90.000 m² erweiterten **Forum Shops** mit 160 Shops und 11 Restaurants erfreut sich großer Beliebtheit. Ebenfalls zur *Caesars*-Gruppe gehört gleich gegenüber die Shopping- und Vergnügungszeile **The LINQ** samt dem 168 m hohen Riesenrad **High Roller**; ➢ Kasten zu *Caesars* auf Seite 542f.

The LINQ, im Hintergrund das Riesenrad High Roller

Jubilee – The Showgirl Reborn Internet ➢ unten

Jubliee im *Bally's Casino* ist die am längsten laufende und letzte übrig geblie-bene traditionelle *Showgirl*-Bühnenschau der Stadt. Die Revue ist berühmt für ihre hochgewachsenen klassischen Tänzerinnen mit pailetten-/strassbesetzten Kostümen und prächtigem gefiederten 15-kg-Kopfschmuck. Die Mädchen mit dem »gewissen Etwas« besitzen alle eine professionelle Ausbildung in klassi-schem und zeitgenössischem Tanz sowie Ballett. Alle beherrschen den »Kick«, bei dem ein Bein hoch in die Luft gereckt wird.

Anfang 2014 erfuhr die 1981 eröffnete Show unter der Aufsicht von *Beyonce*-Starchoreograph *Frank Gatson Jr.* (bereits ausgezeichnet mit 7 *MTV Awards*) eine Auffrischung. Während des Spektakels taucht der Zuschauer in ein Meer aus Songs, Tanzchoreographien und Spezialeffekten ein. Die gigantischen Bühnen-bilder werden über enorme Hebebühnen gesteuert. Jeden Abend sinkt ein Mini-aturnachbau der *Titanic*, wobei sich während der Eisbergszene knapp 20.000 l Wasser über die Bühne ergießen. Sie hat die Größe eines halben Fußballfeldes und reicht vom Orchestergraben bis zum Dach 15 Stockwerke hoch. Für die Nebeleffekte werden pro Woche bis zu 2 t Trockeneis verbraucht; Di-Do, So-Mi 19 und 21.30 Uhr, Sa 21.30 Uhr; Tickets ab $62,50; ✆ (702) 777-2783.

Als Geheimtipp für Fans gelten die *Backstage*-**Touren**, auf denen Gruppen von maximal 25 Personen von einem *Showgirl* hinter die Kulissen, durch Kostüm-bereich und Maske geführt werden, Erinnerungsfoto inklusive; ✆ (702) 967-4938, Mo/Mi/Sa/So 16 Uhr, $19,50/$14,50 mit Showticket.

Auto Collection	Für Oldtimerfans ist die *Auto Collection* im 5. Stock des *The LINQ* mit über 250 fantastisch konservierten *Vintage Cars* ein »Muss«; 10-18 Uhr; $12, mit *AAA*-Mitgliedschaft (ADAC) oder *Coupon* gratis: www.autocollections.com/index.cfm?action=free&tab=free.
Bellagio www. bellagio.com	Schräg gegenüber steht das *Bellagio* mit einer geräuschärmeren Va-riante der Spielsäle. Der große Wintergarten im Casino quillt über vor Blütenpracht und auf dem See direkt am *Strip* gibt's alle 15-30 min bis Mitternacht die »Wasserballett« – anmutig wechselnde Fontänen von `zig Metern Höhe zu meist klassischen Klängen.
	Das Design des riesigen *Bellagio Spa* (über 6.000 m²) im 2. OG ba-siert auf Erkenntnissen der Zen-Philosophie. Hinter einer schma-len Tür im Herrenpflegebereich verbirgt sich ein eindrucksvoller neoklassizistischer Ruhebalkon mit Blick über die Pool-Landschaft.
	In der *Jean Philippe Patisserie* (*Spa Tower*) steht die welthöchste »**Schokoladenfontäne**«. In der freistehenden, verglasten gut 8 m hohen Skulptur ergießt sich kaskadenförmig flüssige Schokolade tonnenweise. Wer sich das *Bellagio* gönnt, könnte einen *Premier Fountain View Room* (50 m²) buchen. Von diesem überblickt man die Wasserspiele und einen Teil des *Strip* – grandios bei Nacht.
Bally's www.caesars. com/ballys-las-vegas	Vor *Bally's* eröffneten 2015 auf 8.000 m² die *Grand Bazaar Shops* mit wellenförmigen Dächern voller bunter Mosaike: über 120 Shops, Restaurants und Bars. Prachtstück ist der *Swarovski Crystal Star-burst*, ein Turm über dem gleichnamigen *Shop* mit greller *Sound-* & *Lightshow* ab Mitternacht; www.grandbazaarshops.com.

**CityCenter/
Cosmopolitan**

Architektonisch komplett aus dem gewohnten Rahmen fallen das *CityCenter* (➤ Kasten Seite 534f) und nebenan das nur kurze Zeit später (2010) fertiggestellte **The Cosmopolitan**, ➤ Seite 536.

Paris

www.caesars.
com/paris-las-
vegas

Wiederum schräg gegenüber steht im *Paris* der Eiffelturm zwar in einer 50%-Version, aber immer noch ziemlich eindrucksvoll und mit **Aussichtsdeck**. Unten sorgen französisch anmutendes Ambiente und Klänge von der Seine dafür, dass sich die Besucher des *Paris* eine Reise nach Frankreich nun sparen können. Das Wichtigste hat man schließlich schon gesehen. Von der 11. Etage des Eiffelturms genießt man nebenbei eine freie Sicht auf die Fontänen vorm *Bellagio,* ➤ Foto Seite 527.

Monte Carlo

www.monte
carlo.com

Seit Super-Magier *Lance Burton* nach 14 Jahren Las Vegas 2010 in den Ruhestand ging, stehen im Monte Carlo die weltberühmten **Blue Man Group** sowie *Zumanity* von **Cirque du Soleil** auf dem Programm; www.montecarlo.com/entertainment. Im obersten Stock residiert das **Boutique Hotel 32**; www.hotel32lasvegas.com.

Entlang der kürzlich fassadenüberholten Kasinos *Monte Carlo* und *New York New York* errichtet MGM derzeit für fast $80 Mio den *Entertainment District* **The Park** mit einer begrünten Fußgängerzone, Restaurants, Bars und *Foodtruck*-Stellplätzen.

**New York
New York**

www.
nynyhotel
casino.com

Der Komplex **New York New York** an der Ecke Tropicana Ave wird von einer feingliedrigen steilen **Achterbahn** umrundet (➤ Foto unten; $14 für 3 min). Eine 75%-Replika der **Freiheitsstatue** und eine 100 m lange **Brooklyn Bridge** sind die Zutaten zur *Skyscraper*-Kulisse. Die Gäste übernachten im *Empire State Building* und anderen bekannten Hochhäusern. Eine Fußgängerbrücke über den *Strip* verbindet *NYNY* mit dem *MGM*, eine zweite über die Tropicana Ave mit dem *Excalibur*.

*New York-New York Hotel & Casino samt
den Komplex umrundender Achterbahn*

*Märchenschloss des Excalibur
an der Ecke Las Vegas Blvd/
Tropicana Ave*

Excalibur

www.
excalibur.com

Ebensowenig wie *Treasure Island* verheimlicht das burgartige **Ex-calibur** die Anleihen bei *Disneyland*, so das **Fun Dungeon**, ein kleiner, eher auf Kinder zugeschnittener *Indoor Amusementpark* im Tiefgeschoss. Beim 2x täglichen **Tournament of Kings** sind in erster Linie die reiterischen Leistungen sehenswert, das mittel-alterliche **Dinner** eher Nebensache; Mi-So 18 Uhr, Mi/ Do+Sa/So auch 20.30 Uhr; Kostenpunkt: $49, mit Abendessen $69; Reser-vierung online oder © (702) 597-7600.

MGM

www.mgm
grand.com

Diagonal gegenüber dem *Excalibur* sitzt der **MGM-Goldlöwe** vor einem grünen Palast enormen Ausmaßes, ➤ Foto Seite 524. Der frühere *Amusementpark* im Außengelände hinter dem Hotel-komplex wich u.a. dem **Wet Republic Pool**, einem *Day Club* mit Planschparkelementen und teurer Gastronomie. Angesagt ist im *MGM* vor allem der **Megaclub *Hakkasan***, ➤ Kasten Seite 533.

Ein weiterer Publikumsmagnet ist die Show »**CSI: The Experience**«, die auf der auch bei uns laufenden TV-Serie basiert. Gäste über-nehmen darin die Rolle eines Ermittlers, der eins von drei Verbre-chen lösen muss. Dabei stehen ihm perfekt ausgestattete High-tech-Labors zur Verfügung. Bei Erfolg erhält er/sie am Ende ein *CSI Diploma*. Täglich 9-21 Uhr; Dauer 60-90 min; Eintritt: $28/$21; www.mgmgrand.com/entertainment/csi-the-experience.aspx.

Tropicana

www.troplv.com

Im gegenüberliegenden ***Tropicana*** (Fußgängerbrücke über den *Strip*) hat sich dank einer erheblichen Auffrischung viel getan: schwer zu erahnen ist die von den Gebäuden des Resorts umgebene 16.000 m²

»Innenleben«
der Luxor
Pyramide

große tropische Poollandschaft **Havana Room** & **Beach Club**, ein schicker *Day Club* mit zwei Strandvolleyballplätzen. **The Shops at The New Tropicana**, eine riesige zweistöckige *Mall*, deren Bau die sehr schöne Buntglasstruktur in der Kasinodecke zum Opfer fallen muss, soll Ende 2016 eröffnen. Moderne *South-Beach*-Optik mit umfassender LED-Beleuchtung.

Seit Ende 2014 tritt – nach damals schon über 2 Jahren im *Riviera* – der **deutsche Magier Jan Rouven** im *Tropicana* auf, ➤ rechts.

Luxor
www.luxor.
com

Die 110 m hohe Pyramide von **Luxor** mit der **Sphinx** am Eingang und nächtlichem Laserstrahl aus der Spitze ist nach wie vor eines der eindrucksvollsten Bauwerke am *Strip* und ein prima Fotomotiv obendrein. Hinter der verspiegelten Fassade verbergen sich die »schiefen« Hotelzimmer und *Inclinators* (schräg fahrende Aufzüge). Der **Luxor Sky Beam** ist so stark, dass er selbst von Piloten, die über der 400 km entfernten Metropole von Los Angeles kreisen, noch wahrgenommen wird.

Von den schrägen Strip-Zimmern des Luxor fällt der Blick auf Sphinx und Flughafen

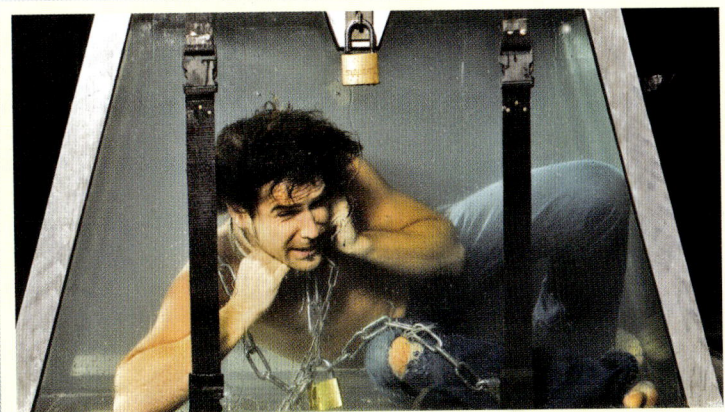

3

Jan Rouvens XL-Zaubershow im Tropicana

*Rouven*s Show **«*Illusions*»** startete ursprünglich im Juli 2011 im *Clarion Hotel & Casino,* nachdem er vorher schon zwei Jahre lang in *Downtown* aktiv gewesen war. Zur Premiere erschienen sogar *Siegfried* und *Roy*. Den Sprung auf den *Strip* schaffte er nur sechs Monate später mit dem Wechsel ins *Riviera Casino*.

Die Leser des *Las Vegas Review Journal* kürten *Rouven* 2013 zum beliebtesten Magier und die *International Magicians Society* mit über 37.000 Mitgliedern ernannte ihn zum **Illusionist of the Year 2014**.

Nach über zwei Jahren im *Riviera* war es für *Rouven* an der Zeit, endlich auch in seiner Königsdisziplin, den Großillusionen, punkten zu können. Dafür war die *Riviera*-Bühne zu klein gewesen. Das **Tropicana** erkannte die Chance und bot *Rouven* das frisch überholte *Tropicana Theater* (1.200 Sitzplätze) mit einer fast doppelt so großen Bühne. Dort präsentiert der Magier nun seit November 2014 seine **»New Illusions«**, in denen er u.a. von einem 6,5 m langen Groß-bohrer »aufgespießt« wird.

*Rouven*s künstlerisches Repertoire ist beachtlich: bei einer Unterwasserbe-freiung muss er sich von brachial anmutenden Ketten und Vorhängeschlössern lösen. Bei dem Versuch war er während Proben zur *Uri-Geller-Show* auf Pro7 vor Jahren fast ertrunken. Er weiß sich aber auch gegen brennende Kreissägen zu wehren, die in höllischer Geschwindigkeit auf ihn zurasen und versteht es, mit einem übergroßen soliden, scharfen Messer und einem Freiwilligen »Rus-sisch Roulette« zu spielen. *Rouven* kann natürlich auch die Gedanken seiner Zuschauer lesen und beendet traditionell jede Show mit seiner positiv stim-menden Abschlussnummer »Puzzle des Lebens«.

Im Gegensatz zu den meisten amerikanischen Kollegen erledigt *Rouven* fast alle seiner Stunts noch selbst und schickt nicht bloß hübsche Assistentinnen in die Zauberkisten. Im Anschluss an seinen Auftritt posiert der Magier ohne Starallüren mit Fans für Fotos und gibt Autogramme. Das kommt gut an.

Tickets: $59-$99 (vergünstigt für Hotelgäste: Buchung eines Showpakets kos-tet ca. $20 mehr als Zimmertarif), ✆ 1-800-829-9034 oder www.TropLV.com.

Die Jabbawockeez zeigen in ihrer Show »Prism«, wie gut Bewegung und Musik harmonieren und suchen sich gerne zusätzliche »Artisten« aus dem Publikum

Jabba-wockeez

Auch ein *Show Act* darf im *Luxor* natürlich nicht fehlen: Das Markenzeichen der bei uns kaum bekannten Performance-Künstler *Jabbawockeez* sind weiße Masken und Handschuhe. Keine andere Combo lässt Bewegung und Musik, *Breakdance* und *Hip Hop* besser miteinander harmonieren (voraussichtlich *2016 im MGM*).

Körperwelten

Bis 2018 ist im *Luxor* die Ausstellung der ***Bodies*** zu sehen, mittels »Plastination »haltbar gemachte« Leichen. Diese in Deutschland unter dem Namen »Körperwelten« durch *Gunter von Hagen* bekannt gewordene Präsentation ist für manche faszinierend, für viele eher ein Gruselkabinett; $32/$24, täglich 10-22 Uhr.

Eine Fläche von fast 1.000 m² hat das Restaurant ***Rice & Company*** mit chinesischer und japanischer Küche inkl. *Sushi* und *Sake* (ab 17 Uhr, 2. Etage Nähe Zugang zu *The Shoppes at Mandalay Bay*).

Mandalay Bay/Delano

www.manda
laybay.com

Das ***Mandalay Bay*** südlich des *Luxor* ist mit ihm und dem *Excalibur* über eine Monorail-Bahn verbunden. Kennzeichen des Komplexes ist eine Strand-/Badelandschaft in einem tropischen Park mit *Open-air Casino* und Oben-ohne-Bereich (!). Hinter den Spielsälen versteckt sich das ***Shark Reef***, ein tolles **Aquarium** ($18/$12).

Über einen Verbindungsgang gelangt man ins trendige ***The Delano***. Fast $60 Mio. hat *MGM* in die Umwandlung des früheren *The Hotel at Mandalay Bay* gesteckt. Abgesehen vom ***Bathhouse Spa*** blieb kein Bereich – inklusive der über 1.000 Zimmer und knapp 50 Penthäuser – unangetastet. Marmor und angestaubte *Art Works* wichen luftigen Strandthemen samt dazu passenden Kunstinstallationen; www.dela nolasvegas.com

Im ***Aureole Restaurant*** werden Weinflaschen nicht aus dem Keller, sondern von am Seilzug hängenden Damen aus einem 15 m hohen »Weinturm« geholt.

Circus Circus

Die Vorzüge **anderer Kasinos** verblassen im Licht all dieser Attraktionen. Von ihnen ist noch ***Circus Circus*** (www.circuscircus.com) mit dem **Adventure Dome**, einem Jahrmarkt unter einer rot-violett glänzenden Riesenkuppel (www.adventuredome.com) erwähnenswert. Für dessen neue (2014) **El-Loco-Achterbahn** waren 2.000 Testfahrten nötig! *All Day Ride Pass* $32, Kinder unter 1,22 m zahlen $18.

Elvis - the Exhibition

Die erste dauerhafte **Graceland-Ausstellung** außerhalb von Memphis dokumentiert Leben und Karriere von **Elvis Presley** anhand zahlreicher Requisiten und Memorabilien auf über 2.500 m^2 im **Westgate Hotel** (3000 Paradise Road). Mit dabei sein erstes Goldalbum, seine 1957er-**Harley Davidson** und seine *High-School-Yearbooks*. Auf der Bühne dieses Hotels (früher »*International*«) stand der *King* in sieben Jahre insgesamt rekordbrechende 837 Mal. Ein 26-min-Film zeigt seine größten Auftritte »***Elvis: The Exhibition - The Show - The Experience***«, täglich 10-22 Uhr, $22; www.graceland.com/vegas.

Im *Elvis Presley International Showroom* laufen *Live-Shows* zu Ehren des Ausnahmesängers aus Tupelo (Di-Do ab 19.30 Uhr, Fr-Sa ab 20 Uhr, $49). Noch ziemlich neu ist die **Elvis Presley's Graceland Wedding Chapel**.

Venetian Casino mit Palazzo im Hintergrund;
➢ *Seite 550*

Oscar Goodman: vom Mafia-Anwalt zum Bürgermeister

Ein gepflegter Nadelstreifenanzug, Showgirls an beiden Armen und ein Glas *Bombay Sapphire Gin Martini* in der Hand waren seine Markenzeichen. Bereits im Jahr 1964 war der damalige Junganwalt *Oscar Goodman* zusammen mit seiner Frau *Carolyn* von Philadelphia nach Las Vegas gezogen. Die erfolgreiche Strafverteidigung des Stiefbruders, einer damals bekannten Unterweltgröße, und *Goodman*s detaillierte Kenntnis der Abhörgesetze machten ihn zum favorisierten »Mob-Lawyer« (Mafia-Anwalt).

In der Folge vertrat er schillernde Figuren des organisierten Verbrechens wie *Meyer Lansky*, *Frank »Lefty« Rosenthal* und den gewalttätigen Chicagoer Mafia-Hitman *Anthony Spilotro (»Tony the Ant«)*. Letztere beiden wurden im halbfiktionellen **Mafiaepos** *Casino* (1995) von Martin Scorsese durch *Robert de Niro* und *Joe Pesci* portraitiert.

Im Fall des Drogenkönigs *Jimmy Chagra*, dem die Anordnung der Ermordung des Bundesrichters *John Wood Jr.* vorgeworfen wurde, bewirkte *Goodman* einen Freispruch. Viel zu oft versuchten, so *Goodman*, die Strafverfolgungsbehörden selbst, das Recht zu »biegen«. Als *Mike Tyson* 1997 *Evander Holyfield* beim Boxkampf in der *MGM Grand Arena* ein Stück vom Ohr abgebissen hatte, rettete *Goodman* dessen Sportkarriere: Tyson kam mit nur einem Jahr Boxverbot und $3 Mio Geldstrafe davon.

Nach über 35 Jahren als Strafverteidiger wurde *Goodman* 1999 mit über 60% der Wählerstimmen zum **Bürgermeister von Las Vegas** gewählt. Nach zwei Wiederwahlen und der Höchstgrenze von 12 Jahren im Amt, wurde **2011 seine Frau Carolyn neues Stadtoberhaupt**. Sein wichtigstes Anliegen war die Revitalisierung der seinerzeit `runtergekommenen *Downtown*, was ihm einiger-

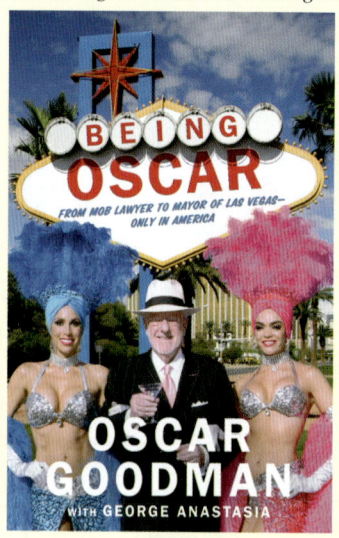

maßen gelang. Der von *Goodman* verantwortete Zuzug von Online-Händler *Zappos* ins alte Rathaus mit weit über 1.000 Angestellten gilt als Meilenstein in der *Downtown*-Renaissance. Nicht mehrheitsfähig war *Goodman*s Wunsch, Drogen und Prostitution zu legalisieren. Zu nationaler Bekanntheit brachte er es durch eine Auseinandersetzung mit Präsident *Barack Obama*, nachdem dieser in einer Rede verächtlich über Abstecher nach Las Vegas gesprochen hatte.

Im markanten *Dome* des *Plaza Hotel & Casino* am Ende der Fremont Street in *Downtown* gibt's in **Goodman's Steakhouse** mit Bar **»Oscar's«** auch Erinnerungsstücke aus seiner Dienstzeit und historische Stadtaufnahmen.

Die Autobiografie *»Being Oscar«* (*Perseus Books Group*) ist prall gefüllt mit strafrechtlichen und stadthistorischen Anekdoten (ca. $25; als E-Book $10).

3.1.4   Abseits des »Strip«

Downtown

Fremont Street Experience

Die Kasinos in **Downtown** (vor allem in der Fußgängerzone der Fremont Street) sind durchweg weniger spektakulär als die Konkurrenz am Strip, liegen aber dicht an dicht und bilden im abendlichen Lichterglanz ein attraktives **Fotomotiv**. Bei Dunkelheit werden jeweils zur vollen Stunde tolle **Light & Sound Shows** (mal ansehen unter »*YouTube*«) unter die ganze Dachlänge von ca. 300 m projiziert. Dieses Spektakel wurde schon in den 1990er-Jahren installiert, um Las Vegas-Besucher nicht völlig an die Superpaläste der Konkurrenz am *Las Vegas Strip* zu verlieren, und seither kontinuierlich technisch »aufgerüstet«; ➤ www.vegasexperience.com.

In der Fußgängerzone unter dem Fremont Street Canopy

Am Seil über die Fremont Mall

Das gleiche Ziel verfolgte auch die 2011 errichtete und rasch populär gewordene **Downtown Zipline**. Aber die Stadt wollte das Geschäft lieber selbst machen, ließ die temporäre Genehmigung des Betreibers auslaufen, ließ eine eigene *Zipline* bauen und gab ihr die schöne Bezeichnung *SlotZilla*.

Der mit fast 40 m Höhe »weltgrößte Spielautomat« steht in der Fremont Street östlich der 4th Street und spuckt seine »Fluggäste« auf zwei Ebenen aus. An den unteren Seilen (in 20 m Höhe) gleitet man in Sitzposition ca. 260 m weit zur Zwischenlandeplattform ($20).

Mutige starten in ausgestreckter Supermann-Position von der oberen Ebene (35 m) und fliegen nur wenig unterhalb des *Fremont Street Canopy* mit bis zu 60 km/h 520 m weit ($40).

http://vegasexperience.com/slotzilla-zip-line

Mob Museum

Am 14. Februar 2012 eröffnete– passend zum 83. Jahrestag des Chicagoer Valentinstag-Massakers – das sog. **Mob Museum** (*Museum of Organized Crime and Law Enforcement*) in der 300 Stewart Ave (zwei Blocks nördlich der Fremont Street). In einem neoklassizistischen Bau von 1933 wird die Geschichte der Mafia anhand von multimedialen Präsentationen und zahlreichen Artefakten lebendig. Dazu zählen Waffen, Schmuck, historische Fotografien und martialische Memorabilia wie etwa der Friseurstuhl, auf dem 1957 in New York *Albert Anastasia* ermordert wurde. Außerdem geht es dort um bekannte Gangster wie *Bugsy Siegel* oder *Al Capone* ebenso wie um ihre Gegenspieler, sonst weniger gewürdigte Strafverfolger wie z.B. *Edgar Hoover* und *Joe Pistone*. Geöffnet So-Do 10-19 Uhr, Fr-Sa 10-21 Uhr; Eintritt \$22/\$14, online etwas günstiger; © (702) 229-2734; www.themobmuseum.org.

Burlesque Museum

Ganz in der Nähe präsentiert an der Ecke Fremont/6th Street **The Burlesque Hall of Fame** die Historie dieser speziellen Form erotischer Shows mit ihrem nur angedeuteten Striptease. Dieses kleine Museum wurde bis zu ihrem Tod im Jahre 2013 von **Dixie Evans**, einst berühmt als *Marilyn Monroe of Burlesque*, höchstpersönlich betrieben. Geöffnet Di-Sa 11-19 Uhr, So 12-17 Uhr; kein Eintritt, \$5 Spende erwünscht; www.burlesquehall.com.

Smith Center

Auf der Westseite der Eisenbahngleise in *Downtown* (361 Symphony Park) steht das **Smith Center for the Performing Arts** (www.thesmithcenter.com). Das Gebäude im Art-Deco-Stil aus Kalkstein mit markantem 16-stöckigem Glockenturm ist neues Stammhaus der **Las Vegas Philharmoniker** (!) und des Nevada Balletts.

Lou Ruvo Center

Der auffällige Bau ganz in der Nähe (888 W Bonneville Ave/Grand Central Parkway schräg gegenüber den *Premium Outlets*, ➤ Seite 564) mit seinen für Star-Architekt **Frank Gehry** typischen silbrigschimmernden geschwungenen Außenfassaden (➤ auch Foto der *Disney Concert Hall*, Seite 406) beherbergt das *Cleveland Clinic Lou Ruvo Center for Brain Health*; www.keepmemoryalive.org.

Nightlife & Dining at The Palms www.palms.com

Das **Palms Casino Resort** liegt knapp drei Kilometer westlich des *Strip* (Anfahrt per Taxi $15). Weltweit berühmt wurde es, speziell sein (erster) **Tower**, dank der MTV-Serie »**The Real World**«. Das *Palms* gehört zu den wenigen Resorts, die trotz ihrer Lage abseits des Las Vegas Blvd bei Hollywood-VIPs, Sängern, Models, Touristen und Einheimischen gleichermaßen populär sind. Dort begann der »Nachtclubtrend«. Die **Ghostbar** im 55. Stock besticht durch einen 360°-Rundumblick auf Las Vegas und im Außenbereich durch den Glasboden in die Tiefe. Einige Gäste des beliebten neuen **Ghostbar Dayclub** kommen kostümiert; Konfetti-Regen und Go-Go-Tänzer sind dort inklusive.

Die Auswahl an Restaurants neben einem *Foodcourt* ist beachtlich: Das neu modernisierte **Steakhouse N9NE** ist speziell bei *Celebrities* beliebt. Das französische Gourmetrestaurant **Alizé** bietet seinen Gästen eine weite Aussicht über Las Vegas. **Nove Italiano** zelebriert gehobene italienische Küche in minimalistisch-elegantem Ambiente mit tollem Blick. Feinschmecker lieben die würzig-scharfe Sichuan-Gerichte von **Tony Hu** im **Lao Sze Chuan** (Tipp: »*Smoked Tea Duck*« für $16). Für die qualitativ hochwertig-preiswerte Chinesische Küche gab's bereits zwei Jahre in Folge Michelin's »*Bib Gourmand*«. Am **Palms Pool** öffnete jüngst das **weltgrößte Hooters-Restaurant**!

Der zweite Hotelturm des *Palms*, der **Fantasy Tower** mit ausgefallenen Suiten, kam 2006 hinzu für eine Investitionssumme von $450 Mio. Wer richtig luxuriös unterkommen möchte, mietet sich dort für $20.000/Nacht die **Two Story Sky Villa** oder auch Quartiere mit eigenem Basketballplatz oder Bowlingbahn oder die pinkfarben-bunte **Barbie Suite**. **Tipp**: Die neuen *Premier Guest Rooms* (ab $99) wurden *Hospy-Award*-prämiert als beste Gästezimmer in Vegas.

Das hauseigene **Recording Studio** diente u.a. schon *Celine Dion* und *Michael Jackson* für die Produktion ihrer Hits.

2008 eröffnete auch noch der **PalmsPlace Tower** mit 599 Suiten auf 58 Stockwerken. Vom neuen **Palms Place Café 6** im 6. Obergeschoss fallen Bilderbuchblicke durch die raumhohen Fenster auf die direkt angrenzende Poollandschaft. Tipp: die intime **Rojo-Lounge** (*Lobby*).

Kasinos abseits von Strip und Fremont Street

Speziell von der I-15 erkennt man gut, dass weitere, in einigen Fällen durchaus ansehnliche Kasinos auch abseits des *Strip* stehen, darunter das **The Orleans** mit einem **French Quarter** an der Tropicana Ave und das **Rio Hotel** an der Flamingo Rd unweit der I-15.

Empfehlenswert ist die **Voodoo Lounge** im 51. Stock des **Rio** mit grandiosem Weitblick (Eintritt; Auffahrt im gläsernen Außenaufzug). Eine verrückte Sache ist dort die **Voodoo Zipline**, die jeweils zwei Gäste mit über 50 km/h vom Dach des 51-stöckigen *Masquerade Tower* (150 m hoch) hinunter zum 20-stöckigen *Ipanema Tower* katapultiert. Danach geht's per motorisiertem Seilzug mit 30 km/h die 500 m wieder zurück. Der kurze Spaß kostet $27,50. Speziell der »Abflug« von der Hochhauskante ist nur was für Schwindelfreie; www.voodoozipline.com.

Sonstiges

**Shopping
Malls**

Wie überall in den USA findet man auch in Vegas große Einkaufszentren an den Ausfallstraßen. Am *Strip*, 3200 S Las Vegas Blvd, liegt in Ergänzung der diversen Einkaufspassagen in den Kasinos die enorme **Fashion Show Mall** (250 Läden inkl. 7 Kaufhäusern mit Modenschau an ausgewählten Wochenenden; www.thefashion show.com). Immer schon ganz besonders waren die **Forum Shops** im *Caesars* (www.simon.com/mall/the-forum-shops-at-caesars).

Architektonisch interessant sind auch die *Shopping Mall* **The Crystals** im *CityCenter* (www.theshopsatcrystals.com) sowie der neuere **Container Park** in der 707 Fremont Street mit vielen *Eateries* und *Entertainment* (www.downtowncontainer park.com).

*Fashion Show
Mall in Las
Vegas mit
UFO-artigem
Vordach*

**Outlet
Center**

Eine gute Meile südlich des letzten Großkasinos stehen die **South Premium Outlets**. Noch mehr Shops haben die **North Premium Outlets** am 875 South Grand Central Pkwy. Beide findet man im Netz unter www.premiumoutlets.com/centers/.

»Nachtleben«

Überraschend für eine Stadt wie Las Vegas ist das Schattendasein »härterer« Abendunterhaltung. Zwar gaukeln Werbung und gratis allerorten ausliegende einschlägige Magazine ein erotisch aufregendes Nachtleben vor, aber nur eine Handvoll sog. **Gentlemen's Clubs** existiert in der engeren Umgebung des »sauberen« *Strip*, wo in den spätabendlichen Shows der Kasinos »schlimmstenfalls« auf einigen Bühnen oben ohne oder in hautfarbenen Trikots getanzt wird. Einige dieser Clubs liegen an der Industrial Road zwischen *Strip* und I-15, einer in *Downtown* (➤ Foto rechts), andere weitab.

Ein wichtige Unterscheidung ist in Las Vegas: *Topless* oder *Nude*. Von den insgesamt etwa 30 Stripclubs stadtweit sind etwa 2/3 *topless* und 1/3 auch *bottomless*. Die Gemeindeordnung erlaubt den Ausschank von Alkohol nur in *Topless*-Etablissements.

Neon Museum – Friedhof der Neonlichter

Über 150 ausgedienten Reklametafeln und Hotelbeleuchtungen wird im »Neonfriedhof« **Boneyard Park** im Norden von Las Vegas die letzte Ehre erwiesen. Viele einst bekannte Motive wie der Schuh des *Silver Slipper* oder die Teelampe des *Aladdin* zählen zum Fundus. Führungen mehrfach täglich $18, Abendtouren $25; große Rucksäcke/Fototaschen oder Stative sind nicht erlaubt. Aktuelle Zeiten und Reservierung unter ℂ (702) 387-6366 bzw. www.neonmuseum.org. Das dazugehörige Besucherzentrum am 770 Las Vegas Blvd North (Ecke Mc Williams Ave) wurde in der architektonisch ungewöhnlichen Lobby des früheren *La Concha Motel* untergebracht.

Offenkundig war man der Meinung, Alkohol und komplette Nacktheit vertrügen sich nicht. Einzige Ausnahme ist der *Palomino Club* im Stadtnorden (1848 Las Vegas Blvd North; www.palomino lv.com), der bereits 1969 eröffnet worden war und schon *nude dancers* bot, bevor derartige Vorschriften existierten. Weitere Unterschiede bestehen darin, dass die Damen der *Stripshows* in *Topless-Clubs* mindestens 21 Jahre alt sein müssen, aber seltsamerweise in den *Nude Clubs* nur mindestens 18 Jahre wegen der dort verordneten Abwesenheit von Alkohol. Außerdem ist genau definiert, wie der in Varianten ausgeführte sog. *Lap Dance* – eine weitere amerikanische Besonderheit – gesetzeskonform zu gestalten ist.

Der mit 6.500 m² weltgrößte *Topless Stripclub* ist *Sapphire* – mit Pool und *Day Club* – in der 3025 Industrial Road (www.sapphire lasvegas.com), populär auch *Spearmint Rhino* (3340 South Highland Drive; www.spearmintrhinolv.com). *Nude Clubs* sind u.a. *Little Darlings* (1514 Western Ave; www.littledarlingsvegas.com) und der schon erwähnte *Palomino Club*.

Auch einige Casinos haben einen Gentlemen's Club, hier das Golden Goose in der Fremont Street (Downtown)

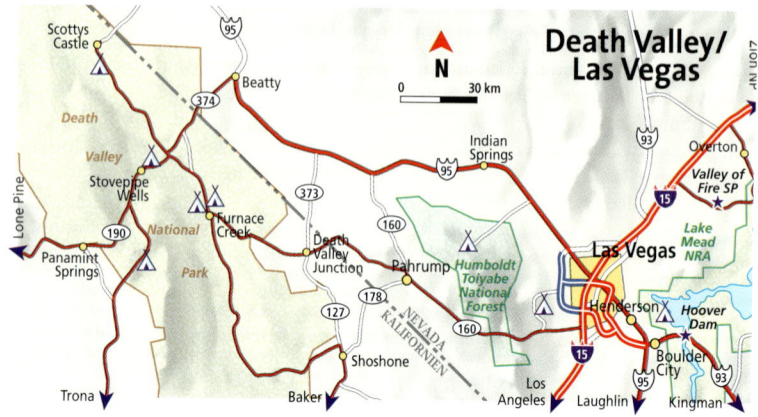

3.2   Ziele in der Umgebung

Auch im Umfeld der Stadt hat Las Vegas einiges zu bieten:

Water Parks

Nach einer fast 10-jährigen planschparklosen Zeit hat Las Vegas seit 2013 ein neues *Wet 'n' Wild*. Es liegt im südwestlichen Vorort Spring Valley (7055 South Fort Apache Road nahe I-215 und Sunset Road). Über 25 Rutschen und Wasserspiele verteilen sich auf fast 16 ha. Witzig ist *Desert Racers*: Aus 13 m Höhe rutschen 6 Personen gleichzeitig um die Bestzeit. Unter den Investoren sind *Andre Agassi* und *Steffi Graf*. Im Hochsommer 10.30-20 Uhr, Fr+Sa bis 22 Uhr, sonst kürzer oder geschlossen; $37, Kinder unter 1 m Größe $28; online und abends günstiger; Parken kostet $7; ✆ (702) 979-1600, www.wetnwildlasvegas.com.

Ein zweiter Wasserpark, *Cowabunga Bay*, lockt seit 2014 mit ähnlichen Attraktionen und Preisen. Er steht in Henderson (900 Galleria Drive). Tickets: Erwachsene $37, Kinder unter 1,22 m $28; Nachmittagseinlass günstiger; Parken $5 extra. Geöffnet im Hochsommer täglich 10.30-19 Uhr, Fr+Sa bis 22 Uhr; sonst kürzer oder geschlossen. Aktuelle Zeiten unter ✆ (702) 850-9000 bzw. online: www.cowabungabayvegas.com.

Red Rock Canyon

Red Rock Canyon

Die *Red Rock Canyon National Conservation Area*, gute 20 mi westlich von Las Vegas, erreicht man über Straße #159 (Charleston Blvd) oder von Süden über die Straße #160, auf der man zunächst *Bonnie Springs* passiert (➤ rechts). Ein *Scenic Loop Drive* (13 mi) ab der #159 führt vorbei an rötlichen Klippen und den bunt geschichteten *Calico Hills* Sandsteinformationen (➤ Foto rechts). Am besten vormittags, dann liegen die Felsen in der Sonne.

Ein *Visitor Center* an der Rundstreckeneinfahrt hat Karten und Details (Gebühr $7; Inhaber von *Interagency*-Jahrespässen haben freien Zutritt). Kühle Canyons mit Wasserläufen laden zum Wandern ein (*Icebox Canyon Trail* zu Wasserfällen – nur im Frühjahr, 1,5 km). Auch Kletterfelsen und *Mountain Bike Trails* sorgen für rege Frequentierung des Gebiets; www.redrockcanyonlv.org.

Südlich des *Visitor Center* liegt im hügelig rauen Gelände ein einfacher baumloser **Campingplatz**; Zufahrt ausgeschildert, eine gute Meile ab der Hauptstraße; *first-come, first-served*; Zelte und RVs kosten einheitlich $15/Nacht; nur September bis Mai geöffnet.

Bonnie Springs

Folgt man der #159 einige Meilen weiter, gelangt man zur **Bonnie Springs Ranch**, einem Ausflugslokal auf amerikanisch mit Schienentransport vom Parkplatz zur künstlichen **Wildwest Town Old Nevada** (Restaurant, Kneipe, Shop, Motel und Pferdestall). Eintritt inkl. Streichelzoo $12, unter 12 Jahre $7. Vielleicht mit Kindern o.k. oder bei Interesse an Ausritten in die Umgebung ($60/Stunde), sonst nur bedingt empfehlenswert; www.bonniesprings.com.

Scenic Loop Drive durch die Red Rock Canyon National Conservation Area vor den Toren von Las Vegas

Zum Death Valley National Park

Von Las Vegas aus könnte man ggf. auch einen langen **Tagesausflug** zum *Death Valley* Nationalpark in Betracht ziehen (+350 mi retour), besser aber als **2-Tages-Tour** in der kühleren Jahreszeit. Bei Anfahrt direkt ab Las Vegas orientiert man sich an der I-15 in Richtung Los Angeles, *Exit* #33, oder aber am Las Vegas Blvd South, passiert den *Airport* und die I-215 und folgt dann der **Blue Diamond Road**, wie die #160 zunächst heißt. Diese Strecke führt über **Pahrump** und ist die **Hauptroute** zum *Death Valley.* Auch die #159 beim *Red Rock Canyon* stößt nur wenige Meilen südöstlich der *Bonnie Springs Ranch* auf die Straße #160. Die Route wird auf den Seiten 306f in umgekehrter Richtung beschrieben.

Wer ab Las Vegas den Besuch von *Scotty's Castle* (➤ Seite 303) im Norden des Nationalparks beabsichtigt, gelangt schneller auf der verkehrsärmeren **Straße #95** über **Beatty** (➤ Seite 305) dorthin.

ZIPLINING – der ultimative Outdoor-Kick

Ziplines (»Seilrutschen«) sind keine neue Erfindung. In bergigen oder abgelegenen Regionen dieser Welt sind sie als Brückenersatz Transportmittel für Material und Menschen. In den reichen Ländern hat sich *Ziplining* in den letzten Jahren zu einer Art *Outdoor*-Sport entwickelt und wird oft in einem Atemzug mit *Bungee Jumping* und *Paragliding* genannt.

Wer das auch mal ausprobieren möchte und zwar intensiver als in der »Miniversion« in Las Vegas (➤ Seite 561) oder immer schon mal wissen wollte, wie sich »Fliegen« hautnah anfühlt, ist in Boulder City richtig. Im Büro von *Bootleg Canyon Flighlinez* am 1644 Nevada Highway treffen sich stündlich von 8 Uhr bis 17 Uhr bis zu 12 »Flugaspiranten«, die am Stahlseil vom nahen *Red Mountain* zu Tal rasen möchten. Auch *Full-Moon-Tours*, April-Okt., $179.

Alle Teilnehmer werden zunächst gewogen (min. 34 kg; max. 113 kg) und müssen nach ihrer Zulassung einen Haftungsverzicht unterschreiben; dann folgt eine praktische Einweisung mit Sicherheitstraining (Anlegen des »Kabelgeschirrs« und Funktionsweise des Karabinerhakens). Anschließend geht's mit Bus und *Guides* zum Straßenende im hochgelegenen *Bootleg Canyon Park* und 15 min zu Fuß weiter bergauf bis zum Startplateau der *Zipline* auf einer Höhe von 1.160 m über NN.

Die Rundumsicht bis hinüber zum Las Vegas-*Strip* und Lake Mead ist von dort schon mal atemberaubend. Vier Flugetappen zwischen 350 m und 780 m Länge warten. Die jeweiligen End- und Startpunkte liegen nah beieinander. Jeder Abschnitt besteht aus vier parallel gespannten Stahlseilen, so dass bis zu vier Personen zeitgleich starten können. Die jeweils erreichbaren Geschwindigkeiten werden von der unterschiedlichen Höhendifferenz der Etappen, vom Gewicht der Teilnehmer sowie Windrichtung und -stärke beeinflusst: möglich sind Tempi bis zu ca. 90 km/h.

Die Angelegenheit ist ein Hauptspaß, kostet aber auch $159/Person. Das ist nicht wenig, liegt aber in Anbetracht des hohen Sicherheitsstandards sowie des Zeitaufwands samt Transport im amerikanischen Rahmen.

Alle weiteren Informationen zu körperlichen Voraussetzungen etc. pp. unter www.flightlinezbootleg.com. Anmeldung auch telefonisch unter ✆ (702) 293-6885. Das Büro von *Flightlinez* am 1644 Nevada Hwy lässt sich kaum verfehlen: auf der Straße #93 von Las Vegas kommend ab der ersten Ampel in Boulder City noch eine gute halbe Meile. Das Büro liegt auf der linken Seite.

Zum Hoover Dam und zur Lake Mead NRA

**Kenn-
zeichnung**

Der bereits 1936 fertiggestellte 223 m hohe **Hoover Dam**, der den Colorado River zum Lake Mead aufstaut, ist die #1-Touristen-attraktion außerhalb von Las Vegas.

Boulder City

Gute 25 mi sind es vom zentralen Las Vegas (*Downtown*) auf der I-515 und ab deren Ende südlich von Henderson weiter auf der Straße #93 nach Boulder City, die mit dem Bau des nahen *Hoover Dam* erst seit den 1930er-Jahren entstand. Wer nicht von *Downtown* aus anfährt, sondern vom Las Vegas Blvd, nimmt nach Passieren der Landebahnen des *Airport* zunächst die I-215 in östliche Richtung, die in Henderson auf die I-515 trifft. Bei hohem Verkehrsaufkommen kann die Fahrt dorthin trotz der geringen Entfernung leicht schon mal 45 min dauern.

**Keine
Kasinos**

Boulder City (heute ca. 15.000 Einwohner) ist die einzige Stadt in Nevada ohne Spielsalons. Jedes Glücksspiel ist dort verboten.

**Boulder
Dam Hotel**

Im Obergeschoss des historischen **Boulder Dam Hotel** in der 1305 Arizona Street im alten Stadtzentrum (schöner, für die USA nostalgischer Bau mit moderaten Tarifen, ✆ (702) 293-3510; www.boulderdamhotel.com), benannt nach der ursprünglichen Bezeichnung des Staudamms, befindet sich das **Boulder City/Hoover-Dam-Museum**. Anhand zahlreicher Gegenstände, Dokumente und vor allem Fotos präsentiert das Museum die Geschichte des *Hoover Dam* von der Planung bis über die Fertigstellung hinaus einschließlich der wirtschaftlichen und sozialen Umstände der Arbeitskräfte, die unter schwierigsten Bedingungen mitten in der Wüste den Bau erst möglich machten; www.bcmha.org.

**Hoover Dam
Museum**

Der Besuch lohnt sich für alle, die noch mehr über dieses enorme Bauwerk wissen wollen, als im *Hoover Dam Visitor Center* (➤ weiter unten) vermittelt wird. Geöffnet Mo-Sa 10-17 Uhr; Eintritt $2, Kinder $1. Wer im *Boulder Dam Hotel* übernachtet, erhält nicht nur ein Gratis-Ticket fürs Museum, sondern auch noch 25%-Preisnachlass auf die *Boulder City Zipline*, ➤ Kasten links.

Blick über die nördlichen Wohnviertel von Boulder City (Nevada Way) auf den (heute noch ferneren) Bereich Boulder Beach des Lake Mead

Von Boulder City zum Hoover Dam

Von Boulder City sind es nur noch ca. 5 mi bis zum *Hoover Dam* bzw. zur erst vor ein paar Jahren eröffneten **Hochbrücke über den Black Canyon** des Colorado River.

Wer seine Fahrt nicht in Boulder City unterbrechen möchte, lässt auf der vierspurigen #93 die Stadt rechts liegen. Ca. 3 mi östlich passiert man die Zufahrt hinunter zum Lake Mead und das *Visitor Center* der *National Recreation Area*, danach das Spielkasino *Hacienda* in Alleinlage und erreicht kurz darauf den *Exit* 2 auf die **Hoover Dam Access Road** (#172). Wer hier die #93 nicht verlässt, muss zunächst die Brücke überqueren und noch eine gute weitere Meile bis zur ersten Ausfahrt in Arizona fahren, bis ein Umkehren oder Abfahren möglich ist.

Security

Die Fahrt zum Damm hinunter wird durch einen **Security Checkpoint** unterbrochen. Denn wegen seiner exponierten Lage und Bedeutung für die Strom- und Wasserversorgung gilt der *Hoover Dam* als ein durch Anschläge potenziell gefährdetes Objekt. Bei höherem Verkehrsaufkommen treten dort Wartezeiten auf.

Hoover Bypass Bridge

Eine halbe Meile hinter der Kontrolle passiert man den Parkplatz für Besucher des offiziell als **Mike O'Callaghan-Pat Tillman Memorial Bridge** bezeichneten Bauwerks. Von dort führt ein Serpentinenweg auf die Sonderspur zur Brückenquerung zu Fuß und damit bestem Blick auf *Hoover Dam* und Lake Mead.

Parken im Dammbereich

Weiter geht's kurz bergab durch raues Felsgelände, bevor man hoch über dem Flusscanyon die »Zielgerade« zum und über den Damm erreicht. Das **Parkhaus** auf der Nevada-Seite ist kostenpflichtig; auf der Arizona-Seite parkt man auf mehren Ebenen teilweise gratis.

Hoover Dam

Vor allem die Einbettung des Damms zwischen steil aufragenden Canyonwänden macht ihn zur viel fotografierten Sehenswürdigkeit. Der für den Bau des Damms notwendige Beton hätte für eine Straße von San Francisco nach New York gereicht.

Besichtigung

Hochinteressante, 30-minütige **Führungen** ($15, Kinder $12) durch die Katakomben von Staumauer und Kraftwerk finden laufend statt: 9.25-15.30 Uhr. Auch ohne eine Teilnahme an derartigen

Blick auf die Bypass Bridge vom Parkplatz hinter dem Damm, der mit Fahrzeugen überquert werden darf. Eine Zufahrt von der Arizona-Seite zum Hoover Dam ist nicht mehr möglich

Blick von der Brücke auf den Hoover Dam. Man erkennt hier deutlich den (seit Jahren) reduzierten Wasserstand des Lake Mead. Ganz links im Bild die Zufahrt zum Parkhaus. Parken kann man auch jenseits (X) des Damms (Wohnmobile nur dort)

Power Plant Tours lohnt der Besuch, denn allein schon das Bauwerk als solches und dazu das Umfeld sind sehenswert. Im **Visitor Center**, in dem man alles von der Planung des Damms über den Bau bis zur Situation heute erfährt, steht ein aufschlussreiches Modell, das auch dessen Innenleben zeigt. Täglich geöffnet ab 9 bis 17 Uhr, Einheitseintritt \$10 (der sonst in Besucherzentren selten üblich ist; ➢ auch *Boulder City Museum* oben). Details unter www.usbr.gov/lc/hooverdam.

Hinweis: Sowohl die Teilnahme an den Führungen wie auch der Zutritt zum Besucherzentrum unterliegen **Sicherheitskontrollen** wie vor Flugreisen am *Airport*.

Lake Mead NRA

Eintritt \$10/Auto \$5/Person oder Interagency Jahrespass

Der durch den Bau des *Hoover Dam* entstandene 185 km lange Stausee ist die **National Recreation Area Lake Mead**, zugleich Las Vegas' Wasserreservoir. Sie bietet mitten im heißen Wüstenklima ein riesiges Bade- und Wassersportrevier. Oder sollte man sagen »bot«? Denn der Wasserstand sank dermaßen, dass frühere Marinas komplett trockengelegt wurden und ganze Seearme nicht mehr existieren. Ein Schwimmen im See an Stränden ist deshalb weitgehend vorbei. Nach 11 Jahren weit unterdurchschnittlicher Schneeschmelze brachte der Colorado zwar 2011 wieder etwas mehr Wasser mit sich und ließ den Pegel in den Stauseen deutlich steigen, aber die darauffolgenden Winter und vor allem der von 2014/15 waren extrem schneearm und der Wasserzufluss dadurch erneut viel geringer als im Durchschnitt der letzten 100 Jahre.

Eine **Stromerzeugung** in den Turbinen des *Hoover Dam* ist nur möglich bis zu einem Pegelstand des Sees von minimal 1050 Fuß über NN. Bereits ab 1075 Fuß treten automatisch drastische **Wassersparmaßnahmen** in Nevada und Arizona in Kraft. In der seit dem Jahr 2000 anhaltenden (nur durch ein einziges Jahr mit normalen Niederschlägen im Einzugsbereich des Colorado unterbrochenen) Dürreperiode fiel der Wasserstand zeitweise auf diesen beunruhigenden Tiefstwert, im Sommer und Herbst 2015 konnte er nur knapp darüber gehalten werden. Nun hofft man auf das Wetterphänomen *El Niño* und die für 2015/16 angekündigten Rekordniederschläge (➢ Seite 22). Denn vom Wasser des Sees hängen heute rund 30 Mio Menschen ab (in den 1950er-Jahren nur ca. 10 Mio), von der Stromerzeugung im *Hoover Dam* nicht zu reden; http://lakemead.water-data.com.

Northshore Road

Zwischen *Visitor Center des National Park Service* (Straße #93 ca. 4 mi östlich von Boulder City; geöffnet im Sommer bis 16.30 Uhr, www.nps.gov/lake) und Overton am Nordende des Sees läuft die **Northshore Road** (#167) durch eine ausgedörrte Landschaft. Felsformationen und -farben wechseln mit jedem Kilometer. Eine (langwierige) Fahrt wie streckenweise durchs *Death Valley*. Stichstraßen führen zu Marinas, wo breite, immer wieder verlängerte Betonpisten als *Boat Ramp* den sinkenden Wasserständen folgten. **Motorboote** und **Badeplattformen** gibt es in der *Lake Mead Marina* und Calville Bay zu hohen Miettarifen; Mindestalter von Mietern 21 Jahre plus Pkw-Führerschein.

Camping Lake Mead

Das größte, wiewohl gar nicht mehr einladende Strandgebiet und ein akzeptabler heute weit hinter der Wasserlinie liegender *NRA-Campground* (ohne *hook-up*, aber mit Duschen) heißt *Boulder Beach*. Komfortabler ist *Lake Mead RV Village* gleich nebenan; beide unverfehlbar an der Lakeshore Road, 2,5 mi von der #93 entfernt; ✆ (702) 293-2540, www.lakemeadrvvillage.com.

Wegen der niedrigen Wasserstände liegen seit langem mehrere Campingplätze so weit weg vom Wasser, dass sie aufgegeben wurden. Noch existieren einfache *Campgrounds* bei der **Las Vegas Bay** (unweit Lake Las Vegas), *Calville* und *Echo Bay*, zu erreichen über die Northshore Road plus 5-6 mi Zufahrt. Alle kosten $10.

Atlatl Campground im Valley of Fire SP

Felswunder »Fire Wave« im Licht der späten Nachmittagssonne

3

Valley of Fire

Anfahrt/ Kenn- zeichnung

Die North Shore Road stößt 46 mi nach der Einfahrt in die *Lake Mead NRA* beim *Visitor Center* auf die Straße #169, den *Valley of Fire Highway*, der von der I-15 (*Exit* 75) in einem weiten östlichen Bogen bis in die Nähe der Ausläufer des Lake Mead und dann über das Nest Overton zurück auf die *Interstate* (Ab-/Auffahrt 93). Dabei läuft sie in kurvenreichem Auf und Ab durch den sagenhaften ***Valley of Fire State Park***. Pittoreske Gesteinsformationen, die das frühe und späte Sonnenlicht leuchtend rot reflektieren, gaben diesem Gebiet seinen Namen, einer Sehenswürdigkeit, für die allein sich schon die Anfahrt von Las Vegas lohnt (ca. 55 mi auf direktem Weg auf der I-15). Wer ohnehin auf der I-15 in Richtung *Zion NP* unterwegs ist, sollte den Abstecher dorthin auf gar keinen Fall auslassen; http://parks.nv.gov/parks/valley-of-fire-state-park/.

Super- Camping

Die fantastisch zwischen Felsen platzierten ***Campgrounds*** (sogar mit solarbeheizten Duschen) beim *Arch* und *Atlatl Rock* gehören außerdem zu den nachdrücklichsten Campingempfehlungen dieses Buches. Die Plätze sind sehr populär und können nicht reserviert werden, füllen sich daher oft früh (*first-come, first-served*; $20, mit *hook-up* $30), ➢ Foto Seite 572.

Information

Ein wenig östlich davon informiert ein ***Visitor Center***, ✆ (702) 397-2088, über Geologie und (präkolumbische) Besiedelung des »Feuertals«; täglich 8.30-16.30 Uhr. **$10 Gebühr** für den *day-use*.

Scenic Drive und White Domes Trail

Noch beeindruckender als die feuerroten, stark verwitterten Felsformationen entlang der Hauptstraße und im Bereich der Campplätze ist eine Fahrt entlang des ***Scenic Drive***. Diese Stichstraße beginnt am Besucherzentrum und führt durch eine der farbenprächtigsten Regionen im Südwesten der USA. Zu Recht trägt bereits der erste Aussichtspunkt den Namen **Rainbow Vista**. Aber es kommt noch bunter. Auf den nächsten Meilen übertrifft sich die Natur wieder einmal selbst, fast alle Farbtöne sind dort auf den Steinen vertreten: Gelb vermischt sich mit Rosarot, Weiß mit Violett, Dunkelrot oder Orange.

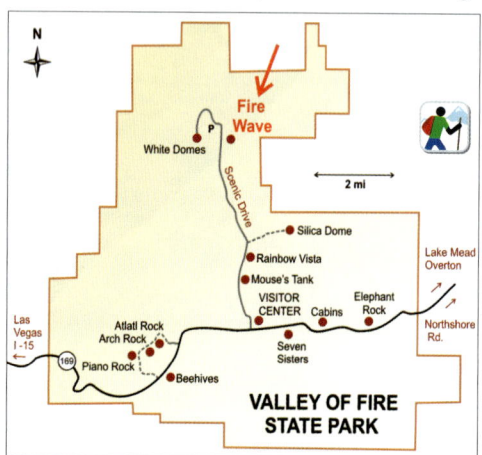

Lohnenswert sind ab **Rainbow Vista** kurze Wanderungen querfeldein und ab Straßenende der **White Domes Trail** (Rundweg ca. 1,5 km). Die gestreifte **Fire Wave** (> Foto Seite 573) war bis vor kurzem kaum bekannt. Die Sandsteinwelle befindet sich nur ca. 20-30 min von der Stichstraße entfernt. Dafür stellt man das Fahrzeug am vorletzten Parkplatz des *Scenic Drive* ab (*Parking #3*), und folgt der Ausschilderung; ca. 1,5 km *one-way*; bei Hitze unbedingt ausreichend Getränke mitnehmen!

Ausweich-Camping

Wer eigentlich im *Valley of Fire* campen möchte und keinen Platz mehr findet, könnte zum **Stewarts Point**, einem nicht sonderlich einladenden ehemaligen Ufercampplatz am Lake Mead fahren, der heute weit weg vom Wasser liegt: ab Einmündung *Northshore Road* in die #169 ca. 4 mi nach Süden, dann 3 mi Zufahrt. Noch 10 mi weiter ist es zur **Echo Bay**, wo man mit der Marina und der *Boat Ramp* dem Wasser gefolgt ist. Der einstige Uferplatz liegt eine Meile weiter oben.

Overton

Eine Gratis-Alternative speziell für RVs sind große Freiflächen beidseitig der Straße #169, bevor diese hinab nach Overton führt. Das Gelände wird als **Poverty Hills** bezeichnet und lässt sich wegen der oft zahlreichen gut sichtbar in der Landschaft verteilten Campmobile nicht verfehlen. Ebenfalls gebührenfrei campt man am südlichen Ortseingang von Overton auf einem ziemlich vernachlässigten Primitivplatz am Rande der **Wildlife Area**.

Die nächstgelegenen Unterkünfte, *Eateries* und Läden findet man in **Overton**. Empfehlenswert ist dort in erster Linie das **North Shore Inn** (520 North Moapa Valley Blvd. 10%-Rabatt gibt's bei Online-Buchung mit Code »SVOF«; gute schlichte DZ ab $85; ✆ (702) 397-6000; www.northshoreinnatlakemead.com.

Ab Seite 578 geht's weiter in Richtung **Zion National Park** und **Bryce Canyon**.

Abstecher von Las Vegas zu den Nationalparks Zion, Bryce und Grand Canyon

Las Vegas/ Grand Canyon und Zion National Parks

4

Von Las Vegas zu den Nationalparks Zion, Bryce und Grand Canyon

Distanzen ab Las Vegas

Nur eine Auto-Tagesetappe entfernt von Las Vegas liegen die beiden Nationalparks **Zion** (162 mi, Fahrtzeit minimal 3 Stunden) und **Grand Canyon** (275 mi, Fahrtzeit minimal 5 Stunden).

Zur Route zum Zion NP

Während der *Grand Canyon* von vielen Las Vegas-Besuchern, die keine längere Rundtour durch den Südwesten planen, als Ziel für einen Abstecher ins Auge gefasst wird, ist nur wenigen bewusst, dass der nicht minder, aber anders sensationelle **Zion Park in Tagesreichweite sogar für eine Hin- und Rückfahrt** liegt. Er hat obendrein den Vorzug der reizvolleren Anfahrt, wenn die ersten 85 mi durch die Wüste von Nevada erst einmal überwunden sind. Wer ohnehin plant, das vorstehend beschriebene *Valley of Fire* zu besuchen, unterbricht noch die Eintönigkeit der Wüste und spart unter Berücksichtigung des Umwegs ca. 35 mi der Anfahrt. Allerdings sollte man dann unbedingt eine **2-Tagestour** daraus machen und am besten in/bei Springdale vor den Toren des Parks oder im Bereich des nahen St. George eine Übernachtung einlegen. Dort sind auch die Unterkunftstarife deutlich moderater, ➢ unten.

Weiter zum Bryce Canyon

Wer mindestens 2 Tage, besser 3 Tage Zeit hat, könnte obendrein erwägen, auch noch den **Bryce Canyon National Park** zu besuchen, der wiederum ganz anders als *Zion* und *Grand Canyon* ist. Die Distanz vom *Zion* zum *Bryce Canyon* beträgt ca. 90 mi.

Zur Route zum Grand Canyon NP

Mit dem Auto an einem Tag von Las Vegas zum **Grand Canyon National Park** und zurück zu jagen, verbietet sich eigentlich von selbst, auch dann, wenn man ab dem »Besuchsmuss« *Hoover Dam* 30 mi spart. Wer wirklich nur einen Tag zur Verfügung hat und die USA nicht ohne einen Blick in den *Grand Canyon* verlassen möchte, sollte vielleicht besser einen Flug buchen, der für das Geld nicht nur Zeitersparnis, sondern durch den Überflug der Schlucht auf langer paralleler Strecke (Las Vegas-Tusayan 170 mi, ca. 45 min, ab $350 inkl. Bustransport im Nationalpark) ein tolles Erlebnis bietet; ➢ z.B. www.grandcanyonairlines.com/tours oder http://grandcanyontourcompany.com/airsouth.html. Ohne Landung im *Grand Canyon* gibt's den Flug retour ab ca. $140, ➢ z.B. www.gcflight.com. Man kann alle Flüge auch bei www.treasuretours.net mit deutschsprachiger Beratung buchen.

Per Bus zum Grand Canyon?

Tagesbustouren zu beiden Zielen gibt es ebenfalls. Sie kosten ab $80 plus Steuern und sind anstrengende Angelegenheiten in zufällig zusammengewürfelten Passagiergruppen. Wer sich dafür erwärmt, findet vor Ort jederzeit passende Angebote. Aber ab 2 Personen lohnt sich ggf. sogar schon eine kurzfristige Automiete, wenn man nicht ohnehin per *Rental Car* unterwegs ist.

3-Tage-Rundfahrt

Wer mindestens drei Tage zur Verfügung hat, könnte auch eine Rundtour über die **Südseite des *Grand Canyon*** und weiter über die **Nordseite** zum **Zion Park** zurück nach Las Vegas erwägen. Wem die vielen Stunden am Steuer nichts ausmachen, schafft in drei Tagen auch noch den Umweg über den **Bryce Canyon**, aber nur mit Minimalaufenthalten in den Nationalparks.

Grand Canyon West (Skywalk)

Ein Hinweis zum Bereich **Grand Canyon West** mit dem *Skywalk*, der ca. 90 Straßenmeilen vom *Hoover Dam* entfernt ist und <u>nicht</u> zum Nationalpark gehört: Den sollte man nicht mit dem **South Rim** des *Grand Canyon Nat'l Park* verwechseln, ➢ Seite 592.

An der Straße #93 auf dem Wege nach Kingman/Grand Canyon lädt Rambo martialisch zu einer Runde Maschinengewehrballern ein (Abzweig zum Skywalk)

4.1   Die Nationalparks in Utah

Anfahrt zum Zion Park

**Mögliche
Abweichung**

Zwischen Las Vegas und dem Südwesten Utahs ist die **Interstate #15 einzige Straßenverbindung**. Sie führt in Nevada durch die Wüste, bietet aber rund 35 mi nördlich von Las Vegas die Möglichkeit zu einer Umgehung über das **Valley of Fire**, ➢ Seite 573f.

Mesquite

In **Mesquite** locken in der letzten Nevada-Wüstenoase vor der »Grenze« zu Arizona noch einmal **Kasinos** und eine komplette touristische Infrastruktur. So kann man dort in den Kasinohotels günstig übernachten; an den »richtigen« Tagen findet man im **Virgin River Casino Resort** gute Zimmer unter $50. Die an sich moderaten Motels außerhalb der Spielpaläste sind dann teurer. Am besten, man schaut für den besten Tarif vor Ankunft erst mal ins Internet unter www.mesquitegaming.com.

**Nordwest-
ecke von
Arizona**

Noch im kurzen Verlauf der *Interstate* durch Arizonas Nordwestecke beginnt der Anstieg aus der Wüstenebene auf eine Höhe von rund 800 m über NN (St. George). Auf den letzten Meilen durch Arizona läuft die Autobahn auf kurviger Strecke meilenweit eindrucksvoll durch den **Virgin River Canyon** am Fluss entlang.

St. George

Der grenznahe Bereich **St. George** mit den Orten Washington und Hurricane ist mit 150.000 Einwohnern das einzige Ballunggebiet im Südwesten von Utah. Besorgungen lassen sich dort noch erledigen, bevor man Springdale erreicht, den teuren Touristenort vorm *Zion National Park*.

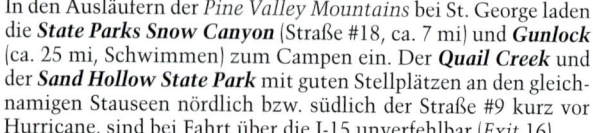

In St. George und Hurricane ist auch die **Motel- und Hoteldichte** groß mit erfreulichen Folgen für das Preisniveau. Man kommt dort selbst im Sommer noch ab $50-$60 unter; die Mittelklasse (*Days Inn, Comfort, Best Western, Ramada Ltd.*) ist dort zumindest So bis Do für $70-$90 zu haben, ➢ www.stgeorgechamber.com/Lodging.htm. Das Gros der Quartiere befindet sich gleich westlich der I-15 an den Straßen #18 und #34 (Ausfahrten 6 und 8) im Umfeld von viel Shopping, Restaurants und *Fast Food*.

Camping

In den Ausläufern der *Pine Valley Mountains* bei St. George laden die **State Parks Snow Canyon** (Straße #18, ca. 7 mi) und **Gunlock** (ca. 25 mi, Schwimmen) zum Campen ein. Der **Quail Creek** und der **Sand Hollow State Park** mit guten Stellplätzen an den gleichnamigen Stauseen nördlich bzw. südlich der Straße #9 kurz vor Hurricane, sind bei Fahrt über die I-15 unverfehlbar (*Exit* 16).

**Zum Zion
National Park**

Zum **Zion Canyon**, der wichtigsten Sektion des *Zion National Park*, führt die Straße #9 über Hurricane, wo es noch einmal deutlich preisgünstigere **Motels** als in Springdale gibt. Von dort sind es noch ca. 25 mi auf schöner Strecke am Virgin River entlang.

Bereits weit vor Springdale mit einer voll auf den Zion-Tourismus eingestellten Infrastruktur, fallen **Bed and Breakfast-Angebote** in *Ranches* und kleinen *Inns* ins Auge, im Internet auch unter der Adresse www.zionpark.com/lodging.html.

Straße #9 in Richtung Zion National Park

4

Eine andere Route vermeidet die Ortsdurchfahrt in Hurricane und läuft nur durch schöne Landschaft: Ausfahrt 27 von der I-15 auf Straße #17 (nach Süden/La Verkin) und dann erst Straße #9.

Springdale

Das langgestreckte Springdale ist ein besonders hübsches »**Einfallstor**« zu einem Nationalpark. Diverse Cafes, Restaurants, Musikkneipen und originelle Shops entlang der grünen Zufahrt laden nach dem Parkbesuch am Abend ein. Man kann dort sogar problemlos zu Fuß unterwegs sein. Während der Sommersaison (Mai bis September) ist im kleinen Springdale erstaunlich viel Betrieb.

Allgemein beliebt ist **Oscars's Café** mit Außenbereich; es liegt etwas unauffällig an der Hauptstraße (948 Zion Park Blvd). Mexikanisch-amerikanisch oder vegetarisch plus einige Zapfbiersorten.

Im **Giant Screen Theatre** (im Norden des Ortes, kurz vor der Einfahr in den Zion) läuft u.a. der tolle *Zion-* und *Canyonlands*-Film »*Treasure of the Gods* » (www.zioncanyontheatre.com).

Quartiere

Springdale bietet viele attraktive Quartiere vor allem in der oberen Preisklasse, aber nur wenige Kettenmotels:

- Das **Quality Inn** liegt nahe am Park und ist für die dort nur mittlere Qualität teuer (ab $150), im sehr guten **Holiday Inn Express Zion Park Inn** starten die Tarife bei $190, ℂ 1-800-181-6068.
- Sehr schöne Zimmer haben das **Flanigan's Inn** (ℂ 1-800-765-7787; www.flanigans.com) und die **Driftwood Lodge** (ℂ 1-800-801-8811, www.driftwoodlodge.net); beide ab $150

Einen guten Eindruck machen auch die folgenden **B&B Inns**:

- **Bumbleberry**, ab $110, ℂ 1-800-828-1534, www.bumbleberry.com
- **Desert Pearl**, ab $230, ℂ 1-888-828-0898, www.desertpearl.com
- **Dream Catcher Inn**, einfacher, ab $75 in der Nebensaison, ℂ 1-800-953-7326, www.dreamcatcherinnzion. com.

Shuttle Busse am Ende der Straße in den Zion Canyon hinein vor den Zion- typischen steil auf- ragenden roten Felswänden

Die Unterkünfte liegen alle an der in den Park führenden Straße #9. Die Preisangaben gelten grob für April-Oktober für Standard- zimmer mit starken Ausschlägen nach oben an Wochenenden/ Feiertagen. Bessere als Standardzimmer kosten rasch über $200.

Zion Lodge

Für stilvolles Übernachten **im** *Zion Canyon* empfiehlt sich die **Zion Lodge** im Blockhaus-Look. Die Zimmer (ab $205) sind teu- rer als in vielen Quartieren in Springdale, aber dennoch immer langfristig ausgebucht. Reservierung unter ✆ 1-888-297-2757 oder ✆ (303) 297-2757 und www.zionlodge.com.

Gesamtübersicht unter www.utah.com/lodging/zion.phtml.

Camping

Erste Wahl für Camper sind die gleich nördlich von Springdale ge- legenen Nationalparkplätze **Watchman** (reservierbar, $16 für Zelte, RVs $18-$20) *und* **South** (*first come first-served*, $16). Beide Plätze sind von April bis Oktober oft schon mittags voll.

RVs sind außerdem komfortabel, gut und viel teurer aufgehoben im Superplatz **Zion River Resort**. Er liegt ca. 10 mi südwestlich des Ortes; ✆ 1-888-822-8594; www.zionriverresort.com.

Ab $45 kommt man im sanitär akzeptablen, aber engen **Zion Can- yon Campground** beim **Quality Inn** unter; ✆ (435) 772-3237.

Zion National Park www.nps.gov/zion

Eintritt $30/Auto $15/Person oder Interagency Jahrespass

Gleich hinter der **Einfahrt** in den Nationalpark liegt rechterhand ein großzügiges **Besucherzentrum**. Dort ist von April bis Oktober Schluss für alle Autofahrer, die in den zentralen Teil des Parks, den *Zion Canyon*, wollen. Sie müssen den im Eintritt enthaltenen *Zion Canyon Shuttle* besteigen, zu Fuß gehen oder radfahren.

Trotz großer **Parkplätze** am *Visitor Center* wird es dort oft eng. Wer in Springdale logiert, kann im Ort (6 Haltestellen) den Zubringer zum Park besteigen (ebenfalls gratis). Die Busse verkehren von 6 Uhr bis 22.30 Uhr in kurzen Abständen (minimal alle sieben Minuten) und haben Platz für Fahrräder und Rucksäcke.

»Zwangs-Shuttle«

Der *Park Shuttle* hat 9 Haltepunkte und benötigt für die Strecke ca. 40 min bei hoher Frequenz. Erster Haltepunkt ist das frühere Besucherzentrum, heute ein mäßig spannendes **Museum**. Am ersten oder auch einzigen Tag des Besuchs im Zion fährt man besser zunächst bis zum Straßenendpunkt und entscheidet während der

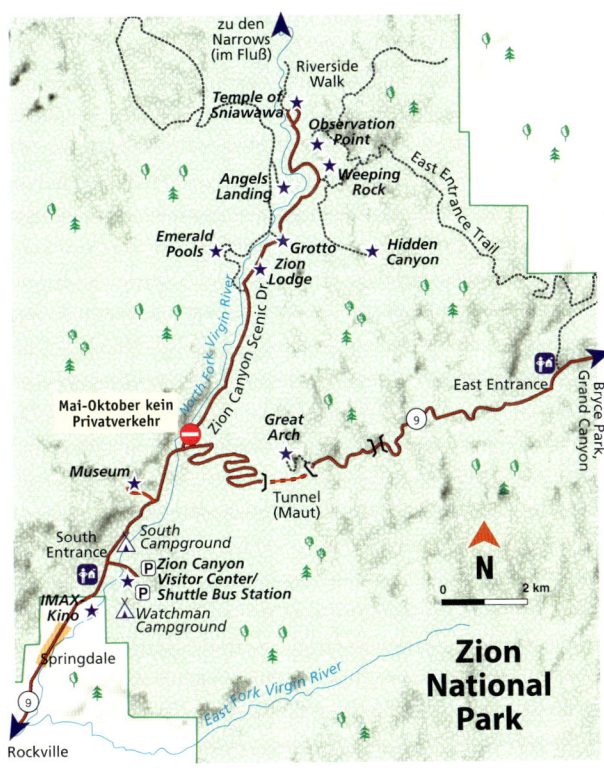

Tour wetter-, informations- und beobachtungsabhängig, wo man die Rücktour ggf. unterbrechen möchte. Speziell, wer relativ früh hin-/retour fährt, vermeidet damit längere Wartezeiten an den Haltestellen, die sich oft an den späteren Rückfahrten ergeben.

Der **Zion Canyon Scenic Drive**, eine ca. 7 mi lange Stichstraße, folgt dem Virgin River in das enger werdende, üppig grüne Flusstal. Beidseitig beeindrucken gewaltige, hoch aufstrebende Felsflächen in allen Rot- und Brauntönen; sie sind fantastische Fotomotive.

Am Straßenende beginnt der **Riverside Walk**. Der befestigte Teil des Weges endet nach etwa 1,5 km, wo zwischen Felsen und Virgin River kein Raum mehr bleibt. Bei niedrigem Wasserstand kann man den Fluss leicht überqueren und einem Pfad noch ein Stück weiter bis zur ersten, komplett von Wasser ausgefüllten Enge folgen.

Zion Canyon Narrows

Die wirklichen **Zion Canyon Narrows**, wie sie oft auf Fotos zu sehen sind, liegen noch eine gute weitere Meile entfernt. Dorthin gelangt man nur durch mühsames Waten und Kraxeln. Der Lohn der kaum unter 45 min zu bewältigenden Distanz sind bis **600 m hohe Sandsteinwände**, deren Abstand stellenweise auf nur ein paar Meter zusammenschrumpft. Zu empfehlen nur für Leute mit guter Kondition und Balance im fließenden Wasser (nur teilweise kann man seitlich ausweichen). Voraussetzung für dieses kleine Abenteuer ist gutes Wetter rundum! Regen in der Umgebung lässt den Wasserstand steigen und **stärkere Schauer machen aus dem Flüsschen in kürzester Zeit ein reißendes Gewässer**.

Weitere Trails

Zwei weitere Herausforderungen für sportliche Wanderer sind der Aufstieg zur **Angels Landing**, 450 m über der *Grotto Picnic Area*, oder zum **Observation Point** gegenüber und noch einmal 200 m höher (*East Rim Trail* durch den *Echo Canyon*), beide mit sagenhaftem Blick in das Tal hinein und über die Parklandschaft. Bei 8 km bzw. 12 km Gesamtstrecke beträgt der minimale Zeitbedarf 3 bzw. 4,5 Stunden. Weniger anstrengende, aber ebenfalls schöne Wanderungen führen zu den **Emerald Pools** (60 min) oder am **Weeping Rock** vorbei (10 min) zum **Hidden Canyon** (2 Std. retour).

Östlich des kilometerlangen Tunnels des *Zion-Mt.Carmel Highway* beginnt ein kurzer *Trail* (1,5 km retour) zum **Zion Canyon Overlook** mit fantastischem Blick über das Tal. Zum bogenförmigen Felsabbruch **Great Arch** ist es von dort nah, allerdings bestehen nur sehr begrenzt Parkmöglichkeiten.

Kolob Canyons

Neben dem *Zion Canyon* existiert im Parkwesten eine für Autos nicht gesperrte Parkeinfahrt, die **Kolob Canyons Road** mit eigener Abfahrt (40) von der I-15. Diese Stichstraße windet sich 5 mi hinauf zum **Kolob Canyons Viewpoint** mit Weitblick auf mächtige Massive. Eine 11 km lange Wanderung (retour 22 km, mindestens 6 Stunden reine Gehzeit) führt dort vom Ausgangspunkt **Lee Pass** auf abschüssigem Weg (213 m Höhendifferenz) zum **Kolob Arch**. Er gilt nach dem *Landscape Arch* im *Arches National Park* als der weltgrößte Felsbogen.

Vom Zion zum Bryce Canyon National Park

Ostausfahrt

Achtung Restriktion: Fahrzeuge über 2,40 m Breite (7 Fuß 10 Inches) einschließlich Spiegel und/oder über 3,40 m Höhe (11 Fuß 4 Inches) können den Tunnel auf der Ostausfahrt nur 8-20 Uhr im Konvoi passieren. Praktisch bedeutet dies für alle **Full-size Motorhomes** ggf. Wartezeit vorm Tunnel und **$15 Gebühren**. Die müssen schon an der Einfahrt in den Park entrichtet werden und gelten innerhalb von 7 Tagen auch für eine Rückfahrt.

Ostareal des Zion

Im weiteren Verlauf führt die Straße mitten durch die **Wunderwelt der Farben und Formationen** des *Zion*-Hinterlandes. Man sollte unbedingt ein wenig Extrazeit für diesen Bereich einplanen. Die besten **Fotomotive** liegen einige Schritte abseits der Straße. Auch andere Nationalparks sind sensationell, aber auf eine solch variantenreiche Felslandschaft stößt man nicht wieder. Das Problem auf dieser Strecke sind wiederum die kaum vorhandenen Möglichkeiten, das Auto abzustellen; besonders schwierig ist das für RVs. Die meisten kleinen Buchten an der Straßen eignen sich selten für größere Fahrzeuge oder sind schon besetzt.

Straßen #89 und #12

Zum Bryce Canyon geht es ab **Mount Carmel Junction** (Touristenetappe mit Tankstellen, originell sortierten Souvenirshops, **Motels** und **B&B**), zunächst auf der Straße #89 nach Norden. Die Strecke ist hübsch, wenngleich nicht sensationell. Unterwegs passiert man eine Reihe von B&B-Angeboten und relativ preiswerte RV-Parks, darunter der **Bryce Zion Campground** mit Pool ca. 5 mi nördlich von Glendale; ✆ (855) 333-7263, www.brycezioncampground.com.

Motels sind erst in Panguitch bzw. an der #12 in Nationalparknähe wieder zahlreich. Das **Smith Hotel** in Glendale hat Zimmer ab ca. $80, ✆ 1-800-528-3558; www.historicsmithhotel.com.

Red Canyon

Von Mount Carmel sind es ca. 45 mi bis zur Abzweigung der #12, die durch den attraktiven **Red Canyon** führt. Mit seinen roten Felsformationen liefert er einen guten Vorgeschmack auf den

Auf der Fahrt zum Bryce Canyon Park vermitteln kurz davor die pittoresken Felsen im Red Canyon bereits einen Eindruck von den Formationen, des Nationalparks

Bryce Canyon. Man passiert diverse *Trailheads,* Ausgangspunkte für Wanderungen in die Sandsteinwelt. Am Weg liegt der **NF-Campground Red Canyon** ($15).

Nach Durchquerung des *Red Canyon* findet man sich bald in der flachen Prärie eines Hochplateaus wieder. Der *Bryce Park* kündigt sich durch eine dichter werdende touristische Infrastruktur an. Die #63 ist Zubringer und Stichstraße in den Park hinein. **Zentraler Anlaufpunkt** vor den Toren des Parks ist nach Erreichen des Abzweigs der Straße #63 ***Ruby's Inn & Campground*** mit großen Parkplätzen; www.rubysinn.com.

Bryce Shuttle-Bus

Der dort startende **Bryce Shuttle** ist im Parkeintritt inbegriffen und für RV-Fahrer im Sommer »Pflicht«, da man mit dem Wohnmobil dann an den allermeisten **Aussichtspunkten/*Trailheads*** nicht parken darf. Aber auch sonst ist es keine schlechte Idee in den *Shuttle*-Bus umzusteigen, denn bereits an mäßig gut besuchten Tagen reicht die Parkplatzkapazität im Nationalpark vorn und hinten nicht.

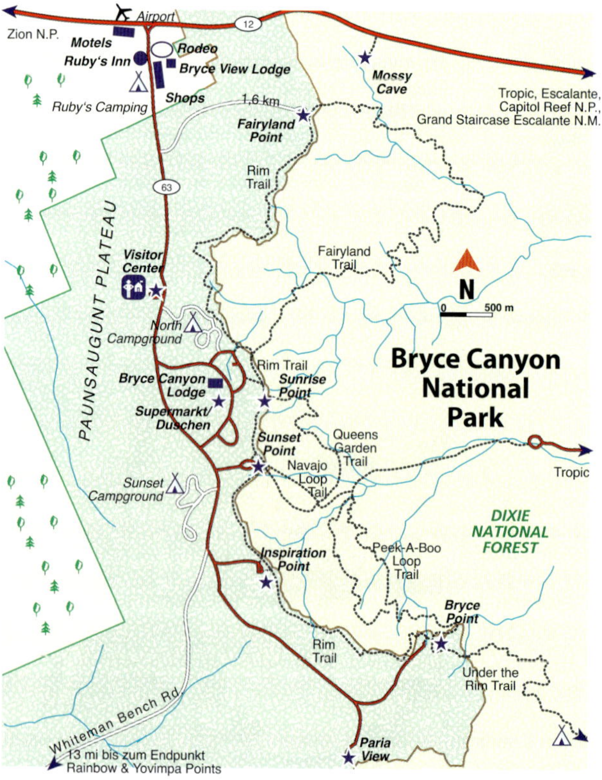

Airport

Zion N.P.

Motels
Ruby's Inn

Rodeo
Bryce View Lodge

Ruby's Camping

Shops

1,6 km

Mossy Cave

Tropic, Escalante,
Capitol Reef N.P.,
Grand Staircase Escalante N.M.

Fairyland Point

12

63

Rim Trail

Fairyland Trail

N

0   500 m

Visitor Center

PAUNSAUGUNT PLATEAU

North Campground

Rim Trail

Bryce Canyon National Park

Bryce Canyon Lodge

Sunrise Point

Supermarkt/ Duschen

Sunset Point

Queens Garden Trail

Navajo Loop Trail

Tropic

Sunset Campground

Inspiration Point

Peek-A-Boo Loop Trail

DIXIE NATIONAL FOREST

Bryce Point

Rim Trail

Under the Rim Trail

Whiteman Bench Rd

13 mi bis zum Endpunkt
Rainbow & Yovimpa Points

Paria View

Bryce Canyon National Park   www.nps.gov/brca

**Eintritt
$30/Auto
$15/Person
oder
Interagency
Jahrespass**

Nach der Einfahrt erreicht man bald das große *Visitor Center* im Rustikalstil. Dort gibt's den informativen Einstieg in Natur und Geschichte des Nationalparks u.a. mit einem Filmprogramm. Sogar Parkinfos in deutscher Sprache sind erhältlich.

Zu Recht gilt der *Bryce Canyon National Park* **neben dem** *Grand Canyon* **als** *der spektakulärste Park* des Südwestens. Die Bezeichnung »*Canyon*« erzeugt indessen leicht falsche Vorstellungen. Es handelt sich keineswegs um eine Schlucht im üblichen Wortsinn. Der Begriff bezieht sich hier auf die östliche Abbruchkante des *Paunsaugunt Plateaus*, das sich einige hundert Meter über das östliche *Tropic Valley* und sich daran anschließende Talландschaften erhebt. Zwischen dem Rand der Hochebene und dem tiefer gelegenen Gelände erstreckt sich auf etwa 40 km Länge ein **Gebiet bizarr-skurriler Formationen erodierten Sandsteins**.

Im Laufe vieler Jahrtausende entstanden im rot-gelb-rostbraunen Gestein höchst eigenartige Säulen, Türme und Skulpturen. Besonders bei tiefstehender Sonne am frühen Morgen und am späten Nachmittag bietet dieser Park ein faszinierendes, mit den Lichtverhältnissen wechselndes Farbspiel.

**Bryce
Amphitheater**

Von der **Whiteman Bench Road**, einer kurvigen 17-mi-Straße bis zum Südrand des Plateaus, zweigen Stichstraßen zu *Viewpoints* und Ausgangspunkten für Wanderungen in die Tiefe ab. Das attraktivste, dicht mit Skulpturen »bevölkerte« Parkareal ist das **Bryce Amphitheater** (➤ Fotos Seiten 31 und 586) südlich des Besucherzentrums. Oberhalb dieses Bereichs befinden sich die parkinternen **Versorgungseinrichtungen** vom **Campingplatz** über die **Bryce Lodge** und den Shop bis hin zu öffentlichen Duschen.

Trails

Das *Bryce*-Kurzprogramm (etwa 1 Stunde) besteht aus einem Spaziergang am **Rim Trail** zwischen **Sunrise, Sunset** und **Inspiration Point**. Zum großen Erlebnis wird der Besuch des *Bryce Park* erst auf einer Wanderung mitten hinein in die geologische Wunderwelt. Der kürzeste (rund 2,5 km), ziemlich steile Pfad hinunter in das Felslabyrinth ist der **Navajo Loop Trail** ab *Sunset Point*.

Wer sich mehr als die dafür nötige Stunde Zeit lassen mag, dem sei der fantastische **Peek-A-Boo Trail** (an sich ein *Loop Trail*, wobei der obere, dem Plateau zugewandte Abschnitt des Pfades gewählt werden sollte) vom *Sunset* bis zum *Bryce Point* empfohlen (7 km plus 3 km Rückweg auf dem *Rim Trail*; insgesamt kaum unter 3 Stunden). Der **Peek-A-Boo Loop** kann auch gut mit **Queens Garden** und/oder **Navajo Trail** kombiniert werden (alles zusammen dann ca. 4 Std; der Blick auf die gratis an alle Besucher verteilte genaue Karte des Parks zeigt, was hier gemeint ist).

Noch ein wenig länger (5-6 Std.) ist der ebenfalls schöne **Fairyland Trail** durch wieder andersartige Formationen vom gleichnamigen zum *Sunrise Point* (mit Rückweg am Rand entlang insgesamt ca. 13 km).

Von der Ortschaft **Tropic** weiter östlich an der Straße #12 besteht zudem die Möglichkeit, in das *Bryce Amphitheater* »von unten« hineinzuwandern. Man folge (bei Fahrt von Westen, also vom *Bryce Park* kommend) gleich der ersten Straße rechts durch das Dorf an der Schule vorbei (*Bryce Way*). Vom *Trailhead* am Straßenendpunkt bis zum *Sunset Point* sind es in etwa 4 km.

Eine besondere Erfahrung macht, wer am Fuß der erodierten Felsen übernachtet (*Permit* erforderlich). In bequemen Abständen existieren mehrere *Campsites* am **Under-the-Rim-Trail** zwischen *Sunset Point* und *Rainbow Point* am Straßenende.

Unterkunft im Park

Die **Bryce Canyon Lodge** im Park besitzt nur die Lage als Vorzug; ☏ 1-888-297-2757, DZ $160-$215, www.brycecanyonforever.com.

Die beiden **Campgrounds** im Bryce sind guter Nationalparkdurchschnitt und bieten wenig Komfort; wegen der Höhe (ca. 2.500 m) ist es nachts ziemlich kalt auf dem Plateau (bis Juni und ab Mitte September Nachtfröste). Reservierung für **North Campground** ➤ Seite 123. Der **Sunset Campground** verfügt auch über einige *first-come, first-served*-Plätze für RVs.

Quartiere um Bryce

- **Ruby's Inn** (**Best Western**), ein Riesenbesucherkomplex vor der Parkeinfahrt, kostet in der Hochsaison ab $140, sonst ab $80, und bietet eher den Standard der unteren Mittelklasse, ☏ 1-866-866-6616; www.rubysinn.com. Gegenüber steht das
- **Best Western Bryce Canyon Grand Hotel**; ☏ 1-866-866-6634, im Sommer ab $180, sonst ab $90; www.brycecanyongrand.com.
- Die ansehnliche **Bryce View Lodge** gegenüber bzw. hinter dem Rodeogelände/der Shopping-Zeile hat ordentliche Zimmer für $80-$110, ☏ 1-888-279-2304; www.bryceviewlodge.com.

Wenn es in Vegas und Umgebung schon glühend heiß ist, können die Hoodoos im Bryce Canyon noch zauberhaft verschneit sein (meist von Oktober bis April); links ein Wanderer auf dem Weg hinunter in das Amphitheater.

- Eine ganze Reihe von **Motels** findet man an der Straße #12 westlich des *Bryce Park*, in größerer Zahl und preiswerter (ab $70) z.B. das **Blue Pine Motel**, © (435) 676-8197, oder das **Purple Sage Motel**, © (435) 676-2659, beide in **Panguitch**.

- Neben einer Handvoll *Motels* und *Inns* gibt es in **Tropic** auch viele **Bed & Breakfast**-Angebote, Ausschilderung im Ort. Empfehlenswert sind das **Bullberry Inn**, © (435) 679-8820, www.bullberryinn.com, und das **Bryce Trails B&B**, © 1-866-215-5043, www.brycetrails.com, beide ab ca. $115.

- In **Cannonville** wartet das **Grand Staircase Inn**, © (435) 679-8400 ab ca. $80; www.grandstaircaseinn.com.

Gesamtübersicht unter www.utah.com/lodging/brycecanyon.htm

Infrastruktur bei Bryce

Der erwähnte **Ruby's** Komplex ist auf fast alle Bedürfnisse der Nationalparkbesucher vom Tanken und der Autoreparatur über den Waschsalon bis zum abendlichen *Entertainment* eingestellt.

Klar, dass auch ein **Campingplatz** dazugehört, der zwar riesengroß, aber komfortabel und gut organisiert ist. Wer will, kann im *Teepee* schlafen. **Reservierung** ist hier angezeigt: © **1-866-878-9373** oder www.brycecanyoncampgrounds.com.

Zur Infrastruktur gehören natürlich auch Restaurants (o.k. ist das *Steakhouse*) und einige Souvenirläden. Im Sommer findet allabendlich ein **Rodeo** statt. Große reiterliche Leistungen darf man dort nicht erwarten, dafür aber von der Tribüne die Aussicht auf einen grandiosen Sonnenuntergang. Eine gute Alternative für den Abend sind **Chuckwagon Dinner Rides**.

Dem Massenkomplex entgeht, wer ein paar Kilometer weiter bis **Tropic** fährt. Dort gibt es mehrere kleine Restaurants.

Von Zion/Bryce zum Grand Canyon National Park

Coral Sand Pink Dunes

Ein **Abstecher** nach Verlassen des *Zion* könnte dem **State Park Coral Pink Sand Dunes** gelten. Die 12-mi-Zufahrt zweigt südlich der **Mount Carmel Junction** von der #89 ab. Der Park mit seinen rötlichen Sanddünen ist ein **Eldorado der ORV-Fans**. In der Sommersaison und an Wochenenden ist der **Campingplatz** ($16) knallvoll; www.utah.com/stateparks/coral_pink.htm.

Kanab

Kanab am Straßendreieck #89/#89A mit vielen Motels (**Comfort Inn**, **Best Western** und preiswerte Unabhängige ab ca. $70; www.go-utah.com/Kanab/Hotels) und Supermarkt ist eine typische »Etappe« am Wege für *Grand Canyon*- und *Bryce Canyon*-Touristen. Motelübernachter, die dort in der Saison abends noch *Vacancy*-Schilder entdecken, sollten nicht weiterfahren. Denn die Kapazitäten in der Umgebung sind – gleich in welche Richtung es noch gehen soll – begrenzt.

Zum Grand Canyon

Wer sich entscheidet, ab Kanab weiter zum **Grand Canyon NP** zu fahren, nimmt die #89A, überquert in Marble Canyon den Colorado River und fährt von Osten in den Park, ➢ Seite 595.

Grand Canyon Skywalk www.grandcanyonwest.com

Der hufeisenförmige, weit über den Rand der Schlucht ragende Glasbogen (aus Deutschland) wurde nicht – wie man vielleicht annehmen könnte – im Nationalpark installiert, sondern am **Grand Canyon West** auf *Hualapai*-Indianer-Gebiet weitab bekannter Regionen. Wer 1.200 m Nichts zwischen sich und dem Boden des *Colorado River Canyon* sehen möchte (den Fluss selbst sieht man vom *Skywalk* nicht unter sich liegen), muss ca. 40 mi südlich des *Hoover Dam Bypass* in die *Pierce Ferry Road* nach Nordosten abbiegen. Nach 28 mi geht's nach rechts auf die *Diamond Bar Road* und weitere 21 mi durch ein Gebiet voller *Joshua Trees* bis zum Parkplatz beim *Grand Canyon West Airport*.

Ab Las Vegas und Tusayan gibt es Flüge und kombinierte Boots-/Helikopter-plus 4WD-Trips ($200-$550; z.B. http://de.papillon.com/las-vegas-tours/). Auch wer im Auto anreist, zahlt immer noch insgesamt ca. $80/Person (!) für das Betreten des *Skywalk*. Fotoapparate oder andere persönliche Gegenstände darf man auf die Glasbrücke nicht mitnehmen!

Skywalk über einer Seitenschlucht des Grand Canyon; man sieht den Colorado River nur in der Ferne

4.2   Zum Grand Canyon National Park

Anfahrt

Straße #93

Die naheliegende und kürzeste Route von Las Vegas zum *Grand Canyon* entspricht zunächst der in Arizona landschaftlich abwechslungsreichen **Straße #93** über Boulder City, den *Hoover Dam*, den *Black Canyon* nach Kingman und dann die I-40 bis Williams.

Straße #95

Eine andere Möglichkeit wäre, auf den **Straßen #95/#163** über Nevadas Spielerparadies No. 4 Laughlin (nach Las Vegas, Reno und Lake Tahoe) unterhalb des dritten Colorado Stausees **Lake Mohave** im Drei-Staaten-Eck Arizona/California/Nevada zu fahren (➤ Seite 463). Von dort geht es auf der **Schnellstraße #68** oder über die **Route 66** und **Oatman** (➤ Seite 447) nach Kingman. Diese Alternative wäre 30 mi bzw. 45 mi länger bei leicht dem doppelten Zeitbedarf wegen der Straßenverläufe und des im Bereich Laughlin/Bullhead City oft hohen Verkehrsaufkommens.

Kingman

Mit rund 28.000 Einwohnern ist Kingman für Arizona-Verhältnisse eine der größeren Städte. Es bietet aber außer zahlreichen preiswerten **Motels** touristisch wenig. Wer noch eine Arizona-Straßenkarte und Information braucht, fährt erst einmal nicht auf die *Interstate*, sondern folgt der #93 (Beale Street) durch den Ort und stößt fast automatisch aufs **Powerhouse Visitor Center** mit gratis *Wifi*, 120 W Andy Devine Ave. Das Gebäude beherbergt außerdem ein **Route 66 Museum**; täglich 9-17 Uhr, Eintritt $4, Kinder bis 12 Jahre $3; ✆ 1-866-427-7866; www.kingmantourism.org.

I-40/ Route 66

Die **I-40** nach Williams läuft streckenweise durch attraktive Felslandschaften, während die alte hier noch erhaltene und in hohem Bogen nördlich der *Interstate* verlaufende **Route 66** landschaftlich wenig zu bieten hat. Östlich von Seligman vereinigt sie sich wieder mit der I-40. Der zusätzliche Meilen- und Zeitbedarf dafür lohnt sich nur Leute, die zu den **Havasu Falls** wandern (plus zwei Tage; www.havasuwaterfalls.net), den Nostalgieladen **Hackberry General Store** oder die (heute trockenen) Tropfsteinhöhlen **Grand Canyon Caverns** (www.gccaverns.com) besuchen wollen.

4

Seligman

Das Originellste an der Strecke ist das nur noch 1 mi von der I-40 entfernte (Auffahrt #123), auf Westerndorf getrimmte **Seligman** mit echten und reproduzierten Überbleibseln aus der guten alten *Route 66*-Zeit und einer Handvoll witziger Shops und Bars. Kultstatus hat dort **Angels Barbershop**. Ein paar Häuserecken weiter serviert eine deutsche Auswanderin im **Westside Lilo's Cafe** Schnitzel und Spätzle.

Williams

Das kleine Williams 120 mi östlich von Kingman fungiert mit zahlreichen **Motels**, **Inns** und **Campgrounds** als *Grand Canyon*-Touristenetappe. Ein Zwischenstopp lohnt sich nur zum Tanken, Versorgen und ggf. Quartierklärung; www.experiencewilliams.com.

Shop in Seligman

Einfache Motels kosten im Sommer ab $80; die Mittelklasse ab $100 je nach Auslastung; in der Vor- und Nachsaison fallen Tarife auch schon mal bis unter $60. Die meisten Häuser liegen unverfehlbar aufgereiht an den Hauptstraßen durch den Ort (*one-way* jede Richtung). Viele der bekannten **Ketten** sind dort vertreten.

Der an sich gute **KOA**-Platz unmittelbar beim *Exit #167* von der I-40 ist »lärmverseucht«. Ganz o.k. ist der große **NF-Campground Kaibab Lake** abseits der Straße #64 (2015 kaum noch Wasser im See), $20, kein *hook-up* und keine Duschen; nur Mai-September.

Tusayan

Vor den Toren des Nationalparks liegt ca. 50 mi nördlich von Williams (Straße #64) **Tusayan**, ein reines **Hotel- und Restaurantdorf** zur Ergänzung der Parkinfrastruktur. Wer dort unterkommen will, sollte reservieren, was auch für Quartiere im *Grand Canyon Village* im Nationalpark gilt. Eine Übersicht aller Quartiere gibt es unter www.tusayanhotels.com. Noch halbwegs bezahlbar ist die **Red Feather Lodge**, ✆ 1-800-538-2345, im Sommer ab $130; www.redfeatherlodge.com. Teurer (meist über $200), aber auch komfortabler sind u.a. das **Best Western Squire Inn** und **HI Express**.

Camping

• Mitten in Tusayan befindet sich das ausgedehnte **Camper Village** mit zwar allen üblichen Komfortdaten und mit *Steakhouse, Store* und *IMAX*- Kino in Fußgängerdistanz, aber dennoch alles andere als ein schöner Campingplatz; Zelte $29, RVs ab $46; Reservierungen: ✆ (928) 638-2887; bzw. www.grandcanyoncampervillage.com.

• Die rustikale Alternative ist der **NF-Campground Ten-X** keine Meile südlich von Tusayan, ein großer, NF-Standardplatz im Wald mit Minimalkomfort (Plumpstoiletten und nur wenige Wasserpumpen), $10. **Dispersed Camping** im Wald ist gebührenfrei möglich, aber Mindestabstand zur Straße 400 m.

Flüge über den Canyon

Vom Airport in Tusayan unmittelbar südlich des Ortes direkt an der Straße starten die **Hubschrauber** zu Flügen über den *Canyon* in kurzen Abständen (ab ca. $200 für 30 min; ✆ 1-888-635-7272 www.papillon.com. **Sightseeing per Flugzeug** ist etwas billiger.

IMAX-Kino

Mitten in Tusayan liegt das große **National Geographic Visitor Center**. Im angeschlossenen **IMAX-Kino** wird seit Jahren täglich von März bis Oktober 8.30-20.30 Uhr (sonst 10.30-18.30 Uhr) der tolle **Film »Grand Canyon - The Hidden Secrets«** gezeigt (35 min, Eintritt $14, Kinder 6-10 Jahre $10; www.explorethecanyon.com.

Hubschrauber-rundflüge über den Grand Canyon starten gleich südlich von Tusayan

Grand Canyon National Park www.nps.gov/grca

Im *Grand Canyon* und beidseitig der Schlucht gibt es zahlreiche Spuren vorkolumbischer Indianerbesiedelung. Als aber eine erste spanische Expedition im Jahr 1540 die Schlucht erreichte, war sie bereits menschenleer. Weitere Gruppen folgten und berichteten enthusiastisch vom *Grand Canyon*. Unsterblichen Ruhm erwarb sich der einarmige *Major* **John Wesley Powell**, als er es 1869 fertigbrachte, mit 4 Booten und einer Handvoll Leuten den Colorado River zu »bezwingen« (➢ IMAX-Kino).

1876 erkannte ein *Fred Harvey* die touristische Attraktivität des *Grand Canyon* und errichtete 1882 das erste Hotel am *Grand View Point*. 1893 wurden Schlucht und Umfeld zur *Forest Preserve*, **1908** zum **National Monument** erklärt. **1919** erfolgte die Aufwertung zum **National Park**, dessen Gebiet 1975 auf die heutige Ausdehnung erweitert wurde.

Busse ab Tusayan

Seit einigen Jahren versucht man, den Autoverkehr in den Park dadurch zu reduzieren, dass zwischen den Großparkplätzen in Tusayan und der *Information Plaza* **in der Sommersaison Busse gratis** verkehren (alle 15 min; 7 mi, Dauer der Fahrt ca. 20 min). Die Idee ist: das Gros der Parkbesucher soll das *Grand Canyon Village* und die meisten Aussichtspunkte ab *Information Plaza* vorzugsweise zu Fuß bzw. mit dem *Park Shuttle* anlaufen. Zur Nutzung des Busse muss man einen **Park Pass** vorweisen. Wer den noch nicht und keinen *Interagency Pass* hat, kann ihn auch im *Visitors Bureau* von Tusayan (gegenüber IMAX) erwerben.

Shuttle-Bus-system im Nat'l Park

Es ist aber nach wie vor auch möglich, **mit eigenem Fahrzeug** ins *Grand Canyon Village* hinein zu fahren. Lediglich die **West Rim Road** (zum Straßenendpunkt *Hermits Rest*) ist **von März bis November** für den Individualverkehr **gesperrt**. Außerdem sind die Parkkapazitäten in Schluchtnähe westlich des Besucherzentrums begrenzt. Wer bis dorthin fährt, gleich ob mit *Tusayan Shuttle* oder als Selbstfahrer, kann am *Visitor Center* umsteigen in die

- blaue **Village Route**, die eine volle Runde durch das *Grand Canyon Village* dreht mit Umkehrpunkt **Backcountry Information Center** und Stop u. a. am **Hermits Rest Transfer** (ganz in der Nähe des *Bright Angel Trailhead*)
- Von dort geht's ggf. mit der roten **Hermits Rest Route** weiter.

Die Haltestellen befinden sich teilweise unmittelbar an den Aussichtspunkten oder sind nur einen kurzen Fußweg davon entfernt. Dieser Service ermöglicht ein Ablaufen des **Rim Trail** von Aussichtspunkt zu Aussichtspunkt bis **Hermits Rest** und die **Rückfahrt per Bus**. Die Entfernung vom *Visitor Center/Mather Point* bis zum Straßenendpunkt beträgt etwa 13 km.

- Die grünen **Kaibab Trail Busse** verkehren vom *Visitor Center* zum Ausgangspunkt des **South Kaibab Trail** mit Stops an den *View Points Yaki* und *Pipe Creek Vista*. Im Sommer um 5+6 Uhr, sonst 8+9 Uhr geht ein spezieller **Hiker's Express** dorthin.

[Karte:]

Kanab/Zion NP

De Motte
N.F. Campground

67

PAINTED DESERT

Phantom
Ranch

Indian
Garden

South
Kaibab
Trail

Hopi
Point

NORTH
RIM

Point
Imperial

Bright
Angel Trail

Mather
Point

Grand
Canyon
Lodge

Roosevelt
Point

Hermits
Rest

Yavapai
Point

Yaki
Point

Grand Canyon
Village

Campmobil
Camping

Mather Camping

Bright Angel
Point

North
Kaibab
Trail

SOUTH
RIM WEST

Phantom
Ranch

Colorado River

Cape
Royal

Watchtower

Desert
View

Grandview
Point

SOUTH
RIM EAST

East Rim Drive

64

64

**Grand Canyon
National Park**

Tusayan

AIRPORT

Ten-X

KAIBAB
NAT. FOREST

89

ZurFlagstaff/
North Rim

Flagstaff/Williams

N   0   8 km

**Eintritt
$30/Auto
$15/Person
oder
Interagency
Jahrespass**

An der Parkeinfahrt erhält man die **Park Map** und **The Guide**, die aktuelle zeitungsartige Informationsschrift der Parkverwaltung mit allen Veranstaltungen, Regelungen, Hinweisen für Wanderungen, Öffnungszeiten etc.

Von der Südeinfahrt erreicht man zunächst das **Haupt-Besucherzentrum** des Parks mit großen Parkplätzen. Auf der sog. *Information Plaza* des *Visitor Center* wie auch im Gebäude selbst werden Historie, Geologie und andere Parkphänomene nicht mehr in Dia- und Videoshows in endloser Wiederholung abgespult, sondern durch sich selbst erklärende eingängige Darstellungen, Karten und Fotos mit Texten im Großformat. Auf typische Besucherfragen gibt es dort »prophylaktisch« Antwort.

**Aussichts-
punkte**

Von dort sind es zum ersten Aussichtspunkt am Rand des *Grand Canyon*, dem **Mather Point**, nur ein paar hundert Meter zu Fuß. Wie auch von fast allen anderen *Viewpoints* ist der Blick über die hier rund 16 km breite und 1.350 m tiefe Schlucht überwältigend, sind die vielfaltigen Farben und Formationen faszinierend.

Rim Trail

Alle ausgebauten Aussichtspunkte im zentralen Bereich des Parks sind vom *Yaki Point* östlich des *Mather Point* bis zum westlichen Ende der *Hermit Road* durch den sog. **Rim Trail**, den Randwanderweg, miteinander verbunden.

Greenway Bike Trail

Außerdem gibt es noch den ***Grand Canyon Greenway*** für Biker von der *Information Plaza* hinüber zum ***Verkamp's Visitor Center*** bei der Hotelkonzentration unweit des ***Bright Angel Trailhead***.

Marsch in die Tiefe

Allein mit den grandiosen Aussichten mögen sich viele nicht zufrieden geben. Der Abstieg zum von hoch oben kaum sichtbaren Colorado River ist schon hart, aber der Aufstieg gerät rasch zur Tortur. Im Sommer herrscht selbst bei moderaten Temperaturen am Rand (2.100 m über NN beim *Village*) weiter unten eine erhebliche Hitze. Bis Mai und ab Mitte September, wenn es oben noch schon recht kühl sein kann, sind die Temperaturen im *Canyon* indessen erträglich. Dann bezwingen Leute mit guter Kondition den Canyon sogar an einem Tag. Die *Ranger* raten indessen zu jeder Jahreszeit davon ab und weisen auf die **Problematik von one-day-hikes** hin: Wer schlapp macht, muss die Rettung per Hubschrauber teuer bezahlen.

Trails

Vom Südrand existieren ***zwei Wege*** nach unten:

• Auf dem populären, weil etwas weniger steilen **Bright Angel Trail** mit drei **Wasserstellen** (*Rest Houses*) ist im ersten Teil seines Verlaufs das Blickfeld eingeschränkt, da er in einem Seiten-*Canyon* beginnt. Auf diesem schmalpfadigen staubigen Teilstück stören oft die Muli-Trips bzw. die Gerüche und Pfützen, die die Mulis hinterlassen. Auf halber Höhe befinden sich die **Indian Gardens** mit Wasserstelle. Diese und der Pfad zum **Plateau Point**, der eine erste Aussicht auf den Colorado River bietet, sind auf dem ganzseitigen Foto zu Kapitelbeginn (Seite 575) deutlich zu erkennen.

Gesamtdistanz: 15 km über 1.335 m Höhe. Abstieg machbar in 3-5 Stunden. Aufstieg je nach Kondition 5-8 Stunden.

4

Blick in den Grand Canyon und auf den Colorado River vom Desert View aus an der östlichen Parkeinfahrt (den Fluss kann man von Aussichtspunkten am Canyonrand weiter westlich kaum sehen)

• Auf dem steileren **South Kaibab Trail** gibt es keine Wasserstelle, dafür aber die Weite des Blicks von Anfang an. Die Distanz ist mit 11 km geringer und Muli-Karawanen stören dort weniger. Der Abstieg ist in 3 Stunden möglich, in 3,5-4 Stunden üblich, der Aufstieg bei 13% durchschnittlicher Steigung aber eine Schinderei; Zeitbedarf ab 5 Stunden. Hier noch wichtiger: salzhaltige Verpflegung (Erdnüsse u. ä.) und **jede Menge zu trinken mitnehmen**, Minimum drei Liter, besser mehr.

Rund-wanderung

Man kann beide Wege zu einer Rundwanderung kombinieren; man wählt am besten am *South Kaibab Trail* für den Abstieg und den *Bright Angel Trail* für den Aufstieg (am Folgetag).

Permit fürs Zelten im Canyon

Fürs Zelten – sei es in den *Indian Gardens* oder im *Bright Angel Campground* ganz unten – benötigt man ein **Permit** ($10 pro Gruppe plus $5/Person). Man erhält es nur per Post und sollte sich vier Monate vor dem Wunschdatum darum kümmern – am besten am 1. Tag dieses Monats, also z. B. am 1. Januar für Mai! Das Formblatt **Backcountry Permit Request Form** muss man sich aus dem **Internet herunterladen** (Englisch) und ausgefüllt dann an **001-928-638-2125 faxen**. Die Gebühr wird per Kreditkarte gezahlt. Zur Prozedur: www.nps.gov/grca/planyourvisit/backcountry-permit.htm. Eine gute **Backcountry**-Karte mit den Übernachtungsplätzen gibt's unter: www.nps.gov/grca/planyourvisit/upload/corridor_map.pdf.

Zum Versuch vor Ort (Vergabe von *Permits*, die bis 8 Uhr nicht abgeholt wurden): das **Backcountry Information Center** befindet sich bei der *Maswik Lodge* im *Village*.

Phantom Ranch

Mit einer Reservierung für die **Phantom Ranch** (jenseits der Hängebrücke über den Colorado) in der Hand, benötigt man kein *Backcountry Permit* mehr. Die Übernachtungskosten in der *Phantom Ranch* betragen $45 pro Person im Schlafsaal (**Cabins** für 1-2 Leute $129). Hinzu kommen ggf. Verpflegungskosten (extrem hoch). Möglichst schon ein Jahr im voraus buchen, sonst besteht kaum eine Chance unterzukommen. **Langfrist-Reservierungs-Service** wie oben rechts. Aber am frühen Morgen werden in der **Bright Angel Lodge** die Reservierungen von **No-Shows** vergeben. Das Vergabesystem unterliegt Veränderungen. Mal liegt eine Liste zum Eintrag bereits am Vortag aus, mal muss man sich um 6 Uhr morgens beim **Bright Angel Transport Desk** anstellen.

Per pedes zum Nordrand

Wer den **Trip von Rand zu Rand** machen möchte (33 km auf dem *South* und *North Kaibab Trail*), kann einen Rücktransport bei **Transcanyon Shuttle** reservieren, $85 pro Person (Fahrtzeit 4,5 Stunden), ✆ (928) 638-2820, www.trans-canyonshuttle.com.

Muli-Trips

Die Alternative zu Schusters Rappen sind **Muli-Trips**. Bei diesen 2-Tage-Trips ist ein **Schlafplatz auf der Phantom Ranch** garantiert. Reservierung auch über ✆ 1-888-297-2757. Bevor man jedoch $515 (inkl. Verpflegung/EZ) oder $895 (bei 2 Personen im DZ) ausgibt, sollte man wissen, worauf man sich einlässt. Für Reitunkundige ist der Ritt ein strapaziöses Abenteuer, dennoch angeblich bis mindestens 9 Monate im voraus ausgebucht.

Unterkunft im Nationalpark

Camping

Zum Nordrand Grand Canyon und zu den Parks Zion und Bryce Canyon
(zur Fahrt in umgekehrter Richtung ➤ Kasten Seite 587)

Wie gesagt, darf man im Bereich *Grand Canyon* ohne Reservierung zwischen Mai und Oktober nicht auf ein Quartier hoffen. Sämtliche Unterkünfte innerhalb des Nationalparks (*Grand Canyon Village*) können über ✆ **1-888-297-2757**, www.grandcanyonlodges.com, gebucht werden. Unmittelbar am Rand liegen

- *Kachina* und *Thunderbird Lodge*
- *El Tovar Hotel* (sehr teuer, aber auch sehr schön)
- *Maswik Lodge* (etwas billiger, hat aber auch keine derart exklusive Lage wie die drei vorstehenden Häuser.

- Der *Campground Mather* und *Trailer Village* beim *Grand Canyon Village* sind von Mai bis Ende Sept. spätestens mittags voll belegt. Ohne Reservierung hat man auch bei früherer Ankunft oft schlechte Karten. **Reservierungen** für *Mather* ✆ 1-877-444-6777 oder www.recreation.gov, für *Trailer Village* ✆ 1-877-404-4611 bzw. www.visitgrandcanyon.com/trailer-village-rv-park.

- Der sehr schön gelegene *Desert View Campground* am Ostausgang operiert auf *First-come, first-served*-Basis ($12).

Vom *Grand Canyon South Rim* auch noch zum **North Rim** sollte nur fahren, wer weitere Parks im südwestlichen Utah im Reiseprogramm hat, also z.B. den **Zion** und/oder den **Bryce Canyon Park**. Ohne dem erscheint der Umweg zu weit (4-5 Stunden Fahrt eine Strecke). Der fast 400 m höhere Nordrand bietet trotz einer gewissen Andersartigkeit im Prinzip nichts Neues. Bis April, gelegentlich bis in den Mai hinein und nicht selten bereits im Oktober erfolgt wegen Schneefalls eine Sperrung der Zufahrt.

Zion und **Bryce Canyon** sind durchgehend geöffnet mit nur gelegentlichen Sperrungen wegen Schnees (Ausnahme: Zion Osteinfahrt). Vom Südrand des **Grand Canyon** führt der schnellste Weg dorthin zunächst über die Straße #64, dann weiter auf der Straße #89 und dann auf der streckenweise sehr reizvollen Route #89Alt(ernative) mit der einzigen Brücke über den Fluss weit und breit. Den Anschluss an die vorstehende Beschreibung der beiden Utah-Parks erreicht man in Kanab, ➤ Seite 587.

Open-air-Bereich des Flugzeug-Museums »Planes of Fame« in Valle an der Straße #64 auf halbem Weg von Williams zum Grand Canyon. Details dazu unter http://planesoffame.org

Vorschläge für Reiserouten durch Kalifornien

Vorschläge für Reiserouten

Generelles zu Routenplanung und -vorschlägen

Zusammenstellung der optimalen Tour

Angesichts der Fülle an attraktiven Zielen und Strecken zwischen den per Transatlantikflug direkt erreichbaren Eckpunkten San Francisco, Los Angeles, ggf. auch San Diego und Las Vegas bietet sich eine Vielzahl an Möglichkeiten zur Gestaltung einer individuellen Tour durch Kalifornien. Die Reisekapitel sind so aufgebaut, dass sich die beschriebenen Routen über die vorhandenen Berührpunkte und Verbindungsstrecken – je nach Jahreszeit und Interessen – zur persönlich optimalen Tour kombinieren lassen. Die Streckenübersicht in der Umschlagklappe vorne leistet dafür zusätzlich Hilfe.

Zeitbedarf

Reisewünsche und Zeitbedarf unter »einen Hut« zu bekommen, ist indessen gar nicht so einfach. Man kann zwar für verschiedene Routen die Kilometer berechnen und damit in etwa abchecken, ob das, was man sich vorstellt, in der zur Verfügung stehenden Zeit einigermaßen machbar ist. Aber Fahrzeiten und Aufenthaltsdauer an persönlich als wichtig eingestuften Zielen so hinzukriegen, dass die Tour optimal wird, ist ein Puzzle eigener Art. Das gilt speziell für alle, die das erste Mal eine Reise in die USA bzw. durch Kalifornien planen.

Basisroute für 3 Wochen

In **Ergänzung zu den Reisekapiteln** und ihren darin beschriebenen Teilstrecken ist im Folgenden zunächst eine **Basisroute** ab Los Angeles, San Francisco oder Las Vegas für Erstbesucher vorgeschlagen, die **drei Wochen Zeit** mitbringen. Unterstellt wird, dass die Nationalparks und andere Naturwunder nicht nur »abgehakt« werden sollen, sondern man sie aktiv genießen möchte. Aufenthalte in den Cities sind ebenfalls angemessen berücksichtigt. Auf Interessen- oder jahreszeitlich/klimatisch bedingte Abweichungen von der Basisroute wird ebenfalls eingegangen.

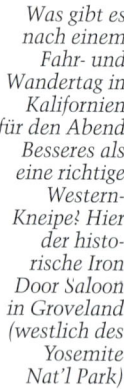

Was gibt es nach einem Fahr- und Wandertag in Kalifornien für den Abend Besseres als eine richtige Western-Kneipe? Hier der historische Iron Door Saloon in Groveland (westlich des Yosemite Nat'l Park)

Gestraffte 14-Tage-Tour	Für alle, die eine Woche weniger Zeit zur Verfügung haben, gibt es zusätzlich noch eine etwas straffere **2-Wochen-Tour**.
Kurzreise für 8 Tage	Die **8-tägige Route**, sei es als Rundreise oder als *One-way-Trip* wie auf Seite 609 beschrieben, empfiehlt sich in Anbetracht der weiten Anreise kaum als eigenständige Tour ab/bis Europa, sondern eher im Anschluss an eine Geschäftsreise/Kongressteilnahme oder als Teil eines längeren Aufenthaltes in den USA, zu dem auch ein Paar Tage Kalifornien gehören sollen.
Tägliche Fahrleistung	Bei der Zusammenstellung der Routen wurde berücksichtigt, dass die meisten »Rundreiser« möglichst viel sehen möchten. Daher beinhalten alle Vorschläge nach Abzug von Tagen in Cities und Nationalparks mit weniger Kilometern eine im Schnitt relativ hohe tägliche Fahrleistung. Die angegebenen Distanzen entsprechen Erfahrungswerten, die zusätzlich zur reinen Straßenentfernung Pauschalen für Stadt- und Nationalparkfahrten, Motel- bzw. Campingplatzsuche und kleinere Umwege berücksichtigen.

3-Wochen durch Kalifornien inklusive Las Vegas

Start in L.A., San Francisco oder Las Vegas	Die **3-wöchige Basisroute** durch Kalifornien wird hier **ab Los Angeles** beschrieben. Sie kann aber ohne weiteres auch mit identischen Tagesetappen in **San Francisco** oder **Las Vegas** beginnen. Diese Route führt ohne »Hetze« auf attraktiven Strecken zu den bekanntesten Sehenswürdigkeiten in Süd- und Zentralkalifornien. Dabei lässt sie ausreichend Zeit für Wanderungen oder sonstige Aktivitäten, die Besichtigung historischer wie kultureller Ziele vor allem in drei Metropolen Los Angeles, Las Vegas und San Francisco.
	Die jeweiligen Kurzhinweise auf Quartiere oder Campingmöglichkeiten, ohne dass man zunächst die entsprechenden Seiten genauer studieren muss, sollen die Reiseplanung erleichtern.
Zu den Distanzen	Die Meilen-/Kilometerangaben der einzelnen Tagesetappen (im Schnitt ca. **145 mi** bzw. **233 km/Tag**) sind ebenso wie die **Gesamtdistanz von ca. 2.750 mi** bzw. **4.425 km** keine verbindlichen Entfernungsangaben, ➢ oben unter »Tägliche Fahrleistung«.

_____ Tagesetappen

Tag 1	**Ankunft Los Angeles** (eventuell 20 mi bis Hotel/Erkundung) **Aktivitäten:** Flug, Übernahme des Mietwagens am Airport **Unterkunft:** Hotel in LA Airport-Bereich/Santa Monica
Tag 2	**Aufenthalt in Los Angeles**; 50 mi Stadtfahrten **Aktivitäten:** Akklimatisieren (ggf. erst heute Übernahme eines Wohnmobils) und Sightseeing in LA (Hollywood, Beverly Hills, Santa Monica, West LA mit *Getty Center*, ggf. auch *Downtown*); mehr LA bei Reisende als Zeitpuffer, ➢ Tag 19. **Unterkunft:** LA Airport-Bereich/Santa Monica **Camping**: *Dockweiler Beach* oder *Malibu RV-Park*

5

3-Wochen Routen
— **Basisroute**
‑ ‑ ‑ **Varianten**

Tag 3

Tagesziel: Bereich Palm Springs/*Joshua Tree NP*; 200 mi
Aktivitäten: Besichtigung Palm Springs, eventuell *1000 Palms* oder *Indian Canyons* oder Seilbahn, Zwischenstopp in Yucca Valley und ggf. am späten Nachmittag erste Anlaufpunkte im *Joshua Tree National Park*
Unterkunft: in den Orten Joshua Tree oder Twentynine Palms
Camping: *Joshua Tree NP* wenn möglich *Campgrounds Jumbo Rocks, Ryan* oder *Hidden Valley*

Tag 4

Tagesziel: Needles/Laughlin/Bullhead City; 200 mi
Aktivitäten: kurze Wanderungen im *Joshua Tree NP* (*Hidden Valley, Arch Rock* und *Cholla Cactus Garden*) mit Ausflug zum *Keys View*, Weiterfahrt über Amboy nach Laughlin, ggf. mit Abstecher in den *Hole-in-the-Wall*-Bereich der *Mojave National Preserve* (*Rings Loop Trail*)
Unterkunft: Needles oder Kasino in Laughlin
Camping: am Colorado River z.B. *Davis Camp Park*
Tipp: Tanken in Arizona ist deutlich billiger als in Kalifornien

Tag 5
Tagesziel: Las Vegas; 200 mi
Aktivitäten: Fahrt über die alte *Route 66* zum Wildwest-Städtchen Oatman (dort mittags *Shoot-Out*), weiter über Kingman zum *Hoover Dam* (ggf. Tour) und abends Las Vegas *Strip*
Unterkunft/Camping: Kasino oder RV-Park in Las Vegas

Alternativ könnte man auch über Kingman und die I-40 Richtung **Grand Canyon NP** fahren, dort übernachten und dann am nächsten Tag erst nach Las Vegas. So würde »Tag 7« bzw. die dritte Nacht in Vegas entfallen. Am Weg Stopp in Seligman.

Tag 6
Aufenthalt in Las Vegas; 30 mi Stadtfahrten
Aktivitäten: Sightseeing in Las Vegas; Sonnenuntergang am *Stratosphere Tower* mit Besuch der Fremont Street und erneut Abendprogramm am Las Vegas-*Strip*
Unterkunft/Camping: Kasino oder RV-Park in Las Vegas

Tag 7
Aufenthalt in Las Vegas; 150 mi
Aktivitäten: Sightseeing in Las Vegas, nachmittags zum *Valley of Fire SP* mit Erkundung oder ggf. Flug zum *Grand Canyon*
Unterkunft/Camping: Kasino oder RV-Park in Las Vegas, eventuell auch im einmaligen Valley of Fire

Tag 8
Tagesziel: *Death Valley NP*; 200 mi
Aktivitäten: über Pahrump und Shoshone (Straßen #160/#178) ins *Death Valley*; am Wege Stopps, Kurzwanderungen bei *Badwater* und beim *Artist Drive* sowie in den *Golden Canyon* hinein; Abstecher zum *Zabriskie Point*
Unterkunft/Essen: *Furnace Creek Ranch* im Nationalpark (muss unbedingt reserviert werden)
Camping: *Nat'l Park Campgrounds* bei Furnace Creek
Tipp: Tank sowie Lebensmittel-/Getränkevorräte spätestens in Pahrump auffüllen (sehr teuer im Nationalpark).

Tag 9
Tagesziel: Lone Pine oder Bishop; 150 mi oder 200 mi
Aktivitäten: weitere Ausflüge im *Death Valley* (*Mesquite Dunes*, *Mosaic Canyon*, ggf. *Scotty's Castle/+75 mi retour*), Besuch *Alabama Hills*, mit Zeit *Mount Whitney Portal Road*
Unterkunft: in Lone Pine oder Bishop
Camping: NF-Plätze bei Lone Pine und Plätze en route
Tipp: In Bishop noch einmal volltanken; im weiteren Verlauf der Straße #395 und im Yosemite NP wird's teurer.

Tag 10
Tagesziel: Lee Vining; 220 mi oder 170 mi (inkl. Bodie)
Aktivitäten: je nach Interesse Abstecher zu den *Bristlecone Pines* in den White Mountains oder zum *Devils Postpile NM* bei Mammoth Lakes; Höhepunkte des Tages sind speziell für Fotografen der *South Tufa* Bereich des Mono Lake sowie der etwas zeitaufwändigere Besuch der *Ghost Town* Bodie (bis Mai kann dort oben auf 2.500 m noch Schnee liegen)
Unterkunft: in Lee Vining, ggf. vorher in June Lake
Camping: Lee Vining oder *NF-Campground* an Tioga Pass Road

5

Tag 11

Tagesziel: *Yosemite NP*; 220 mi (inkl. Durchfahrt bis Groveland bzw. Mariposa zur Übernachtung und Rückkehr am Tag 12)
Aktivitäten: Besuch des *Yosemite National Park* mit etlichen Stopps bereits an der Tioga Pass Road und kleine Wanderung/Radfahrt/Baden im *Yosemite Valley* (Sonnenuntergang am *Glacier Point* für Unentwegte)
Unterkunft: Mariposa oder Groveland (unbedingt reservieren; im Park selbst lange Vorausbuchung nötig und extrem teuer)
Camping: Schönste Plätze liegen an der Tioga Road
Hinweis: Die Tioga Pass Road ist nicht ganzjährig befahrbar, alternative Streckenführung ➤ nächste Doppelseite.

Tag 12

Tagesziel: *Yosemite NP*; 160 mi im Park bzw. für An- und Ausfahrten, wenn man nur außerhalb unterkommt
Aktivitäten: Sonnenaufgang am *Glacier Point*, Wanderung(en) gleich ab dort oder zu *Vernal* und *Nevada Falls*; Abstecher zum *Mariposa Grove (Sequoias)*; bis einschl. 2016 Zugang beschränkt
Unterkunft: wie Tag 11
Camping: Strecke nach/bei Groveland oder Mariposa

Tag 13

Tagesziel: Sutter Creek oder Sacramento; 170 mi oder 200 mi
Aktivitäten: Weiterfahrt entlang des *49ers-Highway* mit Stopps, so im *Columbia State Historic Park* und Murphys, ggf. mit Abstecher zu den *Sequoias* im *Calaveras Big Trees State Park* (kostet zusätzliche 100 mi)
Unterkunft: Sutter Creek oder Umfeld (B&B, oder Nostalgiehotel) bzw. in/bei Sacramento
Camping: im *Calaveras Big Trees SP*, am Wege ggf. Folsom Lake oder in Sacramento

Tag 14

Tagesziel: San Francisco; 100 mi
Aktivitäten: Besuch Sacramento (*Old Town, State Capitol*) und erste Anlaufpunkte in San Francisco (z.B. *Golden Gate Bridge* oder Fahrt mit der *Cable Car, Fisherman's Wharf*)
Unterkunft: *Downtown* San Francisco/*Fisherman's Wharf*
Camping: *SFO RV Parks*, mit Zelt jenseits des *Golden Gate*

Tag 15

Tagesziel: San Francisco; 60 mi Stadtfahrten
Aktivitäten: Sightseeing San Francisco; *49-Mile-Drive* inkl. *Golden Gate Bridge*, Bootstrip zur Gefängnisinsel *Alcatraz*, Sonnenuntergang an *Baker/Marshall Beach*
Unterkunft/Camping: wie Tag 14

Tag 16

Tagesziel: Monterey; 150 mi
Aktivitäten: entlang der Küste nach Süden (alternativ über San José, ggf. dort riesige *Outlet Mall of the Bay Area«*) nach Stopp in Santa Cruz weiter nach Monterey
Unterkunft/Camping: in/bei Monterey

Tag 17

Tagesziel: Morro Bay; 150 mi
Aktivitäten: Fahrt entlang der Küstenstraße #1 mit Besuch von

Carmel, Kurzwanderungen im *Point Lobos* oder *Garrapata SP*, Fahrtunterbrechung u.a. beim *Julia Pfeiffer Burns SP* und den See-Elefanten von *Piedras Blancas.* Besuch oder Zwischenstopp *Hearst Castle* bei San Simeon
Unterkunft/Camping: Bereich Cambia/Morro Bay

Tag 18
Tagesziel: Los Angeles; 220 mi
Aktivitäten: weiter entlang der Küstenstraße #1 mit Stopps in Pismo Beach (Dünen am Meer), Solvang, Santa Barbara oder – alternativ –erst einmal ab Morro Bay Abstecher nach *Montaña de Oro/Point Buchon* und dann weiter nach Pismo Beach
Unterkunft: in LA Santa Monica, West LA oder Airport-Bereich
Camping: in Malibu oder *Dockweiler Beach*

Tag 19
Aufenthalt Los Angeles; 70 mi Stadtfahrten
Aktivitäten: Sightseeing in LA in Ergänzung zu Tag 2 (Venice Beach und Beaches weiter südlich) oder Besuch der *Universal Studios* oder von *Disneyland*)
Unterkunft: LA wie Tag 18, oder Anaheim bei Besuch *Disney*
Camping: *Dockweiler Beach* (im *Airport*-Nähe) oder Anaheim

Tag 20+21
Aktivitäten: ggf. am Vormittag Rückgabe des WoMo bzw. später am Tag des Miet-Pkw; bis dahin eventuell *Shopping*; am Spätnachmittag/Abend **Heimflug** mit Ankunft am 21.Tag

Küste im Montana de Oro State Park bei Morro Bay

5

Beste Reisezeit und mögliche klimatische Probleme

Frühsommer und Herbst

Die Rundfahrt ist im Frühling, Sommer oder Herbst durchführbar. Die **besten Zeiten sind ab Mitte Mai in den Juni hinein und Mitte September in den Oktober hinein**, da die Sommerhitze im Landesinneren problematisch ist. Eine Rundreise im beschriebenen Verlauf früher oder später im Jahr scheitert leicht am *Tioga Pass* des *Yosemite National Park*, der in der Regel bis Mitte Mai bzw. ab Mitte Oktober wegen Schnee gesperrt ist. Bis Juni und ab Oktober muss man selbst bei offizieller *Tioga Pass*-Freimeldung die aktuellen Straßeninfos im Auge behalten, da neue Schneefälle in den Höhenlagen wieder für Sperrungen sorgen können.

Umweg bei gesperrtem Tioga Pass (Tag 10+11)

Sollte der Pass unpassierbar sein, kann die Sierra Nevada nur weiter nördlich überquert werden, soweit die Straßen dort frei sind. Eventuell muss man sogar bis zum **Lake Tahoe** fahren und von dort auf der Straße #50 in Richtung *49ers-Highway*/Sacramento. In Bezug auf die beschriebene Route sollte man einen anstrengenden »Fahrtag 10« über Gardnerville bis Lake Tahoe einlegen (ca. 200 mi ab Bishop inkl. Abstecher Mammoth Lakes plus weitere 30 mi retour nach Bodie), ggf. in South Lake Tahoe übernachten und dann am »Tag 11« über Placerville, Jackson, Sonora und Groveland das *Yosemite Valley* ansteuern, sofern man nicht ganz umdisponiert.

RVs im Death Valley

Etwas problematisch kann bei einer **Rundreise im Wohnmobil** die Absicht sein, dem Vorschlag zum Besuch des **Death Valley National Park** zu folgen. Die meisten Campmobil-Vermieter untersagen dies Mitte Juni bis Mitte September. Wer es dennoch wagt, geht das Risiko ein, keine Versicherungsansprüche zu haben, wenn ausgerechnet im Tal des Todes irgendetwas schiefläuft.

Mit WoMo ist »richtiges« Timing nötig, damit man außerhalb der Verbotszeitspanne durchs *Death Vealley* kommt und gleichzeitig eine *Tioga Pass*-Sperre vermeidet. Das funktioniert z.B. bei Start Anfang Juni in Los Angeles oder auch Las Vegas oder gleich ab Mitte September. Bei einem Start erst Ende September oder vor Juni wäre eine Fahrt in umgekehrter Richtung in dieser Beziehung weniger riskant.

Im Fall eines notwendigen Umwegs über den Lake Tahoe wegen verschneiter Pässe lässt sich dort auch ein Tag Wintersport einlegen

Routenvariante unter Einschluss von San Diego

Wer auch einen Besuch San Diegos ins Auge fasst, benötigt dafür
minimal zwei, besser drei zusätzliche Urlaubstage. Die könnte
man auf der Strecke von Las Vegas nach San Francisco einsparen.
z.B. durch eine Nacht weniger in Las Vegas und Verzicht auf den
49ers-Highway und Sacramento. Man würde dann also bereits am
»Tag 12« in San Francisco ankommen. Die so gewonnenen Tage
ließen sich gleich zu Beginn der Reise wie folgt einbauen:

*San Diego Bay
mit Downtown
im Hintergrund*

Tag 3 (mit San Diego)	**Tagesziel:** San Diego; 150 mi **Aktivitäten:** Fahrt ab LA in Richtung Süden entlang der Küste über Long Beach, Newport Beach, Laguna Beach od schneller auf I-405 und/oder I-5 über Capistrano, Carlsbad, Sightseeing La Jolla und Mission Bay, ggf. noch *Downtown* mit Harbor Drive **Unterkunft:** in San Diego am *Hotel Circle*, *Downtown*-Bereich oder schöner/teurer in La Jolla/Coronado Peninsula **Camping:** *Chula Vista* oder an der *Silver Strand State Beach*
Tag 4 (mit San Diego)	**Tagesziel:** San Diego; 50 mi **Aktivitäten:** Sightseeing San Diego Hafenbereich, eventuell Coronado, *Balboa Park/Zoo* oder alternativ *Seaworld*, *Old Town* oder *Gastown* abends. **Unterkunft:** in San Diego am *Hotel Circle*, Downtown-Bereich oder schöner/teurer in La Jolla/Coronado Peninsula **Camping:** *Chula Vista* oder an der *Silver Strand State Beach*
Tag 5 (mit San Diego)	**Tagesziel:** *Joshua Tree NP*; 250 mi **Aktivitäten:** Weiterfahrt über Julian, Borrego Springs, Salton Sea, *Box Canyon* über Südeingang *Cottonwood* in den Nationalpark (alternativ über Palm Springs) **Unterkunft:** in den Orten Joshua Tree oder Twentynine Palms **Camping:** *Joshua Tree NP*, wenn möglich auf dem *Campground Jumbo Rocks*, *Ryan* oder *Hidden Valley*

Tag 6 wie Tag 4 der Basisroute

Zusätzlicher Tag in San Diego

Die Zeit für San Diego ist reichlich **knapp bemessen**, da man auf keinen Fall an einem Tag all die unter Tag 4 genannten Punkte »machen« kann und für die Strände auch keine Zeit bleibt. Für einen zusätzlichen Tag in San Diego könnte man ab dem *Joshua Tree NP* ohne Umwege direkt nach Las Vegas fahren (z.B. über die *Mojave National Preserve*) oder auf den »Wandertag« im *Yosemite National Park* verzichten.

Winter in Kalifornien

Temperaturen

Die Wintermonate sind zumindest für Touren durch Südkalifornien durchaus interessant.. Wenn sich zu Hause Schneeberge türmen und ein trüber Tag auf den nächsten folgt, kann die kalifornische Sonne willkommene Abwechslung sein. Die Tagestemperaturen an der Pazifikküste liegen dort auch dann noch bei angenehmen 20°C und mehr im Schatten. Sogar nördlich von Santa Barbara bis hinauf nach San Francisco darf man im Winter tagsüber noch mit Durchschnittstemperaturen von etwa 15°C rechnen. Im Hinterland kann es – in Abhängigkeit von der Höhenlage – noch deutlich wärmer sein.

Besonders erfreulich ist die **Blütenpracht** z.B. in den Gärten und Parks in San Diego zu Weihnachten/Neujahr und ab Mitte Februar in den Wüsten Südkaliforniens, wenn sich dort in feuchten Jahren bunte **Wildblumenteppiche** breit machen.

Routenabweichung

Im Winter sind bei der zuvor beschriebenen Route jedoch etliche Anpassungen nötig. Hierfür wählt man am besten die Variante mit San Diego und verbringt dann auch noch den fünften Reisetag in dieser Stadt. Am Tag 6 geht es über Julian nur bis nach **Borrego Springs**, so dass etwas Zeit bleibt für die Erkundung des *Anza-Borrego Desert State Park*. Erst am Tag 7 nimmt man dann die Weiterfahrt nach Palm Springs oder in den *Joshua Tree NP* in Angriff. Hinweis vor allem für Zeltcamper: In diesem Nationalpark

Crescent Bay in Laguna Beach Anfang Januar

Winter-camping im Joshua Tree National Park bei strahlendem Wetter

ist im Winterhalbjahr mit ordentlichem Nachtfrost und gelegentlichen Schneefällen zu rechnen. Anderseits kann das Thermometer dort schon im Februar/März weit über 20°C klettern, in der *Anza-Borrego* Wüste und im Bereich der Salton Sea durchaus sogar über die 30°C-Marke.

Statt East Sierra Scenic Byway über Bakersfield

Es folgen die auf Seite 600f beschriebenen Tage 4-8 (bei dieser Variante sind es dann die Tage 8-12). Im Anschluss an die Nacht im *Death Valley* stehen zwei längere Fahrtage an. Am ersten geht es vom »Todestal« über die #190 nach Olancha und von dort nach Süden zum *Red Rock Canyon SP* mit Unterkunft in **Bakersfield** (ca. 270 mi) und am Reisetag #13 über die (nicht sehr spannende) Autobahn I-5 weiter in Richtung San Francisco.

3 Tage Highway #1 von San Francisco nach LA

Dort übernachtet man jetzt einen Tag früher als während der dreiwöchigen Sommertour, so dass auf der Strecke zwischen San Francisco und LA ein Tag mehr zur Verfügung steht, an dem man z.B. in *Point Lobos* wandern oder im *Año Nuevo State Park* an einer Rangertour teilnehmen könnte. Auch etwas mehr Zeit für Santa Cruz, Monterey und/oder Carmel stünde zur Verfügung. Eine gute Idee wäre eventuell auch ein Abstecher ins Binnenland zum *Pinnacles National Park* mit wunderbaren Wanderwegen. Um diese Jahreszeit lohnt sich auch die Wartezeit bis zum Sonnenuntergang an der *Pfeiffer Beach* in Big Sur oder ein Besuch der Monarchfalterhaine in Pacific Grove und Pismo Beach.

Yosemite im Schnee

Variante: Der durch den Wegfall der Strecke im Osten der Sierra Nevada gewonnene Tag kann alternativ ab Bakersfield auch für eine Stipvisite des winterlichen *Yosemite Valley* vom Westen aus genutzt werden mit Unterkunft in Mariposa oder Groveland, sofern der Straßenzustand das zulässt.

Nachteil im Winter

Einen **Nachteil** darf man für Reisen während der Wintermonate nicht verschweigen: Eine Sonnengarantie gibt es dann selbst in Südkalifornien nicht. Der wenige Niederschlag fällt in den Halbwüsten meist zu dieser Jahreszeit, auch in Big Sur sind Dezember, Januar und Februar die regenreichsten Monate.

Die 2-Wochen-Tour

Mit ein paar anstrengenderen Fahrtagen und etwas weniger Zeit in einzelnen Parks und Cities lässt sich die eingangs beschriebene Route auch in eine 2-Wochen-Tour umwandeln (**ca. 2000 mi**).

Ein Tag »Ersparnis« in Südkalifornien

Einen ersten Tag spart bereits, wer im Anschluss an den Abstecher nach Palm Springs/zum *Joshua Tree NP* Las Vegas direkt über die *Mojave National Preserve* ansteuert (von Joshua Tree über Amboy und Kelso, dann auf der Interstate #15 zum Ziel; ca. 200 mi), statt den Umweg über Bullhead City/Laughlin und ggf. Oatman an der Route 66 zu nehmen.

Nur zwei Nächte in Vegas

Nach nur zwei (statt drei) Nächten in Las Vegas führt die Route, wie gehabt, ins *Death Valley*; bei dieser Variante bereits am sechsten Tag. Die Nacht verbringt man dann am besten schon außerhalb des Nationalparks im (kühleren) Lone Pine (300 mi), von wo es am nächsten Tag weiter bis Lee Vining geht (ca. 200 mi inkl. Abstecher nach Bodie).

Drei Tage weniger für Yosemite NP, San Francisco und Hwy #1

Für den *Yosemite NP* bleibt in diesem Fall nur ein Tag. Von dort geht's dann ohne Umwege über den *49ers-Highway* und Sacramento in Richtung San Francisco. Nach zwei Nächten in SFO steuert man das nächste Quartier nicht in Monterey sondern weiter südlich in Cambria/ San Simeon an (ca. 220 mi). Tags darauf erreicht man über Santa Barbara/Malibu wieder den Ausgangspunkt LA (ca. 250 mi) und ist jetzt 6 Tage weniger unterwegs.

Ein Tag kürzer in LA oder direkt nach Vegas zu Beginn

Als 7. noch einzusparender Tag bietet sich ggf. der ursprüngliche »Tag 19« mit reichlich Zeit in LA an. Wer aber darauf auf nicht verzichten möchte, könnte am »Tag 3« Palm Springs und den *Joshua Tree National Park* streichen und von LA direkt über die I-15 nach Las Vegas fahren (ca. 280 mi).

Auch bei dieser Tour gelten die Hinweise zum eventuell wegen Schnees gesperrten *Tioga Pass* sowie zu den Beschränkungen der *Death Valley*-Durchfahrt für Wohnmobile ➢ Seite 604.

Eine Woche Kurztrip

Acht Tage Kalifornien im Schnelldurchlauf sind zwar – wie eingangs angedeutet – von »vorne bis hinten« zu wenig, aber unter bestimmten Umständen für den einen oder anderen eine Option.

Rundreise (ca. 1200 mi) LA-LA oder auch Vegas-Vegas

So wäre eine **Rundreise durch Südkalifornien bis Las Vegas** unter »Mitnahme« des *Death Valley* in 8 Tagen machbar. Von LA ginge es zunächst nach San Diego und von dort auf bereits oben beschriebenen Tagesetappen direkt oder über den *Joshua Tree NP* bis Las Vegas. Für beide Varianten reicht die Zeit für zwei Nächte Vegas und außerdem noch für den schnellen Umweg übers Death Valley via Pahrump und die Straße #190. Zurück geht's dann über Shoshone (Straße #178) und die I-15. Für LA wird die Zeit ziemlich knapp. Nachteil ist, dass die Küste/Hwy #1 und San Francisco dabei nicht vorkommen. Eher im Winter bis Frühsommer zu erwägen.

1- und 2-Wochen-Routen
Basisroute in 2 Wochen
(auch 1 Woche One-way
für SFO-Vegas Ostroute)
1 Woche Rundfahrt
1 Woche One-way
(SFO-LA-Vegas)

**One-way-
Trip (ca.
1000 mi)
SFO-Vegas**

Eine *One-way-Tour* ist für viele Besucher vielleicht reizvoller als die skizzierte Rundstrecke, zumal bei einigen Autovermietern innerhalb von Kalifornien und zwischen San Francisco/LA/San Diego und Las Vegas keine Einweggebühr anfällt und Gabelflüge bei Linienfluggesellschaften kein Problem mehr darstellen.

Eine gute Tour dieser Art startet in **San Francisco** mit Weiterfahrt **über den Highway #1**. Drei Tage gehen »drauf« für Ankunft in SFO, Sightseeing-Tag in SFO (60 mi) und Fahrtag über Monterey/Big Sur (*Hwy #1*) bis Cambria/San Simeon (ca. 220 mi). Am 4. Reisetag geht es weiter über Santa Barbara/Malibu nach LA (ca. 250 mi), dort ein Tag Aufenthalt (ca. 50 mi). Am 6. Tag dann **über die I-15 direkt nach Las Vegas** (ca. 280 mi) ohne oder mit einem vollen Tag und noch einer Nacht im Spielerparadies und am 7. oder 8. Tag wieder zurück in Richtung Heimat oder wohin auch immer.

Ebenfalls erwägenswert wäre die stärker naturbetonende Strecke **von San Francisco über den** *Yosemite NP* **nach Las Vegas**, die vorzugsweise dem Verlauf der magentafarbenen Route folgen könnte.

Kalifornien Wissen

Kalifornien Wissen

Geschichte

Ureinwohner

Die ersten Menschen kamen nach heutigen Erkenntnissen vor 15.000-16.000 Jahren über eine Landbrücke auf den nordamerikanischen Kontinent, die bis etwa 10.000 Jahre vor unserer Zeitrechnung Sibirien und Alaska miteinander verband. Über die Jahre erreichten unterschiedlichste Siedlergruppen auch den Südwesten. Bei Ankunft der ersten Europäer siedelten in der Region etwa 30 Stämme, die zu sechs Sprachgruppen gehörten. Insgesamt lebten damals dennoch nur ca. 300.000 Menschen im heutigen Kalifornien. Trotz dieser kleinen Zahl auf der riesigen Fläche kam es auch unter ihnen schon zu kriegerischen Auseinandersetzungen.

Baja und Alta California

Wahrscheinlich der erste Europäer, der mit seiner Mannschaft an der heutigen San Diego Bay kalifornischen Boden betrat, war der Portugiese *Juan Rodriguez Cabrillo*. Er befand sich im Sommer 1542 im Auftrag der spanischen Krone auf einer Erkundungsfahrt entlang der Pazifikküste. Als *Cabrillo* im Jahr darauf starb, hatte er aber weder Gold noch die damals vermutete Verbindung zwischen Pazifik und Atlantik gefunden. Daher erlosch zunächst das Interesse Spaniens an der Westküste Nordamerikas, obwohl man *Baja* und *Alta California*, die langgestreckte Halbinsel im äußersten Südwesten Nordamerikas und in etwa das Gebiet des späteren Kaliforniens als spanischen »Besitz« deklariert hatte. Auch weitere Expeditionen und eine erste Missionsstation in der Region *Baja California* Ende des 17. Jahrhunderts änderten daran nichts. Erst als die Schiffe anderer Nationen der Alten Welt Mitte des 18. Jahrhunderts häufiger im Nordpazifik Flagge zeigten und Trapper und Abenteurer auf dem Landweg bis zur Westküste vordrangen, besann sich Spanien auf seinen alten Vormachtsanspruch.

Wandbild, das den Zug der Entdecker um Gaspar de Portola und Junipero Serra 1769/70 von der San Diego Bay in Richtung San Francisco Bay skizziert

**Missio-
nierung**

Mit der Bekehrung der Indianer zum Katholizismus und der Errichtung von Militärposten hoffte man, das bislang nur per Dekret
in Beschlag genommene Land im Westen dauerhaft vereinnahmen
und für Spanien sichern zu können. Zunächst waren es Jesuiten,
die weitere Missionsstationen in *Baja California* gründeten. Als
sie in Ungnade fielen, nahmen Franziskaner ihren Platz ein.

**Spanisch-
mexikanische
Periode**

Eine offizielle größere Expedition um den militärischen Befehls-
haber **Gaspar de Portola** und den Franziskanerpater **Junipero
Serra** machte sich Anfang 1769 von La Paz an der Südspitze von
Baja California auf den Weg nach Norden, landete in der Bucht
von San Diego im April und begann mit dem Bau einer Befestigung, eines **Presidio**. *Serra* ließ bereits im Juli 1769 den Grund-
stein für die Mission **San Diego de Alcalá** legen, die erste von 21
dieser Art in *Alta California* (➤ Seite 476). Um die meisten ent-
wickelten sich Siedlungen, Keimzellen bekannter kalifornischer
Städte. Die letzte Mission, **San Francisco de Solano** in Sonoma
nördlich der San Francisco Bay wurde erst 1823 gegründet, als die
einstige Kolonie Mexico – nach einem 11-jährigen Kampf 1821 –
bereits die Unabhängigkeit erstritten und die nordamerikanischen
Besitzungen von Spanien übernommen hatte.

Von San Diego zogen *Portola* und *Serra* im Juli 1869 weiter mit Ziel
Monterey Bay, die seeseitig von Schiffen bereits entdeckt worden
war, verpassten diese aber und entdeckten 1770 die weit ins Land
reichende Bucht von San Francisco und das schmale *Golden Gate*.
Die endgültige Erschließung und Ausbeutung Kaliforniens hatte
damit begonnen. Wie so oft zum Schaden der Urbevölkerung, die
sich schlechter missionieren ließ als erhofft. Zudem schleppten
die Spanier Krankheiten ein, gegen die am Pazifik noch kein Kraut
gewachsen war. Dass die Indianer als Menschen zweiter Klasse
behandelt wurden, versteht sich von selbst.

**Erste
Hälfte
19. Jahr-
hundert**

Die erste Hälfte des 19. Jahrhunderts läutete das Ende der spanisch-
mexikanischen Einflussnahme in Nordamerika ein. Nach der Los-
lösung von Spanien eigneten sich mexikanische Großgrundbesit-
zer riesige Gebiete in Kalifornien an und etablierten auf ihren
Ranchos die Rinderzucht. Gleichzeitig drängten Händler, Trapper und Abenteurer nach Kalifornien, in ein Land, von dem es
schon damals hieß, dort könne jeder sein Glück machen.

**Bear Flag
Republic**

Aber nach der texanischen Unabhängigkeit 1845 befahl Mexico
die Ausweisung aller Ausländer einschließlich dort verbliebener
Spanier aus Kalifornien, was zum Aufstand führte. Eine Gruppe
amerikanischer Siedler unter **John C. Fremont** rief bereits 1846 in
Sonoma die Unabhängigkeit Kaliforniens als sog. **Bear Flag Republic** aus. Die existierte zwar nur einen Monat, aber der
namensgebende Grizzlybär blieb bis heute in der Staatsflagge, ➤
Innentitel des Buches ganz vorne und Seite 227.

**US-Staat
seit 1850**

Mit dem amerikanisch-mexikanischen Krieg von 1847/48 fielen
New Mexico, Arizona und Kalifornien an die USA. Und bereits
1850 wurde Kalifornien – der 31. – Staat der Union.

Goldrausch 1849/50	In dieser turbulente Zeit fand man 1848 in der Sierra Nevada östlich von Sacramento Gold, ➤ Seite 242. Und bald machten sich Tausende Glücksritter zur Goldsuche ins *Sacramento Valley* am Fuße der Sierra auf. Als der Goldrausch von 1849/50 abgeebbt war, gab es 1860 den nächsten *Run* auf Edelmetall. Dieses Mal begann es mit der Entdeckung der *Comstock Lode*, einer Silberader, die Virginia City (➤ Seite 253f) im heutigen, damals noch nicht definierten Nevada zeitweise zur Großstadt machte.
Zweite Hälfte des 19. Jahrhunderts	Die Aktivitäten im Hinterland und der enorme Zuzug nach Kalifornien, der auch über die wenigen Häfen der Pazifikküste aus Asien wie auch von der Ostküste aus auf dem langen gefahrvollem Seeweg um Kap Horn erfolgte, führte zu einer boomenden Wirtschaft im nahen San Francisco.
Bürgerkrieg, Eisenbahn, Ölboom	Der **Bürgerkrieg** im Osten von **1861 bis 1865** führte lediglich zu einer zeitweisen Unterbrechung der stürmischen Entwicklung. Kalifornien, in dem es keine Sklaverei gab, stand den Nordstaaten nah und zählte sich damit zu den Kriegsgewinnern, obwohl nur eine Brigade kalifornischer Freiwilliger im Osten mitgekämpft hatte. Nach dem Krieg ging es weiter wirtschaftlich bergauf. Ab **1869** brachten die **transkontinentalen Eisenbahnen** einen dramatischen Fortschritt. Sie verkürzten das monatelange Trekking und Seereisen nach Kalifornien auf wenige Tage und reduzierten die Kosten enorm. Immer mehr Siedler zog es daher nach Westen. Zigtausend Chinesen, die man als billige Arbeitskräfte für den Eisenbahnbau ins Land geholt hatte, blieben außerdem in Kalifornien. Ende des 19. Jahrhunderts kam es auch noch zu einem **Ölboom**. Und so zählten San Francisco, Los Angeles und San Diego schon **1900** 320.000, 100.000 und 20.000 Einwohner.
Erste Hälfte des 20. Jahrhunderts	Kalifornien wuchs in der ersten Hälfte des 20. Jahrhunderts rapide weiter. Bereits ab **1913** verband der *Lincoln Highway*, eine erste transkontinentale Autostraße, San Francisco mit New York. Das Autozeitalter war angebrochen und der Tourismus eingeläutet. Die Eröffnung des **Panamakanals** 1914 beschleunigte und verbilligte den Waren- und Personentransport zwischen Ost- und Westküste weiter. Der Weltkrieg 1914-18, in den die USA erst am Ende eingriffen, wirkte sich so weit entfernt von den Schauplätzen kaum aus. In die wirtschaftlich schwierigere Zeit der **1920er- und 1930er**-Jahre fallen die Eröffnung der *Route 66* als zweiter Transkontinentalstraße, eine riesige Arbeitsbeschaffungsmaßnahme, ebenso wie zeitgleich der Bau der *Golden Gate* und der kaum minder spektakulären *Bay Bridge* (➤ Seiten 205 und 230).
Hollywood	In dieselbe Zeit fällt der Aufstieg der amerikanischen, sprich kalifornischen **Filmindustrie** mit den weltbekannten Studios in **Hollywood** (*MGM, Universal, Warner Brothers*, ➤ Seiten 399ff).
2. Weltkrieg	Der folgende **Zweite Weltkrieg** bescherte dem Staat an der Pazifikküste kriegswirtschaftsbedingte Vollbeschäftigung. **San Diego** wurde wichtigster Hafen der US-Marine und das *Presidio* von San Francisco Hauptquartier des Generalstabs. In Südkalifornen ent-

standen Trainingscamps und Manövergelände der Armee und des *Marine Corps* und riesige Luftwaffenstützpunkte, die man im neuen Jahrtausend sogar noch weiter ausbaute. Kriegsschiff- und militärischer Flugzeugbau boomten.

Zweite Hälfte 20. Jahrhundert

In der zweiten Hälfte des 20. Jahrhunderts stand Kalifornien für technologische Innovation und gesellschaftlich progressive Impulse: Von der **Beat Generation** der 1950er-Jahre über **Flower Power** in der Hippie-Dekade bis zur **Gay Pride** homosexueller Bürger vor allem in San Francisco.

Gleichzeitig wuchs das Sozialprodukt weit überdurchschnittlich und machte Kalifornien zu einem der reichsten US-Staaten mit – für viele – höchster Lebensqualität.

Neues Jahrtausend

Das neue Jahrtausend begann 2001 mit dem Platzen der sog. **Dotcom-Blase**«. Aber das **Silicon Valley** fing sich wieder. Problematischer war die über Dekaden gelaufene Immobilienpreisexplosion, die 2008 zusammenbrach. Die folgende **Wirtschaftskrise** führte besonders in Kalifornien zu erheblichen Finanzproblemen zahlreicher Bürger, aber – bis heute – auch des Staates. Die drastischen **Budgetkürzungen** der letzten Jahre erkennt man als Tourist u.a. am mittlerweile schlechten Zustand vieler Autobahnen und Straßen wie öffentlicher Gebäude oder an den Eintritts- und Campgebühren der **California State Parks**, den höchsten aller US-Staaten. Preiswerte Campingplätze in reizloser Umgebung, aber guter Verkehrsanbindung, die früher kaum frequentiert wurden, standen auch 2015 noch voller alter Wohnmobile/-wagen all derer, die ihre Häuser verloren haben, weil sie die Zinsen und Tilgung nicht mehr leisten konnten. **Zu den Wasserproblemen Kaliforniens**, die sich in den letzten Jahren dramatisch verschärften, ➢ Seite 22.

Bevölkerung

Kalifornien ist der **bevölkerungsreichste Staat der USA**. Fast 39 Mio. Menschen (1970: 20 Mio.!) leben in diesem flächenmäßig drittgrößten Bundesstaat des Landes, ➢ »Steckbrief« auf Seite 14.

Die letzte Volkszählung ergab, dass weniger als die Hälfte aller Kalifornier als »weiß« (*Caucasian*) gelten (ca. 46 %). Die nächstgrößere ethnische Gruppe sind Spanischstämmige und Lateinamerikaner (*Hispanics/Latinos*, rund 33%), gefolgt von Asiaten (ca. 12%) und »schwarzen« *Afro Americans* (ca. 8%).

Indessen hat auch in Kalifornien die Vorstellung vom amerikanischen Schmelztiegel der Ethnien und Kulturen lange ausgedient. Die verschiedenen zugezogenen Bevölkerungsgruppen siedeln sich überwiegend in städtischen Bereichen an und bleiben dort meist unter sich. Besonders spanisch- und chinesischsprachige Bürger sehen oft keine zwingenden Gründe, Englisch zu lernen. Das gilt auch für viele Zuwanderer und ihre Nachkommen aus anderen Regionen. Andererseits macht dies die kulturelle Vielfalt Kaliforniens aus und ist irgendwie auch die Bestätigung des amerikanischen Leitspruchs *E Pluribus Unum* (»Eins aus Vielen«).

Staat und Politik

Gouverneur

Die Verfassung Kaliforniens sieht – wie in allen Demokratien – eine Gewaltenteilung zwischen Legislative, Judikative und Exekutive vor. **Hauptstadt** des Bundesstaates ist **Sacramento**, von wo aus ein **Gouverneur** seine Amtsgeschäfte ausübt, ähnlich wie die Ministerpräsidenten unserer Bundesländer. Seine Amtszeit dauert vier Jahre; er darf nur einmal wiedergewählt werden. Von 2003 bis 2011 war der frühere Action-Filmstar und gebürtige Österreicher *Arnold Schwarzenegger* Gouverneur. Aktueller Amtsinhaber ist nach einer ersten Amtszeit von 1975-1983 (!) bis 2019 wiederum der Demokrat *Jerry Brown*. Sein Vorgänger dagegen war Republikaner.

Demokraten/ Republikaner

Städte wie San Francisco und Los Angeles wählen überwiegend demokratisch, während sich ländliche Gebiete eher zu den Republikanern bekennen. Wo indessen das Pro-Kopf-Einkommen hoch ist, haben die Republikaner auch in Städten die Nase vorn, etwa im Orange County/Anaheim (Großraum LA) und in San Diego.

Legislative und Exekutive

Die Legislative teilt sich in Kalifornien nach Vorbild der Union in einen Senat und ein Repräsentantenhaus; der Senat hat dort 40 Mitglieder, das Haus 80. Die Mitglieder des Hauses, der *State Assembly*, übernehmen ihr Amt für zwei Jahre und dürfen höchstens dreimal wiedergewählt werden. Über die Einhaltung der Staatsverfassung wacht der Oberste Gerichtshof des Staates (*Supreme Court of California*).

Wirtschaft

Übersicht

Kalifornien ist trotz seiner im Weltmaßstab geringen Einwohnerzahl ein wirtschaftliches Schwergewicht. Wäre der Staat unabhängig, gehörte er trotz der seit 2007/08 nach wie vor fortbestehenden Wirtschaftskrise ökonomisch zu den Top Ten der führenden Nationen (Bruttosozialprodukt ca. $2 Mrd/Jahr). Dabei sind hier nicht (mehr) Industrien wie Flugzeug und Schiffbau tonangebend, sondern vor allem innovative Branchen und Dienstleistungen, aber auch – wie seit Dekaden – die Landwirtschaft. Eine wichtige Rolle spielt seit dem 2. Weltkrieg das Militär. Ein Großteil des amerikanischen Verteidigungsbudgets fließt nach Kalifornien.

Silicon Valley

Flugzeug- und generell Militärtechnik wie auch die hohen Investitionen in Spitzenuniversitäten schufen die Grundlagen dafür, dass Kalifornien sich zum Technologie-Vorreiter schlechthin entwickeln konnte. Inbegriff für die PC-Revolution, Hard- und Softwareinnovationen ist das sog. *Silicon Valley* zwischen Palo Alto und San José, ➢ Seite 311ff. Ein wesentlicher Faktor war und ist dort die *Stanford University*, deren Absolventen den Aufstieg von Garagenfirmen genialer Tüftler wie *Steve Jobs* u.a. zu Weltkonzernen wesentlich beeinflussten. Auf den Seiten 314f steht mehr dazu, einschließlich der Standorte der wichtigsten Firmen wie ***Apple***, ***Intel***, ***Hewlett Packard***, ***Facebook*** und ***Google***.

Agrikultur

Ein seit jeher für Kalifornien besonders wichtiger Wirtschaftszweig ist nach wie vor die **Landwirtschaft**. Fruchtbare Böden vor allem in den ausgedehnten Niederungen des *Sacramento* und *Central Valley* (➤ Karte Seite 18), die sich dank der (einst!) großen winterlichen Schneemengen der Sierra Nevada und zahllosen deren Schmelzwasser aufstauender künstlicher Seen gut bewässern lassen (oder ließen, ➤ Seite 22), machten Kalifornien neben Florida zum größten **Obst- und Gemüsegarten** der USA.

Ein mittlerweile weltweit vermarktetes Exportgut ist der kalifornische **Wein**. Nicht nur in den Bereichen *Napa* und *Sonoma Valley* (➤ Seiten 221ff) entstehen gute Tropfen, Wein wird überall zwischen LA und Sacramento und noch weiter nördlich angebaut.

Öl

Raffinieren, Ölförderung und -exploration samt dem Ölhandel sind zusammen ein erheblicher Wirtschaftsfaktor. Kalifornien braucht aber weitaus mehr Öl als die Eigenförderung vor der Küste Südkaliforniens und in den Ölfeldern westlich von Bakersfield hergibt. *Fracking* findet eher anderswo statt.

Service

Die meisten Kalifornier arbeiten in der Dienstleistungsbranche, in der **Tourismus** und **Gastronomie** eine Hauptrolle spielen.

Militär

Vom Militär als Wirtschaftsfaktor war bereits die Rede. Mit der seit Vietnam gewachsenen Orientierung der USA auf Asien, hat sich die Bedeutung Kaliforniens hier noch verstärkt.

Kunst und Kultur   Ernst Georg Richter

Ob Musik, Film, Literatur oder bildende Kunst, Kalifornien hat vom einfachen Auftritt in der Nachbarschaft bis hin zum internationalen Ereignis in der Kulturszene allerhand zu bieten. Die kalifornische Filmindustrie hat das 20. Jahrhundert entscheidend mitgeprägt und wird das wohl auch in Zukunft tun.

Architektur

Spanische Basis

So bunt und vielfältig wie Geschichte und Kultur der Bürger des *Golden State* sind auch die in Kalifornien zu findenden Baustile. Am Anfang stand die »kalifornische Klassik«, der **spanisch-mexikanische Stil** des späten 18. bis mittleren 19. Jahrhunderts, in reinster Form erhalten in den alten Missionen zwischen San Diego und San Francisco. Aber die Stilrichtung wurde auch später noch häufig zitiert und neu aufgelegt, z.B. in der *Union Station* von LA und bis heute in zahlreichen Privatvillen und in der Gastronomie.

Victorian Style

Besonders in San Francisco und Umgebung war seit der zweiten Hälfte des 19. Jahrhunderts der **viktorianische Stil** beliebt, den man auf Spaziergängen durch Pacific Heights, Haight-Ashbury und andere Viertel der Stadt, aber auch in San Diego bewundern kann: Hübsche, verschachtelte Kästen mit Erkern und Türmchen, die oft durch ihren bunten Anstrich noch mehr auffallen, ➤ z.B. *Painted Ladies* in San Francisco und die Gebäude am *Heritage Square* in San Diego, ➤ Seiten 212 und 501.

20. Jahr-
hundert

Neben dem Wiederaufleben von Bauelementen aus der **Kolonial-zeit** war in den 1920er-Jahren der **eklektizistische Stil** bei denen beliebt, die es sich leisten konnten – das Paradebeispiel für solch eine Mischung aller möglicher Einflüsse ist das *Hearst Castle* in San Simeon (➤ Seite 336). In den 1930ern wurde **Art Deco** und **Stromliniengestaltung** in Kalifornien beliebt, später auch die aus dem Herzen der Alten Welt stammende **Bauhausarchitektur.**

Postmoderne

Zeitgenössische Architektur verwendet Alltägliches auf neue Art und interpretiert die Natur auf oft eigenwillige Weise; Beispiele dafür sind z.B. am *Getty Center* in Los Angeles erkennbar oder in der *Disney Concert Hall* zu sehen (➤ Seiten 385 und 406).

Wer sich für Hochhausbauten aus Stahl und Glas der **Postmoderne** interessiert, wird in *Downtown* LA und *Downtown* San Francisco fündig, seit ein paar Jahren auch am **Las Vegas Boulevard** in der Weltkapitale des Glücksspiels; ➤ z.B. Seite 534. Dort ist auch sonst die Architektur der Kasinos ein Kapitel für sich.

Musik

Klassik

Sunny California hat für jeden den richtigen Sound, sogar für Freunde der europäischen **Klassik**. Das *San Francisco Symphony Orchestra* und das *Los Angeles Philharmonic Orchestra* sind anerkannte Klangkörper, die weltweit mithalten können.

Jazz

Amerikas klassische Musik ist der **Jazz**. Schon in den 1920er-Jahren breitete sich das Phänomen vom Mississippi auch nach Westen aus. Und in den *Fifties* gab es hier ein Kontrastprogramm zum *Bebop* und *Hard Bop* der Ostküste. Nach dem Vorbild von *Gerry Mulligans* und *Miles Davis'* Album »*Birth of the Cool*« brachten *Cool Jazz* und die **West Coast School** sanftere, melodischere Linien hervor als die zupackenderen Spielarten östlich des Mississippi.

Geniale Musiker wie der Bassist *Charles Mingus* und der Tenorsaxophonist *Dexter Gordon* stehen für die große Tradition des Jazz in Kalifornien, die nach wie vor lebendig ist und in Clubs von San Francisco und LA sowie auf vielen Festivals hochgehalten wird.

Rock, Pop
& Blues

Was wäre die Westküste ohne **Rock, Pop** und **Blues**? *Rock'n'Roll* ging aus dem schwarzen *Rhythm and Blues* hervor und war in der zweiten Hälfte der 1950er-Jahre hier so beliebt wie überall in Amerika. Wer weiß, was z.B. aus dem jungen Talent *Ritchie Valens* (»*La Bamba*«) hätte werden können, wenn er nicht tragischerweise neben *Buddy Holly* mit dem Flugzeug abgestürzt wäre. Beim **Rock** war die Entwicklung in den 1960er-Jahren ähnlich wie zuvor beim Jazz: Die Westküste hatte einen »softeren« Einfluss. So wurden Gruppen wie die **Beach Boys** bekannt, die das hohe Lied der *Surf*-Kultur sangen. Sie ebneten auch den Weg für den *Soundtrack* zum **Summer of Love** und all jene, die mit Blumen im Haar nach San Francisco kamen. »*California Dreaming*« war angesagt, mit Bands wie *The Grateful Dead, Jefferson Airplane, Creedence Clearwater Revival* und natürlich *The Doors.*

Auch in härteren Zeiten von **Punk** und **Avantgarde** in den 1970er- und 1980er-Jahren hatte man hier ein Wort mitzusingen, und obwohl das **Grunge**-Phänomen der 1990er-Jahre aus Seattle und nicht etwa aus San Francisco kam, wurde und wird hier immer noch progressive Musik groß geschrieben.

Von Soul über Swing bis Rap
Schwarze Musik von **Soul** über **Funk** bis **Rap** ist hier genauso zu Hause, man denke an die *Vocals* von *En Vogue* oder den *New Jack Swing* von *Tony Toni Toné*, die beide aus Oakland kamen. Nachdem **Hip Hop** an der Ostküste groß geworden war, hat er speziell in Los Angeles ein hartes Erwachsenenleben geführt. Das raue Pflaster von South Central LA brachte zwar große Talente hervor, aber die Szene litt häufig unter gewaltsamen Auseinandersetzungen. Immerhin hatten *Rapper* wie *Ice Cube* bald auch als Filmschauspieler Erfolg, und Künstler/Produzenten wie *Dr. Dre* wirken weiter vor und hinter den Kulissen.

Latino und Rock
Seit *Carlos Santana* gegen Ende der 1960er seine Band gründete, die **Latinorhythmen mit Rock** verband, ist auch die Kombination der beiden Stile immer wieder ein Thema in der Musikszene Kaliforniens gewesen.

Theater

In Sachen Theater ist die Ostküste mit New York nach wie vor führend. Hinzu kommt, dass in Kalifornien so viel für Leinwand und Bildschirm produziert wird, dass man meinen könnte, es bliebe wahrscheinlich nicht mehr viel Aufmerksamkeit für *Live Performances* auf der Bühne übrig. Umso erstaunlicher ist die Vielzahl von kleineren und größeren Theatern in teilweise sogar recht kleinen Ortschaften. Die aktuellen Programme findet man in Stadtmagazinen und Veranstaltungskalendern der Touristeninformationen. Wer sich vorab informieren möchte, braucht im **Internet** nur das Stichwort »**theater programs**« und Ortsnamen einzugeben und wird staunen, was Bewohnern und Besuchern in den als »kulturarm« verschrienen USA so alles geboten wird bzw. selbst einfällt. Selbst am Lake Tahoe weitab von Ballungsgebieten läuft im Sommer ein **Shakespeare Festival**, ➢ Seite 154.

Bildende Kunst

Ersichtlich mehr noch als anderswo hat in Kalifornien die Natur die Kunst beeinflusst und mitgeprägt. Im 19. Jahrhundert kamen Künstler von weither nach Westen, um die herrlichen **Landschaften** abzubilden, unter ihnen der deutschstämmige **Albert Bierstadt**, dessen großformatige Gemälde den jungen Staat über den Goldrausch hinaus auch im Osten populär machten. In den Folgedekaden zogen zahlreiche Künstler ins »Südfrankreich der USA«.

Nach dem Vorbild der Impressionisten konzentrierten sich viele Maler auf grandiose Landschafts-Momentaufnahmen in Öl und Aquarelle mit Alltagsdarstellungen.

Surrealismus, Dadaismus und **abstrakter Expressionismus** hielten in Kalifornien erst ab den 1940er-Jahren Einzug. In den 1950er-Jahren folgte die Rückbesinnung auf das Figurative und der Schritt weg vom Abstrakten, wie etwa in den Bildern von *Elmer Bischoff* und *David Park*. **Pop Art** war das Motto seit den 1960er-Jahren. In San Franciscos Stadtteil Haight-Ashbury wurde die Kunst ähnlich **psychedelisch** wie die Musik.

Aktuelle Kunst

Über die aktuelle Kunstszene macht man sich am besten in Museen wie dem **MOCA** und **The Broad** in LA oder dem **MOMA** in San Francisco ein Bild (➢ Seiten 405f und 190), aber auch viele kleinere Kunstmuseen wie private Galerien haben viel zu bieten. Sonderausstellungen im **Getty Center** und **LACMA** und in San Franciscos **De Young Museum** thematisieren von Zeit zu Zeit ebenfalls das Kunstschaffen der Gegenwart, ➢ S. 385f, 409 & 209.

Literatur

19. Jahrhundert

Im Kalifornien des 18. und 19. Jahrhunderts blieb nicht viel Muße für das geschriebene Wort; wichtige Beschäftigungen wie das Goldschürfen, der Eisenbahnbau und das Geldverdienen überhaupt nahmen die meiste Zeit des Tages in Anspruch.

Es gibt aber durchaus Tagebücher und Berichte über den neuen Staat im Westen, u.a. von **Richard Henry Dana** in seinem *Two Years before the Mast* von 1840. Fünfzig Jahre später verschlug es **Mark Twain** vom Mississippi an die *Banks of Sacramento*, von wo aus er u.a. über Wunderlichkeiten der kalifornischen Gründerjahre schrieb, ➢ Seite 250.

Der wahre Chronist des mittleren Kalifornien und der kleinen Leute war indessen *John Steinbeck*, der mit seinen Romanen die moralische Landkarte der Westküste zeichnete, ➢ Seite 323+326.

Krimis

Kalifornien ist Krimiland – **Dashiell Hammett** und **Raymond Chandler** schufen in den 1930ern die legendären Detektive **Sam Spade** und **Philip Marlowe**, die nicht zuletzt mit ihrer Filmverkörperung durch *Humphrey Bogart* in *The Maltese Falcon* (»Der Malteserfalke«) und *The Big Sleep* (»Tote schlafen fest«) trotz ihres gefährlichen Metiers unsterblich wurden.

Das Interesse an Mord und Totschlag hat seitdem nicht nachgelassen – Autoren wie **Walter Mosley** (*Devil in a Blue Dress*), **James Ellroy** (*LA Confidential*) und **Sue Grafton** (Die »*Alphabet Series*«) haben für Nachschub an lesenswerten Leichen gesorgt.

Sozialkritik

Bekannt wurden auch die Romane, die die Schattenseiten von Traumfabrik und kalifornischem Traum aufzeigten, so *The Day of the Locust* (»Der Tag der Heuschrecke«) von **Nathanael West** und *The Last Tycoon* von **F. Scott Fitzgerald**.

Beat Generation

In den 1950er-Jahren schrieb die *Beat Generation* vor allem an der Bucht von San Francisco. Mit der späteren Musikrichtung *Beat* hatten sie außer der Rebellion gegen das Althergebrachte wenig zu tun. Vielmehr war es eine Generation, die sich vom

Gewicht der jüngsten Geschichte erschlagen (*beat*) fühlte. Autoren wie **Jack Kerouac** mit seinem *Road-Movie*-artigen Roman **On the Road** (»Unterwegs«) und **Allen Ginsberg** mit seinem zorniglangen Gedicht *Howl* (»Das Geheul«) bildeten die Avantgarde eines neuen Lebensgefühls gegen die Konventionen des bürgerlich-amerikanischen Traums.

1970er-Jahre bis 2000

Die folgende Zeit brachte eine Bestandsaufnahme der verrückten *Sixties* mit sich, z.B. bei **Joan Didion** und bei **Tom Wolfe**; noch ergiebiger waren die Siebziger und Achtziger mit Werken von **Hunter S. Thompson**, **Charles Bukowski** und **Bret Easton Ellis**. Die ganze Bandbreite von Kaliforniens literarischen Einflüssen kam in jener Zeit zum Vorschein. Schwarze Amerikaner wie **Alice Walker**, **Ishmael Reed** und **Al Young** schrieben rund um die *Bay Area* über Themen, die weit über die Bucht hinaus reichten. **Amy Tan** und **Maxine Hong Kingston** verfassten Romane aus der Sicht der asiatischstämmigen Kalifornier. **Richard Vasquez** und **Isabel Allende** sind Stimmen mit lateinamerikanischem Hintergrund. Großen Erfolg hatte auch **Armistead Maupin** mit regenbogenbuntskurrilen *Tales of the City* (»Stadtgeschichten«) aus San Francisco.

Weitere Entwicklung

Die Literaturszene zwischen San Francisco und San Diego ist nach wie vor sehr vielfältig und lebhaft, Lesungen wechseln sich mit *Poetry Slams* ab, und die Grenzen zu Musik und Theater sind nicht selten fließend.

Filmindustrie

Anfänge in Kalifornien

Erfunden wurden Film und Kino anderswo, aber in Kalifornien gelang es, daraus die hohe Kunst der Massenhypnose zu formen. Es begann mit kleinen Filmstudios, die sich zunächst vor allem im Bereich des LA-Nachbarstädtchens Hollywood ansiedelten. In seiner Umgebung hatten sie alle Schauplätze, die man brauchte: Stadt, Strand, Ozean, Seen, Wüste, Gebirge, Wälder und mehr. Dazu waren dort damals (ohne den Smog der Gegenwart) die Licht- und Wetterverhältnisse meist bestens. Und auch wichtig war, dass zur Not die ganze Ausrüstung rasch über die Grenze nach Mexico geschafft werden konnte, wenn Gläubiger oder Lizenzgeber den oft klammen Produzenten auf den Fersen waren.

Hollywood

Nach wie vor gilt der Begriff »**Hollywood**« als Synonym für die »Traumfabrik«, die Filmklassiker produziert und Filmstars hervorbringt. Und so vermittelt man es immer noch gerne den Touristen, die scharenweise nach Hollywood kommen, ➢ Seite 395f. Dort werden alljährlich die *Oscars* (korrekter: *Academy Awards*) verliehen, aber die Filmindustrie ist längst weitergezogen und dreht in Burbank und im San Fernando Valley.

TV-Filme

Auch zahllose Fernsehproduktionen entstehen in den dortigen Studios. Und damit sehen Abermillionen von Kinobesuchern und Fernsehzuschauern in aller Welt das Leben in den USA durch die kalifornische TV-Brille, die höchst selten der Realität im *Mainstream America* entspricht, weder ökonomisch noch sozial.

Sport Ernst-Georg Richter

Die gute Nachricht für Fans lautet: Kalifornien ist mindestens genauso sportbegeistert wie der Rest der USA – sowohl aktiv als auch passiv. Das gilt für alle Profi-Sportarten und vor allem auch für den Freizeitsport der Kalifornier. Manche Fitnesswelle ist mittlerweile von West nach Ost über Amerika geschwappt, oft ausgehend von den Stränden zwischen San Diego und Malibu.

An so gut wie jedem Tag des Jahres ist in den Stadien und Hallen des Staates Spieltag. Auch, wenn einem die Regeln beim Baseball nicht so ganz einleuchten, ist es interessant und spannend, einmal dabei zu sein; die *Rules of the Game* kann man sich womöglich vom Sitznachbarn erklären lassen.

Baseball - MLB

Amerikas klassisches Freizeitvergnügen zieht nach wie vor unzählige Fans in die ***Ballparks***. In Kalifornien gibt es allein fünf *Major League Baseball*-Teams:

San Francisco Giants

In der *Bay Area* sind das die einst aus New York in den *Golden State* gezogenen **San Francisco Giants**, die zuletzt drei Mal die *World Series* gewannen (2010, 2012 und 2014). Sie treten im ***AT&T Park*** am China Basin unweit südöstlich von *Downtown* an; Anfahrt über die Straße Embarcadero oder die I-280.

Oakland Athletics

Auf der anderen Seite der Bucht *pitch*en und *catch*en die **Oakland Athletics** oder **A's** im **Oakland-Alameda County Coliseum**. Sie haben in jüngerer Vergangenheit häufig vorne in der *American League West* mitgespielt, waren aber zuletzt 1990 in der *World Series* mit dabei. Das Stadion im Süden von Oakland ist gut mit öffentlichen Verkehrsmitteln zu erreichen (*BART-Station Airport/Coliseum*), Anfahrt mit Auto über die I-880.

Los Angeles

Der Großraum Los Angeles hat ebenfalls zwei Teams, die **LA Dodgers** und die **LA Angels** (vormals *Anaheim Angels*):

LA Dodgers

Mitte der 1950er-Jahre taten es die **Dodgers** den *Giants* gleich und zogen mit dem ganzen Team von Brooklyn an die Westküste, wo man mit mehr Zuschauern und einer günstigeren Infrastruktur als im Osten rechnen durfte: Die City of LA baute ihnen sozusagen als Anreiz das **Dodger Stadium** in **Elysian Park** nördlich von *Downtown*, das man am besten per Bus oder sogar zu Fuß von *Downtown* bzw. *Chinatown* erreicht, ➤ Seite 407. Seit 1988, als sie das letzte Mal die *World Series* gewannen, konnten die *Dodgers* nicht mehr an die ganz großen Erfolge anknüpfen, spielen aber in der *American West Division* vorne mit und wurden dort zuletzt drei Mal in Serie Meister (2013-2015).

LA Angels

Südöstlich von Disneyland ist die Heimat der **Los Angeles Angels**, die im **Angel Stadium of Anaheim** spielen. Das 2002 noch als *Anaheim Angels* bekannte Team befand sich damals sicher im siebten Himmel, als sie die *San Francisco Giants* in der *World*

Series mit vier zu drei Siegen niedergerungen hatten. In den letzten Jahren spielten sie erfolgreich in der *West Division* mit, konnten aber eine Teilnahme an der *World Series* nicht mehr erreichen. Das Stadion zwischen *Santa Ana* (I-5) und *Orange Freeway* (#57) erreicht man faktisch nur mit dem Auto.

San Diego Padres

Das noch relativ neue *Downtown*-Stadion der **San Diego Padres**, der **PETCO Park** (2004), liegt unweit des *Gaslamp Quarter* am südlichen Harbor Drive. Den letzten Titel in der *West Division* gewann man 2006, die Teilnahme an der *World Series* gelang zuletzt 1998, gewinnen konnte sie das Team noch nicht (bei erst zwei Teilnahmen – außerdem 1984).

Tickets

Wer ein bestimmtes Spiel sehen möchte, das passend zur eigenen Reiseplanung stattfindet, sollte die Tickets im Internet auf der jeweiligen *Website* bestellen: Zahlung per Kreditkarte, Abholung der Tickets vor Spielbeginn am **Will Call Window** des Stadions. Für Spiele an Wochentagen gibt's Tickets meist auch noch kurzfristig vor Ort. Jedoch an Wochenenden und für bestimmte Begegnungen ist die Vorbestellung unabdingbar.

Atmosphäre

Aber viel wichtiger als das Spiel selbst ist eigentlich die besondere Atmosphäre im Stadion. Ganze Familien, Väter mit Söhnen und Pärchen beim ersten *Date* bevölkern die Ränge, die sich für das kulinarische Angebot (*Hot Dogs*, *Tortilla Chips*, Zuckerwatte) fast mehr interessieren als für das Spiel. Nur wenn ab und zu 'mal Wichtiges »passiert«, wird kurz aufgeschaut. Nicht wundern darf man sich daher auch, wenn die Ränge sich bereits frühzeitig leeren; der Ausgang des Spiels ist eben nicht ganz so wichtig – kein Wunder bei 162 Spielen pro Saison. Andere wiederum schreiben akribisch Statistiken und Leistungen der einzelnen Spieler mit.

Kurz: Auf den Rängen gibt es mindestens genausoviel zu beobachten wie auf dem Spielfeld. Einfach 'mal hingehen und eintauchen ins Geschehen.

Basketball - NBA

NBA Teams Kalifornien

Kalifornien hat vier Profiteams, die in der berühmten **National Basketball League** mitmischen:

Oakland

An der San Francisco Bay spielen die **Golden State Warriors** in der **Oracle Arena** in Oakland. Zuletzt sehr erfolgreich: 2015 wurden sie **NBA Champion**.

Los Angeles

Auch erfolgreich sind die **Los Angeles Clippers** (zwei *Division*-Siege 2013 und 2014), die in den 1980er-Jahren von San Diego nach LA gezogen waren und sich jetzt mit den **Los Angeles Lakers** das **Staples Center** am Südwestrand von *Downtown LA* teilen, ➢ Seite 408. Man erreicht es per Auto über alle nach und über *Downtown* laufenden Autobahnen und außerdem ganz einfach mit der Metro (*Blue Line-Station Pico*).

Die **Lakers** sind ein legendäres Team: Mit ihrem *Kobe Bryant*, dem mittlerweile 37-jährigen Spielmacher (Basketballfans mögen diese Bezeichnung verzeihen – *Shooting guard*), der in der ewigen Punktestatistik noch vor *Michael Jordan* auf Platz 3 liegt, gewannen sie von 2000-2010 allein fünf Meisterschaften!

LA Sparks Damenteam

Sind die Herren mal nicht auf dem Parkett, übernehmen die Damen: Die Spielerinnen der **LA Sparks** brachten es bereits in 15 von 19 Jahren der Damenprofiliga zur Teilnahme an den *Playoffs*. Zur Meisterschaft reichte es bislang aber nur zwei Mal.

Sacramento

Auch Kaliforniens Hauptstadt Sacramento hat ein Basketball-Profiteam in der sog. *Western Conference*, die **Kings**. Sie spielen bislang in der **Sleep Train Arena**, ziehen aber im Laufe des Jahres 2016 ins **Golden One Center** in die Nähe der *Old Town* um, ➢ Seite 240 unten. Nach Titelgewinnen in der *Pacific Division* 2002 und 2003 riss die Erfolgsserie.

Eishockey - NHL

Auf dem Eis gibt es selbst im warmen sonnenverwöhnten Kalifornien drei Profiteams auf Kufen:

In San José machen die **Sharks** im **SAP Center at San Jose** (525 West Santa Clara Street) Jagd auf den Puck, in LA wird das **Staples Center** für die **Kings** heruntergekühlt, und in Anaheim gleiten die **Ducks** über ihren zugefrorenen Teich, das **Honda Center** (2695 East Katella Avenue). Gewinnen wollen alle den sogenannten **Stanley Cup**. Dies gelang den *Kings* zuletzt 2014, den *Ducks* 2007 – und den *Sharks* noch nie.

American Football - NFL

Teams in Kalifornien

In der *Bay Area* gibt es gleich zwei Profiteams, die **Oakland Raiders** und die **San Francisco 49ers**, in Los Angeles gar keins (!) und in **San Diego** die **Chargers**. Wie auch im Baseball und Basketball üblich, ziehen in den USA ganze Teams in andere Cities um, wenn ihre Eigentümer das so entscheiden. So spielten die *Raiders* in den 1980er-Jahren noch in Los Angeles, gewannen dort als *LA Raiders* sogar die **Super Bowl** (= *Champion*), kehrten aber später wieder zurück nach Oakland. LA verlor sein zweites Team, die *Los Angeles Rams*, dann 1994 durch Umzug nach St. Louis. Seitdem wird immer wieder diskutiert, ob das sein dürfe – LA ohne Team. Aber bisher ließ sich kein Team wieder von LA anlocken.

Die **49ers** spielen in der **National Football Conference West**, wo sie 2012 das letzte Mal Meister wurden. Es folgte die dramatische *Super-Bowl*-Niederlage gegen die *Baltimore Ravens* am 3. Februar 2013. Die *49ers* dominierten die 1980er-Jahre mit ihrem legendären *Quarterback Joe Montana* (4x Super Bowl Champion!) – dieser Nimbus macht das Team auch heute noch zu etwas ganz Besonderem. Die beiden anderen Teams treten in der **American Football Conference West** an. Titelgewinne der **Raiders** (immerhin auch schon 3x *Champion*, zuletzt allerdings 1984) liegen weit zurück (*Division* zuletzt 2002), die der **Chargers** (erst eine *Super-*

Bowl-Teilnahme – eine Niederlage gegen die *49ers* 1995) nicht ganz so weit (*Division* zuletzt 2009).

Stadien   Ebenso wie für die Baseball-Profis der *Oakland A's* ist das **Oakland-Alameda County Coliseum** (➤ Seite 622) Heimatstadion der **Raiders**. Sicher keine ideale Lösung, da die Laufbahnen des Baseballfeldes präsent bleiben. Selten ist das Stadion daher ausverkauft (was natürlich auch mit den zuletzt durchwachsenen Leistungen zusammenhängt). Die **49ers** spielen seit kurzem im ganz neuen **Levi's Stadium**; der legendäre **Candlestick Park** wurde 2015 abgerissen (dort wurden große Erfolge gefeiert, und die *Beatles* gaben dort 1966 ihr letztes Konzert). Das *Levi's Stadium* – wurde zur Saison 2014 eröffnet und befindet sich nicht mehr in San Francisco, sondern in **Santa Clara** in Nachbarschaft von San José am Südende der San Francisco Bay: 4900 Marie P DeBartolo Way unweit des Vergnügungsparks **California's Great America**, ➤ Seite 315.

Heimat der **San Diego Chargers** ist das **Qualcomm Stadium** (eines der letzten älteren Stadien der *NFL* aus dem Jahre 1967) an der I-8 im Mission Valley zwischen I-15 und I-805, daher gut erreichbar mit dem Auto; Adresse: 9449 Friars Road. Auch die Anbindung an das öffentliche Verkehrsnetz ist optimal (*Trolley Green Line*).

Ticket-   Da jedes Team nur **acht Heimspiele** pro Saison austrägt (zwischen
reservierung   Anfang September und Ende Dezember/Anfang Januar), empfiehlt sich eine rechtzeitige Vorbestellung von Tickets im Internet.

Das moderne Levi's Stadion der San Francisco 49ers in Santa Clara

College Sports

Bei den *College Teams* ist die Stimmung meist noch heißer (und vor allem lauter) als bei den Profis. Studenten großer Unis wie *University of California Los Angeles*/**UCLA** (**Bruins**), die *University of Southern California*/**USC** (**Trojans**), **Stanford** (**Cardinal**) oder **Berkeley** (**California Golden Bears**) drängen am Wochenende gerne ins Stadion, wo sich die gegenseitigen Rivalitäten ventilieren lassen. Besonders beim *Football* und Basketball geht es dann hoch her, *Marching Bands* und *Cheerleader* machen ordentlich Dampf.

Fotonachweis

Burkhard Brocke, Westerstede: Seiten 182, 271
Dirk Ehrentraut (www.dirk-ehrentraut.de): Seiten 260 und 262
Tilman Früh, Erlangen: Seiten 28 und 323
Hearst Castle Administration: Seite 336
Rainer Gerhard (www.flywest.de): Seiten 111 und 291
Lothar Gold, Hüttenberg: Umschlagklappe hinten oben & Seite 586
Antje Goldmann, Greven: Seite 404 unten
Mareike Hartl, Eckenhaid: Seiten 254 und 264
Hearst Castle, San Simeon: Seite 336
Markus Hundt, Bonn: Seiten 165, 379, 386, 391, 392, 404 oben, 405 oben, 405 unten, 482, 489, 498, 499, 501, 534, 538 oben
Markus Hundt-Archiv, Bonn:

© Barbara Kraft/Wynn/Encore: Seiten 538 unten und 540
© Caesars Entertainment: Seiten 543, 545, 546 (2)
© Chateau Marmont: Seite 393
© Cosmopolitan: Seiten 521, 536, 537
© Danny Mollohan/Las Vegas: Seite 520 (2)
© Randee St. Nicolas: Seite 547
© Flightlinez Bootleg Canyon: Seite 568
© Jan Rouven: Seite 557
© Seaworld: Seiten 502 und 503
© Sunset Tower: Seite 394

Thomas Löffler, Dresden: Buchcover vorne, Seiten 199 unten, 212, 552 (2)
MGM Resorts International, Las Vegas:
Seiten 524, 530, 531, 535, 550, 556 oben, 559 oben
Mission Inn, Riverside CA: Seiten 445+446
Peter Schickert, Fröndenberg: Umschlagklappe vorne oben & Seiten 194, 265, 326, 510
Dirk Steiner, Kämpfelbach: Seite 548
Heinz Staffelbach, CH-Winterthur: Seite 25 und 644
SolvangUSA.com: Seite 345
Steffen Synnatschke, Dresden (www.synnatschke.com):
Seiten 174, 193, 301, 307, 429, 461, 573
Jörg Vaas, Steinheim: Seite 198 rechts
Westin St. Francis Hotel, San Francisco: Seite 179
Wikimedia, Wikicommon: Seite 192
Winchester Mystery House LLC, San José CA: Seite 316

© **fotolia.com:** Andy 230, 389; Chee-Onn Leong 276; Firma V 220; Jake Kraushaar 542 unten; Justimagine 512/3; rook76 227 rechts; Steffen Niclas 204

© **i Stockphoto.com**

	Seite		
alacatr	314	cameralumina	261 unten
aimintang	179, 190	canbalci	200
alantobey	234	candu	525
apelletr	436	cliffwass	417
bertl123	206	Davel5957	395 oben, 423, 424
BigWest1	225	delray77	254 oben
BirdBro	244 unten	digital94086	625
blyons	452	disorderly	202

Hendrik Sachs

New York im Film

Kaum etwas weckt die Neugier auf New York mehr als die un-zähligen Filme, die ganz oder teilweise dort gedreht wurden. Die meisten Drehorte, neben bekannten Sehenswürdigkeiten zahl-reiche Hotels, Bars, Cafés und Restaurants, Shops, Parks, Kirchen, Theater und manche überraschende Kulisse, können von jeder-mann besucht, besichtigt und fotografiert werden. Nur, wel-ches und wo sind diese Plätze? Dieses Buch zeigt sie Ihnen ...

Rund 400 Movie Locations aus über 300 ausgewählten Filmen
mit allen wichtigen Details und Angaben zu Lage, Kontakt und ggf. Öffnungszeiten

▸ 15 Stadtpläne mit exakten Einträgen aller genannten Drehorte
▸ Über 650 Fotos und Abb.
▸ Umfangreiches Register der Filmtitel von A–Z mit Originaltitel und Haupt-darsteller
▸ Griffmarken, Seiten- und Kartenverweise zur einfachen Handhabung
▸ Jede Menge Anschriften und Internetadressen für zusätzliche Informationen
▸ Strapazierfähige PUR-Bindung

Entdecken Sie fast 400 Drehorte aus rund 350 Spielfilmen der letzten 60 Jahre Filmgeschichte in den Häuserschluchten Manhattans.

Mit Hilfe dieses Buches kann man über Filmtitel Dreh-orte systematisch ausfindig machen und ansteuern oder an vielen Orten herausfinden, welche Filme dort oder in der Nähe gedreht wurden.

Thematische Querschnitte führen Sie gezielt zu Hotels, Discos, Restaurants und Shops, in Theater und Museen, die Sie aus Filmen kennen.

Außerdem geht es auf drei Routen auf den Spuren von Stars und Sternchen durch den Central Park, den Broadway entlang und zum Shopping.

FAZ: ... ein origineller Reisebegleiter durch New York

ISBN 978-3-89662-267-9
372 Seiten | € 19,90 [D]

Hans-R. Grundmann

Mallorca

Das Handbuch für den optimalen Urlaub

524 Seiten mit 57 für diese Auflage neu erstellten aktuellen Karten und über 400 Fotos. Detaillierte Unterkunftsempfehlungen für 37 Ferienorte und Alleinlagen. 12 Routenvorschläge für Tagesausflüge.
Ausführliche Ortskapitel, 48 Seiten allein für Palma.
Separate Straßenkarte
mit Stadtplan Palma und kulinarischem Lexikon
Mit 2 Beilegern (jeweils 60 Seiten):
• Wandern und Natur mit 16 Wanderkarten
• Optimal unterkommen auf Mallorca
23. Auflage 4/2015 · ISBN 3-89662-286-0 · €22,50

Hartmut Ihnenfeldt, Hans-R. Grundmann,

Mallorca kompakt

Dieser neue Reiseführer bietet das richtige Gemisch aus kurzer, knackiger Information und – wo angebracht – gründlicher Genauigkeit für Kurzzeiturlaube auf Mallorca bis zu 2 Wochen:

• Ortsbeschreibungen mit Unterkunfts- und geprüften Restaurant-/Kneipenempfehlungen für alle nennenswerten Orte
• Großes aktuelles Palmakapitel
• Alle besuchenswerten Strände und Landschaften.
• Öffentliche Verkehrsmittel und viele Tipps zur Fahrzeugmiete
• Zahlreiche Internetadressen für Direktkontakte

1. Aufl. 2016 · 312 Seiten · ISBN 3-89662-288-4 · €14,90

Marc Schichor, Kirsten Elsner

Wandern auf Mallorca

Tramuntana Gebirge – Gipfel und Täler

• 50 Tourenvorschläge in der Tramuntana
• die meisten Wege auch in Gegenrichtung
• alle Routen in Kurzfassung und en Detail
• **Neu:** Mehrtageswanderung »Ruta de Pedra en Sec« GR 221
• Genaue Karten von alle Orten in der Wanderregion
• Kleines Pflanzenlexikon mit zahlreichen Fotos
• Unterkunftsverzeichnis von der Berghütte bis ****Hotel
Der Clou des Buches ist die **speziell für diese Routen angefertigte separate Karte** mit Höhenlinien und -schichten im Maßstab 1:35.000.
396 Seiten, 35 Detailkarten, Pläne und Skizzen, über 400 Fotos
5. Auflage 2015 · ISBN 978-3-89662-289-1 · €22,50

Daniel Krasa, Hans-R. Grundmann

Ibiza mit Formentera

Der richtige Begleiter für alle, die ihre Reise individuell gestalten und Ibiza auf eigene Faust erleben wollen:

- High Life und Altstadtnostalgie in Ibiza-Stadt
- Lange Sandstrände und verschwiegene Buchten
- Wanderwege durch romantische Berglandschaft
- Geschichte und Kultur, Mandelblüte und Rotwein
- Alles zu Aktivurlaub und Sport, zu Nightlife und Ibiza Sound
- Die besten Quartiere, Restaurants, Kneipen und Discos

336 Seiten 4-farbig, 230 Fotos, 27 Regionen- und Orts-karten, davon 6 Wanderkarten, **separate Inselkarte**

4. Auflage 2/2015 · ISBN 978-3-89662-287-7 · €17,50

Niklaus Schmid

Formentera
Insellesebuch und etwas anderer Reiseführer

- Alle Infos zu Ibizas kleiner Schwesterinsel
- Landschaft, Flora und Fauna, Geschichte und Kultur in unterhaltsamen, kurzweilig geschriebenen Essays
- Anekdoten und wundersame Geschichten über die Insel und ihre Bewohner; Klatsch und Tratsch; Promis auf Formentera
- Folklore und Formentera Sound
- Endlose Strände, urige Strandbars, karibische Wasserqualität
- Auf nicht einmal 100 km^2 mobil ohne Auto: Wanderwege und Routen für Radfahrer

4. Auflage 2015, 336 Seiten vierfarbig mit Formentera-Karte und Ortsplänen in der Umschlagklappe.

4. Auflage 2015 · ISBN 978-3-89662-270-9 · €14,90

F. Ostermair/S. Roters, Hans-R. Grundmann

Menorca,
die unentdeckte Baleareninsel

Mallorcas kleine Schwester Menorca führt als Reiseziel deutschsprachiger Urlauber ein erstaunliches Schattendasein. Dabei verfügt Menorca über viele wunderba-re und selten volle Strände unterschiedlichster Charakteristik, über zwei veritable Hafenstädte, Fischerdörfer und Orte im Inselinneren mit eigenem Gepräge, landschaftliche und kulturelle Kleinode. Menorcas touristische Infrastruktur ist dazu ausgezeichnet.

312 Seiten 4-farbig, 180 Fotos, 31 Karten und Ortspläne.
2. Auflage 2016 · ISBN 3-89662-248-8 · €17,50

2. Auflage 2016

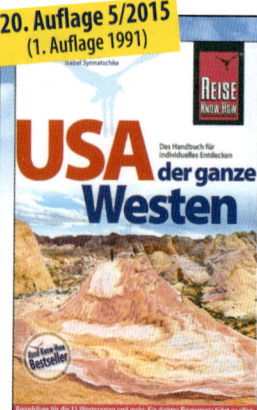

20. Auflage 5/2015
(1. Auflage 1991)

Hans-R. Grundmann, Isabel Synnatschke

USA der ganze Westen

Seit Erscheinen hat sich dieses Buch zu einem Standardwerk für alle entwickelt, die den US-Westen auf eigene Faust kennenlernen wollen. Die Kapitel zu Reiseplanung und -vorbereitung und zum »touristischen Alltag« unterwegs lassen keine Frage offen.

Der Reiseteil führt über ein dichtes Routennetz zu allen populären Zielen und unzähligen, auch weniger bekannten Kleinoden in allen elf Weststaaten.

Reise Know-How Bestseller

836 Seiten, 80 Karten, über 300 Farbfotos
Separate Straßenkarte Weststaaten der USA
mit 18 Detailkarten der wichtigsten Nationalparks

20. Aufl. 2015 · ISBN 978-3-89662-290-7 · €25,00

P. Thomas, E. Berghahn, H.-R. Grundmann

Kanada Osten / USA Nordosten

10. Auflage 2016

Dieser grenzüberschreitende Reiseführer behandelt über ein dichtes Routennetz auf kanadischer Seite Ontario, Québec, New Brunswick, Nova Scotia und Newfoundland, in den USA die Neu-England-Staaten mit Boston und New York City und State sowie Michigan mit Chicago und Detroit. Ideal für Reisen auf eigene Faust per Pkw mit Motel-/Hotel- oder Zeltübernachtung oder mit Campmobil. Zahlreiche Unterkunftsempfehlungen und Hunderte von Hinweisen auf die schönsten Campplätze am Wege.

776 Seiten, 69 Karten, über 300 Farbfotos. Mit sep. Karte der Gesamtregion und New York City Extra (60 Seiten).
10. Auflage 2016 · ISBN 978-3-89662-293-8 · €25,00

Mit E-Book zum Download inkl.

Hans-R. Grundmann, Bernd Wagner

Florida mit Atlanta, Charleston, New Orleans

Nicht nur Strände, High-Life, Disney- und Amusementparks, sondern auch Natur satt mit exotischer Flora und Fauna in Mangrovensümpfen, an glasklaren Quellflüssen und am sagenumwobenen Suwanee River. Dazu alte Historie, Multikulti, Architektur- und Musentempel. Als Kontrapunkt Weltraum- und Militärtechnik hautnah. Routen nach Florida ab Atlanta Landeskunde und ausführlicher Serviceteil mit jeder Menge Unterkunfts-, Camping- und Restauranttipps; dazu Hunderte von Webadressen für weiterführende Informationen.

500 Seiten, 47 Karten, über 300 Farbfotos;
mit separater Florida-Karte; 7. Auflage 2016,
ISBN 978-3-89662-296-9 · €22,50

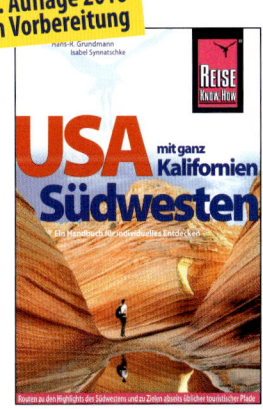
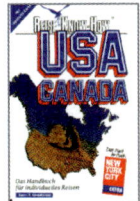

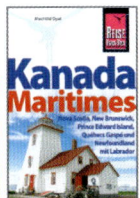
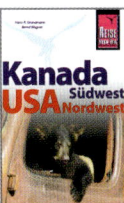
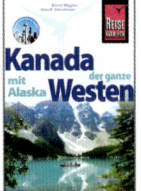

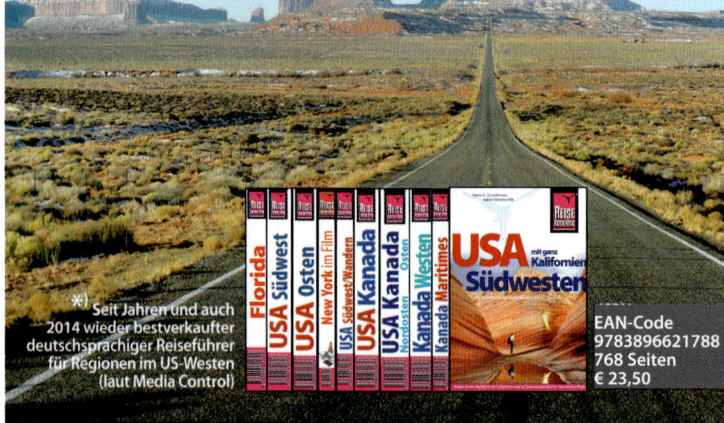

Alphabetisches Register - Index

Im Register finden sich alle Ortsnamen, Sehenswürdigkeiten und geografischen Bezeichnungen ebenso wie alle wichtigen Sachbegriffe. Egal, wonach man sucht, alles ist unterschiedslos alphabetisch eingeordnet.

Abürzungen: SP = State Park   NP = National Park   NM = National Monument

KARTENVERZEICHNIS